长江和珠江三角洲及港澳特别行政区

统计年鉴

Yangtze River Delta & Pearl River Delta and Hong Kong & Macao SAR
Statistical Yearbook

2004

国家统计局国际统计信息中心 编

Compiled by International Statistical Information Center

National Bureau of Statistics

中国统计出版社

China Statistics Press

(京)新登字041号

图书在版编目（CIP）数据

长江和珠江三角洲及港澳特别行政区统计年鉴．2004／国家统计局国际统计信息中心编．
－北京：中国统计出版社，2004.6
ISBN 7-5037-4379-4

I. 长… II. 国… III. ①统计资料－长江流域－2004－年鉴②统计资料－珠江三角洲－2004－年鉴
③统计资料－香港－2004－年鉴④统计资料－澳门－2004－年鉴 IV. C832-54

中国版本图书馆CIP数据核字（2004）第044491号

长江和珠江三角洲及港澳特别行政区统计年鉴－2004

作　　者／国家统计局国际统计信息中心
责任编辑／陈越月
E-mail／yearbook@stats.gov.cn
装帧设计／大　路
出版发行／中国统计出版社
通信地址／北京市西城区月坛南街75号　邮政编码/100826
办公地址／北京市丰台区西三环南路甲6号
电　　话／(010)63459084、63266600-22500（发行部）
印　　刷／精一印刷（深圳）有限公司
经　　销／新华书店
开　　本／880×1230mm　1/16
字　　数／990千字
印　　张／33
版　　别／2004年12月第1版
版　　次／2004年12月北京第1次印刷
书　　号／ISBN 7-5037-4379-4/F·1844
定　　价／298.00元

《长江和珠江三角洲及港澳特别行政区统计年鉴－2004》

编辑委员会和编辑人员名单

Yangtze River Delta & Pearl River Delta and Hong Kong & Macao SAR Statistical Yearbook

EDITORIAL BOARD AND STAFF

编辑说明

一、《长江和珠江三角洲及港澳特别行政区统计年鉴－2004》是一部全面反映我国长江三角洲、珠江三角洲及港澳地区社会经济发展情况的资料性年鉴。本书收录了1978－2003年长江三角洲16个城市、珠江三角洲14个城市和港澳地区社会经济统计资料。

二、本年鉴分为三大部分：

（一）综述与分析篇。该篇包括国家统计局国际统计信息中心和中国改革基金会国民经济研究所两篇总报告；上海市、江苏省、浙江省和广东省四篇分报告；以及特约稿。

（二）统计数据篇。该篇包括三部分内容：

1、综合表。

2、长江三角洲与珠江三角洲所辖的30个地级市县主要社会和经济发展指标数据，主要有：⑴行政区划和自然资源；⑵国民经济核算；⑶人口、就业和工资；⑷固定资产投资；⑸价格指数；⑹人民生活；⑺农业；⑻工业、能源和建筑业；⑼交通运输和邮电；⑽国内贸易；⑾对外贸易和旅游；⑿财政和金融；⒀城市建设和环境保护；⒁教育、科技、文化、卫生；⒂社会福利和其他。

3、香港和澳门特别行政区统计数据。

（三）企业竞争力篇。该篇包括工业、贸易、旅馆、房地产、建筑业等企业的排名和上市公司资料。

三、本年鉴所列指标的计量单位均采用公制。

四、本年鉴的资料来自上海、江苏、浙江、广东三省一市统计局上报资料。本年鉴中香港和澳门特别行政区统计资料分别由香港特别行政区政府统计处、澳门特别行政区政府统计暨普查局提供，国家统计局国际统计信息中心进行编辑。

五、一些数据的合计数或相对数，因受进位的影响，不一定等于分项的累加。

六、本年鉴中的符号使用说明：“空格”表示无该项统计数据或该项统计数据不详；“－”表示数据不足本表最小单位数；“#”表示其中的主要项。

七、读者对本书中有关数据及分析方面的问题进行咨询或意见反馈，请与国家统计局国际统计信息中心国际统计处联系　电话：（010）63471377，（010）63266600转28032

PREFACE

I. Yangtze River Delta & Pearl River Delta and Hong Kong& Macao SAR Statistical Yearbook 2004 is an annual publication, which covers social and economic statistical data of 16 cities of the Yangtze River Delta, 14 cities of the Pearl River Delta, Hong Kong and Macao SAR from 1978 to 2003, therefore reflects various aspects of social and economic development of the Yangtze River Delta, the Pearl River Delta, Hong Kong and Macao SAR.

II. The book consists of three chapters

i Overview and analysis

This chapter includes two general reports which provided by International Statistical Information Center of National Bureau of Statistics and National Economic Reform Institute-China Reform Foundation respectively, four individual reports provided by Shanghai city and Jiangsu, Zhejiang, Guangdong province, and several contributing articles.

ii Statistical data

This chapter includes three sub- chapters, namely the general report form, the data of main social and economic development indicators of 30 prefecture-level cities and counties belong to the Yangtze River Delta & Pearl River Delta, and the statistical data of Hong Kong& Macao SAR. Sub- chapter two contains the following fifteen parts, 1. Division of Administrative Areas and Natural Resources; 2. National Accounts ;3. Population, Employment and Wages; 4. Investment in Fixed Asset s; 5. Price Indices;6. People's Livelihood; 7. Agriculture; 8. Industry, Energy and Construction; 9. Transport, Post and Telecommunication Services; 10.Domestic Trade; 11. Foreign Trade and Tourism; 12. Government Finance and Banking;13. City Construction and Environment Protection;14. Education, Science and Technology, Culture and Public Health;15. Social Welfare and others.

iii Competitive forces of enterprises

This chapter includes rank list of enterprises of industry, trade, hotel, real estate and construction sectors etc., and information of listed companies.

III. The units of measurement used in this book are internationally standard measurement units.

IV. The statistics of this yearbook are mainly obtained from reported data of statistical bureaus of three provinces and one municipality directly under the central government, namely Shanghai city ,Guangdong province, Jiangsu province and Zhejiang province, statistics on Hong Kong Special Administrative Region and Macao Special Administrative Region as included in this yearbook are provided by the Department of Census and Statistics of the Government of Hong Kong Special Administrative Region, the Department of Census and Statistics of the Government of Macao Special Administrative Region, and edited by International Statistical Information Center of National Bureau of Statistics.

V. Some aggregations or rates/ratios may not be equal to the sum of the series because of rounding.

VI. Notations used in this yearbook:

" (blank) " indicates the data unavailable;"-" indicates that the figure is not large enough to be measured with the smallest unit in the table;" # " indicates the major items of the total.

VII. Any consultations needed or any suggestions you'd like to give on the data and analysis of this book, please don't be hesitate to contact the International Statistical Division of International Statistical Information Center, National Bureau of Statistics.

Tel: (010)63471377,(010)63266600-28032

《长江和珠江三角洲及港澳特别行政区统计年鉴－2004》

目录

C O N T E N T S

第一部分 综述与分析篇
Part 1 Overview and Analysis

第二部分 统计数据篇
Part 2 Statistical Data

一、综合表
General Report Form

二、长江三角洲和珠江三角洲统计数据
Statistical Data of Yangtze River Delta and Pearl River Delta

(一)行政区划和自然资源
Divisions of Administrative Areas and Natural Resources

(二) 国民核算
National Accounts

(三)人口、就业和工资
Population,Employment and Wages

(四)固定资产投资

Investment in Fixed Assets

(十)国内贸易

Domestic Trade

(十一)对外贸易和旅游

Foreign Trade and Tourism

二、长江三角洲和珠江三角洲地区上市公司情况
Statistics of Listed Company in Delta of Yangtze River and Pearl River

第一部分 综述与分析篇

Part 1 Overview and Analysis

2004年长江和珠江三角洲经济发展研究报告

A Research Report of Economic Development of Yangtze River Delta and Pearl River Delta in 2004

国家统计局国际统计信息中心

改革开放以来，长江三角洲和珠江三角洲是我国经济发展最快的地区，也是经济最富有朝气和活力的地区，对全国经济的贡献也最大，特别是跨入新世纪后，两个三角洲进入了新的发展时期，比较研究它们的经济发展规模，探讨其经济发展的特点和原因，可以为两个三角洲经济的进一步发展提出建议，为其它地区乃至全国的经济发展提供参考和借鉴。

一、长江三角洲和珠江三角洲在全国的经济地位举足轻重

长江三角洲经济区（简称长三角）是指由沪、苏、浙三省市中16个地级以上城市组成的区域，包括上海市、江苏省的南京、苏州、无锡、常州、镇江、南通、扬州和泰州，以及浙江省的杭州、宁波、嘉兴、湖州、绍兴、舟山和台州市。2003年长三角的土地面积为10.96万平方公里，人口为8161万人，分别占全国的1.1%和6.3%。珠江三角洲经济区（简称珠三角）指广东省珠江流域的14个市、县、区组成的区域，包括广州、深圳、珠海、佛山、江门、东莞、中山等7市，以及惠州市区和惠阳、惠东、博罗三县，肇庆市区和高要、四会两市，其土地面积为4.17万平方公里，人口为2398万人，分别占全国的0.4%和1.9%。

改革开放后，一系列的改革措施和优惠政策使长三角和珠三角逐渐成为我国经济发展最活跃和经济增长最快的地区，进入新世纪以来，长三角和珠三角经济继续保持着持续快速健康发展的走势，两个三角洲对全国经济的贡献份额进一步增大。

（一）两个三角洲的经济总量约占全国的30%，人均地区生产总值是全国的3.7倍。

2003年长三角地区生产总值首次超过2万亿元，达到23798亿元；与此同时，珠三角地区生产总值首次超过1万亿元，达到11335亿元。两个三角洲地区生产总值合计达到35133亿元，占全国国内生产总值（117252亿元）的30%，比2000年的25%上升了5个百分点。

2003年长三角人均地区生产总值为29162元，珠三角人均地区生产总值为47261元。两个三角洲人均地区生产总值为33273元，是全国人均国内生产总值（9101元）的3.7倍，而2000年两个三角洲人均地区生产总值为21545元，是全国人均国内生产总值（7086元）的3.0倍，两个三角洲人均水平与全国的距离进一步扩大。

（二）两个三角洲的经济增长速度大大高于全国平均水平。

2000年至2003年，长三角和珠三角GDP增长速度均保持在两位数以上，年平均增长分别为12.6%和13.1%，高于全国9.3%的年平均增长水平，成为全国经济继续保持持续快速健康发展的重要力量。

（三）两个三角洲的服务业发展明显高于全国。

2003年长三角三次产业的分布为5.1：54.6：40.3，珠三角三次产业的分布为4.1：52.4：43.5。

从1990年到2003年，这两个地区的产业结构都发生了很大的变化：第一产业占GDP的比重大幅下降，第三产业的比重大幅上升，第二产业基本持平。长三角第

长江三角洲、珠江三角洲和全国三次产业构成比较

单位：%

	第一产业		第二产业		第三产业	
	1990年	2003年	1990年	2003年	1990年	2003年
长江三角洲	15.8	5.1	57.0	54.6	27.2	40.3
珠江三角洲	14.4	4.1	44.2	52.4	41.4	43.5
全国	27.1	14.6	41.6	52.2	31.3	33.2

2000和2003年长江三角洲与珠江三角洲GDP及人均GDP

地区	2000年		2003年	
	GDP（亿元）	人均GDP（元）	GDP（亿元）	人均GDP（元）
长江和珠江三角洲合计	22315.8	21545	35133.1	33273
长江三角洲经济区	15954.8	19816	23798.3	29162
上海市	4551.2	34547	6250.8	46718
南京市	1021.3	18546	1576.3	27307
苏州市	1540.7	26692	2801.6	47693
无锡市	1200.2	27653	1901.2	43155
常州市	600.7	17635	901.4	26149
镇江市	452.0	16967	641.1	23995
南通市	736.4	9374	1006.7	12924
扬州市	472.1	10515	647.2	14290
泰州市	405.3	8082	580.0	11513
杭州市	1382.6	22342	2099.8	32819
宁波市	1175.8	21786	1786.9	32629
嘉兴市	538.4	16279	858.0	25792
湖州市	343.4	13445	490.8	19102
绍兴市	745.0	17237	1089.3	25115
舟山市	114.9	11675	172.3	17679
台州市	675.0	12390	995.0	18041
珠江三角洲经济区	7360.8	31912	11334.8	47261
广州市	2375.9	34292	3496.9	48372
深圳市	1665.5	28932	2895.5	40444
珠海市	330.3	26583	473.3	37675
佛山市	957.2	28932	1381.6	40444
江门市	567.5	14921	730.1	19131
东莞市	492.7	32477	948.0	60158
中山市	312.8	23542	501.4	36614
惠州市区	134.4	36262	262.4	38675
惠阳县	102.1	18519	102.4	25836
惠东县	88.5	13004	114.1	16341
博罗县	81.8	10662	108.9	14417
肇庆市区	85.8	14413	107.5	22616
高要市	110.9	15404	140.4	19244
四会市	55.5	14089	72.4	18096

一产业所占比重下降幅度最大，从15.8%下降到5.1%，下降了10.7个百分点。长三角第三产业所占比重上升幅度也最大，从27.2%上升到40.3%，上升了13.1个百分点。

2003年这两个地区的第二产业比重与全国平均水平基本相同，而第一产业比重比全国约低12个百分点，第三产业比重比全国约高出8.7个百分点，其产业结构优于全国。

（四）两个三角洲是我国重要的国际贸易基地，两地的进出口贸易总额占全国的64.4%。

2000—2003年长江三角洲和珠江三角洲GDP增长率

单位：%

地区	2001年	2002年	2003年	2000—2003年 年均增长率
长江三角洲经济区①	11.3	12.6	14.8	12.6
上海市	10.2	10.9	11.8	10.9
南京市	11.1	12.8	15.0	12.8
苏州市	12.3	14.5	18.0	14.3
无锡市	11.5	12.8	15.4	12.7
常州市	12.0	12.4	14.5	12.5
镇江市	11.0	12.3	14.0	11.9
南通市	10.1	11.1	13.4	11.4
扬州市	8.1	11.1	13.4	10.8
泰州市	11.0	11.6	13.4	11.7
杭州市	12.2	13.2	15.2	13.1
宁波市	12.1	13.2	15.6	13.2
嘉兴市	12.3	13.8	16.9	13.8
湖州市	11.6	12.3	15.0	12.7
绍兴市	11.6	13.8	15.0	13.1
舟山市	11.8	12.6	15.5	13.0
台州市	11.9	13.9	14.9	13.1
珠江三角洲经济区①	12.2	12.5	15.5	13.1
广州市	12.7	13.2	15.2	13.6
深圳市	13.2	15.0	19.2	15.4
珠海市	12.1	12.3	17.5	13.4
佛山市	11.1	11.8	16.1	12.5
江门市	11.0	10.3	11.1	10.8
东莞市	18.0	18.5	19.5	18.5
中山市	16.1	16.5	18.6	15.7
惠州市区	11.7	11.1	18.1	13.3
惠阳县	13.7	12.5	25.3	15.0
惠东县	10.9	10.0	10.3	10.9
博罗县	11.0	10.1	11.5	10.7
肇庆市区	4.1	11.9	13.8	11.3
高要市	12.0	8.4	10.1	10.3
四会市	13.2	13.9	10.9	12.5

注：①为所属市GDP增长率的简单平均值。

2003年，长三角和珠三角进出口贸易总额达到5482.4亿美元，占全国进出口贸易总额的64.4%，比2000年的57.9%提高了6.5个百分点。其中长三角为2769.9亿美元，占全国比重为32.5%；珠三角为2712.5亿美元，占全国比重为32.1%。

（五）两个三角洲固定资产投资增速高于全国平均增速，全社会固定资产投资总额占全国比重为26.5%。

2003年，长三角和珠三角全社会固定资产投资总额达14704.1亿元，占全国全社会固定资产投资总额的26.5%。其中长三角为10973.7亿元，占全国的19.7%，

2000年和2003年长江和珠江三角洲与全国进出口贸易额比较

单位：亿美元

	2000年			2003年		
	进出口总额	出口额	进口额	进出口总额	出口额	进口额
长江和珠江三角洲合计	2744.3	1473.5	1270.8	5482.4	2863.6	2618.8
长江三角洲	1235.8	671.0	564.8	2769.9	1413.3	1356.6
珠江三角洲	1508.5	802.5	706.0	2712.5	1450.3	1262.2
全国总计	4742.9	2492.0	2250.9	8509.9	4382.3	4127.6
长三角占全国比重（%）	26.1	26.9	25.1	32.5	32.3	32.9
珠三角占全国比重（%）	31.8	32.2	31.4	32.1	33.0	30.5
长江和珠江三角洲占全国的比重（%）	57.9	59.1	56.5	64.4	65.3	63.4

注：2000年珠江三角洲未包括惠州市区、惠阳市、惠东县和博罗县。

2000–2003年长江和珠江三角洲与全国全社会固定资产投资额

单位：亿元

	2000年	2003年	2001-2003年 年平均增长率（%）
长江和珠江三角洲合计	7973.6	14704.1	22.6
长江三角洲	5677.7	10973.7	24.6
珠江三角洲	2295.9	3730.5	17.6
全国总计	32917.7	55566.6	19.1
长江和珠江三角洲占全国的比重(%)	24.2	26.5	
长江三角洲占全国的比重（%）	17.2	19.7	
珠江三角洲占全国的比重（%）	7.0	6.8	

2000–2003年长江和珠江三角洲与全国外商直接投资比较

单位：亿美元

	2000年	2003年	2001-2003年 年平均增长率（%）
长江和珠江三角洲合计	224.8	288.3	8.6
长江三角洲	112.0	210.1	23.3
珠江三角洲	112.8	78.2	-11.5
全国总计	407.2	535.1	9.5
长江和珠江三角洲占全国的比重(%)	55.2	53.9	
长江三角洲占全国的比重（%）	27.5	39.3	
珠江三角洲占全国的比重（%）	27.7	14.6	

注：长江三角洲是上海、江苏和浙江合计数，珠江三角洲是广东省合计数。

珠三角为3730.5亿元，占全国的6.8%。

（六）两个三角洲吸引外商直接投资占全国的53.9%。

2003年长江和珠江三角洲吸引外商直接投资达到288.3亿美元，比2000年增长28.2%，占全国吸引外商直接投资的53.9%，比2000年的55.2%下降了1.3个百分点，其中长三角吸引外商直接投资比2000年增长87.6%，占全国的比重由27.5%上升到39.3%；珠三角吸引外商直接投资比2000年下降30.7%，占全国的比重由27.7%下降到14.6%。

（七）地方财政实力增强，人均财政收入是全国平均水平的1.6倍。

2003年长三角和珠三角财政一般预算内收入2835.7亿元，占全国财政收入的13.1%，比2000年的12.4%提高了0.7个百分点。其中长三角一般预算内收入达1972.6亿元，占全国的9.1%；珠三角一般预算内收入达863.1亿元，占全国的4.0%。

2003年长江和珠江三角洲人均财政收入达到2686元，是全国平均水平的1.6倍。

2000—2003年长江和珠江三角洲与全国财政收入比较

	2000年	2003年
长江和珠江三角洲合计（亿元）	1658.1	2835.7
长江三角洲（亿元）	1059.2	1972.6
珠江三角洲（亿元）	598.9	863.1
全国总计（亿元）	13395.2	21715.3
长江和珠江三角洲占全国的比重（%）	12.4	13.1
长江三角洲占全国的比重（%）	7.9	9.1
珠江三角洲占全国的比重（%）	4.5	4.0
长江和珠江三角洲人均财政收入（元）	1601	2686
全国人均财政收入（元）	1057	1680

二、长三角与珠三角经济发展的对比分析

“80年代看广东，90年代看浦东”。这曾是上个世纪后半期广为流传的一句顺口溜。跨入新世纪后，当以上海为龙头的长江三角洲厚积薄发、日益崛起的时候，珠江三角洲的经济仍然继续保持快速稳健的前进步伐。

（一）从经济规模看，长三角是珠江三角洲的2倍，但两地的差距在缩小。

二十一世纪以来，长三角的GDP一直是珠三角的2倍左右。2000年长三角的GDP总量比珠三角多8594.0亿元，是珠三角的2.17倍；2003年长三角GDP比珠三角多12463.5亿元，是珠三角的2.10倍，其中上海市GDP达到6250.8亿元，是珠三角的广州和深圳GDP之和（6392.4亿元）的97.8%。

2003年长三角的16个城市中，有8个城市的GDP超过1000亿元，比2000年增加2个，占一半。而珠三角GDP超过1000亿元的城市与2000年相同，仍为3个。从城市平均总量来看，2003年长三角16个城市GDP的平均值达到1487.4亿元，比2000年的平均值（997.2亿元）增长49.2%，而珠三角14个县市的GDP平均值为809.6亿元，比2000年（525.8亿元）增长54%。2003年长三角城市平均GDP是珠三角的1.84倍，而2000年长三角是珠三角的1.90倍，因此两地总量平均规模的差距也在缩小。

（二）从人均GDP水平看，珠三角是长三角的1.62倍，且差距有所扩大。

2000－2003年，珠三角的人均GDP继续高于长三角。2003年，珠三角人均GDP为47261元，比2000年增长48.1%；长三角人均GDP为29162元，比2000年增长47.2%。2000年珠三角人均GDP是长三角的1.61倍，到2003年珠三角是长三角的1.62倍。2003年两个三角洲地区人均GDP超过40000元的城市共有7个，其中长江三角洲有3个，即上海、苏州和无锡；珠江三角洲有4个，即广州、深圳、佛山和东莞，而东莞市是两个三角洲地区唯一的人均GDP超过50000元的城市，达到60158元，远远超过了世界上中等收入国家的平均水平。

（三）长江和珠江三角洲的经济增长速度均在两位数以上，但是发展均衡程度有所不同。

2003年，从经济发展速度来看，两个三角洲地区30个城市的增长速度都达到了两位数。其中惠阳县是两个三角洲经济增长最快的地区，达到25.3%，而在2000年它还是两个三角洲地区经济增长最慢的，仅为9.3%。长三角16城市中增长最快的仍然是苏州市，为18.0%。

从发展均衡的角度来看，长三角好于珠三角。2000年长三角16个城市经济增长速度的高低落差仅为2.1个百分点，而珠三角的14个市、县、区中增长速度的高低落差为8.6个百分点。发展到2003年，长三角城市经

济增长速度的高低落差比2000年有所扩大，达到7.2个百分点，而珠三角城市经济增长速度的高低落差扩大的更多，达到15.2个百分点。

（四）两个三角洲的三次产业结构基本相同，但存在差异。

2003年长三角与珠三角地区的产业结构继续向高度化方向发展，三次产业结构平均水平为5：53：42，经济结构调整取得新进展。但两个三角洲产业结构变化有两个特点：

特点一是珠三角第三产业所占比重高，但长三角第三产业发展快。2003年长三角第三产业所占比重为40.3%，虽然低于珠三角地区的43.5%，但是长三角第三产业所占比重在1990年仅为27.2%，明显低于同年珠三角的41.4%。从1990年到2003年长三角的第三产业所占比重增加了13.1个百分点，远远高于珠三角所增加的2.1个百分点。

特点二是长三角第二产业所占比重虽高于珠三角，但呈下降趋势，而珠三角第二产业所占比重有较大提高。2003年长三角第二产业所占比重为54.6%，高于珠三角的52.4%，其第二产业增加值11540亿元，是1990年的9.4倍。虽然近十年，长三角第二产业发展速度较快，表现出较强的生产制造能力，但是与1990年相比，第二产业所占比重仍降低了2.4个百分点。与此相反，珠三角第二产业所占比重呈上升趋势，正在成为我国制造业发展的新基地，2003年珠三角第二产业占比重为52.4%，比1990年的44.2%增加了8个百分点。

（五）2003年长三角进出口贸易总额首次超过珠三角。

2003年，长三角进出口贸易总额达2769.9亿美元，比上年增长56.1%，是2000年的2.24倍；珠三角的进出口贸易总额为2712.5亿美元，比上年增长28.1%。自改革开放以来长三角进出口贸易总额首次超过珠三角2.1%，主要是由于进口额超过珠三角7.5%，这样长三角成为了中国最大的对外贸易基地，而在2002年长三角的进出口贸易总额还只是珠三角的83.8%。

从两个三角洲30个市的进出口贸易看，进出口总额超过1000亿美元的城市为上海和深圳。从进出口贸易的增长速度看，增长最快的是深圳市，进出口贸易总额年增长率在2000年以后均保持在100%以上，在2003年达到134.6%。苏州市是长三角进出口贸易增长最快的城市，2003年增长率达到80.4%。

从外贸依存度来看，珠三角地区经济要比长三角地区更加依赖出口，对外贸易在该地区占有更加重要的地位。2003年珠江三角洲出口贸易总额为1450.3亿美元，比上年增长28.9%，是2000年的1.71倍。尽管长三角出口贸易总额为1413.3亿美元，比上年增长50.0%，比2000年翻了一番，但珠三角的出口贸易总额仍然高于长三角2.6%。珠三角地区2003年外贸依存度（出口总额/GDP）为105.9%，远远高于长三角的49.2%。

（六）长三角全社会固定资产投资总额远远高于珠三角，并且两者差距在逐渐拉大。

2003年长三角全社会固定资产投资为10973.7亿元，比2002年增长38.9%；珠三角全社会固定资产投资3730.5亿元，比2002年增长20.8%。2003年长三角全社会固定资产投资总额远远高于珠三角，是珠三角的2.94倍，2000年以来两个地区的差距在逐渐扩大。

（七）长三角财政收入是珠三角的2.3倍，财政收入占GDP比重高于珠三角。

2003年长三角财政一般预算内收入1972.6亿元，比上年增长26.1%，是珠三角的2.3倍。其中上海市的财政收入为899.3亿元，比珠三角地区的全部财政收入还多36.9亿元，而这多出来的36.9亿元相当于中山市全年的财政收入。长三角财政收入超过100亿元的城市有6个，珠三角只有2个，分别是上海、南京、苏州、

1978—2003年长江三角洲、珠江三角洲全社会固定资产投资比较

单位：亿元

	1978年	1990年	1995年	2000年	2002年	2003年
长江三角洲	55.4	90.3	599.2	5677.7	7900.1	10973.7
珠江三角洲	10.1	15.8	235.8	2464.3	3088.6	3730.5
差　距	1:0.18	1:0.17	1:0.39	1:0.43	1:0.39	1:0.34

无锡、杭州、宁波、广州和深圳。

2003年长江三角洲财政收入占GDP比重为8.3%，比2000年上升1.7个百分点；珠江三角洲为7.6%，比2000年下降0.5个百分点。长三角财政收入占GDP比重比珠三角高0.7个百分点。

三、两个三角洲的发展对中国经济建设的启示及建议

在过去的20多年，长江三角洲和珠江三角洲经济发展之所以取得令人瞩目的成就，原因是多方面的，但归纳起来主要有以下几点：一是能较好贯彻落实党的一系列路线方针政策，特别是努力地坚持改革和开放，完善经济体制，营造经济环境；二是较好地利用先天的地域优势，在坚持对外开放的同时，长三角重视发展与日本和韩国的经济合作，珠三角加强与香港地区和台湾省的经济往来；三是锐意进取，敢于创新。长三角借助其优势率先发展乡镇企业，在形势发生变化时又着手积极推进乡镇企业的改制，提升了整体经济竞争力。珠三角借助海外侨胞多的优势，积极发展外向型经济，吸收了大量的外国资金，借鉴了国外的管理经验。

长三角和珠三角经济发展的经验表明，加快改革步伐、培养创新机制、提高经济增长中的科技含量、积极开展国际经贸往来和参与经济全球化进程，才能跟上时代步伐，推动我国经济社会快速发展。

（一）深化体制改革与创新，加强区域内合作。

世界经济全球化格局的加速发展，使各国经济日益形成“你中有我、我中有你”的相互依存局面，既加剧了竞争又深化了合作，这对两个三角洲的经济和外经贸发展产生了重大影响，使他们既面临难得的发展机遇，又面临前所未有的挑战。

随着新一轮区域经济一体化的启动，长三角内部的经济分工协作更加紧密，产业结构更趋合理，从而对其经济社会发展产生强大的推动作用。上海作为长三角地区的核心城市，以其较强的经济实力，优良的投资环境，确立了“龙头”地位。目前，在上海有近200家跨国公司的地区总部和中国总部，还有很多现代物流中心、销售中心、国际贸易性公司。这些机构都有一个共同的特点：把上海作为“中心店”或“总部”，而目光投向长三角地区乃至长江流域，在那里建立生产基地、出口基地与分支机构，并将其作为未来的投资重地。长三角的其它城市都以积极的态度、务实的政策，支持长三角的经济一体化进程，积极推进城市间的资产重组，打破壁垒，通过组织城市间的联合与协作，使长三角大商贸格局基本形成，生产要素流动更趋合理。

以香港为中心、珠江三角洲为腹地的港澳粤“大珠三角”已成为亚洲地区发展比较成熟、经济活跃和协作程度较高的经济区，中国加入WTO和港澳回归为珠三角地区经济的再一次崛起带来重大发展机遇，大珠江三角洲经济融合势在必行。同时，“泛珠三角”理念的提出也为该区域经济提供了更为广阔的前景。基于与珠江流域相连、与大珠三角相临、经贸关系密切等三方面因素，泛珠三角区域的范围包括：福建、江西、湖南、广东、广西、海南、四川、贵州、云南九个省（区）以及香港、澳门两个特别行政区，简称“9＋2”。内地九省（区）的区域面积为全国的1/5，人口的1/3，经济总量的1/3。加上香港和澳门两个特别行政区，泛珠三角区域在全国的地位将十分突出。

（二）加快产业结构升级，以科技带动经济发展。

二十一世纪是信息与知识经济的时代，利用信息技术改造和提升传统产业、以信息化带动工业化是必然趋势，技术创新和知识经济在产业发展中的作用更加明显。加入世界贸易组织后，两个三角洲的一些传统优势产业、高新技术产业和服务业也会受到冲击，所以，由劳动密集型产业逐步转入资金技术密集型产业，实现经济结构升级已经迫在眉睫。

长三角是中国及国际(东亚经济区)重要的高新技术产业基地，第二产业以技术、知识密集型产业为支柱。长三角应继续充分发展区位优势和经济优势，因地制宜地配合区域主导产业、支柱产业的形成与发展。从长远趋势看，长三角如果要在世界市场上占稳一席之地，就必须坚持向高科技发展的方针，以高新技术产业(主要是计算机和通讯产业)为主导产业。

珠三角将调整并优化产业结构，全面提高产业整体素质，着力优化提高第二产业，运用高新技术改造传统产业，发展信息技术、生物技术等高新技术产业，壮大电子信息、电器机械和石油化工三大新兴支柱产业，改造提高纺织服装、食品饮料和建筑材料三大传统支柱产业，培育发展汽车、医药、造纸、环保等一批有潜力的产业。同时，加快优化企业组织结构，构建和完善以大企业为主导，大中小企业专业化分工、产业化协作的产业组织体系。加快发展第三产业，抓住我国加入世贸组织的机遇，扩大第三产业吸纳外资和民资的领域，重点发展信息服务、金融保险、中介和社区服务等行业。

（三）加强区域间的经济技术合作，建立良性竞争模式。

随着国际经济竞争的日益激烈，中国几个经济区域之间的相互竞争、三角洲内部各个城市的相互竞争也在加剧。长三角、珠三角和环渤海地区是中国经济发展的“三驾马车”，如何加强相互间的经济技术合作、取长补短，建立良性的竞争模式、避免地方保护行为和避免重复建设应当引起广泛关注。

两个三角洲目前存在的重要问题之一是各地级市行政地位和经济实力相当的城市之间的畸形竞争。各个城市从追求自身发展目标出发，极易滋长地方的本位主义和功利主义倾向，从而使城市之间的经济关系逐渐离散，导致各个城市均以行政区域为界，相互封闭，各自发展建立“小而全”的经济体系。而按经济发展的一般规律，区域经济发展战略往往是优先重点建设中心城市，进而带动周围地区发展。目前，上海在长三角的中心城市地位更加明显，而珠三角也应该尽快确立广州、深圳的龙头地位，发挥中心城市的带动作用。两个三角洲应进一步整合区域内的各类资源，发挥政府宏观指导的作用和市场调节的作用，更好地利用政策、利用价值规律，逐步实现区域内资源共享、优化资源配置，提高整体竞争能力。

经过二十多年的快速发展，两个三角洲已经成为中国经济最发达的地区，对全国经济发展起着巨大的主导作用。它们虽然土地面积不足全国的2%，人口不足全国的10%，却创造了全国近30%的国内生产总值、60%以上的进出口贸易额。两个三角洲是中国其它地区改革开放和经济发展示范的“大课堂”，其经济发展模式、市场经济观念、经营思想和管理经验等方面对我国其它地区的发展具有重要示范、指导和借鉴作用。

（执笔：杨京英　杨红军　王强　铁兵）

长江三角洲与珠江三角洲经济发展与体制改革的比较研究

Comparative Study of Economic Development and System Reform of Yantze River Delta and Pear River Delta

中国改革基金会国民经济研究所

一、前言

两三角洲地处东南沿海地带。长江三角洲位于江苏中南部，浙江北部和上海全部，濒临东海，主要包括以下十六个城市：上海、南京、苏州、无锡、常州、镇江、南通、扬州、泰州、杭州、宁波、嘉兴、湖州、绍兴、舟山和台州。珠江三角洲位于广东省的中南部，濒临南海，主要包括以下十四个市县：广州、深圳、珠海、佛山、江门、东莞、中山、惠州、惠阳、惠东、博罗、肇庆、高要和四会。

长江三角洲地区历来是我国最为富庶的区域之一。以长三角为主的江南地区，千余年来一直被人们誉为“鱼米之乡”、“人间天堂”，以经济和文化的发达著称。长三角的苏锡常地区是中国现代制造业起步最早的一个地区，1850年以前，苏州作为清王朝的手工作坊，已经是中国最大的手工业城市。到二十世纪三十年代，无锡已成为中国第三大工业城市。而长三角的上海由于其优越的地理条件，在二十世纪初期已成为远东最活跃的工商业城市。

珠江三角洲在历史上也是我国商品经济比较发达的地区之一，而且也是我国近代工业出现较早的地区之一。1872年陈启沅成立的“继昌隆缫丝厂”是中国近代第一个民族资本工业。到了二十世纪初，珠三角逐步取代浙江成为中国近代缫丝中心。此外，珠三角还是我国最早开展对外经济贸易的地区之一。唐宋时期，广州对外贸易额已居全国各港之首，珠三角成为我国当时对外贸易的重要基地；到了明清，以广州为中心的珠三角对外贸易活动更是活跃，几乎垄断了全国的对外经济贸易活动。

长江三角洲和珠江三角洲是我国东南沿海经济非常发达的地区，两三角洲对我国经济最近几十年的发展有着举足轻重的作用。本研究报告试图对两个三角洲的经济发展和体制改革方面作些比较研究分析，但我们的侧重点还在于比较这两个三角洲的经济体制改革方面的差异以及两三角洲市场化进程方面的差异。

二、长江三角洲和珠江三角洲经济发展比较

1.两三角洲的异同之处

改革开放以后，珠江三角洲和长江三角洲都是我国沿海地区重要的开放门户，经济发展最快，经济实力最强的区域。两地在经济发展方面有许多不同之处，不过，它们也有一些相同之点：

第一是，在历史上，两三角洲的经济发展都非常不错。如前所说，直到鸦片战争之前，长三角在手工业和商业的发展都是全国发展水平最高的地区；而广州是自唐宋以来中国最大的对外贸易港口城市，商业非常繁荣发达。

第二是，从“一五计划”开始一直到1978年，由于两三角洲地处海防前线，国家始终没有安排较多重大工业项目，两三角洲只是在地方政府的有限资金支持下建设了一批地方轻纺工业项目，而这正“歪打正着”地符合了我国经济发展的资源禀赋比较优势，一方面没有形成积重难返的资本密集型企业，另一方面，在轻工业发展方面有了一定的基础，为改革开放后的经济快速发展打下了良好的基础。

第三是，改革开放政策对两个三角洲的影响是非常巨大的，而且相对于中国其他地区而言，是极其优惠的，如珠三角的深圳和珠海是经济特区；长三角的上海、宁

波和南通是沿海开放港口城市。

第四是，除了具有良好的地理位置优势(运输成本低廉)，它们的人力资源也非常丰富，如长三角地区拥有千余所科研机构和百余所高等院校，有着大批的科技人才和熟练技术工人；而珠三角本身虽不具有这些优厚的人力资源条件，但它吸引着来自全国各地的专门人才，每年有着大量的科技人员和优秀大学毕业生从中西部流动到东南沿海地区，据第五次人口普查资料显示，珠三角地区流动人口为2152万人，是全国吸引外来劳动力最多的地区之一。此外，2003年珠三角人均专业技术人员比例高达6.86%①；同期，长三角人均专业技术人员比例为4.16%②。

第五是，在制度创新方面，两三角洲都有重大突破，如长三角的浙江地区的“温州模式”——民营企业，以及江苏地区的“苏南模式”——乡镇企业；珠三角的“华南模式”——“三资企业”和“三来一补”外向型企业。

尽管两个三角洲具有以上提到的五个共同之处，但它们存在着多方面的差异。

第一是，改革开放之前形成的工业基础不同。虽然两三角洲重工业都不是很发达，但长三角轻工业非常发达，1978年江浙沪三省市拥有工业企业56527家，工业总产值为983.77亿元，其中轻工业比重占60.0%③；同期，广东省工业企业只有19440家，工业总产值为206.56亿元，其中轻工业比重占64.3%④。可见，改革开放初期长三角的工业基础要比珠三角实力雄厚得多。

第二是，区域经济发展模式的差异。上面我们提到两个三角洲在制度创新方面都有突破，但两地区具体模式存在很大的不同。长三角以发展乡镇企业和民营企业为突破口，选择走内向资本积累型区域经济发展模式，具体又分为“苏南模式”和“温州模式”。“苏南模式”的特点是以地方政府与社区政府为主要推动力，以集体所有制乡镇企业为基本经济活动主体直接推动区域经济发展，内向筹资，体制内地方政府发动的供给强制性制度变迁。“温州模式”的特点是由私人发动，以家庭私营工商业为主要经济活动主体，以市场为导向，内向筹资，体制外需求诱致性制度变迁。珠三角主要是通过引进外资，特别是港澳地区的资金，以外部资本与技术相结合推进区域经济的发展，选择外资推动型区域经济发展模式。该模式主要特点是通过吸引外资，接收外部产业转移，整合内部资源以增强区域市场竞争力，进而推动区域经济发展，通过外部生产要素引入，改进内部生产要素配置与经济结构，使内部市场与国际市场相联系。

第三是，市场经济体制形成与演进的差异。长三角市场经济体制的形成源于转轨时期对原有计划经济体制的逐渐否定和扬弃，以放松地方政府管制、国有企业产权制度与管理制度改革为基础，在逐渐扩大市场资源配置功能的条件下逐渐形成和演变的。珠三角由于国有企业数量少，规模小，计划经济体制对资源配置的影响力不是很强大，通过扩大对外开放，引入外部生产要素，接收产业转移，培育市场型非国有企业，逐渐构建起新型市场经济体制，同时对原有计划经济体制进行改进，形成市场资源配置机制。我们将在研究报告的第三部分着重分析两个三角洲在经济体制改革方面的差异。

2．两三角洲GDP概况

长江三角洲和珠江三角洲区域在改革开放过程中是我国经济发展最快的两个区域，已经成为中国的两个经济重心。2003年长三角GDP总值已达23798亿元；珠三角GDP总值已达11335亿元；这两个区域的地区生产总值已超过三万五千亿元，大约占全国GDP(117252亿元，修订值⑤)的30%。表1和表2是两个三角洲各地区不同年份以当年价格计算的GDP具体情况。

①其中佛山市的专业技术人员，无2003年统计数据，用2002年数据代替。

②其中上海市的人口数的用的是2003年常住人口数，而非年鉴提供的户籍人口数。其他各市县人口数均为常住人口数。以下的分析，若无特殊说明，我们均使用常住人口数。

③该比重根据1981年统计数据算出。

④ 1978年，全国轻工业比重为43.1%。

⑤该数据来自于互联网。

表1　长三角各地区不同年份的GDP

单位：亿元，当年价格

地　区	1978	1980	1990	2000	2002	2003
上海市	272.81	311.89	756.45	4551.15	5408.76	6250.81
南京市	34.42	42.51	176.52	1021.30	1297.57	1576.33
苏州市	31.95	40.68	202.14	1540.68	2080.37	2801.56
无锡市	24.93	35.55	160.44	1200.17	1580.66	1901.22
常州市	17.57	22.76	94.87	600.66	760.60	901.42
镇江市	12.18	14.94	65.32	452.03	560.90	641.05
南通市	29.39	35.66	134.25	736.44	887.33	1006.71
扬州市	14.38	17.56	89.05	472.12	558.93	647.22
泰州市	14.15	18.30	84.21	405.25	504.60	580.04
杭州市	28.40	40.65	189.62	1382.56	1781.83	2099.77
宁波市	20.17	29.53	141.40	1175.75	1500.34	1786.85
嘉兴市	13.29	17.80	81.33	538.37	706.43	858.03
湖州市	8.88	12.23	54.99	343.42	422.50	490.75
绍兴市	11.29	16.55	82.38	744.96	928.15	1089.28
舟山市	3.88	4.90	24.57	114.90	146.01	172.27
台州市	10.13	14.28	78.74	674.99	858.31	995.03

资料来源：《2004长江和珠江三角洲及港澳特别行政区统计年鉴》。

表2　珠三角各地区不同年份的GDP

单位：亿元，当年价格

地　区	1978	1980	1990	2000	2002	2003
广州市	43.09	57.55	319.60	2375.91	3001.48	3496.88
深圳市	N.A.⑥	2.70	171.67	1665.47	2256.82	2895.54
珠海市	N.A.	2.61	41.43	330.26	406.27	473.27
佛山市	12.96	16.77	136.73	957.20	1175.92	1381.60
江门市	14.32	18.73	100.55	567.51	660.82	730.08
东莞市	6.11	7.04	64.62	492.71	672.89	947.97
中山市	5.76	7.22	51.06	312.82	415.67	501.40
惠州市区	0.73	0.79	10.65	134.40	225.28	262.37
惠阳市	1.41	1.75	12.33	102.12	81.42	102.41
惠东县	1.78	1.90	12.16	88.49	103.95	114.05
博罗县	2.04	2.16	10.41	81.80	98.29	108.92
肇庆市区	1.07	1.33	13.14	85.76	90.04	107.52
高要市	1.55	2.16	11.71	110.94	128.82	140.43
四会市	0.99	1.23	8.23	55.45	68.47	72.36

资料来源：《2004长江和珠江三角洲及港澳特别行政区统计年鉴》。

⑥没有统计数据，下同。

从2003年GDP来看，我们可以发现，长三角的特点是上海一市GDP遥遥领先；而珠三角的特点是广州和深圳两市GDP总和与上海一市相差无几，且两市之间的GDP相差不大。换句话说，上海是长三角地区的中心城市；而珠三角是以广州和深圳两市为龙头地位。

从下面的GDP数据，我们还可以看出，长江三角洲区域的江苏和浙江部分从20世纪80年代起就有了迅速的发展。上海在改革前一直在我国经济中占有着重要地位，但在改革之初发展相对缓慢，90年代以后才有了迅速的发展(参见下面的图3)。整个三角洲区域在1980年占我国国内生产总值的15.7%，由于上海在80年代发展滞后，到1990年所占份额下降到13.3%。经过90年代的迅速发展，2003年长三角在全国GDP中的份额已经上升到20.3%。

珠江三角洲在改革之初的1980年在国内生产总值中只占3.1%的份额，经过二十余年的经济快速发展，

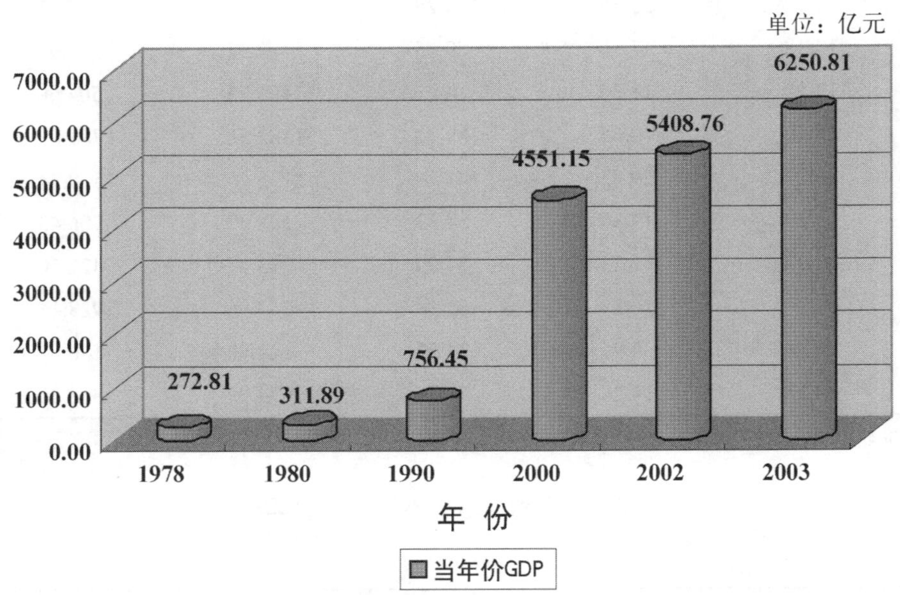

图3 上海相关年份的GDP数据

资料来源：《2004长江和珠江三角洲及港澳特别行政区统计年鉴》。

表3 长江三角洲和珠江三角洲在全国GDP中的比重

单位：亿元

年 份	1980	1990	2002	2003
长江三角洲	676	2416	19983	23798
沪江浙三省市	811	3071	23837	28107
占三省比重	83.4%	78.7%	83.8%	84.7%
全 国	4307	18151	104791	117252
占全国比重	15.7%	13.3%	19.1%	20.3%
珠江三角洲	133	1011	9386	11335
广东省	250	1559	11770	13626
占广东省比重	53.2%	64.8%	79.7%	83.2%
全国	4307	18151	104791	117252
占全国比重	3.1%	5.6%	9.0%	9.7%

资料来源：国家统计局（2003、2003b），《2004长江和珠江三角洲及港澳特别行政区统计年鉴》。

表4 长江三角洲和珠江三角洲人均GDP相对变化情况

单位：元

年 份	1980	1990	2002	2003
全国人均[⑧]	437	1,596	9,255	10558
沪江浙三省市人均	744	2,500	17,459	20372
其中：长三角人均	961	3,130	23759	27899
广东省人均	478	2,496	14,975	17130
其中：珠三角人均	818	5,316	39690	47262
长三角与全国之比	220%	196%	257%	264%
珠三角与全国之比	187%	333%	429%	448%

注：本表中计算各省及三角洲2002和2003年人均GDP依据的人口数中包括了常住外来人口。

资料来源：据国家统计局，历年《中国统计年鉴》及《2004长江和珠江三角洲及港澳特别行政区统计年鉴》计算。

2003年所占份额已经迅速上升到9.7%，成为我国一个主要的制造业和出口加工基地。

2003年，长江三角洲地区占上海、江苏、浙江三省市GDP的比重为84.7%，人均GDP达到27899元；珠江三角洲地区占广东省GDP的83.2%，人均GDP达到47262元[⑦]。表3显示了两个三角洲GDP在全国不同年份的相对变化情况；表4显示了人均GDP在全国不同年份的相对变化情况。

2.两三角洲投资情况

两个三角洲经济的迅速发展当然与改革开放时期这两个地区的投资迅速增加是分不开的。表5反映的是两个三角洲固定资产投资的情况；表6反映的是两个三角洲外商直接投资情况。

从表5中可以看出，从1980年到2002年，长江三角洲在全国固定资产投资中的比重从9.9%上升到18.2%，珠江三角洲在全国固定资产投资中的比重从1.8%上升到7.1%。

在两个三角洲地区的投资中，外资所起的作用是非

表5 长江三角洲和珠江三角洲的固定资产投资

单位：亿元

固定资产投资	1980	1990	2000	2002
全 国	911	4517	32918	43500
沪江浙	113	770	6789	9141
长江三角洲	90	599	5678	7900
广 东	38	381	3145	3851
珠江三角洲	16	236	2464	3089
长三角比全国	9.9%	13.3%	17.2%	18.2%
珠三角比全国	1.8%	5.2%	7.5%	7.1%

资料来源：据国家统计局，历年《中国统计年鉴》及《2004长江和珠江三角洲及港澳特别行政区统计年鉴》计算。

⑦由于珠三角与长三角相比，有更多的外来流动人口，而计算人均GDP时，我们使用的是常住人口数，故此数值偏高，与长三角之间的可比性也较差。

⑧此处全国人均GDP是根据各省GDP加总数除以各省常住人口加总数得到。

表6　两个地区外商直接投资

单位：亿美元，%

年份	全国	长三角	长三角比全国	珠三角	珠三角比全国
1984	12.58	0.3	2.5	5.4	43.0
1985	16.58	0.9	5.5	5.2	31.0
1986	18.74	1.3	7.2	6.4	34.4
1987	23.14	0.9	4.1	5.9	25.7
1988	31.94	5.0	15.6	9.2	28.8
1989	33.92	5.7	16.8	11.6	34.1
1990	34.87	3.7	10.5	14.6	41.8
1991	43.66	5.0	11.4	18.2	41.7
2000	407.15	112.0⑨	27.5	112.8⑩	27.7
2003	535.05	210.1⑨	39.3	78.2⑩	14.6

注：由于数据来源于不同的作者，他们各自对长三角和珠三角定义略有不同。

资料来源：国家统计局，历年《中国统计年鉴》；洪银兴等(2003)；杨京英等(2004) 及《2004长江和珠江三角洲及港澳特别行政区统计年鉴》。

常突出的。表6收集了1984–1991，2000，2002和2003年的数据。在1984年，长江三角洲外商直接投资（含港澳台投资，下同）在全国所占的比重约为2.5%，珠江三角洲所占比重约为43.0%。到2003年，长江三角洲该比重上升到39.3%，珠江三角洲该比重下降到14.6%。

3.两三角洲产业结构分布状况

表7对两个三角洲及全国三次产业结构状况作了统

表7　两三角洲产业结构状况

单位：%

年份	长三角			珠三角			全　国		
	第一产业	第二产业	第三产业	第一产业	第二产业	第三产业	第一产业	第二产业	第三产业
1978	19.64	61.27	19.10	22.4	51.5	26.0	28.10	48.16	23.74
1980	20.82	60.09	19.09	26.00	44.00	30.00	30.09	48.52	21.39
1988	20.67	52.39	26.93	17.20	47.00	35.80	25.66	44.13	30.21
1990	19.96	51.56	28.48	14.80	46.40	38.80	27.05	41.61	31.34
1993	13.19	54.19	32.62	9.15	51.20	39.53	19.87	47.43	32.70
1994	13.39	54.25	32.36	8.80	51.26	39.97	20.23	47.85	31.93
1995	13.19	53.48	33.32	8.08	50.19	41.73	20.51	48.79	30.69
1997	11.73	52.29	35.98	7.49	49.56	42.95	19.09	49.99	30.93
2002	6.0	52.1	41.9	4.9	49.8	45.3	15.4	51.1	33.5

注：由于数据来源于不同的作者，他们各自对长三角和珠三角定义略有不同。

资料来源：洪银兴等(2003)；王光振等(2001)；杨京英等(2004) 及《2004长江和珠江三角洲及港澳特别行政区统计年鉴》。

---

⑨此数据为上海、浙江、江苏合计数。

⑩此数据为广东省合计数。

计分析。2002年长三角三次产业结构分布为：6:52:42；珠三角三次产业结构分布为：5:50:45。从1978年到2002年，这两个地区的产业结构发生了很大的变化，这些年中第一产业在GDP中的比重基本保持着下降的态势，长三角从19.64%下降到6.0%；珠三角从22.4%下降到4.9%。第三产业在GDP中的比重基本保持着上升的态势，长三角从19.10%上升到41.9%；珠三角从26.0%上升到45.3%。与全国相比，其变化态势基本一样，只是幅度上有很大的差异。到了2002年，两三角洲第一产业比全国约低十个百分点，第三产业比全国约高十个百分点。就第二产业而言，两三角洲与全国相比，表现了很大的不同。从1978年到2002年，长三角大约下降了近十个百分点；珠三角基本保持不变；而全国平均值先降后升，最终上升了近三个百分点。可见，经过改革开放二十多年的发展，两个三角洲产业结构得到了较为充分的调整和改善，基本上与其经济发展水平相适应。

从这两个三角洲发展的未来趋势看，两个三角洲地区将会继续保持着在全国领先发展并高速增长的态势。但长三角地区相对来说还有更多的潜能没有释放出来，它在今后若干年中的发展速度完全可能更快一些。

三、两三角洲市场化改革进程的比较

前面我们简单比较了两个三角洲的异同，并对两个三角洲经济发展的过去和现状也作了较为充分的描述。不过，我们的重点还在于比较这两个三角洲的经济体制变革和市场化进程。

根据发挥基础性作用的调节机制差异，经济体制可以分成计划经济、市场经济和自然经济。我国在改革开放之前，主要采用的是计划经济调节机制。我们知道，在计划经济和市场经济形态中，都存在着利用另一种经济调节手段的可能，计划经济可以利用市场机制作为补充；市场经济也可以利用计划调节作为有益的补充。所以在1978年以后，我们首先发展商品经济，逐步引入了市场调节机制。所谓市场调节机制就是以市场作为调节资源配置，实现优化配置的经济机制和手段。从理论上讲，马克思所阐述的“价值规律”和亚当·斯密提出来的“看不见的手”，都是对市场调节机制的理论概括。一般来说，市场机制包括以下五种机制：一是供求机制；二是价格机制；三是竞争机制；四是风险机制；五是利益机制。市场机制是引导市场参与主体合理有效配置资源的一种经济协调机制，它在表现形式上一般都是在市场上有供求、价格和竞争等表象，市场参与者遵循风险责任和利益机制。然而，市场经济的核心特征在于行为决策的分散性和产权制度的明晰性。

我们认为市场化是一系列经济、社会、法律、乃至政治体制的变革，是一个全面的制度建设和体制改革。市场化是非市场经济形态转向市场经济的过程，是市场机制在经济协调过程中逐渐发挥作用、调节经济的程度不断加深、增强，直至成为全社会的基础性资源配置方式的过程。一般意义上讲，市场化是指从计划经济向市场经济的转变。在西方经济学文献或过渡经济学文献中，也多用经济“自由化”过程的概念来指代从计划经济向市场经济的过渡，但是，它们一般的政策建议要求进行产权制度的全面、迅速私有化。这与我国所采用的渐进式的市场化改革方法，有着明显地区别。然而，我们认为，我们选择了一条适合中国国情的改革之路，它使我国经济发展日益突飞猛进，并显示出了经济持续发展的潜力。

市场机制发挥作用的程度可以用市场化程度来描述。市场化程度是对资源配置过程中由市场来配置资源比重的衡量，是市场机制纵深作用的程度、广度以及市场发育程度的反映。市场化过程就是市场化程度不断提高的过程，市场化程度则是对已经市场化部分的客观描述。根据相关理论和实证研究的结论，市场机制在我国资源配置过程中已经占据主体地位，担当了基础性资源配置工具，我国从计划经济向市场经济的转轨过程已经发生了根本性的变化。现在的任务是进一步提高市场化程度，转变并发挥好政府职能、完善市场体系和价格形成机制，使市场机制在国家宏观调控下发挥资源配置性作用，提高国民经济持续发展的潜力。

虽然两个三角洲是全国经济发展速度最快，经济实力最强，发展潜力也不错的区域，但它们的市场化进展程度是不完全一致的。它们在各产业领域，各市场结构等存在着众多差别，有的市场化程度相对高些，有的相对低些。本文试图对两个三角洲的市场化程度进行一个较为全面的比较。

我们采用了《中国市场化指数——各地区市场化相对进程2004年度报告》所使用的数据处理方法，把两个三角洲看作两个“省份”，与中国其他三十个省份(缺少西藏和台湾省的数据，故没有包括在内)进行比较。根据2000和2002年的数据进行测算，对两个三角洲之间进行了横向比较；并以2000年为基期，对两个三角洲自身进行了纵向比较。

下面我们简单说明一下指数是如何设计的。

我们主要从以下五个方面来评价2000–2002年期间两三角洲的市场化进展状况。这五个方面包括：(1)政府与市场的关系；(2)非国有经济的发展；(3)产品市场的发育；(4)要素市场的发育；(5)市场中介组织和法律制度环境。

这五个方面的进展情况分别是由各个方面指数的算术平均得分反映出来的。第一方面指数是由以下五个分项指数构成：(1a)市场分配经济资源的比重；(1b)减轻农民的税费负担；(1c)减少政府对企业的干预；(1d)减轻企业税外负担；(1e)缩小政府的规模。第二方面指数是由以下三个分项指数构成：(2a)非国有经济在工业总产值中所占比重；(2b)非国有经济在全社会固定资产总

表8　长三角与珠三角在市场化各方面、各指标的排名及得分（2000年）

	长三角		珠三角		长三角－珠三角	
	排名	得分	排名	得分	排名差距	得分差距
1. 政府与市场的关系	2	8.246519	3	8.2445	-1	0.002019
1a. 市场分配经济资源的比重	6	9.081964	8	8.704511	-2	0.377453
1b. 减轻农民的税费负担	10	9.07917	2	9.989771	8	-0.9106
1c. 减少政府对企业的干预	5	9.078271	2	9.876596	3	-0.79832
1d. 减轻企业税外负担	22	4.912364	18	5.374859	4	-0.4625
1e. 缩小政府的规模	4	9.080826	10	7.276763	-6	1.804063
2. 非国有经济的发展	7	6.967026	5	7.583637	2	-0.61661
2a. 非国有经济在工业总产值中所占比重	7	7.544666	4	8.562265	3	-1.0176
2b. 非国有经济在全社会固定资产总投资中所占比重	12	6.012944	13	5.675355	-1	0.337589
2c. 非国有经济就业人数占城镇总就业人数的比例	5	7.343469	2	8.513292	3	-1.16982
3. 产品市场的发育程度	11	7.697357	3	9.678008	8	-1.98065
3a. 价格由市场决定的程度	9	7.939785	2	9.793548	7	-1.85376
3b. 减少商品市场的地方保护	17	7.454929	2	9.562468	15	-2.10754
4. 要素市场的发育程度	4	6.591392	2	7.688513	2	-1.09712
4a. 金融业的市场化	2	6.938983	8	5.013797	-6	1.925186
4a1. 金融业的竞争	3	8.473047	8	7.49213	-5	0.980917
4a2. 信贷资金分配的市场化	5	5.40492	16	2.535464	-11	2.869456
4b. 引进外资的程度	4	7.373844	2	9.664727	2	-2.29088
4c. 农村劳动力流动性	6	4.480742	2	7.874396	4	-3.39365
4d. 本地区技术市场成交额/科技人员	5	7.571998	3	8.201132	2	-0.62913
5. 市场中介组织的发育和法律制度环境	8	5.145809	1	9.033248	7	-3.88744
5a. 市场中介组织的发育	4	4.110491	1	9.575952	3	-5.46546
5a1. 律师人数/地区人口	4	3.78072	1	10	3	-6.21928
5a2. 会计师人数/地区人口	4	4.440263	2	9.151904	2	-4.71164
5b. 对生产者合法权益的保护	22	6.070424	14	7.375047	8	-1.30462
5c. 知识产权保护	6	3.38958	1	10	5	-6.61042
5c1. 三种专利申请受理量/科技人员数	6	3.814453	1	10	5	-6.18555
5c2. 三种专利申请批准量/科技人员数	6	2.964708	1	10	5	-7.03529
5d. 消费者权益保护	15	7.012741	4	9.181992	11	-2.16925

投资中所占比重(2c)非国有经济就业人数占城镇总就业人数的比例。第三方面指数是由以下两个分项指数构成：(3a)价格由市场决定的程度；(3b)减少商品市场的地方保护。第四方面指数是由以下四个分项指数构成：(4a)金融业的市场化；(4b)引进外资的程度；(4c)农村劳动力流动性；(4d)本地区技术市场成交额/科技人员；其中第一分项指数是由以下两个更为基础的指数构成：(4a1)金融业的竞争和(4a2)信贷资金分配的市场化。第五方面指数是由以下四个分项指数构成：(5a)市场中介组织的发育；(5b)对生产者合法权益的保护；(5c)知识产权保护；(5d)消费者权益保护；其中第一分项指数是由以下两个更为基础的指数构成：(5a1)律师人数/地区人口和(5a2)会计师人数/地区人口；第三分项指数是由以下两个更为基础的指数构成：(5c1)三种专利申请

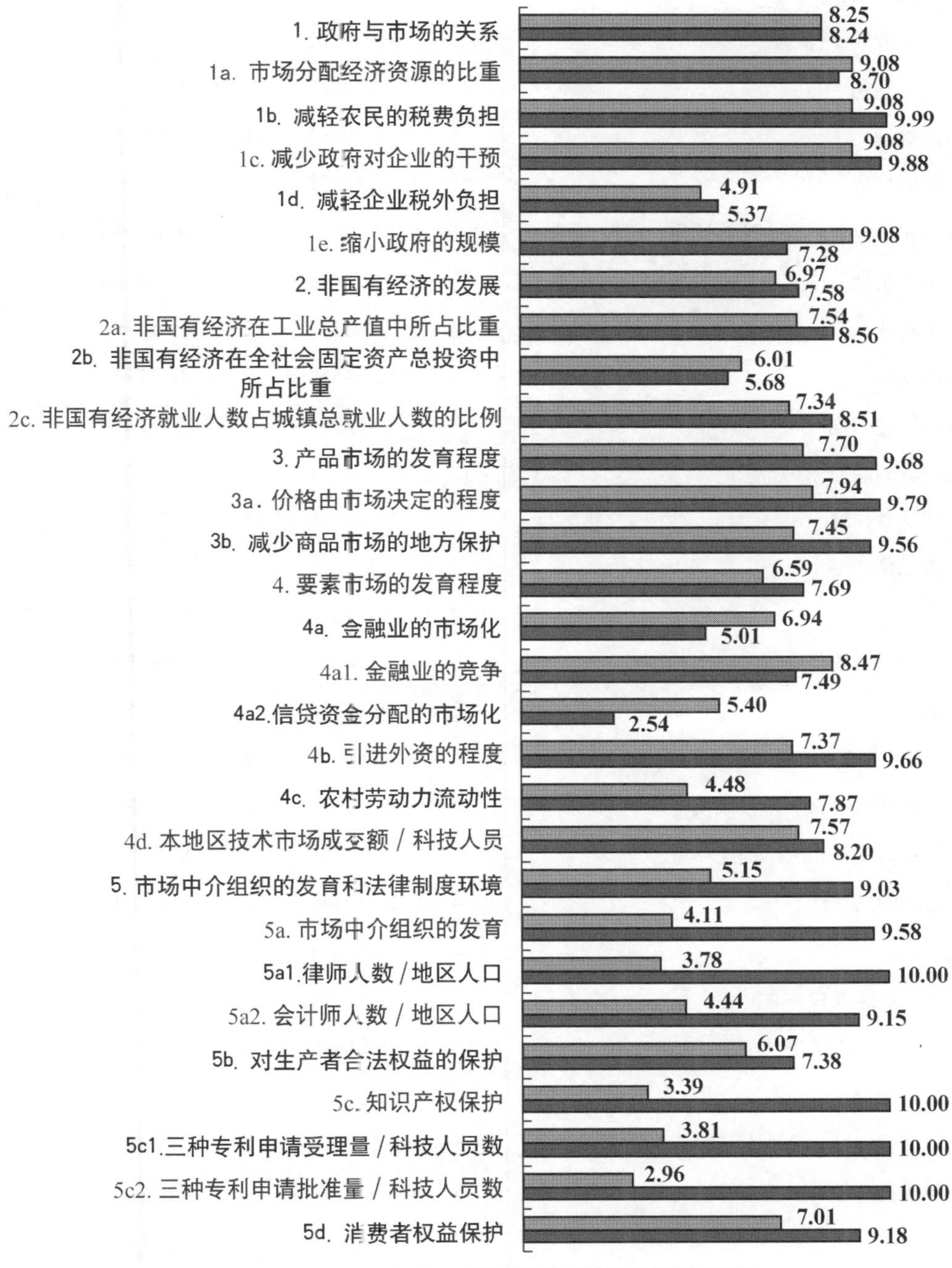

图4　2000年长三角与珠三角市场化指数比较

受理量/科技人员数和(5c2)三种专利申请批准量/科技人员数。具体的计算公式和数据处理详细方法请参见《中国市场化指数——各地区市场化相对进程2004年度报告》。

表9　长三角与珠三角在市场化各方面、各指标的排名及得分(2002年)⑪

	长三角		珠三角		长三角-珠三角	
	排名	得分	排名	得分	排名差距	得分差距
1. 政府与市场的关系	2	8.21468	4	7.866128	-2	0.348552
1a. 市场分配经济资源的比重	8	7.859188	9	7.700332	-1	0.158856
1b. 减轻农民的税费负担	10	10.22899	2	10.76671	8	-0.53772
1c. 减少政府对企业的干预	7	6.974002	3	8.630812	4	-1.65681
1d. 减轻企业税外负担	15	7.016349	24	5.688227	-9	1.328122
1e. 缩小政府的规模	6	8.99487	16	6.544558	-10	2.450312
2. 非国有经济的发展	5	9.040832	3	9.952026	2	-0.91119
2a. 非国有经济在工业总产值中所占比重	6	8.650678	3	9.669613	3	-1.01894
2b. 非国有经济在全社会固定资产总投资中所占比重	10	8.678645	7	9.650416	3	-0.97177
2c. 非国有经济就业人数占城镇总就业人数的比例	4	9.793172	2	10.53605	2	-0.74288
3. 产品市场的发育程度	7	9.254554	2	10.27113	5	-1.01658
3a. 价格由市场决定的程度	7	9.470968	2	10.32258	5	-0.85161
3b. 减少商品市场的地方保护	13	9.038141	2	10.21968	11	-1.18154
4. 要素市场的发育程度	3	8.046138	1	9.730983	2	-1.68485
4a. 金融业的市场化	3	7.583045	5	6.824516	-2	0.758529
4a1. 金融业的竞争	2	7.455217	8	5.748509	-6	1.706708
4a2. 信贷资金分配的市场化	6	7.710872	4	7.900522	2	-0.18965
4b. 引进外资的程度	2	10.07926	1	12.65512	1	-2.57586
4c. 农村劳动力流动性	6	5.046902	2	8.743961	4	-3.69706
4d. 本地区技术市场成交额/科技人员	4	9.475351	2	10.70034	2	-1.22499
5. 市场中介组织的发育和法律制度环境	7	5.114222	1	8.781554	6	-3.66733
5a. 市场中介组织的发育	4	5.132346	2	10.7593	2	-5.62695
5a1. 律师人数/地区人口	4	5.652614	2	11.98622	2	-6.33361
5a2. 会计师人数/地区人口	5	4.612078	2	9.532375	3	-4.9203
5b. 对生产者合法权益的保护	15	2.001698	17	1.485866	-2	0.515832
5c. 知识产权保护	5	5.136904	1	13.61957	4	-8.48267
5c1. 三种专利申请受理量/科技人员数	5	6.339013	1	14.50758	4	-8.16857
5c2. 三种专利申请批准量/科技人员数	5	3.934794	1	12.73157	4	-8.79678
5d. 消费者权益保护	12	8.185938	3	9.261476	9	-1.07554

⑪以2000年为基期。

在数据处理过程中，由于两个三角洲的数据收集的不够全面，缺乏一些总量数据，我们采用江浙沪三省数据之和来代替长三角的数据；用广东省的数据代替珠三角的数据。

表8和9分别是长江三角洲和珠江三角洲2000和2002年市场化进程情况的比较。

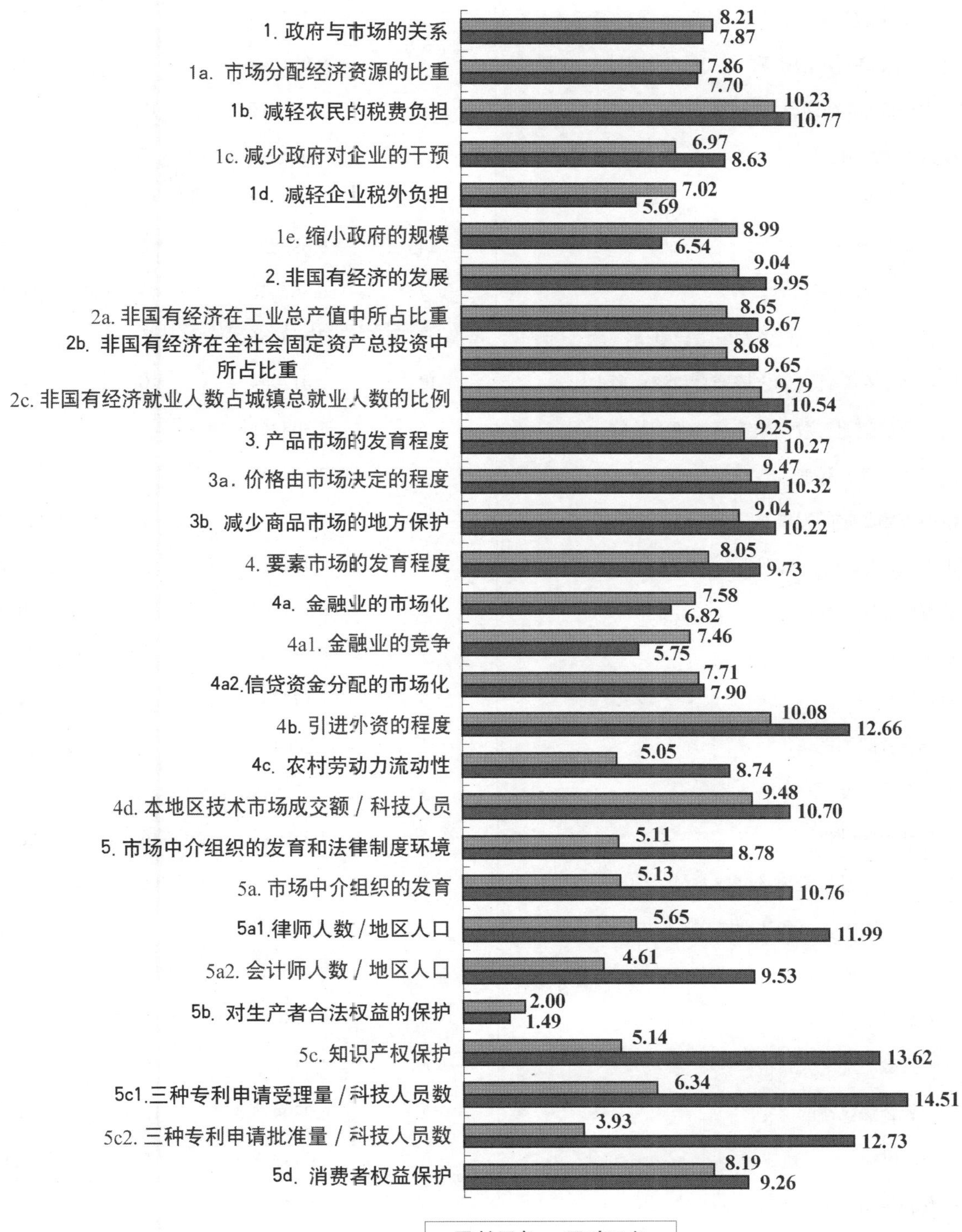

图5　2002年长三角与珠三角市场化指数比较

表10　长三角在市场化各方面、各指标的排名及得分

	2000年		2002年	
	排名	得分	排名	得分
1. 政府与市场的关系	2	8.246519	2	8.21468
1a. 市场分配经济资源的比重	6	9.081964	8	7.859188
1b. 减轻农民的税费负担	10	9.07917	10	10.22899
1c. 减少政府对企业的干预	5	9.078271	7	6.974002
1d. 减轻企业税外负担	22	4.912364	15	7.016349
1e. 缩小政府的规模	4	9.080826	6	8.99487
2 非国有经济的发展	7	6.967026	5	9.040832
2a. 非国有经济在工业总产值中所占比重	7	7.544666	6	8.650678
2b. 非国有经济在全社会固定资产总投资中所占比重	12	6.012944	10	8.678645
2c. 非国有经济就业人数占城镇总就业人数的比例	5	7.343469	4	9.793172
3. 产品市场的发育程度	11	7.697357	7	9.254554
3a. 价格由市场决定的程度	9	7.939785	7	9.470968
3b. 减少商品市场的地方保护	17	7.454929	13	9.038141
4. 要素市场的发育程度	4	6.591392	3	8.046138
4a. 金融业的市场化	2	6.938983	3	7.583045
4a1. 金融业的竞争	3	8.473047	2	7.455217
4a2. 信贷资金分配的市场化	5	5.40492	6	7.710872
4b. 引进外资的程度	4	7.373844	2	10.07926
4c. 农村劳动力流动性	6	4.480742	6	5.046902
4d. 本地区技术市场成交额／科技人员	5	7.571998	4	9.475351
5. 市场中介组织的发育和法律制度环境	8	5.145809	7	5.114222
5a. 市场中介组织的发育	4	4.110491	4	5.132346
5a1. 律师人数／地区人口	4	3.78072	4	5.652614
5a2. 会计师人数／地区人口	4	4.440263	5	4.612078
5b. 对生产者合法权益的保护	22	6.070424	15	2.001698
5c. 知识产权保护	6	3.38958	5	5.136904
5c1. 三种专利申请受理量／科技人员数	6	3.814453	5	6.339013
5c2. 三种专利申请批准量／科技人员数	6	2.964708	5	3.934794
5d. 消费者权益保护	15	7.012741	12	8.185938

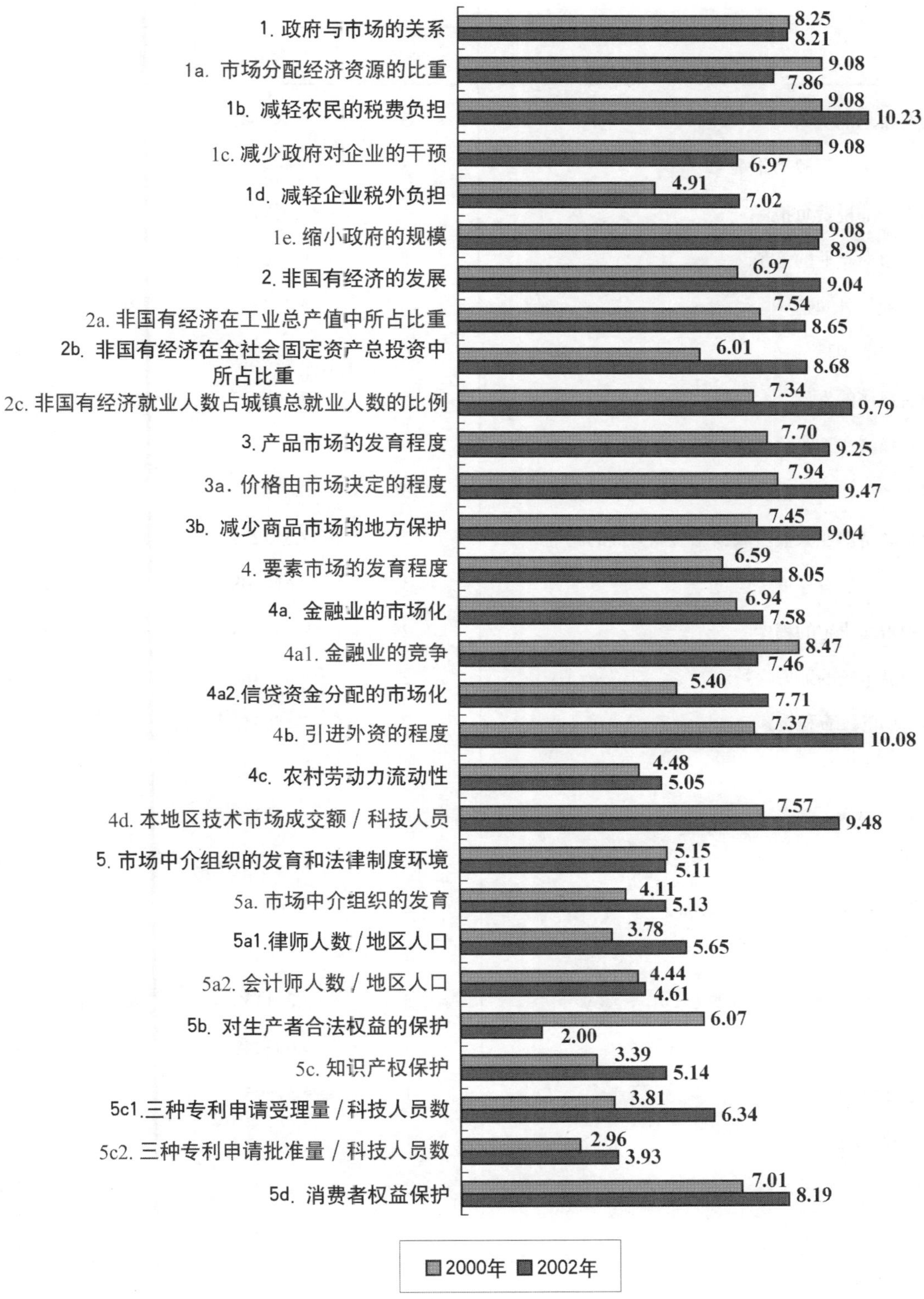

图6　长三角市场化指数得分

表11　珠三角在市场化各方面、各指标的排名及得分

	2000年		2002年	
	排名	得分	排名	得分
1. 政府与市场的关系	3	8.2445	4	7.866128
1a. 市场分配经济资源的比重	8	8.704511	9	7.700332
1b. 减轻农民的税费负担	2	9.989771	2	10.76671
1c. 减少政府对企业的干预	2	9.876596	3	8.630812
1d. 减轻企业税外负担	18	5.374859	24	5.688227
1e. 缩小政府的规模	10	7.276763	16	6.544558
2. 非国有经济的发展	5	7.583637	3	9.952026
2a. 非国有经济在工业总产值中所占比重	4	8.562265	3	9.669613
2b. 非国有经济在全社会固定资产总投资中所占比重	13	5.675355	7	9.650416
2c. 非国有经济就业人数占城镇总就业人数的比例	2	8.513292	2	10.53605
3. 产品市场的发育程度	3	9.678008	2	10.27113
3a. 价格由市场决定的程度	2	9.793548	2	10.32258
3b. 减少商品市场的地方保护	2	9.562468	2	10.21968
4. 要素市场的发育程度	2	7.688513	1	9.730983
4a. 金融业的市场化	8	5.013797	5	6.824516
4a1. 金融业的竞争	8	7.49213	8	5.748509
4a2. 信贷资金分配的市场化	16	2.535464	4	7.900522
4b. 引进外资的程度	2	9.664727	1	12.65512
4c. 农村劳动力流动性	2	7.874396	2	8.743961
4d. 本地区技术市场成交额／科技人员	3	8.201132	2	10.70034
5. 市场中介组织的发育和法律制度环境	1	9.033248	1	8.781554
5a. 市场中介组织的发育	1	9.575952	2	10.7593
5a1. 律师人数／地区人口	1	10	2	11.98622
5a2. 会计师人数／地区人口	2	9.151904	2	9.532375
5b. 对生产者合法权益的保护	14	7.375047	17	1.485866
5c. 知识产权保护	1	10	1	13.61957
5c1. 三种专利申请受理量／科技人员数	1	10	1	14.50758
5c2. 三种专利申请批准量／科技人员数	1	10	1	12.73157
5d. 消费者权益保护	4	9.181992	3	9.261476

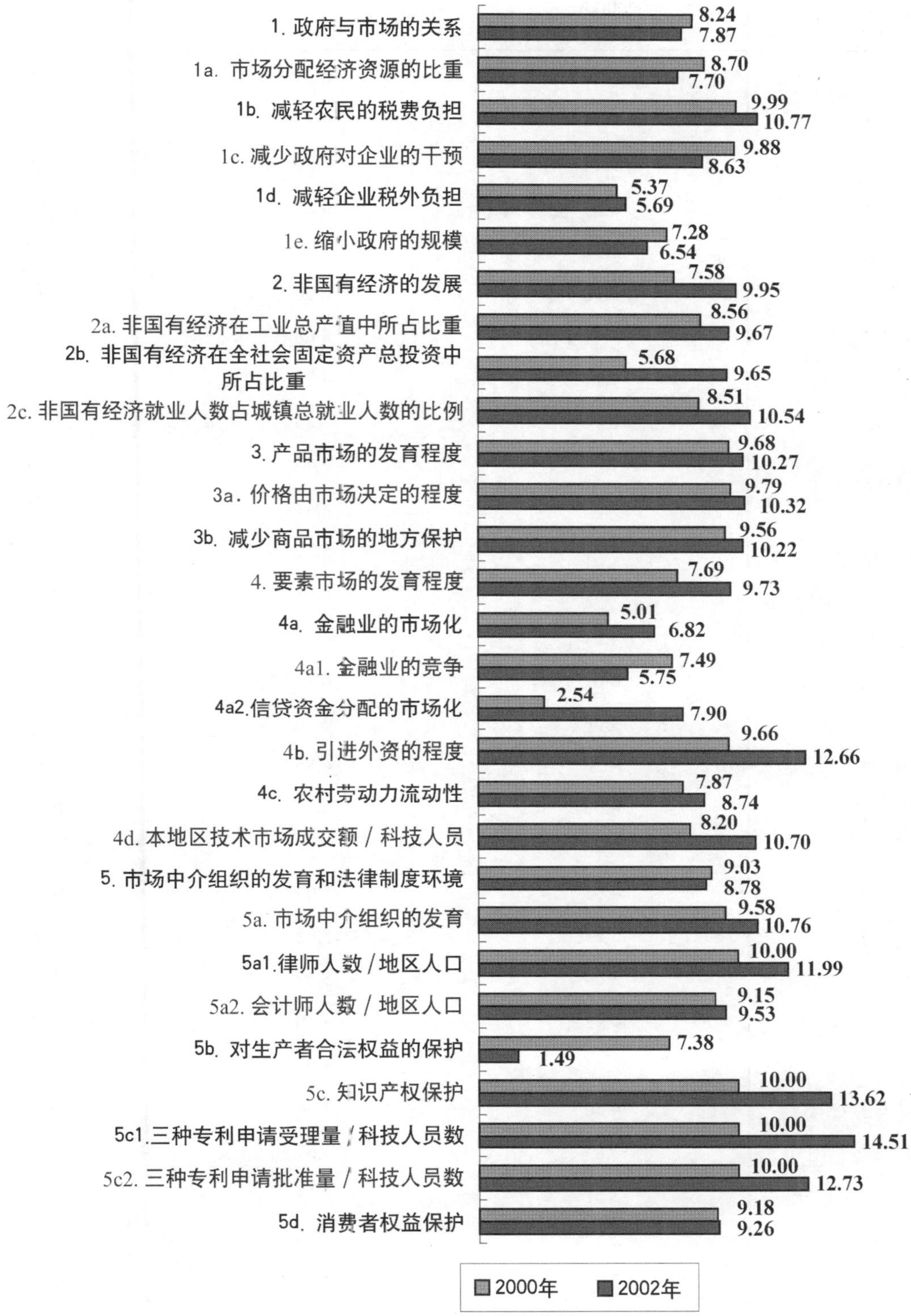

图7　珠三角市场化指数得分

表12　各地区市场化指数总体评分（2000—2002年）

各地区	2000年	2002年	2002年比2000年上升或下降
北　京	5.09	6.59	1.50
天　津	6.15	6.38	0.23
河　北	5.44	5.70	0.26
山　西	3.44	4.26	0.82
内蒙古	3.96	3.77	-0.18
辽　宁	5.32	6.06	0.74
吉　林	4.41	4.68	0.27
黑龙江	4.11	4.28	0.17
上　海	6.47	7.85	1.38
江　苏	7.07	7.44	0.38
浙　江	7.50	8.41	0.91
安　徽	5.31	5.27	-0.05
福　建	7.67	8.01	0.34
江　西	4.61	4.91	0.31
山　东	6.01	6.44	0.44
河　南	4.68	4.78	0.10
湖　北	4.28	4.86	0.59
湖　南	4.08	4.82	0.74
广　东	8.46	8.99	0.54
广　西	4.61	5.03	0.42
海　南	5.23	5.22	0.00
重　庆	5.09	5.67	0.58
四　川	4.95	5.40	0.45
贵　州	3.54	3.02	-0.51
云　南	4.50	3.96	-0.55
陕　西	3.63	3.67	0.04
甘　肃	3.51	3.13	-0.38
青　海	2.57	3.00	0.43
宁　夏	2.87	2.72	-0.14
新　疆	2.51	3.05	0.54
长三角	6.93	7.93	1.00
珠三角	8.45	9.32	0.87

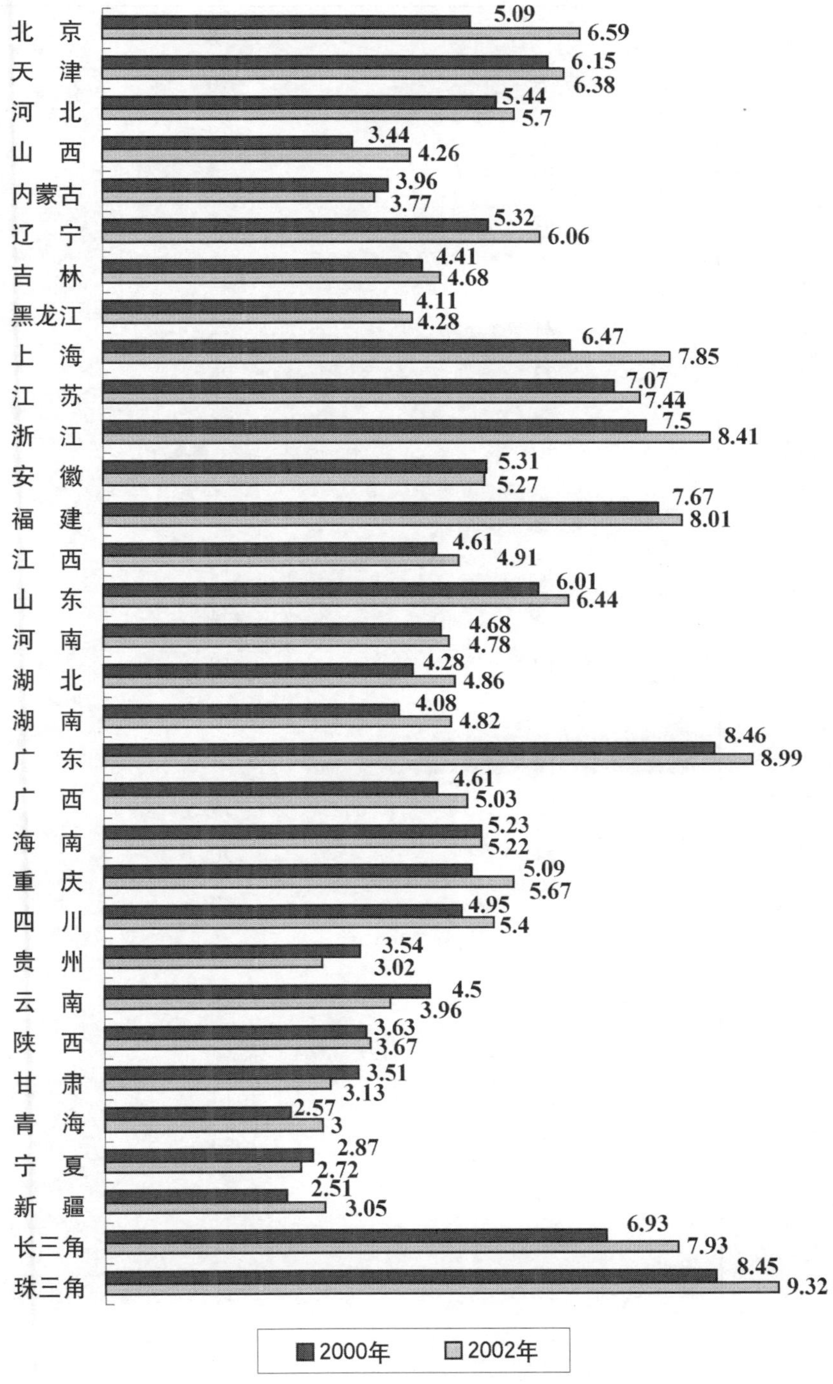

图3 各地区市场化指数比较

表13 各地区市场化程度排序(2000—2002年)

各地区	2000年	2002年	2002年比2000年上升或下降
北 京	14	8	6
天 津	8	10	-2
河 北	10	12	-2
山 西	29	24	5
内蒙古	25	26	-1
辽 宁	11	11	0
吉 林	21	22	-1
黑龙江	23	23	0
上 海	7	6	1
江 苏	5	7	-2
浙 江	4	3	1
安 徽	12	15	-3
福 建	3	4	-1
江 西	19	18	1
山 东	9	9	0
河 南	17	21	-4
湖 北	22	19	3
湖 南	24	20	4
广 东	1	2	-1
广 西	18	17	1
海 南	13	16	-3
重 庆	15	13	2
四 川	16	14	2
贵 州	27	30	-3
云 南	20	25	-5
陕 西	26	27	-1
甘 肃	28	28	0
青 海	31	31	0
宁 夏	30	32	-2
新 疆	32	29	3
长三角	6	5	1
珠三角	2	1	1

表10和11分别是长江三角洲和珠江三角洲2000和2002年在市场化各方面、各指标的排名及得分情况。

通过对两个三角洲2000和2002年市场化指数的测算，2000年，长三角在全国市场化排序为第6位，市场化总指数得分为6.93；珠三角在全国市场化排序为第2位，市场化总指数得分为8.45。2002年，长三角在全国市场化排序为第5位，排序上升一位，市场化总指数得分为7.93，得分增加了1.00；珠三角在全国市场化排序为首位，排序上升一位，市场化总指数得分为9.32，得分增加了0.87。从2000年到2002年，全国30个省份（不包括西藏）市场化总指数平均得分仅增加0.35，两三角洲的市场化进步速度远高于全国平均水平。

四、 市场化改革各方面指标的比较

第一方面指标**政府与市场的关系**，2000年，长三角市场化排序为第2位，市场化总指数得分为8.25；珠三角市场化排序为第3位，市场化总指数得分为8.24。从基础指标来看，长三角在“市场分配经济资源的比重”方面领先珠三角，该指标的排序分别为第6位和第8位，得分分别为9.08和8.70。根本原因在于，长三角财政支出占GDP的比重为11.18%；珠三角该比重为11.76%，比长三角高了约零点六个百分点。长三角在“减轻农民的税费负担”方面落后于珠三角，该指标的排序分别为第10位和第2位，得分分别为9.08和9.99。根本原因在于，长三角农民税费负担占其总收入的比重为3.29%；珠三角该比重为1.94%，比长三角低了一个多百分点。长三角在“减少政府对企业的干预”方面也落后于珠三角，该指标的排序分别为第5位和第2位，得分分别为9.08和9.88。根本原因在于，长三角政府对企业的干预（经常与政府打交道的企业主要负责人占被调查对象的百分比）比重为35.98%，珠三角该比重为33.69%，比长三角低了两个多百分点。长三角在“减轻企业税外负担”方面也落后于珠三角，该指标的排序分别为第22位和第18位，得分分别为4.91和5.37。根本原因在于，长三角企业向各级政府部门交纳的集资、摊派或其他非税上缴占企业销售收入的比重为2.87%，珠三角该比重为2.76%，比长三角低了约零点一个百分点。长三角在“缩小政府的规模”方面领先于珠三角，该指标的排序分别为第4位和第10位，得分分别为9.08和7.28。根本原因在于，长三角国家机关职工人数在总人口的比重为0.67%，珠三角该比重为0.79%，比长三角高了约零点一个百分点。

第一方面指标**政府与市场的关系**，2002年，长三角市场化排序为第2位，市场化总指数得分为8.21；珠三角市场化排序为第4位，市场化总指数得分为7.87⑫。从基础指标来看，长三角在“市场分配经济资源的比重”方面领先珠三角，该指标的排序分别为第8位和第9位，得分分别为7.86和7.70。根本原因在于，长三角财政支出占GDP的比重为13.06%；珠三角该比重为13.31%，比长三角高了约零点二五个百分点。长三角在“减轻农民的税费负担”方面落后于珠三角，该指标的排序分别为第10位和第2位，得分分别为10.23和10.77。根本原因在于，长三角农民税费负担占其总收入的比重为1.59%；珠三角该比重为0.79%，比长三角低了零点八个百分点。长三角在“减少政府对企业的干预”方面也落后于珠三角，该指标的排序分别为第7位和第3位，得分分别为6.97和8.63。根本原因在于，长三角政府对企业的干预（企业主要负责人用于与政府及其工作人员打交道所花费时间占全部工作时间的比例）比重为15.86%，珠三角该比重为14.73%，比长三角低了一个多百分点。长三角在“减轻企业税外负担”方面领先于珠三角，该指标的排序分别为第15位和第24位，得分分别为7.02和5.69。根本原因在于，长三角企业向各级政府部门交纳的集资、摊派或其他非税上缴占企业销售收入的比重为2.36%，珠三角该比重为2.68%，比长三角高了约零点三个百分点。长三角在“缩小政府的规模”方面也领先于珠三角，该指标的排序分别为第6位和第16位，得分分别为8.99和6.54。根本原因在于，长三角国家机关职工人数在总人口的比重为0.68%，珠三角该比重为0.84%，比长三角高了约零点二个百分点。

第二方面指标**非国有经济的发展**，2000年，长三角

⑫这个方面指标与2000年的值不具有可比性，原因在于构成该方面指标中“减少政府对企业的干预”这个分项指标两年之间不具有可比性。

市场化排序为第7位，市场化总指数得分为6.97；珠三角市场化排序为第5位，市场化总指数得分为7.58。从基础指标来看，长三角在“非国有经济在工业总产值中所占比重”方面落后于珠三角，该指标的排序分别为第7位和第4位，得分分别为7.54和8.56。根本原因在于，长三角非国有工业总产值在工业总产值中的比重为63.35%，珠三角该比重为70.43%，比长三角高了约七个百分点。长三角在“非国有经济在全社会固定资产总投资中所占比重”方面领先于珠三角，该指标的排序分别为第12位和第13位，得分分别为6.01和5.68。根本原因在于，长三角非国有投资在社会总投资中的比重为49.97%，珠三角该比重为48.84%，比长三角低了约一个百分点。长三角在“非国有经济就业人数占城镇总就业人数的比例”方面落后于珠三角，该指标的排序分别为第5位和第2位，得分分别为7.34和8.51。根本原因在于，长三角城镇非国有从业人数在城镇总从业人数中的比重为56.24%，珠三角该比重为60.45%，比长三角高了约四个百分点。

第二方面指标**非国有经济的发展**，2002年，长三角市场化排序为第5位，市场化总指数得分为9.04，比2000年增加了2.07；珠三角市场化排序为第3位，市场化总指数得分为9.95，比2000年增加了2.37。从基础指标来看，长三角在“非国有经济在工业总产值中所占比重”方面落后于珠三角，该指标的排序分别为第6位和第3位，得分分别为8.65和9.67。根本原因在于，长三角非国有工业总产值在工业总产值中的比重为71.04%，珠三角该比重为78.13%，比长三角高了约七个百分点。长三角在“非国有经济在全社会固定资产总投资中所占比重”方面也落后于珠三角，该指标的排序分别为第10位和第7位，得分分别为8.68和9.65。根本原因在于，长三角非国有投资在社会总投资中的比重为58.94%，珠三角该比重为62.21%，比长三角高了约三个百分点。长三角在“非国有经济就业人数占城镇总就业人数的比例”方面也落后于珠三角，该指标的排序分别为第4位和第2位，得分分别为9.79和10.54。根本原因在于，长三角城镇非国有从业人数在城镇总从业人数中的比重为65.05%，珠三角该比重为67.73%，比长三角高了约三个百分点。

第三方面指标**产品市场的发育程度**，2000年，长三角市场化排序为第11位，市场化总指数得分为7.70；珠三角市场化排序为第3位，市场化总指数得分为9.68。从基础指标来看，长三角在“价格由市场决定的程度”方面落后于珠三角，该指标的排序分别为第9位和第2位，得分分别为7.94和9.79。根本原因在于，长三角市场定价比重为93.19%，珠三角该比重为96.06%，比长三角高了约三个百分点。长三角在“减少商品市场的地方保护”方面也落后于珠三角，该指标的排序分别为第17位和第2位，得分分别为7.45和9.56。根本原因在于，企业问卷调查中认为长三角存在地方保护的人数与长三角GDP比值为0.07，珠三角该比重为0.03，比长三角低了约四个百分点。

第三方面指标**产品市场的发育程度**，2002年，长三角市场化排序为第7位，市场化总指数得分为9.25，比2000年增加了1.55；珠三角市场化排序为第2位，市场化总指数得分为10.27，比2000年增加了0.59。从基础指标来看，长三角在“价格由市场决定的程度”方面落后于珠三角，该指标的排序分别为第7位和第2位，得分分别为9.47和10.32。根本原因在于，长三角市场定价比重为95.56%，珠三角该比重为96.88%，比长三角高了一个多百分点。长三角在“减少商品市场的地方保护”方面也落后于珠三角，该指标的排序分别为第13位和第2位，得分分别为9.04和10.22。根本原因在于，企业问卷调查中认为长三角存在地方保护的人数与长三角GDP比值为0.04，珠三角该比重为0.02，比长三角低了约两个百分点。

第四方面指标**要素市场的发育程度**，2000年，长三角市场化排序为第4位，市场化总指数得分为6.59；珠三角市场化排序为第2位，市场化总指数得分为7.69。从基础指标来看，长三角在“金融业的市场化”方面领先于珠三角，该指标的排序分别为第2位和第8位，得分分别为6.94和5.01。该指标有两个更为基础的指标构成：一是“金融业的竞争”，该指标的排序分别为第3位和第8位，得分分别为8.47和7.49。长三角非国有金融机构存款的比重为40.30%，珠三角该比重为36.56%，比长三角低了约四个百分点。二是“信贷资金分配的市场化”，该指标的排序分别为第5位和第16位，得分分别为5.40和2.54。长三角非国有企业贷款占全部贷款的比重为35.47%，珠三角该比重为19.49%，比长三角低了约十六个百分点。长三角在“引进外资的程度”方面落后于珠三角，该指标的排序分别为第4位和第2位，得分分别为7.37和9.66。根本原因在于，长三角外商投资额与GDP的比值为0.86，珠三角该比值为1.13，比长三角高了约二十七个百分点。长三角在“农村劳动力流动性”方面也落后于珠三角，该指标的排序分别为第6位和第2位，得分分别为4.48和7.87。根本原因在于，长三角城镇吸收农村劳动力占从业人数的比重为10.88%，珠三角该比重为17.9%，比长三角高了约七个百分点。长三角在“本地区技术市场成交额/科技人员”方面也落后于珠三角，该指标的排序分别为第5位和第3位，得分分别为7.57和8.20。根本原因在于，长三角技术市场成交额与科研人员数之比为4.13，珠三角该比重为4.48，比长三角高了零点三五。

第四方面指标**要素市场的发育程度**，2002年，长三角市场化排序为第3位，市场化总指数得分为8.05；珠三角市场化排序为第1位，市场化总指数得分为9.73。从基础指标来看，长三角在“金融业的市场化”方面领先于珠三角，该指标的排序分别为第3位和第5位，得分分别为7.58和6.82。该指标有两个更为基础的指标构成：一是“金融业的竞争”，该指标的排序分别为第2位和第8位，得分分别为7.46和5.75。长三角非国有金融机构存款的比重为44.21%，珠三角该比重为37.29%，比长三角低了约七个百分点。二是“信贷资金分配的市场化”，该指标的排序分别为第6位和第4位，得分分别为7.71和7.90。长三角非国有企业贷款占全部贷款的比重为15.04%，珠三角该比重为15.36%，比长三角高了约零点三个百分点。长三角在“引进外资的程度”方面落后于珠三角，该指标的排序分别为第2位和第1位，得分分别为10.08和12.66。根本原因在于，长三角外商投资额与GDP的比值为1.18，珠三角该比重为1.47，比长三角高了零点二九。长三角在“农村劳动力流动性”方面也落后于珠三角，该指标的排序分别为第6位和第2位，得分分别为5.05和8.74。根本原因在于，长三角城镇吸收农村劳动力占从业人数的比重为12.05%，珠三角该比重为19.7%，比长三角高了约八个百分点。长三角在“本地区技术市场成交额/科技人员”方面也落后于珠三角，该指标的排序分别为第4位和第2位，得分分别为9.48和10.70。根本原因在于，长三角技术市场成交额与科研人员数之比为5.17，珠三角该比重为5.83，比长三角高了零点六六。

第五方面指标**市场中介组织的发育和法律制度环境**，2000年，长三角市场化排序为第8位，市场化总指数得分为5.15；珠三角市场化排序为第1位，市场化总指数得分为9.03。从基础指标来看，长三角在“市场中介组织的发育”方面落后于珠三角，该指标的排序分别为第4位和第1位，得分分别为4.11和9.58。该指标有两个更为基础的指标构成：一是“律师人数/地区人口”，该指标的排序分别为第4位和第1位，得分分别为3.78和10.00。长三角律师人数占总人口的比重为1.87%，珠三角该比重为4.58%，比长三角高了约三个百分点。二是“会计师人数/地区人口”，该指标的排序分别为第4位和第2位，得分分别为4.44和9.15。长三角会计师人数占总人口的比重为0.87%，珠三角该比重为1.68%，比长三角高了约一个百分点。长三角在“对生产者合法权益的保护”方面也落后于珠三角，该指标的排序分别为第22位和第14位，得分分别为6.07和7.38。根本原因在于，长三角经济案件收案数与GDP的比值为15.50，珠三角该比值为12.09，比长三角低了约三点四。长三角在“知识产权保护”方面也落后于珠三角，该指标的排序分别为第6位和第1位，得分分别为3.39和10.00。该指标有两个更为基础的指标构成：一是“三种专利申请受理量/科技人员数”，该指标的排序分别为第6位和第1位，得分分别为3.81和10.00。长三角专利申请量与科研人员数的比值为0.08，珠三角该比值为0.20，比长三角高了零点一二。二是“三种专利申请批准量/科技人员数”，该指标的排序分别为第6位和第1位，得分分别为2.96和10.00。长三角专利批准量与科研人员数的比值为0.05，珠三角该比重为0.15，比长三角高了零点一。长三角在“消费者权益保护”方面也落后于珠三角，该指标的排序分别为第15位和第4位，得分分别为7.01和9.18。根本原因在于，长三角消费者投诉数与GDP的比值为7.01，珠三角该比值为3.56，比长三角低了三点四五。

第五方面指标**市场中介组织的发育和法律制度环境**，2002年，长三角市场化排序为第7位，市场化总指数得分为5.11；珠三角市场化排序为第1位，市场化总指数得分为8.78。从基础指标来看，长三角在“市场中介组织的发育”方面落后于珠三角,该指标的排序分别为第4位和第2位,得分分别为5.13和10.76。该指标有两个更为基础的指标构成:一是“律师人数/地区人口”,该指标的排序分别为第4位和第2位,得分分别为5.65和11.99。长三角律师人数占总人口的比重为2.69%,珠三角该比重为5.45%,比长三角高了近三个百分点。二是“会计师人数/地区人口”,该指标的排序分别为第5位和第2位,得分分别为4.61和9.53。长三角会计师人数占总人口的比重为0.90%,珠三角该比重为1.74%,比长三角高了约一个百分点。长三角在“对生产者合法权益的保护”方面领先于珠三角,该指标的排序分别为第15位和第17位,得分分别为2.00和1.49。根本原因在于,长三角经济案件收案数与GDP的比值为26.13,珠三角该比值为27.48,比长三角高了一点三五。长三角在“知识产权保护”方面落后于珠三角,该指标的排序分别为第5位和第1位,得分分别为5.14和13.62。该指标有两个更为基础的指标构成:一是“三种专利申请受理量/科技人员数”,该指标的排序分别为第5位和第1位,得分分别为6.34和14.51。长三角专利申请量与科研人员数的比值为0.13,珠三角该比值为0.28,比长三角高了零点一五。二是“三种专利申请批准量/科技人员数”,该指标的排序分别为第5位和第1位,得分分别为3.93和12.73。长三角专利批准量与科研人员数的比值为0.06,珠三角该比重为0.18,比长三角高了零点一。长三角在“消费者权益保护”方面也落后于珠三角,该指标的排序分别为第12位和第3位,得分分别为8.19和9.26。根本原因在于,长三角消费者投诉数与GDP的比值为5.14,珠三角该比值为3.43,比长三角低了一点七一。

五、小结:两三角洲体制改革进程比较给我们的启示

市场化指数本身表明了各地区之间在体制改革方面的差距,一个地区的经济发展水平与该地区的经济体制改革有着密切地关系。通过对两个三角洲经济发展水平和经济体制现状的比较,我们发现,人均收入较高的珠江三角洲在体制改革方面也走在前面。

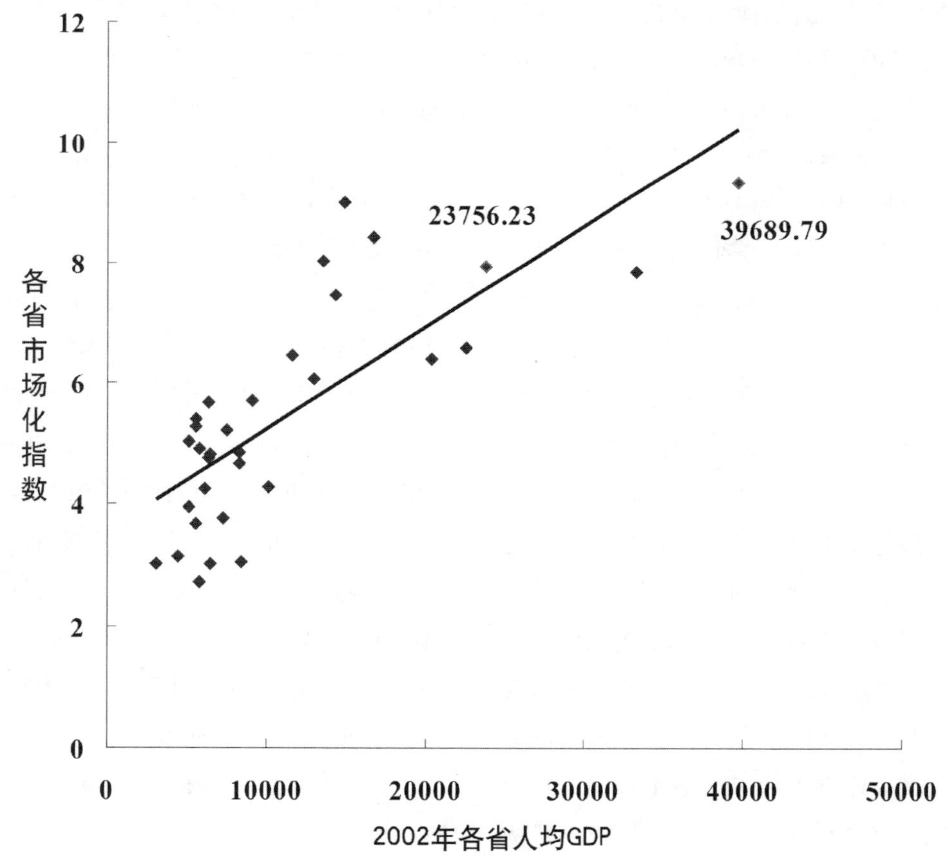

图9 市场化进程与各省人均GDP的相关关系

来源	误差平方和	自由度	均方误	观察值个数=32
				F(1,30)值=44.25
模型	63.2594927	1	63.2594927	概率>F值=0.0000
残差	42.8903134	30	1.42967711	拟合度=0.5959
				纠正的拟合度=0.5825
总值	106.149806	31	3.42418729	均方误平方根=1.1957

市场化指数	回归系数	标准差	t值	P值>|t|值	95%的置信区间	
人均GDP	0.0001678	0.0000252	6.65	0.000	0.0001163	0.0002193
常数项	3.564513	0.354506	10.05	0.000	2.840515	4.288511

为了证实两者之间的正相关关系，我们利用2002年人均GDP与市场化指数进行回归分析，发现拟合度近百分之六十，回归系数为正，且回归系数异常显著。

这说明两者之间存在着明显地正相关关系，即经济体制改革越彻底，市场化指数越高，对经济的发展越有利，人均GDP越高。我们从图9中也可以明显地观察到两者之间的显著关系。

虽然从整体经济发展来看，长江三角洲在总量上已经全面超过了珠江三角洲，但在人均量上，两三角洲还存在着一定的差距。因此，长江三角洲必须加快经济体制改革步伐，减少政府对市场的干预，促进非国有经济的发展，促进产品市场和要素市场的发育，培育各种市场中介组织以及大力建设良好的法律制度环境，以使长江三角洲经济能够更快更好地发展。

近年来，政府和社会各界对发展和改革相对缓慢的中西部地区和东北地区给予了更多的关注，先后实施了西部大开发战略和振兴东北老工业基地的战略。两三角洲的比较结果可供借鉴。我们认为，政府不应当过多地干预落后地区的经济发展，而应当在基本层面上做些实事，如创造一个“有效率”的制度环境，提供一些政策上的优惠，加大基础设施方面的投资等。

（执笔：樊纲 张泓骏）

“双赢、多赢”促发展 “竞争、联动”上水平

——2003年长三角15城市经济发展比较分析

Promote Development by Win-Win and Multi-Win, Upgrade Level by Competition and Cooperation: A Comparative Analysis of Economic Development of 15 Yangtze River Delta Cities in 2003

上海市统计局

2003年,在上海申办世博会成功的巨大机遇面前,长三角地区区域经济一体化进程不断加快,全方位合作逐步展开,联动发展的积极效应不断显现,在相互合作与竞争中得到共同发展,努力实现“双赢、多赢”的区域发展理念,有力地推动了区域经济的加快发展。但值得注意的是,在长三角区域热流涌动发展的同时,城市之间的同质竞争与趋同的增长模式问题,不仅将会影响到上海在长三角区域龙头作用的发挥,也将可能影响到今后长三角区域经济整体发展的根本利益。

一、区域联动效应逐步释放,长三角经济发展步伐加快

1、经济实力进一步增强,经济结构优势明显

2003年,长三角15城市(以下简称15城市)经济继续保持快速增长,增速明显高于全国平均水平,经济总量进一步扩大,占全国比重不断提高。全年15城市共完成生产总值22774.2亿元,占全国GDP总量的19.5%,比重比上年提高了2个百分点。15城市生产总值比上年增长14.4%,增幅高于全国平均水平5.3个百分点,并且增速呈现逐季走高态势,一季度增长13.4%,上半年增长13.6%,前三季度增长14.2%。

长三角地区城市化水平高,二、三产业比重明显高于全国平均水平。2003年,15城市三次产业结构为6.3:56.1:37.6,第二、三产业占到全部经济总量的93.7%,高出全国平均水平8.5个百分点。

2、三大需求增势强劲,遥遥领先全国平均水平

固定资产投资。2003年,15城市完成固定资产投资总额突破一万亿元,达到10588.5亿元,比上年增长38.8%,增幅高于全国平均12.1个百分点,其中有5个城市的增幅超过50%。15城市固定资产投资总额占全国的比重进一步提高,2003年固定资产投资总额占到全国的19.2%,比上年提高了9.3个百分点。

市场消费。2003年,尽管遭受非典的较大冲击,但15城市市场消费仍保持了较快增长。全年15城市共完成社会消费品零售总额6923.7亿元,比上年增长12%,增幅高出全国平均水平2.9个百分点,除上海外,其他城市均实现了两位数增长。15城市社会消费品零售总额接近全国比重的六分之一,达到15.1%,比上年提高了7.2个百分点。

外贸出口。2003年,15城市外贸出口增长强劲,表现突出。全年共完成外贸出口总额1386.8亿美元,比上年增长50.1%,增幅高于全国平均水平15.5个百分点,其中,增幅最高的城市苏州,达到76.2%,7个城市的增幅达到40%以上。十五城市外贸出口占全国的份额进一步提高,已接近全国的三分之一,达到31.6%,比上年提高3.2个百分点。

3、外商投资空前良好,外资集聚进一步加快

随着长三角区域一体化进程的逐步推进,区域经济、社会全方位合作的逐步展开,长三角区域综合发展

环境优势显现，外商对长三角地区的投资力度进一步加大，投资形势空前良好。2003年，15城市吸收外商直接投资实际到位金额255.7亿美元，比上年增长49.5%，增幅高于全国平均水平48.1个百分点，并且15个城市的利用外资增幅均达到30%以上，其中有8个城市的增幅达到60%以上。15城市利用外资总额接近全国的半壁江山，比重大幅提高，达到47.8%，比上年提高了15.7个百分点，成为外资集聚的强磁场（见表1）。

表1　2003年长三角15城市与全国主要经济指标比较

指　标	总　量				增　速（%）	
	长三角	全国	长三角占全国比重（%）		长三角	全国
			2003	2002		
地区生产总值（亿元）	22774.2	116693.6	19.5	17.5	14.4	9.1
固定资产投资（亿元）	10588.5	55118	19.2	9.9	38.8	26.7
消费品零售总额（亿元）	6923.7	45842	15.1	7.9	12.0	9.1
外 贸 出 口（亿美元）	1386.8	4383.7	31.6	28.4	50.1	34.6
实际利用外资（亿美元）	255.7	535.1	47.8	32.1	49.5	1.4

4、财政金融运行良好，共同支撑经济发展

财政收入增势强劲，为长三角地区经济增长和社会发展提供了有利支撑。2003年，15城市共完成地方财政收入2148.14亿元，比上年增长32.8%。其中，上海地方财政收入达到899.28亿元，超过150亿元的城市还有苏州（220.31亿元）、南京（191.78亿元）和杭州（150.4亿元）。从增长速度看，增幅最高的苏州达到44.1%，常州（43.5%）和湖州（42%）增幅也超过40%。

金融运行平稳，为长三角地区经济发展提供了重要保障。2003年，15城市的金融机构存款余额达到23903.9亿元，贷款余额达到18351亿元。存贷款前三位的城市分别为上海（存款17318.4亿元，贷款13176.3亿元）、杭州（存款4652.73亿元，贷款3818.62亿元）、南京（存款3821.37亿元，贷款3546.4亿元）。

5、居民收入不断增加，生活质量进一步提高

随着经济的持续快速发展，15城市居民收入不断提高，消费支出持续扩大，居民生活质量不断改善。2003年，15城市城镇居民人均可支配收入均在8500元以上，增幅均高于9%。绝对额最高的上海达到14867元，宁波和绍兴紧随其后，分别达到14277元和13152元，其中超过1万元的城市有11个。从增长速度看，增幅最高的无锡达到16.6%，其他依次为苏州（16.4%）和镇江（15.2%）。15城市人均消费性支出均在5000元以上，最高的上海达到11040元，宁波和杭州分居第二和第三，分别为10463元和9550元。从增长速度看，增幅最高的是苏州，达到20.7%，其他依次为嘉兴（18.7%）和南通（16.3%）。

二、长三角经济发展你追我赶，在竞争中实现“多赢”

1、长三角15城市你追我赶

2003年，15城市经济发展在加强合作的基础上，你追我赶的竞争中得到共同发展，各项经济指标在增速和总量得到快速提升。

GDP总量：从绝对量来看，上海以绝对的优势稳居“领头羊”的位置，2003年上海市生产总值达到6250.81亿元，其他前四位的城市为苏州（2802亿元）、杭州（2092亿元）、无锡（1901.2亿元）、宁波（1769.9亿元）。从增速看，苏州一马当先，比上年增长18%，紧随其后的城市依次为嘉兴（16.9%）、舟山（15.5%）、无锡（15.4%）和宁波（15.3%）。

固定资产投资：2003年，上海固定资产投资达到2452.11亿元，其他前四位的城市依次为苏州（1408.93亿元）、杭州（1006.18亿元）、南京（954.04亿元）和无锡（893.32亿元）；固定资产增幅最高的为常州，增长78.6%，其他前三位的城市依次为苏州、无锡和南京，分别增长73.3%、66.1%和58.2%。

消费总量：从绝对额来看，上海独占鳌头，2003年完成消费品零售总额2220.64亿元，其他前四位的城市

依次为南京（600.2亿元）、杭州（587.52亿元）、苏州（526.05亿元）和宁波（521.5亿元）。从增速来看，苏州增长最快，达到16.5%，其他前三位的城市依次为无锡（15.4%）、南京（14.4%）和常州（12.8%）。

外贸出口：上海和苏州外贸出口逐步接近，2003年两城市外贸出口分别达到484.82亿美元和326.34亿美元，两者占到15城市的近6成，达到58.5%，其他前三位的城市依次为宁波（120.74亿美元）、杭州（109.5亿美元）和南京（76.65亿美元）。从增速看，增长最快的为苏州，达到76.2%，其他前四位的城市依次为绍兴（56.3%）、上海（51.2%）、泰州（50.9%）和宁波（47.9%）。

利用外资：苏州利用外资总量超过上海，居第一位。2003年，苏州利用外商直接投资实到金额达到68.1亿美元，上海为58.5亿美元，其他前三位的城市依次为无锡（27亿美元）、南京（22.1亿美元）和宁波（17.3亿美元），以上5个城市的利用外资实到金额占到15城市的75.4%。从增速看，增幅最高的前五位城市依次为舟山（2.5倍）、南通（2.1倍）、绍兴（94.6%）、杭州（93.3%）和扬州（88.6%），而上海（30.1%）和苏州（41.4%）的增幅处于十五城市的末位，表明外商在长三角区域的投资逐步向多元化区域扩散。

2、上海的优势和隐忧并存

从绝对量来看，上海绝大多数经济指标遥遥领先，显示出绝对的竞争优势。2003年，上海市生产总值接近第二位杭州的3倍，固定资产投资为第二位苏州的1.7倍，社会消费品零售总额为第二位南京的3.7倍，地方财政收入为第二位苏州的4.1倍。但由于长三角区域投资环境的逐步均质化和集聚优势的逐步分散化，上海外向经济指标如外贸出口和利用外资总量优势不断减弱，外贸出口与苏州不断接近，2003年上海外贸出口为苏州的1.49倍，而2002和2000年分别为1.73倍和2.4倍，外商直接投资实到金额则已低于苏州9.6亿美元。

从增幅来看，2003年，上海外贸出口和地方财政收入等经济指标增速排位比上年有所前移，发展速度明显加快。外贸出口增幅由2002年的11位上升到2003年的第3位，地方财政收入增幅由第15位上升到第7位。但是上海大多数经济指标增速处于较后位置，其中国内生产总值、投资、消费和吸收外资的增速均处于最末位。究其原因，除上海总量基数较大外，其他城市积极应对竞争，争创优势，经济保持了快速持续发展，这对上海保持竞争优势形成了现实压力和潜在挑战，需引起高度的重视。

三、上海在长三角区域发展中发挥核心作用，服务功能不断增强

1、上海发挥了区域经济核心作用

作为中国经济发展“最亮点”的长三角区域，上海发挥了经济核心作用。2003年，上海市生产总值占到15城市的四分之一强，达到27.5%；固定资产投资接近四分之一，达到23.2%；消费品零售总额接近三分之一，达到32.1%；外贸出口超过三分之一，达到35%；实际利用外资占到22.9%；地方财政收入接近一半，达到41.9%，坚实的经济基础和雄厚的实力有力地带动了长三角地区经济的持续快速发展（见表2）。

2、上海对长三角的功能性服务不断加强

世博会的巨大契机推动了长三角区域一体化进程的加速，上海作为长三角的核心城市，对区域提供服务的行政性、制度性因素障碍不断得到改善，其服务性功能不断加强。

表2　上海与长三角地区主要经济指标比较

指　标	总　量			增　速（%）	
	上海	长三角	上海所占比重(%)	上海	长三角
地区生产总值（亿元）	6250.81	22774.2	27.5	11.8	14.4
固定资产投资（亿元）	2452.11	10588.5	23.2	12.1	38.8
消费品零售总额（亿元）	2220.64	6923.7	32.1	9.1	12.0
外贸出口（亿美元）	484.82	1386.8	35.0	51.2	50.1
实际利用外资（亿美元）	58.5	255.7	22.9	30.1	49.5
地方财政收入（亿元）	899.28	2148.1	41.9	32.5	32.8

提供强大的物流支撑，成为重要的转口贸易港。上海大口岸、大通关的实施，天天通关使上海通关效率已逼近世界水平；国际航运中心的逐步建设，上海港口货物吞吐量已位居世界前列，为长三角区域提供了强大的物流支撑，成为区域内的重要转口贸易港。2003年，上海口岸进出口总额达到2012.01亿美元，比上年增长41.2%，其中口岸出口达到1123.06亿美元，增长37.3%，是上海外贸出口的2.3倍；国际集装箱吞吐量达到1128.2万标箱，增长31%，超越汉城，仅次于香港和新加坡，成为世界第三大集装箱港口。上海口岸的转口贸易量从1995年的292.12亿美元提高到2003年的888.03亿美元，8年内增长了2倍多。

良好投资环境的支撑，促进区域利用外资的大扩展。上海加快建设“四个中心”，城市功能和基础设施不断提升，已得到国际上的普遍认可，成为长三角区域吸引外资的第一块“吸金石”，构建起良好的区域投资大环境，促进了周边城市利用外资的快速增长。2003年，江苏八市利用外商直接投资实到金额148.9亿美元，比上年增长52.1%；浙江六市利用外商直接投资实到金额48.3亿美元，增长71.7%，这与以上海为中心的区域发展环境不断改善是密不可分的。

提供完善的市场化资源配置，促进区域经济整体发展。上海通过不断完善的产权交易市场、技术交易市场、资本市场、人才市场等，为长江三角洲地区经济发展提供技术、资金、人才等要素服务。2003年，上海共签订各类技术交易合同27292项，其中江苏、浙江的交易合同达2650项，占外省市交易项目的48.1%；合同金额142.78亿元，其中江苏、浙江的合同金额8.28亿元，占外省市合同金额的37.9%。

四、促进长三角区域经济发展的对策建议

1、强化上海核心城市功能，提高区域经济整体竞争力

国际主要大都市圈的发展历程表明：中心城市的崛起依赖于都市圈的整体联动发展，中心城市的规模和功能，又在很大程度上影响乃至决定着整个都市圈的实力和水平。在当今经济全球化背景下，国家经济实力之间的竞争在某种程度上表现为大都市圈的竞争，而大都市圈的竞争归根结底是核心城市的竞争。因此，提高长三角区域经济的整体竞争力，关键是要进一步强化上海核心城市的功能。要在几个方面充分体现上海核心作用：一是进一步加强上海具有影响和辐射周边地区的强大经济实力；二是进一步强化上海要素集聚辐射功能，能够为周边地区提供更好的综合性服务；三是进一步加强上海国内外交通枢纽作用，能够为都市圈各项经济活动内外交流提供更加快速、便捷的联络通道等等。

2、整合区域产业结构，促进经济一体化的不断深入

产业结构是经济结构的核心，产业整合必须优化结构，克服雷同，提高效率，使产业实现区域性互补、联动、合作和分工。一是建立支柱产业配套、新兴产业共建、一般产业互补的区域性产业分工协作体系；二是以电子商务为平台，加强城市间金融业、信息业的融合，促进金融、信息、中介、咨询、教育、广告等现代服务业的跨地区发展；三是依托各地旅游资源存量，以旅游产品开发、组合，旅游市场开拓，旅游景点建设为重点，共同宣传、联手促销、资源共享、共同开发建设长三角大旅游圈。

3、营造开放统一的市场环境，促进区域一体化进程

要遵循市场经济发展规律，充分发挥政府、市场、中介组织的作用，为企业跨区域发展营造良好的市场环境，要树立“平等、互惠、共赢”的理念，加快区域市场一体化进程。一是建立跨地区诚信体系，实现区域内信用资源共享，共创“信用三角洲”；二是开展区域市场联合整治行动，建立统一规范的市场秩序。在长三角地区，由政府职能部门牵头制订统一标准，联合开展市场整治行动，规范经济行为，维护良好的市场秩序。

4、加快构筑基础设施网络体系，进一步改善区域通达环境

发达国家的经验表明，发达的基础设施网络体系不仅是地区分工的前提，而且是引导区域整体协调发展的先行条件和有效手段。通过建设发达的综合基础设施网络，可以促进区内外经济交流，带动地区分工与合作，引导区域整体协调发展。因此，需要加快构筑长三角区域大交通体系，进一步改善区域通达环境，加强区内港口、公路、通讯等基础设施的建设和整合，加快形成区域内方便快捷的现代化立体化交通网络。

（执笔：甄明霞）

加快推进沿江开发 走在江苏科学发展前列

Speed up the Development of Regions along the River and Enable them to Spearhead in the Scientific Development of Jiangsu Province

江苏省统计局

江苏沿江8市与浙江环杭州湾6市分属以上海为龙头的长江三角洲城市群的两翼。依靠自身比较优势，充分利用改革良机，坚持快速发展与全面发展、协调发展相结合，沿江8市已发展成为江苏经济发展的先发区域和主要支撑。2003年6月，江苏省委省政府又作出了推进新一轮沿江开发的重大部署。当前，加快推进新一轮沿江开发，走在江苏科学发展的前列，是推动江苏更快更好发展的必然选择。

一、沿江8市的发展状况

（一）整体概况：沿江8市在江苏和长三角地位显要

江苏沿江8市包括苏南地区的南京、苏州、无锡、常州、镇江5市和苏中地区的南通、扬州、泰州3市，土地面积4.85万平方公里，占江苏的48.1%、长三角的48.4%；年末总人口3953.74万人，占江苏的55.2%、长三角的52.0%。

沿江8市在江苏经济发展全局中占有举足轻重的地位。在20余年的发展过程中，8市抢抓机遇，加快发展，经济总量迅速扩张，占全省份额明显提升，增长极的辐射带动作用不断增强。2003年，8市实现地区生产总值占全省的78.7%，比1978年上升6.9个百分点；人均生产总值是全省的1.51倍。社会消费品零售总额占全省的77.5%，比1978年上升9.6个百分点。进出口总额、出口分别占到全省的97.4%、97.2%，比2000年上

表1 沿江及苏南地区在江苏、长三角的地位一览

指标名称	计量单位	沿江地区			#苏南地区		
		实际数	占江苏（%）	占长三角(%)	实际数	占江苏（%）	占长三角(%)
土地面积	万平方公里	4.85	48.1	48.4	2.81	27.8	28
年末总人口	万人	3953.74	55.2	52	2219.14	31	29.2
地区生产总值	亿元	10055.55	78.7	44.1	7821.58	61.2	34.3
第一产业	亿元	555.88	49.1	49.3	274.53	24.3	24.4
第二产业	亿元	5707.12	82.3	46	4556.57	65.7	36.7
#工业	亿元	5014.25	83.2	45.5	4016.79	66.7	36.5
第三产业	亿元	3792.55	80.7	40.9	2990.48	63.6	32.3
人均生产总值	元	25439	1.51倍	84.7	35278	2.10倍	1.17倍
城镇固定资产投资	亿元	3247.82	80.1	42.9	2705.49	66.7	35.7
社会消费品零售额	亿元	2765.24	77.5	39.9	2062.24	57.8	29.8
进出口总额	亿美元	1107.4	97.4	40.5	1026.72	90.3	37.5
#出口	亿美元	574.72	97.2	41.4	524.41	88.7	37.8
实际外商直接投资	亿美元	148.9	94.2	58.2	133.75	84.6	52.3
地方财政一般预算收入	亿元	602.52	75.5	31.4	496.59	70.2	25.9
居民储蓄存款余额	亿元	6256.98	81.9	38.1	4563	59.7	27.8

表2　沿江地区在江苏、长三角的地位演变

指　标		1978	1980	1985	1990	1995	2000	2001	2002	2003
地区生产总值	占全省	71.8	71.3	73.3	71.1	76.1	74.9	75.3	77.4	78.7
	占长三角	32.7	33.7	38	41.7	42.6	40.3	40.5	41.2	44.1
固定资产投资	占全省	66.9	72.4	51.5	62.5	81.6	69.8	70.7	79.4	80.1
	占长三角	26.3	27.9	33.3	37.2	34.5	36.8	36.2	38.7	42.9
社会消费品零售总额	占全省	67.9	73.2	74.8	74.9	76.6	76.1	76.3	76.5	77.5
	占长三角	39.6	39.8	39.6	39.3	39.8	37.4	37.7	38	39.9
进出口总额	占全省	-	-	-	-	-	96.8	96.6	97	97.4
	占长三角	-	-	-	-	-	36	35.9	38.5	40.5
# 出口	占全省	-	-	-	-	-	95.9	95.9	96.4	97.2
	占长三角	-	-	-	-	-	36.8	36.9	39.4	41.4
外商直接投资	占全省	-	-	-	-	-	92.5	-	94.5	94.2
	占长三角	-	-	-	-	-	43.1	-	41.6	58.2
地方财政一般预算收入	占全省	-	-	-	-	74.6	75.1	75.5	72.8	75.5
	占长三角	-	-	-	-	29.4	31.8	32.7	29.9	31.4

注：1978—2002年为全社会固定资产投资；2003年为城镇固定资产投资。

升0.6个、1.3个百分点；外商直接投资占全省的94.2%，上升1.7个百分点。地方财政一般预算收入、居民储蓄存款余额分别占全省的75.5%、81.9%（见表1、2）。其中，沿江开发区域（含6个市区和15个县市）主要经济指标已占到全省一半左右的份额：实现地区生产总值占全省的49.4%，比上年提升1.1个百分点；规模以上工业总产值、城镇固定资产投资、社会消费品零售总额、财政总收入分别占全省的52.3%、49.2%、49.5%和48.0%。

沿江8市也是长三角的一个重要组成部分。表2数据显示，2003年，8市实现地区生产总值占长三角的44.1%，比1978年上升11.4个百分点；人均生产总值相当于长三角的比例由66.5%上升至84.7%。城镇固定资产投资、社会消费品零售总额、地方财政一般预算收入分别占长三角的42.9%、39.9%和31.4%。进出口总额、出口分别占长三角的40.5%、41.4%，比2000年上升4.5个、4.6个百分点。由于从2001年开始，国际资本和产业向长三角地区转移加快，8市外商直接投资在长三角所占份额为58.2%，比2000年大幅上升15.1个百分点；其中苏州引进外商直接投资68.05亿美元，超出上海9.55亿美元。

(二)区域构成：苏南是沿江地区的主体

江苏的苏南地区土地面积2.81万平方公里，占沿江8市的57.9%、江苏的27.8%和长三角的28.0%；2003年年末总人口2219.14万人，占沿江8市的56.1%、江苏的31.0%和长三角的29.2%。

苏南经济基础厚实，区位优势突出，文化底蕴深厚，主要经济指标在沿江地区均占有绝对份额，并且经济总量所占比重显著提升（见表3）。2003年，苏南实现地区生产总值占沿江地区的77.8%，比1978年上升10.2个百分点；人均生产总值与沿江地区平均水平的比例由1.27倍扩大至1.39倍。城镇固定资产投资、社会消费品零售总额、地方财政一般预算收入分别占沿江地区的83.3%、74.6%和82.4%；进出口总额、出口分别占沿江地区的92.7%、91.2%，比2000年上升3.4个、3.2个百分点。

苏南也一直是江苏经济发展的核心区域，经济总量在长三角也是“三分天下有其一”（见表1）。20多年来，苏南抢抓了率先发展乡镇企业、浦东开发开放和国际产业转移三次重大战略机遇，不仅在上世纪80年代创造了闻名遐迩的“苏南模式”，而且在改革与建设进程中创新出工业化、城市化、信息化、国际化互动并进的“新苏南发展模式”，农村工业化、城乡一体化、经济国际化均走在江苏的前列。2003年，苏南地区生产总值占江

表3　苏南、苏中地区在沿江地区的地位演变

指　标		1978	1980	1985	1990	1995	2000	2001	2002	2003
地区生产总值	苏南占比重	67.6	68.6	69.7	69.5	73.8	74.9	75.4	76.3	77.8
	苏中占比重	32.4	31.4	30.3	30.5	26.2	25.1	24.6	23.7	22.2
固定资产投资	苏南占比重	81.7	73.9	80.2	76.9	73.1	75.8	76.1	78.2	83.3
	苏中占比重	18.3	26.1	19.8	23.1	26.9	24.2	23.9	21.8	16.7
社会消费品零售总额	苏南占比重	64.9	65.0	67.5	67.8	71.5	73.0	73.4	73.9	74.6
	苏中占比重	35.1	35.0	32.5	32.2	28.5	27.0	26.6	26.1	25.4
进出口总额	苏南占比重	-	-	-	-	-	89.3	89.9	91.2	92.7
	苏中占比重	-	-	-	-	-	10.7	10.1	8.8	7.3
#出口	苏南占比重	-	-	-	-	-	88.0	88.7	89.9	91.2
	苏中占比重	-	-	-	-	-	12.0	11.3	10.1	8.8
实际外商直接投资	苏南占比重	-	-	-	-	-	94.8	-	93.1	89.8
	苏中占比重	-	-	-	-	-	5.2	-	6.9	10.2
地方财政一般预算收入	苏南占比重	-	-	-	-	76.5	81.6	82.3	82.1	82.4
	苏中占比重	-	-	-	-	23.5	18.4	17.7	17.9	17.6

注：1978–2002年为全社会固定资产投资；2003年为城镇固定资产投资。

苏的六成以上(61.2%)，占长三角的逾1/3(34.3%)；人均生产总值是全省的2.10倍、长三角的1.17倍。外向型经济优势突出，出口占全省的88.7%、长三角的37.8%，外商直接投资占全省的84.6%、长三角的一半以上(52.3%)。

(三)城市发展：强县基本集中于沿江地区

表4数据显示，从经济规模看，2003年，苏州、无锡、南京、南通4市地区生产总值均超过了1000亿元，分别占沿江地区总额的27.9%、18.9%、15.7%和10.0%。除南京外，1979–2003年，苏南的苏州、无锡、常州和

表4　沿江8市城市经济发展情况（2003年）

地　区	地区生产总值				三次产业增加值构成（%）				城市化水平(%)	外贸依存度（%）
	绝对额（亿元）	占沿江比重（%）	1979–2003年递增（%）	人均GDP（元）	第一产业	第二产业	#工业	第三产业		
南京市	1576.33	15.7	11.7	27307	4.1	51.0	41.8	44.8	74.2	77.3
苏州市	2801.56	27.9	14.2	47693	2.7	63.2	56.6	34.1	62.3	194.1
无锡市	1901.22	18.9	15	43155	2.8	57.5	52.1	39.7	64.9	62.6
常州市	901.42	9	12.9	26149	5.2	57.7	52	37.1	58.1	48.2
镇江市	641.05	6.4	13.3	23995	5.1	57.2	48.7	37.7	56	34.5
苏南	7821.58	77.8	-	35278	3.5	58.3	51.4	38.2	64.6	108.7
南通市	1006.71	10	11.2	12924	13.8	51.4	45.1	34.8	41.6	42.5
扬州市	647.22	6.4	12	14290	10.8	51.4	44.9	37.8	45.7	25.9
泰州市	580.04	5.8	11.5	11513	12.5	51.8	43.6	35.7	42.4	12.6
苏中	2233.97	22.2	-	12866	12.6	51.5	44.6	35.9	44.6	29.9
沿江合计	10055.55	100	-	25439	5.5	56.8	49.9	37.7	55	91.2
全省	12460.83	-	12.3	16809	8.9	54.5	48.2	36.6	46.8	75.5

镇江4市地区生产总值年递增率均远高于全省平均。

沿江县域是江苏县域经济的主要集中地带。2003年，沿江县域（含28个县市）土地面积、年末总人口分别占全省县域（54个县市合计）的41.7%、48.4%，但实现地区生产总值占74.0%，比上年提升2.6个百分点；人均生产总值（19911元）高出全省县域平均53.6%。城镇固定资产投资、社会消费品零售总额和地方财政收入分别占全省县域的76.2%、72.3%和82.7%；出口和外商直接投资占97.5%、93.1%。一批经济强县崛起，带动了沿江乃至全省经济的快速发展。根据最新公布的"第三届全国县域经济基本竞争力百强县（市）"，江苏有21个县（市）入围，其中有10个位于苏南，8个位于苏中。被称为"苏南四小龙"的江阴、常熟、张家港、昆山位居前4位，其经济特色和发展经验分别被誉为"江阴现象"、常熟"富民兴市"、"张家港精神"和"昆山之路"。

二、沿江8市经济社会发展的主要特点

从沿江8市经济社会发展情况看，主要呈现出以下特点：

（一）工业化进程超前，高新技术带动制造业结构升级

沿江8市跨江沿海，紧靠中国金融中心上海，拥有较低价格的土地和劳动力、发达的教育文化事业和巨大的社会需求，具备了制造业发展的重要条件，工业化进程一直明显领先于全省。2003年，全省83.5%的工业增加值、87.9%的规模以上工业总产值集聚于此地。8市工业增加值占到地区生产总值的"半壁江山"（49.9%），高出全省平均1.7个百分点，比1978年上升14.9个百分点。人均GDP由1978年的532元增至25439元，折合3073美元，超出全省平均1042美元，整体上已处于工业化的中后期阶段。在全省年产品销售收入排列前100户的法人工业企业中，有83户集聚于苏南，其中苏州就有37户，有8户位于苏中。在全省营业收入排列前50户的企业（集团）中，有44户集聚于苏南，苏中有2户。更多的企业特别是大企业、大集团走上资本经营之路。全省84家上市公司，位于苏南有66户，苏中有10户。

近年来，沿江8市抢抓国际制造业向长三角地区转移的机遇，着力于建设国际制造业生产基地。冶金、化工、电力、造纸、机械和运输仓储物流等沿江产业加速增长，基础产业带和高新技术产业群的集聚效应初步显现。2003年，8市规模以上工业重工业产值占到全省的89.7%，比上年上升1.6个百分点；规模以上工业总产值中重工业比重为64.8%，高于63.7%的全省平均。沪宁沿线以电子信息产业为主的高新技术产业带建设步伐加快，沿江火炬带已发展成为全省高新技术产业的集聚区域，集中了电子信息、生物与医药、光机电一体化、新材料等一批高水平的高新技术产业群，带动了沿江制造业产业层次的显著提升。8市实现高新技术产业产值占全省的97.1%，其中苏州占48.6%；高新技术产业产值占规模以上工业总产值的比重为23.4%，高出全省平均2.2个百分点。全省两大传统优势高新行业均主要集中于沿江地区，电子及通信设备制造、电气机械及设备制造业实现产值分别占到全省的99.4%、94.4%。

（二）产业结构加快调整，非国有经济发展迅猛

工业化的快速推进，在加快沿江地区经济发展的同时，也带来了产业结构的调整优化。2003年，沿江8市三次产业增加值的结构比例为5.5∶56.8∶37.7，优于8.9：54.5：36.6的全省水平；与1978年相比，第一产业比重下降22.1个百分点，第三产业比重上升20.4个百分点。三次产业就业结构的比例为25.1：43.9：31.1，也优于39.0：30.6：30.4的全省水平。苏南的产业结构层次整体上优于苏中，第一产业增加值比重低于苏中9.1个百分点，第二、三产业增加值比重分别比苏中高6.8个、2.3个百分点；人均GDP已达35278元（折合4262美元），是苏中地区（1555美元）的2.7倍，已步入了工业化高级阶段的初期。

所有制结构的调整与改革激发了作为市场主体的各类企业的活力和竞争力。沿江地区民营企业发展历史悠久，文化积淀和民间资金实力深厚，在工业化进程中，还大力引进外商资本和南方资本，形成了明显的非国有经济的规模优势。2003年，8市民间投资总额占全省的81.5%，其中苏南占67.6%。全省有77.3%的私营企业位于沿江地区，其中苏南占57.8%；私营工业产值占全省的82.9%，其中苏南占67.0%。在产值结构中，苏中私营工业比重高出苏南3.4个百分点。"三资"企业也主要集聚于沿江地区。外商港澳台投资企业产值占全省的95.4%，其中苏南占85.0%；在产值结构中，外商港澳

表5　沿江地区工业结构情况（2003年）

地　区	规模以上工业总产值占全省（%）				规模以上工业总产值结构（%）			
	总额	外商港澳台投资工业	私营工业	高新技术产业产值	#外商港澳台投资工业	#私营工业	#重工业	#高新技术产值
南京市	13.9	11.6	8.4	15.1	27.9	14.2	78.6	23.0
苏州市	27.6	50.2	22.2	48.6	60.5	18.9	64.5	37.4
无锡市	18.2	13.6	19.1	13.6	24.8	24.8	67.2	15.9
常州市	8.5	5.4	11.6	6.8	21.1	32.2	63.6	16.9
镇江市	4.7	4.3	5.7	3	30.1	28.5	57.7	13.3
苏南	72.9	85	67	87	38.8	21.7	67.3	25.3
南通市	6.2	6.6	6	2.9	35.4	22.6	46.2	9.9
扬州市	4.6	2	5.9	2.7	14.5	30.1	56.5	12.2
泰州市	4.1	1.8	4	4.4	14.4	23.2	57.7	23.1
苏中	15	10.4	15.9	10	23.2	25.1	52.6	14.2
沿江合计	87.9	95.4	82.9	97.1	36.1	22.2	64.8	23.4
全省	100	100	100	100	33.3	23.6	63.7	21.2

台投资工业比重高出全省平均2.8个百分点。非国有经济的快速发展，加速了沿江工业化进程，也促进了高附加值的加工制造业和高新技术产业的发展，带动了沿江产业结构的高度化。

（三）工业化与城市化互动并进，产业与城镇密集带逐渐形成

世界各国经济和城市发展的实践证明，工业化与城市化存在互为因果、互动并进的关系。上世纪80年代，以农村工业化为主要推动力，苏南乡镇企业的发展带动了农村小城镇建设；自90年代后半期，抓住长三角城市带形成的机遇，开发区建设的加快扩展了城市和城镇面积，加速了工业向园区集中、人口向城市集中、住宅向社区集中的“三集中”趋势，开创了以资本带动、制造业发展、开发区建设为主要推动力的“园区经济推动型”城市化发展新模式，大大加快了沿江地区的城市化进程。2003年，沿江地区的城市化水平为55.0%，高出全省平均8.2个百分点；苏南、苏中城市化水平分别为64.6%、44.6%，比上年上升3.7个、4.8个百分点（见表4）。南京都市圈、苏锡常都市圈功能强化，已总体形成包括特大、中、小城市和小城镇、等级层次明显的城镇体系，产生了较高的城市群体能级效应。

新一轮沿江开发更为沿江地区产业与城市互动发展、加速城市化提供了极好的良机。从国际实践看，许多国家都因沿江开发而崛起一批经济发达的核心城市。全长约1400公里的莱茵河，其沿岸22.4万平方公里的流域是欧洲和世界重要的重化工制造中心和城市密集带，沿岸的科隆正是在跨江发展后迅速成为德国重要的城市。在沿江开发进程中，大运输量、大用水量、大吞吐量和大用地量的产业快速成长，广泛吸引了海内外资金、技术、人才等生产要素流入城市，在沿江两岸带动形成了颇具规模、各具特色的园区产业群，为城市发展提供了“产业支撑”。如常熟沿江形成钢铁、能源、造纸、化工四大产业群，张家港形成了江苏扬子江国际化学工业园、扬子江冶金工业园等“扬子江”五大工业园区。

（四）经济国际化向纵深发展，园区经济成为新亮点

江苏是我国对外开放较早的沿海省份之一，沿江地区又可谓是江苏对外开放时间最早、程度最深、水平最高的区域。在上世纪90年代初，抢抓浦东开发开放的机遇，从2001年始，又紧抓国际资本向长三角转移加快的机遇，沿江地区加快新的“两头在外”（利用境外资源，开拓海外市场）步伐，在投资环境、经济政策、管理体制、运行机制诸方面全方位与国际接轨，基本形成了与国际分工互接互补的产业体系，为经济发展提供了广阔的空间和强劲的动力。新一轮沿江开发更加大了沿江地区的开发开放力度。2003年，沿江地区进出口外

贸依存度为91.2%，高出全省平均15.7个百分点，比2000年大幅提升34.3个百分点；其中苏南达到108.7%，提升40.8个百分点(见表4)。利用外商直接外资比2000年增长了1.5倍，总额分别相当于上海的2.5倍、浙江6市的3.1倍；特别是苏中利用外资步伐加快，外商直接投资占沿江地区的10.2%，比2000年提升了5.0个百分点。继东南沿海地区的福建、广东之后，沿江地区的昆山、常熟等地已成为新兴的台商投资集中地。

开发区建设已经形成较大的整体规模，以工业为主、出口为主、外资为主、致力于发展高新技术产业的园区经济成为沿江地区经济发展的新亮点和重要增长点。至2003年末，沿江地区共有70个省级以上开发区。开发区实现地区生产总值、工业增加值分别占沿江地区总量的28.3%、39.8%，贡献份额分别高出全省平均4.0个、4.3个百分点；外商直接投资占沿江地区总量的65.6%，贡献份额高出全省平均1.6个百分点。苏州工业园区创办10年来，已引进包括45家世界500强企业在内的1200多家外资企业，形成了电子信息、精密机械、生物制药、新材料和航空零部件等高新技术产业集群，园区地区生产总值、财政收入、进出口总额、实际到账外资等主要指标均占苏州市的15%左右。

(五)小康进程全面推进，经济社会协调发展

沿江地区不仅经济发展领先于全省，而且一直比较注重经济社会和人的全面协调发展，科、教、文、卫等社会事业发展也走在全省的前列。2003年，沿江地区共有普通高校104所，比1978年增加77所；普通高校数、中级技术职称以上专业技术人员分别占到全省的82.7%、72.5%，其中苏南分别占69.2%、54.1%(见表6)。苏南、苏中卫生服务体系健全率分别高出全省平均7.6个、1.3个百分点。根据2003年全省13省辖市科技进步统计监测的结果，沿江8市的综合评价均位居前8，其中南京的科技投入水平位居第1，苏州的科技产出、社会进步水平均位居第1。

将经济的增长与致富人民结合起来，沿江地区居民的人均收入显著提高，生活水平和生活质量明显改善。表6数据显示，8市城镇居民人均可支配收入、农村居民人均纯收入分别高出全省平均960元、869元，2000年以来分别年递增763元、287元；居民人均储蓄存款高出全省平均5515元。在以“分配富民”的同时，实现“就业富民”和“保障富民”相并举。苏南、苏中城镇登记失业率分别为3.9%和4%，均低于4.1%的全省平均水平。苏南不仅扩大了社会保障覆盖面，并且逐步提高了水平，城镇劳动保障三大保险覆盖面、新型农村合作医疗覆盖面分别高出全省平均8.0个、14.0个百分

表6　沿江地区部分社会指标比较(2003年)

地　区	#普通高校总数	#中级技术职称以上专业技术人员	城镇居民人均可支配收入(元)	农村居民人均纯收入(元)	居民人均储蓄存款(元)
南京市	37.5	20.1	10194	4923	19811
苏州市	11.5	10.4	12362	6681	24883
无锡市	8.7	10.7	11647	6329	22546
常州市	7.7	7.9	11307	5550	17992
镇江市	3.8	4.9	9451	4733	12658
苏南	69.2	54.1	10889	5825	20562
南通市	7.7	7.8	9598	4393	10929
扬州市	2.9	6.0	8700	4172	9901
泰州市	2.9	4.6	8517	4079	7847
苏中	13.5	18.4	8966	4249	9766
沿江地区	82.7	72.5	10222	5108	15829
全省	100.0	100.0	9262	4239	10314

注：沿江地区居民人均收入用8市数的简单算术平均计算。

点。

三、沿江地区要走在江苏科学发展的前列

从现在起到2010年，是江苏全面建设小康社会、加速基本实现现代化的一个关键阶段。沿江地区具备较强的经济实力和较好的发展基础，完全有条件率先实现发展思路的转变，率先贯彻科学发展观、率先实现统筹发展，在科学发展上走在全省的前列。这对于进一步提升沿江地区发展水平、加快实现全省“两个率先”有着重大的战略意义。

（一）是解决沿江地区发展中存在矛盾的紧迫需要

沿江地区发展快于全省，发展中遇到的问题早于全省，发展中一些突出矛盾也大于全省，还存在一些亟待解决的矛盾和问题。

——产业结构总体层次不够高。目前，沿江地区制造业结构调整线路接近，沿江各特色产业基地出现较多的重复建设和产业雷同，导致部分行业过度竞争，影响了沿江产业带的整体效益和建设进展。服务业发展滞后，服务业增加值比重（37.7%）和就业比重（31.1%）均低于世界中等收入国家水平。

——高技术研发能力偏弱。沿江地区尚未成为以研究与开发为支持的制造基地，缺少核心技术和拥有自主知识产权的强势产业和企业仍然是沿江制造业的软肋，自主国际驰名品牌很少。2003年，沿江地区R&D支出占地区生产总值的比例为1.05%，低于1.21%的全省平均水平。高新技术产业工业总产值占沿江地区工业总产值的23.4%，产业比较优势仍然是在劳动密集型产业。一些高新技术产品大多停留在劳动密集型的加工装配环节，自主技术创新水平偏低。

——居民富裕程度不够高。与上海、浙江6市相比，沿江地区居民收入水平尤其是城镇居民收入水平还存在明显的差距。8市城镇居民人均可支配收入分别比上海、浙江6市低4645元、2742元，农民人均纯收入分别低1550元、690元。从城市来看，城镇居民人均可支配收入在长三角排列前5位的分别为上海和浙江的宁波、绍兴、杭州、湖州4市，沿江地区收入最高的苏州市仅排在第6位，收入最高的上海市是最低的泰州市的1.75倍。

——区域内部经济落差明显。苏南对苏中、苏北发展的辐射、传导、带动作用尚未充分显现，沿江两岸经济发展差距趋于扩大，在一定程度上制约了沿江地区整体经济水平的提升。2003年，苏中地区生产总值占沿江地区的比重由1978年的32.4%降至22.2%；人均生产总值相当于苏南的比例由54.8%降至36.5%。苏中对外、对内开放的水平和层次均弱于苏南。

——工业化带来的资源环境问题凸显。随着工业化特别是重化工业以及城市化的迅猛发展，沿江地区资源供应紧张，环境污染加重，直接影响到投资环境和可持续发展。苏州、无锡两市缺电最为严重，约占全省缺电的一半。作为流域经济，环境污染最主要表现在水污染和大气污染。沿江有机毒物污染日益明显，据沿江11个水厂的3个水期监测结果，共测出有机毒物210种（部分对人体有致畸、致癌和突变作用）。8市均被国家列为酸雨控制区，南通酸雨发生率为全省最高，达62.4%，南京、扬州、无锡和苏州也均在40%以上。

（二）是江苏实现“两个率先”的科学选择

新一轮沿江开发是沿江地区构筑21世纪经济新高地的一项重大战略，沿江“工业走廊”是未来江苏推进新型工业化的一个最重要的经济增长极，也是长三角新一轮发展的核心区域。

——增强江苏综合实力。作为江苏经济实力最强、整体贡献最多的区域，加快推进沿江开发，可以进一步提高沿江地区基础产业、相关优势产业的发展水平和整体经济实力，在提升江苏产业整体竞争力、增强江苏综合实力、强化参与国际竞争的优势上起到骨干支撑作用。

——构建江苏“两个率先”新的动力源和增长极。发达地区扩散与带动的效用，取决于增长极地区的经济能级和能量。加快推进沿江开发，建设沿江基础产业带、长三角国际制造业基地的北翼和江苏最重要的高新技术产业区，可以提高沿江地区的经济能级，带动全省的工业化和信息化进程，充分发挥对全省经济发展和新型工业化道路的示范和带动作用。

——在更高层次上推动区域共同发展。国际经验表明，现代化的过程也是区域差别逐步缩小的过程，这种过程通常表现为以经济增长极为中心的梯次推进和区域带动。加快推进沿江开发，将沿江开发战略和苏北大开发战略融为一体，可以加快苏南经济对苏中的渗透和扩散，促进苏中快速崛起，并由此进一步带动广大苏北经济腹地的起飞，从而改变江苏区域经济两极化发展的局

面，从总体上提高江苏的实力。

——加快长三角地区一体化进程。沿江开发战略实际上是长三角地区一体化进程的一个有机组成部分。只有融入到长三角地区一体化发展的大战略中，主动与上海开发开放呼应，与上海、浙江环杭州湾地区实现融合，才能更成功地推进沿江地区和整个江苏的开放和开发，为长三角区域经济发展延伸广阔的腹地，为实现长三角一体化目标提供强大的支撑，从而为全国的发展大局作出更大的贡献。

四、又快又好地推进新一轮沿江开发

在新世纪新阶段，着眼于长三角经济发展的大局和江苏"两个率先"建设的全局，必须紧抓当前加快沿江开发、建设国际性制造业基地的难得机遇期，解放思想、创新路径，把科学发展观贯穿于沿江开发的全过程，充分发挥沿江地区的先发效应，加快推进江苏"两个率先"进程。

1、新一轮沿江开发必须加快转变经济增长方式。沿江地区基本上走的是一条主要依靠增加资源投入的、高耗能、高投资、粗放型的发展方式，经济发展与人多地少、资源匮乏、环境承载力脆弱的矛盾突出，显然已不能适应新形势的需要，节约资源、集约开发和保护环境、持续开发是沿江开发的当务之急。作为先发区域，沿江地区经济增长方式向集约型的转变应先于全省，主要依靠科技进步、提升劳动者素质来提高要素配置效率，增强经济综合竞争力和整体素质，追求经济效益、社会效益和环境效益的统一。

2、新一轮沿江开发必须大力发展制造业并逐步提升产业结构高度。沿江开发，产业是基础。依托区位、资源优势，重点发展基础产业，承接国际制造业转移，大力引进投资规模大、科技含量高、产业链长、符合环保要求的大项目。积极推进企业跨地区、跨所有制重组，加快培育主业突出、拥有自主知识产权、具有国际竞争力的大公司、大企业集团。以大企业、大项目、重点园区为支撑，形成各具特色、优势互补的产业密集区和产业基地。通过产业政策的导向作用，推动沿江两岸产业布局的优化，形成错位竞争、共同发展的格局。

3、新一轮沿江开发必须加快提升服务业发展水平。发达的现代服务业是现代制造业的重要支撑。制造业成本的高低取决于两个因素：一是制造成本，二是交易成本。沿江地区生产性服务业水平不高，提高了交易费用，制约了国际制造业中心的建设。必须大力发展以贸易、金融、运输、高科技服务为主导的生产性服务体系，千方百计降低制造业的交易成本。加快服务业利用外资的步伐，以开放来促进服务业的发展和国际竞争力的提升。

4、新一轮沿江开发必须大力提高民众富裕水平。"优先富民"是沿江地区加快发展的本质要求。要在总体小康的基础上，使经济社会发展的成果惠及全体人民，在全省提前建成以人民生活质量的提高为核心内容的全面小康社会。把鼓励和支持自主创业、放手发展民营经济作为富民的重点工程，创造适宜民营企业快速成长的社会氛围、社会服务、人才条件和人文精神，提高私营个体经济的规模和水平，实现"打工经济"向"老板经济"的跃升。把帮助农民特别是困难群体放在优先位置。千方百计扩大就业和再就业。大力推进社会保障体系建设。

5、新一轮沿江开发必须增强开放的带动力。把扩大开放作为沿江发展的重中之重。加快对内开放步伐，广泛吸纳国内民间资本共同参与开发。积极创造条件吸纳高端产业链，引导外资投向高新技术产业，把更高技术水平、更大增值含量的加工制造环节和研发机构转移过来。鼓励企业加强与跨国公司投资企业建立广泛的配套协作关系，拉长产业链条，促使外资经济落地生根，形成聚集经济。放大苏南开放效应，提升苏中开放平台，鼓励南岸跨江开发。

6、新一轮沿江开发必须以沿江城市现代化为依托。沿江的低制造成本优势要与高度城市化所提供的低交易成本优势结合起来，通过城市化、城市服务功能的增强来增强对生产要素的集聚能力，增强对区域经济的辐射带动能力。同时，呼应上海、接轨上海，紧密融入长三角一体化进程，加强沟通协调、共同构建长三角城市群，形成长三角城市间产业上错位互补、资源上互通共享、发展上联动共赢的大格局，全面提升长三角城市群整体协调发展水平。

（执笔：综合处）

2003年长三角浙江地区经济运行情况分析

Analysis of Economic Performance in Zhejiang Region of the Yangtze River Delta in 2003

浙江省统计局

2003年，面对复杂多变的国际形势和突如其来的非典疫情以及高温干旱缺电等不利因素，长三角浙江地区认真落实党中央、国务院的决策部署，积极应对国内外形势的新变化，努力克服各种不利因素的影响，国民经济呈现出持续快速发展，结构、效益和质量同步改善的态势，整体经济指标处于亚洲金融危机以来的最好时期。

一、长三角浙江地区经济运行的基本态势

1、经济增速创近年新高。

2003年，我省位于长三角的7城市（杭州、宁波、嘉兴、湖州、绍兴、舟山和台州）在复杂的国际环境和困难的国内环境下，经济依然强劲增长。7城市生产总值突破7000亿元，达到7492亿元，增长15.4%，高出全国增幅6.3个百分点，高出长三角地区平均增幅1个百分点，占长三角地区总量的31.3%，占浙江总量的四分之三。7城市中，GDP绝对值超过1000亿元的有杭州、宁波和绍兴，分别达到2100亿元、1786亿元和1089亿元，居长三角16城市的第三、五、七位；7城市GDP增幅均接近或超过15%，高于上海，也普遍高于江苏地区，最高的为嘉兴（16.9%），列16城市增速第2位，最低的台州也达到了14.9%，均高于全省GDP增幅，各地经济基本处于亚洲金融危机以来的最好水平。7城市人均GDP首次超过3000美元，达到3270美元，可以说，7城市在经济发展方面，已经提前达到了"十六"大报告提出的到2020年人均GDP水平达到3000美元的目标，用国际标准衡量，已达到中等收入水平。

2、从生产角度分析，三大产业全面增长，工业主导格局进一步突出。

从生产角度分析，以制造业为主体的工业是推动7城市经济快速增长的主要动力。受投资、出口快速增长和汽车、通信等消费热点的共同拉动，2003年7城市完成工业增加值3660亿元，比上年增长18.4%，高于经济增速3个百分点，对经济增长的贡献率为57.9%，拉动经济增长8.9个百分点。7城市工业经济增长幅度均超过16%以上，其中舟山增速达到23.9%，列全区第一位。7城市工业增加值占GDP的比重由上年的48.1%上升48.9%，各地经济对工业的依赖程度均由不同程度的提高。宁波、嘉兴、绍兴、台州等地形成了以工业为主体的产业结构，工业在经济总量中的比重均超过了50%。工业增加值占7城市合计比重达50%的杭州和宁波增速分别达到19.9%和18%，两城市在工业快速增长的同时，结构调整稳步推进，经济效益不断提高。杭州在"工业兴市"的大氛围下，规模以上工业实现总产值3198.51亿元，比上年增长31.3%，增幅比上年提高9.5个百分点，增速为1995年来最高，产销衔接状况逐月改善，产销率由一季度的93.1%提高至全年的97.8%。从所有制看，全市股份制工业企业实现工业总产值1680.9亿元，占规模以上工业总产值的比重为52.6%，同比增长34.5%，非国有控股企业实现工业总产值占全市比重不断上升，由上年的82.6%提高到84.3%；从行业看，高技术产业发展加快，高技术产业实现总产值469.48亿元，比上年增长40.4%，增速比全市平均水平高9.1个百分点；宁波全市规模以上工业企业实现工业总产值2627.4亿元，工业销售产值2582.2亿元，分别比上年增长28.1%、29.4%，是近五年来增长最快的一年。各种所有制工业全面快速增长，其中，产值总量占全市规模以上工业五分之四的股份制企业和外商及港澳台投资企业，分别比上年增长31.1%和29.5%，高于全

市平均增幅3个和1.4个百分点。工业规模效应进一步突现,优势骨干企业对工业经济拉动作用明显。工业总产值绝对额最大的前20家企业完成工业总产值822.8亿元,占规模以上工业企业工业总产值的三分之一,产值平均增长速度为32.3%,高于全市平均增幅4.2个百分点。作为宁波支柱产业之一的石化工业,增幅为28.4%。产销衔接保持良好,工业品累计产销率为98.28%,比上年同期提高1.04个百分点。新产品产值增势较猛,实现新产品产值348亿元,同比增长43.58%。

与高速增长的工业形成对比的是发展缓慢的第一产业。2003年,7城市农业增加值569亿元,增长4.2%,低于工业增幅14.2个百分点。各地增幅在均在7.5%以下,舟山甚至出现负增长,为-1.1%。粮食播种面积继续减少。7城市全年播种面积902千公顷,比上年减少150千公顷,总产量537万吨,下降14.1%。切实加强农业,稳定粮食生产能力,确保粮食安全已成为宏观调控的一个重点任务。

2003年7城市第三产业增加值2766亿元,增长13.5%,服务业增长速度明显低于国民经济的增长速度,由于上半年非典疫情的冲击使服务业一度遭受重挫以及第二产业的相对加速增长,7城市第三产业占GDP比重较去年下降,由去年的37.2%下降为36.9%,除湖州和台州较上年增加外,其余5城市均由不同程度下降,下降幅度最大的是嘉兴市,下降了1.4个百分点。实现我省制定的全面建设小康社会,服务业增加值占GDP的比重提高到45%的目标任务艰巨。

从需求角度分析,三大需求两高一稳,投资和出口的带动作用明显。

(1)固定资产投资强劲增长。2003年全年7城市固定资产投资3657亿元,比上年增长37.6%。其中各地增幅均达到30%以上,舟山、绍兴、台州的投资超过40%,舟山由于省重点项目洋山港建设项目和一些基础投资项目的拉动动致使投资增幅达到51.9%,为各地投资增幅之最。在全部投资中,工业投资成为推动全社会投资增长的主要因素。全年完成工业投资1723亿元,比上年增长55.3%,高于全部投资增幅17.7个百分点,对投资增长的贡献率达到61.3%。在加快建设先进制造业基地战略政策的引导下,各地工业投资成为今年投资的一大特点。台州、嘉兴、宁波的工业投资增幅位列前三位,均超过了60%,分别达到74.2%、65.7%和64.1%,高于总投资增幅20--30个百分点。在工业投资快速增长的同时,房地产开发投资受市场需求的强劲带动,继续保持较快增长,7城市共完成房地产投资706亿元,增长36.8%。除舟山由于海岛土地开发资源有限,房地产开发投资比去年下降2.7%外,其余6城市增幅均在20%以上,其中绍兴、嘉兴的增幅达到51.7%和51%。投资的高速增长为国民经济的持续快速增长起到了重要的推动作用,但是部分地区新开工项目过多、园区建设热以及钢铁、水泥等行业的过热投资应引起有关部门的高度重视。

(2)出口规模高位攀升,再创新高。由于入世对外贸出口的积极作用的加快释放、出口退税率下调的前置效应以及各地相应推出的促进外贸出口的政策措施等因素,为出口营造了有利的市场环境。7城市完成出口354亿美元,比上年增长41.2%,占全省的比重达到85.1%。杭州、宁波积极实施"走出去"战略,外贸出口均首次超过百亿美元。绍兴出口形势空前良好,完成出口45.33亿美元,增长56.3%,高出全省14.8个百分点,增幅创出近9年来的第二高点,居7城市之首,尤其对拉丁美洲、非洲、亚洲出口保持较强的增长势头,分别增长70.2%、66.5%和55.6%。台州出口对经济增长的拉动作用明显增强。出口主体进一步扩大,2003年台州有进出口实绩的企业达1040家,比上年增加301家,其中自营出口生产企业有658家。从出口市场看,台州对各大洲的出口增长速度都较快,对非洲、大洋洲、亚洲、北美洲、欧洲和拉丁美洲的出口分别增长99.3%、61.7%、50.7%、49.1%、39.8%和29.2%,多元化出口战略成效明显。从出口商品的结构看,水产品、工艺品等传统出口商品比重下降,高新技术产品、机电产品等技术资金密集型出口商品比重上升,全年机电产品和高新技术产品出口分别增长53.3%和70.9%,占出口总额的比重分别达到46.4%和6.8%,比上年分别提高1.9个和1.0个百分点。

(3)消费需求平稳增长,消费升级倾向明显。从全年分析,各地除二季度受非典影响一度低迷外,其余时期均保持两位数增长,尤其是下半年开始,被压抑了的消费欲望开始释放,临近年末,消费品市场更是出现强劲回升。2003年,7城市全社会消费品零售总额2200

亿元，增长12.5%。各城市均衡发展，增速均在12-13%。消费升级倾向明显，热点持续。各地住房、汽车、通信器材、文化娱乐类等新一代消费品持续旺销。杭州汽车类销售总额达到178.4亿元，增长45.5%，数码相机销售增长1.1倍；宁波住宅销售达到114.5亿元，增长59.3%，汽车类销售增长57.4%，通信器材类增长1.2倍；湖州汽车零售增长1.7倍；台州汽车类销售增长53.9%。

4、经济运行质量不断提高，三大收入实现较快增长。

2003年，在地区经济快速增长的同时，政府、企业和居民收入同步实现较快增长。企业所得税、个人所得税、增值税和营业税四大主体税种的较快增长使得财政收入继续保持快速增长。7城市全年一般预算总收入1034亿元，比上年增长26.4%，其中地方财政471亿元，增长26.5%，均高于全省平均水平，财政收入占GDP的比重由2000年的 9.1%上升到13.8%，尤其是湖州、杭州、嘉兴的总收入增幅均超过7城市平均增速，分别达到32.9%、28.2%和27.9%，分居第一、二、三位。工业经济效益继续提高，呈现出利润增长快于生产的良好格局。2003年，规模以上工业实现利润665亿元，增长32.6%，高于工业总产值增幅0.3个百分点。城乡居民收入进一步提高。根据各地城乡人口数据测算得到，2003年，7城市城镇居民人均可支配收入平均为13336元，农村居民人均纯收入平均为5826元，分别比2002年名义增长12.8%和8.8%，其中城镇居民收入增幅比全省高0.3个百分点，农村居民人均纯收入增幅比全省低1.1个百分点。从地区看，舟山、宁波、台州城镇居民收入增幅均超过15%以上，分别达到16%、15.4%和15.2%。但各地农村居民收入增幅普遍较低，均低于全省农村居民人均纯收入平均增幅(9.9%)，也低于各地的城镇居民收入增幅，致使各地城乡居民收入差距进一步扩大，农村全面小康建设任重道远。

二、江浙两省主要指标比较

江浙两大领域各具优势。1、在规模方面，江苏所属的8城市主要指标占长三角的比重均较大程度地高于浙江7城市所占比重。2003年，江苏的南京、苏州、无锡等8城市实现生产总值10057亿元、出口总额574.7亿美元、实际利用外资148.9亿美元、全社会固定资产投资4866.2亿元、社会消费品零售总额2765.2亿元，占全区的比重分别42.3%、42%、57.8%、44.3%和38.5%。尤其是苏州市，2003年多项主要经济指标创出新高。生产总值、全社会固定资产投资、财政总收入、出口总值绝对值在长三角的位次均居上海之后列第二。利用外资呈现多年来少有的好势头，实际利用外商直接投资首次超过上海跃居全国城市首位，占全国的比重达到12.7%，占长三角比重达26.4%。与此相对应，浙江7城市除杭州、宁波和绍兴外，经济规模普遍较小，全年实现生产总值7492亿元、出口总额354亿美元、实用利用外资50.5亿美元、全社会固定资产投资3657亿元、社会消费品零售总额2200亿元，占全区的比重分别为31.3%、22.6%、19.6%、33.3%和30.6%，均低于江苏水平。特别是舟山多项主要经济指标占全区的比重均不到1%，与苏州相比相差甚远。2、在效益方面，浙江主要人均指标优于江苏。2003，浙江7城市人均GDP约为29000元，江苏8城市人均GDP约为27300元；浙江7城市城镇居民人均可支配收入均超过12000元，其中的杭州、台州、宁波、绍兴、湖州均超过了江苏最高水平的苏州市，而江苏的南通、扬州、镇江和泰州人均可支配收入还不足万元，同样，浙江农民人均纯收入总体水平也高于江苏。3、耗能产出方面，每亿千瓦时用电量创造的工业增加值浙江7市平均为5.98亿元，高于江苏8市5.29的平均水平。

2003年长三角浙江地区增长明显快于前几年，是多种因素综合作用的结果，首先得益于世界经济的总体好转，同时国内经济经过连续6年积极的财政政策和稳健的货币政策的推动，开始步入稳定上升的新阶段，不断扩张的国内外需求为我省经济的增长提供了强劲的动力。其次得益于我省出台的一系列行之有效的政策措施如实施“八八战略”，打造先进制造业基地，建设“五大百亿”工程，推进生态省建设，大力发展民营经济等推动了各地经济不断加速发展。第三，随着以上海为龙头的综合发展环境的不断改善，我省各地尤其是长三角7城市对外开放已有一定的优势，逐渐成为国际资本和产业转移的重要接续地，长三角经济一体化进程的加快为各地经济的加速发展带来了新的机遇。

2003年，长三角浙江地区经济运行良好，但必须看到，一些长期困绕的问题仍然没有得到有效解决，居民收入差距持续扩大，农村市场开拓乏力、城镇就业压力较大等，同时，经济运行中出现的新问题值得关注，如粮食安全问题突出，部分行业部分地区低水平重复建设抬头，资源“瓶颈”约束矛盾加剧、银行贷款增长过快等。针对这些新情况新问题，2004年，各地应坚决贯彻党中央、国务院所采取的一系列应对措施，努力化解各种矛盾，保护好、引导好、发挥好经济增长的合理因素，积极参与长三角新一轮发展战略，促进区域之间、城乡之间、经济和社会之间的协调发展，确保经济持续平稳较快增长。

（执笔：潘强敏）

经济快速增长 现代化建设迈新步
——2003年珠江三角洲经济发展简述
Rapid Economic Growth and New Progress in Modernization: A Brief Description of Pearl River Delta Economic Development in 2003

广东省统计局

珠江三角洲位于广东省中南部，面向南中国海，为珠江出口处，毗邻港澳，土壤肥沃，自古以来就是中国的“工商辐辏之所”。珠江三角洲经济区包括广州、深圳、珠海、佛山、江门、东莞、中山、惠州市区、惠阳县、惠东县、博罗县、肇庆市区、高要市、四会市等14个市、县、区。全区国土面积41698平方公里，占全省总面积的23.2%。2003年末户籍人口2398.63万人，比上年增长1.4%，占全省的31%。

一年来，珠三角地区人民充分发挥独特区位优势、信息优势以及华侨众多的人文优势，以发展为主题，敢闯实干，开拓创新，求真务实，区域现代化建设取得了显著成就。

一、经济快速增长，综合经济实力增强

2003年，珠三角抓住整体国民经济发展处在上升通道的机遇，努力把握市场需求动向，合理调配生产要素，力促区域经济持续快速增长。全年全区实现生产总值11341.13亿元，占全省的73.8%，比上年增长16.6%，高出全省2.3个百分点。其中第二、三产业增加值5939.63亿元和5380.38亿元，分别增长22%和12%，高于同期全省增速。从区内各市看，九个市地区生产总值全面实现快速增长。其中增长较快的市是东莞、深圳、中山和珠海、佛山，分别增长19.5%、19.2%、18.6%、17.5%和16.1%。经济快步增长，财富日益增强。2003年全区地方财政一般预算收入848.03亿元，比上年增长10.3%，占全省的64.5%；人均GDP39782元，折合4806美元，比上年增加659美元，高出全省2700美元，接近1995年世界上中等收入国家平均线。城乡居民储蓄存款余额11068.92亿元，增长19.8%，占全省的70%，占全国的10%，成为全国较为富裕的地区之一。

二、经济结构继续优化，产业结构逐步升级

2003年，珠三角瞄准世界经济结构的有利条件，积极促进产业结构调整，优化生产力布局。2003年珠三角的三次产业增加值结构为4.1：52.4：43.4，明显优于全省和全国平均水平。更为重要的是，初步形成了IT企业群和家电企业群。一是集中度高，出口导向性强。从整体看，2003年珠三角人口和土地占全省的23.2%和33.2%，但集中了全省93.4%的电子信息设备制造企业，实现工业总产值5728.74亿元，比上年增长31.3%，对全行业增长的贡献率为97.5%，拉动全行业增长30.7个百分点。其中，深圳的龙头地位更为明显，实现工业总产值2932.32亿元，增长33.1%，占全行业的比重上升到50.3%。广州、珠海发展势头强劲，增速分别达到37.7%和68.4%。二是既有较好的产业配套网链，又拥有一批具有较强竞争力的主导企业。目前，分布于珠江东西两岸的IT制造业走廊和家电制造基地，集聚着2000多家“三资”、公有、股份制、个体私营多种经济成份共同竞逐的中小型企业。三是产学研技术创新系统渐成气候。深圳已同200多所国内知名高等院校和几百个科研院所建立稳定的合作关系，成立了中国科技开发院（深圳），深圳清华研究院等技术研发中心；顺德与16位院士搭建了中国工程院（顺德）院士咨询中心；以世界500强为首的外商投资企业，在电子、信息网络、通信

等IT高新技术行业建立了近100个研发中心项目。四是大型企业集中。在全省最大50家企业中，珠江三角洲地区集中了47家，营业收入、资产总额和实现利润总额分别为8563.03亿元、20026.15亿元和719.71亿元，占整体企业的93.8%、99.1%和97.7%。其中：广州市以拥有27家企业高居各地区首位，占整体企业的二分之一强，营业收入、资产总额、利润总额和从业人员分别占整体企业的56.6%、54.4%、70.6%和62.5%；深圳则以拥有11家企业位居第二位，依次是佛山、惠州、珠海、东莞。

三、加大固定资产投资力度，基础设施建设步伐加快

2003年全区实现固定资产投资额3739.71亿元，比上年增长29.6%。其中基本建设投资1394.95亿元，更新改造投资400.78亿元，分别增长51.1%和24.9%。2003年全区高速公路通车是里程1294公里，占全省的56%；地铁通车里程37公里。京珠、开阳、广惠、惠河等高速公路建成通车。珠三角城际轨道快速交通网整体规划已列入国家铁路网中长期规划并上报国务院审定。广州新白云机场、东深供水改造工程、广州地铁二号线、深圳妈湾电厂、岭澳核电站、台山电厂一期和一批500千伏输变电工程等项目大部分建成投产。LNG一期工程全面开工建设。深圳港口集装箱吞吐量完成500万标箱，成为全球第四大集装箱枢纽港。

四、工业化进程提速，城市化接近世界上中等收入国家地区的平均水平

改革开放20多年，珠三角经历了一个历史性的经济社会大跨越，工业化进程迅速疾进，以广州-深圳为核心的城市群快速崛起，工业化与城市化整体水平互动发展。2003年珠三角实现工业增加值5380.38亿元，比上年增长23%。工业增加值占全区GDP比重为47.4%，比上年提高2.6个百分点。根据世界银行资料，1995年世界下中等收入（人均GDP1670美元）和上中等收入（人均GDP4260美元）国家地区的城市化水平分别为56%和73%。2003年，珠三角人均GDP介于世界下中等收入和上中等收入国家地区之间，按第五次全国人口普查统计，珠三角城市化水平为72%，接近世界上中等收入国家地区的平均水平。

五、高新技术产业高速发展

近10多年来，珠三角十分重视高技术产业发展，积极主动承接国际产业转移和先进技术设备的引进、消化、创新，着力推动企业置身于科技进步最前沿，走出了一条以企业为主体，以市场需求为导向，以生产有竞争力产品为中心的科技与经济紧密结合的新路子，高新技术产业迅速崛起。2003年珠三角高技术产业基本建设投资额103.92亿元，更新改造投资额35.18亿元，分别占全省的92.0%和85.0%；从事科技活动人员7.26万人，科技经费支出147.56亿元，分别占全省的96.6%和98.7%。目前，珠三角高新技术产业带拥有6个国家级、3个省级的高新技术产业开发区，2个国家级软件产业基地，12个国家“863”成果转化基地，1个国家级的大学科技园。高新技术企业自主研究开发能力增强，新认定的国家级、省级企业技术中心和省工程研发中心约30个，年内开工建设广州、深圳集成电路设计中心和中科院广州生物医药与健康研究院；启动软件、网络、电子政务与电子商务、先进制造技术、生物技术药物、新材料等一大批国家级科技项目。微机、彩电、激光视盘机、彩显、音响、电子元件等主要产品产量均居全国首位。2003年全国电子信息百强企业中广东入选的24家企业全部落在珠三角地区。全年全区高新技术产品产值5700亿元，占全省的93.4%，占工业总产值的25%，高出全省3个百分点。电子信息产品制造成为珠三角经济的第一增长点。

从区内各市看，深圳高技术产业最为突出，具有较大优势。从经济规模看，深圳有937家高技术企业，从业人员达42.66万人，当年价总产值为3343.45亿元，实现增加值805.40亿元，其从业人员只占全省的34.0%，总产值却占50.6%。从科技创新能力看，深圳从事科技活动人员达4.28万人，投入科技经费102.29亿元，占全省的51.6%和57.0%，均超过一半；科技经费占销售收入比例为3.2%，高于全省2.3%的平均水平。当年投入新产品开发的经费高达46.44亿元，占全省70.6%；新产品产值为734.83亿元，新产品销售收入789.67亿元，分别占全省的65.2%和68.8%；新产品产值率、销售率为22.0%和24.4%，均高于全省17.1%和17.9%的平均水平。高新技术产业已成为深圳经济的第一支柱产业和第一增长点。

新崛起的东莞也表现非凡，广州、惠州亦表现出相

当实力。东莞的高技术企业数、从业人员、当年价总产值、实现增加值等指标占全省的比重介于10–20%之间。作为省会广州，拥有全省23.5%的高技术企业，12.8%的从业人员，总产值和增加值占全省的8.0%以上。惠州高技术产业以上各指标所占比重在5–10%之间。

六、对外开放向纵深发展，经济国际化水平不断上升

外贸出口结构不断优化。2003年珠三角外贸出口1450.56亿美元，比上年增长28.8%，占全省的94.9%。外贸进口1262.47亿美元，增长27.2%，占全省的96.6%。进出口地区遍布世界100多个国家和地区。全区国民经济外贸出口依存度为105.9%，处于世界较高水平。出口结构调整优化，出口产品向以加工产品和机电产品出口为主转变，一大批高新技术产品成为全省出口的拳头产品。全年珠三角地区机电产品出口970亿美元，占全省的97%，高新技术产品出口478.7亿美元，占全省的99%。全区的进出口总额、出口总额均稳居全国各大经济区域的前列。加大招商引资力度，利用外资稳步增长。目前，已有200多家海外跨国公司投资于珠三角，成为推动区域经济增长的重要动力。2003年全区拥有外商投资企业工商注册登记数43360家，比上年增加1881家；全区签订合同利用外资额210.48亿美元，占全省的86%，比上年增长22.7%；实际利用外商投资额170.27亿美元，占全省的89.9%，比上年增长13.4%。接待过夜国际游客1134.51万人次，占全省的95.5%。成功举办93、94届广交会和2003年广东经济发展国际咨询会。珠三角还积极发展境外企业，充分利用国内国外两个市场、两种资源进行现代化建设的“走出去”战略逐步显现生机和成效。目前，珠三角已设立境外企业600多家，分布在50多个国家和地区，从事贸易、金融、保险、机电、轻工、工程承包等若干行业。

七、经济市场化程度提高

珠三角以市场为导向的改革，彻底打破了计划经济时代的封闭型经济体制，形成了国有、“三资”、股份制、私营个体等多种经济成份百舸争流的竞争格局，并保持着一定的领先全国的体制与机制优势。据《中国各地区市场化进程相对指数》2002年报告，以珠三角为主的广东市场化总指数在全国各省（市、区）中位居第一。体制变迁先走一步所释放的能量，不仅使珠三角经济焕发出巨大的生机和活力，而且在体制上促动了与世界经济体制的对接，更易融入世界经济大循环。

珠三角经济快速发展和市场化水平的提高，促进了第三产业水平的跃升，形成了一个持续庞大的消费市场。2003年，珠三角实现第三产业增加值4930.01亿元，增长12.0%，分别比全国和全省的平均水平高出5.4个和2.5个百分点；实现社会消费品零售总额3976.59亿元，增长14.2%，分别占全省的71.1%和全国的8.7%。

八、民营经济取得新进展

2003年，珠三角紧紧抓住广东省委省府《关于加快民营经济发展的决定》的契机，努力创造条件，促进民营经济发展。2003年珠三角个体工商户115.6万户，注册资本276.2亿元，分别占全省的62.3%和69.4%；私营企业27.9万户，注册资本3981.5亿元，分别占全省的86.4%和88%。其中，民营科技企业4100家，总产值1500亿元，出口创汇30亿美元。2003年，广州、深圳、东莞、佛山等四个市民营经济生产总值占珠三角地区生产总值的比重已达51.6%。其中，广州、深圳民营经济生产总值占本市生产总值分别为19.4%和13.5%。全年珠三角九市税收收入1737亿元，增长19.4%，增收282.7亿元，收入总额和增收额分别占全省的87.3%和87.2%。其中，广州、深圳两个市民营经济税收占全省民营经济税收近60%。

九、信息化水平稳步推进

2003年，珠三角地区信息化综合指数约为67.4%，高出全省9.2百分点。“广东电子商务网络联盟”正式启动运行，网络通电子认证体系成为国内最大的电子认证体系之一，与香港实现交叉认证。建设社会保障信息网，开展广州和顺德的社会保障卡试点、珠海和南海的综合试点工程。广州、深圳、惠州等市开通了企业信用信息网。全年珠三角九市完成电信业务总量909.59亿元，比上年增长34.3%，比全省平均水平高2.2个百分点。其中东莞和深圳增长高达44.7%和38.3%，高于全省平均增速12.6个和6.2个百分点。业务总量市场占有率79.2%，比上年提高1.3个百分点；本地电话用户数1663.32万户，增长32.7%，比全省平均水平高4.1个百分点，其中东莞和中山增长57.5%和56.9%，高于全省增速28.9个和28.3个百分点。电话用户市场占有率64.8%，比上年提高2个百分点。

2000年，珠三角广大城镇地区的彩电和移动电话普及率分别为459台／千人和23345部／十万人，进入世界先进国家水平之列(1997年美国分别为806台／千人和20600部／十万人，日本686台／千人和30400部／十万人，韩国348台／千人和15000部／十万人)，个人电脑普及率126.7台／千人，已大步逼近韩国(150.7台／千人)的水平。全国互联网的网民、WWW站点以及CN下注册的域名的地域分布，以珠三角为主体的广东居全国前三甲。

十、科技实力不断增强

从科技资源看，2003年，深圳、广州、佛山三市科技资源共占全省六成，其中深圳占三至四成，居首位。三市的科技人员占全省56.3%，科技经费占65.6%，新产品销售收入占86.6%。

科技投入总量大，科技产出效益突出。珠三角利用其占全省六成左右的科技人力财力资源，创造近九成的科技产出，在全省科技创新活动中占有绝对优势。从新产品产出看，深圳、广州、佛山、惠州四市新产品产值、销售收入占全省八成多。2003年，深圳大中型工业企业新产品产值610.86亿元，占全省的29.7%；广州551.00亿元，占27.2%；佛山319.37亿元，占15.8%；惠州256.45亿元，占12.6%；四市合计127.86亿元，占全省的85.3%。深圳、广州、佛山、惠州全年新产品销售收入分别占全省的34.3%、27.5%、13.6%、11.2%，合计达172.85亿元，占全省的86.6%；出口新产品销售收入547.69亿元，占全省的87.3%。

从科技人力资源看，2003年深圳大中型工业企业的科技活动人员3.32万人，占全省的29.4%；广州1.63万人，占14.5%；佛山1.40万人，占12.4%；三市合计6.05万人，占全省的56.3%。深圳、广州、佛山三市不但集中了全省近六成的科技人员，而且拥有的科学家和工程师5.00万人，占全省的62.3%；从事R&D活动的科技人员4.70万人，占全省的63.8%。

从科技财力资源看，2002年，深圳大中型工业企业的科技经费支出86.37亿元，占全省的44.0%；佛山23.22亿元，占11.8%；广州19.12亿元，占9.7%；三市合计128.71亿元，占全省的65.6%。深圳、广州、佛山三市投入R&D经费合计92.82亿元，占全省的75.1%；投入新产品开发经费合计66.83亿元，占全省的73.4%。

(执笔：综合处)

速度苏州　天堂苏州

Suzhou, Symbol of Speed and Paradise

苏州市统计局

苏州市位于江苏省东南部，东邻上海，南接浙江，西抱太湖，北依长江，苏州自有文字记载以来的历史已有4000多年，是全国首批历史文化名城之一，素有“人间天堂”美誉。

孕育了独具魅力的吴文化的苏州，过去给人们留下的是小家碧玉的印象，古朴典雅的园林，风格各异的宝塔，绚丽柔滑的丝绸，巧夺天工的刺绣，小桥流水，粉墙黛瓦。改革开放以后，苏州又重新走上社会经济伟大复兴之路，2003年人均地区生产总值达到5700美元，从1978年以来的25年中平均4年就实现一次翻番，成为速度苏州的最好诠释。2003年，苏州市的利用外资、工业总产值、出口总额、固定资产投资、地区生产总值、财政收入分别居国内各城市第一、二、三、三、五、六位……古老的苏州城发生了脱胎换骨的变化——在这里，新城区高楼大厦的拔地而起与古城深处的静谧园林相映相衬；宽畅的高架道路与幽深的小巷密弄相互连接；现代化的城市广场与淳朴的小桥流水相得益彰；苏州古韵与今风、民族与国际相映成趣，有一个完美的结合，有人认为，用苏州的传统工艺品———幅精美绝伦的双面绣来比喻现在的苏州是再恰当不过了，绣品两面的图案完全不同，但一样精致迷人，两面相辅相成，散发出前所未有的魅力之光。

苏州经济之所以能在一个较短的时间内得到迅速发展，除了有独特的地理区位优势等客观因素外，几千年深厚的历史文化积淀和文化底蕴赋予苏州的独特人文精神，创造了“张家港精神”、“昆山之路”、“亲商理念”三大法宝，成为苏州崛起的强大根基和动力。

一、抢抓机遇实现飞跃

机遇是不可多得的战略资源，抓住了，用好了，就能推动经济超常规、跳跃式发展，改革开放20多年来，苏州成功的抓住了三次机遇，实现了由农到工、由内到外、由单一到全面的三次飞跃。

第一次飞跃，上世纪80年代，苏州依托“苏南模式”崛起，实现了经济建设的第一次飞跃。产业结构实现了以农业为主体向以制造业为主体的转变，在十年内相继取得了乡镇工业“半壁江山”、“三分天下有其二”的业绩。二、三产均超过一产，农业已不再占主导地位，正是在这个时期苏州跻身全国经济大市行列，工农业总产值名列全国第四。

第二次飞跃，上世纪90年代，苏州不失时机扩大开放，抓住浦东和沿江开发机遇，实现了经济建设的又一次飞跃。实施外向带动、科教兴市和可持续发展战略，大规模引进国际制造业资本，逐步形成全方位对外开放的格局，先后建成了5个国家级开发区、11个省级开发区。如今的苏州，已成为国际商家投资中国大陆的首选城市之一。

第三次飞跃，进入新世纪以来，尤其是党的十六大以来，苏州紧紧围绕富民强市、“两个率先”的目标，正在实现第三次飞跃。苏州大力实施科教兴市、经济国际化、可持续发展和城市化战略，全力打造体制、产业和人才“三大平台”，全面构建开放型经济、具有自主知识产权的规模经济和民营经济“三足鼎立”发展格局，着力形成沿长江、沿沪宁交通轴线、沿沪浙地区和沿太湖的“四沿”生产力布局，做大做强中心城市和五个县级市各具特色、相得益彰的“六大经济板块”，推动经济社会全面、协调、可持续发展和人的全面发展。

二、开放型经济奋进直上

开放型经济是苏州在全国乃至世界声名远扬主要经济特色与优势，对外贸易发展对苏州经济增长发挥了重要作用，2003年全市进出口总额达656.63亿美元，增幅高达80.1%，在全国大中城市中总量位居第三，增幅位居第一。1990年苏州的进出口总额还不到2亿美元，2000年则突破了200亿美元大关，2003年的增量近300亿美元，13年年均增长56.9%，其中进口年均增长70.1%，出口年均增长50.9%。出口市场不断拓展，呈现多元化发展格局，出口市场已达到193个国家和地区，其中出口超亿美元的有30个，美国、欧盟、日本和香港成为苏州出口的四大主体市场，出口额分别为78.41、75.90、52.69、34.95亿美元，增幅分别为68%、107.7%、56.3%和133.1%。大宗产品出口效应显著，出口超亿美元的产品有31个，机电产品出口250.89亿美元，占全市出口总额的76.9%；高新技术产品出口178.95亿美元，占全市出口总额的比重达54.8%。

苏州之所以有如此活跃的开放型经济，和招商引资是密不可分的，而吸引资本的秘诀就是优良的投资环境。苏州充分认识区位优势，确立区别定位、错位竞争的理念，降低地价、减免税收等优惠政策已不再是吸引投资者的"灵丹妙药"，苏州大力加强城市设施和投资、生活环境建设，更注重行政、市场、法制、人才等软环境建设，树立重商、亲商、安商、富商理念，不遗余力地树立苏州的城市形象和品牌。2003年全市合同外资金额124.96亿美元，实际利用外资68.05亿美元，分别比上年增长24.1%和41.4%，利用外资位居全国大中城市首位。从"七五"时期开始启动，"八五"时期进入发展高峰期，苏州实际利用外资年均增长达1.1倍，外资来源范围扩大，投资方式以独资和增资为主，资金来源由1990年的不到20个国家和地区发展到2003年的90多个，世界500强跨国公司中已有91家投资苏州。外商投资通过其溢出效应依然对经济增长产生着持续、巨大的拉动作用。苏州已成为全球IT产业重要的生产基地之一，被美国《新闻周刊》列入全球九大新兴科技城市，入选联合国工业发展组织认定的"全球最具活力城市"行列。

三、民营经济生机勃发

民营经济目前已成为苏州发展最快的新的经济增长点。据最新统计数据显示，苏州民营企业在绝对数量上排名全国第5；在民营企业资本总量上，排名全国第4；而在民营企业户均投资和投资者人均投资指标上，苏州分别以144.8万元和61.3万元排名全国第2和第3位，与苏州外向型经济一样，势头迅猛，越来越引人注目。苏州为了加快民营企业腾飞，促进民资与外资"比翼双飞"，加快构筑"三足鼎立"格局，凭借着地处长三角的区位优势和苏南模式所奠定的制造业基础，移植发展开放型经济的亲商理念，为民营经济解除"紧箍咒"，相继出台了"四有、四不限、五平等"政策。所谓"四有"，即社会上有地位、政治上有荣誉、经济上有实惠、法律上有保障；所谓"四不限"，即不限发展比例、发展速度、经营规模、经营方式；所谓"五平等"，即登记申报、税费标准、金融贷款、市场准入、部门服务平等。2003年，全市私营企业7.31万户，注册资本889.11亿元，从业人员109.7万人；个体工商户20.6万户，注册资本71.26亿元，从业人员31.3万人，私营个体经济上缴税金82.31亿元，占全市税收的比重达到25.7%。苏州11个中国驰名商标中10个为民营企业所有，"苏商"，作为一个鲜明的群体，也越来越清晰地凸现在人们眼前。

四、经济板块相得益彰

苏州现辖沧浪、平江、金阊、吴中、相城、苏州工业园区、苏州新区(虎丘区)7个区和张家港、常熟、昆山、吴江、太仓等5个县级市，2003年末户籍总人口591万人。苏州中心城区和5个县级市形成"各具特色、相辅相成、相得益彰"的六大经济板块，五个虎虎生威的县级市2003年地区生产总值分别达到了210亿元至475亿元，在全国"百强县"的评比中均名列前茅。5个国家级开发区和11个省级开发区是苏州经济发展的主要动力，2003年共新增合同外资81.71亿美元，实际利用外资44.12亿美元，分别比上年增长27.6%和23.3%，占全市的65.4%和64.8%。至2003年末，累计投入基础设施建设资金569.81亿元，批准进区三资企业5438个。江苏省共7家开发区获得"江苏省电子信息产业基地"称号，苏州占了4家，即苏州工业园区、高新区、昆山开发区和吴江开发区。

苏州工业园区是中国和新加坡政府间最重要的合作项目，地处苏州古城东侧金鸡湖畔，1994年启动至今，整整10年园区主要经济指标年均增速保持在45%左右，累计完成全社会固定资产投资850亿元，70平方公里合作区内主要基础设施开发基本完成，实现了"九通一平"，中央公园、湖滨大道、城市广场、香樟园、红枫林、文化水廊等开放式景观工程相继建成，国际科技园、现代物流园、出口加工区、独墅湖高等教育区等功能区建设取得阶段性成果；苏州国际博览中心、科技文化艺术中心、九龙外资综合医院等50余项重点工程相继启动，一座现代化、国际化、园林化的新城区正在金鸡湖畔快速崛起。2003年园区实现财政收入46.2亿元，进出口总额144亿美元，是1994年的117倍和4800倍。伴随着225亿美元的集聚和集成电路、光电显示器、精密机械与机电一体化三大产业链的初步形成，苏州工业园区已经成为中国发展速度最快、协调发展最好、科技含量最高、竞争力最强的开发区之一。

苏州国家高新技术产业开发区位于苏州古城西侧，1992年启动。2003年高新区实现财政收入35.11 亿元，进出口总额159.37亿美元。苏州高新区从一开始就牢牢抓住引进高新技术这个目标不动摇，并注意不断优化利用外资的质量，很多著名跨国公司都先后来到这里发展高科技产业，并把科研开发基地转移到苏州高新区。昆山开发区是中国首个自费开发区，率先走出了一条以发展开放型经济为主要特色的“昆山之路”，2003年昆山开发区实现财政收入37.27亿元，进出口总额90.27亿美元。吴江经济开发区IT产业高度集聚，成为全国知名的电子信息产业基地之一。张家港保税区和常熟、太仓开发区，这几年都在大力发展临港工业。欣欣向荣、与时俱进的开发区，集聚了苏州经济的精华，成为苏州持续发展的新“引擎”。近几年，苏州利用外资和进出口总额始终占据全省半壁江山，而苏州的开发区又在全市总量中十分天下有其七。

1983年邓小平苏州之行，正是苏州奔小康的实践给了老人家很多思考和启发，萌生了“小康社会”宏大构想。追溯苏州发展的轨迹，可以清晰地看到经济发展与社会全面进步的互动，苏州先后获得了全国创建文明城市工作先进市、全国文化模范市、全国双拥模范城、中国优秀旅游城市、国际花园城市等称号，并被评为国家园林城市，成为国家卫生城市群、国家环境保护模范城市群和全国社会治安综合治理工作优秀地区。为了全面贯彻科学发展观，增创竞争新优势，构筑更高发展平台，为苏州的下一步发展注入持久的活力，苏州确立了实现“两个率先”目标，即率先全面建成高水平小康社会和率先基本实现现代化，这个目标是苏州人实践、深化小平同志“小康思想”的新追求，成为苏州在新时期打造“人间新天堂”的新坐标。

（执笔：朱桂萍）

嘉兴与长江三角洲相邻城市经济发展的比较

Economic Development Comparison between Jiaxin and nearby Cities of the Pear River Delta

嘉兴市统计局

嘉兴作为长三角经济区的重要一员，伴随长三角经济的发展而走过了一段不平凡的道路，对区域经济的贡献也在加大。目前，嘉兴经济发展势头在长三角地区保持前列，经济地位有了明显提高。2003年与1983年撤地建市时相比，综合实力显著提高，经济总量占长三角经济总量的比重由2.8%提高到3.8%，财政总收入由1.2%提高到1.8%，社会消费品零售总额由3.3%提高到4.0%，全社会投资由1990年的4.0%提高到5.0%，实际利用外资由1995年的0.2%大幅度提高到的3.1%，外贸出口也提高到2.8%，人均GDP在长三角的位次由1995年的第10位提高到第8位。目前，嘉兴与周边城市相比有优势，有进步，也有差距、更有压力。

一、嘉兴在长三角地区经济的总体情况

（一）经济增长速度加快，经济总量与周边城市差距缩小。由于改革开放以来，嘉兴经济增长速度在长三角地区相对较低，经济总量与周边发展较快的城市差距扩大，近两年来，嘉兴经济增长速度加快，2002年和2003年两年的经济增长率均仅次于苏州，保持长三角地区第二。经济总量在长三角地区依然保持第10位，但与位居我市前三位的常州、南通和绍兴的差距缩小。2002年，我市GDP分别比常州、南通和绍兴少7.1%、20.4%和23.9%，2003年差距分别缩小为5%、15%和21.4%，缩小2.1、5.4和2.5个百分点，2002年我市人均GDP年低于绍兴0.7%，2003年则一举超出绍兴2.5%，仅比常州少1.5%，超出南通近一倍。同时，经济总量低于我市的其他城市与我市的差距也在拉大。

（二）外向型经济发展加快，面临的竞争压力同时增大。与上年相比，2003年我市外向型经济的发展势头加快。我市21亿美元合同利用外资和8亿美元的实际利用外资总规模在长三角地区十五城市中居于中游水平，但发展势头较快。合同以及实际利用外资当年增幅分别为80.0%和79.0%，均高于长三角平均增幅约30个百分点，高出杭州湾地区平均增幅7个百分点左右，高出江苏沿江8市平均增幅20个百分点以上。出口总值超过了常州，由去年的排名第9前移到第8位。外资依存度和外贸依存度分别为12.6%和35.0%，分别比上年提高2.1和5.1个百分点。由于周边城市外向型经济的势头迅猛，我市面临的竞争压力依然很大。我市的外资到位率38.1%，在长三角地区排名第12位，比长三角平均水平（50.5%）低12.4个百分点。周边的绍兴和常州分别为49.5%和41.6%，我市外资到位水平明显偏低。由于绍兴2003年实际利用外资猛增95%，与我市差距迅速缩小，我市2002年实际利用外资多于绍兴26%，而2003年仅比绍兴多7%。我市的外资依存度低于长三角平均外资依存度7.4个百分点，仅相当于江苏沿江8市平均水平（25.3%）的一半。在长三角十五城市中居第11位，仍比常州低3个多百分点，比湖州低4个百分点，比南通低近1个百分点，而且，从外资依存度提高水平看，南通、扬州、镇江、绍兴、杭州快于我市，南通提高最快（7个多百分点）。我市面临的出口压力也不小。我市的出口增幅比长三角地区平均增幅（50%）低，更低于江苏沿江8市平均增幅（55%）；由于绍兴出口增幅高达56.3%，所以我市出口总值与其差距由2002年的12%扩大到2003年的20%。我市的外贸依存度35%，均低于长三角、杭州湾6市和江苏8市的平均水平。

(三)固定资产投资力度弱于周边相近城市。2003年度周边城市的投资力度远大于我市。当年,我市全社会固定资产投资规模在长三角地区位居第8位,被上年投资规模少于我市的绍兴超越,2003年绍兴的全社会固定资产投资达534.93亿元,增幅45.6%,快于我市(38.7%)近7个百分点,江苏沿江8城市的投资力度更是惊人,投资平均增幅高达59.2%,苏、锡、常的增幅分别高达73.3%、66.1%和78.6%,我市投资规模与苏州、无锡的差距继续扩大,常州的投资规模则直逼我市,2002年我市全社会投资比常州多52%,2003年仅多18%,南通差距也与我市缩小。

二、嘉兴与绍兴、常州、镇江四城市经济发展比较

为便于比较,本文选择人均GDP2–3万元之间的绍兴、常州、镇江三城市进行分析比较(因南京属于省会城市,可比性不强,不作比较)。

(一)综合实力比较

GDP及财政收入是反映一个地区经济总量、经济实力大小的重要指标。1978年嘉兴市GDP为13.29亿元,在四城市中总量居第二,GDP总量大小排列依次为常州、嘉兴、绍兴和镇江,GDP总量最大的常州市比我市大32.2%,经过二十多年的发展,四城市在激烈的市场竞争中你追我赶,位次产生较大变化。由于20世纪80年代以来的大多数年份,嘉兴的经济增长率均低于杭州湾地区平均水平,也低于江苏沿江地区水平,所以,与周边城市的总量差距扩大,1983年–2003年,嘉兴、绍兴、常州、镇江的年均经济增长率分别为13.1%、16.8%、13.7%和14.4%,嘉兴最低,与绍兴的差距达3.7个百分点。1983年我市被镇江市超越,位居第三,1985年又超越镇江市,但进入90年代后被发展最快的绍兴市迅速超越,位居第三,与绍兴市的差距由1990年的相差1.3%,扩大到1995年的29.6%。嘉兴近年的经济增长速度在长三角地区居于前列,与绍兴、常州的差距明显缩小。

表1 主要年份嘉兴与三城市GDP比例(以嘉兴为100)

年份	嘉兴	绍兴	常州	镇江
1978	100	84.95	132.21	91.65
1983	100	92.98	167.69	115.06
1985	100	97.71	121.01	78.18
1990	100	101.29	116.65	80.31
1995	100	129.60	116.51	90.09
2003	100	127.20	105.21	75.21

1983年到2003年,我市财政总收入年平均增长17.1%,比绍兴和常州均低1个多百分点。财政总收入占全省的比重由1978年的8.6%,下降到2002年的6.2%,比重份额缩小近三分之一。绍兴市财政收入从上世纪90年代起进入快速增长期,与嘉兴市差距逐步拉大。1983年,绍兴的财政总收入仅为我市的90%,7年后的1990年,与我市持平,随后便迎头赶超我市,2003年绍兴财政总收入超出嘉兴15.8%。2003年我市地方财政收入占财政总收入的比重为43.7%,不仅低于全省平均水平(48.1%)3.6个百分点,同时在四城市中也列末位。其他三城市该比重分别是:绍兴为47.0%、常州57.7%、

表2 四城市财政收入情况

单位:亿元

地区及指标	嘉兴		绍兴		常州		镇江	
	总收入	占GDP比重%	总收入	占GDP比重%	总收入	占GDP比重%	总收入	占GDP比重%
1983年	3.94	22.1	3.55	21.5	7.36	24.7	3.05	14.9
1985年	6.7	16.3	5.72	14.3	10.04	20.2	3.94	12.3
1990年	10.12	12.4	10.12	12.3	13.1	13.8	6.04	9.2
1995年	18.16	5.7	20.6	5	28.5	7.7	15.23	5.3
2003年	92.72	10.8	107.34	9.9	136.1	15.1	73.92	11.5
1983–2003年均增长%	17.1		18.6		18.5		17.3	

镇江市56.5%。说明我市不仅财政总量上与绍兴、常州两市拉开了差距，同时，可供地方支配的财力也明显薄弱。

财政收入占GDP比重既反映了地方经济增长的内在质量，也从另一个角度反映企业税负程度。财政收入是政府收入的主要部分，尤其是1994年税制改革以后，财政收入中90%以上是各项税收收入，由于各地实施积极的税收等优惠政策扶持推进经济发展，自1983年以来，四城市中除镇江的比重变化不明显外，其他三市的比重均有较大幅度的下降，从1983年的20%多下降到10%左右，2003年常州财政收入占GDP比重超过15%，嘉兴、绍兴、镇江的比重基本在10%左右，1983年－2003年间，嘉兴财政收入年均增速高出GDP增速4.7个百分点，而绍兴同期仅高出2.4个百分点。意味着多年来绍兴在地方经济发展中的所采取的各项税收优惠政策措施比嘉兴要大。

表3　四城市主要年份产业结构

单位：%

年　份	产业分类	嘉兴	绍兴	常州	镇江
1983年	第一产业	36.0	34.2	23.7	25.9
	第二产业	44.8	44.9	60.4	57.3
	第三产业	19.2	20.9	16.0	16.8
1990年	第一产业	30.7	24	18.6	22.1
	第二产业	49.9	52.9	61.1	57.1
	第三产业	19.4	23.1	20.3	20.8
2003年	第一产业	7.7	7.7	5.2	5.1
	第二产业	59.3	59.2	57.7	57.0
	第三产业	33.0	33.1	37.1	37.9

（二）产业结构升级比较

四城市产业结构的升级演变具有明显的共性。改革开放初期，四城市国民经济三次产业结构均呈现了“二一三”的排列，即第二产业所占比重最大，其次为农业，第三产业都不太发达。到1990年时，各市的工业化进程加快，第二产业在经济总量中占绝对地位，对经济的贡献份额不断上升，尤其是第三产业逐步发展，所占比重接近或超过第一产业，最终演变为目前的“二三一”产业结构。四城市中，目前的产业结构，嘉兴与绍兴的几乎一致，常州与镇江也基本雷同，明显的特征是嘉兴、绍兴的一、二产业比重相对较高，而三产比重明显偏低。

（三）制造业优势比较

制造业无疑是四城市的经济支柱，而一个地区制造业中具有优势扩张的行业说明在该地区生产该产品可以不断降低生产成本和提高生产效率，实现生产要素禀赋条件的不断优化，从而保持一个地方在区域竞争中具有相对优势。我们根据2002年报资料测算了四城市规模以上工业相对优势行业（相对优势行业指四城市各工业行业在长三角各工业行业中区位商1以上的主要行业，这些行业在各地工业行业中具有相对分工优势，区位商小于1的行业为相对劣势行业）。结果表明：嘉兴在长三角中制造业优势扩张行业有11个，且主要集中在传

表4　四城市在长三角区域相对分工优势制造业

嘉兴	绍兴	常州	镇江	
皮革及其制品业	纺织业	专用设备制造业	交通运输设备制造业	专用设备制造业
化学纤维制造业	化学纤维制造业	普通机械制造业	非金属矿采选业	电子工业
服装及其制品业	有色金属加工业	纺织业	金属制品业	电气材制造业
造纸及纸制品业	其他制造业	化学工业	有色金属加工业	食品加工业
橡胶制品业	家具制造业	有色金属加工业	文教体育制造业	塑料制品业
食品加工业	塑料制品业	塑料制品业	食品制造业	石油加工及炼焦业
木材加工制品业	服装及其制品业	服装及其制品业	化学工业	建材工业
建材工业	专用设备制造业	电气材制造业	医药制造业	饮料制造业
纺织业	建材工业	家具制造业	造纸及纸制品业	
印刷业	普通机械制造业		其他制造业	
非金属矿采选业	皮革及其制品业		仪器仪表制造	
	饮料制造业			

统劳动密集型产业，分别是：皮革业(区位商7.59)、化纤业(区位商4.72)、服装业(区位商2.73)、造纸行业(区位商2.44)、橡胶制品(区位商2.28)、食品加工业(区位商2.26)、木材加工(区位商2.13)、建材业(区位商1.73)、纺织业(区位商1.70)、印刷业(区位商1.67)、非金属采选业(区位商1.25)。在四城市中，嘉兴、绍兴制造业优势体现在轻工业，而常州、镇江则体现在重工业。嘉兴相对突出的行业主要是皮革业、化纤业、服装业、造纸行业、食品加工业和木材加工六大行业。绍兴工业行业优势与嘉兴比较接近，制造业中的纺织业、服装业和化纤业对嘉兴构成较大的竞争压力。

(四)企业规模及资本产出效率比较

嘉兴市列入规模以上工业企业财务统计有1777家，少于其他三市，比绍兴少348家，比常州少697家，其中，大中型企业数量也最少，总量不及绍兴和常州的一半。从单个企业的资产规模来看，我市大中型企业的规模相对偏小，除常州外，绍兴和镇江两市的单个企业规模都大于我市，其中绍兴市资产规模是我市的1.39倍。反映在经济效益上，我市总资产贡献率、流动资金年周转次数和百元资金创利税均低于绍兴，每百元创利税仅为10.55元，与绍兴相差3.43元；劳动生产率水平在四城市中也是最低。说明我市的大型、特大型、重量级企业偏少，在形成产业发展链方面缺乏领头羊，难于形成规模经济，在激烈的市场竞争中，往往实力不强、知名度不高，在竞争中处于被动地位，而众多的企业则是以“小、低、散”为特征的小企业。分散的市场主体的产业特征，必然使现有的经济资源和生产要素配置分散化，企业的扩张力弱，产业的集中度低，资本的使用效率不高，制约了主导产业的形成和发展。

表5 四城市工业企业规模及资本使用效率

	单位	嘉兴	绍兴	常州	镇江
规模以上工业企业数	个	1777	2125	2474	1289
#大中型企业	个	116	230	229	118
规上企业平均资产额	万元	4269	5954	3944	5867
总资产报酬率	%	6.13	7.47	4.1	2.56
流动资金周转率	次/年	2.05	2.63	1.89	1.78
劳动生产率	元/人	47742	61028	54552	63263
百元资金创利税	元	10.55	13.98	9.25	6.33

(五)生产要素比较

1、人力资本比较

人力资本的概念与理论最初由舒尔茨在1961年的“人力资本投资”研究中提出，发展经济学认为，在现代经济增长的要素构成中，劳动者素质(人力资本)的提高具有越来越重要的意义。这里我们重点从四城市劳动力受教育程度来分析其对经济增长的影响。

嘉兴的人力资本在四城市处于明显劣势。嘉兴就业人口受教育程度、每万人拥有大专以上程度人数均居四城市末位。就业人口中未上过学、扫盲班所占比重列四市第一，小学程度的比重列第二，小学及以下受教育程度占就业人按1990年以来平均受教育时间提高幅度，相当于嘉兴落后绍兴4.2年。如常州80%的职校成为部、省重点学校，各乡镇全面达到教育基本现代化标准。高考万人本科进线率连续第五年居江苏省第一，基本实现高等教育大众化。启动了国内首家以高等职业教育为显著特色的大学城建设，有力地推动了科教兴市战略的实施。人力资本质量不高，不利于实现物质资本投资的吸收和消化，影响劳动生产率提高。2002年嘉兴市规模以上制造业劳动生产率居四城市末位，仅4.8万元，为其他三城市的四分之一左右。同时，劳动力受教育程度不高，也制约产业结构的升级，影响产业结构升级后的就业水平。实证分析表明，城镇失业率居高不下的一个重要原因是失业人口受教育水平不高，不能满足用人单位对劳动力的受教育水平的要求。因此，劳动力素质问题将是影响嘉兴长期发展的重大问题。

2、资本投入比较

目前，长三角地区经济增长方式体现为投资主导型特征。国民经济增长对资本投入的依赖很强，为了保持经济的持续发展，投资作为地方经济调控主要手段之一，在保持投资规模适度增长、合理调整投资结构、控制非生产性投资增长及提高投资效果的前提下，固定资产投资率应至少维持一定水平上，否则，经济增长的后续动力会受到影响。过去20多年，嘉兴投资增长率总体上还是较高的(包括秦山核电项目)，但投资效果不够理想，特别是工业企业固定资产产出效率处低水平。

1985年以来，嘉兴投资增长率前低后高，逐渐加快，但与杭州湾其他城市相比，前快后慢，投资增长率略低于平均水平。1985年-2002年，嘉兴全社会固定资产投资年均增长25.9%，与常州持平，比绍兴高出1.6个百分点，鉴于秦山核电二、三期于1996年以后开始建设，投资规模大（320多亿元）、建设周期长，对嘉兴投资总量有一定的影响，有一定的不可比性。剔除秦山核电项目后，嘉兴投资增长平均速度为22.7%，比三城市平均低1-2个百分点。从全社会固定资产投资占GDP的比率（简称投资率）看，嘉兴还略高于其他城市平均水平。1986-2002年嘉兴固定资产投资率达41.9%，如果扣除秦山核电项目的特殊因素，嘉兴投资率仍达34.7%。

从投资效果比较看，通常以GDP增量与固定资产投资额的比率即投资效果系数来反映固定资产投资的经济效果。由于固定资产投资对经济的增长影响并不完全在当年实现，因此，经济学家和统计学家用比较复杂的数学方法来测定投资效果系数，本文按当年新增GDP与全社会固定资产额之比来计算。1985年以来嘉兴固定资产平均投资效果系数为33.2%，而绍兴在40%以上，扣除秦山核电项目后仍与绍兴的差距将近1个百分点。2003年嘉兴固定资产投资效果系数为28.4%（扣除秦山核电项目为29.6%），绍兴30.0%、常州31.3%，镇江34.8%，嘉兴投资效果系数是四城市中最低的。

（六）综合竞争力比较

根据《中国城市竞争力报告》排名结果，嘉兴在长三角15个城市中综合竞争力处于弱势，列第11位，略高于湖州、镇江、扬州、泰州。从综合竞争力的四个方面看，综合市场占有率、长期综合经济增长率、综合地均GDP的位次在长三角15城市中处于较低位次，分别列第14、15、13位，综合人均水平位次居中上水平，列6位。嘉兴综合竞争力相对较弱的主要原因是1999至2001年嘉兴的综合市场占有率和长期综合经济增长率较低，人均水平提高。四城市综合竞争力在全国排名分别为：绍兴23位、常州31位、嘉兴42位、镇江52位，常州、嘉兴、绍兴被列入最具竞争力的50个城市之列。

根据三城市12项分项竞争力量评估和研究比较结果：嘉兴在制度竞争力、政府管理竞争力方面明显领先，体现在嘉兴的产权保护制度和地方法制比较健全，市场发育充分，个体经济所占比例高，经济决策自由度大，政府审批和管制为企业创办和行业进入创造了条件。政府的战略规划定位能力、财政能力和创新能力都很强，执法能力比较突出，政府办事效率和服务水平较好。在资本竞争力、科技竞争能力方面与两市接近。但是，在人才、结构、基础设施、环境、文化、开放竞争力方面则相对落后；人才竞争力与常州差距较大，结构竞争力与绍兴差距较大，而环境竞争力更是明显弱于常州和绍兴。主要体现在嘉兴人力资源竞争力较弱，产业结构高级化程度表现不佳，高科技和第三产业占GDP比例偏小，产业聚集度不强。市内基础设施比较完善，对外基础设施不够发达，信息技术基础设施也相对滞后；自然区位便利度具有一定优势，但是经济、政治文化区位优势度微弱。嘉兴名胜古迹、城市建筑等人工环境不理想，城市推销能力略显不足，需要加强宣传，提高城市吸引力和美誉度；嘉兴的经济国际化程度不高。

三、启示与思考

嘉兴在长三角地区具有独特的区位优势，经济发展的内在质量、增长速度、外向度在提高，在整个长三角地区的地位和作用不断增强、面临的发展机遇也是千载难逢，与周边城市的在经济实力上的差距在缩小。同时，嘉兴面临的竞争压力也日益加大，一是经济总量依然偏小，城市综合竞争力相对不高，在与嘉兴在长三角特定的区位不相适应。二是产业升级缓慢、第三产业不够发达。近10年来，嘉兴第二产业尤其是工业发展速度比较快，但是，劳动密集型传统行业集中、高新技术行业发展不快，产业调整的速度与周边城市相比还比较慢，且制造业规模较小。第三产业发展也相对不快，总量和比重提升不大。三是人力资本素质不高、投资力度和投资效果相对不足、经济开放度不够高、政府财力相对偏弱等问题依然存在，在区域竞争和未来发展中处于不利局面。长三角地区正在发展并将成为未来10年内我国区域经济发展的重要增长极和亚太地区经济发达地区，成为世界级的都市圈，嘉兴如何抓住机遇，努力成长为这一增长级的一个增长点，有些问题值得我们思考。

（一）关于嘉兴在长三角地区的城市定位

城市功能是由它的功能和由地理位置和经济、政治发展等诸因素决定的。目前，长三角各城市的经济正进入同步化、快速化的发展轨道，长三角经济呈现一体化、国际化发展趋势，必然要求各城市的城市功能实现一体化，并朝建设国际化城市迈进，以推进长三角地区经济融入全球经济一体化。上海作为长三角地区的龙头，目标是要建成世界级城市，其城市功能和地位不是其他城市所能替代的。而作为上海的"左右臂"的嘉兴和苏州，地理位置与上海最为接近，且嘉兴又是浙江省打造杭州湾产业带、接轨上海的桥头堡，苏州经济总量居全国第三，长三角第二，而另一边的嘉兴却显得相对"渺小"，经济总量只有苏州的30%，人均GDP只及其一半，发展速度也慢于苏州，显得很不协调，这与打造长三角国际化都市圈和地区经济一体化发展的要求也很不适应。因此，嘉兴的城市定位必然是上海国际化大都市的重要组成部分，应加快构建网络型大城市。这不仅是嘉兴自身发展的需要，更是长三角经济一体化发展的要求，同时，新的形势下嘉兴也具备了建设国际化大城市的经济基础、区位条件和时代机遇。

（二）关于产业结构调整和规划布局

长三角地区经济一体化必然要求地区是产业结构的成一体化布局。长三角的产业布局目前成西格玛（σ）型的产业圈，即江苏努力打造沿江产业带，浙江着力打造杭州湾产业带。虽然带有一定的两省政府行政推动色彩，但其形成的大背景依然是全球经济一体化所带来的世界制造业向我国转移。于是，长三角各城市都在大力招商引资加快接受产业转移，但也存在一个问题，即长三角目前的产业布局结构同构化已经达到70%，由于行政管辖的分割，产业布局和发展又缺乏区域协调机制，竞争相当激烈，产业呈现水平分布，缺乏梯度布局和分工，对区域经济一体化协调发展不利。因此，嘉兴在加快经济发展和建设国际化大都市进程中必须正视产业结构调整和规划。我市传统产业集中度高、产品档次较低，园区建设和招商引资中又面临着土地供应紧缺的制约，因此，在实施"工业立市"战略中重点是发展临港型重化工业、电子信息、新材料、生物医药、汽车配件等产业，提升产业层次，同时在改造传统劳动密集型产业过程中要做好"提升"和"转移"的文章，伴随劳动力成本的提高、土地资源的紧缺以及建设生态城市的需要，我市应把一些高污染、低附加值的，甚至发展潜力受到制约的少数产业逐步通过参与西部大开发转移出去，把土地资源置换出来，并要把好项目引进关，重点引进技术、资金密集型、发展前景看好的大项目，加快产业结构优化升级，提高产业竞争力。建议，我市要跳出过去尤其是现在产业布局的框架，站在长三角经济区域未来发展乃至全国和全球经济的高度去研究，并确定产业调整的战略思路。在整体产业布局中要坚持"有所为"和"有所不为"、"少为"和"多为"的原则。同样，在推进城乡一体化过程中，产业导向至关紧要，必须树立全市一盘棋思想，根据产业发展战略，作好产业布局，引导产业调整。

（三）关于提升市区中心城市功能

嘉兴与长三角其他城市相比，嘉兴强县经济特点鲜明，但市区中心城市的功能却显得薄弱。经济总量只占全市的四分之一左右，地方财政收入也不到全市的三分之一，城镇居民人均可支配收入则低于全市平均水平，各县（市）收入水平均高于市区。客观上市区存在区域小、人口少、经济实力相对薄弱等问题，难以真正发挥中心城市特有的要素会聚、产业先导和在区域经济发展中的辐射带动作用，从而造成嘉兴在长三角地区城市竞争力相对不强。按照发展国际大城市的思路，嘉兴必须尽快扭转市区中心城市功能偏弱的局面。建设大城市、发展大三产是经济建设的重要内容和社会发展的基础条件；既关系到当前的发展，又影响未来的竞争力。我市已经提出进一步壮大第三产业，把发展服务业放在顺应经济发展规律，满足生产生活需要的重要位置的要求，目前市区GDP中第三产业比重只有38%，与各县（市、区）相差无几，与城市首府地位不相符合。我们认为市区应该成为发展壮大第三产业的龙头，把大力发展第三产业作为提升市区中心城市功能的主攻方向，市区产业结构的定位思路应该是"退一、优二、扩三"。理由是：1、市区特定地位的需要。市区属于全市政治、经济、文化、金融、科教、信息中心以及各种要素的集散中心，具有发展第三产业（服务业）的先发优势、现实基础和发展需要；2、市区应加大第三产业发展。随着城市化进程的推进、城市人口的增加，市区拓展的自然空间日益狭小，工业园区的土地供应也日趋紧张，而且工业污染对城市环境的破坏也值得考虑。按照建设国家园林城市、打造"人文嘉兴"、"生态嘉兴"以及市区特定的城市功能的要求，市区应该重点发展文化、教育、卫生、体育、娱乐、科技、信息、物流、旅游、房地产等第三产业，与工业经济协调发展。3、有利于提升城市品位。嘉兴城市品牌不高，而市区无疑是城市的核心区，城市的繁华、文化的氛围、市民的素质、环境的宜人、设施的齐全、生活娱乐的现代气息和各项服务的周到，构成了城市的品牌。4、在推进城乡一体化和建设大城市过程中，第三产业能广泛吸纳农业劳动力转移和解决外来人员的就业、就学和生活问题。建议：加快调整行政区划，为市区空间拓展和人口集聚创造条件。加快第三产业发展的体制创新，广泛吸引民间资本投入。

（四）关于提高人力资源素质

科技是第一生产力，而人是生产的第一资源，未来地区之间的竞争更多的将体现在人力资源素质的竞争。当前，嘉兴经济发展和社会进步已经受到人力资源素质偏低的制约，若不尽快提升人力资源素质，未来的城市竞争力必然受到阻碍。具体表现为：一方面是人才缺乏，引进人才和留住人才都比较困难，政府对人才政策（尤其是高层次人才的政策）的力度与周边城市相比还有差距，例如苏州市对引进的院士给予35万元的安家费和百万元的科研启动费，并可享受多种待遇，无锡、宁波也出台了类似政策，我市尚未出台相关政策。在人才的社会保障方面还缺乏很好的解决。另一方面是劳动力资源素质偏低，导致城乡一体化推进过程中农民进城择业困难和产业优化升级的结构性失业，引发社会稳定问题，也影响到投资环境。因此，大力实施人才强市战略迫在眉睫，加快教育事业发展，普及义务教育、强化农民素质培训等工作需要加快推进。

（执笔：钱亚畅）

第二部分 统计数据篇

Part 2 Statistical Data

G-1 上海、江苏、浙江、广东社会和经济主要指标及占全国比重(2003年)

指标	Item	全国 National Total
自然资源	**Natural Resource**	
土地面积(万平方公里)	Land Area (10 000sq.km)	960.0
人口	**Population**	
年底总人口(万人)	Population at the Year-end (10 000 persons)	129227.0
就业	**Employment**	
就业人员数(万人)	Employment (10 000 persons)	74432.0
城镇登记失业率(%)	Unemployment Rate in Urban Areas (%)	4.3
国民经济核算	**National Accounts**	
国内(地区)生产总值(亿元)	Gross Domestic Product(100 million yuan)	117251.9
第一产业	Primary Industry	17092.1
第二产业	Secondary Industry	61274.1
第三产业	Tertiary Industry	38885.7
人均国内(地区)生产总值(元/人)	Per Capita GDP(yuan/person)	9101.0
固定资产投资	**Investment in Fixed Assets**	
全社会固定资产投资(亿元)	Total Investment in Fixed Assets(100 million yuan)	55566.6
#基本建设	#Capital Construction	22908.6
#更新改造	#Innovation	8624.9
#房地产开发	#Real Estate Development	10153.8
财政和金融	**Government Finance and Banking**	
一般预算内收入(亿元)	Government Revenue(100 million yuan)	21715.3
一般预算内支出(亿元)	Government Expenditures(100 million yuan)	24650.0
金融机构存款年末余额(亿元)	Deposits of National Banking System (100 million yuan)	208055.6
对外贸易	**Foreign Trade**	
进出口总额(亿美元)	Total Exports and Imports(USD 100 million)	8509.9
出口额	Exports	4382.3
进口额	Imports	4127.6
实际利用外资额	**Utilization of Foreign Capital**	
外商直接投资(亿美元)	Foreign Direct Investments(USD 100 million)	535.1
国际旅游	**International Tourism**	
入境旅游过夜者人数(万人次)	Number of Tourists (Overnight Visitors) (10 000 person-times)	9166.2
旅游外汇收入(万美元)	Foreign Exchange Earnings from Tourism (USD 10 000)	1740600.0
物价	**Price Indices**	
居民消费价格指数(上年=100)	Consumer Price Index(last year=100)	101.2
农业	**Agriculture**	
主要农产品产量(万吨)	Output of Major Farm Products (10 000 tons)	
粮食	Grain	43069.5
棉花	Cotton	486.0
油料	Oil-bearing Crops	2811.0

Key Social and Economic Indicators of Shanghai,Jiangsu, Zhejiang, Guangdong and as Percentage of National Total (2003)

上海 Shanghai	江苏 Jiangsu	浙江 Zhejiang	广东 Guangdong
0.6	10.3	10.2	18.0
1341.8	7405.8	4551.6	7954.2
813.1	4468.7	2918.7	4395.9
4.9	4.1	3.7	
6250.8	12460.8	9395.0	13625.9
93.0	1106.4	728.0	1093.5
3130.7	6787.1	4941.0	7307.1
3027.1	4567.4	3726.0	5225.3
46718.0	16809.0	20147.0	17213.0
2452.1	5335.8	4993.6	5030.6
927.3	1867.7	1643.9	1893.6
388.0	668.9	356.7	658.9
901.2	810.0	980.1	1233.5
899.3	798.1	706.6	1315.5
1102.6	1047.7	896.8	1695.6
17318.4	15378.5	14758.2	27171.3
1124.0	1136.7	614.2	2835.2
484.8	591.4	416.0	1528.5
639.2	545.3	198.2	1306.7
58.5	158.0	54.5	155.8
319.9	223.2	180.6	6991.1
205300.0	113187.0	87039.0	427000.0
100.1	101.0	101.9	100.6
98.8	2471.9	793.4	1488.0
0.1	29.1	2.1	
5.9	199.5	43.8	81.9

G−1 续表1 continued

指标	Item	全国 National Total
工业	**Industry**	
主要产品产量	Output of Major Industrial Products	
布（亿米）	Cloth (100 million m)	353.52
发电量（亿千瓦小时）	Electricity (100 million kwh)	19105.75
水泥（万吨）	Cement(10 000 tons)	86208.11
彩色电视机（万台）	Color Television Sets (10 000 units)	6541.4
微型电子计算机（万部）	Micro-Computers(10 000 units)	3216.7
交通运输	**Transportation**	
客运量（万人）	Passenger Traffic (10 000 persons)	1587497
货运量（万吨）	Freight Traffic(10 000 tons)	1561422
旅客周转量(亿人公里)	Passenger-Kilometers(100 million passenger-km)	13810.5
货物周转量(亿吨公里)	Freight Ton-Kilometers(100 million ton-km)	53859
邮电通信业	**Post and Telecommunications**	
邮政业务总量(亿元)	Business Volume of Post (100 million yuan)	541.04
电信业务总量(亿元)	Business Volume of Telecommunications (100 million yuan)	6478.75
国内商业	**Domestic Trade**	
社会消费品零售总额(亿元)	Total Retail Sales of Consumer Goods (100 million yuan)	45842
教育、科技	**Education, Science and Technology**	
普通高等学校在校学生数(万人)	Number of Students Enrollment in Regular Institutions of Highter Education(10 000 persons)	1108.60
卫生	**Health Care**	
卫生机构数(个)	Health Institutions(unit)	291323
卫生机构床位数(万张)	Number of Hospital Beds(10 000 units)	314.42
卫生机构人员数(万人)	Number of Employed Personerl in Health Institutions(10 000 persons)	527.48
人民生活	**People's Livelihood**	
城镇居民人均可支配收入（元）	Per Capita Annual Disposable Income of Urban Households (yuan)	8472
农村居民人均纯收入（元）	Per Capita Net Income of Rural Residents (yuan)	2622
环境、灾害	**Environment and Disaster**	
工业废水排放达标量（万吨）	Industrial Waste Water Meeting Discharge Standards(10 000 tons)	1892891
工业二氧化硫去除量（吨）	Volume of Industry Sulphur Dioxide Removed(ton)	7492125
环境噪声达标面积（平方公里）	Area of Environmental Noise Meeting National Standard (sq.km)	20000
生活污水排放量（万吨）	Consumption Waste Water Discharge(10 000 tons)	2470115
生活垃圾无害化处理率（%）	Treatment Rate of Consumption Wastes(%)	50.8
交通事故发生数（起）	Number of Traffic Accidents(case)	667507
交通事故死亡人数（人）	Mumber of Deaths (person)	104372

上海 Shanghai	江苏 Jiangsu	浙江 Zhejiang	广东 Guangdong
1.71	37.61	42.77	17.29
684.99	1277.88	992.65	1783.8
568.24	7225.14	7127.08	6872.67
158.15	466.95	94.04	3149.15
734.68	516.02	4.3	845.23
7212	123462	141148	191200
63861	93511	103200	144000
353.62	978.03	718.39	1505.8
8587	1817.44	2047.48	3666.8
31.47	44.46	27.72	54.33
247.40	391.11	477	1148.19
2220.64	3566.48	3157.09	5606.02
37.85	85.97	50.39	58.78
2319	12773	11177	15409
8.44	17.99	12.67	18.85
10.22	30.37	20.79	33.62
14867	9262	13180	12380
6658	4239	5431	4055
58020	218411	163387	123453
48600	332200	346933	152000
588	2200	1337	1675
129885	172546	102174	397563
11.8	89.7	84.3	42.3
54196	40383	56975	68903
1406	6640	7149	11151

G-1 续表2 continued

指标	Item	占全国 全国 National Total
自然资源	**Natural Resource**	
土地面积	Land Area	100.00
人口	**Population**	
年底总人口	Population at the Year-end	100.00
就业	**Employment**	
就业人员数	Employment	100.00
国民经济核算	**National Accounts**	
国内（地区）生产总值	Gross Domestic Product	100.00
第一产业	Primary Industry	100.00
第二产业	Secondary Industry	100.00
第三产业	Tertiary Industry	100.00
固定资产投资	**Investment in Fixed Assets**	
全社会固定资产投资	Total Investment in Fixed Assets	100.00
#基本建设	#Capital Construction	100.00
#更新改造	#Innovation	100.00
#房地产开发	#Real Estate Development	100.00
财政和金融	**Government Finance and Banking**	
一般预算内收入	Government Revenue	100.00
一般预算内支出	Government Expenditures	100.00
金融机构存款年末余额	Deposits of National Banking System	100.00
对外贸易	**Foreign Trade**	
进出口总额	Total Exports and Imports	100.00
出口额	Exports	100.00
进口额	Imports	100.00
实际利用外资额	**Utilization of Foreign Capital**	
外商直接投资	Foreign Direct Investments	100.00
国际旅游	**International Tourism**	
入境旅游过夜者人数	Number of Tourists (Overnight Visitors)	100.00
旅游外汇收入	Foreign Exchange Earnings from Tourism	100.00
农业	**Agriculture**	
主要农产品产量	Output of Major Farm Products	
粮食	Grain	100.00
棉花	Cotton	100.00
油料	Oil-bearing Crops	100.00

比重（%）Percentage to National Total (%)			
上海 Shanghai	江苏 Jiangsu	浙江 Zhejiang	广东 Guangdong
0.06	1.07	1.06	1.87
1.04	5.73	3.52	6.16
1.09	6.00	3.92	5.91
5.33	10.63	8.01	11.62
0.54	6.47	4.26	6.40
5.11	11.08	8.06	11.93
7.78	11.75	9.58	13.44
4.41	9.60	8.99	9.05
4.05	8.15	7.18	8.27
4.50	7.76	4.14	7.64
8.88	7.98	9.65	12.15
4.14	3.68	3.25	6.06
4.47	4.25	3.64	6.88
8.32	7.39	7.09	13.06
13.21	13.36	7.22	33.32
11.06	13.50	9.49	34.88
15.48	13.21	4.80	31.66
10.93	29.53	10.18	29.12
3.49	2.43	1.97	76.27
11.79	6.50	5.00	24.53
0.23	5.74	1.84	3.45
0.02	5.99	0.43	
0.21	7.10	1.56	2.91

G−1 续表3 continued

指标	Item	占全国 全国 National Total
主要产品产量	Output of Major Industrial Products	
布	Cloth	100.00
发电量	Electricity	100.00
水泥	Cement	100.00
彩色电视机	Color Television Sets	100.00
微型电子计算机	Micro-Computers	100.00
交通运输	**Transportation**	
客运量	Passenger Traffic	100.00
货运量	Freight Traffic	100.00
旅客周转量	Passenger-Kilometers	100.00
货物周转量	Freight Ton-Kilometers	100.00
邮电通信业	**Post and Telecommunications**	
邮政业务总量	Business Volume of Post	100.00
电信业务总量	Business Volume of Telecommunications	100.00
国内商业	**Domestic Trade**	
社会消费品零售总额	Total Retail Sales of Consumer Goods	100.00
教育、科技	**Education, Science and Technology**	
普通高等学校在校学生数	Number of Students Enrollment in Regular Institutions of Highter Education	100.00
卫生	**Health Care**	
卫生机构数	Health Institutions	100.00
卫生机构床位数	Number of Hospital Beds	100.00
卫生机构人员数	Number of Employed Personerl in Health Institutions	100.00
环境、灾害	**Environment and Disaster**	
工业废水排放达标量	Industrial Waste Water Meeting Discharge Standards	100.00
工业二氧化硫去除量	Volume of Industry Sulphur Dioxide Removed	100.00
环境噪声达标面积	Area of Environmental Noise Meeting National Standard	100.00
生活污水排放量	Consumption Waste Water Discharge	100.00
交通事故发生数	Number of Traffic Accidents	100.00
交通事故死亡人数	Mumber of Deaths	100.00

比重（%）Percentage to National Total (%)			
上海 Shanghai	江苏 Jiangsu	浙江 Zhejiang	广东 Guangdong
0.48	10.64	12.10	4.89
3.59	6.69	5.20	9.34
0.66	8.38	8.27	7.97
2.42	7.14	1.44	48.14
22.84	16.04	0.13	26.28
0.45	7.78	8.89	12.04
4.09	5.99	6.61	9.22
2.56	7.08	5.20	10.90
15.94	3.37	3.80	6.81
5.82	8.22	5.12	10.04
3.82	6.04	7.36	17.72
4.84	7.78	6.89	12.23
3.41	7.75	4.55	5.30
0.80	4.38	3.84	5.29
2.68	5.72	4.03	6.00
1.94	5.76	3.94	6.37
3.07	11.54	8.63	6.52
0.65	4.43	4.63	2.03
2.94	11.00	6.69	8.38
5.26	6.99	4.14	16.09
8.12	6.05	8.54	10.32
1.35	6.36	6.85	10.68

G–2 全国与上海、江苏、浙江、广东主要社会和经济指标增长速度比较(2003 年)

单位：%

指标	Item	全国年增长率 National Annual Growth Rate
人口	**Population**	
年底总人口	Population at the Year-end	0.6
就业	**Employment**	
就业人员数	Employment	0.9
城镇登记失业人数	Urban Registeration Unempoyment	3.9
国民经济核算	**National Accounts**	
国内（地区）生产总值	Gross Domestic Product	9.3
第一产业	Primary Industry	2.5
第二产业	Secondary Industry	12.7
第三产业	Tertiary Industry	7.3
人均国内（地区）生产总值	Per Capita GDP	8.7
固定资产投资	**Investment in Fixed Assets**	
全社会固定资产投资	Total Investment in Fixed Assets	27.7
#基本建设	#Capital Construction	29.7
#更新改造	#Innovation	27.8
#房地产开发	#Real Estate Development	30.3
财政和金融	**Government Finance and Banking**	
一般预算内收入	Government Revenue	14.9
一般预算内支出	Government Expenditures	11.8
金融机构存款年末余额	Deposits of National Banking System	21.7
对外贸易	**Foreign Trade**	
进出口贸易总额	Total Exports and Imports	37.1
出口额	Exports	34.6
进口额	Imports	39.8
实际利用外资额	**Utilization of Foreign Capital**	
外商直接投资	Foreign Direct Investments	
国际旅游	**International Tourism**	
入境旅游过夜者人数	Number of Tourists (Overnight Visitors)	-10.4
旅游外汇收入	Foreign Exchange Earnings from Tourism	-14.6
农业	**Agriculture**	
主要产品产量	Output of Major Farm Products	
粮食	Grain	-5.8
棉花	Cotton	-1.1
油料	Oil-bearing Crops	-3.0

Comparison of Main Social and Economic Growth Rate Indicators among National Total and Shanghai,Jiangsu, Zhejiang,Guangdong (2003)

(%)

上海年增长率 Shanghai Annual Growth Rate	江苏年增长率 Jiangsu Annual Growth Rate	浙江年增长率 Zhejiang Annual Growth Rate	广东年增长率 Guangdong Annual Growth Rate
0.6	0.3	0.3	1.2
2.7	0.2	2.1	6.3
4.6	-0.8	1.9	
11.8	13.6	14.4	14.3
2.3	-0.1	3.6	2.3
16.1	17.2	16.7	20.0
8.0	11.9	13.8	9.5
11.2	13.2		13.1
12.1	38.6	38.9	26.7
18.3	63.1	40.8	38.5
-8.2	47.6	0	27.9
20.3	48.7	34.5	10.6
24.9	27.8	24.7	14.8
25.6	14.4	19.6	11.5
23.4	29.4	31.3	18.5
54.7	61.7	46.4	28.2
51.2	53.7	41.5	27.3
57.4	71.3	58	29.0
4.6	52.4	72.4	18.8
-14.1	0.2	-11.5	-13.0
-9.8	7.8	-6.2	-16.1
-24.3	-[illegible]5	-15.8	2.8
18.9	-19.8	-6.3	
-36.2	-8.1	-6.8	7.3

G-2 续表 continued

单位：%

指标	Item	全国年增长率 National Annual Growth Rate
工业	**Industry**	
主要产品产量	Output of Major Industrial Products	
布	Cloth	9.7
发电量	Electricity	15.5
水泥	Cement	18.9
彩色电视机	Color Television Sets	26.9
微型电子计算机	Micro-Computers	119.8
交通运输	**Transportation**	
客运量	Passenger Traffic	-1.3
货运量	Freight Traffic	5.3
旅客周转量	Passenger-Kilometers	-2.2
货物周转量	Freight Ton-Kilometers	6.3
邮电通信业	**Post and Telecommunications**	
邮政业务总量	Business Volume of Post	9.4
电信业务总量	Business Volume of Telecommunications	24.6
国内商业	**Domestic Trade**	
社会消费品零售总额	Total Retail Sales of Consumer Goods	9.1
教育、科技	**Education, Science and Technology**	
普通高等学校在校学生数	Number of Students Enrollment in Regular Institutions of Highter Education	22.7
卫生	**Health Care**	
卫生机构数	Health Institutions	-4.8
卫生机构床位数	Number of Hospital Beds	0.9
卫生机构人员数	Number of Employed Personerl in Health Institutions	0.7
人民生活	**People's Livelihood**	
城镇居民人均可支配收入	Per Capita Annual Disposable Income of Urban Households	9
农村居民人均纯收入	Per Capita Net Income of Rural Residents	4.3
环境、灾害	**Environment and Disaster**	
工业废水排放达标量	Industrial Waste Water Meeting Discharge Standards	3.3
工业二氧化硫去除量	Volume of Industry Sulphur Dioxide Removed	7.3
环境噪声达标面积	Area of Environmental Noise Meeting National Standard	25
交通事故发生数	Number of Traffic Accidents	-14
交通事故死亡人数	Mumber of Deaths	-4.6

(%)

上海年增长率 Shanghai Annual Growth Rate	江苏年增长率 Jiangsu Annual Growth Rate	浙江年增长率 Zhejiang Annual Growth Rate	广东年增长率 Guangdong Annual Growth Rate
17.0	1.6	33.9	-0.2
12.5	14.4	27.6	18.0
61.6	19.7	24.1	13.1
15.4	22.2	102.9	45.1
876.3	126.5		103.3
1.6	6.5	3.5	1.3
8.4	5.6	14.0	5.1
6.5	5.8	1.6	1.0
14.9	17.3	26.7	13.5
12.0	12.4	15.1	31.0
19.1	31.0	40.6	32.1
9.1	10.9	9.7	11.8
14.1	22.8	23.2	25.7
-4.3	3.3	4.4	-0.6
3.6	3.1	6.0	4.3
0.6	1.0	4.8	3.3
12.2	13.3	11.9	11.2
7.2	6.1	7.8	3.6
-5.7	-13.3	0.9	
	21.2	12.1	3.9
3.2	46.7	30.6	10.7
16.0	-19.2	-8.2	-12.7
0.6	-4.4	7.6	-7.3

1-1 行政区划（2003年）
Divisions of Administrative Areas (2003)

单位：个 (unit)

地区	Area	区 Districts	市 Cities	县 Counties	镇 Town	乡 Township
长江三角洲经济区	**Yangtze River Delta**					
上海市	Shanghai City	18		1	118	3
南京市	Nanjing City	11		2	58	
苏州市	Suzhou City	6	5		73	
无锡市	Wuxi City	6	2		82	
常州市	Changzhou City	5	2		65	
镇江市	Zhenjiang City	3	3		65	1
南通市	Nantong City	2	4	2	132	9
扬州市	Yangzhou City	3	3	1	81	7
泰州市	Taizhou City	2	4		91	8
杭州市	Hangzhou City	8	3	2	117	56
宁波市	Ningbo City	6	3	2	91	12
嘉兴市	Jiaxing City	2	3	2	55	2
湖州市	Huzhou City	2		3	49	16
绍兴市	Shaoxing City	1	3	2	80	18
舟山市	Zhoushan City	2		2	23	12
台州市	Taizhou City	3	2	4	66	28
珠江三角洲经济区	**Pearl River Delta**					
广州市	Guangzhou City	10	2		63	
深圳市	Shenzhen City	6			18	
珠海市	Zhuhai City	3			15	
佛山市	Foshan City	5			28	
江门市	Jiangmen City	3	4		70	
东莞市	Dongguan City				32	
中山市	Zhongshan City				19	
惠州市区	Huizhou Urban District	1			11	
惠阳市	Huiyang City	1			6	
惠东县	Huidong County			1	20	
博罗县	Boluo County			1	20	
肇庆市区	Zhaoqing Urban District	2			6	
高要市	Gaoyao City		1		18	
四会市	Sihui City		1		14	

1-2 自然资源与气候（2003年）

Natural Resources and Climate (2003)

地区	Area	土地面积（平方公里）Total Land Area (sq.km)	耕地（万公顷）Cultivated Land (10000 hectares)	年平均气温（摄氏度）Annual Average Temperature (℃)	年总降水量（毫米）Annual Total Precipitation (millimeters)	年日照总时数（小时）Annual Total Sunshine Hours(hours)
长江三角洲经济区	**Yangtze River Delta**					
上海市	Shanghai City	6340.5	25.73	17.4	931.2	303.0
南京市	Nanjing City	6582.0	25.1	16.1	1658.3	
苏州市	Suzhou City	8488.0	28.1	17.0	876.0	1818.3
无锡市	Wuxi City	4788.0	16.0	16.5	882.8	2013.6
常州市	Changzhou City	4375.0	21.4	16.2	1094.9	1960.1
镇江市	Zhenjiang City	3847.0	17.9	15.8	1504.3	1958.4
南通市	Nantong City	8001.0	47.8	16.2	913.3	1909.6
扬州市	Yangzhou City	6634.0	30.9	15.8	1390.1	1824.2
泰州市	Taizhou City	5791.0	31.7	15.6	1518.0	1963.8
杭州市	Hangzhou City	16596.0	18.3	17.5	948.9	1726.2
宁波市	Ningbo City	9365.0	21.1	17.9	86.1	2628.0
嘉兴市	Jiaxing City	3915.0	21.1	16.9	790.6	2017.9
湖州市	Huzhou City	5818.0	14.1	16.8	938.6	1741.8
绍兴市	Shaoxing City	8256.0	16.8	17.5	1078.0	1923.1
舟山市	Zhoushan City	1440.0	1.8	17.2	835.5	2027.1
台州市	Taizhou City	9411.0	14.7	18.2	1002.0	1961.2
珠江三角洲经济区	**Pearl River Delta**					
广州市	Guangzhou City	7434.4	13.5	22.7	1473.8	1896.6
深圳市	Shenzhen City	1952.5	0.4	23.7	1618.1	1975.0
珠海市	Zhuhai City	1687.8	2.1	23.2	1864.8	2181.8
佛山市	Foshan City	3848.9	7.6	23.5	1615.8	1706.0
江门市	Jiangmen City	9541.0	13.5	23.1	1182.9	2070.8
东莞市	Dongguan City	2465.0	3.3	23.0	1416.7	2268.7
中山市	Zhongshan City	1800.1	3.2	23.6	2197.1	1827.6
惠州市区	Huizhou Urban District	1410.0	1.5			
惠阳市	Huiyang City	1262.0	0.7	22.7	1609.4	2020.6
惠东县	Huidong County	3396.0	2.6	22.1	1694.8	2482.8
博罗县	Boluo County	2795.0	3.3	22.9	1489.9	2024.4
肇庆市区	Zhaoqing Urban District	664.0	0.8	22.9	1251.8	2225.4
高要市	Gaoyao City	2071.0	1.6	22.9	1251.8	2225.4
四会市	Sihui City	1188.0	3.1	22.3	1396.7	1762.6

1-3 森林资源主要指标（2003年）

Major Indicators of Forest Resources(2003)

地区	Area	活立木总蓄积量（万立方米）Standing Stock Volume(10 000 cu.m)	森林面积（万公顷）Forest Area (10 000 hectares)	森林蓄积量（万立方米）Stock Volume of the Forest(10 000 cu.m)	森林覆盖率（%）Forest-coverage Rate (%)
长江三角洲经济区	**Yangtze River Delta**				
上海市	Shanghai City				15.10
南京市	Nanjing City				15.45
苏州市	Suzhou City		9.07		5.55
无锡市	Wuxi City				13.58
常州市	Changzhou City	257.00	4.64		13.03
镇江市	Zhenjiang City	148.58	4.61		12.42
南通市	Nantong City				8.11
扬州市	Yangzhou City				8.17
泰州市	Taizhou City	150.00	3.16	150.00	6.48
杭州市	Hangzhou City	2393.00	104.60	2139.00	62.80
宁波市	Ningbo City	864.71	39.90	836.78	48.90
嘉兴市	Jiaxing City	180.70	3.99	23.28	15.90
湖州市	Huzhou City	391.27	24.29	312.12	48.70
绍兴市	Shaoxing City	794.35	28.18	765.98	54.90
舟山市	Zhoushan City	65.17	6.52	61.81	50.00
台州市	Taizhou City	1153.67	53.58	1125.00	62.20
珠江三角洲经济区	**Pearl River Delta**				
广州市	Guangzhou City	882.85	29.41		41.40
深圳市	Shenzhen City				
珠海市	Zhuhai City	73.30	5.04	73.30	33.20
佛山市	Foshan City		6.75	241.07	20.20
江门市	Jiangmen City			1175.00	41.40
东莞市	Dongguan City	165.09			32.20
中山市	Zhongshan City	71.44	3.39	42.79	22.60
惠州市区	Huizhou Urban District	153.57	5.89		40.70
惠阳市	Huiyang City	67.63	5.09		46.50
惠东县	Huidong County	706.27	21.62		67.30
博罗县	Boluo County	268.11	10.77		48.10
肇庆市区	Zhaoqing Urban District	95.56	2.96	95.56	46.90
高要市	Gaoyao City	437.13	11.96	437.13	56.40
四会市	Sihui City	196.01	6.61	196.01	56.80

主要统计指标解释

行政区划 指国家对行政区域的划分。根据宪法规定，我国的行政区域划分如下：⑴全国分为省、自治区、直辖市；⑵省、自治区分为自治州、县、自治县、市；⑶自治州分为县、自治县、市；⑷县、自治县分为乡、民族乡、镇；⑸直辖市和较大的市分为区、县；⑹国家在必要时设立的特别行政区。

自然资源 指人类可以直接从自然界获得，并用于生产和生活的物质资源。自然资源一般可以分成可再生资源和非再生资源两大类。可再生资源指在较短时间内可以再生、可以循环利用的资源，包括土地资源、水资源、气候资源、生物资源和海洋资源等。非再生资源指在使用后不能再生的资源，包括矿产资源和地热能源。

气温 指空气的平均温度，我国一般以摄氏度（℃）为单位表示。气象观测的温度表是放在离地面约1.5米处通风良好的百叶箱里测量的，因此，通常说的气温指的是离地面1.5米处百叶箱中的温度。其统计计算方法为：

月平均气温是将全月各日的平均气温相加，除以该月的天数而得。

年平均气温是将12个月的月平均气温累加后除以12而得。

降水量 指从天空降落到地面的液态或固态（经融化后）水，未经蒸发、渗透、流失而在地面上积聚的深度。其统计计算方法为：

月降水量是将全月各日的降水量累加而得。

年降水量是将12个月的月降水量累加而得。

日照时数 指太阳实际照射地面的时间。其统计方法与降水量相同。

活立木总蓄积量 指一定范围内土地上全部树木蓄积的总量，包括森林蓄积、疏林蓄积、散生木蓄积和四旁树蓄积。

森林面积 指由乔木树种构成，郁闭度0.2以上（含0.2）的林地或冠幅宽度10米以上的林带的面积，即有林地面积。森林面积包括天然起源和人工起源的针叶林面积、阔叶林面积、针阔混交林面积和竹林面积，不包括灌木林地面积和疏林地面积。

森林蓄积量 指一定森林面积上存在着的林木树干部分的总材积。它是反映一个国家或地区森林资源总规模和水平的基本指标之一，也是反映森林资源的丰富程度、衡量森林生态环境优劣的重要依据。

森林覆盖率 指一个国家或地区森林面积占土地面积的百分比。森林覆盖率是反映森林资源的丰富程度和生态平衡状况的重要指标。在计算森林覆盖率时，森林面积包括郁闭度0.2以上的乔木林地面积和竹林地面积，国家特别规定的灌木林地面积、农田林网以及四旁（村旁、路旁、水旁、宅旁）林木的覆盖面积。计算公式为：

森林覆盖率（%）=（森林面积／土地总面积）× 100%

Explanatory Notes on Main Statistical Indicators

Administrative Division refers to the division of administrative areas by the state. The Constitution of the People's Republic of China stipulates that the administrative areas in China are divided as: 1) The whole country is divided into provinces, autonomous regions and municipalities directly under the central gover nment; 2) Provinces and autonomous regions are divided into autonomous prefectures, counties, autonomous counties and cities ; 3) Autonomous prefectures are divided into counties, autonomous counties and cities; 4) Counties and autonomous counties are divided into townships, nationality townships and towns;5) Municipalities and large cities are divided into districts and counties, 6) The state shall, when necessary, establish special administrative regions.

Natural Resources refer to material resources that could be obtained from the nature by human being and used for production and living. Natural resources in general can be classified as renewable resources and non-renewable resources. Renewable Resources refer to resources that could be renewed and recycled during a relatively short period of time, including land resource, water resource, climate resource, biology resource and marine resource. Non-renewable resources include resources that could not be renewed, such as minerals and geothermal resource.

Temperature refers to the average air temperature. China uses centigrade as the unit. The thermometry used for weather observation is put in a breezy shutter, which is 1.5 meters high from the ground. Therefore, the commonly used temperature refers to the temperature in the breezy shutter 1.5 meters away from the ground. The calculation method is as follows:

Monthly average temperature is the summation of average daily temperature of one month divided by the actual days of that particular month.

Annual average temperature is the summation of monthly average of a year divided by 12 months.

Volume of Precipitation refers to the deepness of liquid state or solid state(thawed) water falling from the sky to the ground that has not been evaporated, infiltrated or run off. The calculation method is as follows:

Monthly precipitation is the summation of daily precipitation of a month.

Annual precipitation is the summation of 12 months precipitation of a year.

Sunshine Hours refer to the actual hours of sun irradiating the earth. The calculation method is the same as that of the precipitation.

Total Standing Stock Volume refers to the total stock volume of trees growing in land, including trees in forest, tress in sparse forest, scattered trees and trees planted by the side of villages, farm houses and along roads and rivers.

Forest Area refers to the area of forest where trees and bamboo grow with canopy density above 0.2, including land of natural woods and planted woods, but excluding bush land and thin forest land. It reflects the total areas of afforestation.

Stock Volume of Forest refers to total stock volume of wood growing in forest area, which shows the total size and level of forest resources of a country or a region. It is also an important indicator illustrating the richness of forest resource and the status of forest ecological environment.

Forest Coverage Rate refers to the ratio of area of afforested land to total land area. It is a very important indicator that reflects the status of abundance of forest resource and ecosystem balance. Forest area includes the area of trees and bamboo grow with canopy density above 0.2, the area of shrubby tree according to regulations of the government, the area of forest land inside farm land and the area of trees planted by the side of villages, farm houses and along roads and rivers. The formula for calculating forest coverage rate is as follows:

Forestry coverage rate (%)= (Area of Afforested Land/Area of Total Land) × 100%

2-1 地区生产总值
Gross Domestic Product

按当年价格计算。
Calculated at current prices.
单位：亿元

(100 million yuan)

地区	Area	1978	1980	1990	2000	2002	2003
长江三角洲经济区	**Yangtze River Delta**	**547.82**	**675.78**	**2416.28**	**15954.75**	**19983.29**	**23798.34**
上海市	Shanghai City	272.81	311.89	756.45	4551.15	5408.76	6250.81
南京市	Nanjing City	34.42	42.51	176.52	1021.30	1297.57	1576.33
苏州市	Suzhou City	31.95	40.68	202.14	1540.68	2080.37	2801.56
无锡市	Wuxi City	24.93	35.55	160.44	1200.17	1580.66	1901.22
常州市	Changzhou City	17.57	22.76	94.87	600.66	760.60	901.42
镇江市	Zhenjiang City	12.18	14.94	65.32	452.03	560.90	641.05
南通市	Nantong City	29.39	35.66	134.25	736.44	887.33	1006.71
扬州市	Yangzhou City	14.38	17.56	89.05	472.12	558.93	647.22
泰州市	Taizhou City	14.15	18.30	84.21	405.25	504.60	580.04
杭州市	Hangzhou City	28.40	40.65	189.62	1382.56	1781.83	2099.77
宁波市	Ningbo City	20.17	29.53	141.40	1175.75	1500.34	1786.85
嘉兴市	Jiaxing City	13.29	17.80	81.33	538.37	706.43	858.03
湖州市	Huzhou City	8.88	12.23	54.99	343.42	422.50	490.75
绍兴市	Shaoxing City	11.29	16.55	82.38	744.96	928.15	1089.28
舟山市	Zhoushan City	3.88	4.90	24.57	114.90	146.01	172.27
台州市	Taizhou City	10.13	14.28	78.74	674.99	858.31	995.03
珠江三角洲经济区	**Pearl River Delta**		**123.94**	**964.29**	**7360.84**	**9386.14**	**11334.80**
广州市	Guangzhou City	43.09	57.55	319.60	2375.91	3001.48	3496.88
深圳市	Shenzhen City		2.70	171.67	1665.47	2256.82	2895.54
珠海市	Zhuhai City		2.61	41.43	330.26	406.27	473.27
佛山市	Foshan City	12.96	16.77	136.73	957.20	1175.92	1381.60
江门市	Jiangmen City	14.32	18.73	100.55	567.51	660.82	730.08
东莞市	Dongguan City	6.11	7.04	64.62	492.71	672.89	947.97
中山市	Zhongshan City	5.76	7.22	51.06	312.82	415.67	501.40
惠州市区	Huizhou Urban District	0.73	0.79	10.65	134.40	225.28	262.37
惠阳市	Huiyang City	1.41	1.75	12.33	102.12	81.42	102.41
惠东县	Huidong County	1.78	1.90	12.16	88.49	103.95	114.05
博罗县	Boluo County	2.04	2.16	10.41	81.80	98.29	108.92
肇庆市区	Zhaoqing Urban District	1.07	1.33	13.14	85.76	90.04	107.52
高要市	Gaoyao City	1.55	2.16	11.71	110.94	128.82	140.43
四会市	Sihui City	0.99	1.23	8.23	55.45	68.47	72.36

2-2 地区生产总值指数(上年＝100)

Indices of Gross Domestic Product(previous year=100)

按可比价格计算。
Calculated at comparable prices.

地区	Area	1978	1980	1990	2000	2002	2003
长江三角洲经济区	**Yangtze River Delta**						
上海市	Shanghai City	115.8	108.4	103.5	110.8	110.9	111.8
南京市	Nanjing City		109.3	109.2	112.3	112.8	115.0
苏州市	Suzhou City		114.5	113.5	112.6	114.5	118.0
无锡市	Wuxi City	112.0	111.8	109.1	111.2	112.8	115.4
常州市	Changzhou City		112.2	107.9	111.0	112.4	114.5
镇江市	Zhenjiang City		110.9	108.3	110.3	112.3	114.0
南通市	Nantong City		108.7	112.0	110.9	111.1	113.4
扬州市	Yangzhou City		106.4	107.9	110.5	111.1	113.4
泰州市	Taizhou City		108.4	102.5	111.0	111.6	113.4
杭州市	Hangzhou City	120.2	119.4	105.8	112.0	113.2	115.2
宁波市	Ningbo City	122.5	117.7	105.7	112.0	113.2	115.6
嘉兴市	Jiaxing City		104.4	100.9	112.3	113.8	116.9
湖州市	Huzhou City		106.9	105.4	112.0	112.3	115.0
绍兴市	Shaoxing City		117.2	106.3	112.1	113.8	115.0
舟山市	Zhoushan City		103.8	101.8	112.0	112.6	115.5
台州市	Taizhou City	118.0	110.0	105.5	111.9	113.9	114.9
珠江三角洲经济区	**Pearl River Delta**						
广州市	Guangzhou City	110.3	115.4	111.3	113.4	113.2	115.2
深圳市	Shenzhen City		162.7	132.5	114.2	115.0	119.2
珠海市	Zhuhai City		114.1	135.6	111.8	112.3	117.5
佛山市	Foshan City		115.2	116.8	111.2	111.8	116.1
江门市	Jiangmen City		111.9	110.2	111.0	110.3	111.1
东莞市	Dongguan City		101.1	120.8	117.9	118.5	119.5
中山市	Zhongshan City		112.7	115.6	111.8	116.5	118.6
惠州市区	Huizhou Urban District	103.7	106.2	123.1	112.3	111.1	118.1
惠阳市	Huiyang City	102.8	110.0	155.8	109.3	112.5	125.3
惠东县	Huidong County	105.9	118.3	116.6	112.4	110.0	110.3
博罗县	Boluo County	100.1	99.5	111.4	110.4	110.1	111.5
肇庆市区	Zhaoqing Urban District		114.6	119.9	115.7	111.9	113.8
高要市	Gaoyao City		115.8	114.1	110.8	108.4	110.1
四会市	Sihui City		111.7	107.7	111.9	113.9	110.9

2-3 地区生产总值指数(1978年＝100)

Indices of Gross Domestic Product(year of 1978=100)

按可比价格计算。

Calculated at comparable prices.

地区	Area	1978	1980	1990	2000	2002	2003
长江三角洲经济区	**Yangtze River Delta**						
上海市	Shanghai City	100.0	116.4	236.8	747.1	913.0	1020.8
南京市	Nanjing City	100.0	121.1	303.9	1114.2	1396.4	1605.9
苏州市	Suzhou City	100.0	119.1	400.2	1821.9	2342.6	2764.3
无锡市	Wuxi City	100.0	129.2	430.9	2252.6	2833.2	3269.5
常州市	Changzhou City	100.0	121.8	341.3	1434.5	1805.8	2067.6
镇江市	Zhenjiang City	100.0	114.7	330.6	1596.5	1990.0	2268.6
南通市	Nantong City	100.0	119.5	284.5	1014.3	1240.7	1407.0
扬州市	Yangzhou City	100.0	110.5	373.2	1251.7	1503.0	1704.4
泰州市	Taizhou City	100.0	115.9	298.7	1077.6	1334.9	1513.8
杭州市	Hangzhou City	100.0	135.7	372.4	1867.8	2372.3	2732.9
宁波市	Ningbo City	100.0	133.5	450.4	2151.9	2730.7	3156.7
嘉兴市	Jiaxing City	100.0	124.4	320.5	1254.4	1603.1	1874.0
湖州市	Huzhou City	100.0	125.5	306.1	1380.7	1730.4	1990.0
绍兴市	Shaoxing City	100.0	131.0	417.1	2600.3	3300.5	3795.8
舟山市	Zhoushan City	100.0	101.5	224.7	694.4	874.3	1009.9
台州市	Taizhou City	100.0	122.0	434.5	2282.4	2910.3	3342.8
珠江三角洲经济区	**Pearl River Delta**						
广州市	Guangzhou City	100.0	130.9	398.2	1847.3	2358.4	2717.2
深圳市①	Shenzhen City ①		162.7	3439.1	26108.3	33987.8	40513.5
珠海市①	Zhuhai City ①		114.1	1300.0	8027.5	10103.8	11871.4
佛山市	Foshan City		125.2	539.1	3197.5	3574.8	4150.4
江门市	Jiangmen City	100.0	124.8	407.9	1913.4	2837.5	
东莞市	Dongguan City	100.0	99.2	459.8	2411.2	3371.6	4030.8
中山市	Zhongshan City	100.0	117.1	405.0	1915.5	2589.6	3070.6
惠州市区	Huizhou Urban District	100.0	104.3	712.7	7592.4	9178.6	10839.9
惠阳市	Huiyang City	100.0	112.5	530.5	3670.7	4760.9	5213.2
惠东县	Huidong County	100.0	109.6	318.6	1982.2	2592.8	2859.9
博罗县	Boluo County	100.0	92.4	247.7	1595.8	1987.6	2216.2
肇庆市区	Zhaoqing Urban District	100.0	120.2	557.2	3040.5	3535.9	4681.3
高要市	Gaoyao City	100.0	116.2	552.3	3598.0	4246.7	4479.3
四会市	Sihui City	100.0	117.8	390.0	1988.7	2521.4	2796.2

注：①以1979年为基期计算。

Note: ① The base year is 1979.

2-4 人均地区生产总值①

Gross Domestic Product Per Capita ①

按当年价格计算。

Calculated at current prices.

单位：元 (yuan)

地区	Area	1978	1980	1990	2000	2002	2003
长江三角洲经济区	**Yangtze River Delta**	**607**	**754**	**2794**	**17823**	**22358**	**26558**
上海市	Shanghai City	2498	2738	5910	34547	40646	46718
南京市	Nanjing City	844	983	3472	18546	22858	27307
苏州市	Suzhou City	634	787	3617	26692	35733	47693
无锡市	Wuxi City	687	947	3865	27653	36151	43155
常州市	Changzhou City	605	771	2935	17635	22215	26149
镇江市	Zhenjiang City	527	633	2540	16967	21018	23995
南通市	Nantong City	408	490	1736	9374	11356	12924
扬州市	Yangzhou City	363	434	2048	10515	12368	14290
泰州市	Taizhou City	314	399	1528	8082	10021	11513
杭州市	Hangzhou City	565	791	3310	22342	28150	32819
宁波市	Ningbo City	437	634	2845	21786	27541	32629
嘉兴市	Jiaxing City	460	610	2582	16279	21268	25792
湖州市	Huzhou City	402	548	2247	13445	16454	19102
绍兴市	Shaoxing City	299	433	2002	17237	21414	25115
舟山市	Zhoushan City	447	554	2538	11675	14910	17679
台州市	Taizhou City	225	311	1531	12390	15620	18041
珠江三角洲经济区	**Pearl River Delta**		**611**	**4059**	**24848**	**28521**	**32797**
广州市	Guangzhou City	907	1160	5418	34292	41884	48372
深圳市②	Shenzhen City ②		835	8724	39745	46388	53887
佛山市	Foshan City	559	709	4946	28932	34850	40444
珠海市②	Zhuhai City ②		720	5665	26583	32682	37675
佛山市	Foshan City	559	709	4946	28932	34850	40444
江门市	Jiangmen City	455	587	2876	14921	17344	19131
东莞市	Dongguan City	553	627	4958	32477	51038	60158
中山市	Zhongshan City	573	717	4490	23542	30693	36614
惠州市区③	Huizhou Urban District ③	496	504	4719	36262	33709	38675
惠阳市③	Huiyang City ③	339	424	2587	18519	21215	25836
惠东县③	Huidong County ③	367	381	2104	13004	14909	16341
博罗县③	Boluo County ③	351	358	1537	10662	13093	14417
肇庆市区	Zhaoqing Urban District	550	689	3932	14413	20318	22616
高要市	Gaoyao City	270	371	1774	15404	17632	19244
四会市	Sihui City	295	370	2214	14089	17212	18096

注：①按户籍人口计算。②按常住人口计算。③2002年数据按2003年区划口径调整。

Note: ① Calculated by persons registered permanent resident. ② Calculated by resident. ③ Data to 2002 is adjusted by regionalism of 2003.

2-5 地区生产总值三次产业增加值①

Gross Domestic Product by Three Industries ①

按当年价格计算。

Calculated at current prices.

单位：亿元 (100 million yuan)

地区	Area	地区生产总值 Gross Domestic Product			第一产业 Primary Industry		
		1978	1990	2003	1978	1990	2003
长江三角洲经济区	**Yangtze River Delta**						
上海市	Shanghai City	272.81	756.45	6250.81	11.00	32.60	92.98
南京市	Nanjing City	34.42	176.52	1576.33	4.31	16.87	65.12
苏州市	Suzhou City	31.95	202.14	2801.56	8.97	35.00	75.75
无锡市	Wuxi City	24.93	160.44	1901.22	3.56	17.53	54.02
常州市	Changzhou City	17.57	94.87	901.42	3.85	17.68	47.18
镇江市	Zhenjiang City	12.18	65.32	641.05	3.06	14.48	32.46
南通市	Nantong City	29.39	134.25	1006.71	12.28	42.88	138.81
扬州市	Yangzhou City	14.38	89.05	647.22	6.24	21.75	69.92
泰州市	Taizhou City	14.15	74.21	580.04	7.19	25.59	72.62
杭州市	Hangzhou City	28.40	189.62	2099.77	6.34	30.94	126.59
宁波市	Ningbo City	20.17	141.40	1786.85	6.52	29.35	112.23
嘉兴市	Jiaxing City	13.29	81.33	858.03	6.63	24.97	68.37
湖州市	Huzhou City	8.88	54.99	490.75	4.01	18.85	55.40
绍兴市	Shaoxing City	11.29	82.38	1089.28	5.14	19.77	82.45
舟山市	Zhoushan City	3.88	24.57	172.27	1.63	8.77	32.99
台州市	Taizhou City	10.13	78.74	995.03	4.74	23.89	92.89
珠江三角洲经济区	**The Pearl River Delta**						
广州市	Guangzhou City	43.09	319.60	3496.88	5.03	25.73	105.63
深圳市	Shenzhen City		171.67	2895.41		7.02	16.47
珠海市	Zhuhai City		41.43	473.27		5.90	18.01
佛山市	Foshan City	12.96	136.73	1381.60	4.04	19.97	77.74
江门市	Jiangmen City	14.32	100.55	730.08	5.04	23.75	70.79
东莞市	Dongguan City	6.11	64.62	947.97	2.72	14.66	28.06
中山市	Zhongshan City	5.76	51.06		2.76	13.64	
惠州市区	Huizhou Urban District	0.73	10.65	262.37	0.13	0.59	11.54
惠阳市	Huiyang City	1.41	12.33	102.41	0.82	4.38	6.00
惠东县	Huidong County	1.78	12.16	114.05	1.01	5.92	23.94
博罗县	Boluo County	2.04	10.41	108.92	1.25	5.05	22.93
肇庆市区	Zhaoqing Urban District	1.39	13.14	107.52	0.27	2.47	7.72
高要市	Gaoyao City	1.55	12.21	140.43	1.01	6.69	35.18
四会市	Sihui City	0.96	8.23	72.36	0.46	3.41	18.51

2-5 续表1 continued

按当年价格计算。

Calculated at current prices.

单位：亿元 (100 million yuan)

地区	Area	第二产业 Secondary Industry			工业 Industry		
		1978	1990	2003	1978	1990	2003
长江三角洲经济区	**Yangtze River Delta**						
上海市	Shanghai City	211.05	482.68	3130.72	207.47	446.88	2865.85
南京市	Nanjing City	23.22	96.03	804.49		87.40	658.99
苏州市	Suzhou City	17.79	123.24	1771.86	16.69	112.52	1586.61
无锡市	Wuxi City	17.04	107.66	1093.02	15.63	102.62	990.08
常州市	Changzhou City	11.25	57.96	520.25	10.54	54.06	468.91
镇江市	Zhenjiang City	7.36	37.27	366.95			312.20
南通市	Nantong City	10.98	60.46	517.76	9.99	54.55	454.29
扬州市	Yangzhou City	5.83	47.48	332.42	5.27	43.19	290.48
泰州市	Taizhou City	4.99	34.04	300.37	4.56	30.80	252.69
杭州市	Hangzhou City	5.13	96.17	1089.32	15.75	87.88	948.68
宁波市	Ningbo City	9.69	80.31	1001.21	8.62	72.12	892.68
嘉兴市	Jiaxing City	4.38	40.56	508.66	3.91	34.82	441.46
湖州市	Huzhou City	3.23	24.14	261.76	2.78	21.38	229.06
绍兴市	Shaoxing City	3.71	43.57	644.86	3.19	39.66	572.28
舟山市	Zhoushan City	1.23	7.93	71.14	1.02	6.57	55.56
台州市	Taizhou City	3.03	32.38	578.09	2.52	27.90	520.32
珠江三角洲经济区	**The Pearl River Delta**						
广州市	Guangzhou City	25.25	136.30	1508.12	24.36	118.10	1339.01
深圳市	Shenzhen City		76.93	1723.66		64.49	1540.71
珠海市	Zhuhai City		18.06	266.79		15.12	189.65
佛山市	Foshan City	6.54	77.70	764.64	6.17	72.07	728.13
江门市	Jiangmen City	5.76	43.15	350.83		38.78	335.24
东莞市	Dongguan City	2.68	30.59	511.90		29.47	477.19
中山市	Zhongshan City	2.02	18.82		1.97	16.38	
惠州市区	Huizhou Urban District	0.31	4.41	183.04			171.59
惠阳市	Huiyang City	0.18	4.53	64.82			48.69
惠东县	Huidong County	0.47	2.74	59.65			54.88
博罗县	Boluo County	0.33	2.18	60.50			57.13
肇庆市区	Zhaoqing Urban District	0.60	5.10	44.60		4.74	36.98
高要市	Gaoyao City	0.41	2.89	45.53		2.52	41.03
四会市	Sihui City	0.28	2.97	35.08		2.64	29.53

2-5 续表2 continued

按当年价格计算。
Calculated at current prices.
单位：亿元 (100 million yuan)

地区	Area	建筑业 Construction			第三产业 Tertiary Industry		
		1978	1990	2003	1978	1990	2003
长江三角洲经济区	**Yangtze River Delta**						
上海市	Shanghai City	3.58	35.80	264.87	50.76	241.17	3027.11
南京市	Nanjing City		8.63	145.50	6.89	63.62	706.72
苏州市	Suzhou City	1.10	10.71	185.25	5.18	43.90	953.95
无锡市	Wuxi City	1.40	5.04	102.94	4.33	35.24	754.18
常州市	Changzhou City	0.71	3.90	51.34	2.47	19.23	333.99
镇江市	Zhenjiang City		0.00	54.75	1.76	13.57	241.64
南通市	Nantong City	0.99	5.91	63.47	6.12	30.90	350.14
扬州市	Yangzhou City	0.56	4.30	41.94	2.31	19.82	244.88
泰州市	Taizhou City	0.43	3.24	47.68	1.97	14.58	207.05
杭州市	Hangzhou City	0.42	8.28	140.64	5.13	62.51	883.86
宁波市	Ningbo City	1.07	8.19	108.53	3.96	31.74	673.41
嘉兴市	Jiaxing City	0.47	5.74	67.20	2.28	15.80	281.00
湖州市	Huzhou City	0.45	2.76	32.70	1.65	12.00	173.59
绍兴市	Shaoxing City	0.52	3.91	72.58	2.44	19.04	361.98
舟山市	Zhoushan City	0.21	1.36	15.58	1.02	7.87	68.14
台州市	Taizhou City	0.51	4.48	57.77	2.36	22.47	324.05
珠江三角洲经济区	**Pearl River Delta**						
广州市	Guangzhou City	0.89	18.20	169.11	12.82	157.57	1883.13
深圳市	Shenzhen City		12.44	182.95		87.71	1155.27
珠海市	Zhuhai City		2.94	34.45		17.46	188.47
佛山市	Foshan City	0.37	5.63	36.52	2.38	39.06	539.21
江门市	Jiangmen City		4.37	15.59	3.52	33.65	308.46
东莞市	Dongguan City		1.13	35.07	0.71	19.36	407.63
中山市	Zhongshan City	0.05	2.44	21.98	0.98	18.61	158.40
惠州市区	Huizhou Urban District			11.45	0.29	5.64	67.79
惠阳市	Huiyang County			16.13	0.40	3.42	31.60
惠东县	Huidong County			4.77	0.30	3.51	30.46
博罗县	Boluo County			3.37	0.46	3.18	25.49
肇庆市区	Zhaoqing Urban District		0.35	7.62	0.52	5.58	55.19
高要市	Gaoyao City		0.37	4.50	0.14	2.63	59.72
四会市	Sihui City		0.32	5.54	0.25	2.20	18.78

注：①上海和浙江省的2003年数据采用《国民经济行业分类》(GB/T4754—2002)划分，其他地区和年份均采用《国民经济行业分类》(GB/T4754—1994)。

Note: ① Data of Shanghai city and Zhejiang province in 2003 is classified according to"Industrial Classification for National Economic Activities" (GB/T4754-2002), the others is classified according to"Industrial Classification for National Economic Activities" (GB/T4754-1994).

2-6 地区生产总值三次产业指数（1978年＝100）

Indices of Gross Domestic Product by Three Industries(year of 1978=100)

按可比价格计算。

Calculated at comparable prices.

地区	Area	1978	1980	1990	2000	2002	2003
长江三角洲经济区	**Yangtze River Delta**						
上海市	Shanghai City						
第一产业	Primary Industry	100.0	98.8	129.5	164.2	174.3	178.3
第二产业	Secondary Industry	100.0	115.1	219.0	667.4	838.0	972.9
第三产业	Tertiary Industry	100.0	125.9	329.2	1199.1	1433.7	1548.4
南京市	Nanjing City						
第一产业	Primary Industry						
第二产业	Secondary Industry						
第三产业	Tertiary Industry						
苏州市	Suzhou City						
第一产业	Primary Industry	100.0	89.6	141.3	213.6	218.6	206.6
第二产业	Secondary Industry	100.0	132.8	530.4	2414.1	3161.4	3847.4
第三产业	Tertiary Industry	100.0	122.2	401.7	2504.7	3237.9	3723.6
无锡市	Wuxi City						
第一产业	Primary Industry	100.0	98.1	178.2	266.0	292.3	301.4
第二产业	Secondary Industry	100.0	145.8	484.7	2602.5	3287.6	3872.8
第三产业	Tertiary Industry	100.0	131.2	386.1	2626.8	3330.5	3763.5
常州市	Changzhou City						
第一产业	Primary Industry	100.0	101.7	166.3	256.3	285.0	291.8
第二产业	Secondary Industry	100.0	125.7	395.6	1764.7	2259.3	2632.1
第三产业	Tertiary Industry	100.0	135.8	369.3	2145.1	2698.0	3056.8
镇江市	Zhenjiang City						
第一产业	Primary Industry						
第二产业	Secondary Industry						
第三产业	Tertiary Industry						
南通市	Nantong City						
第一产业	Primary Industry	100.0	94.5	179.3	318.1	349.4	363.7
第二产业	Secondary Industry	100.0	145.1	421.1	1886.2	2382.9	2780.8
第三产业	Tertiary Industry	100.0	121.0	239.5	1033.8	1270.3	1430.4
扬州市	Yangzhou City						
第一产业	Primary Industry	100.0	89.7	126.1	222.2	250.1	255.3
第二产业	Secondary Industry	100.0	129.7	624.4	2308.1	2819.4	3298.7
第三产业	Tertiary Industry	100.0	118.2	407.4	1728.6	2079.1	2330.7
泰州市	Taizhou City						
第一产业	Primary Industry	100.0	90.4	128.9	199.4	221.8	228.5
第二产业	Secondary Industry	100.0	139.9	523.0	2125.2	2757.0	3242.2
第三产业	Tertiary Industry	100.0	148.1	351.0	1746.5	1959.7	2189.0
杭州市	Hangzhou City						
第一产业	Primary Industry	100.0	105.6	154.4	272.1	304.2	322.5
第二产业	Secondary Industry	100.0	151.1	422.2	2565.7	3276.2	3885.6
第三产业	Tertiary Industry	100.0	130.7	528.0	2563.9	3308.4	3725.3

2-6 续表1 continued

按可比价格计算。
Calculated at comparable prices.

地区	Area	1978	1980	1990	2000	2002	2003
宁波市	Ningbo City						
第一产业	Primary Industry	100.0	108.8	171.1	296.0	322.6	334.2
第二产业	Secondary Industry	100.0	156.0	678.0	3725.4	4841.2	5659.4
第三产业	Tertiary Industry	100.0	125.0	418.2	2388.9	3018.1	3495.0
嘉兴市	Jiaxing City						
第一产业	Primary Industry	100.0	91.7	145.3	187.9	208.9	219.3
第二产业	Secondary Industry	100.0	174.2	611.3	2930.0	3864.2	4652.6
第三产业	Tertiary Industry	100.0	137.6	348.1	2018.4	2559.0	2937.7
湖州市	Huzhou City						
第一产业	Primary Industry	100.0	104.5	170.9	265.8	290.8	308.5
第二产业	Secondary Industry	100.0	150.4	481.2	3067.3	3920.1	4582.6
第三产业	Tertiary Industry	100.0	137.0	352.8	1787.8	2288.7	2641.2
绍兴市	Shaoxing City						
第一产业	Primary Industry	100.0	100.5	129.4	288.9	318.2	323.8
第二产业	Secondary Industry	100.0	178.7	904.9	7025.7	9084.5	10647.8
第三产业	Tertiary Industry	100.0	122.8	282.4	1524.2	1950.2	2232.6
舟山市	Zhoushan City						
第一产业	Primary Industry	100.0	88.7	99.8	250.3	248.3	248.8
第二产业	Secondary Industry	100.0	113.0	369.5	1419.8	2010.5	2569.5
第三产业	Tertiary Industry	100.0	119.9	357.1	1075.7	1427.7	1614.7
台州市	Taizhou City						
第一产业	Primary Industry	100.0	99.8	154.5	286.8	305.3	308.1
第二产业	Secondary Industry	100.0	160.8	943.5	8364.5	10676.9	12458.2
第三产业	Tertiary Industry	100.0	129.7	508.4	2266.3	3098.1	3601.4
珠江三角洲经济区	**Pearl River Delta**						
广州市	Guangzhou City						
第一产业	Primary Industry	100.0	115.1	180.0	367.3	412.1	413.5
第二产业	Secondary Industry	100.0	128.0	362.9	2118.2	2640.1	3209.0
第三产业	Tertiary Industry	100.0	141.4	532.5	2132.8	2801.0	3114.7
深圳市①	Shenzhen City ①						
第一产业	Primary Industry		103.0	298.5	352.3	403.8	
第二产业	Secondary Industry		175.8	16760.4	154987.4	206506.4	
第三产业	Tertiary Industry		209.5	3286.1	20772.5	26312.7	
珠海市①	Zhuhai City ①						
第一产业	Primary Industry		109.9	308.5	536.0	642.2	718.0
第二产业	Secondary Industry		131.6	2388.7	18644.3	23679.9	28471.1
第三产业	Tertiary Industry		105.9	2015.1	11338.9	14204.1	16223.3
佛山市	Foshan City						
第一产业	Primary Industry	100.0	117.6	188.1	389.9	429.9	446.2
第二产业	Secondary Industry	100.0	135.1	833.4	5416.2	6871.4	8321.3
第三产业	Tertiary Industry	100.0	122.8	700.4	4725.1	5821.1	6478.9

2-6 续表2 continued

按可比价格计算。
Calculated at comparable prices.

地区	Area	1978	1980	1990	2000	2002	2003
江门市②	Jiangmen City ②						
第一产业	Primary Industry	100.0	113.9	210.5	339.2	652.2	
第二产业	Secondary Industry	100.0	132.2	599.1	3832.5	4873.4	
第三产业	Tertiary Industry	100.0	136.6	557.7	2649.1	4589.2	
东莞市	Dongguan City						
第一产业	Primary Industry	100.0	78.7	159.1	189.4	192.1	174.0
第二产业	Secondary Industry	100.0	122.6	856.3	6015.2	8763.1	10707.6
第三产业	Tertiary Industry	100.0	163.7	1292.9	7056.8	9734.5	11553.2
中山市	Zhongshan City						
第一产业	Primary Industry	100.0	104.7	162.3	262.8	290.7	298.1
第二产业	Secondary Industry	100.0	132.0	821.5	6060.8	9087.3	11380.6
第三产业	Tertiary Industry	100.0	137.2	685.8	2701.8	3214.4	3520.3
惠州市区	Huizhou Urban District						
第一产业	Primary Industry	100.0	108.6	461.9	1872.9	2537.4	
第二产业	Secondary Industry	100.0	91.4	1417.9	32431.5	43396.6	
第三产业	Tertiary Industry	100.0	123.1	1918.7	10594.5	15505.0	
惠阳市	Huiyang City						
第一产业	Primary Industry	100.0	114.2	532.0	1824.9	2096.1	
第二产业	Secondary Industry	100.0	131.7	2479.8	29606.4	39020.7	
第三产业	Tertiary Industry	100.0	141.6	854.0	8243.8	9227.2	
惠东县	Huidong County						
第一产业	Primary Industry	100.0	109.3	583.6	2029.7	2243.4	
第二产业	Secondary Industry	100.0	79.0	584.3	9174.5	11537.4	
第三产业	Tertiary Industry	100.0	141.3	1168.0	8321.9	9640.7	
博罗县	Boluo County						
第一产业	Primary Industry	100.0	105.7	405.0	1489.5	1665.1	
第二产业	Secondary Industry	100.0	90.1	657.3	13763.6	16664.7	
第三产业	Tertiary Industry	100.0	118.3	693.3	3853.3	4731.2	
肇庆市区	Zhaoqing Urban District						
第一产业	Primary Industry	100.0	128.1	442.6	803.6	1387.3	1389.1
第二产业	Secondary Industry	100.0	287.1	1484.9	4617.4	4694.2	6143.0
第三产业	Tertiary Industry	100.0	280.1	1374.8	2919.4	5387.1	6095.7
高要市	Gaoyao City						
第一产业	Primary Industry	100.0	115.4	447.5	1529.8	1737.4	1574.9
第二产业	Secondary Industry	100.0	110.7	624.1	5289.1	6332.5	6992.8
第三产业	Tertiary Industry	100.0	131.1	1029.9	12517.6	14887.4	1675.1
四会市	Sihui City						
第一产业	Primary Industry	100.0	109.3	251.4	659.5	763.5	804.0
第二产业	Secondary Industry	100.0	135.9	800.2	6152.9	8157.4	9193.4
第三产业	Tertiary Industry	100.0	128.9	456.8	2410.0	3080.0	3492.8

注：①以1979年为基期。②1978至1990年采用1990年价格计算，从2000年开始采用2000年价格计算。
Note: ① The base year is 1979. ② Data from 1978 to 2000 is calculated at 1990's price, data from 2000 is calculated at 2000's price.

2-7 地区生产总值三次产业构成
Composition of Gross Domestic Product by Three Industries

单位：% (%)

地区	Area	1978	1980	1990	2000	2002	2003
长江三角洲经济区	**Yangtze River Delta**						
上海市	Shanghai City						
第一产业	Primary Industry	4.0	3.2	4.3	1.8	1.6	1.5
第二产业	Secondary Industry	77.4	75.7	63.8	47.6	47.4	50.1
第三产业	Tertiary Industry	18.6	21.1	31.9	50.6	51.0	48.4
南京市	Nanjing City						
第一产业	Primary Industry	12.5	12.3	9.6	5.4	4.8	4.1
第二产业	Secondary Industry	67.5	66.3	54.4	48.4	47.3	51.0
第三产业	Tertiary Industry	20.0	21.4	36.0	46.2	47.9	44.8
苏州市	Suzhou City						
第一产业	Primary Industry	28.1	24.7	17.3	5.9	4.4	2.7
第二产业	Secondary Industry	55.7	58.6	61.0	56.5	58.2	63.2
第三产业	Tertiary Industry	16.2	16.7	21.7	37.6	37.4	34.1
无锡市	Wuxi City						
第一产业	Primary Industry	14.3	12.3	10.9	4.0	3.6	2.8
第二产业	Secondary Industry	68.3	70.5	67.1	56.9	54.9	57.5
第三产业	Tertiary Industry	17.4	17.2	22.0	39.1	41.5	39.7
常州市	Changzhou City						
第一产业	Primary Industry	21.9	21.5	18.6	7.5	6.4	5.2
第二产业	Secondary Industry	64.0	62.7	61.1	56.1	56.8	57.7
第三产业	Tertiary Industry	14.1	15.8	20.3	36.4	36.8	37.1
镇江市	Zhenjiang City						
第一产业	Primary Industry	25.1	24.4	22.1	7.1	6.2	5.1
第二产业	Secondary Industry	60.4	60.2	57.1	55.4	55.8	57.2
第三产业	Tertiary Industry	14.5	15.4	20.8	37.5	38.0	37.7
南通市	Nantong City						
第一产业	Primary Industry	41.8	32.6	31.9	17.6	15.9	13.8
第二产业	Secondary Industry	37.4	45.1	45.0	48.1	49.4	51.4
第三产业	Tertiary Industry	20.8	22.3	23.1	34.3	34.7	34.8
扬州市	Yangzhou City						
第一产业	Primary Industry	43.4	39.8	24.4	13.4	12.7	10.8
第二产业	Secondary Industry	40.5	43.5	53.3	49.0	48.8	51.4
第三产业	Tertiary Industry	16.1	16.7	22.3	37.7	38.6	37.8
泰州市	Taizhou City						
第一产业	Primary Industry	50.8	44.4	34.5	16.3	14.2	12.5
第二产业	Secondary Industry	35.2	38.5	45.9	47.2	49.5	51.8
第三产业	Tertiary Industry	14.0	17.1	19.6	36.5	36.3	35.7
杭州市	Hangzhou City						
第一产业	Primary Industry	22.3	20.1	16.3	7.5	6.4	6.0
第二产业	Secondary Industry	59.6	62.3	50.7	51.3	50.6	51.9
第三产业	Tertiary Industry	18.1	17.6	33.0	41.2	43.0	42.1

2-7 续表 1 continued

单位：%

(%)

地区	Area	1978	1980	1990	2000	2002	2003
宁波市	Ningbo City						
第一产业	Primary Industry	32.3	29.4	20.3	8.2	7.0	6.3
第二产业	Secondary Industry	48.0	52.6	55.2	56.0	55.3	56.0
第三产业	Tertiary Industry	19.7	48.1	24.5	35.8	37.7	37.7
嘉兴市	Jiaxing City						
第一产业	Primary Industry	49.9	39.1	30.7	11.2	8.7	8.0
第二产业	Secondary Industry	33.0	42.5	49.9	55.3	57.2	59.3
第三产业	Tertiary Industry	17.2	18.4	19.4	33.5	34.1	32.7
湖州市	Huzhou City						
第一产业	Primary Industry	45.1	40.2	34.3	13.9	12.2	11.3
第二产业	Secondary Industry	36.3	40.2	43.9	53.4	54.1	53.3
第三产业	Tertiary Industry	18.6	19.6	21.8	32.7	33.7	35.4
绍兴市	Shaoxing City						
第一产业	Primary Industry	45.6	39.8	24.0	10.5	8.6	7.6
第二产业	Secondary Industry	32.8	40.4	52.9	58.8	58.1	59.2
第三产业	Tertiary Industry	21.6	19.8	23.1	30.7	33.3	33.2
舟山市	Zhoushan City						
第一产业	Primary Industry	42.0	38.9	35.7	28.7	22.5	19.2
第二产业	Secondary Industry	31.7	34.9	32.3	32.1	36.5	41.3
第三产业	Tertiary Industry	26.3	26.2	32.0	39.2	41.0	39.5
台州市	Taizhou City						
第一产业	Primary Industry	46.8	43.3	30.3	12.7	10.5	9.3
第二产业	Secondary Industry	29.9	34.2	41.1	58.1	57.3	58.1
第三产业	Tertiary Industry	23.3	22.5	28.5	29.2	32.2	32.6
珠江三角洲经济区	**Pearl River Delta**						
广州市	Guangzhou City						
第一产业	Primary Industry	11.7	10.9	8.0	4.0	3.4	3.0
第二产业	Secondary Industry	58.6	54.5	42.7	43.4	40.9	43.1
第三产业	Tertiary Industry	29.7	34.6	49.3	52.6	55.7	53.9
深圳市	Shenzhen City						
第一产业	Primary Industry		28.9	4.1	1.0	0.9	0.6
第二产业	Secondary Industry		26.0	44.8	52.5	54.7	59.5
第三产业	Tertiary Industry		45.1	51.1	46.5	44.4	39.9
珠海市	Zhuhai City						
第一产业	Primary Industry		36.3	14.3	4.2	4.0	3.8
第二产业	Secondary Industry		31.8	43.6	55.5	55.1	56.4
第三产业	Tertiary Industry		31.9	42.1	40.3	40.9	39.8
佛山市	Foshan City						
第一产业	Primary Industry	31.2	29.3	14.6	6.9	6.1	5.6
第二产业	Secondary Industry	50.5	52.5	56.8	52.8	53.2	55.3
第三产业	Tertiary Industry	18.3	18.2	28.6	40.3	40.7	39.1

2-7 续表 2 continued

单位：%　　　　(%)

地区	Area	1978	1980	1990	2000	2002	2003
江门市	Jiangmen City						
第一产业	Primary Industry	35.2	33.7	23.6	12.0	10.6	9.7
第二产业	Secondary Industry	40.2	39.6	42.9	47.6	48.4	48.0
第三产业	Tertiary Industry	24.6	26.7	33.5	40.4	41.0	42.3
东莞市	Dongguan City						
第一产业	Primary Industry	44.6	38.0	22.7	6.3	4.5	3.0
第二产业	Secondary Industry	43.8	45.1	47.3	54.6	54.9	54.0
第三产业	Tertiary Industry	11.6	16.9	30.0	39.1	40.6	43.0
中山市	Zhongshan City						
第一产业	Primary Industry	47.9	42.0	26.7	7.8	6.3	5.4
第二产业	Secondary Industry	35.1	37.0	36.9	54.5	59.3	63.0
第三产业	Tertiary Industry	17.0	21.0	36.4	37.7	34.4	31.6
惠州市区	Huizhou Urban District						
第一产业	Primary Industry	17.5	17.7	5.6	1.7	5.4	4.4
第二产业	Secondary Industry	42.4	36.2	41.4	76.3	69.4	69.8
第三产业	Tertiary Industry	40.1	46.1	53.0	21.9	25.2	25.8
惠阳市	Huiyang City						
第一产业	Primary Industry	58.5	53.8	35.5	14.8	10.3	5.9
第二产业	Secondary Industry	13.0	13.8	36.7	50.1	56.2	63.3
第三产业	Tertiary Industry	28.5	32.4	27.7	35.2	33.5	30.8
惠东县	Huidong County						
第一产业	Primary Industry	56.9	58.2	48.7	22.1	21.9	21.0
第二产业	Secondary Industry	26.3	19.4	22.5	50.9	51.9	52.3
第三产业	Tertiary Industry	16.8	22.3	28.8	27.0	26.2	26.7
博罗县	Boluo County						
第一产业	Primary Industry	61.3	61.1	48.6	22.7	20.8	21.1
第二产业	Secondary Industry	16.2	13.8	20.9	55.7	57.4	55.5
第三产业	Tertiary Industry	22.5	25.1	30.5	21.6	21.8	23.4
肇庆市区	Zhaoqing Urban District						
第一产业	Primary Industry	19.6	22.2	18.6	9.3	7.8	7.2
第二产业	Secondary Industry	43.3	40.5	38.7	45.8	41.4	41.5
第三产业	Tertiary Industry	37.1	37.3	42.7	44.9	50.9	51.3
高要市	Gaoyao City						
第一产业	Primary Industry	65.1	70.3	53.1	28.6	27.5	25.1
第二产业	Secondary Industry	26.2	21.3	24.6	31.2	31.5	32.4
第三产业	Tertiary Industry	8.7	8.4	22.3	40.2	41.0	42.5
四会市	Sihui City						
第一产业	Primary Industry	46.6	43.1	39.0	27.4	25.9	25.6
第二产业	Secondary Industry	28.4	29.7	35.9	48.2	50.4	48.5
第三产业	Tertiary Industry	25.0	27.2	25.1	24.4	23.7	25.9

2-8 第三产业增加值构成（2003年）①

Composition of the Tertiary Industry(2003)①

单位：亿元 (100 million yuan)

地区	Area	合计 Total	交通运输、仓储和邮政业 Transport, Storage Post and Telecom-munications	信息传输、计算机服务和软件业 Information Transmit,Computer Services and Softwares	批发和零售业 Wholesale and Retail Trade	住宿和餐饮业 Hotel and Catering Services
长江三角洲经济区	**Yangtze River Delta**					
上海市	Shanghai City	3027.11	306.69	228.47	569.91	138.89
南京市	Nanjing City					
苏州市	Suzhou City					
无锡市	Wuxi City					
常州市	Changzhou City					
镇江市	Zhenjiang City					
南通市	Nantong City					
扬州市	Yangzhou City					
泰州市	Taizhou City					
杭州市	Hangzhou City	883.86	118.84	52.70	191.05	63.50
宁波市	Ningbo City	673.41	114.43	49.59	168.46	39.19
嘉兴市	Jiaxing City	281.00	37.39	15.70	70.89	16.74
湖州市	Huzhou City	173.59	27.37	9.77	51.41	9.06
绍兴市	Shaoxing City	361.98	48.48	16.69	111.98	18.24
舟山市	Zhoushan City	68.14	9.53	4.51	13.76	4.58
台州市	Taizhou City	324.05	65.40	22.92	71.98	20.94
珠江三角洲经济区	**Pearl River Delta**					
广州市	Guangzhou City	1878.85	400.52	188.42	251.07	165.46
深圳市	Shenzhen City	1154.90	95.45	142.49	183.58	51.17
珠海市	Zhuhai City	187.42	15.95	26.83	44.69	19.49
佛山市	Foshan City	539.21	113.32	47.59	84.34	47.08
江门市	Jiangmen City	301.93	49.76	20.43	67.00	36.27
东莞市	Dongguan City	407.65	22.44	80.90	43.40	26.33
中山市	Zhongshan City	158.23	16.05	24.61	33.51	12.72
惠州市区	Huizhou Urban District	67.68	6.38	13.77	11.79	8.43
惠阳市	Huiyang City	31.57	7.52	3.16	3.89	3.06
惠东县	Huidong County	30.33	4.86	4.64	3.54	2.11
博罗县	Boluo County	25.34	6.46	1.82	4.66	1.46
肇庆市区	Zhaoqing Urban District	55.10	12.03	0.88	11.53	5.53
高要市	Gaoyao City	59.35	15.97	2.43	12.80	3.81
四会市	Sihui City	18.75	2.39	1.32	5.29	1.73

2-8 续表 1 continued

单位：亿元 (100 million yuan)

地区	Area	金融业 Finance	房地产业 Real Estate	租赁和商务服务业 Renting and Business Services	科学研究、技术服务和地质勘查业 Scientific Research,Technology Services and Geological Prospecting	水利、环境和公共设施管理业 Watering, Environment and Public Facilities Conservancy
长江三角洲经济区	**Yangtze River Delta**					
上海市	Shanghai City	624.74	463.93	82.72	74.32	50.64
南京市	Nanjing City					
苏州市	Suzhou City					
无锡市	Wuxi City					
常州市	Changzhou City					
镇江市	Zhenjiang City					
南通市	Nantong City					
扬州市	Yangzhou City					
泰州市	Taizhou City					
杭州市	Hangzhou City	138.53	63.31	10.80	21.24	11.29
宁波市	Ningbo City	84.75	6.16	17.38	8.38	17.64
嘉兴市	Jiaxing City	38.85	26.65	6.23	3.15	6.30
湖州市	Huzhou City	11.98	22.62	3.40	1.60	2.51
绍兴市	Shaoxing City	45.67	24.02	6.76	2.65	5.43
舟山市	Zhoushan City	9.92	4.44	0.99	0.60	1.15
台州市	Taizhou City	38.28	17.98	6.45	2.88	1.78
珠江三角洲经济区	**Pearl River Delta**					
广州市	Guangzhou City	185.45	134.11	72.99	38.03	39.98
深圳市	Shenzhen City	247.65	192.86	44.69	9.83	42.13
珠海市	Zhuhai City	19.88	17.53	8.63	0.76	3.58
佛山市	Foshan City	42.73	58.38	42.87	4.90	4.44
江门市	Jiangmen City	16.61	21.86	19.32	1.98	1.75
东莞市	Dongguan City	45.42	84.19	13.23	0.63	1.03
中山市	Zhongshan City	7.53	19.19	9.29	0.94	2.51
惠州市区	Huizhou Urban District	6.97	3.82	2.18	0.52	0.35
惠阳市	Huiyang City	0.21	2.91	2.06	0.17	0.60
惠东县	Huidong County	-0.03	2.49	0.06	0.08	0.49
博罗县	Boluo County	0.67	1.44	1.21	0.23	0.92
肇庆市区	Zhaoqing Urban District	9.55	3.16	1.14	0.66	0.88
高要市	Gaoyao City	2.30	4.56	1.04	0.03	0.33
四会市	Sihui City	1.00	1.68	0.61	0.08	0.08

2-8 续表2 continued

单位：亿元 (100 million yuan)

地区	Area	居民服务和其他服务业 Household Services and other Services	教育 Education	卫生、社会保障和社会福利业 Health Care, Social Security and Welfare	文化、体育和娱乐业 Culture,Sports and Entertainments	公共管理和社会组织 Public Administration and Social Community	国际组织 International Organizations
长江三角洲经济区	**Yangtze River Delta**						
上海市	Shanghai City	61.88	161.22	93.17	72.49	98.04	
南京市	Nanjing City						
苏州市	Suzhou City						
无锡市	Wuxi City						
常州市	Changzhou City						
镇江市	Zhenjiang City						
南通市	Nantong City						
扬州市	Yangzhou City						
泰州市	Taizhou City						
杭州市	Hangzhou City	30.38	64.87	45.35	18.45	53.56	
宁波市	Ningbo City	7.37	37.08	22.31	8.35	36.90	
嘉兴市	Jiaxing City	11.46	14.02	11.76	4.37	17.49	
湖州市	Huzhou City	8.84	9.36	5.68	1.38	8.61	
绍兴市	Shaoxing City	15.80	26.15	14.14	2.91	23.05	
舟山市	Zhoushan City	2.04	5.21	3.48	1.11	6.83	
台州市	Taizhou City	16.39	21.76	15.40	2.33	19.56	
珠江三角洲经济区	**Pearl River Delta**						
广州市	Guangzhou City	48.44	121.01	75.40	28.82	129.14	
深圳市	Shenzhen City	28.91	35.55	33.20	16.79	30.59	
珠海市	Zhuhai City	2.09	5.94	2.07	1.47	18.51	
佛山市	Foshan City	20.31	18.30	15.58	6.54	32.82	
江门市	Jiangmen City	1.45	16.57	18.23	3.21	27.49	
东莞市	Dongguan City	16.54	13.06	5.48	15.29	39.73	
中山市	Zhongshan City	4.15	7.52	5.18	3.11	11.91	
惠州市区	Huizhou Urban District	2.47	2.72	1.37	3.51	3.40	
惠阳市	Huiyang City	3.20	1.34	1.02	0.47	1.97	
惠东县	Huidong County	2.46	1.91	2.86	1.21	3.64	
博罗县	Boluo County	0.65	1.91	1.02	1.12	1.76	
肇庆市区	Zhaoqing Urban District	1.42	2.29	1.63	0.68	3.75	
高要市	Gaoyao City	3.49	0.40	2.37	1.40	4.81	
四会市	Sihui City	0.91	1.06	0.74	0.16	1.70	

注：①本表采用《国民经济行业分类》(GB/4754-2002)标准，江苏省8城市采用旧的行业分类标准，故未列入。

Note: ① "Industrial Classification for National Economic Activities"(GB/4754-2002)is used in the table,while the previons "Industrial Classification for National Economic Activities"(GB/4574-1994) is used by 8 Cities of Jiangsu Province,so it is not listed in the table.

主要统计指标解释

地区生产总值（GDP） 指按市场价格计算的一个地区所有常住单位在一定时期内生产活动的最终成果。地区生产总值有三种表现形态，即价值形态、收入形态和产品形态。从价值形态看，它是所有常住单位在一定时期内生产的全部货物和服务价值超过同期中间投入的全部非固定资产货物和服务价值的差额，即所有常住单位的增加值之和；从收入形态看，它是所有常住单位在一定时期内创造并分配给常住单位和非常住单位的初次收入分配之和；从产品形态看，它是所有常住单位在一定时期内最终使用的货物和服务价值减去货物和服务进口价值。在实际核算中，地区生产总值有三种计算方法，即生产法、收入法和支出法。三种方法分别从不同的方面反映地区生产总值及其构成。

三次产业 三次产业的划分是世界上较为常用的产业结构分类，但各国的划分不尽一致。根据2003年5月发布的《国民经济行业分类》(GB/T4754–2002)，我国的三次产业划分是：

第一产业是指农、林、牧、渔业。

第二产业是指采矿业，制造业，电力、燃气及水的生产和供应业，建筑业。

第三产业是指除第一、二产业以外的其他行业。

Explanatory Notes on Main Statistical Indicators

Gross Domestic Product (GDP) refers to the final products at market prices produced by all resident units in a region during a certain period of time. Gross domestic product is expressed in three different forms, i.e. value, income, and products respectively. GDP in its value form refers to the total value of all goods and services produced by all resident units during a certain period of time, minus the total value of input of goods and services of the nature of non-fixed assets; in order term, it is the sum of the value-added of all resident units. GDP in the form of income includes the income created by all resident units and distributed to resident and non-resident units. GDP in the form of products refers to the value of all goods and services for final consumption by all resident units minus the net exports of goods and services during a given period of time. In the practice of national accounting, gross domestic product is calculated with three approaches, i.e. production approach, income approach and expenditure approach, which reflect gross domestic product and its composition from different aspects.

Three Industries Classification of economic activities into three branches of industries is a common practice in the world, although the grouping varies to some extent from country to country. In China economic activities are categorized into following industries:

Primary industry: refers to agriculture, forestry, animal husbandry and fishery.

Secondary industry: refers to mining and quarrying, manufacturing, production and supply of electricity, water and gas, and construction.

Tertiary industry: refers to all other economic activities not included in primary or secondary industry.

3-1 年末总人口
Total Population(Year-end)

单位：万人 (10 000 persons)

地区	Area	1990 年 总人口 Total Population in 1990	# 女性 female	1991 年 总人口 Total Population in 1991	# 女性 female	1992 年 总人口 Total Population in 1992	# 女性 female
长江三角洲经济区	**Yangtze River Delta**						
上海市	Shanghai City	1283.35	636.22	1287.20	638.17	1289.37	639.40
南京市	Nanjing City	501.82	241.73	506.44	244.03	510.05	247.64
苏州市	Suzhou City	561.02	279.75	564.26	281.48	566.89	282.97
无锡市	Wuxi City	417.71	205.21	421.22	206.98	423.90	208.37
常州市	Changzhou City	324.85	157.64	326.87	158.72	328.57	159.52
镇江市	Zhenjiang City	258.13	126.74	259.05	127.34	259.91	127.62
南通市	Nantong City	776.01	385.40	778.84	386.76	779.86	387.22
扬州市	Yangzhou City	436.50	214.56	438.60	215.40	439.91	216.01
泰州市	Taizhou City	487.82	237.90	490.66	238.98	491.22	239.08
杭州市	Hangzhou City	574.48	277.76	578.73	279.88	582.40	281.77
宁波市	Ningbo City	510.76	249.77	514.16	251.48	516.72	252.63
嘉兴市	Jiaxing City	316.19	155.85	318.30	157.08	320.61	158.36
湖州市	Huzhou City	245.28	117.85	246.76	118.81	248.02	119.54
绍兴市	Shaoxing City	412.67	199.80	415.31	201.23	417.16	202.44
舟山市	Zhoushan City	95.99	47.77	97.35	47.98	97.63	48.14
台州市	Taizhou City	515.49	248.22	518.34	249.58	520.51	250.67
珠江三角洲经济区	**Pearl River Delta**						
广州市	Guangzhou City	594.25	288.74	602.22	292.52	612.20	297.08
深圳市	Shenzhen City	68.65	33.73	73.22	35.95	80.22	39.03
珠海市	Zhuhai City	50.25	24.23	52.46	25.28	54.97	26.41
佛山市	Foshan City	279.40	140.34	284.42	142.54	291.15	145.66
江门市	Jiangmen City	352.75	173.12	356.54	175.02	360.48	176.68
东莞市	Dongguan City	131.85	66.89	133.65	67.55	136.06	68.51
中山市	Zhongshan City	114.87	56.94	116.85	57.94	119.25	59.14
惠州市区	Huizhou Urban District	23.12	11.26				
惠阳市	Huiyang City	48.27	24.55				
惠东县	Huidong County	58.45	28.62				
博罗县	Boluo County	67.96	33.35				
肇庆市区	Zhaoqing Urban District	34.00	16.45	35.27	17.15	37.06	18.07
高要市	Gaoyao City	66.59	33.39	67.25	33.65	67.70	33.77
四会市	Sihui City	37.41	18.44	37.80	18.58	38.03	18.72

3-1 续表 1 continued

单位：万人 (10 000 persons)

地区	Area	1993年 总人口 Total Population in 1993	# 女性 female	1994年 总人口 Total Population in 1994	# 女性 female	1995年 总人口 Total Population in 1995	# 女性 female
长江三角洲经济区	**Yangtze River Delta**						
上海市	Shanghai City	1294.74	641.82	1298.81	643.67	1301.37	644.89
南京市	Nanjing City	514.74	247.64	518.28	249.00	521.72	250.95
苏州市	Suzhou City	569.28	284.15	571.43	285.35	572.91	286.30
无锡市	Wuxi City	426.53	209.62	428.32	210.61	429.19	211.05
常州市	Changzhou City	329.33	160.01	331.44	160.98	333.65	162.14
镇江市	Zhenjiang City	261.54	128.56	262.46	129.05	263.27	129.24
南通市	Nantong City	781.20	388.04	782.43	389.09	784.24	390.22
扬州市	Yangzhou City	441.58	216.28	442.83	197.27	443.87	218.30
泰州市	Taizhou City	492.31	239.59	494.13	240.21	494.94	240.74
杭州市	Hangzhou City	587.10	284.07	592.93	286.93	597.96	289.71
宁波市	Ningbo City	519.85	254.26	526.85	255.61	526.20	257.48
嘉兴市	Jiaxing City	322.57	159.40	324.46	160.45	326.39	161.56
湖州市	Huzhou City	249.37	120.47	250.95	121.24	252.63	122.34
绍兴市	Shaoxing City	419.62	203.74	421.83	205.05	424.70	205.74
舟山市	Zhoushan City	97.88	48.27	97.99	48.36	98.28	48.61
台州市	Taizhou City	523.43	251.92	526.31	253.48	529.56	255.05
珠江三角洲经济区	**Pearl River Delta**						
广州市	Guangzhou City	623.66	302.63	637.02	308.58	646.71	313.28
深圳市	Shenzhen City	87.69	42.44	93.97	45.35	99.16	47.80
珠海市	Zhuhai City	57.46	27.67	60.66	29.18	63.24	30.44
佛山市	Foshan City	299.48	149.48	305.69	152.65	311.06	154.99
江门市	Jiangmen City	365.00	179.39	368.70	181.02	371.81	182.42
东莞市	Dongguan City	138.92	69.72	141.40	70.76	143.65	71.68
中山市	Zhongshan City	121.67	60.35	123.56	61.28	125.25	62.14
惠州市区	Huizhou Urban District					32.36	
惠阳市	Huiyang City					57.38	
惠东县	Huidong County					63.92	
博罗县	Boluo County					72.48	
肇庆市区	Zhaoqing Urban District	39.36	19.24	41.47	20.23	42.77	20.93
高要市	Gaoyao City	67.94	33.80	68.16	33.72	68.69	33.83
四会市	Sihui City	38.44	18.84	38.86	18.96	39.25	19.12

3-1 续表 2 continued

单位：万人 (10 000 persons)

地区	Area	1996 年 总人口 Total Population in 1996	# 女性 female	1997 年 总人口 Total Population in 1997	# 女性 female	1998 年 总人口 Total Population in 1998	# 女性 female
长江三角洲经济区	**Yangtze River Delta**						
上海市	Shanghai City	1304.43	646.57	1305.46	647.53	1306.58	648.36
南京市	Nanjing City	525.43	253.15	529.82	255.54	532.31	256.90
苏州市	Suzhou City	574.12	287.35	574.99	288.13	575.35	288.64
无锡市	Wuxi City	430.82	212.03	432.29	212.91	432.21	213.05
常州市	Changzhou City	337.54	164.62	339.23	165.72	340.75	167.29
镇江市	Zhenjiang City	264.80	129.95	265.41	130.42	265.64	130.52
南通市	Nantong City	785.24	391.33	786.30	392.75	787.49	393.65
扬州市	Yangzhou City	444.87	219.21	446.14	219.62	446.59	220.09
泰州市	Taizhou City	496.27	241.32	496.83	241.89	498.56	243.19
杭州市	Hangzhou City	603.22	292.46	607.96	294.95	611.64	296.95
宁波市	Ningbo City	530.08	259.78	533.31	261.42	535.27	262.87
嘉兴市	Jiaxing City	328.06	162.63	329.29	163.60	329.91	164.08
湖州市	Huzhou City	254.56	123.36	254.58	123.94	254.81	124.24
绍兴市	Shaoxing City	426.84	208.30	428.94	209.51	430.04	210.42
舟山市	Zhoushan City	98.47	48.66	98.58	48.79	98.54	48.83
台州市	Taizhou City	532.98	256.77	535.98	258.35	539.51	259.98
珠江三角洲经济区	**Pearl River Delta**						
广州市	Guangzhou City	656 05	317.96	666.49	323.19	674.14	327.22
深圳市	Shenzhen City	103 36	49.75	109.46	52.66	114.60	54.87
珠海市	Zhuhai City	65.37	31.53	67.34	32.54	69.48	33.58
佛山市	Foshan City	216.12	157.29	320.96	159.60	324.98	161.54
江门市	Jiangmen City	374.36	183.83	377.07	185.30	378.89	186.22
东莞市	Dongguan City	145.25	72.33	147.12	73.08	148.77	73.78
中山市	Zhongshan City	126.84	62.92	128.36	63.67	130.08	64.51
惠州市区	Huizhou Urban District						
惠阳市	Huiyang City						
惠东县	Huidong County						
博罗县	Boluo County						
肇庆市区	Zhaoqing Urban District	44.08	21.60	45.31	22.15	45.91	22.48
高要市	Gaoyao City	69.27	34.16	70.00	34.47	70.62	34.66
四会市	Sihui City	39.68	19.27	40.12	19.45	40.94	19.80

3-1 续表3 continued

单位：万人 (10 000 persons)

地区	Area	1999年 总人口 Total Population in 1999	#女性 female	2000年 总人口 Total Population in 2000	#女性 female	2001年 总人口 Total Population in 2001	#女性 female
长江三角洲经济区	**Yangtze River Delta**						
上海市	Shanghai City	1313.12	651.93	1321.63	656.12	1327.14	658.82
南京市	Nanjing City	537.44	259.30	544.89	263.23	553.04	266.87
苏州市	Suzhou City	576.23	289.47	578.17	290.78	580.53	292.24
无锡市	Wuxi City	433.40	213.98	434.61	214.95	435.90	215.81
常州市	Changzhou City	339.71	166.92	341.48	168.09	341.52	168.10
镇江市	Zhenjiang City	266.17	130.88	266.67	131.22	266.58	131.27
南通市	Nantong City	785.99	393.25	784.53	392.96	782.46	392.35
扬州市	Yangzhou City	447.39	220.48	450.62	222.45	451.59	222.95
泰州市	Taizhou City	501.26	244.89	501.52	245.13	503.10	246.09
杭州市	Hangzhou City	616.05	299.42	621.58	302.49	629.14	306.36
宁波市	Ningbo City	538.41	264.76	540.94	266.44	543.34	267.84
嘉兴市	Jiaxing City	330.19	164.34	331.26	165.09	331.93	165.65
湖州市	Huzhou City	255.07	124.63	255.79	125.23	256.49	125.81
绍兴市	Shaoxing City	431.70	211.62	432.69	212.65	433.27	213.26
舟山市	Zhoushan City	98.42	48.77	98.41	48.84	98.10	48.74
台州市	Taizhou City	542.98	261.85	546.62	263.85	548.52	264.89
珠江三角洲经济区	**Pearl River Delta**						
广州市	Guangzhou City	685.00	332.71	700.69	340.14	712.60	345.58
深圳市	Shenzhen City	119.85	57.16	124.92	59.71	132.04	62.57
珠海市	Zhuhai City	71.40	34.55	73.90	35.80	75.93	36.86
佛山市	Foshan City	329.24	163.69	332.46	165.22	335.85	166.68
江门市	Jiangmen City	379.84	186.70	380.85	186.95	380.74	187.00
东莞市	Dongguan City	150.82	74.64	152.61	75.39	153.89	75.95
中山市	Zhongshan City	132.00	65.52	133.75	66.50	134.83	67.10
惠州市区	Huizhou Urban District			37.43		38.59	
惠阳市	Huiyang City			62.55		63.15	
惠东县	Huidong County			68.89		69.72	
博罗县	Boluo County			77.25		77.29	
肇庆市区	Zhaoqing Urban District	46.53	22.82	46.67	22.91	47.22	23.14
高要市	Gaoyao City	71.06	34.85	72.98	35.93	73.07	35.94
四会市	Sihui City	41.26	20.01	41.61	20.16	41.88	20.33

3-1 续表4 continued

单位：万人 (10 000 persons)

地区	Area	2002年 总人口 Total Population in 2002	# 女性 female	2003年 总人口 Total Population in 2003	# 女性 female
长江三角洲经济区	**Yangtze River Delta**				
上海市	Shanghai City	1334.23	662.18	1341.77	666.30
南京市	Nanjing City	563.28	271.94	572.23	277.13
苏州市	Suzhou City	583.86	293.81	590.97	298.18
无锡市	Wuxi City	438.58	217.46	442.54	219.81
常州市	Changzhou City	343.24	168.98	346.22	170.73
镇江市	Zhenjiang City	267.13	131.29	267.19	131.90
南通市	Nantong City	780.26	391.46	777.62	390.41
扬州市	Yangzhou City	452.22	223.77	453.61	224.61
泰州市	Taizhou City	504.00	246.22	503.38	246.09
杭州市	Hangzhou City	636.81	310.19	642.78	313.74
宁波市	Ningbo City	546.19	269.60	549.07	271.44
嘉兴市	Jiaxing City	332.38	166.07	332.96	166.72
湖州市	Huzhou City	257.05	126.24	256.78	126.51
绍兴市	Shaoxing City	433.59	213.66	433.84	214.08
舟山市	Zhoushan City	97.76	48.60	97.12	48.30
台州市	Taizhou City	550.46	266.04	552.61	267.23
珠江三角洲经济区	**Pearl River Delta**				
广州市	Guangzhou City	720.62	350.12	725.19	352.97
深圳市	Shenzhen City	139.45	65.85	150.93	71.21
珠海市	Zhuhai City	78.61	38.20	82.02	39.94
佛山市	Foshan City	338.98	168.37	344.24	171.00
江门市	Jiangmen City	381.27	186.89	381.98	187.09
东莞市	Dongguan City	156.19	77.05	158.96	78.31
中山市	Zhongshan City	136.03	67.75	137.86	68.70
惠州市区	Huizhou Urban District	40.03	33.20	68.62	33.88
惠阳市	Huiyang City	63.78	19.36	40.11	19.81
惠东县	Huidong County	69.73	34.05	69.85	34.09
博罗县	Boluo County	77.71	36.69	75.81	36.91
肇庆市区	Zhaoqing Urban District	47.31	23.19	47.74	23.39
高要市	Gaoyao City	73.05	35.81	72.89	35.61
四会市	Sihui City	42.12	20.48	42.12	20.60

3-2 年末总户数
Total Households(Year-end)

单位：万户 (10 000 households)

地区	Area	1978	1980	1990	2000	2002	2003
长江三角洲经济区	**Yangtze River Delta**						
上海市	Shanghai City	291.69	303.87	415.28	475.73	481.77	486.06
南京市	Nanjing City			154.64	177.46	183.16	187.83
苏州市	Suzhou City	137.42	142.33	173.36	198.18	201.92	204.91
无锡市	Wuxi City	95.23	100.87	134.26	150.06	152.94	151.00
常州市	Changzhou City	73.23	77.19	106.91	117.89	119.74	121.04
镇江市	Zhenjiang City			83.40	94.57	97.34	98.52
南通市	Nantong City	193.28	197.39	253.96	271.25	274.77	276.34
扬州市	Yangzhou City	100.88	103.15	132.14	152.39	154.37	156.56
泰州市	Taizhou City				165.72	169.13	169.88
杭州市	Hangzhou City	117.89	119.11	171.94	193.48	198.27	201.12
宁波市	Ningbo City	123.30	128.57	176.06	193.99	198.94	203.47
嘉兴市	Jiaxing City	67.97	69.09	92.78	96.58	97.72	98.58
湖州市	Huzhou City	53.21	54.53	70.05	79.87	80.34	80.49
绍兴市	Shaoxing City	93.09	96.30	128.87	147.73	152.20	152.56
舟山市	Zhoushan City	22.27	23.32	33.65	34.94	35.32	35.64
台州市	Taizhou City	105.70	109.92	149.29	175.56	179.71	182.03
珠江三角洲经济区	**Pearl River Delta**						
广州市	Guangzhou City	114.59	116.27	164.18	210.04	216.25	220.29
深圳市	Shenzhen City	7.58	7.62	18.19	38.87	44.73	47.55
珠海市	Zhuhai City	7.57	7.71	12.90	20.64	22.17	23.08
佛山市	Foshan City	55.06	56.47	76.14	96.79	100.67	102.28
江门市	Jiangmen City	68.84	69.52	92.23	110.77	113.82	116.60
东莞市	Dongguan City	24.82	25.66	32.73	41.40	43.15	44.50
中山市	Zhongshan City	21.24	21.54	29.29	36.34	37.47	38.21
惠州市区	Huizhou Urban District	3.43	3.46	6.25	10.87	11.81	18.96
惠阳市	Huiyang City	8.43	8.31	9.95	17.69	18.26	12.94
惠东县	Huidong County	9.19	9.26	11.31	14.51	14.96	15.27
博罗县	Boluo County	11.16	11.26	14.03	17.66	18.13	17.82
肇庆市区	Zhaoqing Urban District	3.21	3.43	8.51	13.17	13.84	14.24
高要市	Gaoyao City	14.86	14.98	15.89	20.29	20.47	20.44
四会市	Sihui City	7.01	7.06	9.44	11.98	12.40	13.10

3-3 人口出生率
Birth Rate of Population

单位：‰ (‰)

地区	Area	1978	1980	1990	2000	2002	2003
长江三角洲经济区	**Yangtze River Delta**						
上海市	Shanghai City	11.30	12.60	10.20	5.30	4.70	4.30
南京市	Nanjing City	14.50	13.91	14.77	10.17	5.81	5.21
苏州市	Suzhou City	14.55	11.77	13.32	7.62	6.88	7.28
无锡市	Wuxi City	15.87	12.63	17.07	9.43	7.66	7.02
常州市	Changzhou City	14.23	11.96	15.10	12.57	9.03	7.40
镇江市	Zhenjiang City	14.97	13.61	14.38	8.70	7.47	6.75
南通市	Nantong City	12.29	9.94	14.80	14.80	3.36	5.76
扬州市	Yangzhou City	17.42	14.04	14.93	9.63	8.36	7.53
泰州市	Taizhou City	16.24	11.69	14.81	9.05	7.44	7.28
杭州市	Hangzhou City	14.63	10.15	13.37	10.07	8.38	8.04
宁波市	Ningbo City	15.06	12.37	13.25	9.30	7.60	7.80
嘉兴市	Jiaxing City	11.81	10.27	14.23	9.56	7.59	7.10
湖州市	Huzhou City	11.95	10.83	15.54	10.46	7.35	7.22
绍兴市	Shaoxing City	15.32	10.87	13.81	10.58	9.48	8.64
舟山市	Zhoushan City	14.30	11.70	11.90	7.73	5.30	6.16
台州市	Taizhou City		13.45	11.43	13.38	11.66	12.08
珠江三角洲经济区	**Pearl River Delta**						
广州市	Guangzhou City	15.46	16.25	14.97	10.28	8.64	7.92
深圳市	Shenzhen City		21.40	16.11	14.68	16.60	10.63
珠海市	Zhuhai City		17.87	15.23	13.29	9.70	9.09
佛山市	Foshan City			20.60	11.70	8.60	8.98
江门市	Jiangmen City	16.10	15.00	16.88	11.51	9.08	9.40
东莞市	Dongguan City	18.73	24.41	17.07	12.11	10.35	10.34
中山市	Zhongshan City	17.94	17.45	17.23	13.85	9.40	10.48
惠州市区	Huizhou Urban District					10.84	9.66
惠阳市	Huiyang City					7.67	8.50
惠东县	Huidong County					9.06	8.91
博罗县	Boluo County					9.92	10.57
肇庆市区	Zhaoqing Urban District	11.44	13.24	19.84	10.09	9.03	8.84
高要市	Gaoyao City	16.92	15.29	26.59	16.18	9.23	8.41
四会市	Sihui City	17.44	16.45	19.56	11.79	9.81	9.01

3-4 人口死亡率

Death Rate of Population

单位：‰ (‰)

地区	Area	1978	1980	1990	2000	2002	2003
长江三角洲经济区	**Yangtze River Delta**						
上海市	Shanghai City	6.20	6.50	6.70	7.20	7.30	7.50
南京市	Nanjing City	5.66	5.83	5.59	7.69	5.11	5.81
苏州市	Suzhou City	6.51	6.53	6.69	7.05	7.15	7.20
无锡市	Wuxi City	6.41	6.34	6.59	7.40	6.49	7.02
常州市	Changzhou City	6.32	6.47	6.37	6.75	5.75	5.77
镇江市	Zhenjiang City	6.39	7.03	6.54	7.89	5.69	5.87
南通市	Nantong City	6.12	6.42	7.00	7.12	3.46	7.23
扬州市	Yangzhou City	6.07	6.75	6.71	7.56	6.23	6.40
泰州市	Taizhou City	6.38	5.99	6.61	7.51	6.03	6.29
杭州市	Hangzhou City	5.95	5.98	6.11	6.50	5.67	5.73
宁波市	Ningbo City	5.74	6.03	6.02	6.20	5.94	6.40
嘉兴市	Jiaxing City	6.13	6.39	7.05	7.06	6.76	7.17
湖州市	Huzhou City	6.46	6.29	7.06	7.46	5.96	7.58
绍兴市	Shaoxing City	6.27	6.57	6.57	7.07	6.79	7.10
舟山市	Zhoushan City	6.00	6.30	6.20	6.71	6.53	7.08
台州市	Taizhou City		5.70	5.41	6.16	6.02	6.07
珠江三角洲经济区	**Pearl River Delta**						
广州市	Guangzhou City	5.32	5.57	5.49	5.77	5.54	5.68
深圳市	Shenzhen City		5.60	2.79	2.55	1.46	1.63
珠海市	Zhuhai City		4.97	4.08	3.80	3.28	3.04
佛山市	Foshan City			5.70	6.00	5.30	5.42
江门市	Jiangmen City	5.50	5.20	5.59	6.40	6.01	6.15
东莞市	Dongguan City	4.92	5.10	4.76	4.59	4.44	4.69
中山市	Zhongshan City	5.43	5.30	5.35	6.21	5.92	5.97
惠州市区	Huizhou Urban District					4.60	4.35
惠阳市	Huiyang City					4.21	3.82
惠东县	Huidong County					4.14	4.25
博罗县	Boluo County					4.45	4.86
肇庆市区	Zhaoqing Urban District	4.14	4.56	4.48	4.83	4.03	4.02
高要市	Gaoyao City	6.04	6.04	5.28	6.55	5.81	6.07
四会市	Sihui City	5.42	6.72	5.82	6.16	5.72	5.81

3-5 人口自然增长率
Natural Growth Rate of Population

单位：‰ (‰)

地区	Area	1978	1980	1990	2000	2002	2003
长江三角洲经济区	**Yangtze River Delta**						
上海市	Shanghai City	5.10	6.10	3.50	-1.90	-2.60	-3.20
南京市	Nanjing City	8.84	8.08	9.18	2.48	0.70	-0.60
苏州市	Suzhou City	8.04	5.24	6.63	0.58	-0.27	0.08
无锡市	Wuxi City	9.46	6.29	10.48	2.03	1.17	
常州市	Changzhou City	7.93	5.49	8.73	5.82	3.28	1.63
镇江市	Zhenjiang City	8.58	6.58	7.84	0.81	1.78	0.88
南通市	Nantong City	6.17	3.52	7.80	1.68	-0.11	-1.47
扬州市	Yangzhou City	11.36	7.29	8.22	2.07	2.13	1.13
泰州市	Taizhou City	9.86	5.70	8.20	1.54	1.41	0.99
杭州市	Hangzhou City	8.68	4.17	7.26	3.57	2.72	2.31
宁波市	Ningbo City	9.32	6.34	7.23	3.10	1.66	1.30
嘉兴市	Jiaxing City	5.68	3.88	7.18	2.50	0.83	0.83
湖州市	Huzhou City	5.49	4.54	8.48	3.00	1.39	-0.36
绍兴市	Shaoxing City	9.05	4.30	7.24	3.51	2.69	1.54
舟山市	Zhoushan City	8.31	5.33	5.73	1.02	-0.31	-0.92
台州市	Taizhou City	11.49	7.75	6.02	7.22	5.64	6.01
珠江三角洲经济区	**Pearl River Delta**						
广州市	Guangzhou City	10.14	10.68	9.48	4.51	3.10	2.24
深圳市	Shenzhen City	18.90	15.80	13.33	12.13	15.14	9.10
珠海市	Zhuhai City		12.89	11.15	9.49	6.42	6.05
佛山市	Foshan City			14.90	5.70	3.30	3.56
江门市	Jiangmen City	10.50	9.80	11.29	5.11	3.07	3.25
东莞市	Dongguan City	13.81	19.31	12.31	7.52	5.91	5.65
中山市	Zhongshan City	12.51	12.10	18.59	7.65	3.49	4.51
惠州市区	Huizhou Urban District					5.06	5.30
惠阳市	Huiyang City					3.62	4.69
惠东县	Huidong County					4.92	4.66
博罗县	Boluo County					5.48	5.71
肇庆市区	Zhaoqing Urban District	7.30	8.68	15.00	5.26	5.00	4.81
高要市	Gaoyao City	10.90	9.25	21.32	9.63	3.42	2.34
四会市	Sihui City	12.00	9.73	13.74	5.64	3.94	3.20

3-6 人口年龄结构(2000 年普查数据)

Population Age Composition(Population Census in 2000)

地区	Area	人口数(万人) Population (10 000 persons)				占总数的百分比(%) Percent of Total(%)		
		合计 Total	0-14 岁 0-14	15-64 岁 15-64	65 岁及以上 65 and over	0-14 岁 0-14	15-64 岁 15-64	65 岁及以上 65 and over
长江三角洲经济区	**Yangtze River Delta**							
上海市	Shanghai City	1640.77	201.09	1251.64	188.04	12.30	76.30	11.40
南京市	Nanjing City	612.62	94.55	466.07	52.00	15.43	76.08	8.49
苏州市	Suzhou City	679.22	97.88	516.26	65.09	14.41	76.01	9.58
无锡市	Wuxi City	508.66	82.42	381.62	44.62	16.20	75.03	8.77
常州市	Changzhou City	377.63	62.61	281.96	33.06	16.58	74.67	8.75
镇江市	Zhenjiang City	284.49	47.45	212.16	24.88	16.68	74.58	8.75
南通市	Nantong City	751.29	130.03	527.80	93.47	17.31	70.25	12.44
扬州市	Yangzhou City	458.86	79.19	337.73	41.94	17.30	73.60	9.10
泰州市	Taizhou City	478.58	90.33	338.98	49.27	18.87	70.83	10.30
杭州市	Hangzhou City	687.87	107.30	514.00	66.57	15.60	74.70	9.70
宁波市	Ningbo City	596.34	96.45	447.72	52.16	16.17	75.08	8.75
嘉兴市	Jiaxing City	358.30	63.79	260.15	34.35	17.80	72.61	9.59
湖州市	Huzhou City	262.56	48.58	187.88	26.11	18.50	71.56	9.94
绍兴市	Shaoxing City	430.42	79.29	309.42	41.73	18.42	71.89	9.70
舟山市	Zhoushan City	100.15	15.30	75.51	9.34	15.30	75.40	9.30
台州市	Taizhou City	515.37	93.09	375.62	46.66	18.10	72.90	9.00
珠江三角洲经济区	**Pearl River Delta**							
广州市	Guangzhou City	994.20	163.31	770.27	60.62	16.42	77.48	6.10
深圳市	Shenzhen City	700.88	59.53	632.76	8.59	8.49	90.28	1.23
珠海市	Zhuhai City	123.54	21.39	97.18	4.98	17.31	78.66	4.03
佛山市	Foshan City	533.77	87.28	420.13	26.37	16.35	78.71	4.94
江门市	Jiangmen City	395.68	89.28	272.14	34.26	22.56	68.78	8.66
东莞市	Dongguan City	644.58	55.66	575.44	13.48	8.64	89.27	2.09
中山市	Zhongshan City	236.33	38.09	187.31	10.92	16.12	79.26	4.62
惠州市区	Huizhou Urban District	59.17	9.76	46.97	2.44	16.49	79.38	4.13
惠阳市	Huiyang City	86.28	16.89	64.62	4.78	19.57	74.89	5.54
惠东县	Huidong County	71.31	21.20	45.18	4.93	29.73	63.35	6.92
博罗县	Boluo County	78.05	18.64	53.81	5.60	23.89	68.94	7.17
肇庆市区	Zhaoqing Urban District	50.78	9.90	37.68	3.21	19.49	74.19	6.32
高要市	Gaoyao City	62.51	17.96	39.07	5.49	28.73	62.49	8.78
四会市	Sihui City	40.98	9.62	27.86	3.50	23.48	67.99	8.53

3-7 按受教育程度分的人口(2000年普查数据)

Population by Education Level(Population Census in 2000)

地区	Area	按教育程度分人口(万人) Population by Education Level (10 000persons)			
		小学 Primary	初中 Junior Secondary School	高中 Senior Scecondary School	大学 College
长江三角洲经济区	**Yangtze River Delta**				
上海市	Shanghai City	310.66	603.86	377.67	179.50
南京市	Nanjing City	148.69	188.83	92.24	72.00
苏州市	Suzhou City	219.89	249.88	71.63	31.71
无锡市	Wuxi City	145.98	201.74	82.16	24.57
常州市	Changzhou City	107.06	149.64	58.09	17.06
镇江市	Zhenjiang City	82.91	108.81	32.84	14.35
南通市	Nantong City	269.53	260.65	95.00	20.04
扬州市	Yangzhou City	147.77	161.43	58.73	17.58
泰州市	Taizhou City	166.78	174.53	57.81	11.39
杭州市	Hangzhou City	223.76	228.89	94.64	49.57
宁波市	Ningbo City	219.15	205.55	55.21	20.59
嘉兴市	Jiaxing City	139.52	116.10	33.88	7.99
湖州市	Huzhou City	107.18	86.35	17.76	5.39
绍兴市	Shaoxing City	155.92	152.42	46.74	9.74
舟山市	Zhoushan City	35.64	32.77	12.22	3.31
台州市	Taizhou City	196.32	162.44	47.61	9.56
珠江三角洲经济区	**Pearl River Delta**				
广州市	Guangzhou City	238.20	368.29	203.49	92.63
深圳市	Shenzhen City	84.56	365.20	156.76	56.41
珠海市	Zhuhai City	27.93	46.84	26.47	9.27
佛山市	Foshan City	153.75	227.71	78.29	19.57
江门市	Jiangmen City	139.09	145.82	51.80	9.24
东莞市	Dongguan City	112.74	382.52	100.93	13.91
中山市	Zhongshan City	66.20	107.93	33.29	6.23
惠州市区	Huizhou Urban District	10.86	24.40	13.90	4.37
惠阳市	Huiyang City	25.40	40.61	9.43	1.49
惠东县	Huidong County	28.22	24.30	4.67	0.74
博罗县	Boluo County	25.71	31.53	7.69	1.10
肇庆市区	Zhaoqing Urban District	12.73	16.53	11.18	4.17
高要市	Gaoyao City	29.28	19.13	3.19	0.54
四会市	Sihui City	14.16	16.01	3.91	0.68

3–7 续表 continued

地区	Area	每10万人口中拥有数(人) Population Per 100 Thousand People(person)			
		小学 Primary	初中 Junior Secondary School	高中 Senior Scecondary School	大学 College
长江三角洲经济区	**Yangtze River Delta**				
上海市	Shanghai City	18934	36803	23018	10940
南京市	Nanjing City	24271	30823	15057	1175
苏州市	Suzhou City	32374	36790	10546	4669
无锡市	Wuxi City	28699	39661	16153	4831
常州市	Changzhou City	28351	39626	15382	4517
镇江市	Zhenjiang City	29143	38247	11543	5044
南通市	Nantong City	35876	34694	12644	2667
扬州市	Yangzhou City	32204	35181	12799	3831
泰州市	Taizhou City	34849	36469	12079	2380
杭州市	Hangzhou City	32529	33276	13758	7206
宁波市	Ningbo City	36700	34500	9300	3500
嘉兴市	Jiaxing City	38938	32403	9457	2229
湖州市	Huzhou City	40823	32886	6763	2052
绍兴市	Shaoxing City	36224	35412	10860	2262
舟山市	Zhoushan City	35587	32721	12202	3305
台州市	Taizhou City	38088	31518	9237	1855
珠江三角洲经济区	**Pearl River Delta**				
广州市	Guangzhou City	23959	37044	20467	9317
深圳市	Shenzhen City	12065	52105	22366	8048
珠海市	Zhuhai City	22606	37915	21429	7502
佛山市	Foshan City	28804	42661	14667	3667
江门市	Jiangmen City	35152	36854	13093	2336
东莞市	Dongguan City	17490	59344	15658	2158
中山市	Zhongshan City	28012	45669	14086	2635
惠州市区	Huizhou Urban District	18355	41231	23489	7393
惠阳市	Huiyang City	29444	47069	10925	1726
惠东县	Huidong County	39565	34071	6546	1044
博罗县	Boluo County	32944	40400	9856	1403
肇庆市区	Zhaoqing Urban District	25073	32551	22009	8208
高要市	Gaoyao City	46837	30605	5103	865
四会市	Sihui City	34561	39057	9537	1669

3-8 按农业、非农业分的人口数
Population by Agriculture and non-Agriculture

单位：万人 (10 000 persons)

地区	Area	农业人口 Agriculture Population					
		1978	1980	1990	2000	2002	2003
长江三角洲经济区	**Yangtze River Delta**						
上海市	Shanghai City	453.05	444.09	418.89	335.47	315.42	300.38
南京市	Nanjing City	256.01	252.54	265.60	235.37	223.93	180.56
苏州市	Suzhou City	422.46	417.79	421.26	331.82	309.58	300.89
无锡市	Wuxi City	294.88	290.33	273.40	251.16	244.64	169.77
常州市	Changzhou City	245.78	242.44	243.45	193.67	185.42	145.21
镇江市	Zhenjiang City	55.62	198.19	49.94	42.15	46.43	149.71
南通市	Nantong City	671.96	669.09	622.62	531.94	517.45	542.70
扬州市	Yangzhou City	353.27	352.45	354.66	327.98	321.74	283.03
泰州市	Taizhou City	415.97	416.49	424.35	381.22	374.86	368.06
杭州市	Hangzhou City	389.49	386.65	405.78	394.58	384.79	379.11
宁波市	Ningbo City	394.28	393.13	407.78	398.91	383.76	380.26
嘉兴市	Jiaxing City	253.89	252.14	257.80	252.67	247.28	231.65
湖州市	Huzhou City	192.12	191.63	201.62	190.23	184.84	182.31
绍兴市	Shaoxing City	346.82	346.69	359.06	352.02	342.68	330.84
舟山市	Zhoushan City	73.71	73.65	76.30	70.06	65.20	63.53
台州市	Taizhou City	426.73	430.09	468.42	455.83	456.65	457.26
珠江三角洲经济区	**Pearl River Delta**						
广州市	Guangzhou City	250.75	244.48	252.87	264.58	218.33	229.36
深圳市	Shenzhen City	28.45		25.65	24.77	27.41	
珠海市	Zhuhai City		29.46	28.35	22.57	22.77	
佛山市	Foshan City	175.83		181.89	184.88	164.45	
江门市	Jiangmen City	273.01	7.50	259.43	235.21	236.67	160.31
东莞市	Dongguan City	92.74	92.87	100.99	113.00	99.91	102.09
中山市	Zhongshan City	82.39	81.88	86.99	92.17	77.87	79.09
惠州市区	Huizhou Urban District	6.50		7.02	7.25	4.58	28.08
惠阳市	Huiyang City	38.20		39.24	41.15	40.89	19.60
惠东县	Huidong County	42.46		45.62	48.54	46.59	46.70
博罗县	Boluo County	52.90		57.37	59.05	58.65	56.74
肇庆市区	Zhaoqing Urban District	4.69	4.51	16.47	14.83	12.06	11.98
高要市	Gaoyao City	63.94	64.65	57.68	61.28	61.61	61.73
四会市	Sihui City	28.95	28.94	28.66	28.54	28.85	29.27

3-8 续表 continued

单位：万人 (10 000 persons)

地区	Area	非农业人口 non-Agriculture Population					
		1978	1980	1990	2000	2002	2003
长江三角洲经济区	**Yangtze River Delta**						
上海市	Shanghai City	645.23	702.43	864.46	986.16	1018.81	1041.39
南京市	Nanjing City	156.37	183.33	236.22	309.52	339.35	391.67
苏州市	Suzhou City	83.81	100.83	139.75	246.34	274.28	290.08
无锡市	Wuxi City	70.33	86.57	144.31	183.45	191.07	272.77
常州市	Changzhou City	45.22	53.48	81.40	147.81	157.82	201.01
镇江市	Zhenjiang City	24.15	38.72	41.94	57.14	53.61	117.48
南通市	Nantong City	50.75	60.02	153.39	252.59	262.81	234.92
扬州市	Yangzhou City	45.16	53.55	81.84	122.64	130.48	170.58
泰州市	Taizhou City	37.01	42.71	63.47	120.31	129.14	135.32
杭州市	Hangzhou City	116.06	128.88	169.00	227.00	252.02	263.67
宁波市	Ningbo City	63.42	72.86	102.98	142.03	162.43	168.81
嘉兴市	Jiaxing City	35.51	40.36	58.39	78.59	85.10	101.31
湖州市	Huzhou City	29.34	32.27	43.66	65.56	72.21	74.47
绍兴市	Shaoxing City	31.61	36.02	53.61	80.68	90.91	103.01
舟山市	Zhoushan City	13.45	15.23	20.69	28.35	32.55	33.59
台州市	Taizhou City	25.98	31.52	47.07	90.79	93.81	95.35
珠江三角洲经济区	**Pearl River Delta**						
广州市	Guangzhou City	232.14	255.58	341.39	436.11	502.30	493.32
深圳市	Shenzhen City	4.91		43.00	100.15	112.04	122.39
珠海市	Zhuhai City		7.07	21.90	51.33	55.84	82.02
佛山市	Foshan City	57.76	62.49	97.51	147.58	174.53	343.70
江门市	Jiangmen City	43.40	13.51	93.33	145.64	144.59	221.66
东莞市	Dongguan City	18.49	19.83	30.87	39.61	56.27	56.87
中山市	Zhongshan City	18.48	19.17	27.88	41.58	58.16	58.76
惠州市区	Huizhou Urban District	8.43		16.10	30.19	35.45	40.54
惠阳市	Huiyang City	3.36		9.03	21.40	22.89	20.51
惠东县	Huidong County	6.44		12.83	20.35	23.14	23.14
博罗县	Boluo County	5.87		10.59	18.20	19.05	19.07
肇庆市区	Zhaoqing Urban District	10.15		17.53	31.84	35.25	
高要市	Gaoyao City	4.17		8.91	11.70	11.43	
四会市	Sihui City	3.86		3.86	13.07	13.27	

3-9 就业人数
Number of Employed Persons

单位：万人　　　　(10 000 persons)

地区	Area	1978	1980	1990	2000	2002	2003
长江三角洲经济区	**Yangtze River Delta**						
上海市①	Shanghai City ①	698.32	730.77	787.72	828.35	792.04	813.05
南京市	Nanjing City	204.77	217.77	277.29	266.77	270.27	280.68
苏州市	Suzhou City	301.15	317.17	346.74	313.89	323.75	346.19
无锡市	Wuxi City	198.49	205.67	244.99	221.07	222.53	260.08
常州市	Changzhou City	149.35	155.45	186.06	179.36	192.14	199.74
镇江市	Zhenjiang City	114.75	118.94	149.85	140.82	140.99	139.83
南通市	Nantong City	400.62	413.95	477.47	441.46	396.15	430.87
扬州市	Yangzhou City	180.09	179.65	244.32	221.93	219.22	224.71
泰州市	Taizhou City	210.82	215.21	272.68	250.19	244.51	242.29
杭州市	Hangzhou City	241.14	267.85	363.49	408.11	441.14	450.59
宁波市	Ningbo City				354.90	377.90	386.20
嘉兴市	Jiaxing City	175.22	181.91	213.32	193.73	197.07	200.20
湖州市	Huzhou City	117.95	124.83	150.55	140.09	147.00	147.21
绍兴市	Shaoxing City				274.45	284.27	284.66
舟山市	Zhoushan City	45.69	47.29	54.71	64.21	54.84	55.24
台州市	Taizhou City	176.88	185.19	307.23	340.48	347.25	358.87
珠江三角洲经济区	**Pearl River Delta**						
广州市	Guangzhou City	266.90	275.05	341.15	503.69	514.08	521.07
深圳市	Shenzhen City		14.70	109.20	308.50	359.30	422.29
珠海市	Zhuhai City	18.00	20.00	31.00	86.00	88.31	88.79
佛山市	Foshan City				193.50	205.74	286.39
江门市	Jiangmen City	156.09	158.42	197.33	208.68	209.99	212.23
东莞市	Dongguan City	54.97	57.86	75.10	97.88	104.10	116.55
中山市	Zhongshan City	52.08	51.20	71.27	122.45	131.64	144.72
惠州市区	Huizhou Urban District	6.80	7.26	13.71	27.95	38.18	58.09
惠阳市	Huiyang City	17.23	16.96	26.72	53.26	61.30	39.19
惠东县	Huidong County	22.48	23.81	32.68	47.84	50.27	48.16
博罗县	Boluo County	26.30	26.81	32.41	42.89	50.24	44.65
肇庆市区	Zhaoqing Urban District	13.04	13.99	18.97	22.88	22.68	22.49
高要市	Gaoyao City	27.52	28.45	38.87	44.66	47.66	47.88
四会市	Sihui City	14.42	14.57	17.27	22.06	19.07	18.90

注：①2001年以后为在岗从业人数。

Note: ① Data for working employment after 2001.

3-10 就业基本情况(2003年)
Basic Statistics of Employment(2003)

单位：万人 (10 000 persons)

地区	Area	经济活动人口 Economically Active Population	就业人员 Number of Employed Persons	第一产业 Primary Industry	第二产业 Secondary Industry	第三产业 Tertiary Industry
长江三角洲经济区	**Yangtze River Delta**					
上海市	Shanghai City		813.05	73.72	317.12	422.21
南京市	Nanjing City	287.22	280.68	51.53	100.97	128.18
苏州市	Suzhou City	351.54	346.19	55.02	195.31	95.86
无锡市	Wuxi City	263.09	260.08	39.28	139.50	81.30
常州市	Changzhou City	202.62	199.74	38.77	98.92	62.05
镇江市	Zhenjiang City	141.70	139.83	38.93	60.05	40.85
南通市	Nantong City	434.21	430.87	172.07	160.14	98.66
扬州市	Yangzhou City	227.52	224.71	57.97	90.33	76.41
泰州市	Taizhou City	244.61	242.29	78.88	86.89	76.52
杭州市	Hangzhou City	461.35	450.59	102.29	182.38	165.92
宁波市	Ningbo City	390.30	386.20	88.10	198.40	99.70
嘉兴市	Jiaxing City	203.97	200.20	49.32	100.34	54.31
湖州市	Huzhou City	163.52	147.21	48.65	57.19	41.37
绍兴市	Shaoxing City	287.05	284.66	80.17	136.73	67.76
舟山市	Zhoushan City	55.93	55.24	19.42	18.33	17.49
台州市	Taizhou City	361.82	358.87	122.31	127.40	109.16
珠江三角洲经济区	**Pearl River Delta**					
广州市	Guangzhou City	528.35	521.07	95.88	200.17	225.02
深圳市	Shenzhen City	433.60	422.29	4.23	240.82	177.24
珠海市	Zhuhai City	89.90	88.79	9.96	37.86	40.97
佛山市	Foshan City	289.20	286.39	36.17	171.45	78.77
江门市	Jiangmen City	217.59	212.23	85.14	60.85	66.24
东莞市	Dongguan City		116.55	13.12	59.88	43.55
中山市	Zhongshan City	145.41	144.72	20.31	75.59	48.82
惠州市区	Huizhou Urban District	58.75	58.09	10.53	29.01	18.55
惠阳市	Huiyang City	39.42	39.19	7.00	21.91	10.28
惠东县	Huidong County	48.34	48.16	19.49	19.15	9.52
博罗县	Boluo County	44.86	44.65	21.79	16.02	6.84
肇庆市区	Zhaoqing Urban District	23.00	22.49	4.27	8.52	9.70
高要市	Gaoyao City	48.02	47.88	21.74	14.58	11.57
四会市	Sihui City	20.34	20.19	7.03	7.01	6.15

3-10 续表 continued

单位：万人 (10 000 persons)

地区	Area	按城乡分就业人员 Number of Employed Persons by Residence in Urban and Rural Areas		在岗职工人数 Fully Employed Staff and Workers			
		城镇就业人员 Urban Area	乡村就业人员 Rural Area		国有单位 State-owned Units	集体单位 Collective-owned Units	其他单位 Other Units
长江三角洲经济区	**Yangtze River Delta**						
上海市	Shanghai City			279.25	140.71	15.54	123.00
南京市	Nanjing City	155.79	124.89	86.02	50.80	5.87	29.35
苏州市	Suzhou City	136.76	209.43	81.09	25.53	4.95	50.61
无锡市	Wuxi City	101.66	158.42	47.50	22.63	3.94	20.94
常州市	Changzhou City	75.66	124.08	34.67	16.08	3.63	14.96
镇江市	Zhenjiang City	41.89	97.94	29.02	16.27	4.02	8.72
南通市	Nantong City	72.98	357.89	50.71	21.47	5.40	23.84
扬州市	Yangzhou City	61.55	163.16	35.65	19.76	3.99	11.90
泰州市	Taizhou City	43.54	198.75	30.91	15.34	5.49	10.08
杭州市	Hangzhou City	153.02	297.57	75.85	6.78	40.22	32.05
宁波市	Ningbo City	109.00	277.20	61.29	22.27	4.11	34.91
嘉兴市	Jiaxing City	52.60	147.60	27.96	11.70	1.83	14.43
湖州市	Huzhou City	42.69	104.52	13.70	7.79	1.20	4.71
绍兴市	Shaoxing City	81.99	202.67	37.80	12.98	4.85	19.97
舟山市	Zhoushan City	16.14	39.10	9.72	5.52	0.69	3.51
台州市	Taizhou City	69.23	289.64	32.87	15.04	3.75	14.08
珠江三角洲经济区	**Pearl River Delta**						
广州市	Guangzhou City	277.46	243.61	182.34	82.41	15.74	84.19
深圳市	Shenzhen City	422.29		108.20	30.10	2.36	75.74
珠海市	Zhuhai City	80.09	16.05	35.39	8.72	3.03	23.64
佛山市	Foshan City	152.55	133.84	45.41	17.15	4.39	23.87
江门市	Jiangmen City	54.59	157.64	34.05	14.00	5.20	14.85
东莞市	Dongguan City	14.52	85.15	16.60	7.89	4.45	4.25
中山市	Zhongshan City			15.84	5.77	1.15	8.92
惠州市区	Huizhou Urban District	34.28	23.92	24.01	5.13	1.37	17.51
惠阳市	Huiyang City	15.97	22.93	12.86	2.79	2.14	7.93
惠东县	Huidong County	7.98	41.02	5.31	2.76	0.95	1.60
博罗县	Boluo County	7.55	37.10	6.16	3.39	0.59	2.18
肇庆市区	Zhaoqing Urban District	13.57	8.92	9.68	4.07	0.45	5.16
高要市	Gaoyao City	6.35	41.53	2.81	1.85	0.57	0.40
四会市	Sihui City	5.68	13.22	3.14	1.58	0.25	1.31

3-11 按三次产业分的就业人员数

Number of Employed Persons by Type of Industry

单位：万人 (10 000 persons)

地区	Area	第一产业 Primary Industry			第二产业 Secondary Industry		
		2000	2002	2003	2000	2002	2003
长江三角洲经济区	**Yangtze River Delta**						
上海市	Shanghai City	89.23	84.25	73.72	367.04	320.13	317.12
南京市	Nanjing City	69.81	57.39	51.53	92.66	93.31	100.97
苏州市	Suzhou City	65.90	61.66	55.02	156.26	161.38	195.31
无锡市	Wuxi City	50.09	45.01	39.28	106.43	110.71	139.50
常州市	Changzhou City	51.82	46.22	38.77	78.13	88.47	98.92
镇江市	Zhenjiang City	47.15	44.15	38.93	59.68	54.98	60.05
南通市	Nantong City	200.04	185.02	172.07	138.39	140.24	160.14
扬州市	Yangzhou City	79.73	65.25	57.97	75.74	79.33	90.33
泰州市	Taizhou City	107.04	96.71	78.88	70.55	75.22	86.89
杭州市	Hangzhou City	117.47	107.52	102.29	143.50	169.77	182.38
宁波市	Ningbo City	109.90	93.40	88.10	153.00	194.40	198.40
嘉兴市	Jiaxing City	95.09	56.16	49.32	83.45	92.29	100.34
湖州市	Huzhou City	60.34	56.90	48.65	44.84	50.33	57.19
绍兴市	Shaoxing City	93.55	81.50	80.17	119.19	135.26	136.73
舟山市	Zhoushan City	20.05	19.72	19.42	16.51	17.39	18.33
台州市	Taizhou City		125.90	122.31		120.85	127.40
珠江三角洲经济区	**Pearl River Delta**						
广州市	Guangzhou City	95.66	94.87	95.88	198.29	195.31	200.17
深圳市	Shenzhen City	3.87	3.90	4.23	175.78	200.38	240.82
珠海市	Zhuhai City	11.44	10.14	9.96	28.81	35.11	37.86
佛山市	Foshan City	41.09	36.58	36.17	85.18	96.90	171.45
江门市	Jiangmen City	86.35	86.02	85.14	58.12	57.86	60.85
东莞市	Dongguan City	18.99	15.18	13.12	47.14	50.81	59.88
中山市	Zhongshan City	22.71	21.21	20.31	54.46	66.08	75.59
惠州市区	Huizhou Urban District		2.08	10.53		14.73	29.01
惠阳市	Huiyang City		16.72	7.00		20.49	21.91
惠东县	Huidong County		21.20	19.49		10.81	19.15
博罗县	Boluo County		24.99	21.79		13.39	16.02
肇庆市区	Zhaoqing Urban District		4.49	4.27		8.35	8.52
高要市	Gaoyao City		21.42	21.74		13.99	14.58
四会市	Sihui City		6.99	7.03		6.45	7.01

3-11 续表 continued

单位：万人 (10 000 persons)

地区	Area	# 制造业 ① Manufacturing ①			第三产业 Tertiary Industry		
		2000	2002	2003	2000	2002	2003
长江三角洲经济区	**Yangtze River Delta**						
上海市	Shanghai City	323.09	282.34	276.02	372.08	386.87	422.21
南京市	Nanjing City	71.39	69.03	72.89	104.30	119.57	128.18
苏州市	Suzhou City	140.52	144.91	178.87	91.73	100.71	95.86
无锡市	Wuxi City	96.01	100.41	128.35	64.54	66.81	81.30
常州市	Changzhou City	63.11	74.75	82.99	49.41	57.45	62.05
镇江市	Zhenjiang City	49.96	45.09	48.71	46.24	41.87	40.85
南通市	Nantong City	80.20	78.67	92.46	103.03	70.89	98.66
扬州市	Yangzhou City	51.91	49.64	60.65	66.46	74.64	76.41
泰州市	Taizhou City	44.83	44.92	47.62	72.60	72.58	76.52
杭州市	Hangzhou City	122.33	147.28	151.76	147.14	163.85	165.92
宁波市	Ningbo City	127.40	181.30	183.60	92.10	90.20	99.70
嘉兴市	Jiaxing City	74.43	83.38	91.17	15.19	48.62	50.54
湖州市	Huzhou City	36.69	42.05	48.27	34.91	39.77	41.37
绍兴市	Shaoxing City	88.39	106.40	108.18	61.71	67.51	67.76
舟山市	Zhoushan City	12.61	11.84	12.63	16.95	17.73	17.49
台州市	Taizhou City		88.66	101.83		100.50	109.16
珠江三角洲经济区	**Pearl River Delta**						
广州市	Guangzhou City	167.48	162.77	166.56	202.31	216.75	225.02
深圳市	Shenzhen City	164.92	189.40	230.34	128.89	154.96	177.24
珠海市	Zhuhai City	26.63	35.08	35.92	38.63	43.00	40.97
佛山市	Foshan City			155.04	67.23	72.26	78.77
江门市	Jiangmen City	39.83	40.15	43.18	64.21	66.11	66.24
东莞市	Dongguan City	42.90	45.96	55.71	31.75	38.11	43.55
中山市	Zhongshan City	50.09	61.11	70.44	45.28	44.35	48.82
惠州市区	Huizhou Urban District					21.37	18.55
惠阳市	Huiyang City					24.09	10.28
惠东县	Huidong County					18.26	9.52
博罗县	Boluo County					11.86	6.84
肇庆市区	Zhaoqing Urban District		6.98	7.33		9.84	9.70
高要市	Gaoyao City		9.21	9.88		12.25	11.57
四会市	Sihui City		5.11	5.18		5.63	6.15

注：①江苏为工业。

Note: ① Industry for Jiangsu province.

3-12 分行业的就业人员数(2003年)

Number of Employed Persons by Sector(2003)

单位：万人 (10 000 persons)

地区	Area	合计 Total	农、林、牧、渔业 Agriculture, Forestry, Animal Husbandry and Fishery	采矿业 Mining and Quarrying	制造业 Manufacturing	电力、燃气及水的生产和供应业 Production and Supply of Electricity, Gas and Water	建筑业 Construction
长江三角洲经济区①	**Yangtze River Delta ①**						
上海市	Shanghai City	813.05	73.72	0.03	276.02	5.64	35.43
南京市	Nanjing City	90.95	0.89	0.39	32.70	1.62	5.65
苏州市	Suzhou City	86.57	1.35	0.16	49.75	1.47	1.20
无锡市	Wuxi City	50.97	0.57	0.02	23.22	1.09	1.05
常州市	Changzhou City	35.45	0.38	0.04	16.44	0.85	0.88
镇江市	Zhenjiang City	30.28	0.56	0.29	11.23	0.75	1.59
南通市	Nantong City	53.35	1.48	0.14	22.78	1.07	2.39
扬州市	Yangzhou City	36.87	0.41	2.29	13.82	0.62	1.98
泰州市	Taizhou City	32.65	0.70		11.66	0.67	2.45
杭州市	Hangzhou City	450.59	102.29	9.58	151.76	1.49	19.54
宁波市	Ningbo City	386.20	88.10	0.40	183.60	1.30	13.10
嘉兴市	Jiaxing City	200.20	49.29	0.04	91.17	0.92	8.23
湖州市	Huzhou City	147.21	48.65	0.79	48.27	0.51	7.62
绍兴市	Shaoxing City	284.66	80.17	0.38	108.18	0.67	27.50
舟山市	Zhoushan City	55.24	19.42	0.17	12.63	0.36	5.17
台州市	Taizhou City	358.87	122.31	0.08	101.83	1.30	24.19
珠江三角洲经济区	**Pearl River Delta**						
广州市	Guangzhou City	521.07	95.88	0.26	166.56	2.86	30.49
深圳市	Shenzhen City	422.29	4.20	0.11	230.34	1.51	8.86
珠海市	Zhuhai City	88.79	9.96	0.11	35.92	0.56	1.26
佛山市	Foshan City	286.39	36.17	0.19	155.04	1.20	15.02
江门市	Jiangmen City	212.23	85.14	0.02	43.18	0.95	16.70
东莞市	Dongguan City	116.55	13.12	-	55.71	0.48	3.69
中山市	Zhongshan City	144.72	20.31	0.03	70.44	0.30	4.82
惠州市区	Huizhou Urban District	58.09	10.53	0.06	26.24	0.28	2.44
惠阳市	Huiyang City	39.19	7.00	0.11	20.37	0.16	1.27
惠东县	Huidong County	48.16	19.49	0.22	17.73	0.80	0.40
博罗县	Boluo County	44.65	21.79	0.26	14.91	0.14	0.70
肇庆市区	Zhaoqing Urban District	22.49	4.27	0.01	7.32	0.12	1.08
高要市	Gaoyao City	47.88	21.74	0.11	9.88	0.01	4.57
四会市	Sihui City	18.90	6.61	0.08	5.18	0.06	1.07

3-12 续表 1 continued

单位：万人 (10 000 persons)

地区	Area	交通运输、仓储和邮政业 Transport, Stcrage and Communication	信息传输、计算机服务和软件业 Information Transmit,Computer Service and Software	批发和零售业 Wholesale and Retail	住宿和餐饮业 Hotels and Restaurants	金融业 Finance
长江三角洲经济区	**Yangtze River Delta**					
上海市	Shanghai City	45.90	7.10	113.80	23.51	17.32
南京市	Nanjing City	8.60	1.09	5.19	2.43	3.09
苏州市	Suzhou City	3.42	0.99	3.99	0.92	2.76
无锡市	Wuxi City	2.41	0.61	2.89	0.98	2.17
常州市	Changzhou City	1.73	0.27	2.34	0.61	1.20
镇江市	Zhenjiang City	1.92	0.28	2.13	0.44	1.16
南通市	Nantong City	2.38	0.40	3.83	0.38	1.65
扬州市	Yangzhou City	1.62	0.41	2.31	0.44	1.19
泰州市	Taizhou City	1.22	0.36	2.20	0.33	1.38
杭州市	Hangzhou City	17.59	6.00	60.71	8.34	3.57
宁波市	Ningbo City	7.20	1.00	34.70	7.20	3.00
嘉兴市	Jiaxing City	7.20	0.31	15.39	3.40	1.85
湖州市	Huzhou City	7.60	0.19	11.65	10.23	0.86
绍兴市	Shaoxing City	6.44	0.38	31.83	9.68	2.00
舟山市	Zhoushan City	3.01	0.21	5.30	2.63	0.45
台州市	Taizhou City	12.66	0.84	36.12	9.72	2.10
珠江三角洲经济区	**Pearl River Delta**					
广州市	Guangzhou City	23.34	7.75	46.04	43.64	6.62
深圳市	Shenzhen City	9.56	8.08	69.57	21.76	3.91
珠海市	Zhuhai City	2.23	1.44	20.70	4.58	0.87
佛山市	Foshan City	5.55	2.92	36.24	10.36	2.92
江门市	Jiangmen City	5.26	0.56	16.74	4.71	1.29
东莞市	Dongguan City					2.76
中山市	Zhongshan City	3.88	1.39	23.83	6.60	1.00
惠州市区	Huizhou Urban District	1.14	0.32	6.29	4.29	0.42
惠阳市	Huiyang City	1.02	0.13	3.16	2.26	0.18
惠东县	Huidong County	0.47	0.08	4.85	0.04	0.11
博罗县	Boluo County	0.30	0.09	1.43	1.68	0.13
肇庆市区	Zhaoqing Urban District	0.81	0.22	3.22	0.36	0.37
高要市	Gaoyao City	1.34	0.04	4.06	0.08	0.11
四会市	Sihui City	0.46	0.03	2.19	0.06	0.11

3-12 续表2 continued

单位：万人 (10 000 persons)

地区	Area	房地产业 Real Estate	租赁和商务服务业 Renting and Business Services	科学研究、技术服务和地质勘查业 Science Research, Technology Service and Geological Prospecting	水利、环境和公共设施管理业 Water Resources, Environment and Public Facilities Conservancy	居民服务和其他服务业 Personal Services and other Services
长江三角洲经济区	**Yangtze River Delta**					
上海市	Shanghai City	28.87	21.60	12.39	7.72	73.43
南京市	Nanjing City	1.54	1.33	3.01	1.80	0.38
苏州市	Suzhou City	0.46	1.51	0.60	1.22	0.52
无锡市	Wuxi City	0.61	0.66	0.96	0.87	0.16
常州市	Changzhou City	0.29	0.35	0.47	0.53	0.05
镇江市	Zhenjiang City	0.40	0.43	0.45	0.61	0.19
南通市	Nantong City	0.33	0.62	0.47	0.62	0.10
扬州市	Yangzhou City	0.27	0.90	0.38	0.46	0.09
泰州市	Taizhou City	0.28	0.47	0.38	0.46	0.10
杭州市	Hangzhou City	1.92	4.66	2.88	1.53	18.00
宁波市	Ningbo City	1.40	1.50	1.00	1.00	23.10
嘉兴市	Jiaxing City	0.45	0.92	0.52	0.44	11.82
湖州市	Huzhou City	0.20	0.40	0.25	0.31	3.90
绍兴市	Shaoxing City	0.27	0.52	0.39	5.70	0.08
舟山市	Zhoushan City	0.20	0.42	0.16	0.16	1.45
台州市	Taizhou City	0.38	7.36	5.33	1.57	16.38
珠江三角洲经济区	**Pearl River Delta**					
广州市	Guangzhou City	6.21	5.26	4.45	2.69	37.91
深圳市	Shenzhen City	11.46	16.19	4.20	3.40	8.90
珠海市	Zhuhai City	0.89	1.28	0.21	0.36	3.43
佛山市	Foshan City	1.49	0.76	0.33	0.52	5.46
江门市	Jiangmen City	0.27	0.46	0.27	0.47	2.11
东莞市	Dongguan City	0.49				
中山市	Zhongshan City	0.44	0.84	0.13	0.24	5.79
惠州市区	Huizhou Urban District	0.31	0.34	0.18	0.25	2.47
惠阳市	Huiyang City	0.22	0.19	0.07	0.08	0.67
惠东县	Huidong County	0.06	0.11	0.04	0.05	1.90
博罗县	Boluo County	0.09	0.12	0.05	0.11	1.06
肇庆市区	Zhaoqing Urban District	0.13	0.14	0.19	0.21	0.57
高要市	Gaoyao City	0.02	0.05	0.01	0.05	0.23
四会市	Sihui City	0.01	0.08	0.02	0.02	0.32

3-12 续表3 continued

单位：万人 (10 000 persons)

地区	Area	教育 Education	卫生、社会保障和社会福利业 Health, Social Security and Welfare	文化、体育和娱乐业 Culture, Sport and Entertainment	公共管理和社会组织 Public Management and Social Orgnization
长江三角洲经济区	**Yangtze River Delta**				
上海市	Shanghai City	27.54	16.33	8.14	18.56
南京市	Nanjing City	10.31	3.59	1.17	6.17
苏州市	Suzhou City	7.48	3.19	0.68	4.90
无锡市	Wuxi City	6.26	2.49	0.46	3.49
常州市	Changzhou City	4.02	1.86	0.35	2.80
镇江市	Zhenjiang City	3.48	1.56	0.24	2.57
南通市	Nantong City	7.11	2.88	0.33	4.40
扬州市	Yangzhou City	4.57	1.74	0.34	3.03
泰州市	Taizhou City	4.54	2.06	0.19	3.19
杭州市	Hangzhou City	12.51	8.35	10.68	9.19
宁波市	Ningbo City	8.30	3.80	1.70	4.80
嘉兴市	Jiaxing City	3.90	1.69	0.36	2.30
湖州市	Huzhou City	2.55	1.06	0.14	2.03
绍兴市	Shaoxing City	4.57	2.40	0.65	2.85
舟山市	Zhoushan City	1.21	0.62	0.34	1.33
台州市	Taizhou City	6.92	3.32	1.42	5.07
珠江三角洲经济区	**Pearl River Delta**				
广州市	Guangzhou City	18.34	8.69	2.81	11.25
深圳市	Shenzhen City	7.20	3.56	2.64	6.89
珠海市	Zhuhai City	1.26	0.74	0.80	2.18
佛山市	Foshan City	5.25	2.27	0.84	3.86
江门市	Jiangmen City	4.05	1.64	0.32	3.17
东莞市	Dongguan City				2.05
中山市	Zhongshan City	1.80	1.07	0.68	1.14
惠州市区	Huizhou Urban District	0.94	0.47	0.16	0.96
惠阳市	Huiyang City	0.61	0.56	0.29	0.84
惠东县	Huidong County	0.77	0.20	0.05	0.79
博罗县	Boluo County	0.87	0.30	0.04	0.58
肇庆市区	Zhaoqing Urban District	0.76	0.52	0.11	0.80
高要市	Gaoyao City	0.68	0.25	0.01	0.42
四会市	Sihui City	0.42	0.17	0.02	0.42

注：①江苏为城镇单位就业人员。

Note: ① Persons employed by city units for Jiangsu province.

3-13 职工工资总额

Total Wages of Staff and Workers

单位：亿元 (100 million yuan)

地区	Area	1978	1980	1990	2000	2002	2003
长江三角洲经济区	**Yangtze River Delta**						
上海市	Shanghai City	28.12	38.10	146.78	614.53	733.31	803.84
南京市	Nanjing City	5.46	8.04	33.48	157.64	186.67	195.07
苏州市	Suzhou City	3.12	4.69	23.11	89.31	118.17	155.46
无锡市	Wuxi City	2.77	3.99	19.31	73.04	81.14	90.72
常州市	Changzhou City	1.93	2.72	12.90	50.98	57.35	60.78
镇江市	Zhenjiang City	1.54	2.06	9.16	35.61	40.50	45.01
南通市	Nantong City	2.45	3.51	16.56	60.82	66.71	69.21
扬州市	Yangzhou City	0.98	2.39	7.36	44.83	47.04	50.28
泰州市	Taizhou City	1.45	2.06	8.37	30.39	34.21	36.29
杭州市	Hangzhou City	4.38	6.79	27.79	129.64	164.84	190.46
宁波市	Ningbo City	2.43	3.33	15.67	92.77	115.57	143.61
嘉兴市	Jiaxing City	1.18	1.92	9.46	36.35	48.86	58.86
湖州市	Huzhou City	1.53	1.61	6.24	20.05	25.19	27.96
绍兴市	Shaoxing City	0.56	1.00	8.81	43.12	59.40	74.28
舟山市	Zhoushan City	0.50	0.71	3.48	13.43	17.37	18.73
台州市	Taizhou City	1.10	1.55	6.47	39.59	55.75	67.62
珠江三角洲经济区	**Pearl River Delta**						
广州市	Guangzhou City	10.18	14.22	65.64	343.21	445.89	533.55
深圳市	Shenzhen City		0.44	22.74	211.34	283.28	325.99
珠海市	Zhuhai City	0.36	0.49	5.58	42.27	55.08	68.43
佛山市	Foshan City	1.86	2.76	17.33	60.12	71.28	79.70
江门市	Jiangmen City	1.61	2.36	12.89	36.54	38.20	42.33
东莞市	Dongguan City	0.45	0.73	4.68	22.94	29.18	32.29
中山市	Zhongshan City	0.60	0.84	4.89	20.94	26.09	32.28
惠州市区	Huizhou Urban District	0.25	0.36	2.86	19.25	21.99	34.65
惠阳市	Huiyang City	0.13	0.18	1.01	10.38	17.66	15.19
惠东县	Huidong County	0.21	0.21	0.91	4.35	5.11	5.88
博罗县	Boluo County	0.22	0.29	1.10	5.56	5.82	6.79
肇庆市区	Zhaoqing Urban District	0.40	0.58	2.69	10.92	13.12	14.40
高要市	Gaoyao City	0.19	0.25	0.90	3.24	3.12	3.43
四会市	Sihui City	0.18	0.25	0.99	3.18	3.78	4.43

3-14 按所有制类型职工工资总额(2003年)

Total Wages of Staff and Workers by Ownership(2003)

单位：亿元　　(100 million yuan)

地区	Area	合计 Total	国有单位 State-owned Units	城镇集体单位 Urban Collective-owned Units	其他单位 Units of Other Types of Ownership
长江三角洲经济区	**Yangtze River Delta**				
上海市	Shanghai City	803.84	430.92	30.52	342.40
南京市	Nanjing City	195.07	117.09	8.58	69.41
苏州市	Suzhou City	155.46	65.40	7.31	82.75
无锡市	Wuxi City	90.72	48.49	5.30	36.93
常州市	Changzhou City	60.78	33.03	4.56	23.19
镇江市	Zhenjiang City	45.01	29.18	4.16	11.67
南通市	Nantong City	69.21	36.75	5.15	27.32
扬州市	Yangzhou City	50.28	33.31	2.88	14.09
泰州市	Taizhou City	36.29	23.40	4.79	8.10
杭州市	Hangzhou City	190.46	119.71	6.60	64.16
宁波市	Ningbo City	143.61	71.20	7.80	64.62
嘉兴市	Jiaxing City	58.86	33.89	3.28	21.69
湖州市	Huzhou City	27.96	19.12	2.00	6.84
绍兴市	Shaoxing City	74.28	39.40	7.64	27.23
舟山市	Zhoushan City	18.73	12.29	1.04	5.40
台州市	Taizhou City	67.62	39.34	5.80	22.48
珠江三角洲经济区	**Pearl River Delta**				
广州市	Guangzhou City	533.55	318.50	24.35	190.70
深圳市	Shenzhen City	325.99	121.40	4.02	200.57
珠海市	Zhuhai City	68.43	26.78	4.01	37.64
佛山市	Foshan City	79.70	38.77	6.23	34.70
江门市	Jiangmen City	42.33	22.30	4.61	15.42
东莞市	Dongguan City	36.29	23.05	5.59	7.66
中山市	Zhongshan City	32.28	17.24	2.06	12.98
惠州市区	Huizhou Urban District	34.65	11.70	1.57	21.38
惠阳市	Huiyang City	15.19	4.63	1.65	8.91
惠东县	Huidong County	5.88	3.57	0.82	1.49
博罗县	Boluo County	6.79	4.11	0.61	2.07
肇庆市区	Zhaoqing Urban District	14.40	8.00	0.46	5.94
高要市	Gaoyao City	3.43	2.53	0.47	0.43
四会市	Sihui City	4.43	3.14	0.21	1.08

3-15 在岗职工平均工资(2003年)

Average Wages of Working Staff and Workers (2003)

单位：元 (yuan)

地区	Area	合计 Total	国有单位 State-owned Units	城镇集体单位 Urban Collective-owned Units	其他单位 Units of Other Types of Ownership
长江三角洲经济区	**Yangtze River Delta**				
上海市	Shanghai City	27304	28406	16973	27354
南京市	Nanjing City	22190	22605	13792	23220
苏州市	Suzhou City	19790	25338	14262	17379
无锡市	Wuxi City	18927	21250	13170	17514
常州市	Changzhou City	17259	20285	12467	15181
镇江市	Zhenjiang City	15264	17734	9867	13237
南通市	Nantong City	13547	16926	9273	11464
扬州市	Yangzhou City	13801	16557	6862	11629
泰州市	Taizhou City	11424	15035	8314	7756
杭州市	Hangzhou City	24668	29121	18154	19757
宁波市	Ningbo City	23690	31817	18688	18986
嘉兴市	Jiaxing City	20067	27331	15025	14844
湖州市	Huzhou City	19976	24315	15910	13927
绍兴市	Shaoxing City	19692	30134	15521	13837
舟山市	Zhoushan City	18782	21926	15131	14614
台州市	Taizhou City	21000	26191	15142	16856
珠江三角洲经济区	**Pearl River Delta**				
广州市	Guangzhou City	28806	37689	15122	22620
深圳市	Shenzhen City	30611	40893	17061	43719
珠海市	Zhuhai City				
佛山市	Foshan City	17641	22816	14040	14610
江门市	Jiangmen City	12405	15827	9183	10272
东莞市	Dongguan City	22598	29773	12940	19140
中山市	Zhongshan City	21020	30241	18832	15160
惠州市区	Huizhou Urban District	15246	23213	11647	13086
惠阳市	Huiyang City	12092	16440	7547	11782
惠东县	Huidong County	11238	13219	8684	9399
博罗县	Boluo County	11074	12104	9916	9754
肇庆市区	Zhaoqing Urban District	14879	19539	10287	11564
高要市	Gaoyao City	12494	13726	9850	10162
四会市	Sihui City	14307	20071	8610	8411

3-16 城镇登记失业人数及失业率

Urban Registered Unemployment and Unemployment Rate

地区	Area	失业人数(人) Unemployment(preson)			失业率(%) Unemployment Rate(%)		
		2000	2002	2003	2000	2002	2003
长江三角洲经济区	**Yangtze River Delta**						
上海市	Shanghai City	200800	287800	301100	3.50	4.80	4.90
南京市	Nanjing City	108400	64613	65400		4.13	4.20
苏州市	Suzhou City	40209	54194	53462	3.48	4.08	3.90
无锡市	Wuxi City	46064	73533	30145	2.80	3.75	3.90
常州市	Changzhou City	17457	20622	28784	3.00	3.40	3.50
镇江市	Zhenjiang City	17334	17417	18764	3.06	3.81	3.90
南通市	Nantong City	23334	37124	33423	2.85	3.36	3.80
扬州市	Yangzhou City	17038	20454	28067	2.98	3.80	4.20
泰州市	Taizhou City	19235	24569	23247	3.43	4.19	4.10
杭州市	Hangzhou City	55981	68480	70900	3.48	4.43	4.39
宁波市	Ningbo City	29787	39453	41029	3.48	3.97	4.02
嘉兴市	Jiaxing City	18391	19965	22900	3.44	4.00	4.10
湖州市	Huzhou City	10087	11501	10534	3.39	4.16	4.00
绍兴市	Shaoxing City	18800	21600	23899	3.50	3.80	3.80
舟山市	Zhoushan City	5443	5934	6910	3.40	4.10	4.13
台州市	Taizhou City	9676	14048	13599	3.00	3.80	3.60
珠江三角洲经济区	**Pearl River Delta**						
广州市	Guangzhou City	85096	93604	72823	3.15	3.56	2.70
深圳市	Shenzhen City	18090	19695	21914	2.45	2.45	2.61
珠海市	Zhuhai City	11300	11800	11131	2.90	2.90	2.90
佛山市	Foshan City	10887	15312	28144	2.80	3.10	2.30
江门市	Jiangmen City	44285	56924	53600	2.29	3.13	3.20
东莞市	Dongguan City	841	3413	4996	0.50	1.30	1.70
中山市	Zhongshan City	7557	7500	6873	2.40	2.44	2.40
惠州市区	Huizhou Urban District	2298	2323	6629	3.00	2.95	2.70
惠阳市	Huiyang City	5225	12422	2302	2.80	2.57	2.60
惠东县	Huidong County	1092	1820	1802	1.80	2.63	2.76
博罗县	Boluo County	1900	3837	2067	2.10	2.70	2.60
肇庆市区	Zhaoqing Urban District	4001	4518	5169	3.00	3.00	3.00
高要市	Gaoyao City	1215	1131	1441	2.80	3.00	3.10
四会市	Sihui City	1529	1562	1183	2.30	2.80	2.20

主要统计指标解释

人口数　指一定时点、一定地区范围内的有生命的个人总和。

年度统计的年末人口数指每年 12 月 31 日 24 时的人口数。年度统计的全国人口总数内未包括香港、澳门特别行政区和台湾省以及海外华侨人数。

出生率(又称粗出生率)　指在一定时期内(通常为一年)一定地区的出生人数与同期内平均人数(或期中人数)之比，用千分率表示。本资料中的出生率指年出生率，其计算公式为：

出生率＝年出生人数／年平均人数×1000‰

式中：出生人数指活产婴儿，即胎儿脱离母体时(不管怀孕月数)，有过呼吸或其他生命现象。年平均人数指年初、年底人口数的平均数，也可用年中人口数代替。

死亡率(又称粗死亡率)　指在一定时期内(通常为一年)一定地区的死亡人数与同期内平均人数(或期中人数)之比，用千分率表示。本资料中的死亡率指年死亡率，其计算公式为：

死亡率＝年死亡人数／年平均人数×1000‰

人口自然增长率　指在一定时期内(通常为一年)人口自然增加数(出生人数减死亡人数)与该时期内平均人数(或期中人数)之比，用千分率表示。计算公式为：

人口自然增长率=(本年出生人数－本年死亡人数)／年平均人数×1000‰＝人口出生率－人口死亡率

经济活动人口　指在 16 岁以上，有劳动能力，参加或要求参加社会经济活动的人口，包括就业人员和失业人员。

就业人员　指从事一定社会劳动并取得劳动报酬或经营收入的人员，包括在岗职工、再就业的离退休人员、私营业主、个体户主、私营和个体就业人员、乡镇企业就业人员、农村就业人员、其他就业人员(包括民办教师、宗教职业者、现役军人等)。这一指标反映了一定时期内全部劳动力资源的实际利用情况，是研究我国基本国情国力的重要指标。

各单位的就业人员　指在各级国家机关、政党机关、社会团体及企业、事业单位中工作，取得工资或其他形式的劳动报酬的全部人员，包括在岗职工、再就业的离退休人员、民办教师以及在各单位中工作的外方人员和港澳台方人员、兼职人员、借用的外单位人员和第二职业者。不包括离开本单位仍保留劳动关系的职工。各单位的就业人员反映了各单位实际参加生产或工作的全部劳动力。

城镇私营和个体就业人员　城镇私营就业人员指在工商管理部门注册登记，其经营地址设在县城关镇(含县城关镇)以上的私营企业就业人员，包括私营企业投资者和雇工。城镇个体就业人员指在工商管理部门注册登记，并持有城镇户口或在城镇长期居住，经批准从事个体工商经营的就业人员，包括个体经营者和在个体工商户劳动的家庭帮工和雇工。

城镇登记失业人员　指有非农业户口，在一定的劳动年龄内(16 岁以上及男 50 岁以下、女 45 岁以下)，有劳动能力，无业而要求就业，并在当地就业服务机构进行求职登记的人员。

城镇登记失业率　指城镇登记失业人员与城镇单位就业人员（扣除使用的农村劳动力、聘用的离退休人员、港澳台及外方人员）、城镇单位中的不在岗职工、城镇私营业主、个体户主、城镇私营企业和个体就业人员、城镇登记失业人员之和的比。计算公式为：

城镇登记失业率＝城镇登记失业人数／［(城镇单位就业人员－使用的农村劳动力－聘用的离退休人员－聘用的港澳台及外方人员）＋不在岗职工＋城镇私营业主＋城镇个体户主＋城镇私营企业和个体就业人员＋城镇登记失业人数］×100%

职工　指在国有、城镇集体、联营、股份制、外商和港、澳、台投资、其他单位及其附属机构工作，并由其支付工资的各类人员，不包括下列人员：(1)乡镇企业就业人员；(2)私营企业就业人员；(3)城镇个体劳动者；(4)离休、退休、退职人员；(5)再就业的离、退休人员；(6)民办教师(7)在城镇单位工作的外方和港、澳、台人员；(8)其他按有关规定不列入职工统计范围的人员。（1998年以后的数据均为在岗职工数据，其他相关指标如职工工资总额，职工平均工资等指标也从1998年按此口径进行了相应调整）。

在岗职工　指在本单位工作并由单位支付工资的人员，以及有工作岗位，但由于学习、病伤产假等原因暂未工作，仍由单位支付工资的人员。

工资总额　指各单位在一定时期内直接支付给本单位全部职工的劳动报酬总额。工资总额的计算原则应以直接支付给职工的全部劳动报酬为根据。各单位支付给职工的劳动报酬以及其他根据有关规定支付的工资，不论是计入成本的还是不计入成本的，不论是按国家规定列入计征奖金税项目的，还是未列入计征奖金税项目的，不论是以货币形式支付的还是以实物形式支付的，均包括在工资总额内。

平均工资　指企业、事业、机关单位的职工在一定时期内平均每人所得的货币工资额。它表明一定时期职工工资收入的高低程度，是反映职工工资水平的主要指标。计算公式为：

平均工资＝报告期实际支付的全部职工工资总额／报告期全部职工平均人数

平均工资指数　指报告期职工平均工资与基期职工平均工资的比率，是反映不同时期职工货币工资水平变动情况的相对数。计算公式为：

平均工资指数＝(报告期职工平均工资／基期职工平均工资）×100%

Explanatory Notes on Main Statistical Indicators

Total Population refers to the total number of people alive at a certain point of time within a given area.

The annual statistics on total population is taken at midnight, the 31st of December, not including residents in Taiwan province, Chinese compatriots in Hong Kong and Macao and overseas Chinese.

Birth Rate (or Crude Birth Rate) refers to the ratio of the number of births to the average population (or mid-period population) during a certain period of time (usually a year) which is often expressed in ‰. The following formula is used:

Birth Rate = (Number of Births/ Average Number of Population) × 1000‰

Number of births refers to live births i.e. when a baby has breathed or showed any vital phenomena regardless of the length of pregnancy.

Annual Average Number of Population is the average of the number of population at the beginning of the year and that at the end of the year. Sometimes it is substituted for with the mid year population.

Death Rate (or Crude Death Rate) refers to the ratio of the number of deaths to the average population (or mid-period population) during a certain period of time (usually a year) which is often expressed in ‰. Death rate in the chapter refers to annual death rate. The following formula is used:

Death Rate= (Number of Deaths/ Average Number of Population) × 1000‰

Natural Growth Rate of Population refers to the ratio of natural increase in population (number of births minus number of deaths) in a certain period of time (usually a year) to the average population (or mid-period population) of the same period which is often expressed in ‰. The following formula is applied:

Natural Growth Rate of Population = [(Number of Births-Number of Deaths)/Average Number of Population] × 1000‰

Natural Growth Rate of Population = Birth Rate-Death Rate

Economically Active Population refers to the population aged 16 and over who are capable to work, are participating in or willing to participate in economic activities, including employed persons and unemployed persons.

Employed Persons refer to the persons who are engaged in social working and receive remuneration payment or earn business income, including total staff and workers, re-employed retirees, employers of private enterprises, self-employed workers, employees in private enterprises and individual economy, employees in township enterprises, employed persons in the rural areas, and other employed persons (including teachers in the schools run by the local people, people engaged in religious profession and the servicemen, etc.). This indicator reflects the actual utilization of total labor force during a certain period of time and is often used for the research on China's economic situation and national power.

Persons Employed in Various Units refer to all the persons working in government agencies of various levels, political and party organizations, social organizations, enterprises and institutions, and receiving wages or other forms of payment. They include fully-employed staff and workers, re-employed retirees, teachers in schools run by the local people, foreigners and Chinese compatriots from Hong Kong, Macao, and Taiwan working in various units, part-time employees, employees of other units working temporarily at current posts, and employees holding the second job, but exclude staff and workers who have left their working units while keeping their labour contract (employment relation) unchanged. This indicator reflects the total number of laborers actually engaged in production or other operations in various units.

Persons Employed in Private Enterprises and Self-Employed Individuals in Urban Areas Persons employed in private enterprises refer to the persons employed in the private enterprises which have been registered at the departments of industrial and commercial administration and are situated at a county town (i.e. a town where the county government is located) for business operation or at urban areas with the level higher than a county town. The self-employed individuals in urban areas refer to persons who hold the certificates of residence in urban areas or have resided in the urban areas for a long time and have been registered at the departments of industrial and commercial administration and approved to be engaged in individual industrial or commercial business, including self-employed persons as well as helpers and hired laborers who work in the individual households engaged in industrial or commercial business.

Registered Urban Unemployed Persons refer to the persons with non-agricultural household Registration at certain working age(16-50 years for male and 16-45 years for females),who are capable of work, unemployed and will to work, and have been registered at the local employment service agencies to apply for a job.

Registered Urban Unemployment Rate refers to the ratio of the number of the registered unemployed persons to the sum of the number of persons employed in various units(minus the rural labour force, retirees, and Hong Kong, Macao, Taiwan or foreign employees they employ) laid-off workers in urban units, owners and employees in urban private enterprises, urban self-employed individuals and the registered urban unemployed persons. The formula is as follows:

Registered urban unemployment rate = number of registered urban unemployed persons ÷ (number of persons employed in urban units- rural labour force employed- retirees employed-Hong Kong, Macao, Taiwan or foreign employees employed + laid-off workers + owners and employees in urban private enterprises+ self-employed individuals in urban areas + registered urban unemployed persons) × 100%.

Staff and Workers refer to the persons working in and receive payment from units of state ownership, collective ownership, joint ownership, share holding ownership, foreign ownership, and ownership by entrepreneurs from Hong Kong, Macao, and Taiwan, and other types of ownership and their affiliated units. They do not include 1)persons employed in township enterprises,2)persons employed in private enterprises,3)urban self-employed persons,4)retirees,5)re-employed retirees, 6)teachers in the schools run by the local people,7)foreigners and persons from Hong Kong, Macao and Taiwan who work in urban units, and 8)other persons not to be included by relevant regulations.(Data of 1998 and afterward refer to fully employed staff and worker. Other related statistics such as total wage bill and average wage are adjusted since 1998 accordingly).

Fully Employed Staff and Workers refer to persons who work in, and receive wages from their working units, as well as persons who have their work posts, but are temporarily absent from work for reasons of study or on sick, injury or maternal leave and still receive wages from their working units.

Total Wages refer to the total remuneration payment to staff and workers in various units during a certain period of time. The calculation of total wages is based on the total remuneration payment to the staff and workers. Therefore, all the wages and salaries and other payments to staff and workers are included in the total wages regardless of their sources, category, and forms (in kind or cash). (Total wages of staff and workers in this yearbook include only total wages of fully employed staff and workers, excluding the living allowances distributed to those who have left their working units while keeping their labour contract/employment relation unchanged).

Average Wage refers to the average wage in money terms per person during a certain period of time for staff and workers in enterprises, institutions, and government agencies, which reflects the general level of wage income during a certain period of time and is calculated as follows:

Average Wage = Total Wages of Staff and Workers at the Report Period/Average Number of Staff and Workers at the Report Period.

Average Wage Indices refers to the ratio of average wage of staff and workers at the report period to that at the base period, which reflects the change of wage of staff and workers at the different period. It is calculated as follows:

Average Wage Indices =Average Wage of Staff and Workers at the Report Period/ Average Wage of Staff and Workers at the Base Period*100%.

4-1 全社会固定资产投资总额

Total Investment in Fixed Assets

单位：亿元 (100 million yuan)

地区	Area	1978	1980	1990	2000	2002	2003
长江三角洲经济区	**Yangtze River Delta**			**599.16**	**5677.68**	**7900.05**	**10973.67**
上海市	Shanghai City	27.91	45.43	227.08	1869.67	2187.06	2452.11
南京市	Nanjing City	6.63	7.82	42.65	412.20	602.95	954.05
苏州市	Suzhou City	1.40	2.87	55.37	516.43	812.81	1408.93
无锡市	Wuxi City	1.72	2.90	35.30	350.10	537.80	893.32
常州市	Changzhou City	0.89	2.37	22.71	163.43	250.01	446.59
镇江市	Zhenjiang City	1.23	2.62	15.14	140.95	185.54	237.28
南通市	Nantong City	1.34	2.74	20.78	239.50	309.89	448.42
扬州市	Yangzhou City	0.99	3.10	20.16	128.25	180.22	247.01
泰州市	Taizhou City	0.33	0.74	10.55	138.74	177.26	230.65
杭州市	Hangzhou City	4.83	7.09	36.63	515.49	769.76	1006.74
宁波市	Ningbo City	5.02	6.50	39.28	360.75	601.27	835.89
嘉兴市	Jiaxing City			24.25	263.74	378.80	525.57
湖州市	Huzhou City	0.59	0.87	11.75	109.34	200.29	267.97
绍兴市	Shaoxing City	0.44	0.93	17.21	247.18	367.48	535.03
舟山市	Zhoushan City	0.93	1.33	5.82	42.18	64.54	98.01
台州市	Taizhou City	1.14	2.94	14.48	179.73	274.37	386.10
珠江三角洲经济区	**Pearl River Delta**	**10.06**	**15.80**	**235.81**	**2295.85**	**2927.59**	**3730.45**
广州市	Guangzhou City	7.26	9.96	90.59	923.67	1009.24	1175.17
深圳市	Shenzhen City	0.16	1.38	57.92	619.70	788.14	949.10
珠海市	Zhuhai City	0.20	0.58	12.12	94.98	120.53	141.05
佛山市	Foshan City	0.45	0.85	23.09	198.96	290.43	423.69
江门市	Jiangmen City	0.70	1.10	15.51	109.06	136.93	161.11
东莞市	Dongguan City	0.23	0.23	7.51	102.89	191.57	319.39
中山市	Zhongshan City	0.17	0.37	9.47	109.95	219.00	262.06
惠州市区	Huizhou Urban District	0.15	0.26	3.32	25.08	40.32	62.45
惠阳市	Huiyang City	0.09	0.09	6.42	23.94	31.10	125.86
惠东县	Huidong County	0.13	0.24	3.33	12.02	14.34	18.28
博罗县	Boluo County	0.13	0.14	2.66	13.48	15.76	17.66
肇庆市区	Zhaoqing Urban District	0.30	0.35	2.18	36.54	33.17	37.26
高要市	Gaoyao City	0.05	0.09	1.00	15.60	17.87	20.86
四会市	Sihui City	0.04	0.16	0.69	9.98	19.19	16.51

4-2 按经济类型分的全社会固定资产投资总额

Total Investment in Fixed Assets by Ownership

单位：亿元 (100 million yuan)

地区	Area	内资 Domestic Funds			外商投资及港澳台商投资 Foreign Funds & Hongkong, Macao and Taiwan Funds		
		2000	2002	2003	2000	2002	2003
长江三角洲经济区	**Yangtze River Delta**						
上海市	Shanghai City	829.98	742.72	811.85	319.05	369.96	468.20
南京市	Nanjing City	337.02	458.88	769.35	38.15	98.11	139.46
苏州市	Suzhou City		579.70	979.77		233.11	429.16
无锡市	Wuxi City	134.96	220.11	682.08	31.73	40.81	189.96
常州市	Changzhou City	90.31	116.84	382.77	13.45	29.86	61.68
镇江市	Zhenjiang City	54.37	79.89	113.80	25.54	11.97	7.13
南通市	Nantong City	92.23	155.26	255.83	19.31	30.24	62.88
扬州市	Yangzhou City	123.03	171.72	226.40	1.10	11.02	20.60
泰州市	Taizhou City	135.14	170.18	216.09	3.60	7.07	14.56
杭州市	Hangzhou City	496.06	737.70	948.26	19.43	32.06	58.48
宁波市	Ningbo City	328.33	543.46	718.15	32.42	57.81	117.45
嘉兴市	Jiaxing City	259.25	350.10	460.67	4.50	28.69	64.90
湖州市	Huzhou City	105.02	186.42	254.60	4.32	13.87	13.37
绍兴市	Shaoxing City	244.58	357.30	487.95	2.60	10.18	47.08
舟山市	Zhoushan City	41.16	61.61	94.49	1.02	2.92	3.52
台州市	Taizhou City	180.71	269.91	373.85	0.98	4.46	12.25
珠江三角洲经济区	**Pearl River Delta**						
广州市	Guangzhou City	772.18	759.02	893.71	151.49	250.23	281.46
深圳市	Shenzhen City	529.26	555.22	712.38	126.94	215.62	236.72
珠海市	Zhuhai City	53.75	76.68	82.63	39.80	43.33	58.42
佛山市	Foshan City	175.15	250.00	397.96	13.58	24.81	43.73
江门市	Jiangmen City	75.28	88.71		20.41	21.24	
东莞市	Dongguan City	56.42	119.22	230.52	18.13	29.81	88.87
中山市	Zhongshan City	49.15	134.26	172.72	13.96	61.29	69.70
惠州市区	Huizhou Urban District	17.38	25.61	43.83	8.16	8.66	15.33
惠阳市	Huiyang City	9.75	11.40	14.11	7.73	15.21	103.67
惠东县	Huidong County	4.88	6.73	3.29	1.77	1.20	7.88
博罗县	Boluo County	5.71	6.18	3.55	4.47	6.02	9.33
肇庆市区	Zhaoqing Urban District	28.67	32.90	31.87	7.87	7.37	5.39
高要市	Gaoyao City	7.53	5.94	14.98	1.08	1.94	5.88
四会市	Sihui City	4.77	6.74	15.66	1.29	1.90	0.85

4−2续表1 continued

单位：亿元 (100 million yuan)

地区	Area	外商投资 Foreign Funds			# 独资企业 Single-investor Enterprises		
		2000	2002	2003	2000	2002	2003
长江三角洲经济区	**Yangtze River Delta**						
上海市	Shanghai City	222.86	252.12	325.15			
南京市	Nanjing City	18.63	74.22	105.61	3.82	12.01	20.67
苏州市	Suzhou City		154.64	236.20		134.41	150.37
无锡市	Wuxi City	26.55	33.65	129.60	12.96	26.23	80.81
常州市	Changzhou City	5.91	12.63	28.49	0.94	1.52	9.21
镇江市	Zhenjiang City	18.14	3.97	3.33	2.32	2.06	1.63
南通市	Nantong City	17.07	21.91	43.18		8.95	19.19
扬州市	Yangzhou City	0.26	3.18	9.40	0.07	1.46	6.30
泰州市	Taizhou City	2.22	3.15	5.68	0.20	2.01	2.52
杭州市	Hangzhou City	7.79	18.52	27.74	3.96	11.03	
宁波市	Ningbo City	15.90	37.95	76.64	2.39	10.51	27.90
嘉兴市	Jiaxing City	2.92	12.08	38.34	1.23	5.14	25.88
湖州市	Huzhou City	0.55	4.27	4.87		0.43	0.84
绍兴市	Shaoxing City	1.00	3.72	16.02	0.21	1.83	3.17
舟山市	Zhoushan City	0.17	0.21	1.05	0.02		
台州市	Taizhou City	0.34	1.16	7.50		0.77	0.32
珠江三角洲经济区	**Pearl River Delta**						
广州市	Guangzhou City	27.31	68.01	83.55	8.87	22.57	31.31
深圳市	Shenzhen City	44.23	73.04	78.84	16.01	33.16	33.29
珠海市	Zhuhai City	14.86	17.95	15.82	10.44	14.72	7.02
佛山市	Foshan City	4.30	5.15	11.99	1.35	0.16	6.94
江门市	Jiangmen City	4.43	8.09	8.09	0.68	3.82	4.99
东莞市	Dongguan City	5.08	8.46	26.95	3.38	1.21	17.79
中山市	Zhongshan City	7.20	25.28	27.37	4.36	17.64	20.98
惠州市区	Huizhou Urban District	1.87	3.29	5.30	0.17	0.50	1.42
惠阳市	Huiyang City	1.23	8.87	96.57	0.23	0.52	0.46
惠东县	Huidong County	0.64	0.30	0.13	0.58	0.30	0.11
博罗县	Boluo County	1.27	3.09	6.42	0.77	2.36	5.26
肇庆市区	Zhaoqing Urban District	4.84	1.85	1.63	4.50	1.78	0.43
高要市	Gaoyao City	0.25	0.92	1.47	0.03	0.92	1.47
四会市	Sihui City	0.84	1.28	0.63	0.80	0.43	0.63

4-2续表2 continued

单位：亿元 (100 million yuan)

地区	Area	港澳台商投资 Hongkong, Macao and Taiwan Funds			# 独资企业 Single-investor Enterprises		
		2000	2002	2003	2000	2002	2003
长江三角洲经济区	**Yangtze River Delta**						
上海市	Shanghai City	96.19	117.84	143.05			
南京市	Nanjing City	19.52	23.88	33.85	6.71	10.86	14.45
苏州市	Suzhou City		78.47	192.97		54.13	70.01
无锡市	Wuxi City	5.18	7.16	60.36	2.48	0.73	21.10
常州市	Changzhou City	7.54	17.23	33.19	2.35	5.00	13.50
镇江市	Zhenjiang City	7.39	8.01	3.80	0.74	0.69	2.70
南通市	Nantong City	2.23	8.33	19.70		3.69	6.08
扬州市	Yangzhou City	0.83	7.84	11.20	0.41	3.93	4.60
泰州市	Taizhou City	1.38	3.92	8.89	0.26	2.28	4.62
杭州市	Hangzhou City	11.64	13.53	17.59	0.71	2.43	
宁波市	Ningbo City	16.52	19.86	40.80	7.76	13.67	27.50
嘉兴市	Jiaxing City	1.58	16.61	26.56	0.92	9.96	16.73
湖州市	Huzhou City	3.76	9.60	8.49	3.22	4.95	2.91
绍兴市	Shaoxing City	1.61	6.46	31.06	0.66	4.76	9.44
舟山市	Zhoushan City	0.85	2.72	2.48	0.16	0.14	
台州市	Taizhou City	0.64	3.30	4.46	0.08	2.72	0.61
珠江三角洲经济区	**Pearl River Delta**						
广州市	Guangzhou City	124.18	182.21	197.90	8.34	35.21	33.15
深圳市	Shenzhen City	82.71	142.59	157.91	36.19	74.79	81.22
珠海市	Zhuhai City	24.94	25.38	42.60	9.57	20.93	28.70
佛山市	Foshan City	8.78	19.66	31.74	2.72	5.88	9.95
江门市	Jiangmen City	15.98	17.85	29.14	9.15	9.85	13.77
东莞市	Dongguan City	13.05	21.35	61.92	5.10	9.05	41.52
中山市	Zhongshan City	6.76	36.01	42.32	3.33	29.16	29.07
惠州市区	Huizhou Urban District	6.29	5.37	10.03	1.43	1.19	3.79
惠阳市	Huiyang City	6.50	6.34	7.10	5.78	3.69	3.35
惠东县	Huidong County	1.13	0.91	7.75	0.51	0.76	4.51
博罗县	Boluo County	3.21	2.92	2.91	1.88	2.49	1.14
肇庆市区	Zhaoqing Urban District	3.03	5.51	3.75	0.96	4.13	2.00
高要市	Gaoyao City	0.82	1.02	4.41	0.00	0.62	1.35
四会市	Sihui City	0.45	0.63	0.22	0.45	0.35	0.10

4-3 按管理渠道分的全社会固定资产投资总额（2003 年）

Total Investment in Fixed Assets by Channel of Management(2003)

单位：亿元 (100 million yuan)

地区	Area	总计 Total	基本建设 Capital Construction	更新改造 Innovation	房地产开发 Real Estate Development	其他投资 Others
长江三角洲经济区	**Yangtze River Delta**					
上海市	Shanghai City	2452.11	927.29	388.01	901.24	57.01
南京市	Nanjing City	954.05	451.16	148.47	183.80	170.62
苏州市	Suzhou City	1408.93	364.29	54.69	177.94	812.01
无锡市	Wuxi City	893.32	280.42	99.89	131.79	381.21
常州市	Changzhou City	446.59	107.23	96.36	52.78	190.23
镇江市	Zhenjiang City	237.28	79.28	35.47	32.29	90.24
南通市	Nantong City	448.42	113.14	43.73	48.32	243.23
扬州市	Yangzhou City	247.01	75.49	26.93	43.82	100.77
泰州市	Taizhou City	230.65	37.05	23.90	31.15	138.56
杭州市	Hangzhou City	1006.74	326.02	94.58	125.85	37.52
宁波市	Ningbo City	835.90	310.94	43.76	184.26	14.72
嘉兴市	Jiaxing City	525.57	176.18	24.43	72.44	16.36
湖州市	Huzhou City	267.97	64.69	12.93	41.52	1.52
绍兴市	Shaoxing City	535.03	148.50	27.90	74.47	22.90
舟山市	Zhoushan City	98.01	52.88	4.34	18.19	3.26
台州市	Taizhou City	386.10	113.12	11.51	56.50	7.20
珠江三角洲经济区	**Pearl River Delta**					
广州市	Guangzhou City	1175.17	454.94	184.76	419.48	115.99
深圳市	Shenzhen City	949.10	359.92	56.17	412.66	120.35
珠海市	Zhuhai City	141.05	88.93	10.21	38.81	3.10
佛山市	Foshan City	423.69	69.85	39.08	88.50	12.05
江门市	Jiangmen City	161.11	63.15	17.89	23.87	25.25
东莞市	Dongguan City	319.39	97.65	44.58	55.12	46.77
中山市	Zhongshan City	262.06	86.19	28.20	51.94	58.33
惠州市区	Huizhou Urban District	62.45	29.72	7.64	19.25	5.83
惠阳市	Huiyang City	125.86	106.09	2.98	6.00	10.79
惠东县	Huidong County	18.28	5.37	1.94	0.55	10.42
博罗县	Boluo County	17.66	8.84	0.50	1.45	6.88
肇庆市区	Zhaoqing Urban District	37.26	10.90	4.46	12.88	5.14
高要市	Gaoyao City	20.86	0.71	1.54	0.58	3.15
四会市	Sihui City	16.51	3.73	0.82	1.05	4.17

4-4 全社会固定资产投资资金来源（2003年）
Total Investment in Fixed Assets by Source of Funds(2003)

单位：亿元　　　　(100 million yuan)

地区	Area	合计 Total	国家预算内资金 State Budgetary Appropriation	国内贷款 Domestic Loans	债券 Bond
长江三角洲经济区	**Yangtze River Delta**				
上海市	Shanghai City	2844.41	35.51	674.32	
南京市	Nanjing City	860.86	31.43	292.68	
苏州市	Suzhou City	802.27	1.85	258.24	10.31
无锡市	Wuxi City	592.22	30.55	108.58	
常州市	Changzhou City	503.02	1.78	106.14	0.57
镇江市	Zhenjiang City	155.79	0.73	41.61	
南通市	Nantong City	251.84	13.83	55.94	
扬州市	Yangzhou City	171.66	2.12	36.80	
泰州市	Taizhou City	128.89	0.72	21.20	
杭州市	Hangzhou City	918.91	14.30	262.26	0.71
宁波市	Ningbo City	551.16	23.59	143.35	
嘉兴市	Jiaxing City	479.20	11.67	145.79	0.26
湖州市	Huzhou City	281.96	1.68	36.07	0.04
绍兴市	Shaoxing City	546.32	7.31	174.66	0.06
舟山市	Zhoushan City	109.62	0.72	37.42	0.09
台州市	Taizhou City	244.66	7.31	68.85	
珠江三角洲经济区	**Pearl River Delta**				
广州市	Guangzhou City	1464.99	35.33	265.34	
深圳市	Shenzhen City	949.10	0.60	171.56	
珠海市	Zhuhai City	141.05	0.16	24.67	
佛山市	Foshan City	456.59	0.42	84.14	0.29
江门市	Jiangmen City	157.87	1.42	51.71	
东莞市	Dongguan City	412.32	0.59	38.09	
中山市	Zhongshan City	271.68	1.39	25.03	
惠州市区	Huizhou Urban District	65.69	0.30	14.12	0.10
惠阳市	Huiyang City	125.47	0.18	2.51	
惠东县	Huidong County	17.76	0.64	1.92	
博罗县	Boluo County	17.50	0.66	0.52	0.02
肇庆市区	Zhaoqing Urban District	39.10	1.03	5.61	
高要市	Gaoyao City	21.06	0.60	0.43	
四会市	Sihui City	16.42	0.16	1.69	

4-4 续表 continued

单位：亿元 (100 million yuan)

地区	Area	利用外资 Foreign Investment	自筹资金 Fundraising	其他资金 Others
长江三角洲经济区	**Yangtze River Delta**			
上海市	Shanghai City	210.53	1203.45	720.60
南京市	Nanjing City	34.92	390.16	111.68
苏州市	Suzhou City	159.86	269.04	102.96
无锡市	Wuxi City	93.02	286.94	73.14
常州市	Changzhou City	23.58	268.45	71.35
镇江市	Zhenjiang City	7.45	82.62	23.37
南通市	Nantong City	30.38	127.43	24.26
扬州市	Yangzhou City	11.89	102.03	18.82
泰州市	Taizhou City	4.85	86.34	15.77
杭州市	Hangzhou City	14.51	367.85	259.28
宁波市	Ningbo City	42.62	258.01	83.60
嘉兴市	Jiaxing City	55.41	190.41	75.66
湖州市	Huzhou City	6.63	190.04	30.71
绍兴市	Shaoxing City	18.50	286.38	59.42
舟山市	Zhoushan City	0.83	42.80	27.76
台州市	Taizhou City	1.97	89.80	76.73
珠江三角洲经济区	**Pearl River Delta**			
广州市	Guangzhou City	95.79	524.16	544.38
深圳市	Shenzhen City	51.04	481.64	244.26
珠海市	Zhuhai City	36.19	62.01	18.01
佛山市	Foshan City	24.20	243.45	104.09
江门市	Jiangmen City	24.39	63.82	15.53
东莞市	Dongguan City	104.46	209.72	
中山市	Zhongshan City	45.05	141.39	58.82
惠州市区	Huizhou Urban District	6.87	35.92	8.38
惠阳市	Huiyang City	57.99	63.73	1.06
惠东县	Huidong County	5.55	9.14	0.51
博罗县	Boluo County	8.01	7.25	1.06
肇庆市区	Zhaoqing Urban District	2.52	18.77	11.17
高要市	Gaoyao City	7.19	6.03	6.81
四会市	Sihui City	1.87	8.02	4.68

4-5 基本建设和更新改造投资主要指标

Main Indicators of Investment in Capital Construction and Innovation

地区	Area	基本建设 Investment in Capital					
		施工项目(个) Number of Projects under Construction(unit)			新增固定资产(亿元) Newly Increased Fixed Assets(100 million yuan)		
		2000	2002	2003	2000	2002	2003
长江三角洲经济区	**Yangtze River Delta**						
上海市	Shanghai City	1255	1194	1265	587.43	256.86	413.45
南京市	Nanjing City	474	470	557	148.49	104.76	237.57
苏州市	Suzhou City	259	294	395	115.35	114.53	132.42
无锡市	Wuxi City	158	169	888	44.85	95.69	224.04
常州市	Changzhou City	210	310	430	18.33	41.83	61.08
镇江市	Zhenjiang City	251	226	193	31.99	49.69	79.58
南通市	Nantong City	493	509	570	50.85	54.30	60.09
扬州市	Yangzhou City	230	182	170	67.95	42.04	41.88
泰州市	Taizhou City	213	174	169	38.66	54.59	23.93
杭州市	Hangzhou City	616	595	724	136.68	144.83	208.81
宁波市	Ningbo City	691	949	1055	159.93	134.71	193.79
嘉兴市	Jiaxing City	405	397	423	57.69	156.34	45.04
湖州市	Huzhou City	119	272	235	36.30	28.06	20.44
绍兴市	Shaoxing City	342	347	403	58.00	63.97	71.62
舟山市	Zhoushan City	167	221	225	5.50	9.43	18.15
台州市	Taizhou City	545	751	596	42.00	40.29	55.09
珠江三角洲经济区	**Pearl River Delta**						
广州市	Guangzhou City	825	677	750	253.97	150.49	219.60
深圳市	Shenzhen City	466	474	578	225.42	184.22	114.57
珠海市	Zhuhai City	290	373	497	96.35	50.94	55.37
佛山市	Foshan City	112	126	189	11.00	24.16	23.68
江门市	Jiangmen City	141	192	156	9.18	10.34	82.67
东莞市	Dongguan City	151	143	534	23.83	4.59	22.88
中山市	Zhongshan City	207	584	621	13.59	57.14	69.55
惠州市区	Huizhou Urban District	95	93	162	16.43	7.82	22.37
惠阳市	Huiyang City	36	42	59	8.29	4.04	7.29
惠东县	Huidong County	35	27	22	2.32	1.74	5.95
博罗县	Boluo County	41	18	34	3.83	5.12	5.86
肇庆市区	Zhaoqing Urban District	85	85	64	10.34	8.14	4.54
高要市	Gaoyao City	19	14	6	1.73	2.21	0.49
四会市	Sihui City	14	32	17	1.24	1.65	1.62

4-5 续表 continued

地区	Area	更新改造 Innovation					
		施工项目（个）Number of Projects under Construction(unit)			新增固定资产（亿元）Newly Increased Fixed Assets(100 million yuan)		
		2000	2002	2003	2000	2002	2003
长江三角洲经济区	**Yangtze River Delta**						
上海市	Shanghai City	2539	2196	2034	271.08	194.70	258.76
南京市	Nanjing City	552	734	670	54.03	118.15	103.74
苏州市	Suzhou City	192	125	75	19.70	34.32	14.82
无锡市	Wuxi City	241	224	312	29.66	36.06	70.75
常州市	Changzhou City	794	476	452	25.94	36.48	72.05
镇江市	Zhenjiang City	208	226	219	16.84	12.64	14.12
南通市	Nantong City	316	342	343	26.10	29.90	34.40
扬州市	Yangzhou City	151	128	99	13.60	16.83	22.50
泰州市	Taizhou City	74	96	98	12.50	11.51	12.02
杭州市	Hangzhou City	487	627	364	50.23	67.37	51.38
宁波市	Ningbo City	713	540	340	29.36	35.93	39.64
嘉兴市	Jiaxing City	132	94	95	10.21	11.98	7.58
湖州市	Huzhou City	88	54	44	3.56	23.80	11.76
绍兴市	Shaoxing City	212	401	206	17.96	21.42	19.82
舟山市	Zhoushan City	99	40	35	4.24	5.06	4.08
台州市	Taizhou City	198	161	118	10.79	11.28	12.66
珠江三角洲经济区	**Pearl River Delta**						
广州市	Guangzhou City	831	1521	1343	150.13	133.70	150.59
深圳市	Shenzhen City	160	213	192	30.22	28.00	30.85
珠海市	Zhuhai City	18	51	71	2.56	4.51	7.36
佛山市	Foshan City	179	205	260	13.72	17.41	26.17
江门市	Jiangmen City	120	88	80	9.63	11.71	8.96
东莞市	Dongguan City	540	61	402	10.41	19.84	20.76
中山市	Zhongshan City	60	166	254	4.09	6.10	26.77
惠州市区	Huizhou Urban District	27	36	31	3.52	4.44	7.71
惠阳市	Huiyang City	25	26	22	3.40	3.96	2.81
惠东县	Huidong County	26	3	15	1.25	2.17	1.95
博罗县	Boluo County	2	3	5	0.09	0.37	0.38
肇庆市区	Zhaoqing Urban District	54	57	50	1.83	4.04	4.32
高要市	Gaoyao City	59	48	9	1.48	0.97	1.44
四会市	Sihui City	4	5	7	0.03	0.12	0.82

4-6 按产业分的国有及其他单位固定资产投资额

Investment in Fixed Assets of State-owned and Others Units by industry

单位：亿元 (100 million yuan)

地区	Area	合计 Total					
		1978	1980	1990	2000	2002	2003
长江三角洲经济区	**Yangtze River Delta**						
上海市	Shanghai City	27.91	45.43	227.08	1869.67	2187.06	2452.11
南京市	Nanjing City			36.80	330.99	500.20	794.41
苏州市	Suzhou City			13.07	305.92	441.51	837.74
无锡市	Wuxi City			18.84	161.13	276.81	545.90
常州市	Changzhou City			8.68	103.76	146.70	279.90
镇江市	Zhenjiang City	1.23	2.62	15.14	83.49	91.93	120.93
南通市	Nantong City				102.83	144.19	205.19
扬州市	Yangzhou City				83.93	124.85	174.47
泰州市	Taizhou City						
杭州市①	Hangzhou City ①	2.39		22.92	376.65	562.34	
宁波市	Ningbo City	5.02		39.28	360.75	601.27	
嘉兴市	Jiaxing City			24.25	263.74	378.80	
湖州市①	Huzhou City ①	0.59		3.61	56.75	155.30	
绍兴市①	Shaoxing City ①				131.32	180.04	
舟山市	Zhoushan City			5.82	42.18	64.54	
台州市①	Taizhou City ①			3.51	89.48	141.78	
珠江三角洲经济区	**Pearl River Delta**						
广州市	Guangzhou City	7.26	9.96	90.59	923.67	1009.24	1175.17
深圳市	Shenzhen City					799.94	867.67
珠海市	Zhuhai City			12.12	94.98	120.53	141.05
佛山市	Foshan City			16.37	179.11	267.70	423.69
江门市	Jiangmen City	0.62	0.92	6.70	84.29	125.99	129.51
东莞市	Dongguan City	0.23		7.51	102.89	191.57	319.39
中山市	Zhongshan City				50.34	177.64	224.65
惠州市区	Huizhou Urban District					32.31	58.42
惠阳市	Huiyang City					27.16	116.24
惠东县	Huidong County					7.93	7.93
博罗县	Boluo County					12.19	10.88
肇庆市区	Zhaoqing Urban District					30.11	33.37
高要市	Gaoyao City					8.64	5.97
四会市	Sihui City					8.64	9.76

注：①不包括农村、集体及私人投资。

Note: ① Not including the investment in fixed assets rural areas, collective units and individuals.

4-6 续表1 continued

单位：亿元 (100 million yuan)

地区	Area	第一产业 Primary Industry					
		1978	1980	1990	2000	2002	2003
长江三角洲经济区	**Yangtze River Delta**						
上海市	Shanghai City			3.2	7.87	5.09	4.18
南京市	Nanjing City						
苏州市	Suzhou City			0.27	0.85	1.49	1.83
无锡市	Wuxi City			0.21	5.43	6.31	0.64
常州市	Changzhou City			0.1	0.33		0.02
镇江市	Zhenjiang City	0.05	0.12	1.51	6.83	7.6	7.9
南通市	Nantong City				0.75	0.33	0.16
扬州市	Yangzhou City				0.2	0.55	0.76
泰州市	Taizhou City						
杭州市	Hangzhou City	0.22		0.22	0.08	0.65	
宁波市	Ningbo City			1.05	0.00	5.16	
嘉兴市	Jiaxing City			0.98	4.90	9.89	
湖州市	Huzhou City			0.16	0.03	0.12	
绍兴市	Shaoxing City			0.00	0.12	0.26	
舟山市	Zhoushan City			1.51	4.54	3.02	
台州市	Taizhou City			0.10	0.83	0.34	
珠江三角洲经济区	**Pearl River Delta**						
广州市	Guangzhou City	0.43	0.50	1.43	6.66	2.46	1.47
深圳市	Shenzhen City					2.95	4.00
珠海市	Zhuhai City				0.72	0.49	0.91
佛山市	Foshan City			0.17	2.13	1.08	0.95
江门市	Jiangmen City			0.08	0.06	0.09	0.16
东莞市	Dongguan City				0.05	0.14	0.12
中山市	Zhongshan City					0.08	0.06
惠州市区	Huizhou Urban District					0.20	0.09
惠阳市	Huiyang City					0.68	
惠东县	Huidong County					0.90	
博罗县	Boluo County					1.20	
肇庆市区	Zhaoqing Urban District					0.14	0.42
高要市	Gaoyao City					0.73	
四会市	Sihui City					0.42	

4-6 续表2 continued

单位：亿元 (100 million yuan)

地区	Area	第二产业 Secondary Industry					
		1978	1980	1990	2000	2002	2003
长江三角洲经济区	**Yangtze River Delta**						
上海市	Shanghai City			133.00	615.94	726.19	806.94
南京市	Nanjing City						
苏州市	Suzhou City			5.79	159.69	189.04	315.70
无锡市	Wuxi City			12.71	67.91	102.93	228.76
常州市	Changzhou City			5.49	18.23	45.34	111.03
镇江市	Zhenjiang City	1.00	2.00	10.59	49.70	92.30	123.80
南通市	Nantong City				39.42	45.74	72.73
扬州市	Yangzhou City				37.98	50.93	64.22
泰州市	Taizhou City						
杭州市	Hangzhou City	1.45		12.63	84.43	110.42	
宁波市	Ningbo City			17.48		244.23	
嘉兴市	Jiaxing City			17.83	161.32	221.14	
湖州市	Huzhou City	0.53		2.47	13.04	77.91	
绍兴市	Shaoxing City				28.90	54.72	
舟山市	Zhoushan City			1.92	9.51	12.46	
台州市	Taizhou City			1.12	8.95	31.58	
珠江三角洲经济区	**Pearl River Delta**						
广州市	Guangzhou City	3.21	3.97	34.69	141.13	191.37	226.54
深圳市	Shenzhen City					221.27	229.38
珠海市	Zhuhai City				29.71	49.25	66.86
佛山市	Foshan City			12.54	57.45	99.19	190.13
江门市	Jiangmen City	0.62	0.78	2.69	25.98	49.76	68.08
东莞市	Dongguan City				33.14	61.33	149.04
中山市	Zhongshan City				16.75	106.84	130.80
惠州市区	Huizhou Urban District					10.01	19.81
惠阳市	Huiyang City					13.92	103.35
惠东县	Huidong County					3.40	2.66
博罗县	Boluo County					6.27	8.15
肇庆市区	Zhaoqing Urban District					15.29	13.80
高要市	Gaoyao City					2.86	4.60
四会市	Sihui City					4.13	4.05

4-6 续表 3 continued

单位：亿元 (100 million yuan)

地区	Area	第三产业 Tertiary Industry					
		1978	1980	1990	2000	2002	2003
长江三角洲经济区	**Yangtze River Delta**						
上海市	Shanghai City			90.88	1245.86	1455.78	1640.99
南京市	Nanjing City						
苏州市	Suzhou City			7.00	145.38	250.98	520.21
无锡市	Wuxi City			5.92	87.79	167.57	316.50
常州市	Changzhou City			3.09	85.21	101.36	116.08
镇江市	Zhenjiang City	0.19	0.50	3.04	53.50	85.70	105.40
南通市	Nantong City				62.66	98.12	132.30
扬州市	Yangzhou City				45.75	73.37	109.49
泰州市	Taizhou City						
杭州市	Hangzhou City	0.73		10.08	292.14	451.26	
宁波市	Ningbo City			20.75		351.87	
嘉兴市	Jiaxing City			5.44	97.52	147.77	
湖州市	Huzhou City	0.05		0.98	43.68	77.27	
绍兴市	Shaoxing City				102.29	125.06	
舟山市	Zhoushan City			2.39	28.12	49.06	
台州市	Taizhou City			2.29	79.69	109.87	
珠江三角洲经济区	**Pearl River Delta**						
广州市	Guangzhou City	3.62	5.49	54.48	775.88	815.41	947.16
深圳市	Shenzhen City					575.72	638.29
珠海市	Zhuhai City				64.55	70.79	73.28
佛山市	Foshan City			3.67	119.53	167.44	232.61
江门市	Jiangmen City		0.14	3.93	58.25	76.14	61.27
东莞市	Dongguan City				69.71	130.10	170.23
中山市	Zhongshan City				33.59	70.72	93.79
惠州市区	Huizhou Urban District					22.10	38.52
惠阳市	Huiyang City					12.57	12.89
惠东县	Huidong County					3.64	5.27
博罗县	Boluo County					4.72	2.73
肇庆市区	Zhaoqing Urban District					18.68	19.15
高要市	Gaoyao City					5.05	1.37
四会市	Sihui City					4.08	5.71

4-7 按国民经济行业分的基本建设投资（2003 年）
Investment in Capital Construction by Sector(2003)

单位：万元 (10 000 yuan)

地区	Area	农、林、牧、渔业 Farming,Forestry, Animal Husbandry and Fishery	采矿业 Minning and Quarrying	制造业 Manufacturing	电力、燃气及水的生产和供应业 Production and Supply of Electric Power, Gas and Water	建筑业 Construction
长江三角洲经济区	**Yangtze River Delta**					
上海市	Shanghai City	25451	24563	3225616	753955	2674
南京市	Nanjing City	4091		1302004	334253	4148
苏州市	Suzhou City	16051		89027	684534	4160
无锡市	Wuxi City	1441	150	1121049	362757	1000
常州市	Changzhou City	50		188706	236082	41656
镇江市	Zhenjiang City	1480		40832	68023	17811
南通市	Nantong City	301		216081	112403	5000
扬州市	Yangzhou City	7560	25645	43062	90799	3667
泰州市	Taizhou City	12937		5390	21576	956
杭州市	Hangzhou City	7883	300	444514	138994	228
宁波市	Ningbo City	5331		1046568	295884	2060
嘉兴市	Jiaxing City	8372		254285	562657	42673
湖州市	Huzhou City	500		9850	51961	12824
绍兴市	Shaoxing City			233011	87548	45280
舟山市	Zhoushan City	761		25189	26110	5622
台州市	Taizhou City	5552		114684	182220	8146
珠江三角洲经济区	**Pearl River Delta**					
广州市	Guangzhou City	5426		536623	203186	371594
深圳市	Shenzhen City	39351	14200	760812	300911	142764
珠海市	Zhuhai City	2819	700	529281	10728	10927
佛山市	Foshan City			44502	165504	13067
江门市	Jiangmen City	8		59787	271702	10235
东莞市	Dongguan City	195		440454	88652	15212
中山市	Zhongshan City		450	481405	68401	12365
惠州市区	Huizhou Urban District	850		88507	34891	10325
惠阳市	Huiyang City			989765	8974	
惠东县	Huidong County			6815		
博罗县	Boluo County			72943	2668	
肇庆市区	Zhaoqing Urban District	4193		22095	38936	12000
高要市	Gaoyao City			4067	1400	
四会市	Sihui City					

4-7续表 1 continued

单位：万元 (10 000 yuan)

地区	Area	交通运输、仓储和邮政业 Transport,Storage, Post and Telecommunication Services	信息传输、计算机服务和软件业 Information Communication, Computer Services and Software	批发和零售业 Wholesale and Retail Sale Trades	住宿和餐饮业 Accomodation and Restaurant	金融业 Finance Industry
长江三角洲经济区	**Yangtze River Delta**					
上海市	Shanghai City	1966700	285100	57900	64600	6400
南京市	Nanjing City	470271	10238	23210	11646	
苏州市	Suzhou City	952469	805	2241	5982	8937
无锡市	Wuxi City	198095	30167	46118	23845	
常州市	Changzhou City	292618	13107	25116	4901	800
镇江市	Zhenjiang City	248736	4208	6400		270
南通市	Nantong City	399229	13381	12466	3861	1542
扬州市	Yangzhou City	170746	2563	7300	139	392
泰州市	Taizhou City	91510	1955	5714		
杭州市	Hangzhou City	407224	18233	62595	16334	6589
宁波市	Ningbo City	338700	53081	15535	27860	2742
嘉兴市	Jiaxing City	138830	12066	32060	7641	
湖州市	Huzhou City	152046		9023	21940	1378
绍兴市	Shaoxing City	226995	12592	14388	4900	4730
舟山市	Zhoushan City	349803	17465	1895	3941	
台州市	Taizhou City	142693	8316	11254	16033	7172
珠江三角洲经济区	**Pearl River Delta**					
广州市	Guangzhou City	918385	99313	31288	14738	
深圳市	Shenzhen City	823019	190670	41454	390	7405
珠海市	Zhuhai City	24465	380	27179	3159	
佛山市	Foshan City	61809	70063	1882		
江门市	Jiangmen City	175554	6528	3121	24000	
东莞市	Dongguan City	9378		18074	3652	4080
中山市	Zhongshan City	20293	2619	12640	39362	1843
惠州市区	Huizhou Urban District	35367		3702	2810	
惠阳市	Huiyang City	19713	500		2200	
惠东县	Huidong County	4185		38700		642
博罗县	Boluo County					
肇庆市区	Zhaoqing Urban District	624	63			
高要市	Gaoyao City					
四会市	Sihui City	1800				

4-7续表 2　continued

单位：万元　　　　(10 000 yuan)

地区	Area	房地产业 Real Estate	租赁和商务服务业 Leasing and Business Services	科学研究、技术服务和地质勘查业 Scientific Research, Technical Services, and Geological Prospecting	水利、环境和公共设施管理业 Water Management of Conservancy, Environment and Public Facilities	居民服务和其他服务业 Services to Households and Other Services
长江三角洲经济区	**Yangtze River Delta**					
上海市	Shanghai City	136400	13900	64500	1596300	15700
南京市	Nanjing City		6983	42415	1577830	38533
苏州市	Suzhou City	31416	31724	18039	1459814	3760
无锡市	Wuxi City	12878	994	2778	822451	560
常州市	Changzhou City	7900	62081	7494	113400	900
镇江市	Zhenjiang City	800	57067	86631	129831	10
南通市	Nantong City		4960	6016	253591	1076
扬州市	Yangzhou City			13267	169597	930
泰州市	Taizhou City	3823		22031	61222	2808
杭州市	Hangzhou City		36105	66811	1297345	113727
宁波市	Ningbo City	18810	13968	9901	932537	426
嘉兴市	Jiaxing City	28972	1500	6981	400813	
湖州市	Huzhou City	10453	61132		205616	900
绍兴市	Shaoxing City		35999	1900	655494	
舟山市	Zhoushan City		131		36577	2950
台州市	Taizhou City	48411	40908	2549	334665	1743
珠江三角洲经济区	**Pearl River Delta**					
广州市	Guangzhou City	21328	52241	205209	1114075	5370
深圳市	Shenzhen City	146359	12035	18851	511305	797
珠海市	Zhuhai City	4041	17683		148610	457
佛山市	Foshan City			400	244285	30
江门市	Jiangmen City	5352	10000	5105	23813	407
东莞市	Dongguan City	2195	6482		292873	
中山市	Zhongshan City	10642	4575	14415	108105	865
惠州市区	Huizhou Urban District	2396	15439	1000	49114	
惠阳市	Huiyang City	550	7114	500	5641	
惠东县	Huidong County			162	351	
博罗县	Boluo County				804	
肇庆市区	Zhaoqing Urban District			482	15316	1314
高要市	Gaoyao City			850	500	
四会市	Sihui City		13184		5807	

4-7续表 3 continued

单位：万元 (10 000 yuan)

地区	Area	教育 Education	卫生、社会保障和社会福利业 Health, Social Securities and Social Welfare	文化、体育和娱乐业 Culture, Sports and Entertainment	公共管理和社会组织 Public Management and Social Organization	国际组织 International Organizations
长江三角洲经济区	**Yangtze River Delta**					
上海市	Shanghai City	382100	104200	361500	185600	
南京市	Nanjing City	474365	12844	54731	144030	
苏州市	Suzhou City	216551	53066	10881	53413	
无锡市	Wuxi City	69229	20735	43243	46743	
常州市	Changzhou City	111781	10993	7890	115856	
镇江市	Zhenjiang City	50098	9988	31431	39230	
南通市	Nantong City	60248	13161	11956	16132	
扬州市	Yangzhou City	45264	6354	15918	151732	
泰州市	Taizhou City	36167	464	1715	102185	
杭州市	Hangzhou City	421678	53269	86726	81576	
宁波市	Ningbo City	15209	51209	53180	82820	
嘉兴市	Jiaxing City	67907	15670	31902	60960	
湖州市	Huzhou City	42852	8757	12756	44926	
绍兴市	Shaoxing City	65885	39974	29227	26078	
舟山市	Zhoushan City	25591	2733	9996	20119	
台州市	Taizhou City	67401	19332	51747	68367	
珠江三角洲经济区	**Pearl River Delta**					
广州市	Guangzhou City	693538	58764	18076	200205	
深圳市	Shenzhen City	128813	27734	245927	186385	
珠海市	Zhuhai City	78894	382	26246	3366	
佛山市	Foshan City	51082	22627	4948	18279	
江门市	Jiangmen City	10263	1926	3673	20031	
东莞市	Dongguan City	6265	13000	419	75585	
中山市	Zhongshan City	28696	1499	8977	44729	
惠州市区	Huizhou Urban District	7416	2637	21734	21026	
惠阳市	Huiyang City	100	1352	1941	22596	
惠东县	Huidong County	1507	494		779	
博罗县	Boluo County	2270	1210	3540	4930	
肇庆市区	Zhaoqing Urban District	7174	276	3766	2711	
高要市	Gaoyao City		167		82	
四会市	Sihui City	6500	410		9568	

4-8 按国民经济行业分的更新改造投资（2003年）
Investment in Innovation by Sector(2003)

单位：万元 (10 000 yuan)

地区	Area	农、林、牧、渔业 Farming,Forestry, Animal Husbandry and Fishery	采矿业 Minning and Quarrying	制造业 Manufacturing	电力、燃气及水的生产和供应业 Production and Supply of Electric Power,Gas and Water	建筑业 Construction
长江三角洲经济区	**Yangtze River Delta**					
上海市	Shanghai City		319	2253461	276741	56331
南京市	Nanjing City		5850	1242382	24127	3096
苏州市	Suzhou City			411574	28920	
无锡市	Wuxi City			700219	164343	401
常州市	Changzhou City	108		616486	21677	5670
镇江市	Zhenjiang City	720	2534	216851	109619	2130
南通市	Nantong City	1285		361717	31185	918
扬州市	Yangzhou City		59837	136790	20925	
泰州市	Taizhou City	3000		113583	84452	
杭州市	Hangzhou City		695	580940	123226	2891
宁波市	Ningbo City			284421	40067	3976
嘉兴市	Jiaxing City			210689	16277	
湖州市	Huzhou City	4876	3113	49664	55448	
绍兴市	Shaoxing City		1646	222292	18000	
舟山市	Zhoushan City			30080	8540	
台州市	Taizhou City			83941	15867	
珠江三角洲经济区	**Pearl River Delta**					
广州市	Guangzhou City	231	1700	505813	61198	40717
深圳市	Shenzhen City		104731	204668	79663	
珠海市	Zhuhai City			101181		
佛山市	Foshan City			142945	50867	5060
江门市	Jiangmen City	93		59588	50218	
东莞市	Dongguan City	81		323769	114	
中山市	Zhongshan City			251200	1420	1580
惠州市区	Huizhou Urban District			59095	1200	
惠阳市	Huiyang City			24583	16	
惠东县	Huidong County			1274	17779	
博罗县	Boluo County			4925		
肇庆市区	Zhaoqing Urban District			13418	11529	
高要市	Gaoyao City		628		8792	
四会市	Sihui City			4605		

4-8 续表 1 continued

单位：万元 (10 000 yuan)

地区	Area	交通运输、仓储和邮政业 Transport,Storage, Post and Telecommunication Services	信息传输、计算机服务和软件业 Information Communication, Computer Services and Software	批发和零售业 Wholesale and Retail Sale Trades	住宿和餐饮业 Accomodation and Restaurant	金融业 Finance Industry
长江三角洲经济区	**Yangtze River Delta**					
上海市	Shanghai City	385800	476800	40500	15500	100
南京市	Nanjing City	32840	136219	3572		
苏州市	Suzhou City	8350	97415			545
无锡市	Wuxi City	14293	108562	1533		
常州市	Changzhou City	25584	64517	7731	11877	
镇江市	Zhenjiang City	5057	11407		500	
南通市	Nantong City	12315	22549			
扬州市	Yangzhou City	5361	43271	150		
泰州市	Taizhou City	1520	32133	466		
杭州市	Hangzhou City	81476	139165		4750	
宁波市	Ningbo City	43445	50777	1784	1365	6807
嘉兴市	Jiaxing City		8403			993
湖州市	Huzhou City		10086	1370		
绍兴市	Shaoxing City	3458	33573			
舟山市	Zhoushan City	4493	259			
台州市	Taizhou City	1527	6207	769	80	
珠江三角洲经济区	**Pearl River Delta**					
广州市	Guangzhou City	461265	239659	35686	28096	72155
深圳市	Shenzhen City	28359	1195	11473	197	15317
珠海市	Zhuhai City	555		325		
佛山市	Foshan City	20184	62805	143	2012	
江门市	Jiangmen City	18255	32445			
东莞市	Dongguan City					
中山市	Zhongshan City	2241	18237	3093	1000	
惠州市区	Huizhou Urban District	5548	9403	500	150	
惠阳市	Huiyang City	2560				
惠东县	Huidong County	45				
博罗县	Boluo County					
肇庆市区	Zhaoqing Urban District		18192			894
高要市	Gaoyao City	3446				
四会市	Sihui City					

4-8 续表 2 continued

单位：万元 (10 000 yuan)

地区	Area	房地产业 Real Estate	租赁和商务服务业 Leasing and Business Services	科学研究、技术服务和地质勘查业 Scientific Research, Technical Services, and Geological Prospecting	水利、环境和公共设施管理业 Water Management of Conservancy, Environment and Public Facilities	居民服务和其他服务业 Services to Households and Other Services
长江三角洲经济区	**Yangtze River Delta**					
上海市	Shanghai City	17600	3600	23800	247000	200
南京市	Nanjing City			35068	1535	
苏州市	Suzhou City					
无锡市	Wuxi City		2000	2579	4300	
常州市	Changzhou City		758	68	252882	
镇江市	Zhenjiang City		1150		1100	
南通市	Nantong City				638	
扬州市	Yangzhou City					
泰州市	Taizhou City	1700				
杭州市	Hangzhou City		50	629	2900	241
宁波市	Ningbo City					
嘉兴市	Jiaxing City			160	3669	
湖州市	Huzhou City				4770	
绍兴市	Shaoxing City					
舟山市	Zhoushan City					
台州市	Taizhou City				2247	
珠江三角洲经济区	**Pearl River Delta**					
广州市	Guangzhou City	2835	1849	81021	125383	2688
深圳市	Shenzhen City	911	552	1493	23427	300
珠海市	Zhuhai City					
佛山市	Foshan City		1100		86385	
江门市	Jiangmen City				14009	
东莞市	Dongguan City				31049	
中山市	Zhongshan City		2000		1080	
惠州市区	Huizhou Urban District					
惠阳市	Huiyang City				1072	
惠东县	Huidong County					
博罗县	Boluo County					
肇庆市区	Zhaoqing Urban District				580	
高要市	Gaoyao City				1947	
四会市	Sihui City		3546			

4-8 续表 3 continued

单位：万元 (10 000 yuan)

地区	Area	教育 Education	卫生、社会保障和社会福利业 Health, Social Securities and Social Welfare	文化、体育和娱乐业 Culture, Sports and Entertainment	公共管理和社会组织 Public Management and Social Organization	国际组织 International Organizations
长江三角洲经济区	**Yangtze River Delta**					
上海市	Shanghai City	28700	17500	7800	28600	
南京市	Nanjing City					
苏州市	Suzhou City	116				
无锡市	Wuxi City		700			
常州市	Changzhou City	215	7437	850	14067	
镇江市	Zhenjiang City		180		3940	
南通市	Nantong City	835	2667	2818	400	
扬州市	Yangzhou City		2720	120	120	
泰州市	Taizhou City			2100		
杭州市	Hangzhou City	425	2339	219	330	
宁波市	Ningbo City		3708		1288	
嘉兴市	Jiaxing City	1431		900		
湖州市	Huzhou City					
绍兴市	Shaoxing City					
舟山市	Zhoushan City					
台州市	Taizhou City		3829	255	401	
珠江三角洲经济区	**Pearl River Delta**					
广州市	Guangzhou City	693538	58764	18076	200205	
深圳市	Shenzhen City	4393	7080	9197	68766	
珠海市	Zhuhai City					
佛山市	Foshan City	8088	4224	725	6291	
江门市	Jiangmen City	4351				
东莞市	Dongguan City	1704	50		16173	
中山市	Zhongshan City			149		
惠州市区	Huizhou Urban District			300	220	
惠阳市	Huiyang City		280	200	1124	
惠东县	Huidong County		198		109	
博罗县	Boluo County		55			
肇庆市区	Zhaoqing Urban District					
高要市	Gaoyao City		555			
四会市	Sihui City			226		

4-9 房地产开发主要指标（2003年）

Main Indicators of Real Estate Development (2003)

地区	Area	企业个数（个） Number of Enterprises (unit)	投资额（万元） Investment (10 000 yuan)	施工房屋建筑面积（万平方米） Floor Space of Buildings Under Construction (10 000 sq.m)	竣工房屋建筑面积（万平方米） Floor Space of Buildings Completed (10 000 sq.m)
长江三角洲经济区	**Yangtze River Delta**				
上海市	Shanghai City		9012400	8267.51	2491.84
南京市	Nanjing City	332	1484689	1556.85	392.82
苏州市	Suzhou City	735	1779403	2661.97	825.89
无锡市	Wuxi City	241	1317920	1864.11	961.08
常州市	Changzhou City	138	527754	645.00	249.17
镇江市	Zhenjiang City	156	322858	319.19	109.12
南通市	Nantong City	234	483169	453.52	181.72
扬州市	Yangzhou City	179	438181	424.75	197.19
泰州市	Taizhou City	124	311484	316.83	125.06
杭州市	Hangzhou City	400	2588452	2449.91	701.36
宁波市	Ningbo City	309	1842589	2026.80	635.53
嘉兴市	Jiaxing City	196	724390	526.22	240.23
湖州市	Huzhou City	119	415160	479.80	156.02
绍兴市	Shaoxing City	197	744682	702.28	248.52
舟山市	Zhoushan City	101	181872	226.99	87.56
台州市	Taizhou City	168	564954	721.41	201.32
珠江三角洲经济区	**Pearl River Delta**				
广州市	Guangzhou City	1285	4194806	4354.05	1139.47
深圳市	Shenzhen City				
珠海市	Zhuhai City	227	388141	460.91	156.14
佛山市	Foshan City	306	88.5	1133.87	464.58
江门市	Jiangmen City	258	238671	567.50	220.92
东莞市	Dongguan City	76	551184	689.51	257.28
中山市	Zhongshan City	0	519381	585.92	176.32
惠州市区	Huizhou Urban District	96	192540	245.26	81.77
惠阳市	Huiyang City	14	60001	66.13	7.24
惠东县	Huidong County	7	5527	7.93	4.45
博罗县	Boluo County	26	14486	15.46	9.90
肇庆市区	Zhaoqing Urban District	79	128814	187.76	81.81
高要市	Gaoyao City	16	5825	14.62	9.31
四会市	Sihui City	17	10517	13.60	8.75

4-9续表 continued

地区	Area	竣工房屋价值（万元）Value of Buildings Completed (10 000 yuan)	竣工房屋造价（元／平方米）Cost of Buildings Completed (yuan/sq.m)	商品房销售面积（万平方米）Floor Space Sold (10 000 sq.m)	商品房销售额（万元）Total Sales of Commercial Houses (10 000 yuan)	房屋平均销售价格（元／平方米）Average Selling Price of Houses (yuan/sq.m)
长江三角洲经济区	**Yangtze River Delta**					
上海市	Shanghai City	7452400	2991	2376.40	12163400	5118
南京市	Nanjing City			444.48	1399041	
苏州市	Suzhou City	134108	1108	614.86	1582536	2574
无锡市	Wuxi City	979216	1019	304.56	675033	2216
常州市	Changzhou City	255831	1027	205.91	450073	2186
镇江市	Zhenjiang City	100984	925	109.04	191783	1759
南通市	Nantong City	163571	900	200.37	366448	1829
扬州市	Yangzhou City	150018	761	192.80	387177	2008
泰州市	Taizhou City	152632	1220	122.37	185326	1514
杭州市	Hangzhou City	2732763	1689	555.48	2187798	
宁波市	Ningbo City	869351	1368	548.59	1571945	2865
嘉兴市	Jiaxing City	251653	1048	246.49	490545	3156
湖州市	Huzhou City	185651	1190	167.49	304085	1816
绍兴市	Shaoxing City	303448	1221	226.19	572261	2530
舟山市	Zhoushan City	95191	1087	74.98	185675	2476
台州市	Taizhou City	262133		168.49	446640	
珠江三角洲经济区	**Pearl River Delta**					
广州市	Guangzhou City	1913253	1679	815.50	343.38	4211
深圳市	Shenzhen City	2682754	2629	899.90	5592606	6215
珠海市	Zhuhai City	277036	1774	142.24	440719	3098
佛山市	Foshan City	652792	1496	395.54	1024640	2590
江门市	Jiangmen City	195467	885	149.81	227791	1521
东莞市	Dongguan City	502429	1953	164.98	480189	2911
中山市	Zhongshan City	187321	1062	149.26	384154	2574
惠州市区	Huizhou Urban District	109195	1335	62.29	125223	2010
惠阳市	Huiyang City	15103	2087	10.40	24320	2339
惠东县	Huidong County	4248	956	4.81	5735	1191
博罗县	Boluo County	8603	869	8.03	10955	1365
肇庆市区	Zhaoqing Urban District	77887	952	65.97	134642	2041
高要市	Gaoyao City	7236	777	4.82	6525	1354
四会市	Sihui City	5353	726	8.56	8540	998

主要统计指标解释

全社会固定资产投资　以货币形式表现的在一定时期内全社会建造和购置固定资产的工作量以及与此有关的费用的总称。该指标是反映固定资产投资规模、结构和发展速度的综合性指标。又是观察工程进度和考核投资效果的重要依据。全社会固定资产投资按注册登记类型可分为国有、集体、个体、联营、股份制、外商、港澳台商、其他等。按照管理渠道，可分为基本建设、更新改造、房地产开发投资和其他固定资产投资四个部分。

基本建设投资　基本建设指企业、事业、行政单位以扩大生产能力(或新增工程效益)为主要目的的新建、扩建工程及有关工作。其综合范围为总投资50万元以上(含50万元)的基本建设项目。具体包括：(1)列入中央和各级地方本年基本建设计划的建设项目，以及虽未列入本年基本建设计划，但使用以前年度基建计划内结转投资(包括利用基建库存设备材料)在本年继续施工的建设项目；(2)本年基本建设计划内投资与更新改造计划内投资结合安排的新建项目和新增生产能力(或工程效益)达到大中型项目标准的扩建项目，以及为改变生产力布局而进行的全厂性迁建项目；(3)国有单位既未列入基建计划，也未列入更新改造计划的总投资在50万元以上的新建、扩建、恢复项目和为改变生产力布局而进行的全厂性迁建项目，以及行政、事业单位增建业务用房和行政单位增建生活福利设施的项目。

更新改造投资　更新改造一般是指企业、事业单位对原有设施进行技术改造（包括固定资产更新）以及相应配套的辅助性生产、生活福利设施等工程和有关的工作。其综合范围为总投资50万元以上的更新改造单位（或项目）。具体包括：(1)列入中央和各级地方本年更新改造计划的投资单位(项目)以及虽未列入本年更新改造计划，但使用上年更新改造计划内结转的投资在本年继续施工的单位（或项目）；(2)本年更新改造计划内投资与基本建设计划内投资结合安排的对企、事业单位原有设施进行技术改造或更新的项目和增建主要生产车间、分厂等其新增生产能力(或工程效益)未达到大中型项目标准的项目，以及由于城市环境保护和安全生产的需要而进行的迁建工程；(3)国有经济中既未列入基建计划也未列入更新改造计划，总投资在50万元以上的属于改建或更新改造性质的项目，以及由于城市环境保护和安全生产的需要而进行的迁建工程。

房地产开发投资　指各种登记注册类型的房地产开发公司、商品房建设公司及其他房地产开发法人单位和附属于其他法人单位实际从事房地产开发或经营的活动单位统一开发的包括统代建、拆迁还建的住宅、厂房、仓库、饭店、宾馆、度假村、写字楼、办公楼等房屋建筑物和配套的服务设施，土地开发工程（如道路、给水、排水、供电、供热、通讯、平整场地等基础设施工程）的投资；不包括单纯的土地交易活动。

其他固定资产投资　指全社会固定资产投资中未列入基本建设、更新改造和房地产开发投资的总投资在50万元以上的城镇范围内建造和购置固定资产的活动。以及城镇私人建房和农村企业、事业、行政单位和农村个人固定资产投资活动。具体包括：

（1）国有单位未纳入基本建设计划和更新改造计划管理，计划总投资（或实际需要总投资）在50万元以上的以下工程：①用油田维护费和石油开发基金进行的油田维护和开发工程；②煤炭、铁矿、森工等采掘采伐业用维简费进行的开拓延伸工程；③交通部门用公路养路费对原有公路、桥梁进行改建的工程；④商业部门用简易建筑费建造的仓库工程。

（2）城镇集体固定资产投资：指所有隶属直辖市、省辖市、县级市和县城所在地城关镇区域范围内的集体经济单位（乡镇企业局管理的除外）建造和购置固定资产其计划总投资（或实际需要总投资）在50万元及50万元以上的单位（项目）投资。

（3）除上述以外的其他各种登记注册类型的企、事业单位（包括城镇私营企、事业单位和个体户）建造和购置固定资产总投资在50万元及50万元以上、未列入基本建设计划和更新改造计划的单位（项目）。其中个体经营户只统计50万元以上非建房投资。

（4）城镇和工矿区私人建房投资：包括市、县城、镇关镇、工矿区所辖范围内的全部私人建房，不论其房主是否系本地的常住户口均应包括。

（5）农村投资：包括农村区域范围内进行固定资产投资活动的企业、事业、行政单位及农村个人投资。

固定资产投资的资金来源　根据固定资产投资的资金来源不同，分为国家预算内资金、国内贷款、利用外资、自筹资金和其他资金来源。

（1）国家预算内资金：分为财政拨款和财政安排的贷款两部分。包括中央财政的基本建设基金（分经营性基金和非经营性基金两部分）、专项支出（如煤代油专项等）、收回再贷、贴息资金，财政安排的挖潜改造和新产品试制支出、城建支出、商业部门简易建筑支出、不发达地区发展基金等资金中用于固定资产投资的资金；地方财政中由国家统筹安排的资金等。

（2）国内贷款：指报告期固定资产投资单位向银行及非银行金融机构借入的用于固定资产投资的各种国内借款。包括银行利用自有资金及吸收的存款发放的贷款、上级主管部门拨入的国内贷款、国家专项贷款(包括煤代油贷款、劳改煤矿专项贷款等)、地方财政专项资金安排的贷款、国内储备贷款、周转贷款等。

（3）利用外资：指报告期内收到的用于固定资产投资建造和购置的国外资金（包括设备、材料、技术在内）。包括对外借款（外国政府、国际金融组织贷款、出口信贷、外国商业贷款、对外发行债券和股票)、外国直接投资及外商其他投资。不包括我国自有外汇资金(国家外汇、地方外汇、留成外汇、调剂外汇和中国银行自有资金发行的外汇贷款等)。计算利用外资时,需要折算成人民币,折算中所使用的外汇汇率按现汇计算,即按使用外汇时的汇率计算。

(4)自筹资金:指固定资产单位报告期收到的,由各地区、各部门及企、事业单位筹集用于固定资产投资的预算外资金,包括中央各部门、各级地方和企、事业单位的自筹资金。

(5)其他资金来源:指在报告期收到的除以上各种资金之外其他用于固定资产投资的资金,包括企业或金融机构通过发行各种债券筹集到的资金、群众集资、个人资金、无偿捐赠的资金和其他单位拨入的资金等。

房屋建筑面积 指从房屋建筑物勒脚以上外墙外围的水平截面面积,包括房屋建筑物的有效面积和结构面积。

住宅建筑面积 指施工和竣工房屋建筑面积中供居住用的房屋建筑面积。

施工面积 指报告期内施工的全部房屋建筑面积。包括本期新开工的面积和上期开工跨入本期继续施工的房屋面积,以及上期已停建在本期恢复施工的房屋面积。本期竣工和本期施工后又停缓建的房屋,其建筑面积仍计入本期房屋施工面积中。

竣工面积 指在报告期内房屋建筑按照设计要求已全部完工,达到住人和使用条件,经验收鉴定合格(或达到竣工验收标准),正式移交使用单位的各栋房屋建筑面积的总和。

Explanatory Notes on Main Statistical Indicators

Total Investment in Fixed Assets in the Whole Country refers to the volume of activities in construction and purchases of fixed assets and related fees, expressed in monetary terms. It is a comprehensive indicator which shows the size, structure and growth of the investment in fixed assets, providing basis for observing the progress of construction projects and evaluating results of investment. Total investment in fixed assets in the whole country includes, by registration type of ownership, the investment by the state-owned units, collective units, individuals, joint ownership units, share-holding units, as well as investment by businessmen from foreign countries and from Hong Kong, Macao and Taiwan, and by other units. According to China's current management system, the investment in fixed assets in the whole country is classified into the following four parts: investment in capital construction, investment in innovation, investment in real estates development and other investment in fixed assets.

Investment in Capital Construction Capital construction refers to the new construction projects or extension projects and the related activities of the enterprises, institutions or administrative units mainly for the purpose of expanding production capacity(or improving project efficiency), covering only projects each with a total investment of 500,000 RMB yuan and over. It includes: (1) projects listed in the capital construction plan of the current year of the central government and the local governments at various levels as well as the projects, though not listed in the capital construction plan of the current year, but continued to be constructed in this year, using the investment listed in the plan of capital construction of previous years and carried forward to this year (also using the equipment and materials kept in stock of the capital construction); (2) new construction projects arranged both in the plan of capital construction and the plan of innovation; extension projects with the newly increased production capacity (or project efficiency) up to the standard of a large and medium-sized project; and the projects of moving the whole factory to a new site so as to improve the distribution of productive forces; (3) new construction projects, extension projects or restoration projects with the total investment of 500,000 RMB yuan and over by the state-owned units, though listed neither in the plan of capital construction nor in the plan of innovation; the projects in the state-owned units of moving the whole factory to a new site so as to improve the distribution of productive forces; and the projects of building additional business houses by the administrative units and institutions and building welfare facilities by the administrative units.

Investment in Innovation Innovation refers in general to the technological innovation of the original facilities (including renewal of fixed assets) by the enterprises and institutions as well as the corresponding supplementary projects for production or welfare facilities and the related activities , covering only projects each with a total investment of 500,000 RMB yuan and over. It includes: (1) projects listed in the innovation plan of the current year of the central government and the local governments at various levels as well as the projects, though not listed in the innovation plan of the current year, but continued to be constructed in this year, using the investment listed in the plan of innovation of previous years and carried forward to this year; (2) projects of technological innovation or renewal of the original facilities, arranged both in the plan of innovation and in the plan of capital construction; extension projects (main workshops or a branch of the factory) with the newly increased production capacity (or project efficiency) not up to the standard of a large and medium-sized project; and the projects of moving the whole factory to a new site so as to meet the requirements of urban environmental protection or safe production; (3) projects of reconstruction or technological innovation with the total investment of 500,000 RMB yuan and over by the state-owned units, though listed neither in the plan of capital construction nor in the plan of innovation; the projects in the state-owned units of moving the whole factory to a new site so as to meet the requirements of urban environmental protection or safe production.

Investment in Real Estate Development It includes the investment by the real estate development companies, commercial buildings construction companies and other real estate development units of various types of ownership in the construction of house buildings, such as residential buildings, factory buildings, warehouses, hotels, guesthouses, holiday villages, office buildings, and the complementary service facilities and land development projects, such as roads, water supply, water drainage, power supply, heating, telecommunications, land leveling and other projects of infrastructure. It excludes the activities in simple land transactions.

Other Investment in Fixed Assets refers to the construction and purchases of fixed assets with an investment of over 500,000 yuan which are not listed in the investment in capital construction, investment in innovation and investment in real estate development, as well as urban private housing projects and investment in fixed assets by enterprises, institutions and individuals in rural areas. It includes:

1) The following projects of the state-owned units with the total planned (or actually needed) investment of over 500,000 yuan, which are not included in the plan of capital construction and the plan of innovation: (1) projects of oil fields maintenance and exploitation with the oil fields maintenance funds and petroleum development funds; (2) opening and extending projects with the maintenance funds in coal, ore and other mining enterprises and logging enterprises; (3) project of reconstruction of the original highways and bridges with the highway maintenance funds in the department of communication; (4) projects of construction of warehouses with the funds of simple construction in the commercial department.

2) The investment in fixed assets by urban collective units: refer to projects of construction and purchases of fixed assets with the planned total investment of 500,000 yuan and over by all collective units in areas under the jurisdiction of cities and county towns (excluding investment by collective units under township enterprise administration offices).

3) The projects of construction and purchases of fixed assets by the enterprises, institutions(including urban private enterprises or institutions) or individuals other than those mentioned above with total investment of 500,000 yuan and over, which are not included in the plan of capital construction and the plan of innovation .For individual investment, only the investment in non-housing projects is to be included.

4)the Private Investment in housing construction in the urban areas and industrial and mining areas including all the private house construction under the jurisdiction of cities, county towns and industrial and mining areas, no matter whether the owner of the house is registered as the permanent resident in the locality or not.

5)The investment in the rural areas: including the investment in fixed assets by enterprises, institutions and individuals in the rural areas.

Sources of Funds for Investment in Fixed Assets include fund from state budget, domestic loans, foreign investment, self-raised funds, and others depending on the source of investment.

(1)Fund from State budget consists of budgetary appropriation and loans from state budge. More specifically, it includes, from the budget of the central governments, capital construction fund(operation fund and non-operational fund), special expenses(e.g. expenses on substituting petroleum with coal), loans from repayment, discount fund, expenses on innovation and trial production of new products, expenses on urban construction, expenses on temporary construction by trade departments, development on fund for less developed areas, as well as local budgetary fund transferred from the central budget.

(2)Domestic loans refer to loans of various forms borrowed by investing units form banks and non-bank financial institutions during the reference period for the purpose of investment in fixed assets, including loans issued by banks from their self-owned funds and deposit, loans appropriated by higher responsible authorities, special loans by government (including loan for substituting petroleum with coal, special loan for reform-through-labour coal mines), loans arranged by local government from special funds, domestic reserve loan, and working loan, etc..

(3) Foreign Investment refers to foreign funds received during the reference period for the construction and purchase of investment in fixed assets(covering equipment, materials and technology), including foreign borrowings(loans from foreign government and international financial institutions, export credit, commercial loans from foreign banks, issue of bonds and stocks overseas), foreign direct investment and other foreign investment. Excluded in this category are capitals in foreign exchanges owned by China (foreign exchanges owned by the central and local governments by enterprises through regulating mechanism, loans in foreign exchanges issued by the Band of China with its own fund, etc.). In calculating the utilization of foreign capitals, foreign currencies are converted into Chinese Renminbi applying the current exchange rate when the foreign capitals are actually used.

(4)Self-raised funds refer to extra-budgetary funds for investment in fixed assets received by investing units from central government ministries, local governments, enterprises and institutions, including their self-raised funds.

(5) Others refer to funds or investment in fixed assets received from the sources other than those listed above, including capitals raised through issuing bonds by enterprises or financial institutions, funds raised from individuals and through donations, and funds transferred from other units.

Floor Space of Buildings under Construction and Completed refers to total floor space of the horizontal section of outer walls above the plinth of the building, including the effective area and the area occupied by the structure.

Floor Space of Residential Buildings refers to the floor space of the residential buildings among the total space of buildings under construction or completed.

Floor Space under Construction refers to total floor space of all buildings under construction during the reference period, including floor space of newly started buildings during the reference period, floor space of construction extended from the previous period to the current period, and floor space of construction suspended during the previous period and resumed in the current period. Floor space of construction completed in the current period, and floor space of construction started and then suspended in the current period are also included in the floor space under construction of the current year.

Floor Space of Buildings Completed refers to the floor space of buildings completed in the reference period, which have been appraised and accepted(or come up to the designed standards) and have been transferred to the owners for use.

5-1 居民消费价格指数
Consumer Price Indices

(上年=100) (preceding year=100)

地区	Area	1978	1980	1990	2000	2002	2003
长江三角洲经济区	**Yangtze River Delta**						
上海市	Shanghai City	100.5	105.9	106.3	102.5	100.5	100.1
南京市	Nanjing City		104.9	105.3	100.0	97.9	101.4
苏州市	Suzhou City			103.9	99.9	100.4	100.8
无锡市	Wuxi City	101.0	106.7	104.5	100.0	99.2	101.0
常州市	Changzhou City			104.2	99.5	98.5	100.7
镇江市	Zhenjiang City			103.6	99.9	99.1	101.8
南通市	Nantong City	100.2	103.4	102.7	99.3	100.0	101.6
扬州市	Yangzhou City		102.5	104.8	100.4	98.8	101.6
泰州市	Taizhou City				100.2	99.5	101.3
杭州市	Hangzhou City	100.1	100.8	104.6	100.8	98.8	99.5
宁波市	Ningbo City	100.0	115.0	104.0	100.3	99.2	101.2
嘉兴市	Jiaxing City		104.1	102.1	101.1	100.0	100.7
湖州市	Huzhou City			102.9	101.4	99.4	100.0
绍兴市	Shaoxing City			101.8	102.9	100.1	100.0
舟山市	Zhoushan City			101.9	101.6	99.5	101.3
台州市	Taizhou City	100.0	108.8	102.4	101.1	99.6	101.5
珠江三角洲经济区	**Pearl River Delta**						
广州市	Guangzhou City	100.3	107.2	97.3	102.8	97.6	100.1
深圳市	Shenzhen City		105.0	101.6	102.8	101.2	100.7
珠海市	Zhuhai City			101.4	101.4	97.6	99.2
佛山市	Foshan City	99.4	106.3	96.0	102.6	97.3	100.6
江门市	Jiangmen City				100.7	97.8	100.1
东莞市③	Dongguan City ③	100.6		96.6	101.5	98.1	100.7
中山市	Zhongshan City				102.5	99.3	101.2
惠州市区	Huizhou Urban District			97.7	102.5	98.2	100.5
惠阳市	Huiyang City						
惠东县	Huidong County						
博罗县	Boluo County						
肇庆市区	Zhaoqing Urban District	100.9	104.3	97.9	103.1	97.7	99.0
高要市	Gaoyao City						
四会市	Sihui City						

5-2 居民消费价格分类指数

Consumer Price Indices by Category

(上年 =100) (preceding year=100)

地区	Area	食品 Food 2000	2001	2002	2003
长江三角洲经济区	**Yangtze River Delta**				
上海市	Shanghai City	102.5	100.3	102.9	101.3
南京市	Nanjing City	96.8	98.6	100.1	101.4
苏州市	Suzhou City	98.4	97.1	101.5	103.2
无锡市	Wuxi City	97.7	99.9	99.0	103.3
常州市	Changzhou City	95.5	97.4	97.8	102.8
镇江市	Zhenjiang City	96.2	99.3	99.3	105.3
南通市	Nantong City	96.7	98.4	100.9	103.9
扬州市	Yangzhou City	100.4	98.7	100.8	104.6
泰州市	Taizhou City	97.6	98.5	97.9	104.1
杭州市	Hangzhou City	98.9	98.3	101.5	101.4
宁波市	Ningbo City	93.3	97.2	95.8	103.4
嘉兴市	Jiaxing City	98.9	96.7	101.5	103.3
湖州市	Huzhou City	98.7	101.1	99.3	97.5
绍兴市	Shaoxing City	97.7	96.8	103.0	100.0
舟山市	Zhoushan City	98.4	96.6	102.6	103.8
台州市	Taizhou City	100.2	98.2	101.7	102.5
珠江三角洲经济区	**Pearl River Delta**				
广州市	Guangzhou City	98.8	97.6	98.1	102.4
深圳市	Shenzhen City	100.2	97.5	100.5	101.2
珠海市	Zhuhai City	97.8	96.0	97.1	101.4
佛山市	Foshan City	98.5	98.4	97.2	104.3
江门市	Jiangmen City	97.9	100.3	95.9	101.5
东莞市	Dongguan City	100.4	98.9	99.0	103.5
中山市	Zhongshan City	99.3	97.0	99.4	100.1
惠州市区	Huizhou Urban District	98.4	100.3	96.7	102.6
惠阳市	Huiyang City				
惠东县	Huidong County				
博罗县	Boluo County				
肇庆市区	Zhaoqing Urban District	98.6	100.2	97.1	101.6
高要市	Gaoyao City				
四会市	Sihui City				

5-2 续表1 Continued

(上年=100)

(preceding year=100)

地区	Area	烟酒及用品 Tobacco, Liquor and Articles 2000	2001	2002	2003
长江三角洲经济区	**Yangtze River Delta**				
上海市	Shanghai City		98.9	98.9	99.8
南京市	Nanjing City		101.4	101.0	100.3
苏州市	Suzhou City		101.9	101.5	99.5
无锡市	Wuxi City			100.5	98.5
常州市	Changzhou City		100.3	99.5	105.5
镇江市	Zhenjiang City	94.8	100.0	99.0	98.3
南通市	Nantong City		99.5	98.4	100.7
扬州市	Yangzhou City		98.2	99.4	98.9
泰州市	Taizhou City	94.6	100.0	96.3	99.1
杭州市	Hangzhou City		96.9	98.7	99.9
宁波市	Ningbo City			101.1	102.8
嘉兴市	Jiaxing City		98.0	99.4	100.8
湖州市	Huzhou City	96.8	99.4	102.3	101.4
绍兴市	Shaoxing City		100.9	98.7	99.6
舟山市	Zhoushan City		96.8	99.7	100.7
台州市	Taizhou City		101.3	100.3	105.2
珠江三角洲经济区	**Pearl River Delta**				
广州市	Guangzhou City		101.7	100.5	100.4
深圳市	Shenzhen City		97.1	101.6	102.8
珠海市	Zhuhai City		101.3	100.7	98.0
佛山市	Foshan City				101.2
江门市	Jiangmen City	99.3	95.6	104.7	96.6
东莞市	Dongguan City			99.3	105.7
中山市	Zhongshan City	101.1	97.8	102.5	100.1
惠州市区	Huizhou Urban District			101.7	100.4
惠阳市	Huiyang City				
惠东县	Huidong County				
博罗县	Boluo County				
肇庆市区	Zhaoqing Urban District		97.5	98.3	97.6
高要市	Gaoyao City				
四会市	Sihui City				

5-2 续表2 Continued

(上年 =100) (preceding year=100)

地区	Area	衣着 Clothing 2000	2001	2002	2003
长江三角洲经济区	**Yangtze River Delta**				
上海市	Shanghai City		98.9	97.5	97.5
南京市	Nanjing City	102.9	94.6	96.5	101.7
苏州市	Suzhou City	99.8	97.5	97.5	101.6
无锡市	Wuxi City	99.2	98.9	98.7	100.1
常州市	Changzhou City	95.3	94.4	99.5	97.4
镇江市	Zhenjiang City	100.1	99.0	99.1	98.9
南通市	Nantong City	98.9	99.1	94.0	98.4
扬州市	Yangzhou City	98.5	96.6	98.3	99.2
泰州市	Taizhou City	99.4	94.3	92.6	96.2
杭州市	Hangzhou City	96.0	94.2	86.6	97.2
宁波市	Ningbo City	99.6	97.8	100.3	100.4
嘉兴市	Jiaxing City	95.9	91.0	90.7	94.6
湖州市	Huzhou City	100.8	100.5	99.7	100.4
绍兴市	Shaoxing City	99.9	97.3	98.2	97.1
舟山市	Zhoushan City	99.2	96.3	98.0	98.5
台州市	Taizhou City	99.4	98.2	98.2	97.7
珠江三角洲经济区	**Pearl River Delta**				
广州市	Guangzhou City	97.6	96.3	97.9	96.7
深圳市	Shenzhen City	102.9	98.7	105.2	99.7
珠海市	Zhuhai City	100.5	100.1	99.7	95.5
佛山市	Foshan City	103.3	99.8	101.1	100.2
江门市	Jiangmen City	95.9	101.2	100.1	94.4
东莞市	Dongguan City	98.9	98.4	92.3	94.3
中山市	Zhongshan City	96.6	100.3	96.9	103.6
惠州市区	Huizhou Urban District	102.1	102.3	103.2	100.2
惠阳市	Huiyang City				
惠东县	Huidong County				
博罗县	Boluo County				
肇庆市区	Zhaoqing Urban District	93.6	99.4	100.6	92.8
高要市	Gaoyao City				
四会市	Sihui City				

5-2 续表 3 Continued

(上年 =100) (preceding year=100)

地区	Area	家庭设备用品及服务 Household Facilities Articles and Services			
		2000	2001	2002	2003
长江三角洲经济区	**Yangtze River Delta**				
上海市	Shanghai City		97.2	97.7	98.4
南京市	Nanjing City	99.9	97.8	90.6	93.5
苏州市	Suzhou City	94.4	97.2	101.9	96.6
无锡市	Wuxi City	99.1	98.3	98.5	97.3
常州市	Changzhou City	99.7	98.5	97.5	93.9
镇江市	Zhenjiang City	97.1	93.7	94.3	96.4
南通市	Nantong City	98.1	96.8	98.5	98.7
扬州市	Yangzhou City	97.9	95.1	95.8	97.0
泰州市	Taizhou City	97.0	99.2	94.5	94.2
杭州市	Hangzhou City	95.7	97.1	95.7	95.2
宁波市	Ningbo City	98.4	94.0	94.9	97.2
嘉兴市	Jiaxing City	96.6	99.4	97.0	96.0
湖州市	Huzhou City	100.2	99.5	99.7	98.6
绍兴市	Shaoxing City	98.5	98.3	98.2	97.5
舟山市	Zhoushan City	96.2	95.8	96.5	95.4
台州市	Taizhou City	97.8	96.8	97.0	96.7
珠江三角洲经济区	**Pearl River Delta**				
广州市	Guangzhou City	100.2	96.4	97.4	97.0
深圳市	Shenzhen City	99.5	97.6	99.0	98.1
珠海市	Zhuhai City	101.0	101.2	96.4	95.8
佛山市	Foshan City	97.7	100.2	99.7	97.5
江门市	Jiangmen City	97.5	99.3	96.9	97.5
东莞市	Dongguan City	99.5	99.1	99.3	98.6
中山市	Zhongshan City	97.0	97.9	96.8	98.4
惠州市区	Huizhou Urban District	96.0	96.2	94.1	96.1
惠阳市	Huiyang City				
惠东县	Huidong County				
博罗县	Boluo County				
肇庆市区	Zhaoqing Urban District	94.6	95.4	97.9	94.7
高要市	Gaoyao City				
四会市	Sihui City				

5-2 续表4 Continued

(上年=100) (preceding year=100)

地区	Area	医疗保健和个人用品 Health Cares and Personal Articles			
		2000	2001	2002	2003
长江三角洲经济区	**Yangtze River Delta**				
上海市	Shanghai City		97.4	97.6	100.0
南京市	Nanjing City	97.3	102.0	99.8	104.1
苏州市	Suzhou City	100.2	100.2	99.5	103.0
无锡市	Wuxi City	99.2	98.1	101.7	103.3
常州市	Changzhou City	101.8	101.6	100.3	99.7
镇江市	Zhenjiang City	102.8	101.5	99.5	99.9
南通市	Nantong City	97.9	101.1	100.3	100.9
扬州市	Yangzhou City	99.9	98.0	97.8	100.5
泰州市	Taizhou City	103.0	98.6	98.8	99.0
杭州市	Hangzhou City	102.2	99.0	97.4	97.9
宁波市	Ningbo City	97.4	98.0	97.8	102.1
嘉兴市	Jiaxing City	100.6	99.9	99.5	101.6
湖州市	Huzhou City		99.6	101.1	101.9
绍兴市	Shaoxing City	101.7	99.2	99.3	94.8
舟山市	Zhoushan City	102.6	97.4	96.3	102.9
台州市	Taizhou City	100.8	98.2	97.0	98.5
珠江三角洲经济区	**Pearl River Delta**				
广州市	Guangzhou City	93.7	97.7	96.7	99.4
深圳市	Shenzhen City	104.4	98.2	101.4	100.3
珠海市	Zhuhai City	100.5	98.9	94.9	98.3
佛山市	Foshan City	96.7	101.5	88.4	101.0
江门市	Jiangmen City	99.9	101.5	97.5	101.9
东莞市	Dongguan City	92.4	93.8	99.0	101.6
中山市	Zhongshan City	105.7	98.3	99.2	102.0
惠州市区	Huizhou Urban District	103.9	100.1	93.1	99.0
惠阳市	Huiyang City				
惠东县	Huidong County				
博罗县	Boluo County				
肇庆市区	Zhaoqing Urban District	104.0	96.2	97.9	99.6
高要市	Gaoyao City				
四会市	Sihui City				

5-2 续表5 Continued

(上年=100) (preceding year=100)

地区	Area	交通和通信 Means of Transportation and Communication			
		2000	2001	2002	2003
长江三角洲经济区	**Yangtze River Delta**				
上海市	Shanghai City		98.1	96.9	96.3
南京市	Nanjing City	90.0	94.7	93.8	96.6
苏州市	Suzhou City	94.0	96.0	96.6	94.3
无锡市	Wuxi City		99.5	95.8	95.0
常州市	Changzhou City	97.6	97.6	98.2	98.9
镇江市	Zhenjiang City	87.0	97.7	95.7	96.2
南通市	Nantong City	95.3	94.9	97.4	96.7
扬州市	Yangzhou City	99.4	96.2	98.2	99.6
泰州市	Taizhou City	95.4	96.5	93.2	95.4
杭州市	Hangzhou City	93.6	94.9	96.6	99.9
宁波市	Ningbo City	95.7	94.8	96.4	96.4
嘉兴市	Jiaxing City	94.8	98.7	96.7	95.2
湖州市	Huzhou City		99.1	98.3	97.9
绍兴市	Shaoxing City	93.0	98.6	99.2	94.9
舟山市	Zhoushan City	89.5	97.4	97.8	97.7
台州市	Taizhou City	90.7	98.1	96.1	97.4
珠江三角洲经济区	**Pearl River Delta**				
广州市	Guangzhou City	97.9	87.6	86.9	97.3
深圳市	Shenzhen City	96.2	97.6	98.0	
珠海市	Zhuhai City	92.6	89.7	89.9	97.1
佛山市	Foshan City	96.7	93.8	90.4	97.5
江门市	Jiangmen City	88.6	89.8	90.8	100.5
东莞市	Dongguan City	85.2	83.6	97.3	99.5
中山市	Zhongshan City	91.6	101.2	99.1	98.9
惠州市区	Huizhou Urban District	97.7	89.4	87.3	99.9
惠阳市	Huiyang City				
惠东县	Huidong County				
博罗县	Boluo County				
肇庆市区	Zhaoqing Urban District	88.2	89.3	92.2	95.2
高要市	Gaoyao City				
四会市	Sihui City				

5-2 续表6 Continued

(上年 =100) (preceding year=100)

地区	Area	娱乐教育文化 Recreation,Education and Culture			
		2000	2001	2002	2003
长江三角洲经济区	**Yangtze River Delta**				
上海市	Shanghai City		102.1	100.8	100.3
南京市	Nanjing City	94.6	106.5	97.3	100.6
苏州市	Suzhou City	100.3	105.1	99.8	98.5
无锡市	Wuxi City		102.4	99.7	99.6
常州市	Changzhou City	101.7	112.8	97.5	99.4
镇江市	Zhenjiang City	97.6	106.3	102.7	102.4
南通市	Nantong City	97.0	112.5	103.9	101.7
扬州市	Yangzhou City	95.9	104.5	101.4	100.7
泰州市	Taizhou City	97.4	123.2	117.1	107.5
杭州市	Hangzhou City	100.9	103.0	98.0	100.0
宁波市	Ningbo City	92.7	104.0	96.4	99.8
嘉兴市	Jiaxing City	97.8	109.8	106.9	102.2
湖州市	Huzhou City		105.9	98.6	103.6
绍兴市	Shaoxing City	101.3	106.1	99.5	109.1
舟山市	Zhoushan City	96.5	111.0	99.6	101.2
台州市	Taizhou City	92.1	105.3	98.7	107.4
珠江三角洲经济区	**Pearl River Delta**				
广州市	Guangzhou City	99.9	97.9	88.5	97.1
深圳市	Shenzhen City	94.8	97.8	99.5	100.2
珠海市	Zhuhai City	103.3	99.4	97.1	97.1
佛山市	Foshan City	98.3	98.6	99.2	96.0
江门市	Jiangmen City	94.7	98.6	99.2	97.9
东莞市	Dongguan City	100.3	98.7	97.1	97.2
中山市	Zhongshan City	97.1	102.8	101.9	105.4
惠州市区	Huizhou Urban District	96.8	99.9	96.4	97.5
惠阳市	Huiyang City				
惠东县	Huidong County				
博罗县	Boluo County				
肇庆市区	Zhaoqing Urban District	100.5	99.8	93.5	98.3
高要市	Gaoyao City				
四会市	Sihui City				

5-2 续表7 Continued

(上年 =100) (preceding year=100)

地区	Area	居 住 Residence			
		2000	2001	2002	2003
长江三角洲经济区	**Yangtze River Delta**				
上海市	Shanghai City		102.3	100.0	101.1
南京市	Nanjing City	109.2	102.2	99.4	103.3
苏州市	Suzhou City	105.8	103.3	99.7	100.9
无锡市	Wuxi City	105.6	102.6	99.4	102.1
常州市	Changzhou City	103.8	99.7	100.7	103.7
镇江市	Zhenjiang City	106.3	102.4	99.5	101.6
南通市	Nantong City	108.1	103.5	99.2	102.6
扬州市	Yangzhou City	105.3	103.1	100.8	101.1
泰州市	Taizhou City	107.1	100.0	97.8	100.3
杭州市	Hangzhou City	109.7	104.1	101.5	101.9
宁波市	Ningbo City	103.2	104.3	100.6	102.0
嘉兴市	Jiaxing City	107.4	101.5	97.2	103.5
湖州市	Huzhou City	109.6	98.6	98.2	104.2
绍兴市	Shaoxing City	105.7	101.6	97.6	100.6
舟山市	Zhoushan City	104.0	101.1	96.5	101.7
台州市	Taizhou City	105.5	100.2	99.8	101.2
珠江三角洲经济区	**Pearl River Delta**				
广州市	Guangzhou City	105.3	101.7	100.1	102.7
深圳市	Shenzhen City	105.6	99.1	102.4	105.0
珠海市	Zhuhai City	113.1	98.8	97.8	102.4
佛山市	Foshan City	104.8	100.5	95.1	101.2
江门市	Jiangmen City	105.7	99.7	99.4	101.1
东莞市	Dongguan City	113.8	96.7	99.4	101.5
中山市	Zhongshan City	115.9	104.5	98.6	101.3
惠州市区	Huizhou Urban District	110.7	99.2	100.7	101.5
惠阳市	Huiyang City				
惠东县	Huidong County				
博罗县	Boluo County				
肇庆市区	Zhaoqing Urban District	108.2	103.3	99.8	99.6
高要市	Gaoyao City				
四会市	Sihui City				

5-3 商品零售价格指数
Retail Price Indices

(上年 =100) (preceding year=100)

地区	Area	1978	1980	1990	2000	2002	2003
长江三角洲经济区	**Yangtze River Delta**						
上海市	Shanghai City	100.1	106.5	104.8	96.4	98.7	99.0
南京市	Nanjing City	107.4	105.0	104.4	99.2	96.3	99.6
苏州市	Suzhou City		104.2	103.2	98.5	99.5	99.5
无锡市	Wuxi City	101.0	107.1	103.8	98.6	99.3	100.9
常州市	Changzhou City			103.4	98.0	99.0	100.8
镇江市	Zhenjiang City			103.3	98.0	97.0	100.2
南通市	Nantong City	100.2	102.9	102.1	98.4	97.6	98.5
扬州市	Yangzhou City		104.7	103.8	98.2	99.2	100.6
泰州市	Taizhou City				98.3	97.4	99.6
杭州市	Hangzhou City	100.1	109.3	104.4	98.3	97.9	98.1
宁波市	Ningbo City	99.6		103.2	98.3	98.6	101.6
嘉兴市	Jiaxing City	100.2	104.2	101.7	99.0	97.6	101.0
湖州市	Huzhou City			102.4	99.7	99.7	100.0
绍兴市	Shaoxing City			101.8	98.7	99.4	98.3
舟山市	Zhoushan City			100.2	99.2	99.3	101.1
台州市	Taizhou City	100.1	108.0	101.8	100.4	99.8	99.6
珠江三角洲经济区	**Pearl River Delta**						
广州市	Guangzhou City	100.3	107.6	96.3	99.4	97.4	
深圳市	Shenzhen City		105.5	97.7	100.6	100.2	100.0
珠海市	Zhuhai City			99.8	101.6	97.1	99.1
佛山市	Foshan City	99.3	107.0	93.5	100.2	99.1	100.2
江门市	Jiangmen City			96.5	98.5	97.4	99.2
东莞市	Dongguan City	100.4	110.9	94.9	100.1	99.1	101.7
中山市	Zhongshan City				100.1	98.3	100.4
惠州市区	Huizhou Urban District			96.2	100.2	96.8	101.7
惠阳市	Huiyang City						
惠东县	Huidong County						
博罗县	Boluo County						
肇庆市区	Zhaoqing Urban District	100.9	104.3	96.5	99.9	98.1	98.7
高要市	Gaoyao City						
四会市	Sihui City						

主要统计指标解释

居民消费价格指数 是反映一定时期内城乡居民所购买的生活消费品价格和服务项目价格变动趋势和程度的相对数，是对城市居民消费价格指数和农村居民消费价格指数进行综合汇总计算的结果。该指数可以观察和分析消费品的零售价格和服务价格变动对城乡居民实际生活费支出的影响程度。

商品零售价格指数 是反映一定时期内城乡商品零售价格变动趋势和程度的相对数。商品零售物价的变动直接影响到城乡居民的生活支出和国家的财政收入，影响居民购买力和市场供需的平衡，影响到消费与积累的比例关系。因此，该指数可以从一个侧面对上述经济活动进行观察和分析。

Explanatory Notes on Main Statistical Indicators

Consumer Price Indices reflect the trend and degree of changes in prices of consumer goods and services purchased by urban and rural residents, and is a composite indices derived from the urban consumer price indices and the rural consumer price indices. Consumer price indices can be used to analyze the impact of consumer price change on actual expenditure for living cost of urban and rural residents.

Retail Price Indices reflect the trend and degree of change in retail prices of commodities during a given period. The change in retail prices of commodities directly affect the living expenditure of urban and rural residents, government revenue, purchasing power of residents and the equilibrium of market supply and demand, and the ratio of consumption to accumulation. Therefore, the retail price indices are useful to analyze the changes of the above economic activities.

6-1 城镇居民家庭平均每人年收入
Per Capita Annual Income of Urban Households

单位：元 (yuan)

地区	Area	1990	2000	2002	2003
长江三角洲经济区	**Yangtze River Delta**				
上海市	Shanghai City		14747	19393	
南京市	Nanjing City	1605	8261	9856	10884
苏州市	Suzhou City	2161	9336	11511	13445
无锡市	Wuxi City	1833	8674	10540	12683
常州市	Changzhou City	1782	8578	10841	12334
镇江市	Zhenjiang City	1936	7267	8829	10210
南通市	Nantong City		9543	9031	10394
扬州市	Yangzhou City	1776	6775	8169	9007
泰州市	Taizhou City		7027	8157	8870
杭州市	Hangzhou City	1999	9709	12912	14120
宁波市	Ningbo City	1963	10921	12970	14277
嘉兴市	Jiaxing City	2067	9310	12540	14239
湖州市	Huzhou City	2001	8711	12316	13577
绍兴市	Shaoxing City	1989	9465	13385	14713
舟山市	Zhoushan City	1974	8925	11652	12979
台州市	Taizhou City	1678	9274	12450	14548
珠江三角洲经济区	**Pearl River Delta**				
广州市	Guangzhou City		13812	15252	17294
深圳市	Shenzhen City	1935	21075	26337	27701
珠海市	Zhuhai City	3417	15328	16391	18253
佛山市	Foshan City	2907	12088	14503	15915
江门市	Jiangmen City				11790
东莞市	Dongguan City		14231	17711	19478
中山市	Zhongshan City				15481
惠州市区	Huizhou Urban District		9937	11284	13770
惠阳市	Huiyang City				
惠东县	Huidong County				
博罗县	Boluo County				
肇庆市区	Zhaoqing Urban District		7357	7716	8616
高要市	Gaoyao City				
四会市	Sihui City				

6-2 城镇居民家庭平均每人全年可支配收入

Per Capita Disposable Income of Urban Households

单位：元 (yuan)

地区	Area	1978	1980	1990	2000	2002	2003
长江三角洲经济区	**Yangtze River Delta**						
上海市	Shanghai City	406	637	2182	11717	13250	14867
南京市	Nanjing City		487	1591	8233	9157	10196
苏州市	Suzhou City		467	2150	9274	10617	12362
无锡市	Wuxi City	340	456	1833	8603	9988	11647
常州市	Changzhou City			1769	8540	9933	11307
镇江市	Zhenjiang City			1724	7170	8202	9451
南通市	Nantong City				7911	8640	9598
扬州市	Yangzhou City	316	408	1750	6734	7833	8705
泰州市	Taizhou City			1401	7005	7788	8517
杭州市	Hangzhou City	338	521	1985	9668	11778	12898
宁波市	Ningbo City	306		1963	10921	12970	14277
嘉兴市	Jiaxing City				9338	11500	12954
湖州市	Huzhou City			1988	8684	11388	12607
绍兴市	Shaoxing City			1834	9401	12130	13535
舟山市	Zhoushan City			1888	8886	10985	12213
台州市	Taizhou City	311		1619	8861	11817	13609
珠江三角洲经济区	**Pearl River Delta**						
广州市	Guangzhou City				13622	13380	15003
深圳市	Shenzhen City			4127	20906	24941	25936
珠海市	Zhuhai City			3417	15110	15320	16602
佛山市	Foshan City			2675	11977	13582	14827
江门市	Jiangmen City						
东莞市	Dongguan City			2508	14142	16949	18471
中山市	Zhongshan City				11876	14208	14906
惠州市区	Huizhou Urban District				9825	10691	12673
惠阳市	Huiyang City						
惠东县	Huidong County						
博罗县	Boluo County						
肇庆市区	Zhaoqing Urban District				7301	7335	8040
高要市	Gaoyao City						
四会市	Sihui City						

6-3 农村居民家庭平均每人年收入
Per Capita Annual Income of Rural Households

单位：元 (yuan)

地区	Area	1978	1980	1990	2000	2002	2003
长江三角洲经济区	**Yangtze River Delta**						
上海市	Shanghai City	317	441	1990	6400	7080	7260
南京市	Nanjing City			1175	4790	5474	5935
苏州市	Suzhou City	260	406	2065	6456	7202	7636
无锡市	Wuxi City			1844	5977	6792	7223
常州市	Changzhou City			1873	5560	6163	6428
镇江市	Zhenjiang City	145	183	1302	4879	5403	5772
南通市	Nantong City				5285	5642	5825
扬州市	Yangzhou City			1271	4401	4765	5074
泰州市	Taizhou City				4443	4839	5113
杭州市	Hangzhou City			1451	5281	6370	6676
宁波市	Ningbo City				6431	7320	7628
嘉兴市	Jiaxing City			2204	6463	7199	8250
湖州市	Huzhou City			1704	5714	6935	7277
绍兴市	Shaoxing City			1458	6092	6936	7540
舟山市	Zhoushan City			1807	6228	5927	6264
台州市	Taizhou City						
珠江三角洲经济区	**Pearl River Delta**						
广州市	Guangzhou City	288	358	2141	7080	7919	7032
深圳市	Shenzhen City						
珠海市	Zhuhai City						
佛山市	Foshan City						
江门市	Jiangmen City						
东莞市	Dongguan City				9802	10073	11057
中山市	Zhongshan City				9148	9102	9559
惠州市区	Huizhou Urban District						4894
惠阳市	Huiyang City						4925
惠东县	Huidong County						5083
博罗县	Boluo County						5033
肇庆市区	Zhaoqing Urban District						
高要市	Gaoyao City			1694	5821	6412	6596
四会市	Sihui City						

6-4 农村居民家庭平均每人全年纯收入

Per Capita Net Income of Rural Households

单位：元 (yuan)

地区	Area	1978	1980	1990	2000	2002	2003
长江三角洲经济区	**Yangtze River Delta**						
上海市	Shanghai City	281	401	1665	5565	6212	6658
南京市	Nanjing City			970	4062	4579	4923
苏州市	Suzhou City	204	271	1193	5462	6140	6681
无锡市	Wuxi City	181	239	1496	5256	5860	6329
常州市	Changzhou City	103	142	1401	4430	5138	5550
镇江市	Zhenjiang City	145	183	1083	4042	4452	4733
南通市	Nantong City			871	3710	4133	4393
扬州市	Yangzhou City	85	98	941	3464	3926	4172
泰州市	Taizhou City	106	130	811	3549	3834	4079
杭州市	Hangzhou City	162	250	1171	4496	5242	5740
宁波市	Ningbo City		222	1254	5069	5764	6221
嘉兴市	Jiaxing City			1554	4734	5532	6127
湖州市	Huzhou City	221	343	1270	4335	5052	5536
绍兴市	Shaoxing City			1212	4982	5690	6143
舟山市	Zhoushan City			1478	4228	4659	5018
台州市	Taizhou City	120		918	4296	4970	5359
珠江三角洲经济区	**Pearl River Delta**						
广州市	Guangzhou City	250	323	1539	6086	6857	6130
深圳市	Shenzhen City		209	1954	9270	10610	11346
珠海市	Zhuhai City			1230	4417	5097	5517
佛山市	Foshan City						
江门市	Jiangmen City						
东莞市	Dongguan City	149		1359	6731	7907	8481
中山市	Zhongshan City				6528	6907	7211
惠州市区	Huizhou Urban District						4282
惠阳市	Huiyang City						4248
惠东县	Huidong County						4107
博罗县	Boluo County						4067
肇庆市区	Zhaoqing Urban District						
高要市	Gaoyao City			1036	4485	4946	5102
四会市	Sihui City			1131	4245	4515	4717

6-5　城乡居民储蓄存款年末余额
Savings Deposit in Urban and Rural (Year-end)

单位：亿元　　(100 million yuan)

地区	Area	1978	1980	1990	2000	2002	2003
长江三角洲经济区	**Yangtze River Delta**						
上海市	Shanghai City	18.18	30.20	252.16	2524.05	4915.54	6054.60
南京市	Nanjing City	2.11	3.80	55.46	596.70	908.61	1133.62
苏州市	Suzhou City	1.77	3.64	73.33	803.70	1164.31	1470.52
无锡市	Wuxi City	1.43	2.46	55.87	553.93	812.56	997.76
常州市	Changzhou City	0.72	1.63	34.29	355.57	499.94	622.92
镇江市	Zhenjiang City	0.49	1.11	21.42	203.97	281.26	338.21
南通市	Nantong City	2.19	3.04	57.48	544.55	721.17	849.86
扬州市	Yangzhou City	0.57	1.22	27.87	276.05	378.04	449.12
泰州市	Taizhou City	0.54	1.19	25.79	264.07	336.00	394.99
杭州市	Hangzhou City	2.07	4.04	69.75	742.60	1183.40	1589.96
宁波市	Ningbo City	1.52	2.88	46.12	586.06	862.39	1059.63
嘉兴市	Jiaxing City			31.43	326.89	436.42	541.50
湖州市	Huzhou City	0.49	1.07	18.42	160.28	214.65	260.55
绍兴市	Shaoxing City	0.69	1.63	34.08	398.93	539.64	664.90
舟山市	Zhoushan City		0.66	9.56	85.39	110.38	127.93
台州市	Taizhou City	0.44	1.12	15.36	289.62	436.27	542.17
珠江三角洲经济区	**Pearl River Delta**						
广州市	Guangzhou City	5.67	9.56	181.14	2239.86	3132.80	3727.33
深圳市	Shenzhen City		0.53	57.45	1082.64	1756.49	2199.45
珠海市	Zhuhai City		0.41	18.92	216.09	297.24	357.39
佛山市	Foshan City	1.64	3.36	106.07	1216.98	1535.93	1783.99
江门市	Jiangmen City	1.96	3.42	67.35	483.74	578.35	667.17
东莞市	Dongguan City	0.54	1.17	45.51	672.07	1001.69	1231.06
中山市	Zhongshan City	0.54	1.11	36.64	354.65	462.89	543.70
惠州市区	Huizhou Urban District	0.07		6.88		136.07	173.88
惠阳市	Huiyang City	0.08		6.96		68.35	70.73
惠东县	Huidong County	0.03		4.74		48.37	56.79
博罗县	Boluo County	0.09		4.37		54.37	64.28
肇庆市区	Zhaoqing Urban District					98.99	
高要市	Gaoyao City	0.20		4.73		35.17	
四会市	Sihui City	0.11		3.57		33.47	

6-6 城镇居民家庭平均每人全年消费支出
Per Capita Annual Living Expenditure of Urban Households

单位：元 (yuan)

地区	Area	1978	1980	1990	2000	2002	2003
长江三角洲经济区	**Yangtze River Delta**						
上海市	Shanghai City	357	553	1937	8868	10464	11040
南京市	Nanjing City			1453	7048	7323	7723
苏州市	Suzhou City			1805	7027	7682	9272
无锡市	Wuxi City			1454	6975	7567	8360
常州市	Changzhou City			1498	6759	7973	8947
镇江市	Zhenjiang City			1715	4027	6305	6969
南通市	Nantong City			1551	5898	5852	6808
扬州市	Yangzhou City			1555	4990	5575	5910
泰州市	Taizhou City				5637	5550	5743
杭州市	Hangzhou City	301	491	1685	7790	9215	9950
宁波市	Ningbo City	299	419	1628	7997	9396	10463
嘉兴市	Jiaxing City			1685	7085	7707	8748
湖州市	Huzhou City			1750	6353	8113	8431
绍兴市	Shaoxing City			1721	7430	9004	9305
舟山市	Zhoushan City			1608	6540	8010	9009
台州市	Taizhou City			1403	6926	9393	10541
珠江三角洲经济区	**Pearl River Delta**						
广州市	Guangzhou City		521	2410	11349	10672	11571
深圳市	Shenzhen City			3671	16307	18926	19960
珠海市	Zhuhai City			2899	11694	11988	11708
佛山市	Foshan City			2570	10663	10937	11265
江门市	Jiangmen City						7511
东莞市	Dongguan City			2038	12529	15157	15446
中山市	Zhongshan City				10337	10989	11270
惠州市区	Huizhou Urban District				8555	8603	10303
惠阳市	Huiyang City						
惠东县	Huidong County						
博罗县	Boluo County						
肇庆市区	Zhaoqing Urban District				6751	6322	7045
高要市	Gaoyao City						
四会市	Sihui City						

6-7 城镇居民家庭平均每人全年消费支出(2003 年)

Per Capita Annual Living Expenditure of Urban Households(2003)

单位：元 (yuan)

地区	Area	食品 Food	衣着 Clothing	家庭设备用品及服务 Household Facilities, Articles and Services	医疗保健 Medicine and Medical Services
长江三角洲经济区	**Yangtze River Delta**				
上海市	Shanghai City	4102	751	792	603
南京市	Nanjing City	3120	598	481	576
苏州市	Suzhou City	3501	628	781	681
无锡市	Wuxi City	3151	713	494	679
常州市	Changzhou City	3240	689	579	791
镇江市	Zhenjiang City	2984	619	465	324
南通市	Nantong City	2730	609	407	477
扬州市	Yangzhou City	2404	498	388	499
泰州市	Taizhou City	2429	555	388	395
杭州市	Hangzhou City	3853	815	585	874
宁波市	Ningbo City	3985	856	731	539
嘉兴市	Jiaxing City	3257	643	622	701
湖州市	Huzhou City	3268	777	544	793
绍兴市	Shaoxing City	3392	822	545	495
舟山市	Zhoushan City	3195	797	691	870
台州市	Taizhou City	3595	900	660	571
珠江三角洲经济区	**Pearl River Delta**				
广州市	Guangzhou City	4505	694	808	729
深圳市	Shenzhen City	464	120	116	97
珠海市	Zhuhai City	4079	730	589	882
佛山市	Foshan City	3837	689	831	739
江门市	Jiangmen City	2869	436	759	233
东莞市	Dongguan City	4804	921	1093	693
中山市	Zhongshan City	4394	645	527	455
惠州市区	Huizhou Urban District	3755	657	709	721
惠阳市	Huiyang City				
惠东县	Huidong County				
博罗县	Boluo County				
肇庆市区	Zhaoqing Urban District	2898	260	437	722
高要市	Gaoyao City				
四会市	Sihui City				

6–7 续表 continued

单位：元 (yuan)

地区	Area	交通通讯 Transport,Post and Communications Services	娱乐文教服务 Recreation, Education and Cultural Services	居住 Residence	杂项商品与服务 Miscellaneous Commodities and Services
长江三角洲经济区	**Yangtze River Delta**				
上海市	Shanghai City	1259	1834	1280	419
南京市	Nanjing City	657	1126	935	230
苏州市	Suzhou City	1108	1268	1017	288
无锡市	Wuxi City	986	1251	767	319
常州市	Changzhou City	1052	1411	816	369
镇江市	Zhenjiang City	587	1111	631	248
南通市	Nantong City	812	979	578	216
扬州市	Yangzhou City	457	837	613	214
泰州市	Taizhou City	543	550	579	304
杭州市	Hangzhou City	959	1518	1038	309
宁波市	Ningbo City	1398	1624	1058	272
嘉兴市	Jiaxing City	1067	1394	797	267
湖州市	Huzhou City	696	1244	764	345
绍兴市	Shaoxing City	787	1644	1263	358
舟山市	Zhoushan City	820	1256	1107	273
台州市	Taizhou City	1691	1497	1267	360
珠江三角洲经济区	**Pearl River Delta**				
广州市	Guangzhou City	1405	1884	1169	378
深圳市	Shenzhen City	384	246	175	61
珠海市	Zhuhai City	2191	1750	955	5285
佛山市	Foshan City	1652	2108	1022	387
江门市	Jiangmen City	1277	886	714	338
东莞市	Dongguan City	2062	2512	2966	395
中山市	Zhongshan City	2021	1624	1198	406
惠州市区	Huizhou Urban District	1682	1472	1004	301
惠阳市	Huiyang City				
惠东县	Huidong County				
博罗县	Boluo County				
肇庆市区	Zhaoqing Urban District	813	907	827	179
高要市	Gaoyao City				
四会市	Sihui City				

6-8 城镇居民家庭平均每人全年消费支出构成(2003年)

Composition of Per Capita Annual Living Expenditure of Urban Households(2003)

单位：%　　　　(%)

地区	Area	食品 Food	衣着 Clothing	家庭设备用品及服务 Household Facilities, Articles and Services	医疗保健 Medicine and Medical Services
长江三角洲经济区	**Yangtze River Delta**				
上海市	Shanghai City	37.2	6.8	7.2	5.4
南京市	Nanjing City	40.4	7.7	6.2	7.5
苏州市	Suzhou City	37.8	6.8	8.4	7.3
无锡市	Wuxi City	37.7	8.5	5.9	8.1
常州市	Changzhou City	36.2	7.7	6.5	8.8
镇江市	Zhenjiang City	42.8	8.9	6.7	4.6
南通市	Nantong City	40.1	8.9	6.0	7.0
扬州市	Yangzhou City	40.7	8.4	6.6	8.4
泰州市	Taizhou City	42.3	9.7	6.8	6.9
杭州市	Hangzhou City	38.7	8.2	5.9	8.8
宁波市	Ningbo City	38.0	8.0	7.0	5.0
嘉兴市	Jiaxing City	37.2	7.4	7.1	8.0
湖州市	Huzhou City	38.8	9.2	6.4	9.4
绍兴市	Shaoxing City	36.4	8.8	5.9	5.3
舟山市	Zhoushan City	35.5	8.8	7.7	9.7
台州市	Taizhou City	34.1	8.6	6.3	5.4
珠江三角洲经济区	**Pearl River Delta**				
广州市	Guangzhou City	38.9	6.0	7.0	6.3
深圳市	Shenzhen City	27.9	7.2	7.0	5.8
珠海市	Zhuhai City	34.8	6.2	5.0	7.5
佛山市	Foshan City	34.1	3.5	7.4	6.6
江门市	Jiangmen City	38.2	5.8	10.1	3.1
东莞市	Dongguan City	31.1	6.0	7.1	4.5
中山市	Zhongshan City	39.0	5.7	4.7	4.0
惠州市区	Huizhou Urban District	36.5	6.4	6.9	7.0
惠阳市	Huiyang City				
惠东县	Huidong County				
博罗县	Boluo County				
肇庆市区	Zhaoqing Urban District	41.1	3.7	6.2	10.0
高要市	Gaoyao City				
四会市	Sihui City				

6-8 续表 continued

单位：%　　(%)

地区	Area	交通通讯 Transport,Post and Communications Services	娱乐文教服务 Recreation, Education and Cultural Services	居住 Residence	杂项商品与服务 Miscellaneous Commodities and Services
长江三角洲经济区	**Yangtze River Delta**				
上海市	Shanghai City	11.4	16.6	11.6	3.8
南京市	Nanjing City	8.5	14.6	12.1	3.0
苏州市	Suzhou City	12.0	13.7	11.0	3.1
无锡市	Wuxi City	11.8	15.0	9.2	3.8
常州市	Changzhou City	11.8	15.8	9.1	4.1
镇江市	Zhenjiang City	8.4	15.9	9.1	3.6
南通市	Nantong City	11.9	14.4	8.5	3.2
扬州市	Yangzhou City	7.7	14.2	10.4	3.6
泰州市	Taizhou City	9.5	9.6	10.1	5.3
杭州市	Hangzhou City	9.6	15.3	10.4	3.1
宁波市	Ningbo City	13.0	16.0	10.0	3.0
嘉兴市	Jiaxing City	12.2	15.9	9.1	3.1
湖州市	Huzhou City	8.2	14.8	9.1	4.1
绍兴市	Shaoxing City	8.5	17.7	13.6	3.8
舟山市	Zhoushan City	9.1	13.9	12.3	3.0
台州市	Taizhou City	16.0	14.2	12.0	3.4
珠江三角洲经济区	**Pearl River Delta**				
广州市	Guangzhou City	12.1	16.3	10.1	3.3
深圳市	Shenzhen City	23.1	3.8	10.5	3.7
珠海市	Zhuhai City	18.7	15.0	8.2	4.6
佛山市	Foshan City	14.7	18.7	9.1	3.4
江门市	Jiangmen City	17.0	11.8	9.5	4.5
东莞市	Dongguan City	13.4	16.3	19.2	2.6
中山市	Zhongshan City	17.9	14.4	10.6	3.6
惠州市区	Huizhou Urban District	16.3	14.3	9.7	2.9
惠阳市	Huiyang City				
惠东县	Huidong County				
博罗县	Boluo County				
肇庆市区	Zhaoqing Urban District	11.5	12.8	11.7	3.0
高要市	Gaoyao City				
四会市	Sihui City				

6-9 农村居民家庭平均每人全年生活消费支出
Per Capita Annual Living Expenditure of Rural Household

单位：元 (yuan)

地区	Area	1978	1980	1990	2000	2002	2003
长江三角洲经济区	**Yangtze River Delta**						
上海市	Shanghai City	193	323	1262	4138	5311	5670
南京市	Nanjing City			805	2498	2590	3153
苏州市	Suzhou City			1415	4073	4229	4641
无锡市	Wuxi City			1183	3881	4018	4474
常州市	Changzhou City			1231	3243	3698	3953
镇江市	Zhenjiang City			682	2685	2643	3351
南通市	Nantong City			828	2897	2907	2976
扬州市	Yangzhou City			798	2312	2391	2648
泰州市	Taizhou City				2695	2589	2606
杭州市	Hangzhou City		287	923	3020	3957	4578
宁波市	Ningbo City			1166	3929	4508	5194
嘉兴市	Jiaxing City			1306	3644	4328	4549
湖州市	Huzhou City			1131	2677	3226	3696
绍兴市	Shaoxing City			992	3650	3960	4615
舟山市	Zhoushan City			1119	2957	3628	3892
台州市	Taizhou City						3809
珠江三角洲经济区	**Pearl River Delta**						
广州市	Guangzhou City	222	259	1219	4453	4435	4116
深圳市	Shenzhen City						
珠海市	Zhuhai City						
佛山市	Foshan City						
江门市	Jiangmen City						
东莞市	Dongguan City				5953	6842	7727
中山市	Zhongshan City				4380	4362	4536
惠州市区	Huizhou Urban District				3065	2805	3205
惠阳市	Huiyang City				3084	2496	3402
惠东县	Huidong County				2646	3257	3103
博罗县	Boluo County				2710	2999	2974
肇庆市区	Zhaoqing Urban District						
高要市	Gaoyao City			1053	2981	3128	3084
四会市	Sihui City			964	2870	2417	2607

6-10 农村居民家庭平均每人全年生活消费支出(2003 年)

Per Capita Annual Living Expenditure of Rural Household(2003)

单位：元 (yuan)

地区	Area	食品 Food	衣着 Clothing	家庭设备用品及服务 Household Facilities, Articles and Services	医疗保健 Medicine and Medical Services
长江三角洲经济区	**Yangtze River Delta**				
上海市	Shanghai City	2004	250	297	333
南京市	Nanjing City	1448	200	156	110
苏州市	Suzhou City	1745	252	279	300
无锡市	Wuxi City	1675	288	264	309
常州市	Changzhou City	1586	232	278	242
镇江市	Zhenjiang City	1338	184	180	229
南通市	Nantong City	1173	144	144	167
扬州市	Yangzhou City	1164	135	115	169
泰州市	Taizhou City	1086	144	123	160
杭州市	Hangzhou City	1662	243	279	316
宁波市	Ningbo City	2083	289	277	375
嘉兴市	Jiaxing City	1818	219	257	347
湖州市	Huzhou City	1573	230	210	258
绍兴市	Shaoxing City	1843	239	226	376
舟山市	Zhoushan City	1681	311	174	230
台州市	Taizhou City	1489	202	174	225
珠江三角洲经济区	**Pearl River Delta**				
广州市	Guangzhou City	1806	144	212	243
深圳市	Shenzhen City				
珠海市	Zhuhai City				
佛山市	Foshan City				
江门市	Jiangmen City				
东莞市	Dongguan City	3112	282	134	337
中山市	Zhongshan City	1940	116	164	212
惠州市区	Huizhou Urban District	1526	129	119	101
惠阳市	Huiyang City	1525	205	140	258
惠东县	Huidong County	1548	160	61	124
博罗县	Boluo County	1529	125	100	126
肇庆市区	Zhaoqing Urban District				
高要市	Gaoyao City	1455	121	124	135
四会市	Sihui City	1488	3	5	54

6-10 续表 continued

单位：元 (yuan)

地区	Area	交通通讯 Transport,Post and Communications Services	娱乐文教服务 Recreation, Education and Cultural Services	居住 Residence	杂项商品与服务 Miscellaneous Commodities and Services
长江三角洲经济区	**Yangtze River Delta**				
上海市	Shanghai City	587	676	1437	86
南京市	Nanjing City	347	416	408	66
苏州市	Suzhou City	539	593	821	113
无锡市	Wuxi City	583	615	531	105
常州市	Changzhou City	511	535	460	109
镇江市	Zhenjiang City	330	538	475	68
南通市	Nantong City	278	407	586	75
扬州市	Yangzhou City	216	357	418	74
泰州市	Taizhou City	254	363	277	77
杭州市	Hangzhou City	464	603	900	111
宁波市	Ningbo City	490	606	976	100
嘉兴市	Jiaxing City	599	532	660	117
湖州市	Huzhou City	490	490	326	119
绍兴市	Shaoxing City	467	607	744	123
舟山市	Zhoushan City	371	659	369	97
台州市	Taizhou City	475	533	604	107
珠江三角洲经济区	**Pearl River Delta**				
广州市	Guangzhou City	475	606	558	72
深圳市	Shenzhen City				
珠海市	Zhuhai City				
佛山市	Foshan City				
江门市	Jiangmen City				
东莞市	Dongguan City	795	566	2362	139
中山市	Zhongshan City	508	642	814	141
惠州市区	Huizhou Urban District	484	379	338	126
惠阳市	Huiyang City	493	345	324	112
惠东县	Huidong County	239	261	383	323
博罗县	Boluo County	304	227	507	53
肇庆市区	Zhaoqing Urban District				
高要市	Gaoyao City	345	305	526	70
四会市	Sihui City	105	3	221	174

6-11 农村居民家庭平均每人全年消费支出构成(2003年)

Composition of Per Capita Annual Living Expenditure of Rural Households(2003)

单位：%　　　　(%)

地区	Area	食品 Food	衣着 Clothing	家庭设备用品及服务 Household Facilities, Articles and Services	医疗保健 Medicine and Medical Services
长江三角洲经济区	**Yangtze River Delta**				
上海市	Shanghai City	35.3	4.4	5.2	5.9
南京市	Nanjing City	45.9	6.3	5.0	3.5
苏州市	Suzhou City	37.6	5.4	6.0	6.5
无锡市	Wuxi City	37.4	6.4	5.9	6.9
常州市	Changzhou City	40.1	5.9	7.0	6.1
镇江市	Zhenjiang City	39.9	5.5	5.4	6.8
南通市	Nantong City	39.4	4.8	4.8	5.6
扬州市	Yangzhou City	44.0	5.1	4.3	6.4
泰州市	Taizhou City	41.7	5.5	4.7	6.1
杭州市	Hangzhou City	36.3	5.3	6.1	6.9
宁波市	Ningbo City	40.1	5.6	5.3	7.2
嘉兴市	Jiaxing City	40.0	4.5	5.6	7.6
湖州市	Huzhou City	42.6	6.2	5.7	7.0
绍兴市	Shaoxing City	39.9	5.2	4.9	8.1
舟山市	Zhoushan City	43.2	8.0	4.5	5.9
台州市	Taizhou City	39.1	5.3	4.6	5.9
珠江三角洲经济区	**Pearl River Delta**				
广州市	Guangzhou City	43.9	3.5	5.2	5.9
深圳市	Shenzhen City				
珠海市	Zhuhai City	34.8	6.2	5.0	7.5
佛山市	Foshan City	34.1	6.1	7.4	6.6
江门市	Jiangmen City				
东莞市	Dongguan City	40.3	3.7	1.7	4.4
中山市	Zhongshan City	42.8	2.6	3.6	4.7
惠州市区	Huizhou Urban District	47.6	4.0	3.7	3.2
惠阳市	Huiyang City	44.8	6.0	4.1	7.6
惠东县	Huidong County	49.9	5.2	2.0	4.0
博罗县	Boluo County	51.4	4.2	3.4	4.3
肇庆市区	Zhaoqing Urban District	41.1	3.7	6.2	10.3
高要市	Gaoyao City				
四会市	Sihui City				

6-11 续表 continued

单位：%　　　　(%)

地区	Area	交通通讯 Transport,Post and Communications Services	娱乐文教服务 Recreation, Education and Cultural Services	居住 Residence	杂项商品与服务 Miscellaneous Commodities and Services
长江三角洲经济区	**Yangtze River Delta**				
上海市	Shanghai City	10.4	11.9	25.3	1.5
南京市	Nanjing City	11.0	13.2	12.9	2.1
苏州市	Suzhou City	11.6	12.8	17.7	2.4
无锡市	Wuxi City	13.0	13.7	11.9	2.3
常州市	Changzhou City	12.9	13.5	11.6	2.8
镇江市	Zhenjiang City	9.8	16.1	14.2	2.0
南通市	Nantong City	9.3	13.7	19.7	2.5
扬州市	Yangzhou City	8.2	13.5	15.8	2.8
泰州市	Taizhou City	9.7	13.9	10.6	3.0
杭州市	Hangzhou City	10.1	13.2	19.7	2.4
宁波市	Ningbo City	9.4	11.7	18.8	1.8
嘉兴市	Jiaxing City	13.2	11.7	14.5	2.6
湖州市	Huzhou City	13.3	13.3	8.8	3.1
绍兴市	Shaoxing City	10.1	13.2	16.1	2.7
舟山市	Zhoushan City	9.5	16.9	9.5	2.5
台州市	Taizhou City	12.5	14.0	15.9	2.8
珠江三角洲经济区	**Pearl River Delta**				
广州市	Guangzhou City	11.5	14.7	13.6	1.8
深圳市	Shenzhen City				
珠海市	Zhuhai City	18.7	15.0	8.2	4.6
佛山市	Foshan City	14.7	18.7	9.1	3.4
江门市	Jiangmen City				
东莞市	Dongguan City	10.3	7.3	30.6	1.8
中山市	Zhongshan City	11.2	14.2	17.9	3.1
惠州市区	Huizhou Urban District	15.1	11.8	10.5	3.9
惠阳市	Huiyang City	14.5	10.1	9.5	3.3
惠东县	Huidong County	7.7	8.4	12.4	10.4
博罗县	Boluo County	10.2	7.7	17.1	1.8
肇庆市区	Zhaoqing Urban District	11.5	12.9	11.8	2.6
高要市	Gaoyao City				
四会市	Sihui City				

6-12 城镇居民每百户拥有耐用品数量

Number of Durable Consumer Goods Owned Per 100 Urban Households

单位：台 (unit)

地区	Area	洗衣机 Washing Machine		电冰箱 Refrigerator		彩色电视机 Color TV Set	
		2002	2003	2002	2003	2002	2003
长江三角洲经济区	**Yangtze River Delta**						
上海市	Shanghai City	91.8	94.0	103.8	102.0	160.2	167.6
南京市	Nanjing City	97.8	98.7	100.0	98.0	138.3	142.3
苏州市	Suzhou City	99.5	102.0	99.5	104.7	157.5	170.3
无锡市	Wuxi City	99.3	94.7	99.9	98.3	154.9	153.3
常州市	Changzhou City	101.0	100.7	96.0	97.3	154.0	159.7
镇江市	Zhenjiang City	97.0	102.0	94.0	96.0	138.5	141.5
南通市	Nantong City	93.9	95.5	93.5	93.5	132.9	139.0
扬州市	Yangzhou City	100.0	102.0	97.0	94.0	119.0	149.0
泰州市	Taizhou City	104.0	98.0	92.0	91.5	130.0	147.5
杭州市	Hangzhou City	98.1	98.3	101.3	103.7	161.2	167.5
宁波市	Ningbo City	95.0	92.0	101.0	98.8	161.5	166.8
嘉兴市	Jiaxing City	97.0	98.8	100.0	101.1	159.0	161.8
湖州市	Huzhou City	89.0	90.0	95.0	96.0	141.0	152.0
绍兴市	Shaoxing City	99.5	100.0	100.6	97.0	140.3	158.0
舟山市	Zhoushan City	74.0	77.0	99.0	99.0	149.0	145.0
台州市	Taizhou City	96.0	97.0	102.0	100.0	157.0	170.0
珠江三角洲经济区	**Pearl River Delta**						
广州市	Guangzhou City	99.0	99.0	101.0	101.0	160.7	162.0
深圳市	Shenzhen City	100.5	101.5	104.0	103.0	166.0	162.0
珠海市	Zhuhai City	97.0	97.0	101.0	103.0	172.0	170.0
佛山市	Foshan City	102.0	102.0	98.0	99.5	160.0	159.5
江门市	Jiangmen City		96.0		105.0	-	180.0
东莞市	Dongguan City	112.0	108.0	126.0	134.0	192.0	194.0
中山市	Zhongshan City	107.0	109.0	107.0	107.0	220.0	223.0
惠州市区	Huizhou Urban District	89.5	97.0	100.0	99.0	143.5	149.5
惠阳市	Huiyang City						
惠东县	Huidong County						
博罗县	Boluo County						
肇庆市区	Zhaoqing Urban District	92.0	86.0	92.0	96.0	146.0	140.0
高要市	Gaoyao City						
四会市	Sihui City						

6-12 续表 1 continued

单位：台 (unit)

地区	Area	微波炉 Oven		家用电脑 Computer		空调机 Air Conditioner	
		2002	2003	2002	2003	2002	2003
长江三角洲经济区	**Yangtze River Delta**						
上海市	Shanghai City	87.2	87.6	51.2	60.4	117.6	135.8
南京市	Nanjing City			32.8	39.9	98.3	120.8
苏州市	Suzhou City	72.5	83.0	27.0	35.0	98.0	129.7
无锡市	Wuxi City	82.1	82.7	27.8	39.7	102.0	124.0
常州市	Changzhou City	77.5	83.3	28.5	36.3	95.5	121.3
镇江市	Zhenjiang City	68.5	73.0	23.0	30.0	75.5	90.0
南通市	Nantong City	71.0	81.5	14.3	30.5	62.3	86.0
扬州市	Yangzhou City	65.0	72.0	20.0	18.0	46.0	80.0
泰州市	Taizhou City	47.0	64.0	10.0	19.5	38.0	68.0
杭州市	Hangzhou City	46.4	54.1	36.3	45.4	122.6	139.8
宁波市	Ningbo City	47.0	54.3	42.5	49.5	101.0	117.3
嘉兴市	Jiaxing City	59.0	66.4	27.0	33.7	98.3	109.7
湖州市	Huzhou City	49.0	57.0	22.0	20.0	102.0	112.0
绍兴市	Shaoxing City	21.9	40.0	24.8	44.0	89.3	90.0
舟山市	Zhoushan City	43.0	41.0	16.0	21.0	35.0	45.0
台州市	Taizhou City	38.0	59.0	17.0	47.0	50.0	104.0
珠江三角洲经济区	**Pearl River Delta**						
广州市	Guangzhou City	64.7	67.0	65.0	76.7	162.3	175.3
深圳市	Shenzhen City	56.0	58.0	75.0	74.5	232.5	229.0
珠海市	Zhuhai City	53.0	53.0	60.0	63.0	201.0	203.0
佛山市	Foshan City	65.0	71.0	63.0	70.5	144.0	172.5
江门市	Jiangmen City	0.0	53.0		46.0		153.0
东莞市	Dongguan City	86.0		102.0	96.0	204.0	226.0
中山市	Zhongshan City	74.0	77.0	76.0	85.0	201.0	217.0
惠州市区	Huizhou Urban District	33.0	49.0	44.5	58.5	135.5	163.0
惠阳市	Huiyang City						
惠东县	Huidong County						
博罗县	Boluo County						
肇庆市区	Zhaoqing Urban District	40.0	38.0	29.0	41.0	101.0	117.0
高要市	Gaoyao City						
四会市	Sihui City						

6-12 续表2 continued

单位：台 (unit)

地区	Area	固定电话 Fixed Telephone		移动电话（部） Mobile Telephone		汽车（辆） Vehicle	
		2002	2003	2002	2003	2002	2003
长江三角洲经济区	**Yangtze River Delta**						
上海市	Shanghai City			93.4	133.0		
南京市	Nanjing City	98.7	100.3	70.8	107.0	0.3	1.6
苏州市	Suzhou City	95.5	99.0	72.0	105.0	-	4.7
无锡市	Wuxi City	98.5	102.7	73.5	111.7	0.5	2.3
常州市	Changzhou City	97.5	100.3	88.5	112.3	_	2.3
镇江市	Zhenjiang City	100.5	104.0	74.0	96.5		1.0
南通市	Nantong City			49.2	93.5		0.0
扬州市	Yangzhou City	99.0	94.5	50.0	101.0		1.5
泰州市	Taizhou City	97.2	101.5	39.0	87.0	1.0	0.0
杭州市	Hangzhou City	101.5	106.3	96.7	124.9	1.4	2.1
宁波市	Ningbo City	102.5	100.8	112.0	132.3	1.5	2.0
嘉兴市	Jiaxing City	105.0	100.1	88.0	120.4		2.1
湖州市	Huzhou City	94.0	99.0	68.0	99.0		1.0
绍兴市	Shaoxing City	98.0	100.0	90.0	123.0		
舟山市	Zhoushan City	101.0	101.0	87.0	117.0		
台州市	Taizhou City			106.0	166.0	1.0	5.0
珠江三角洲经济区	**Pearl River Delta**						
广州市	Guangzhou City		105.3	162.0	176.3	0.3	2.3
深圳市	Shenzhen City			195.0	196.5	20.0	21.5
珠海市	Zhuhai City	102.0	105.0	147.0	178.0	7.0	8.0
佛山市	Foshan City	99.0	100.5	152.0	193.0		3.5
江门市	Jiangmen City		109.0		194.0		5.0
东莞市	Dongguan City	100.0	104.0	200.0	224.0	24.0	26.0
中山市	Zhongshan City	106.0	108.0	195.0	213.0	11.0	14.0
惠州市区	Huizhou Urban District		102.5	128.0	154.5	2.0	2.5
惠阳市	Huiyang City						
惠东县	Huidong County						
博罗县	Boluo County						
肇庆市区	Zhaoqing Urban District	97.0	100.0	129.0	136.0	2.0	4.0
高要市	Gaoyao City						
四会市	Sihui City						

6-13 农村居民每百户拥有耐用品数量

Number of Durable Consumer Goods Owned Per 100 Rural Households

单位：台 (unit)

地区	Area	摩托车（辆） Motorcycle(set)		固定电话 Fixed Telephone		电风扇 Electric Fan	
		2002	2003	2002	2003	2002	2003
长江三角洲经济区	**Yangtze River Delta**						
上海市	Shanghai City	83	88			342	341
南京市	Nanjing City	35	38	75	84	229	233
苏州市	Suzhou City	90	94	97	104	347	351
无锡市	Wuxi City	93	102	90	92	297	298
常州市	Changzhou City	61	66	82	92	250	260
镇江市	Zhenjiang City	39	45	88	97	230	240
南通市	Nantong City					240	252
扬州市	Yangzhou City	36	43	89	93	206	211
泰州市	Taizhou City	36		78		206	
杭州市	Hangzhou City	49	54	73	86	275	281
宁波市	Ningbo City	40	38	88	90		
嘉兴市	Jiaxing City	84	97	93	97	359	363
湖州市	Huzhou City	70	81	91	96	352	352
绍兴市	Shaoxing City	37	41	92	95	296	295
舟山市	Zhoushan City	17	19	70	92	248	256
台州市	Taizhou City		35		83		240
珠江三角洲经济区	**Pearl River Delta**						
广州市	Guangzhou City	113	122	86	94	382	414
深圳市	Shenzhen City						
珠海市	Zhuhai City						
佛山市	Foshan City						
江门市	Jiangmen City						
东莞市	Dongguan City	155	167	120	133		
中山市	Zhongshan City	94	99	83	84	411	421
惠州市区	Huizhou Urban District		104		87	427	367
惠阳市	Huiyang City		90		92	300	379
惠东县	Huidong County		102		51	324	284
博罗县	Boluo County		110		75	320	312
肇庆市区	Zhaoqing Urban District						
高要市	Gaoyao City	92	93	53	68	410	440
四会市	Sihui City	50	60	64	68	338	376

6-13 续表 1 continued

单位：台 (unit)

地区	Area	洗衣机 Washing Machine		电冰箱 Refrigerator		彩色电视机 Color TV Set	
		2002	2003	2002	2003	2002	2003
长江三角洲经济区	**Yangtze River Delta**						
上海市	Shanghai City	71	75	79	81	120	125
南京市	Nanjing City	65	65	48	49	90	95
苏州市	Suzhou City	86	91	69	75	118	126
无锡市	Wuxi City	91	93	63	68	118	124
常州市	Changzhou City	88	91	43	53	101	109
镇江市	Zhenjiang City	69	72	35	41	80	87
南通市	Nantong City	55	61	25	30	63	74
扬州市	Yangzhou City	67	71	29	36	84	93
泰州市	Taizhou City	65		30		73	0
杭州市	Hangzhou City	43	46	53	58	105	115
宁波市	Ningbo City	48	50	70	73	117	129
嘉兴市	Jiaxing City	51	51	53	58	108	119
湖州市	Huzhou City	79	83	50	52	115	122
绍兴市	Shaoxing City	48	56	57	61	113	120
舟山市	Zhoushan City	17	15	59	64	106	112
台州市	Taizhou City		40		50		107
珠江三角洲经济区	**Pearl River Delta**						
广州市	Guangzhou City	66	59	63	61	104	112
深圳市	Shenzhen City						
珠海市	Zhuhai City						
佛山市	Foshan City						
江门市	Jiangmen City						
东莞市	Dongguan City	81	71	109	103	136	149
中山市	Zhongshan City	78	81	75	76	128	135
惠州市区	Huizhou Urban District	33	8	63	35	113	88
惠阳市	Huiyang City	19	55	41	65	93	100
惠东县	Huidong County	5	4	19	10	88	101
博罗县	Boluo County	6	6	13	21	98	100
肇庆市区	Zhaoqing Urban District						
高要市	Gaoyao City	14	16	17	17	96	97
四会市	Sihui City	2	6	18	20	98	98

6–13 续表 2 continued

单位：台 (unit)

地区	Area	影碟机 Video Disk Player		微波炉 Oven		家用电脑 Computer	
		2002	2003	2002	2003	2002	2003
长江三角洲经济区	**Yangtze River Delta**						
上海市	Shanghai City	31	31	28	36	12	15
南京市	Nanjing City	26	29	11	12	4	4
苏州市	Suzhou City	26	29	15	24	5	12
无锡市	Wuxi City	36	39	23	31	6	9
常州市	Changzhou City	20	22	13	20	4	7
镇江市	Zhenjiang City	18	26	4	8	2	2
南通市	Nantong City	16	21	6	10	1	2
扬州市	Yangzhou City	24	32	4	7	1	1
泰州市	Taizhou City	22	27	7	10	2	1
杭州市	Hangzhou City	17	44	3	4	4	6
宁波市	Ningbo City	27	31	8	9	9	11
嘉兴市	Jiaxing City	38	45	7	11	2	4
湖州市	Huzhou City	42	46	3	9	5	8
绍兴市	Shaoxing City	27	30	3	4	5	7
舟山市	Zhoushan City	20	22	8	8	2	3
台州市	Taizhou City		37		8		8
珠江三角洲经济区	**Pearl River Delta**						
广州市	Guangzhou City	59	62				
深圳市	Shenzhen City						
珠海市	Zhuhai City						
佛山市	Foshan City						
江门市	Jiangmen City						
东莞市	Dongguan City	95	96			31	47
中山市	Zhongshan City	58	67	5	7	19	20
惠州市区	Huizhou Urban District	30	51	3	2		3
惠阳市	Huiyang City	30	32	4	3		4
惠东县	Huidong County	41	40				
博罗县	Boluo County	50	42		3		
肇庆市区	Zhaoqing Urban District						
高要市	Gaoyao City	60	72		1	4	6
四会市	Sihui City						

6–13 续表 3 continued

单位：台 (unit)

地区	Area	空调机 Air Conditioner		吸尘器 Cleaner		移动电话（部） Mobile Telephone	
		2002	2003	2002	2003	2002	2003
长江三角洲经济区	**Yangtze River Delta**						
上海市	Shanghai City	24	37	12	12	63	91
南京市	Nanjing City	15	20	4	2	29	60
苏州市	Suzhou City	42	59	13	15	81	110
无锡市	Wuxi City	53		17		69	
常州市	Changzhou City	22	34	5	8	45	66
镇江市	Zhenjiang City	6	18	3	4	36	70
南通市	Nantong City	3	8	1	2	27	47
扬州市	Yangzhou City	2	6	1		28	51
泰州市	Taizhou City	4	6	3	1	33	47
杭州市	Hangzhou City	14	23	3	3	49	76
宁波市	Ningbo City	12	21			63	79
嘉兴市	Jiaxing City	21	34	3	3	61	96
湖州市	Huzhou City	26	38	6	6	72	103
绍兴市	Shaoxing City	13	19	3	4	60	75
舟山市	Zhoushan City	2	2	6	7	63	85
台州市	Taizhou City		15		6		82
珠江三角洲经济区	**Pearl River Delta**						
广州市	Guangzhou City	29	34	-	-	88	123
深圳市	Shenzhen City						
珠海市	Zhuhai City						
佛山市	Foshan City						
江门市	Jiangmen City						
东莞市	Dongguan City	69	88			125	188
中山市	Zhongshan City	46	51	1	3	104	130
惠州市区	Huizhou Urban District	17	7			100	82
惠阳市	Huiyang City	10	19		2	45	102
惠东县	Huidong County	1	3			48	60
博罗县	Boluo County	1	6			49	45
肇庆市区	Zhaoqing Urban District						
高要市	Gaoyao City		5		1	65	93
四会市	Sihui City					18	54

主要统计指标解释

城镇居民家庭全部收入 指被调查的城镇居民家庭全部的实际收入，包括经常或固定得到的收入和一次性收入。不包括周转性收入，如提取银行存款、向亲友借款、回收借出款以及其他各种暂收款。

城镇居民家庭可支配收入 指被调查的城镇居民家庭在支付个人所得税、记帐补贴、家庭副业生产支出后所余下的实际收入。

城镇居民家庭消费性支出 指被调查的城镇居民家庭用于日常生活的全部支出，包括购买商品支出和文化生活、服务等非商品性支出。不包括罚没、丢失款和缴纳的各种税款(如个人所得税、牌照税、房产税等)，也不包括个体劳动者生产经营过程中发生的各项费用。

农村居民家庭纯收入 指农村常住居民家庭总收入中，扣除从事生产和非生产经营费用支出、缴纳税款和上交承包集体任务金额以后剩余的，可直接用于进行生产性、非生产性建设投资、生活消费和积蓄的那一部分收入。农村居民家庭纯收入包括从事生产性和非生产性的经营收入，在外人口寄回带回和国家财政救济、各种补贴等非经营性收入；既包括货币收入，又包括自产自用的实物收入。但不包括向银行、信用社和向亲友借款等属于借贷性的收入。

农村居民家庭生活消费支出 指农村常住居民家庭用于日常生活的全部开支，是反映和研究农民家庭实际生活消费水平高低的重要指标。

城乡居民储蓄存款余额 指某一时点城乡居民存入银行及农村信用社的储蓄金额，包括城镇居民储蓄存款和农民个人储蓄存款，不包括居民的手存现金和工矿企业、部队、机关、团体等单位存款。

Explanatory Notes on Main Statistical Indicators

Total Income of Urban Households refers to the total actual income of the sample households, including regular or fixed income and occasional income. The income of a circulating nature such as withdrawal from bank deposits, loans borrowed from relatives or friends, repayment of loans received and various temporary collection of money is excluded.

Disposable Income of Urban Households refers to the actual income of the sample households which can be used for daily expenses, i.e., total income minus personal income tax, sample household subsidy and expenditure on household side-line production.

Expenditure for Consumption of Urban Households refers to total expenditure of the sample households for consumption in daily life, including expenditure for various commodities and expenses for non-commodity items such as culture and service, etc. ,but excluding fines and confiscation, loss, tax payments (such as income tax, license tax, real estates tax, etc.) and various expenses by individual laborers for business purposes.

Net Income of Rural Households refers to the total income of the permanent residents of the rural households during a year after the deduction of the expenses for productive and non-productive business operation, the payment for taxes and the payment for collective units for their contracted tasks, which can then be spent for investments in productive and non-productive construction, for consumption in daily life and for savings deposit. It is a comprehensive indicator to show the actual level of the income of the peasants household. The net income of the rural households includes not only the income from the productive and non-productive business operation, but also the income from the non-business operation, such as the money remitted or brought back by the members of the household who are in other places, the government relief payment and various subsidies. It includes not only the money income, but also the income in kind. But the income from borrowing from banks, friends and relatives is excluded.

Expenditure of Rural Households for Consumption refers to total expenses of rural households on daily life, including expenses on food, clothing, housing, fuel, articles for daily use, and expenses on cultural life and services. This indicator is used to show the actual consumption level of peasants.

The Savings Deposits of Urban and Rural Residents refers to the total value of savings deposits of urban and rural households in banks and rural credit cooperatives at a given point of time, including the savings deposit of urban residents and the savings deposit of rural residents. The cash in hand by residents and the deposits of organizations such as enterprises, military units, government agencies, institutions, etc. are not included.

7-1 农村基层组织和农业基本情况(2003年)

Basic Conditions of Rural Grassroots Units and Agriculture(2003)

地区	Area	乡镇数(个) Number of Township and Town Governments (unit)	乡村户数(万户) Number of Rural Households (10 000 units)	乡村从业人员(万人) Number of Rural Employed Persons (10 000 persons)	农林牧渔业 Farming, Forestry, Animal Husbandry & Fishery
长江三角洲经济区	**Yangtze River Delta**				
上海市	Shanghai City		114.06	355.88	71.74
南京市	Nanjing City	58	69.40	124.89	50.62
苏州市	Suzhou City	88	120.02	209.43	53.49
无锡市	Wuxi City	85	94.23	158.42	38.58
常州市	Changzhou City	72	82.32	124.00	38.22
镇江市	Zhenjiang City	66	58.80	97.94	38.37
南通市	Nantong City	133	215.84	357.89	170.50
扬州市	Yangzhou City	88	99.77	163.16	57.41
泰州市	Taizhou City	99	117.92	198.75	78.15
杭州市	Hangzhou City	177	135.81	251.95	99.40
宁波市	Ningbo City	102	168.06	290.30	87.04
嘉兴市	Jiaxing City	57	68.89	147.60	48.90
湖州市	Huzhou City	67	56.28	113.16	48.49
绍兴市	Shaoxing City	98	128.36	216.07	75.95
舟山市	Zhoushan City	35	23.26	39.04	16.92
台州市	Taizhou City	94	154.32	289.64	121.51
珠江三角洲经济区	**Pearl River Delta**				
广州市	Guangzhou City	66	77.05	146.05	78.83
深圳市	Shenzhen City				
珠海市	Zhuhai City	14	13.16	21.16	8.75
佛山市	Foshan City	45	78.68	133.84	35.84
江门市	Jiangmen City	75	87.79	157.64	84.90
东莞市	Dongguan City	32	28.21	85.15	13.09
中山市	Zhongshan City	24	33.41	74.59	20.09
惠州市区	Huizhou Urban District	13	8.68	18.32	10.27
惠阳市	Huiyang City	11	11.91	13.23	6.81
惠东县	Huidong County	21	13.72	33.09	19.34
博罗县	Boluo County	20	14.97	33.99	21.13
肇庆市区	Zhaoqing Urban District	7	5.94	8.92	4.21
高要市	Gaoyao City	18	17.82	41.53	21.71
四会市	Sihui City	10	8.36	13.22	6.59

7−1 续表 1 continued

地区	Area	采矿业 Mining and Quarrying	制造业 Manufacturing	电力、燃气及水的生产和供应业 Production and Supply of Electricity,Gas and Water	建筑业 Construction	交通运输、仓储和邮政业 Transport, Storage and Communication
长江三角洲经济区	**Yangtze River Delta**					
上海市	Shanghai City		112.47	112.47	11.67	6.62
南京市	Nanjing City		24.00		18.41	6.52
苏州市	Suzhou City		96.10		12.91	6.63
无锡市	Wuxi City		78.23		8.82	4.79
常州市	Changzhou City		42.89		14.81	5.46
镇江市	Zhenjiang City		31.79		9.03	3.45
南通市	Nantong City				61.96	11.06
扬州市	Yangzhou City		32.66		26.62	6.77
泰州市	Taizhou City		29.92		27.69	12.55
杭州市	Hangzhou City				15.24	10.54
宁波市	Ningbo City		118.43		16.65	10.68
嘉兴市	Jiaxing City				6.94	5.92
湖州市	Huzhou City		35.65		6.38	5.68
绍兴市	Shaoxing City		69.81		22.52	7.93
舟山市	Zhoushan City		5.26		2.90	2.08
台州市	Taizhou City		77.37	0.29	16.72	10.16
珠江三角洲经济区	**Pearl River Delta**					
广州市	Guangzhou City				8.34	5.35
深圳市	Shenzhen City					
珠海市	Zhuhai City		4.90		1.96	1.08
佛山市	Foshan City		56.25		5.71	4.90
江门市	Jiangmen City		23.61		12.55	3.81
东莞市	Dongguan City				3.44	3.55
中山市	Zhongshan City		31.22		3.88	3.03
惠州市区	Huizhou Urban District				0.66	0.49
惠阳市	Huiyang City				0.43	0.41
惠东县	Huidong County				1.11	0.93
博罗县	Boluo County				1.04	0.81
肇庆市区	Zhaoqing Urban District				0.50	0.28
高要市	Gaoyao City				4.13	1.25
四会市	Sihui City				0.80	0.33

7-1 续表2 continued

地区	Area	信息传输、计算机服务和软件业 Information Transmit,Computer Service and Software	批发和零售业 Wholesale and Retail	住宿和餐饮业 Hotels and Restaurants	金融业 Finance
长江三角洲经济区	**Yangtze River Delta**				
上海市	Shanghai City		10.22		
南京市	Nanjing City		7.40		0.20
苏州市	Suzhou City				
无锡市	Wuxi City		8.78		0.53
常州市	Changzhou City		6.35		0.37
镇江市	Zhenjiang City		4.02		0.25
南通市	Nantong City		15.42		0.50
扬州市	Yangzhou City				
泰州市	Taizhou City		9.49		0.41
杭州市	Hangzhou City		10.10	4.32	
宁波市	Ningbo City		15.11	5.94	
嘉兴市	Jiaxing City				
湖州市	Huzhou City		5.35	3.41	
绍兴市	Shaoxing City		11.23	5.30	
舟山市	Zhoushan City		2.05	1.14	
台州市	Taizhou City		24.95	7.37	0.10
珠江三角洲经济区	**Pearl River Delta**				
广州市	Guangzhou City		10.63		
深圳市	Shenzhen City				
珠海市	Zhuhai City		1.26		
佛山市	Foshan City				
江门市	Jiangmen City		8.28		
东莞市	Dongguan City				1.04
中山市	Zhongshan City		8.44		
惠州市区	Huizhou Urban District		1.17		
惠阳市	Huiyang City		0.77		
惠东县	Huidong County		2.62		
博罗县	Boluo County		1.41		
肇庆市区	Zhaoqing Urban District		0.92		
高要市	Gaoyao City		2.28		
四会市	Sihui City		0.70		

7-1 续表3 continued

地区	Area	其他非农行业 Other Non-agricultural Trades	农业机械总动力（万千瓦）Total Agricultural Machinery Power (10 000kw)	农用大中型拖拉机（台）Number of Large and Medium Agricultural Tractors (unit)	小型拖拉机（台）Number of Mini-tractors (unit)
长江三角洲经济区	**Yangtze River Delta**				
上海市	Shanghai City		112.61	5395	7989
南京市	Nanjing City	17.74	177.59	4924	45313
苏州市	Suzhou City	40.30	220.74	5028	13509
无锡市	Wuxi City	18.69	153.82	11559	13433
常州市	Changzhou City	15.90	166.75	8990	29567
镇江市	Zhenjiang City	11.03	121.21	4188	16177
南通市	Nantong City	98.45	269.83	1248	43702
扬州市	Yangzhou City	39.70	174.27	5258	50610
泰州市	Taizhou City	40.54	202.01	2401	31512
杭州市	Hangzhou City	40.23	280.81	767	24393
宁波市	Ningbo City	36.45	202.49	1192	22301
嘉兴市	Jiaxing City		180.01	61	26389
湖州市	Huzhou City	8.20	170.14	335	27448
绍兴市	Shaoxing City	23.33	193.08	397	29276
舟山市	Zhoushan City	8.69	19.66	188	838
台州市	Taizhou City	31.17	279.97	308	19280
珠江三角洲经济区	**Pearl River Delta**				
广州市	Guangzhou City	12.84	247.04	397	52877
深圳市	Shenzhen City				
珠海市	Zhuhai City	3.22	17.26	163	1376
佛山市	Foshan City	17.03	132.88	65	21914
江门市	Jiangmen City	24.49	139.28	220	28988
东莞市	Dongguan City		30.82	42	3235
中山市	Zhongshan City	7.93	55.64	35	2485
惠州市区	Huizhou Urban District		11.33	8	2926
惠阳市	Huiyang City		4.50	16	851
惠东县	Huidong County		20.67	113	3613
博罗县	Boluo County		35.26	7	10399
肇庆市区	Zhaoqing Urban District	1.10	8.83	10	1413
高要市	Gaoyao City	4.19	23.58	2	9475
四会市	Sihui City	1.53	12.45	3	1850

7-1 续表 4 continued

地区	Area	大中型拖拉机机引农具(部) Number of Large and Medium Tractor Towing Farm Machinery (unit)	小型拖拉机机引农具(部) Mini-Tractor Towing Farm Machinery (unit)	农用排灌柴油机(万台) Number of Diesel Engines (10 000 units)	渔用机动船(艘) Number of Motorized Fishing Boats (unit)
长江三角洲经济区	**Yangtze River Delta**				
上海市	Shanghai City				2530
南京市	Nanjing City	1349	56802	3.47	
苏州市	Suzhou City			0.96	16485
无锡市	Wuxi City	7839	22178	0.25	
常州市	Changzhou City	6849	55761	0.46	3257
镇江市	Zhenjiang City				
南通市	Nantong City			0.47	12950
扬州市	Yangzhou City	5795	65402	1.03	12032
泰州市	Taizhou City			3.72	6315
杭州市	Hangzhou City	1006	26115	0.19	2932
宁波市	Ningbo City	864	22442	0.69	9257
嘉兴市	Jiaxing City	70	37812	0.03	7534
湖州市	Huzhou City			0.37	6528
绍兴市	Shaoxing City			0.80	1267
舟山市	Zhoushan City				9841
台州市	Taizhou City	133	19973	0.74	9622
珠江三角洲经济区	**Pearl River Delta**				
广州市	Guangzhou City	545	91853	0.69	5080
深圳市	Shenzhen City				
珠海市	Zhuhai City	105	1202	0.04	1971
佛山市	Foshan City	39	24450	0.93	1413
江门市	Jiangmen City	199	37035	0.93	5527
东莞市	Dongguan City	24	2450	0.72	1065
中山市	Zhongshan City	42	5597	0.30	1599
惠州市区	Huizhou Urban District	6	1358	0.28	36
惠阳市	Huiyang City		267	0.04	793
惠东县	Huidong County	3	634	0.23	1597
博罗县	Boluo County	4	9472	1.20	25
肇庆市区	Zhaoqing Urban District		463	0.30	136
高要市	Gaoyao City		5210	0.35	61
四会市	Sihui City	2	612	0.28	

7-1 续表5 continued

地区	Area	有效灌溉面积（千公顷） Irrigated Area (1 000 hectares)	农用化肥施用量（万吨） Consumption of Chemical Fertilizers in Agriculture (10 000 tons)	农药使用用量（吨） Consumption of Pesticides in Agriculture (tons)	农用塑料薄膜使用量（吨） Consumption of Agricuitural Film in Agriculture (tons)	农村用电量（亿千瓦小时） Electricity Consumed in Rural Areas (100 million kwh)
长江三角洲经济区	**Yangtze River Delta**					
上海市	Shanghai City	257.30	69.00	8500	22500	89.70
南京市	Nanjing City	190.51	16.33	5183	5513	15.04
苏州市	Suzhou City	25.53	12.45	6005	1513	163.33
无锡市	Wuxi City	15.41	10.27	4026	3699	136.19
常州市	Changzhou City	14.37	9.04	4586	2039	54.88
镇江市	Zhenjiang City	13.63	8.71	3293	2305	18.52
南通市	Nantong City	37.32	26.94	8589	7641	36.98
扬州市	Yangzhou City	27.90	16.40	3941	2806	16.31
泰州市	Taizhou City	29.03	24.24	7106	2619	25.61
杭州市	Hangzhou City	176.81	62.38	8911	7105	67.94
宁波市	Ningbo City	176.81	39.71	6952	5859	76.61
嘉兴市	Jiaxing City	191.23	49.34	6541	4020	46.39
湖州市	Huzhou City	125.39	5.20	21925	3810	22.53
绍兴市	Shaoxing City	147.97	9.23	6072	3369	84.28
舟山市	Zhoushan City	12.93	2.58	335	275	5.02
台州市	Taizhou City	126.26	8.77	5574	6656	34.70
珠江三角洲经济区	**Pearl River Delta**					
广州市	Guangzhou City	95.92	285.90	2358	599	123.63
深圳市	Shenzhen City					
珠海市	Zhuhai City	12.53	1.21	1023	1190	2.68
佛山市	Foshan City	62.57	15.44	3421	1372	141.51
江门市	Jiangmen City	100.32	34.34	3632	3707	25.45
东莞市	Dongguan City	13.40	6.99	1355	444	223.99
中山市	Zhongshan City	29.04	2.85	1104	1002	40.10
惠州市区	Huizhou Urban District	11.35	1.11	431	1507	1.11
惠阳市	Huiyang City	3.30	0.78	339	265	0.59
惠东县	Huidong County	17.98	1.88	349	156	2.16
博罗县	Boluo County	21.78	3.38	2908	949	1.56
肇庆市区	Zhaoqing Urban District	7.12	0.92	327	107	0.74
高要市	Gaoyao City	25.36	3.30	1236	781	1.58
四会市	Sihui City	11.21	1.78	708	295	1.60

7-1 续表6 continued

地区	Area	农作物总播种面积（千公顷）Total Sown Area (1 000 hectares)	粮食 Grain Crops	油料 Oil-bearing Crops	棉花 Cotton	麻类 Fiber Crops
长江三角洲经济区	**Yangtze River Delta**					
上海市	Shanghai City	419.20	148.30			
南京市	Nanjing City	415.86	125.84	99.19	4.39	1.33
苏州市	Suzhou City	336.48	173.56	39.42	6.58	0.01
无锡市	Wuxi City	187.54	113.25	21.80		
常州市	Changzhou City	244.39	147.48	46.54	0.43	0.08
镇江市	Zhenjiang City	232.16	151.56	47.29	2.05	
南通市	Nantong City	881.51	544.47	144.74	32.63	
扬州市	Yangzhou City	436.39	313.16	58.89	10.10	0.01
泰州市	Taizhou City	543.84	371.65	61.44	16.62	
杭州市	Hangzhou City	392.27	181.40	40.94	0.91	0.23
宁波市	Ningbo City	348.64	136.73	19.98	6.55	
嘉兴市	Jiaxing City	351.98	174.67	58.51	1.50	0.12
湖州市	Huzhou City	218.93	112.07	44.03	0.02	0.01
绍兴市	Shaoxing City	297.03	140.19	20.54	3.62	0.08
舟山市	Zhoushan City	28.38	11.97	2.96	0.01	
台州市	Taizhou City	276.82	144.62	4.12	0.79	0.01
珠江三角洲经济区	**Pearl River Delta**					
广州市	Guangzhou City	280.18	97.69	9.05		
深圳市	Shenzhen City					
珠海市	Zhuhai City	25.55	10.41	0.30		
佛山市	Foshan City	144.82	42.77	0.24		
江门市	Jiangmen City	311.00	180.00	17.00		
东莞市	Dongguan City		5.65	0.19		
中山市	Zhongshan City	62.76	25.92	0.17		
惠州市区	Huizhou Urban District	41.60	19.60	4.00		
惠阳市	Huiyang City	15.88	6.53	1.62		
惠东县	Huidong County	79.08	42.13	8.55		
博罗县	Boluo County	87.40	41.60	9.54		
肇庆市区	Zhaoqing Urban District	13.52	7.51	0.54		
高要市	Gaoyao City	89.42	38.45	4.41		
四会市	Sihui City	39.29	21.08	5.20		0.05

7-1 续表7 continued

地区	Area				茶园面积（千公顷）Area of Tea Plantations (1 000 hectares)	果园面积（千公顷）Area of Orchards (1 000 hectares)
		糖料 Sugar Crops	烟叶 Tobacco	蔬菜 Vegetables		
长江三角洲经济区	**Yangtze River Delta**					
上海市	Shanghai City					
南京市	Nanjing City	2.26		145.67	5.39	7.21
苏州市	Suzhou City	0.33		89.78	1.53	6.55
无锡市	Wuxi City			37.56	4.22	7.87
常州市	Changzhou City	0.32		28.49	5.60	4.46
镇江市	Zhenjiang City			22.44	0.33	0.21
南通市	Nantong City	2.19		116.22		6.19
扬州市	Yangzhou City	0.13		41.62	1.81	2.58
泰州市	Taizhou City	0.22		82.25		2.30
杭州市	Hangzhou City	3.12	0.01	102.14	28.82	22.59
宁波市	Ningbo City	1.75		98.86	12.70	42.37
嘉兴市	Jiaxing City	2.04	0.36	81.79	0.20	6.60
湖州市	Huzhou City	0.27		40.58	9.50	7.45
绍兴市	Shaoxing City	1.35	0.58	78.38	30.84	15.26
舟山市	Zhoushan City			10.60	0.38	6.82
台州市	Taizhou City		0.02	76.49	5.65	55.38
珠江三角洲经济区	**Pearl River Delta**					
广州市	Guangzhou City	4.53	0.03	153.81	0.15	68.62
深圳市	Shenzhen City					
珠海市	Zhuhai City	6.42		7.28	5.68	
佛山市	Foshan City	0.15		72.74	0.31	4.88
江门市	Jiangmen City	4.90		75.79	0.29	28.93
东莞市	Dongguan City	0.04		25.35		13.31
中山市	Zhongshan City	0.80		28.69		9.79
惠州市区	Huizhou Urban District	0.07		14.79	5.53	0.02
惠阳市	Huiyang City			6.80	5.71	0.01
惠东县	Huidong County	0.14		24.31	12.44	0.07
博罗县	Boluo County	1.75		27.24	12.71	0.20
肇庆市区	Zhaoqing Urban District	0.04		2.91		
高要市	Gaoyao City	1.03	0.02	30.38		
四会市	Sihui City	0.24	0.21	9.34		

7-2 农林牧渔业总产值(当年价格)

Gross Output Value of Farming, Forestry, Animal Husbandry and Fishery(Current Prices)

单位：亿元 (100 million yuan)

地区	Area	农林牧渔业总产值 Total					
		1978	1980	1990	2000	2002	2003
长江三角洲经济区	**Yangtze River Delta**						
上海市	Shanghai City	18.3	18.9	68.2	216.5	233.6	247.3
南京市	Nanjing City				106.3	120.0	132.6
苏州市	Suzhou City	18.8	11.4	58.1	169.3	174.5	156.3
无锡市	Wuxi City	9.3	8.7	29.6	90.5	97.8	81.4
常州市	Changzhou City			27.0	85.9	92.7	90.6
镇江市	Zhenjiang City	4.9	5.6	23.6	61.8	66.8	57.2
南通市	Nantong City			69.8	246.9	267.9	241.9
扬州市	Yangzhou City				126.8	139.1	139.1
泰州市	Taizhou City	12.5	14.4	42.4	129.0	138.9	135.6
杭州市	Hangzhou City	8.6	11.2	42.1	152.7	168.5	189.0
宁波市	Ningbo City	8.8	11.7	40.7	148.4	163.3	173.8
嘉兴市	Jiaxing City	9.7	11.1	36.1	94.7	100.9	114.8
湖州市	Huzhou City	6.0	7.3	29.0	74.5	80.4	86.7
绍兴市	Shaoxing City	7.1	9.6	29.0	118.3	122.8	126.6
舟山市	Zhoushan City	7.1	9.6	29.0	118.3	122.8	126.6
台州市	Taizhou City	6.8	9.1	33.7	153.2	163.0	167.8
珠江三角洲经济区	**Pearl River Delta**						
广州市	Guangzhou City				163.0	175.1	
深圳市	Shenzhen City		1.7	11.9	31.1	34.1	33.7
珠海市	Zhuhai City			9.9	22.6	26.5	29.4
佛山市	Foshan City	6.4	7.4	34.9	128.9	143.5	148.8
江门市	Jiangmen City	5.9	7.3	41.5	132.5	138.7	142.6
东莞市	Dongguan City	4.2	4.2	23.6	54.6	53.7	49.0
中山市	Zhongshan City	3.4	4.1	19.0	37.0	42.3	45.2
惠州市区	Huizhou Urban District				4.2	19.4	19.7
惠阳市	Huiyang City				27.1	13.1	10.3
惠东县	Huidong County				31.2	34.5	36.4
博罗县	Boluo County				31.9	31.5	36.5
肇庆市区	Zhaoqing Urban District		0.1	7.9	11.3	12.8	12.8
高要市	Gaoyao City		2.1	9.9	43.0	47.6	47.8
四会市	Sihui City		1.0	5.5	26.1	29.5	25.4

7-2 续表1 continued

单位：亿元 (100 million yuan)

地区	Area	农业产值 Farming					
		1978	1980	1990	2000	2002	2003
长江三角洲经济区	**Yangtze River Delta**						
上海市	Shanghai City	13.5	11.4	29.1	89.8	97.2	98.2
南京市	Nanjing City				61.6	65.0	67.6
苏州市	Suzhou City	16.4	8.4	35.0	100.2	90.1	56.2
无锡市	Wuxi City	7.0	5.9	17.2	53.9	57.9	35.5
常州市	Changzhou City			16.0	51.4	45.9	42.9
镇江市	Zhenjiang City			12.1	43.4	46.1	33.9
南通市	Nantong City			43.8	134.1	147.9	108.5
扬州市	Yangzhou City				65.1	66.0	53.8
泰州市	Taizhou City	10.0	10.5	25.9	73.4	78.4	65.4
杭州市	Hangzhou City	6.7	7.9	26.0	90.3	93.3	99.2
宁波市	Ningbo City			26.9	71.6	73.6	77.4
嘉兴市	Jiaxing City	7.4	7.5	22.2	52.3	51.9	54.2
湖州市	Huzhou City	4.1	4.7	15.1	34.8	37.1	39.3
绍兴市	Shaoxing City	5.6	7.5	19.5	71.1	71.0	72.7
舟山市	Zhoushan City	0.5	0.9	3.0	7.1	6.3	6.3
台州市	Taizhou City	5.1	6.6	17.3	47.8	55.1	58.4
珠江三角洲经济区	**Pearl River Delta**						
广州市	Guangzhou City	6.2	7.0	28.0	82.3	94.3	97.8
深圳市	Shenzhen City		0.7	3.8	9.5	11.5	11.2
珠海市	Zhuhai City			5.4	6.8	5.9	5.7
佛山市	Foshan City			13.2	44.0	50.6	52.4
江门市	Jiangmen City	3.4	3.8	21.7	62.1	61.9	57.3
东莞市	Dongguan City	2.9	2.8	12.9	21.6	22.4	21.8
中山市	Zhongshan City		3.0	12.2	15.6	16.9	16.9
惠州市区	Huizhou Urban District				1.3	11.2	11.0
惠阳市	Huiyang City				12.9	8.1	5.3
惠东县	Huidong County				13.9	17.6	18.2
博罗县	Boluo County				16.7	17.4	20.2
肇庆市区	Zhaoqing Urban District		0.1	0.9	4.6	5.1	4.5
高要市	Gaoyao City		1.5	5.4	24.8	27.7	26.4
四会市	Sihui City		0.7	3.2	11.1	12.0	9.8

7-2 续表 2　continued

单位：亿元

(100 million yuan)

地区	Area	林业产值 Forestry					
		1978	1980	1990	2000	2002	2003
长江三角洲经济区	**Yangtze River Delta**						
上海市	Shanghai City	0.1	-	0.4	1.4	7.8	13.1
南京市	Nanjing City				2.4	4.8	1.9
苏州市	Suzhou City	0.1	0.1	0.5	1.2	4.3	3.8
无锡市	Wuxi City	0.1	0.1	0.3	1.4	2.3	2.3
常州市	Changzhou City			0.2	0.9	5.9	0.9
镇江市	Zhenjiang City			0.3	1.1	1.8	1.5
南通市	Nantong City				1.5	3.4	1.8
扬州市	Yangzhou City				1.7	3.9	3.4
泰州市	Taizhou City	0.2	0.2	0.8	2.5	3.9	3.6
杭州市	Hangzhou City	0.3	0.7	2.7	13.7	16.2	18.3
宁波市	Ningbo City			1.3	4.5	4.9	5.0
嘉兴市	Jiaxing City			0.1	0.3	0.5	0.6
湖州市	Huzhou City	0.4	0.4	2.2	9.3	10.7	11.7
绍兴市	Shaoxing City	0.2	0.2	0.9	10.7	12.6	13.2
舟山市	Zhoushan City			0.1	0.2	0.2	0.2
台州市	Taizhou City	0.1	0.2	0.9	2.2	2.8	2.9
珠江三角洲经济区	**Pearl River Delta**						
广州市	Guangzhou City	0.1	0.2	0.5	1.3	1.2	1.3
深圳市	Shenzhen City		0.1	0.2	0.6	0.5	0.7
珠海市	Zhuhai City			0.2	0.1	0.1	0.1
佛山市	Foshan City			0.2	0.3	0.3	0.3
江门市	Jiangmen City	0.2	0.2	1.1	1.3	1.6	1.8
东莞市	Dongguan City				0.4	0.2	
中山市	Zhongshan City			0.4	0.1	0.2	0.2
惠州市区	Huizhou Urban District				0.1	0.2	0.3
惠阳市	Huiyang City				0.7	0.3	0.2
惠东县	Huidong County				1.6	1.8	1.9
博罗县	Boluo County				1.2	1.3	1.4
肇庆市区	Zhaoqing Urban District			0.9	0.3	0.4	0.3
高要市	Gaoyao City		0.1	0.5	1.7	1.7	1.8
四会市	Sihui City			0.2	1.2	1.4	1.4

7-2 续表3 continued

单位：亿元 (100 million yuan)

地区	Area	畜牧业产值 Animal Husbandry					
		1978	1980	1990	2000	2002	2003
长江三角洲经济区	**Yangtze River Delta**						
上海市	Shanghai City	3.7	6.3	30.3	87.4	83.5	81.1
南京市	Nanjing City				25.3	28.2	30.1
苏州市	Suzhou City	1.9	2.4	11.9	23.1	24.5	23.3
无锡市	Wuxi City	1.9	2.4	8.4	23.1	23.2	23.9
常州市	Changzhou City			8.3	13.0	15.7	16.4
镇江市	Zhenjiang City			7.2	9.1	9.6	10.3
南通市	Nantong City			19.0	52.2	56.1	60.2
扬州市	Yangzhou City				30.0	32.4	34.9
泰州市	Taizhou City	2.2	3.4	12.9	30.2	31.9	34.9
杭州市	Hangzhou City	1.5	2.5	11.3	33.2	39.2	41.8
宁波市	Ningbo City			8.3	20.5	24.3	26.0
嘉兴市	Jiaxing City	2.1	3.4	11.9	32.4	35.2	38.7
湖州市	Huzhou City	1.3	2.0	8.6	14.8	14.5	15.8
绍兴市	Shaoxing City	1.2	1.7	7.0	20.1	20.7	21.3
舟山市	Zhoushan City	0.1	0.2	1.0	1.8	2.2	2.5
台州市	Taizhou City	0.9	1.4	7.3	14.5	15.4	15.8
珠江三角洲经济区	**Pearl River Delta**						
广州市	Guangzhou City	1.1	1.2	11.0	43.1	40.5	38.9
深圳市	Shenzhen City						
珠海市	Zhuhai City			1.6	2.7	3.5	3.6
佛山市	Foshan City			10.0	26.3	30.2	32.1
江门市	Jiangmen City	0.9	1.1	9.5	34.5	36.8	39.2
东莞市	Dongguan City	0.6	0.6	4.5	22.6	24.3	20.4
中山市	Zhongshan City		0.7	3.6	5.2	5.3	5.3
惠州市区	Huizhou Urban District				2.1	6.3	6.6
惠阳市	Huiyang City				4.9	2.4	2.4
惠东县	Huidong County				2.7	3.3	3.7
博罗县	Boluo County				9.4	10.0	11.6
肇庆市区	Zhaoqing Urban District			1.4	4.0	4.4	4.6
高要市	Gaoyao City		0.5	3.3	9.3	9.7	9.5
四会市	Sihui City		0.2	1.5	7.9	9.2	8.7

7–2 续表 4　continued

单位：亿元　(100 million yuan)

地区	Area	渔业产值 Fishery					
		1978	1980	1990	2000	2002	2003
长江三角洲经济区	**Yangtze River Delta**						
上海市	Shanghai City	0.9	1.0	8.0	37.9	45.1	49.2
南京市	Nanjing City				17.0	22.0	24.5
苏州市	Suzhou City	0.4	0.6	10.7	44.8	55.5	54.8
无锡市	Wuxi City	0.2	0.3	3.7	12.0	14.4	14.9
常州市	Changzhou City			2.6	20.7	25.2	25.9
镇江市	Zhenjiang City			1.5	8.2	9.3	9.1
南通市	Nantong City			6.5	59.1	60.5	61.8
扬州市	Yangzhou City				30.0	36.8	40.5
泰州市	Taizhou City	0.2	0.2	2.8	22.9	24.6	25.3
杭州市	Hangzhou City	0.1	0.1	2.1	15.5	19.8	23.3
宁波市	Ningbo City			4.1	51.8	60.5	63.1
嘉兴市	Jiaxing City	0.1	0.1	1.9	9.6	14.1	17.4
湖州市	Huzhou City	0.2	0.2	3.2	15.6	18.1	19.6
绍兴市	Shaoxing City	0.1	0.1	1.6	16.5	18.5	19.2
舟山市	Zhoushan City	1.5	2.0	13.7	65.4	64.1	65.5
台州市	Taizhou City	0.6	0.9	8.1	88.7	89.7	89.3
珠江三角洲经济区	**Pearl River Delta**						
广州市	Guangzhou City	0.4	0.4	2.8	29.7	32.1	33.3
深圳市	Shenzhen City		0.1	2.4	7.3	7.6	7.7
珠海市	Zhuhai City			2.5	12.0	17.0	18.3
佛山市	Foshan City			9.5	58.3	62.4	63.0
江门市	Jiangmen City	0.2	0.2	6.3	34.5	38.3	38.3
东莞市	Dongguan City	0.3	0.3	3.1	8.1	6.7	6.7
中山市	Zhongshan City		0.4	2.5	16.0	19.9	22.2
惠州市区	Huizhou Urban District				0.7	1.7	1.6
惠阳市	Huiyang City				7.4	2.3	2.3
惠东县	Huidong County				10.7	11.7	12.5
博罗县	Boluo County				2.3	2.6	2.8
肇庆市区	Zhaoqing Urban District			0.4	2.5	3.0	3.2
高要市	Gaoyao City		0.1	0.6	7.1	8.5	9.7
四会市	Sihui City			0.5	6.0	6.8	5.4

7-2 续表 5 continued

单位：亿元 (100 million yuan)

地区	Area	农林牧渔服务业产值 Farming, Forestry, Animal Husbandry and Fishery Services					
		1978	1980	1990	2000	2002	2003
长江三角洲经济区	**Yangtze River Delta**						
上海市	Shanghai City						
南京市	Nanjing City						8.6
苏州市	Suzhou City						18.2
无锡市	Wuxi City						4.8
常州市	Changzhou City					4.0	4.5
镇江市	Zhenjiang City				2.6	2.1	2.3
南通市	Nantong City						9.6
扬州市	Yangzhou City						6.5
泰州市	Taizhou City						6.4
杭州市	Hangzhou City						6.6
宁波市	Ningbo City						
嘉兴市	Jiaxing City						3.9
湖州市	Huzhou City						0.3
绍兴市	Shaoxing City						0.2
舟山市	Zhoushan City						
台州市	Taizhou City						1.4
珠江三角洲经济区	**Pearl River Delta**						
广州市	Guangzhou City			0.1	1.9	2.8	9.4
深圳市	Shenzhen City		0.7	0.3	1.0	0.9	0.6
珠海市	Zhuhai City					1.6	1.8
佛山市	Foshan City						1.0
江门市	Jiangmen City	1.1	1.6	2.8		4.7	6.0
东莞市	Dongguan City						
中山市	Zhongshan City						0.5
惠州市区	Huizhou Urban District					0.1	0.1
惠阳市	Huiyang City						
惠东县	Huidong County					0.2	0.2
博罗县	Boluo County					0.4	0.5
肇庆市区	Zhaoqing Urban District						
高要市	Gaoyao City						0.5
四会市	Sihui City						0.1

7-3 农林牧渔业总产值指数

Indices of Gross Output of Farming,Forestry, Animal Husbandry and Fishery

(上年=100)

(preceding year=100)

地区	Area	农林牧渔业总产值指数 Total					
		1978	1980	1990	2000	2002	2003
长江三角洲经济区	**Yangtze River Delta**						
上海市	Shanghai City	132.6	90.9	105.7	100.9	103.0	101.1
南京市	Nanjing City				108.2	106.3	106.6
苏州市	Suzhou City		59.0	115.7	102.8	100.6	101.4
无锡市	Wuxi City	128.2	86.9	103.3	108.8	104.1	105.2
常州市	Changzhou City	128.4	97.6	106.8	107.0	106.0	103.0
镇江市	Zhenjiang City	119.5	94.8	106.9	103.9	103.6	
南通市	Nantong City			104.8	105.1	104.9	76.6
扬州市	Yangzhou City				107.3	104.3	
泰州市	Taizhou City	100.0	95.9	99.8	106.4	104.8	87.4
杭州市	Hangzhou City	100.0	92.2	103.3	112.4	105.5	125.9
宁波市	Ningbo City				105.3	107.1	104.3
嘉兴市	Jiaxing City	124.2	86.2	104.6	109.2	108.8	105.8
湖州市	Huzhou City	113.1	89.4	102.3	107.1	105.3	105.7
绍兴市	Shaoxing City		100.4	113.3	116.8	105.5	103.1
舟山市	Zhoushan City	127.2	95.8	98.1	107.0	97.2	102.4
台州市	Taizhou City	115.7	101.9	100.0	99.9	101.1	102.4
珠江三角洲经济区	**Pearl River Delta**						
广州市	Guangzhou City	103 2	108.2	106.3	102.0	109.1	100.7
深圳市	Shenzhen City				102.4	107.0	109.8
珠海市	Zhuhai City			107.1	109.3	106.9	106.5
佛山市	Foshan City		107.3	107.3	108.3	106.8	103.9
江门市	Jiangmen City	93.4	116.3	106.2	105.1	104.8	104.0
东莞市	Dongguan City			107.4	100.2	106.8	79.7
中山市	Zhongshan City	94.9	110.2	102.3	105.5	107.8	104.3
惠州市区	Huizhou Urban District				112.7	121.3	93.1
惠阳市	Huiyang City				106.5	108.5	75.6
惠东县	Huidong County				108.5	106.9	107.0
博罗县	Boluo County				106.3	111.3	110.5
肇庆市区	Zhaoqing Urban District	96.3	115.4	106.4	105.3	106.2	105.3
高要市	Gaoyao City	107.3	106.3	108.8	106.6	106.0	103.5
四会市	Sihui City	104.2	98.3	115.9	108.8	107.6	106.2

7-3 续表1 continued

(上年 =100)　　(preceding year=100)

地区	Area	农业产值指数 Farming					
		1978	1980	1990	2000	2002	2003
长江三角洲经济区	**Yangtze River Delta**						
上海市	Shanghai City	138.3	84.7	104.4	106.0	100.3	92.9
南京市	Nanjing City				102.6	103.0	100.4
苏州市	Suzhou City		51.5	116.3	98.9	93.6	100.9
无锡市	Wuxi City	131.3	82.0	99.2	105.7	100.7	
常州市	Changzhou City	134.1	97.5	92.1	105.0	100.0	100.6
镇江市	Zhenjiang City	128.2	92.0	105.5	100.0	102.6	
南通市	Nantong City			104.2	105.1	103.5	51.6
扬州市	Yangzhou City				101.0	101.1	
泰州市	Taizhou City	100.0	91.0	99.6	103.0	103.3	67.7
杭州市	Hangzhou City	100.0	86.5	105.4	106.9	86.8	112.9
宁波市	Ningbo City				98.2	104.7	103.2
嘉兴市	Jiaxing City	125.8	81.8	105.9	103.4	104.3	95.1
湖州市	Huzhou City	111.8	84.7	98.9	98.9	104.9	100.1
绍兴市	Shaoxing City		99.9	118.6	101.0	99.0	102.4
舟山市	Zhoushan City	117.3	109.2	57.6	94.3	82.5	98.2
台州市	Taizhou City	118.6	102.2	98.0	88.9	97.9	108.0
珠江三角洲经济区	**Pearl River Delta**						
广州市	Guangzhou City	101.5	107.1	106.1	101.1	117.5	94.5
深圳市	Shenzhen City				106.1	133.0	-2.5
珠海市	Zhuhai City		133.6	113.3	89.3	85.8	96.8
佛山市	Foshan City				106.3	108.7	104.4
江门市	Jiangmen City	85.0	102.6	107.9	100.1	104.0	88.9
东莞市	Dongguan City			109.1	85.4	133.4	70.1
中山市	Zhongshan City	91.4	117.3	100.8	104.4	102.8	102.7
惠州市区	Huizhou Urban District				99.6	118.5	83.3
惠阳市	Huiyang City				107.6	152.3	65.7
惠东县	Huidong County				108.5	127.4	102.2
博罗县	Boluo County				101.8	113.7	110.2
肇庆市区	Zhaoqing Urban District	92.3	107.3	107.0	107.1	102.7	103.9
高要市	Gaoyao City	107.5	106.6	110.2	106.1	102.7	102.3
四会市	Sihui City	105.3	106.1	117.1	98.8	108.3	107.6

7-3 续表 2 continued

(上年 =100)

(preceding year=100)

地区	Area	林业产值指数 Forestry					
		1978	1980	1990	2000	2002	2003
长江三角洲经济区	**Yangtze River Delta**						
上海市	Shanghai City	100.5	125.4	103.6	160.6	245.5	133.4
南京市	Nanjing City				139.9	131.3	150.7
苏州市	Suzhou City		123.7	125.0	101.4	156.6	89.4
无锡市	Wuxi City	109.8	101.2	49.9	115.3	122.1	
常州市	Changzhou City	53.9	110.6	153.3	129.0	116.0	118.7
镇江市	Zhenjiang City	78.2	84.4	97.6	100.0	109.4	
南通市	Nantong City			96.0	109.9	109.1	47.3
扬州市	Yangzhou City				108.6	128.3	
泰州市	Taizhou City	100.0	124.9	74.6	97.1	112.4	101.8
杭州市	Hangzhou City	100.0	115.1	93.1	103.5	111.3	112.1
宁波市	Ningbo City				96.5	91.8	102.2
嘉兴市	Jiaxing City	82.2	77.9	122.4	131.5	208.3	130.9
湖州市	Huzhou City	106.6	97.2	123.2	118.7	104.0	107.1
绍兴市	Shaoxing City		103.8	95.7	128.2	110.5	104.5
舟山市	Zhoushan City	165.6	105.5	122.4	118.0	74.6	152.2
台州市	Taizhou City	111.7	109.8	103.2	120.0	106.8	104.1
珠江三角洲经济区	**Pearl River Delta**						
广州市	Guangzhou City	124.9	230.1	62.3	108.4	96.1	75.4
深圳市	Shenzhen City				-10.4	-6.4	145.4
珠海市	Zhuhai City		135.8	97.8	98.0	95.2	100.7
佛山市	Foshan City				122.8	106.9	99.1
江门市	Jiangmen City	103.2	116.4	87.4	116.3	112.8	112.5
东莞市	Dongguan City			86.1	72.3	53.3	49.9
中山市	Zhongshan City	94.6	64.6	116.7	405.3	94.4	94.0
惠州市区	Huizhou Urban District				102.5	199.5	193.4
惠阳市	Huiyang City				148.4	68.3	87.1
惠东县	Huidong County				102.2	107.2	108.6
博罗县	Boluo County				102.2	89.7	106.7
肇庆市区	Zhaoqing Urban District	102.7	74.5	128.7	111.1	102.2	93.6
高要市	Gaoyao City	109.2	73.1	88.6	110.2	105.6	108.8
四会市	Sihui City	97.5	67.1	94.7	108.0	110.0	103.5

7-3 续表3 continued

(上年=100) (preceding year=100)

地区	Area	畜牧业产值指数 Animal Husbandry					
		1978	1980	1990	2000	2002	2003
长江三角洲经济区	**Yangtze River Delta**						
上海市	Shanghai City	120.7	90.4	110.4	99.1	96.0	95.0
南京市	Nanjing City				114.5	104.3	102.6
苏州市	Suzhou City		93.1	107.4	102.9	99.2	107.8
无锡市	Wuxi City	123.7	96.5	120.2	116.5	105.6	
常州市	Changzhou City	113.4	134.6	143.0	115.0	111.0	102.8
镇江市	Zhenjiang City	131.3	104.8	103.8	110.6	103.3	
南通市	Nantong City			104.3	106.7	109.5	104.6
扬州市	Yangzhou City				109.4	102.6	
泰州市	Taizhou City	100.0	104.1	99.3	114.0	104.8	105.0
杭州市	Hangzhou City	100.0	99.8	102.1	110.9	117.0	107.0
宁波市	Ningbo City				106.0	112.7	107.3
嘉兴市	Jiaxing City	120.4	97.3	101.3	114.0	103.3	102.9
湖州市	Huzhou City	125.9	99.9	100.2	104.1	102.4	104.6
绍兴市	Shaoxing City		102.0	106.0	111.1	102.4	103.0
舟山市	Zhoushan City	111.9	95.3	104.8	105.8	97.7	109.1
台州市	Taizhou City	126.0	98.6	101.3	103.0	104.8	101.7
珠江三角洲经济区	**Pearl River Delta**						
广州市	Guangzhou City	113.4	98.1	109.3	101.5	97.4	98.5
深圳市	Shenzhen City				106.3	85.8	
珠海市	Zhuhai City		95.7	103.3	96.4	132.7	89.6
佛山市	Foshan City				104.1	107.0	105.0
江门市	Jiangmen City	113.9	100.5	106.3	107.3	105.4	104.8
东莞市	Dongguan City			105.8	113.2	97.4	82.2
中山市	Zhongshan City	107.1	89.5	102.7	107.4	101.7	102.0
惠州市区	Huizhou Urban District				121.2	121.5	107.2
惠阳市	Huiyang City				105.5	98.8	90.9
惠东县	Huidong County				112.3	107.6	116.0
博罗县	Boluo County				110.6	108.5	114.4
肇庆市区	Zhaoqing Urban District	98.8	138.6	102.9	103.4	106.3	105.3
高要市	Gaoyao City	97.6	94.4	116.1	108.2	104.7	96.7
四会市	Sihui City	100.3	75.6	113.5	110.9	105.4	107.1

7-3 续表 4 continued

(上年 =100) (preceding year=100)

地区	Area	渔业产值指数 Fishery					
		1978	1980	1990	2000	2002	2003
长江三角洲经济区	**Yangtze River Delta**						
上海市	Shanghai City	136.5	102.4	95.7	111.3	112.9	123.0
南京市	Nanjing City				114.0	114.7	116.5
苏州市	Suzhou City		129.0	124.0	112.6	111.7	109.1
无锡市	Wuxi City	100.1	105.5	120.2	115.5	117.8	
常州市	Changzhou City	100.4	120.7	169.0	109.0	112.0	104.7
镇江市	Zhenjiang City	63.7	119.1	120.9	105.9	107.2	
南通市	Nantong City			110.2	103.1	103.6	105.1
扬州市	Yangzhou City				120.6	109.9	
泰州市	Taizhou City	100.0	115.4	109.7	109.9	109.2	105.1
杭州市	Hangzhou City	100.0	103.2	102.0	133.0	127.3	117.5
宁波市	Ningbo City				114.6	108.2	102.8
嘉兴市	Jiaxing City	116.8	156.0	102.3	124.1	126.5	136.9
湖州市	Huzhou City	105.0	102.7	114.4	129.8	108.1	111.9
绍兴市	Shaoxing City		99.4	98.9	116.0	106.2	103.8
舟山市	Zhoushan City	130.3	92.4	110.7	108.2	97.7	102.4
台州市	Taizhou City	88.3	105.5	106.4	104.1	101.8	98.7
珠江三角洲经济区	**Pearl River Delta**						
广州市	Guangzhou City	102.4	127.9	109.5	104.8	101.7	108.5
深圳市	Shenzhen City				104.4	115.4	132.2
珠海市	Zhuhai City		90.4	100.8	134.2	115.2	113.7
佛山市	Foshan City				111.3	105.8	103.3
江门市	Jiangmen City	85.1	101.1	102.3	108.6	104.9	101.1
东莞市	Dongguan City			109.6	112.2	85.2	102.1
中山市	Zhongshan City	94.9	101.4	109.5	107.1	113.2	105.9
惠州市区	Huizhou Urban District				116.2	126.0	99.1
惠阳市	Huiyang City				103.7	80.5	94.3
惠东县	Huidong County				109.3	106.5	115.1
博罗县	Boluo County				101.7	113.1	104.8
肇庆市区	Zhaoqing Urban District	104.7	112.0	114.9	104.2	111.8	108.3
高要市	Gaoyao City	126.8	109.5	108.8	105.6	115.6	109.7
四会市	Sihui City	125.7	120.9	99.2	126.2	108.3	104.1

7-4 主要农牧渔产品产量

Output of Farming, Animal Husbandry and Fishery

单位：万吨 (10 000 tons)

地区	Area	粮食 Grain			油料 Oil-bearing Crops		
		2000	2002	2003	2000	2002	2003
长江三角洲经济区	**Yangtze River Delta**						
上海市	Shanghai City	174.00	130.46	98.75	16.37	9.85	6.39
南京市	Nanjing City	143.37	110.52	86.31	22.01	21.49	20.05
苏州市	Suzhou City	193.95	146.42	112.77	12.61	7.81	6.24
无锡市	Wuxi City	127.03	96.29	71.70	5.91	3.79	2.47
常州市	Changzhou City	136.22	122.86	103.54	9.16	7.30	7.26
镇江市	Zhenjiang City	118.03	109.45	86.25	8.72	7.92	7.45
南通市	Nantong City	340.60	309.53	293.21	39.41	35.71	40.60
扬州市	Yangzhou City	225.16	212.87	180.13	12.46	11.71	12.57
泰州市	Taizhou City	270.52	247.37	230.26	11.23	12.25	13.66
杭州市	Hangzhou City	153.08	116.58	100.27	8.57	6.93	6.81
宁波市	Ningbo City	132.51	94.89	75.61	6.59	4.76	4.21
嘉兴市	Jiaxing City	153.06	132.75	117.68	17.75	15.14	13.93
湖州市	Huzhou City	95.32	82.20	79.01	11.71	8.13	7.91
绍兴市	Shaoxing City	144.41	100.01	83.83	4.88	3.87	3.73
舟山市	Zhoushan City	8.84	6.60	5.38	0.72	0.53	0.59
台州市	Taizhou City	141.40	92.59	75.70	0.56	0.64	0.72
珠江三角洲经济区	**Pearl River Delta**						
广州市	Guangzhou City	88.11	65.16	54.52	2.56	2.62	2.32
深圳市	Shenzhen City	0.37	0.31	0.19		0.03	
珠海市	Zhuhai City	8.83	6.94	5.57	0.11	0.09	0.08
佛山市	Foshan City		22.72	14.11		0.71	0.61
江门市	Jiangmen City	124.21	95.63	90.54	4.65	4.25	4.07
东莞市	Dongguan City	20.41	5.37	3.05	0.20	0.09	0.04
中山市	Zhongshan City	22.92	18.49	14.26	0.14	0.09	0.06
惠州市区	Huizhou Urban District		1.19	10.36		0.17	1.13
惠阳市	Huiyang City		19.95	3.76		1.94	0.35
惠东县	Huidong County		21.82	21.77		1.74	1.89
博罗县	Boluo County		24.95	21.55		2.39	2.30
肇庆市区	Zhaoqing Urban District	6.40	4.90	4.18	0.14	0.13	0.13
高要市	Gaoyao City	32.90	28.38	26.48	1.40	1.46	1.43
四会市	Sihui City	16.38	14.11	12.99	1.42	1.38	1.43

7-4 续表 1 continued

单位：万吨 (10 000 tons)

地区	Area	棉花 Cotton			蔬菜 Vegetables		
		2000	2002	2003	2000	2002	2003
长江三角洲经济区	**Yangtze River Delta**						
上海市	Shanghai City	0.12	0.09	0.11	377.00	476.60	460.54
南京市	Nanjing City	0.45	0.51	0.52		342.20	376.96
苏州市	Suzhou City	1.17	0.75	0.68	159.30	171.97	162.28
无锡市	Wuxi City					90.64	97.89
常州市	Changzhou City	0.08	0.06	0.03	71.15	83.78	82.37
镇江市	Zhenjiang City	0.16	0.15	0.15		65.05	64.03
南通市	Nantong City	3.25	3.31	4.08		265.24	280.29
扬州市	Yangzhou City	1.04	1.10	1.05		113.39	119.06
泰州市	Taizhou City	1.47	1.91	1.58	183.70	224.47	244.14
杭州市	Hangzhou City	0.21	0.13	0.12	236.05	267.58	288.28
宁波市	Ningbo City	1.05	0.80	0.76	243.70	291.67	275.04
嘉兴市	Jiaxing City	0.23	0.19	0.19	162.46	195.89	195.22
湖州市	Huzhou City				64.73	86.92	91.93
绍兴市	Shaoxing City	0.48	0.41	0.39	199.01	252.52	252.12
舟山市	Zhoushan City	0.03	0.02	0.01	15.19	21.17	19.92
台州市	Taizhou City	0.21	0.10	0.08	117.02	188.52	196.96
珠江三角洲经济区	**Pearl River Delta**						
广州市	Guangzhou City				306.49	346.04	364.49
深圳市	Shenzhen City					21.74	
珠海市	Zhuhai City				16.44	14.29	16.17
佛山市	Foshan City					191.09	201.21
江门市	Jiangmen City				133.81	149.60	150.20
东莞市	Dongguan City				65.82	65.33	56.05
中山市	Zhongshan City				42.46	58.82	61.12
惠州市区	Huizhou Urban District					7.64	36.08
惠阳市	Huiyang City					54.86	18.18
惠东县	Huidong County					46.40	47.16
博罗县	Boluo County					56.73	62.49
肇庆市区	Zhaoqing Urban District				7.83	9.06	7.82
高要市	Gaoyao City				70.84	87.07	90.70
四会市	Sihui City				25.68	27.01	28.32

7-4 续表 2　continued

单位：万吨　(10 000 tons)

地区	Area	水果① Fruits ①			蚕茧 Silkworm Cocoons		
		2000	2002	2003	2000	2002	2003
长江三角洲经济区	**Yangtze River Delta**						
上海市	Shanghai City	22.54	27.72	33.31		0.01	
南京市	Nanjing City	2.36	3.75	4.17	0.05	0.07	0.04
苏州市	Suzhou City	5.92	6.79	7.93	0.73	0.58	0.34
无锡市	Wuxi City	2.72	4.56	6.16	0.11	0.10	0.07
常州市	Changzhou City	2.96	3.70	5.99	0.48	0.50	0.45
镇江市	Zhenjiang City	1.27	1.56	1.23		0.31	0.17
南通市	Nantong City	12.05	13.13	13.93	3.03	4.11	4.09
扬州市	Yangzhou City	2.69	3.39	3.58	0.44	0.51	0.45
泰州市	Taizhou City	1.58	1.51	1.86	0.13	0.15	0.16
杭州市	Hangzhou City	11.06	38.92	42.36	0.93	1.20	1.28
宁波市	Ningbo City	31.20	89.36	114.06		0.02	
嘉兴市	Jiaxing City	4.08	8.34	9.84	5.06	4.90	3.59
湖州市	Huzhou City	3.12	4.37	23.30	2.16	2.17	1.72
绍兴市	Shaoxing City	11.72	23.53	43.56	0.70	0.83	0.65
舟山市	Zhoushan City	2.06	5.12	7.43			
台州市	Taizhou City	38.74	89.69	108.11	0.06	0.07	0.05
珠江三角洲经济区	**Pearl River Delta**						
广州市	Guangzhou City	32.97	47.37	45.52	-	-	-
深圳市	Shenzhen City	2.70	3.50	2.90			
珠海市	Zhuhai City	3.44	4.00	4.68			
佛山市	Foshan City		5.97	5.80			
江门市	Jiangmen City	8.89	12.31	12.26		0.02	
东莞市	Dongguan City	12.94	18.93	14.64			
中山市	Zhongshan City	24.35	23.87	24.62			
惠州市区	Huizhou Urban District		0.62	1.36			
惠阳市	Huiyang City		5.23	1.90			
惠东县	Huidong County		5.43	6.45			
博罗县	Boluo County		7.74	6.67		-	
肇庆市区	Zhaoqing Urban District	1.85	2.86	3.18		-	
高要市	Gaoyao City	9.86	11.78	12.53	0.01	0.01	0.05
四会市	Sihui City	5.75	7.83	8.67			

7–4 续表 3 continued

单位：万吨 (10 000 tons)

地区	Area	肉类 Meat			牛奶 Milk		
		2000	2002	2003	2000	2002	2003
长江三角洲经济区	**Yangtze River Delta**						
上海市	Shanghai City	55.11	52.20	50.78	25.95	27.98	27.05
南京市	Nanjing City	18.01	19.79	20.89	6.71	9.95	10.77
苏州市	Suzhou City	15.85	16.18	15.60	4.37	10.51	10.03
无锡市	Wuxi City	13.13	13.98	15.70	4.57	9.97	11.21
常州市	Changzhou City	9.89	11.50	10.99	0.44	1.11	1.49
镇江市	Zhenjiang City	6.21	6.90	7.11		1.46	1.44
南通市	Nantong City	30.17	32.10	32.65	0.56	0.91	1.04
扬州市	Yangzhou City	24.50	25.26	30.33	0.32	1.15	1.52
泰州市	Taizhou City	21.73	22.59	23.44	0.35	1.05	1.39
杭州市	Hangzhou City	25.24	29.71	30.06	4.01	6.11	5.63
宁波市	Ningbo City	12.98	15.12	15.54	0.83	1.74	2.21
嘉兴市	Jiaxing City	21.14	27.73	30.86	0.14	0.28	0.38
湖州市	Huzhou City	8.77	10.41	12.25	0.07	0.21	0.74
绍兴市	Shaoxing City	13.95	14.78	14.73	0.07	0.11	0.12
舟山市	Zhoushan City	1.22	1.39	1.59	0.08	0.17	0.27
台州市	Taizhou City	12.09	12.85	12.89	0.46	1.24	1.23
珠江三角洲经济区	**Pearl River Delta**						
广州市	Guangzhou City	32.77	31.04	30.33	4.15	4.64	4.35
深圳市	Shenzhen City	7.90	7.55	6.70	2.40	2.30	2.40
珠海市	Zhuhai City	2.42	3.11	2.58		0.51	0.83
佛山市	Foshan City		30.37	34.06		0.49	0.68
江门市	Jiangmen City	23.88	27.70	28.19		-	
东莞市	Dongguan City	17.90	18.88	15.46		0.04	
中山市	Zhongshan City	5.28	5.68	5.88			
惠州市区	Huizhou Urban District		2.04	4.11		0.04	0.05
惠阳市	Huiyang City		3.44	1.31		0.14	
惠东县	Huidong County		2.31	2.50			
博罗县	Boluo County		6.47	6.29		0.09	0.08
肇庆市区	Zhaoqing Urban District	2.71	2.93	3.14	0.18	0.22	0.52
高要市	Gaoyao City	5.88	6.56	6.25			
四会市	Sihui City	6.50	8.30	7.72		-	

7-4 续表4 continued

单位：万吨 (10 000 tons)

地区	Area	禽蛋 Poultry Eggs			水产品总产量 Total Aquatic Products		
		2000	2002	2003	2000	2002	2003
长江三角洲经济区	**Yangtze River Delta**						
上海市	Shanghai City	16.64	16.65	15.07	28.87	32.69	35.48
南京市	Nanjing City	6.86	9.43	8.84	12.93	15.22	16.20
苏州市	Suzhou City	3.80	3.22	3.03	34.51	35.72	33.87
无锡市	Wuxi City	2.50	2.62	2.61	10.25	11.11	11.22
常州市	Changzhou City	2.30	3.08	3.25	11.12	12.04	12.47
镇江市	Zhenjiang City		1.72	2.00	6.00	6.85	6.48
南通市	Nantong City	35.31	41.31	42.77	58.56	61.48	63.00
扬州市	Yangzhou City	14.43	18.63	15.16	22.67	28.39	28.13
泰州市	Taizhou City	11.23	11.56	11.94	17.64	18.95	18.84
杭州市	Hangzhou City	6.08	7.20	7.76	9.80	12.06	13.02
宁波市	Ningbo City	10.19	11.83	13.68	81.61	88.72	90.33
嘉兴市	Jiaxing City	3.04	4.20	4.79	9.70	11.97	13.17
湖州市	Huzhou City	2.42	2.62	2.75	13.57	15.19	16.69
绍兴市	Shaoxing City	3.37	4.01	4.32	7.40	9.95	10.24
舟山市	Zhoushan City	0.72	0.73	0.65	134.92	124.61	124.49
台州市	Taizhou City	3.04	3.59	3.75	139.28	141.10	138.26
珠江三角洲经济区	**Pearl River Delta**						
广州市	Guangzhou City	2.95	2.34	2.15	32.52	34.53	35.59
深圳市	Shenzhen City	0.15	0.04	0.03	5.98	6.41	8.53
珠海市	Zhuhai City	0.14	0.27	0.36	10.70	12.31	13.91
佛山市	Foshan City		0.94	0.94		46.69	48.11
江门市	Jiangmen City	2.84	2.92	2.48	67.65	70.16	65.17
东莞市	Dongguan City		0.41	0.36		8.23	7.58
中山市	Zhongshan City	0.52	0.56	0.57	18.17	23.56	25.47
惠州市区	Huizhou Urban District		0.20	0.53		0.97	2.25
惠阳市	Huiyang City		0.81	0.19		4.95	3.39
惠东县	Huidong County		0.12	0.13		6.41	6.75
博罗县	Boluo County		0.33	0.32		2.61	2.64
肇庆市区	Zhaoqing Urban District	0.75	0.63	0.58	2.89	3.25	3.47
高要市	Gaoyao City	0.96	0.98	1.06	8.57	9.56	10.48
四会市	Sihui City	0.73	0.83	0.83	5.44	5.81	6.30

7-4 续表5　continued

单位：万吨　　　　(10 000 tons)

地区	Area	海水产品 Seawater Aquatic Products			淡水产品 Freshwater Aquatic Products		
		2000	2002	2003	2000	2002	2003
长江三角洲经济区	**Yangtze River Delta**						
上海市	Shanghai City	12.23	11.82	13.35	16.64	20.87	22.13
南京市	Nanjing City				12.93	15.22	16.20
苏州市	Suzhou City	3.55	3.11	2.36	30.97	32.61	31.51
无锡市	Wuxi City	0.01			10.24	11.11	11.22
常州市	Changzhou City				11.12	12.04	12.47
镇江市	Zhenjiang City				6.00	6.85	6.48
南通市	Nantong City	45.92	46.56	47.27	12.63	14.92	15.72
扬州市	Yangzhou City				22.67	28.39	28.13
泰州市	Taizhou City	0.16	0.14	0.10	17.47	18.81	18.74
杭州市	Hangzhou City				9.80	12.06	13.02
宁波市	Ningbo City	75.84	82.05	82.88	5.78	6.66	7.45
嘉兴市	Jiaxing City		0.80	0.78		11.17	12.39
湖州市	Huzhou City				13.57	15.19	16.69
绍兴市	Shaoxing City	0.76	0.51	0.41	6.65	9.44	9.83
舟山市	Zhoushan City	134.49	123.93	123.73	0.44	0.69	0.75
台州市	Taizhou City	135.25	136.36	133.45	4.04	4.74	4.81
珠江三角洲经济区	**Pearl River Delta**						
广州市	Guangzhou City	6.88	6.97	6.02	25.64	27.58	29.57
深圳市	Shenzhen City	5.10	5.49	7.80	0.87	0.93	0.78
珠海市	Zhuhai City	4.35	3.44	3.52	5.86	8.87	11.12
佛山市	Foshan City					46.69	48.11
江门市	Jiangmen City	47.23	48.13	41.12	20.41	22.03	24.04
东莞市	Dongguan City		3.08	3.02		5.16	4.56
中山市	Zhongshan City	1.71	1.97	1.97	16.46	21.59	23.47
惠州市区	Huizhou Urban District					0.97	2.25
惠阳市	Huiyang City		2.79	2.75		2.07	0.64
惠东县	Huidong County		5.66	5.98		0.76	0.77
博罗县	Boluo County					2.61	2.64
肇庆市区	Zhaoqing Urban District				2.89	3.25	3.47
高要市	Gaoyao City				8.57	9.56	10.48
四会市	Sihui City				5.44	5.81	6.30

注：①2003年以前的水果产量仅指园林水果产量，2003年以后（包括2003年）的水果产量包含种植业中的瓜果类产量。

Note: ① The fruit output before year 2003 only refer to the fruit output of gardens, and since year 2003,the fruit output include the output of melon and fruit in plant industry.

7-5 耕地面积情况(2003 年)
Conditions of Area of Cultivated Land(2003)

单位：千公顷 (1000 hectares)

地区	Area	年初耕地总资源 Total Cultivated Land At the Year-Beginning	年内增加 Increased Area in the Year	新开荒地 Bring Barren under Cultivation	园地改为耕地 Garden Plot for Cultivated Land
长江三角洲经济区	**Yangtze River Delta**				
上海市	Shanghai City	270.38	7.47	1.61	
南京市	Nanjing City	261.61	3.24	0.96	
苏州市	Suzhou City	288.17	2.05	0.01	
无锡市	Wuxi City	164.15	1.56	0.33	
常州市	Changzhou City	199.97	1.12	0.11	0.13
镇江市	Zhenjiang City	158.86	0.32	0.06	
南通市	Nantong City	480.13	0.98	0.16	
扬州市	Yangzhou City	313.00	0.29		0.03
泰州市	Taizhou City	317.22	1.21	1.21	
杭州市	Hangzhou City	18.40	8.78	1.62	
宁波市	Ningbo City	215.85	3.29	0.92	
嘉兴市	Jiaxing City	209.99	5.12		0.03
湖州市	Huzhou City	140.91	4.01	0.22	0.09
绍兴市	Shaoxing City	167.73	4.14	1.64	2.48
舟山市	Zhoushan City	17.80	0.47	0.13	
台州市	Taizhou City	148.28	2.29	0.07	0.03
珠江三角洲经济区	**Pearl River Delta**				
广州市	Guangzhou City	147.05	1.31	0.10	0.32
深圳市	Shenzhen City	5.27			
珠海市	Zhuhai City	21.40	0.25	0.02	
佛山市	Foshan City	80.00	0.19	0.01	0.16
江门市	Jiangmen City	150.22	0.30	0.04	
东莞市	Dongguan City	33.38	0.13		
中山市	Zhongshan City	37.80	0.07	0.01	0.06
惠州市区	Huizhou Urban District	22.97			
惠阳市	Huiyang City	17.09			
惠东县	Huidong County	35.27			
博罗县	Boluo County	52.94	0.03		0.03
肇庆市区	Zhaoqing Urban District	9.69			
高要市	Gaoyao City	37.15	0.15		0.15
四会市	Sihui City	21.48			

7-5 续表 1 continued

单位：千公顷 (1000 hectares)

地 区	Area	年内减少 Decreased Area in the Year	国家基建占地 Capital Construction of the Government	其他基建占地 Other Construction	退耕还林还草占地 Grain for Green
长江三角洲经济区	**Yangtze River Delta**				
上海市	Shanghai City	20.52			
南京市	Nanjing City	14.34	2.58		5.46
苏州市	Suzhou City	9.12	5.71	1.66	0.07
无锡市	Wuxi City	5.82	2.25		0.20
常州市	Changzhou City	3.41	0.93	1.37	
镇江市	Zhenjiang City	1.88	1.23	0.23	0.04
南通市	Nantong City	3.44	2.79	0.58	
扬州市	Yangzhou City	3.59	2.90	0.36	0.23
泰州市	Taizhou City	1.54	0.85	0.45	0.07
杭州市	Hangzhou City	6.21	3.15	2.90	0.16
宁波市	Ningbo City	3.47	1.73	1.48	
嘉兴市	Jiaxing City	4.55	1.87	2.67	
湖州市	Huzhou City	3.74	1.56	1.52	0.29
绍兴市	Shaoxing City	4.22	2.38	1.71	0.13
舟山市	Zhoushan City	0.54	0.29	0.11	
台州市	Taizhou City	3.80	0.93	1.55	0.17
珠江三角洲经济区	**Pearl River Delta**				
广州市	Guangzhou City	12.75	3.25	3.63	0.01
深圳市	Shenzhen City				
珠海市	Zhuhai City	2.73	1.78	0.48	
佛山市	Foshan City	3.76	0.68	0.91	0.02
江门市	Jiangmen City	5.74	0.61	1.97	0.50
东莞市	Dongguan City	0.68	0.11		
中山市	Zhongshan City	5.42	0.56	2.20	
惠州市区	Huizhou Urban District	1.87	0.20	1.66	0.01
惠阳市	Huiyang City	8.79	2.58	5.57	0.16
惠东县	Huidong County				
博罗县	Boluo County	0.05			
肇庆市区	Zhaoqing Urban District	0.16	0.04	0.04	
高要市	Gaoyao City				
四会市	Sihui City	0.23			

7-5 续表 2 continued

单位：千公顷 (1000 hectares)

地区	Area	耕地改为园地 Cultivated Land for Garden Plot	年末耕地总资源 Total Cultivated Land At the Year-End	常用耕地面积 Regularly Cultivated Land	临时性耕地 Temporary Cultivated Land
长江三角洲经济区	**Yangtze River Delta**				
上海市	Shanghai City		257.32		
南京市	Nanjing City		250.51		
苏州市	Suzhou City	0.02	281.09	281.09	
无锡市	Wuxi City	0.50	159.89	159.89	
常州市	Changzhou City	1.09	197.68	188.98	8.70
镇江市	Zhenjiang City		157.30	150.19	8.12
南通市	Nantong City	0.08	477.67	477.67	
扬州市	Yangzhou City		309.56	309.53	0.03
泰州市	Taizhou City		316.89	316.89	
杭州市	Hangzhou City		182.71		
宁波市	Ningbo City		215.66		
嘉兴市	Jiaxing City		210.56	210.56	
湖州市	Huzhou City	0.17	141.18	141.18	
绍兴市	Shaoxing City		167.65		
舟山市	Zhoushan City	0.04	17.73		
台州市	Taizhou City	0.46	146.77		
珠江三角洲经济区	**Pearl River Delta**				
广州市	Guangzhou City	135.62	135.62	134.93	0.68
深圳市	Shenzhen City				
珠海市	Zhuhai City	0.27	18.91	18.61	0.31
佛山市	Foshan City	0.20	76.43	76.24	0.19
江门市	Jiangmen City	0.54	144.79	135.23	9.56
东莞市	Dongguan City		32.83		
中山市	Zhongshan City	0.36	32.45	30.88	1.57
惠州市区	Huizhou Urban District		21.11	15.36	5.74
惠阳市	Huiyang City	0.47	8.31	6.98	1.33
惠东县	Huidong County		35.27	25.83	9.44
博罗县	Boluo County		52.92	32.86	20.06
肇庆市区	Zhaoqing Urban District	0.02	9.53	8.34	1.19
高要市	Gaoyao City		37.30	31.26	6.04
四会市	Sihui City	0.23	21.25	14.51	6.74

主要统计指标解释

农业机械总动力 指主要用于农、林、牧、渔业的各种动力机械的动力总和。包括耕作机械、排灌机械、收获机械、农用运输机械、植物保护机械、牧业机械、林业机械、渔业机械和其他农业机械〔内燃机按引擎马力折成瓦(特)计算、电动机按功率折成瓦(特)计算〕。不包括专门用于乡、镇、村、组办工业、基本建设、非农业运输、科学试验和教学等非农业生产方面用的动力机械与作业机械。这个指标的统计数据主要来源于农机部门。

有效灌溉面积 指具有一定的水源，地块比较平整，灌溉工程或设备已经配套，在一般年景下当年能够进行正常灌溉的耕地面积。在一般情况下，有效灌溉面积应等于灌溉工程或设备已经配备，能够进行正常灌溉的水田和水浇地面积之和。它是反映我国耕地抗旱能力的一个重要指标。

农用化肥施用量 指本年内实际用于农业生产的化肥数量，包括氮肥、磷肥、钾肥和复合肥。化肥施用量要求按折纯量计算数量。折纯量是指把氮肥、磷肥、钾肥分别按含氮、含五氧化二磷、含氧化钾的百分之百成份进行折算后的数量。复合肥按其所含主要成分折算。公式：

折纯量= 实物量 × 某种化肥有效成份含量的百分比

农作物播种面积 指实际播种或移植有农作物的面积。凡是实际种植有农作物的面积，不论种植在耕地上还是种植在非耕地上，均包括在农作物播种面积中。在播种季节基本结束后，因遭灾而重新改种和补种的农作物面积，也包括在内。它是反映我国耕地面积利用情况的一个重要指标。目前，农作物播种面积主要包括粮食、棉花、油料、糖料、麻类、烟叶、蔬菜和瓜类、药材和其它农作物九大类。

农林牧渔业总产值 指以货币表现的农、林、牧、渔业全部产品和对农林牧渔业生产活动进行的各种支持性服务活动的价值总量，它反映一定时期内农林牧渔业生产总规模和总成果。1957年以前的农林牧渔业总产值中包括了厩肥和农民自给性手工业(如农民自制衣服、鞋、袜，自己从事粮食初步加工等)。1958年及以后，林业中增加了村及村以下竹木采伐产值；牧业中取消了厩肥产值；副业中取消了农民自给性手工业产值，增加了村及村以下办的工业产值；渔业中增加了海洋捕捞水产品产值。1980年及以后，在副业中增加了农民家庭兼营工业商品部分的产值。从1984年起村及村以下工业产值划归工业。从1993年起取消副业，将野生动物的捕猎划入牧业、野生植物采集和农民家庭兼营商品性工业划归农业。从2003年起，执行新的国民经济行业分类标准，农林牧渔业总产值中包括了农林牧渔服务业产值。林业中增加了森林采运业产值。农业中取消了家庭兼营商品性工业产值，将野生林产品的采集划归林业。第一次农业普查以后，由于畜牧业产品年报数据与普查数据之间存在一定的差距，国家统计局农调总队对畜牧业年报数据与普查数据进行衔接，相应的畜牧业产值进行调整。

农林牧渔业总产值的计算方法通常是按农、林、牧、渔业产品及其副产品的产量分别乘以各自单位产品价格求得；少数生产周期较长，当年没有产品或产品产量不易统计的，则采用间接方法匡算其产值；然后将四业产品产值相加即为农林牧渔业总产值。

粮食产量 指全社会的产量。包括国有经济经营的、集体统一经营的和农民家庭经营的粮食产量，还包括工矿企业办的农场和其他生产单位的产量。粮食除包括稻谷、小麦、玉米、高粱、谷子及其他杂粮外，还包括薯类和豆类。其产量计算方法，豆类按去豆荚后的干豆计算；薯类(包括甘薯和马铃薯，不包括芋头和木薯)1963年以前按每4公斤鲜薯折1公斤粮食计算，从1964年开始改为按5公斤鲜薯折1公斤粮食计算。城市郊区作为蔬菜的薯类(如马铃薯等)按鲜品计算，并且不作粮食统计。其他粮食一律按脱粒后的原粮计算。1989年以前全国粮食产量数据主要靠全面报表取得，1989年开始使用抽样调查数据。

水产品产量 指人工养殖的水产品和天然生长的水产品的捕捞量。包括海水的鱼类、虾蟹类、贝类和藻类以及内陆水域的鱼类、虾蟹类和贝类，不包括淡水生植物。水产品产量是通过各级水产和统计部门逐级上报取得数据。1995年及以前，贝类中牡蛎按鲜肉计算；蚶、蛤、蛙按5斤鲜品折1斤计算。1996 年以后则统一按鲜品计算。

常用耕地 是指耕地总资源中专门种植农作物并经常进行耕种、能够正常收获的土地。包括当年实际耕种的熟地；弃耕、休闲不满三年，随时可以复耕的地；开荒利用三年以上的土地。在统计口径上包括南方小于1米、北方小于2米宽的沟、渠、路和田埸。不包括临时种植农作物的坡度在25度以上的陡坡地；在河套、湖畔、库区临时开发的成片或零星土地；也不包括已列为国家和省（区、市）退耕计划但临时耕种的土地。常用耕地是国家需要重点保护的耕地，是反映我国农业综合生产能力的一个重要指标。

Explanatory Notes on Main Statistical Indicators

Total Power of Farm Machinery refers to total mechanical power of machinery used in farming, forestry, animal husbandry, and fishery, including ploughing, irrigation and drainage, harvesting, transport, plant protection, stock breeding, forestry and fishery. The power of internal combustion engines is required to convert horsepower into watts and the power of electric motors is required to be convert ed into watts. Machinery employed for non-agricultural purposes, such as the machines used in township run and village-run industry, construction, nonagricul tural transport, scientific experiments and teaching, is excluded. Data are mainly from agricultural machinery agencies.

Irrigated Area refers to areas that are effectively irrigated, i.e. level land, which has water source and complete sets of irrigation facilities to lift and move adequate water for irrigation purpose under normal conditions. Under normal condi tions, irrigated area is the sum of watered fields and irrigated fields where irrigation systems or equipment have been installed for regular irrigation purpose. This important indicator reflects drought resistance capacity of the cultivated land in China.

Consumption of Chemical Fertilizers in Agriculture refers to the quantity of chemical fertilizers applied in agriculture in the year, including nitrogenous fertilizer, phosphate fertilizer, potash fertilizer, and compound fertilizer. The consumption of chemical fertilizers is required in calculation to convert the gross weight into weight containing 100% effective component(e.g. 100% nitrogen content in nitrogenous fertilizer, 100% phosphorous pentoxide contents in phosphate fertilizer, 100% potassium oxide contents in potash fertilizer). Compound fertilizer is converted with its major component. The formula is:

Volume of effective component=physical quantity X effective component of certain chemical fertilizer(%)

Sown Area of Crops refers to area of land sown or transplanted with crops regardless of being in cultivated area or noncultivated area. Area of land resown due to natural disasters is also included. This is an important indicator that can reflect the utilization condition of the cultivated land in China. At present, the sown area of crops mainly include the following 9 categories of crops: grain, cotton, oil-bearing crops, sugar crops, fiber crops, Tobacco, Vegetables and melons, medicinal materials and other farm crops.

Gross Output Value of Farming, Forestry, Animal Husbandry and Fishery refers to the total value of products of farming, forestry, animal husbandry and fishery, and total value of services rendered to support farming, forestry, animal husbandry and fishery activities. It reflects the total scale and results of agricultural production during a given period. Prior to 1957, Chinas gross agricultural output value included barnyard manure and handicraft products for self-consumption (clothes, shoes, stockings, and initial grain processing undertaken by peasants). Since 1958, cutting and felling of bamboo and trees by villages and other cooperative organizations under villages have been included in forestry; value of barnyard manure has been excluded from animal husbandry; self consumed handicrafts has been excluded from sideline occupations, while the output value of industries run by villages and cooperative organizations under village had been included in sideline occupations and the output value of fish catches by motor fishing boats has been added to fishery. Since 1980, the value of handicraft products made for sale by individuals in households had been added to sideline occupations. Since 1984, industries run by villages and under villages have been included in the sector of industry. Since 1993, the subdivision of sideline occupations has been canceled, and the hunting of wild animals has been classified into animal husbandry, and the gathering of wild plants and commodity industry run by rural household have been included in farming. A new industrial classification of economic activities was introduced in 2003. Under the new classification, value of services to farming, forestry, animal husbandry and fishery is included in the gross output value of agriculture, value of wood felling and transport is included in forestry, value of industrial output by rural households is not included in agriculture, and the collection of wild forest products is taken from agriculture and included in the forestry. The first agriculture census of China revealed some discrepancy between the production of animal products from the annual reports and that from the census. Efforts were made by the Rural Socio-economic Survey Organization of NBS to adjust the output value of animal husbandry to make the figures from the annual reports consistent with the census data.

Gross output value of agriculture is obtained by first multiplying the output of each product or by product by its price, resulting in the output value of each single item. For a small number of products, annual output of which is not available or difficult to get due to the long production (growing) process involved, the output value is estimated through an indirect approach. The sum of output value of all products of farming, forestry, animal husbandry and fishery is then equal to the gross output value of agriculture.

Grain Output refers to the total output in the whole country including grains produced by state farms, collective units, rural households, as well as by farms affiliated to industrial and mining enterprises and other production units. Grain includes rice, wheat, corn, sorghum, millet and other miscellaneous grains as well as tubers and bean. Output of beans refers to dry beans without pods. The output of tubers (sweet potatoes and potatoes, not including taros and cassava) was converted into that of grain at the ratio 4:1, i.e. 4 kilograms of fresh tubers was equivalent to 1 kilogram of grain up to 1963. Since 1964 the ratio for conversion has been 5:1. Tubers supplied as vegetables (such as potatoes) in cities and suburbs are calculated as fresh vegetables and their output is not included in the output of grain. Output of all other grains refers to husked grain. Data on grain production before 1989 were obtained through Comprehensive Statistical Reporting System. Since 1989, data from sample surveys are used.

Output of Aquatic Products refers to catches of both artificially cultured and naturally grown aquatic products, including fish, shrimps, crabs and shellfish in sea and inland water as well as seaweed. Freshwater plants are not included. Data on output of aquatic products are reported by aquatic product and statistical agencies level by level. Before 1995, among the shellfish, the oyster was counted as fresh meat; 5 kilograms of ark shell, clams and frogs are equivalent to 1 kilogram of fresh aquatic products; they are all counted as fresh aquatic products since 1996.

Regularly Cultivated Land refers to farmland among the total land resources, which is exclusively used for farming and is under regular cultivation with harvest in normal years. Included are currently cultivated land, land that has been abandoned or put in idle for less than 3 years and could be re-used for cultivation at any time, and new-claimed land that has been put into cultivation for more than 3 years. According to statistical coverage, it includes the gouges, dykes, roads and ridges of field with 1 meter wide in Southern areas and 2 meters wide in Northern areas. Excluded under this category are steep slope land over 25 degrees under temporary cultivation, land (large or small plots) that is claimed along river bends, lake sides or banks of reservoirs, as well as land that has been designated under the "Green for Grain" programmes of the state and provincial governments but is still temporarily under cultivation. The regularly cultivated land is the key protection land of the nation, an important indicator reflecting the comprehensive productivity of agriculture of China.

8-1 全部国有及规模以上非国有工业企业总产值及增加值

Gross Output Value and Value Added of All State-owned and Non-State-owned above Designated Size Industrial Enterprises

按当年价格计算。

Calculated at current prlces.

单位：亿元 (100 million yuan)

地区	Area	总产值 Gross Output Value			增加值 Value added		
		2000	2002	2003	2000	2002	2003
长江三角洲经济区	**Yangtze River Delta**						
上海市	Shanghai City	6204.52	7740.56	10342.82	1826.16	2196.97	2767.08
南京市	Nanjing City	1602.79	1973.25	2509.38	388.03	486.51	610.99
苏州市	Suzhou City	2396.51	3465.87	4976.51	588.97	892.21	1307.23
无锡市	Wuxi City	1779.07	2445.08	3284.73	411.86	580.43	790.61
常州市	Changzhou City	874.63	1167.02	1527.28	208.67	279.71	366.52
镇江市	Zhenjiang City	546.17	726.61	855.36	142.85	192.40	227.55
南通市	Nantong City	697.10	877.55	1123.91	184.00	236.18	304.51
扬州市	Yangzhou City	596.34	673.83	837.24	160.64	182.25	238.40
泰州市	Taizhou City	443.80	579.82	736.65	115.38	163.15	204.58
杭州市	Hangzhou City	1543.57	2400.30	3202.50	360.97	597.01	783.51
宁波市	Ningbo City	1427.70	2000.16	2630.29	325.79	499.44	605.30
嘉兴市	Jiaxing City	575.52	936.24	1269.52	116.94	206.66	283.11
湖州市	Huzhou City	355.75	459.32	588.62	79.78	102.14	126.38
绍兴市	Shaoxing City	1045.13	1471.40	1895.40	219.84	297.53	382.34
舟山市	Zhoushan City	74.22	120.07	153.03	17.90	31.91	36.39
台州市	Taizhou City	481.55	726.92	955.82	123.67	174.07	224.58
珠江三角洲经济区	**Pearl River Delta**						
广州市	Guangzhou City	2568.57	3176.43	4017.83	708.40	902.04	1149.17
深圳市	Shenzhen City	2566.93	3628.52	5245.51	815.22	1019.61	1463.67
珠海市	Zhuhai City	630.17	758.81	1008.98	156.16	182.31	216.93
佛山市	Foshan City	1560.55	2040.66	2582.03	401.78	514.37	641.43
江门市	Jiangmen City	871.15	1027.74	1116.95	201.16	228.50	253.10
东莞市	Dongguan City	914.64	1690.67	2144.93	259.44	367.20	595.49
中山市	Zhongshan City	532.95	948.08	1309.25	136.16	230.37	317.87
惠州市区	Huizhou Urban District	436.53	622.10	722.83		136.54	161.24
惠阳市	Huiyang City	131.61	138.28	168.65		29.46	38.16
惠东县	Huidong County	13.73	13.76	23.43		4.00	6.91
博罗县	Boluo County	71.61	83.45	99.11		19.71	25.39
肇庆市区	Zhaoqing Urban District	125.10	114.06	138.36	32.29	32.38	32.71
高要市	Gaoyao City	93.83	128.14	144.04	16.44	26.27	30.25
四会市	Sihui City	53.71	74.84	80.02	14.17	20.42	19.51

8-2 全部国有及规模以上非国有工业企业职工人数(2003 年)

Number of Staff and Workers of All State-owned and Non-State-owned above Designated Size Industrial Enterprises(2003)

单位：万人　　　　(10 000 persons)

地区	Area	总计 Total	按登记注册类型分 Grouped by Status of Registration			按行业分 Grouped by Sector		
			国有 State-owned	集体 Collective-owned	其他 Others	采矿业 Mining and Quarrying	制造业 Manufacturing	电力、燃气及水的生产和供应业 Production& Supply of Power, Gas & Water
长江三角洲经济区	**Yangtze River Delta**							
上海市	Shanghai City	220.51	21.94	14.37	184.20	0.03	215.61	4.87
南京市	Nanjing City	59.17	12.51	3.92	42.74	1.74	56.02	1.41
苏州市	Suzhou City	128.67	3.33	2.74	122.61	0.39	126.94	1.34
无锡市	Wuxi City	83.09	6.06	10.74	66.29	0.07	81.99	1.03
常州市	Changzhou City	54.97	3.76	2.27	48.94	0.07	54.13	0.77
镇江市	Zhenjiang City	32.00	3.85	4.47	23.68	0.72	30.37	0.91
南通市	Nantong City	43.97	1.61	1.81	40.55	0.05	42.89	1.03
扬州市	Yangzhou City	36.70	4.10	3.60	29.00	2.30	33.60	0.80
泰州市	Taizhou City	24.38	1.83	2.64	19.91	0.02	24.08	0.28
杭州市	Hangzhou City	85.33	5.24	4.78	75.81	0.59	83.61	1.63
宁波市	Ningbo City	91.96	1.74	3.50	86.72	0.07	90.56	1.33
嘉兴市	Jiaxing City	54.[illegible]7	0.82	2.10	51.25	0.42	53.05	0.71
湖州市	Huzhou City	20.76	0.62	1.36	18.78	1.60	18.64	0.52
绍兴市	Shaoxing City	54.96	1.47	3.87	49.63	0.31	53.59	1.06
舟山市	Zhoushan City	4.39		0.10	4.29	0.08	3.96	0.35
台州市	Taizhou City	43.03	1.28	0.67	41.08	0.06	42.04	0.93
珠江三角洲经济区	**Pearl River Delta**							
广州市	Guangzhou City	127.70	8.51	12.51	106.68	0.70	124.31	2.69
深圳市	Shenzhen City	123.85	1.60	0.30	0.15	0.06	93.78	0.64
珠海市	Zhuhai City	23.50	0.19	2.18	21.13	0.02	23.28	0.20
佛山市	Foshan City	88.29	51.56	1.78	34.95	0.14	87.15	1.00
江门市	Jiangmen City	41.3[illegible]	2.22	3.80	35.29	0.13	40.39	0.80
东莞市	Dongguan City	110.09	17.26	11.53	81.30	0.06	108.94	0.52
中山市	Zhongshan City	62.02	0.10	4.62	57.30	0.03	61.66	0.34
惠州市区	Huizhou Urban District	17.99	0.42	0.18	17.39		17.68	0.31
惠阳市	Huiyang City	7.09	0.09		7.00		7.02	0.07
惠东县	Huidong County	2.00	0.16	0.09	1.75	0.03	1.90	0.07
博罗县	Boluo County	6.30	0.12	0.23	5.95		6.22	0.08
肇庆市区	Zhaoqing Urban District	6.02	0.91	0.17	4.94		5.83	0.19
高要市	Gaoyao City	5.59	0.17	0.86	4.56	0.25	5.32	0.02
四会市	Sihui City	2.98	0.15	0.12	2.71	0.07	2.85	0.06

8-3 全部国有及规模以上非国有工业企业分行业总产值

Gross Output Value of All State-owned and Non-State-owned above Designated Size Industrial Enterprises by Industrial Branch

单位：亿元 (100 million yuan)

地区	Area	采矿业 Mining and Quarrying			制造业 Manufacturing		
		2000	2002	2003	2000	2002	2003
长江三角洲经济区	**Yangtze River Delta**						
上海市	Shanghai City	24.63	28.66	15.77	5951.16	7453.17	10037.88
南京市	Nanjing City	6.70	16.84	21.20	1539.98	1889.47	2412.31
苏州市	Suzhou City	3.37	2.29	1.96	2329.71	3379.47	4869.90
无锡市	Wuxi City	0.85	0.92	1.18	1725.23	2378.07	3201.27
常州市	Changzhou City	0.61	0.34	1.31	851.12	1135.86	1491.06
镇江市	Zhenjiang City	8.85	10.92	11.64	504.61	673.98	800.29
南通市	Nantong City	0.72	0.61	0.14	658.56	831.54	1072.28
扬州市	Yangzhou City	27.66	24.57	29.66	537.33	615.80	768.52
泰州市	Taizhou City	0.19	0.97	1.37	433.04	565.98	720.21
杭州市	Hangzhou City	5.88	6.52	8.48	1503.90	2343.87	3134.38
宁波市	Ningbo City	0.51	0.55	0.47	1346.88	1888.66	2501.23
嘉兴市	Jiaxing City	0.56	4.39	5.72	547.09	888.39	1184.23
湖州市	Huzhou City	10.73	15.69	23.35	329.34	417.67	525.14
绍兴市	Shaoxing City	2.52	4.22	7.22	1020.79	1429.40	1836.28
舟山市	Zhoushan City	0.25	0.59	0.61	67.95	112.44	143.89
台州市	Taizhou City	0.77	0.19	0.60	439.83	685.22	907.15
珠江三角洲经济区	**Pearl River Delta**						
广州市	Guangzhou City	67.44	16.85	19.08	2368.97	3007.68	3826.33
深圳市	Shenzhen City	159.94	140.77	152.23	2240.78	3273.62	4796.90
珠海市	Zhuhai City	2.62	1.92	2.00	577.38	687.32	961.43
佛山市	Foshan City	1.74	1.11	0.93	1487.50	1961.82	2488.79
江门市	Jiangmen City	3.18	3.24	4.64	854.11	1009.94	1093.79
东莞市	Dongguan City	1.13	0.37	3.32	782.14	1224.81	1992.32
中山市	Zhongshan City		0.28	0.27	511.65	921.13	1278.27
惠州市区	Huizhou Urban District				428.80	534.82	713.75
惠阳市	Huiyang City				128.62	211.23	165.81
惠东县	Huidong County	0.11	0.05	0.24	13.11	13.31	22.62
博罗县	Boluo County	0.10	0.11	0.14	70.53	82.75	98.28
肇庆市区	Zhaoqing Urban District				121.63	109.79	133.23
高要市	Gaoyao City	6.35	11.61	12.98	86.45	115.85	130.40
四会市	Sihui City	0.77	0.85	0.65	52.12	73.14	78.68

8-3 续表　continued

单位：亿元　(100 million yuan)

地区	Area	电力、燃气及水的生产和供应业 Electric Power,Gas and Water Production and Supply		
		2000	2002	2003
长江三角洲经济区	**Yangtze River Delta**			
上海市	Shanghai City	228.73	258.74	289.17
南京市	Nanjing City	56.11	66.95	75.88
苏州市	Suzhou City	63.43	84.10	104.65
无锡市	Wuxi City	52.99	66.09	82.28
常州市	Changzhou City	22.91	30.82	34.90
镇江市	Zhenjiang City	32.71	41.71	43.43
南通市	Nantong City	37.82	45.40	51.49
扬州市	Yangzhou City	31.36	33.46	39.06
泰州市	Taizhou City	10.58	12.87	15.07
杭州市	Hangzhou City	33.79	49.91	59.66
宁波市	Ningbo City	80.31	110.96	128.59
嘉兴市	Jiaxing City	27.87	43.47	79.56
湖州市	Huzhou City	15.67	25.97	40.13
绍兴市	Shaoxing City	21.82	37.78	51.89
舟山市	Zhoushan City	6.02	7.04	8.52
台州市	Taizhou City	40.95	41.51	48.07
珠江三角洲经济区	**Pearl River Delta**			
广州市	Guangzhou City	132.16	151.90	172.42
深圳市	Shenzhen City	166.21	214.13	272.53
珠海市	Zhuhai City	50.17	69.56	45.55
佛山市	Foshan City	71.30	77.73	92.31
江门市	Jiangmen City	13.85	14.55	18.52
东莞市	Dongguan City	131.37	127.51	124.50
中山市	Zhongshan City	21.30	26.67	30.71
惠州市区	Huizhou Urban District	7.74	11.32	9.08
惠阳市	Huiyang City	2.99	3.01	2.84
惠东县	Huidong County	0.51	0.40	0.57
博罗县	Boluo County	0.98	0.59	0.69
肇庆市区	Zhaoqing Urban District	3.48	4.27	5.13
高要市	Gaoyao City	1.03	0.68	0.66
四会市	Sihui City	0.81	0.85	0.69

8-4 全部国有及规模以上非国有工业企业总产值(2003年)

Gross Output Value of All State-owned and Non-state-owned above Designated Size Industrial Enterprises (2003)

按当年价格计算。

Calculated at current prices.

单位：亿元 (100 million yuan)

地区	Area	总计 Total	按登记注册类型分 Grouped by Status of Registration				
			国有及国有控股企业 State-owned and State-holding Enterprises	集体企业 Collective-owned Enterprises	股份有限公司 Share-holding Corporation Ltd.	外商投资公司 Foreign Funded Enterprises	港澳台商投资企业 Enterprises with Funds from Hong Kong, Macao&Taiwan
长江三角洲经济区	**Yangtze River Delta**						
上海市	Shanghai City	10342.82	827.84	361.16	646.02	5043.03	1383.72
南京市	Nanjing City	2509.38	1301.13	88.42	504.66	497.12	202.07
苏州市	Suzhou City	4976.51	230.38	59.44	267.12	2015.30	996.62
无锡市	Wuxi City	3284.73	447.75	505.89	135.90	537.47	276.47
常州市	Changzhou City	1527.28	163.15	75.56	103.10	216.84	105.41
镇江市	Zhenjiang City	855.36	194.46	95.42	13.64	172.88	84.42
南通市	Nantong City	1123.91	104.13	28.52	149.16	284.79	113.28
扬州市	Yangzhou City	837.24	256.28	81.23	115.44	72.79	48.80
泰州市	Taizhou City	736.65	128.64	116.49	109.74	66.05	39.69
杭州市	Hangzhou City	3202.52	248.42	244.40	126.18	513.25	331.85
宁波市	Ningbo City	2630.29	643.28	79.24	639.17	328.35	356.36
嘉兴市	Jiaxing City	1269.52	111.58	51.72	172.77	186.46	113.54
湖州市	Huzhou City	588.62	66.44	50.71	67.53	25.40	45.30
绍兴市	Shaoxing City	1895.40	30.23	202.31	125.38	104.42	222.35
舟山市	Zhoushan City	153.03	35.26	1.10	12.09	22.31	2.88
台州市	Taizhou City	955.82	18.11	12.54	33.44	100.79	52.19
珠江三角洲经济区	**Pearl River Delta**						
广州市	Guangzhou City	4017.83	1237.17	179.97	256.93	1347.45	1173.59
深圳市	Shenzhen City	5613.59	92.17	13.62	1.35	2110.06	1946.95
珠海市	Zhuhai City	1008.98	6.73	23.24	132.64	487.78	288.14
佛山市	Foshan City	2582.03	70.99	141.51	336.99	235.63	822.02
江门市	Jiangmen City	1116.95	123.95	95.00	43.22	217.94	316.81
东莞市	Dongguan City	2144.93	38.18	87.43	61.98	683.65	1117.73
中山市	Zhongshan City	1309.25	8.87	65.61	0.62	277.46	569.69
惠州市区	Huizhou Urban District	722.83	272.00	2.60	4.28	344.16	344.53
惠阳市	Huiyang City	168.66	9.07		3.21	20.88	137.14
惠东县	Huidong County	23.43	1.75	0.15		1.50	18.76
博罗县	Boluo County	99.11	3.55	2.97	0.63	19.98	68.46
肇庆市区	Zhaoqing Urban District	138.36	30.91	3.90	5.85	30.98	60.92
高要市	Gaoyao City	144.04	13.87	20.93	3.12	5.18	72.96
四会市	Sihui City	80.02	1.40	3.37		4.09	20.79

8-4 续表 continued

按当年价格计算。

Calculated at current prices.

单位：亿元 (100 million yuan)

地区	Area	按轻、重工业分 by Light、Heavy Industry		按生产规模分 by Production Size		
		轻工业 Light Industry	重工业 Heavy Industry	大型企业 Large Enterprises	中型企业 Medium-sized Enterprises	小型企业 Small Enterprises
长江三角洲经济区	**Yangtze River Delta**					
上海市	Shanghai City	2882.90	7459.92	4092.95	3072.72	3177.15
南京市	Nanjing City	536.39	1972.99	988.85	705.72	814.81
苏州市	Suzhou City	1767.86	3208.65	1687.01	1962.89	1326.61
无锡市	Wuxi City	1078.99	2205.74	1001.10	1083.80	1199.84
常州市	Changzhou City	556.49	970.78	257.58	541.82	727.88
镇江市	Zhenjiang City	362.01	493.35	165.85	274.71	414.79
南通市	Nantong City	604.39	519.52	60.17	492.87	570.87
扬州市	Yangzhou City	364.13	473.10	322.63	118.79	395.81
泰州市	Taizhou City	311.26	425.38	86.31	322.97	327.37
杭州市	Hangzhou City	1565.25	1637.28	626.04	1403.70	1172.78
宁波市	Ningbo City	1120.44	1509.85	647.97	896.67	1085.65
嘉兴市	Jiaxing City	787.07	482.45	118.77	217.07	933.69
湖州市	Huzhou City	297.58	291.03	43.15	230.35	315.12
绍兴市	Shaoxing City	1275.11	620.29	477.46	809.97	607.97
舟山市	Zhoushan City	94.47	58.56	21.81	54.19	77.03
台州市	Taizhou City	487.77	468.05	104.57	295.54	555.71
珠江三角洲经济区	**Pearl River Delta**					
广州市	Guangzhou City	2074.44	1940.48	1117.73	1580.30	1316.89
深圳市	Shenzhen City	1647.52	3597.58	1942.92	2364.02	938.16
珠海市	Zhuhai City	438.70	570.28	408.15	318.61	282.23
佛山市	Foshan City	1408.92	1173.11	67.55	914.76	991.81
江门市	Jiangmen City	675.00	441.95	135.93	322.08	658.94
东莞市	Dongguan City	1022.49	1122.44	448.79	1146.57	549.58
中山市	Zhongshan City	847.16	462.10	185.72	489.01	634.53
惠州市区	Huizhou Urban District	446.52	276.32	336.53	267.54	118.76
惠阳市	Huiyang City	50.15	118.50	8.61	132.49	27.56
惠东县	Huidong County	18.33	5.10		16.19	7.24
博罗县	Boluo County	44.19	54.92	10.54	40.67	47.90
肇庆市区	Zhaoqing Urban District	58.12	80.24	21.94	70.36	46.06
高要市	Gaoyao City	82.21	61.83		48.42	95.62
四会市	Sihui City	40.52	39.50		14.95	65.07

8-5 全部国有及规模以上非国有工业企业主要指标（2003 年）
Main Indicators of All State-owned and Non-state-owned above Designated Size Industrial Enterprises (2003)

单位：亿元 (100 million yuan)

地区	Area	企业单位数（个）Number of Enterprises (unit)	工业总产值 Gross Industrial Output Value	工业增加值 Value-added of Industry	实收资本 Total Capital Hold	资产合计 Total Assets	流动资产合计 Circulating Funds
长江三角洲经济区	**Yangtze River Delta**						
上海市	Shanghai City	10956	10342.82	2767.08		11608.99	6019.42
南京市	Nanjing City	2064	2509.38	610.99		2416.81	
苏州市	Suzhou City	4553	4976.51	1307.23	1151.25	4460.31	2400.07
无锡市	Wuxi City	3925	3284.73	790.61	631.76	2817.22	4073.93
常州市	Changzhou City	2804	1527.28	366.52	2962.12	1368.12	811.50
镇江市	Zhenjiang City	1412	855.36	227.55	222.66	895.33	439.91
南通市	Nantong City	2211	1123.91	304.51	237.40	922.82	448.46
扬州市	Yangzhou City	1535	837.24	238.40	208.44	771.70	340.60
泰州市	Taizhou City	1209	736.65	204.58	122.31	592.53	313.97
杭州市	Hangzhou City	4689	3202.52	783.51	678.10	3258.93	1783.50
宁波市	Ningbo City	4672	2630.29	605.30	516.30	2446.01	1284.18
嘉兴市	Jiaxing City	2526	1269.52	293.26	219.65	1018.94	511.73
湖州市	Huzhou City	1323	588.62	126.38	115.59	560.34	243.65
绍兴市	Shaoxing City	2448	1895.40	382.34	412.58	1794.58	870.58
舟山市	Zhoushan City	314	153.03	36.39	32.51	162.89	92.38
台州市	Taizhou City	2634	955.82	224.58	191.11	824.41	444.92
珠江三角洲经济区	**Pearl River Delta**						
广州市	Guangzhou City	4709	4017.83	1149.17	1078.83	378.91	1985.58
深圳市	Shenzhen City	2318	5245.10	1463.67	931.92	4422.45	2583.29
珠海市	Zhuhai City	798	1008.98	216.93		901.90	458.77
佛山市	Foshan City	3360	2452.62	641.43	514.98	2127.18	1208.03
江门市	Jiangmen City	2111	1116.95	253.10	268.00	967.67	445.94
东莞市	Dongguan City	2042	2144.93	595.48	674.98	1893.30	1044.84
中山市	Zhongshan City	2496	1309.25	317.87	290.05	859.29	521.53
惠州市区	Huizhou Urban District	440	722.83	161.24	119.41	464.29	297.64
惠阳市	Huiyang City	105	168.66	38.16	39.73	123.72	72.66
惠东县	Huidong County	53	23.43	6.91	10.72	21.47	8.41
博罗县	Boluo County	177	99.11	25.39	39.99	91.52	44.55
肇庆市区	Zhaoqing Urban District	191	138.36	32.71	55.93	169.59	85.67
高要市	Gaoyao City	220	144.04	30.25	21.82	57.02	24.77
四会市	Sihui City	181	80.02	19.51	9.53	35.64	14.98

8-5 续表1 continued

单位：亿元 (100 million yuan)

地区	Area	流动资产年平均余额 Annual Average Balance of Circulating Funds	固定资产原价合计 Original Value of Fixed Assets	固定资产净值年平均余额 Annual Average Balance of Net Value of Fixed Assets	流动负债合计 Total Liquid Liabilities	长期负债合计 Long-term Liabilities	所有者权益合计 Creditors' Equity
长江三角洲经济区	**Yangtze River Delta**						
上海市	Shanghai City	5528.44	6751.85	3875.12	4886.01	840.13	5842.16
南京市	Nanjing City	1173.49	1322.44	769.69			1007.94
苏州市	Suzhou City	2121.85	2294.71	1557.76	2340.41	428.50	1674.46
无锡市	Wuxi City	1446.45	1313.23	812.64	1492.04	236.78	1088.40
常州市	Changzhou City	755.42	584.71	370.77	730.04	84.60	498.14
镇江市	Zhenjiang City	403.40	477.73	332.58	467.79	116.29	305.92
南通市	Nantong City	421.71	556.63	364.46	455.67	97.00	368.79
扬州市	Yangzhou City	323.94	590.92	349.61	347.72	89.19	333.52
泰州市	Taizhou City	306.48	291.95	192.34	294.82	60.15	236.32
杭州市	Hangzhou City	1668.32	1429.82	928.72	1578.58	334.27	1346.08
宁波市	Ningbo City	1156.45	1251.24	806.53	1145.15	261.11	1039.75
嘉兴市	Jiaxing City	460.62	406.44	561.67	494.93	111.86	412.14
湖州市	Huzhou City	230.93	339.11	253.82	230.93	114.11	215.30
绍兴市	Shaoxing City	789.61	922.06	619.47	850.37	201.68	742.53
舟山市	Zhoushan City	83.33	70.72	48.10	84.35	20.92	57.62
台州市	Taizhou City	416.15	377.24	246.96	413.27	67.84	343.29
珠江三角洲经济区	**Pearl River Delta**						
广州市	Guangzhou City	1906.59	2174.38	1342.44	1642.78	324.86	1820.28
深圳市	Shenzhen City						
珠海市	Zhuhai City	461.75	507.95	326.66	389.45	517.47	384.43
佛山市	Foshan City	1189.63	1162.50	689.31	1176.84	166.03	769.21
江门市	Jiangmen City	456.34	556.74	343.51	445.19	164.37	343.62
东莞市	Dongguan City	1003.33	1184.91	675.33	923.20		915.60
中山市	Zhongshan City	498.23	337.76	311.02	502.15	53.15	363.26
惠州市区	Huizhou Urban District	299.70	187.89	114.39	247.90	42.25	174.14
惠阳市	Huiyang City	70.71	61.88	39.42	67.58	8.22	47.85
惠东县	Huidong County	8.02	15.26	11.74	8.11	2.36	10.99
博罗县	Boluo County	42.42	58.75	38.16	44.21	7.27	40.04
肇庆市区	Zhaoqing Urban District	85.44	107.87	63.63	77.06	28.97	62.71
高要市	Gaoyao City	34.45	31.26	22.29	18.19	6.18	28.76
四会市	Sihui City	20.93	16.75	14.86	13.31	5.75	15.53

8-5 续表 2　continued

单位：亿元 (100 million yuan)

地区	Area	产品销售收入 Sales Revenue	产品销售成本 Cost of Sales	产品销售税金及附加 Sales Tax and Extra Charges	产品销售利润 Sales Profit	利润总额 Total Profits	本年应交增值税 Value Added Tax Payable
长江三角洲经济区	**Yangtze River Delta**						
上海市	Shanghai City	10982.62	9020.10	139.34	1426.87	805.65	
南京市	Nanjing City	2452.99		40.31		112.51	89.47
苏州市	Suzhou City	4924.87	4366.51	12.21	414.66	219.44	111.67
无锡市	Wuxi City	3206.76	2815.10	11.97	307.58	161.32	89.95
常州市	Changzhou City	1510.77	1324.63	5.88	144.05	65.62	42.91
镇江市	Zhenjiang City	766.57	654.31	3.33	80.95	28.23	32.15
南通市	Nantong City	1052.87	908.90	3.26	109.33	54.85	31.88
扬州市	Yangzhou City	772.62	660.73	4.83	80.25	29.51	30.67
泰州市	Taizhou City	651.96	518.80	5.01	72.16	33.53	28.69
杭州市	Hangzhou City	3117.46	132.69	48.53	354.96	194.16	116.85
宁波市	Ningbo City	2604.90	2182.11	47.27	301.66	189.30	85.45
嘉兴市	Jiaxing City	1087.76	944.45	4.98	117.34	70.36	39.40
湖州市	Huzhou City	581.46	496.41	3.42	69.05	37.71	23.38
绍兴市	Shaoxing City	1849.00	1608.19	10.10	193.95	117.20	60.28
舟山市	Zhoushan City	144.35	125.26	0.85	14.31	5.36	4.85
台州市	Taizhou City	921.03	784.03	7.70	102.51	51.39	33.19
珠江三角洲经济区	**Pearl River Delta**						
广州市	Guangzhou City	4081.07	3230.57	63.03	537.36	318.47	155.60
深圳市	Shenzhen City						
珠海市	Zhuhai City	980.71	865.63	2.60	7.93	38.75	20.37
佛山市	Foshan City	2566.33	2269.16	10.93		70.76	76.69
江门市	Jiangmen City	1071.39	945.79	10.29	78.76	14.79	26.48
东莞市	Dongguan City	2259.80		2.26		74.75	59.60
中山市	Zhongshan City	1276.43	1145.83	2.45	88.82	36.42	30.36
惠州市区	Huizhou Urban District	717.23	638.09	0.45	42.68	28.65	8.45
惠阳市	Huiyang City	169.19	158.01	0.23	8.81	2.47	1.68
惠东县	Huidong County	23.29	21.89	0.03	1.07	0.09	0.10
博罗县	Boluo County	96.06	85.10	0.06	9.32	3.49	1.00
肇庆市区	Zhaoqing Urban District	140.36	124.45	0.69	10.82	1.07	4.60
高要市	Gaoyao City	129.14	108.85	0.55	10.16	4.48	2.40
四会市	Sihui City	73.37	65.75	0.54	4.11	0.95	0.86

8-6 全部国有及规模以上非国有工业企业主要经济效益指标（2003年）

Main Indicators on Economic Benefit of All State-owned and Non-state-owned above Designated Size Industrial Enterprises (2003)

地区	Area	工业增加值率(%) Ratio of Value Added to Gross Industrial Output Value(%)	总资产贡献率(%) Ratio of Total Assets to Industrial Output Value(%)	资产负债率(%) Assets-Liability Ratio (%)	流动资产周转次数（次／年） Number of Times of Turnover of Circulatin Fund (times/year)	工业成本费用利润率(%) Ratio of Profits to Industrial Cost (%)	全员劳动生产率（元／人.年） Overall Labor Productivity (yuan/ person-year)	产品销售率(%) Proportion of Products Sold (%)
长江三角洲经济区	**Yangtze River Delta**							
上海市	Shanghai City	26.80	12.52	50.05	1.95	7.65	122344	98.98
南京市	Nanjing City		11.37	58.29	2.09	4.86	89036	98.41
苏州市	Suzhou City	26.27	9.85	62.46	2.32	4.65	101592	98.20
无锡市	Wuxi City	24.10	11.74	61.82	2.27	5.28	86855	97.67
常州市	Changzhou City	20.92	10.50	63.59	2.00	4.54	66670	97.89
镇江市	Zhenjiang City	26.60	9.31	65.83	1.90	3.84	71114	97.78
南通市	Nantong City	27.09	11.79	60.04	2.50	5.49	62752	97.45
扬州市	Yangzhou City	28.50	10.00	56.80	2.40	4.00	59212	97.30
泰州市	Taizhou City	27.77	14.42	59.83	2.24	5.46	73543	96.73
杭州市	Hangzhou City		13.75	58.70	1.87	6.69	91284	97.68
宁波市	Ningbo City	20.05		57.49	2.25	7.91	65820	98.16
嘉兴市	Jiaxing City	22.17	15.12	59.55	2.36	6.88	52261	98.49
湖州市	Huzhou City	21.69	13.15	61.58	2.52	6.96	71229	97.87
绍兴市	Shaoxing City	17.61	14.00	58.62	2.41	6.76	69562	97.68
舟山市	Zhoushan City	20.57	9.64	64.12	1.87	3.99	64305	96.82
台州市	Taizhou City	23.50	15.30	58.36	2.21	5.94	52196	97.77
珠江三角洲经济区	**Pearl River Delta**							
广州市	Guangzhou City	28.60	15.80	51.95	2.14	8.53	89991	97.67
深圳市	Shenzhen City	27.91		56.28	2.10	7.81	143407	96.65
珠海市	Zhuhai City	21.50	7.81	57.38	2.12	4.11	92309	96.91
佛山市	Foshan City	24.84	7.10	61.80	2.20	2.40	80888	95.40
江门市	Jiangmen City	22.66	6.67	64.49	2.35	1.43	79685	96.94
东莞市	Dongguan City	27.76	8.20	51.60	2.30	3.40	54091	100.10
中山市	Zhongshan City	24.28	7.90	61.19	2.56	2.94	51253	98.08
惠州市区	Huizhou Urban District	22.31	8.92	62.49	2.39	4.10	89636	96.62
惠阳市	Huiyang City	22.63	5.03	61.32	2.39	1.48	53764	100.58
惠东县	Huidong County	29.53	1.37	48.78	2.91	0.41	34599	100.39
博罗县	Boluo County	25.62	5.82	56.23	2.27	3.85	40333	95.04
肇庆市区	Zhaoqing Urban District	23.64	4.56	63.03	1.64	0.78	54369	97.25
高要市	Gaoyao City	21.00	15.09	49.55	3.75	3.60	54113	96.65
四会市	Sihui City	24.38	7.85	56.43	3.51	1.32	65443	94.78

8-7 港、澳、台商投资企业和外商投资企业主要指标

Main Indicators of Hong Kong,Macao,Taiwan and Foreign Funded Enterprises

地区	Area	企业单位数(个) Number of Enterprises(unit)			工业总产值（亿元） Gross Industrial Output Value(100 million yuan)		
		2000	2002	2003	2000	2002	2003
长江三角洲经济区	**Yangtze River Delta**						
上海市	Shanghai City	4716	5382	5758	3492.17	4679.81	6557.88
南京市	Nanjing City	418	488	508	470.44	528.76	699.19
苏州市	Suzhou City	982	1410	1617	1184.67	1933.07	3011.91
无锡市	Wuxi City	436	523	651	397.28	536.80	813.94
常州市	Changzhou City	268	352	445	169.30	227.02	322.25
镇江市	Zhenjiang City	153	250	312	125.43	209.78	257.30
南通市	Nantong City	362	471	582	236.84	300.56	398.08
扬州市	Yangzhou City	139	157	206	63.02	87.76	121.59
泰州市	Taizhou City	116	134	148	72.82	78.89	105.75
杭州市	Hangzhou City	514	710	790	398.60	620.44	845.10
宁波市	Ningbo City	629	929	1067	359.56	516.63	684.72
嘉兴市	Jiaxing City	248	346	487	153.99	196.05	276.30
湖州市	Huzhou City	58	112	156	38.65	48.32	70.70
绍兴市	Shaoxing City	214	327	411	127.77	235.24	326.77
舟山市	Zhoushan City	14	19	22	9.28	14.96	25.19
台州市	Taizhou City	142	205	233	54.82	114.97	152.98
珠江三角洲经济区	**Pearl River Delta**						
广州市	Guangzhou City	1810	1888	1891	1448.53	1878.80	2521.04
深圳市	Shenzhen City	1450	1681	1827	2003.05	2836.37	4057.01
珠海市	Zhuhai City	528	528	554	449.44	569.07	775.92
佛山市	Foshan City	675	888	967	691.19	853.39	1057.65
江门市	Jiangmen City	480	628	678	357.32	482.86	534.75
东莞市	Dongguan City	1320	1397	1628	726.00	1091.02	1801.38
中山市	Zhongshan City	547	822	936	361.33	622.29	847.15
惠州市区	Huizhou Urban District	220	237	336	358.06	477.47	688.69
惠阳市	Huiyang City	102	154	88	129.21	234.38	158.02
惠东县	Huidong County	21	30	29	11.24	11.85	20.26
博罗县	Boluo County	108	128	134	62.00	73.18	88.44
肇庆市区	Zhaoqing Urban District	81	68	98	59.90	72.20	91.90
高要市	Gaoyao City	70	98	90	49.50	78.35	78.14
四会市	Sihui City	39	59	37	21.74	29.10	24.88

8-7 续表 1 continued

单位：亿元 (100 million yuan)

地区	Area	工业增加值 Value-added of Industry			资产合计 Total Assets		
		2000	2002	2003	2000	2002	2003
长江三角洲经济区	**Yangtze River Delta**						
上海市	Shanghai City	858.38	1161.51		4244.65	5119.72	6266.33
南京市	Nanjing City	114.37	120.46	153.78		456.47	548.68
苏州市	Suzhou City	277.68	501.43	807.80	1097.56	1731.55	2499.58
无锡市	Wuxi City	106.11	143.05	210.77	451.91	502.16	720.14
常州市	Changzhou City	40.14	51.68	72.48	167.68	225.27	286.74
镇江市	Zhenjiang City	27.53	57.91	72.83	256.05	260.03	318.71
南通市	Nantong City	64.02	89.84	118.88	250.28	302.57	386.71
扬州市	Yangzhou City	15.08	22.68	33.05	62.14	69.91	95.09
泰州市	Taizhou City	18.52	23.53	33.94	77.69	80.13	90.48
杭州市	Hangzhou City	91.62	163.26	230.12	387.46	559.87	789.40
宁波市	Ningbo City	78.35	113.45	144.77	389.68	518.19	659.19
嘉兴市	Jiaxing City	33.59	54.57	72.62	140.53	193.79	282.83
湖州市	Huzhou City	9.09	12.03	17.43	37.48	40.77	59.16
绍兴市	Shaoxing City	26.95	45.91	61.00	114.06	200.29	292.64
舟山市	Zhoushan City	2.57	3.89	6.36	11.28	16.34	25.41
台州市	Taizhou City	11.24	34.98	42.46	37.43	89.92	111.92
珠江三角洲经济区	**Pearl River Delta**						
广州市	Guangzhou City	390.75	528.49	725.78	1555.65	1776.39	2108.73
深圳市	Shenzhen City	572.98	731.14	950.48	1812.14	2163.23	2707.65
珠海市	Zhuhai City	104.83	126.50	149.25	490.94	594.60	634.41
佛山市	Foshan City	174.53	203.28	248.86	691.27	817.65	944.13
江门市	Jiangmen City	82.00	103.89	119.48	332.95	366.75	407.24
东莞市	Dongguan City	183.47	272.98	463.20	792.66	937.84	1475.20
中山市	Zhongshan City	87.18	148.14	204.32	375.85	532.52	638.36
惠州市区	Huizhou Urban District	67.05	104.09	152.58	212.30	279.56	373.56
惠阳市	Huiyang City	23.84	48.21	34.85	86.30	130.35	98.32
惠东县	Huidong County	2.77	3.34	5.86	8.43	13.74	14.10
博罗县	Boluo County	13.17	17.20	22.51	53.38	66.75	80.82
肇庆市区	Zhaoqing Urban District	143.08	15.81	19.18	48.79	48.57	68.94
高要市	Gaoyao City	7.85	15.38	16.07	33.52	40.38	31.51
四会市	Sihui City	5.26	7.86	5.85	10.36	15.82	11.55

8-7 续表 2 continued

单位：亿元 (100 million yuan)

地区	Area	流动资产合计 Circulating Funds			固定资产原价合计 Original Value of Fixed Assets		
		2000	2002	2003	2000	2002	2003
长江三角洲经济区	**Yangtze River Delta**						
上海市	Shanghai City	2267.30	2750.92		2153.60	2805.22	3310.62
南京市	Nanjing City				192.53	271.75	299.28
苏州市	Suzhou City	547.12	868.91	1378.23	609.50	1034.98	1296.35
无锡市	Wuxi City	228.38	246.26	352.21	281.53	321.64	433.73
常州市	Changzhou City	90.25	124.64	170.83	78.92	103.49	123.35
镇江市	Zhenjiang City	105.94	92.98	120.51	151.05	184.89	205.10
南通市	Nantong City	100.24	124.39	161.61	161.01	249.79	285.57
扬州市	Yangzhou City	36.48	41.85	51.31	30.14	33.51	44.47
泰州市	Taizhou City	36.56	41.05	46.14	46.63	48.33	53.72
杭州市	Hangzhou City	220.91	357.31	536.67	186.66	250.04	290.88
宁波市	Ningbo City	194.81	262.91	361.67	217.27	280.06	337.45
嘉兴市	Jiaxing City	72.09	100.28	144.77	57.54	80.04	144.49
湖州市	Huzhou City	14.90	17.65	28.96	24.16	23.60	67.09
绍兴市	Shaoxing City	49.06	91.13	148.12	76.17	128.75	153.55
舟山市	Zhoushan City	7.32	11.17	19.42	4.30	4.11	6.17
台州市	Taizhou City	23.56	41.32	57.99	14.82	75.60	83.29
珠江三角洲经济区	**Pearl River Delta**						
广州市	Guangzhou City	800.98	934.52	1205.81	881.38	1048.16	1130.09
深圳市	Shenzhen City	949.82	1233.44	1669.90	1075.78	1276.46	1409.77
珠海市	Zhuhai City	230.99	324.48	328.74	243.27	338.33	382.81
佛山市	Foshan City	366.14	473.69	567.60	404.75	462.81	315.06
江门市	Jiangmen City	179.85	195.25	218.77	146.32	190.52	207.18
东莞市	Dongguan City	376.08	517.75	872.78	541.35	663.36	902.70
中山市	Zhongshan City	190.15	279.90	353.80	213.46	305.57	342.78
惠州市区	Huizhou Urban District	154.70	206.18	268.53	73.30	91.00	123.77
惠阳市	Huiyang City	55.64	87.70	60.64	40.53	58.25	49.45
惠东县	Huidong County	4.44	6.21	6.49	3.96	8.05	8.47
博罗县	Boluo County	24.16	33.34	40.64	29.26	42.55	50.87
肇庆市区	Zhaoqing Urban District	27.24	28.54	35.31	32.30	32.39	50.01
高要市	Gaoyao City	10.93	15.20	13.94	18.19	21.61	15.79
四会市	Sihui City	4.08	7.19	5.59	6.75	8.61	6.12

8-7 续表 3 continued

单位：亿元 (100 million yuan)

地区	Area	流动负债合计 Total Liquid Liabilities			长期负债合计 Long-term Liabilities		
		2000	2002	2003	2000	2002	2003
长江三角洲经济区	**Yangtze River Delta**						
上海市	Shanghai City	1855.08	2192.07		259.40	322.07	
南京市	Nanjing City	191.01	205.95	276.84			
苏州市	Suzhou City	542.29	874.23	1346.96	108.06	109.78	184.66
无锡市	Wuxi City			353.39			51.45
常州市	Changzhou City	38.76	110.24	150.63	10.39	13.12	13.18
镇江市	Zhenjiang City	106.60	129.85	151.85	78.44	43.71	39.41
南通市	Nantong City	99.57	127.21	172.82	44.86	36.65	28.61
扬州市	Yangzhou City	35.75	37.11	51.76	2.10	2.98	5.15
泰州市	Taizhou City	37.90	40.01	43.81	5.59	3.88	4.64
杭州市	Hangzhou City	201.07	295.49	443.78	21.90	22.22	33.96
宁波市	Ningbo City	167.99	229.27	312.87	55.85	49.63	54.41
嘉兴市	Jiaxing City	63.65	85.70	127.85	11.84	12.66	17.88
湖州市	Huzhou City	14.74	17.89	28.87	3.55	3.98	3.61
绍兴市	Shaoxing City	53.75	84.35	137.68	8.55	21.58	25.25
舟山市	Zhoushan City	6.58	9.04	16.91	1.31	3.07	1.83
台州市	Taizhou City	21.75	47.45	58.85	1.94	2.29	2.41
珠江三角洲经济区	**Pearl River Delta**						
广州市	Guangzhou City	799.86	819.00	966.18	138.47	142.05	142.95
深圳市	Shenzhen City	803.31	1051.96	1296.55	205.95	141.40	183.78
珠海市	Zhuhai City	194.10	290.51	269.10	82.37	76.59	99.04
佛山市	Foshan City	379.72	451.19	522.56	69.05	40.85	45.50
江门市	Jiangmen City	170.46	167.39	187.55	40.74	50.30	35.27
东莞市	Dongguan City	326 39	442.13	759.51	76.81	38.39	33.57
中山市	Zhongshan City	182.32	270.16	335.15	49.43	48.87	38.59
惠州市区	Huizhou Urban District	128.58	178.99	221.57	13.99	13.39	14.37
惠阳市	Huiyang City	43.01	68.61	58.24	1.59	1.63	2.12
惠东县	Huidong County	2.66	5.70	6.36	0.21	1.31	1.97
博罗县	Boluo County	24.27	33.56	39.33	7.85	4.49	6.26
肇庆市区	Zhaoqing Urban District	23.50	6.97	33.55	2.75	6.97	4.47
高要市	Gaoyao City	11.76	12.38	9.48	8.89	9.13	3.82
四会市	Sihui City	4.06	6.44	3.80	0.82	0.98	0.55

8-7 续表 4　continued

单位：亿元　(100 million yuan)

地区	Area	所有者权益合计 Creditors' Equity			产品销售收入 Sales Revenue		
		2000	2002	2003	2000	2002	2003
长江三角洲经济区	**Yangtze River Delta**						
上海市	Shanghai City	2116.02	2586.64	2986.70	3565.76	4663.25	6858.80
南京市	Nanjing City				451.63		
苏州市	Suzhou City	444.13	747.54	957.35	1144.49	1872.90	3018.08
无锡市	Wuxi City	205.84	231.12	315.30	386.28	530.36	802.47
常州市	Changzhou City	67.94	101.30	121.05	163.40	225.49	323.78
镇江市	Zhenjiang City	70.89	86.47	126.40	108.92	198.32	254.90
南通市	Nantong City	103.90	158.71	184.74	218.58	284.14	384.32
扬州市	Yangzhou City	23.73	29.82	38.10	55.97	79.39	115.30
泰州市	Taizhou City	34.01	36.24	41.96	63.17	65.20	89.09
杭州市	Hangzhou City	164.49	242.16	311.67	380.41	615.23	871.98
宁波市	Ningbo City	165.85	239.30	291.91	343.78	496.34	667.48
嘉兴市	Jiaxing City	65.03	95.43	137.09	131.08	189.86	272.83
湖州市	Huzhou City	19.19	18.91	26.68	35.01	46.11	67.38
绍兴市	Shaoxing City	51.75	94.36	129.72	121.36	223.82	315.29
舟山市	Zhoushan City	3.40	4.23	6.67	11.61	15.93	26.12
台州市	Taizhou City	13.73	40.18	50.66	51.97	82.42	118.02
珠江三角洲经济区	**Pearl River Delta**						
广州市	Guangzhou City	617.32	795.64	986.79	1388.46	1836.21	2496.36
深圳市	Shenzhen City	785.57	969.87	1224.01	1927.79	2629.56	3931.52
珠海市	Zhuhai City	201.28	226.85	261.99	415.69	561.27	744.54
佛山市	Foshan City	233.99	316.93	372.74	680.18	815.31	1022.38
江门市	Jiangmen City	116.57	138.23	179.18	326.75	441.72	501.23
东莞市	Dongguan City	389.45	457.32	682.12	722.82	1078.43	1784.15
中山市	Zhongshan City	141.96	210.82	254.90	338.31	587.81	806.92
惠州市区	Huizhou Urban District	68.63	86.35	137.63	336.77	455.59	655.80
惠阳市	Huiyang City	39.98	59.88	37.89	127.68	224.38	159.56
惠东县	Huidong County	4.62	6.31	5.78	10.95	12.33	20.23
博罗县	Boluo County	21.00	28.58	35.23	60.57	69.36	85.76
肇庆市区	Zhaoqing Urban District	22.41	23.33	29.81	55.82	65.64	84.22
高要市	Gaoyao City	12.03	17.71	16.17	36.17	64.26	69.20
四会市	Sihui City	5.05	7.95	6.41	16.30	26.16	13.34

8-7 续表 5　continued

单位：亿元 (100 million yuan)

地区	Area	产品销售利润 Sales Profit			利润总额 Total Profits		
		2000	2002	2003	2000	2002	2003
长江三角洲经济区	**Yangtze River Delta**						
上海市	Shanghai City		643.97		242.92	300.79	471.40
南京市	Nanjing City						
苏州市	Suzhou City	165.65	253.61	241.39	56.79	93.26	137.84
无锡市	Wuxi City	52.84	63.91	98.74	25.38	33.84	54.32
常州市	Changzhou City	18.59	25.82	35.62	8.17	12.83	18.84
镇江市	Zhenjiang City	10.75	26.76	30.34	12.02	9.85	13.62
南通市	Nantong City	23.78	40.80	52.78	14.22	21.66	30.70
扬州市	Yangzhou City	5.52	8.35	11.65	2.55	4.44	5.66
泰州市	Taizhou City	7.78	7.40	10.98	1.95	2.96	5.39
杭州市	Hangzhou City	48.18	90.71	120.92	23.00	51.75	71.15
宁波市	Ningbo City	46.33	65.23	80.98	14.37	37.25	47.49
嘉兴市	Jiaxing City	15.87	23.40	36.10	8.42	13.41	23.09
湖州市	Huzhou City	4.01	5.01	7.36	1.78	2.72	3.85
绍兴市	Shaoxing City	12.26	22.76	31.15	6.57	13.83	17.46
舟山市	Zhoushan City	1.16	1.23	1.69	0.39	0.34	0.63
台州市	Taizhou City	5.61	8.57	12.11	2.63	4.27	6.47
珠江三角洲经济区	**Pearl River Delta**						
广州市	Guangzhou City	171.04	260.08	372.89	68.39	147.15	247.11
深圳市	Shenzhen City	227.13	262.93		222.42	237.67	337.33
珠海市	Zhuhai City	39.40	54.78	61.02	27.35	24.72	42.30
佛山市	Foshan City	55.11	74.50		17.91	34.84	36.01
江门市	Jiangmen City	20.30	29.69	42.41	3.22	9.89	10.73
东莞市	Dongguan City	90.97	107.82	146.66	32.24	37.31	49.33
中山市	Zhongshan City	24.09	45.43	88.82	3.34	17.25	26.01
惠州市区	Huizhou Urban District	22.95	33.00	41.28	11.61	22.93	29.45
惠阳市	Huiyang City	7.39	14.39	7.25	2.74	7.61	1.94
惠东县	Huidong County	1.71	0.80	0.61	0.06	0.24	0.02
博罗县	Boluo County	7.75	10.35	8.17	2.50	3.18	3.28
肇庆市区	Zhaoqing Urban District	5.53	2.91	4.50	1.48	0.75	0.65
高要市	Gaoyao City	2.01	4.00	4.78	0.11	0.67	2.19
四会市	Sihui City	0.59	1.07	0.88	-0.01	0.21	0.17

8-8 主要工业产品产量

Output of Major Industrial Products

地区	Area	化学纤维(万吨) Chemical Fiber(10 000 tons)		纱(万吨) Yarn(10 000 tons)		布(亿米) Cloth (100 million meters)	
		2002	2003	2002	2003	2002	2003
长江三角洲经济区	**Yangtze River Delta**						
上海市	Shanghai City	51.67	54.17	14.00	12.39	2.06	1.71
南京市	Nanjing City	2.24	3.56	3.36	3.22	0.40	0.38
苏州市	Suzhou City	71.70	77.96	20.81	50.05	4.26	3.39
无锡市	Wuxi City	84.84	108.94	29.09	31.71	5.87	5.53
常州市	Changzhou City	9.52	13.64	16.11	16.78	13.37	20.88
镇江市	Zhenjiang City	0.83	2.02	3.67	4.02	1.39	1.42
南通市	Nantong City	15.99	16.42	20.78	23.00	11.46	10.79
扬州市	Yangzhou City	60.48	64.39	7.59	9.36	1.76	2.05
泰州市	Taizhou City	2.20	2.93	9.51	10.71	1.51	2.02
杭州市	Hangzhou City	80.72	134.11	12.75	17.19	14.08	19.70
宁波市	Ningbo City	24.34	27.32	11.54	10.77	1.90	
嘉兴市	Jiaxing City	83.89	105.99	3.42	4.39	3.16	5.26
湖州市	Huzhou City	2.41	2.37	0.99	0.98	1.20	1.30
绍兴市	Shaoxing City	108.23	130.92	7.04	8.10	10.08	10.97
舟山市	Zhoushan City	5.61	5.48	1.17	1.11	0.05	0.09
台州市	Taizhou City			0.36	2.36	0.38	1.54
珠江三角洲经济区	**Pearl River Delta**						
广州市	Guangzhou City	3.00	2.88	1.43	1.00	2.23	4.04
深圳市	Shenzhen City	1.38	1.43			0.22	0.13
珠海市	Zhuhai City					0.93	0.62
佛山市	Foshan City	9.12	10.41	1.31	1.50	2.42	3.36
江门市	Jiangmen City	21.04	21.59	3.50	3.85	1.85	1.87
东莞市	Dongguan City		1.06	1.19	4.31	4.35	5.73
中山市	Zhongshan City	4.68	1.70	1.67	1.87	0.91	1.22
惠州市区	Huizhou Urban District					0.39	0.25
惠阳市	Huiyang City			0.19	0.22		
惠东县	Huidong County					0.03	0.02
博罗县	Boluo County					0.38	0.25
肇庆市区	Zhaoqing Urban District	0.85	0.75	2.15	2.74	0.32	0.32
高要市	Gaoyao City	2.41	1.26				
四会市	Sihui City						

8-8 续表 1　continued

地区	Area	丝(万吨) Silk(10 000 tons)		机制纸及纸板(万吨) Machine-made Paper and Paperboards(10 000 tons)		塑料(万吨) Plastics(10 000 tons)	
		2002	2003	2002	2003	2002	2003
长江三角洲经济区	**Yangtze River Delta**						
上海市	Shanghai City	1037.46 ①	713.86 ①	18.13	21.19	53.94	158.26
南京市	Nanjing City			11.03	8.99		
苏州市	Suzhou City	0.18	0.28	60.04	61.29	30.65	18.15
无锡市	Wuxi City	0.21	0.22			62.67	88.02
常州市	Changzhou City	0.07	0.09	5.54	5.76	21.82	25.01
镇江市	Zhenjiang City	0.03		122.48	132.57	41.6	50.37
南通市	Nantong City	0.35	0.45	2.95	2.48		
扬州市	Yangzhou City	0.06	0.02	0.89	1.85	12.02	
泰州市	Taizhou City	0.02	0.02	6.14	8.18	0.08	0.09
杭州市	Hangzhou City	0.22	0.23	219.37	279.31	39.55	46.73
宁波市	Ningbo City			79.43	79.17	61.51	80.66
嘉兴市	Jiaxing City	1.88	2.11	85.78	102.33	1.18	9.03
湖州市	Huzhou City	0.84	0.92	16.40	19.30	3.42	3.96
绍兴市	Shaoxing City	0.12	0.11	17.14	20.77	26.24	40.48
舟山市	Zhoushan City			1.02	1.28	2.11	1.97
台州市	Taizhou City			11.27	17.73		
珠江三角洲经济区	**Pearl River Delta**						
广州市	Guangzhou City			71.21	98.84	52.72	59.77
深圳市	Shenzhen City			24.46		61.16	
珠海市	Zhuhai City			24.45	25.18	13.86	18.68
佛山市	Foshan City			45.93	55.50	50.80	69.42
江门市	Jiangmen City			37.94	39.49	15.83	15.34
东莞市	Dongguan City			106.71	269.81	61.27	83.93
中山市	Zhongshan City			30.05	29.35	22.16	24.70
惠州市区	Huizhou Urban District				0.03	6.59	7.33
惠阳市	Huiyang City					2.91	2.40
惠东县	Huidong County			1.30			
博罗县	Boluo County			0.03	1.14	0.42	0.35
肇庆市区	Zhaoqing Urban District					0.64	0.27
高要市	Gaoyao City			0.27		0.37	0.35
四会市	Sihui City					0.29	

注：①指丝织品。单位：万米。

Note: ① Refer to silk products.Units:10 000 meters.

8-8 续表 2　continued

地区	Area	原　盐(万吨) Salt(10 000 tons)		卷　烟(万箱) Cigarettes(10 000 cases)		家用电冰箱(万台) Household Refrigerators (10 000 units)	
		2002	2003	2002	2003	2002	2003
长江三角洲经济区	**Yangtze River Delta**						
上海市	Shanghai City			138.21	145.66	35.97	34.46
南京市	Nanjing City			42.72	50.94	16.66	
苏州市	Suzhou City	-	-	-	-	106.50	138.34
无锡市	Wuxi City					22.08	25.92
常州市	Changzhou City	52.82	63.63				
镇江市	Zhenjiang City						
南通市	Nantong City	5.02	2.25				
扬州市	Yangzhou City						
泰州市	Taizhou City					43.28	79.40
杭州市	Hangzhou City			66.48	68.34	15.09	43.00
宁波市	Ningbo City	3.60	5.87	42.75	44.61		
嘉兴市	Jiaxing City						
湖州市	Huzhou City						
绍兴市	Shaoxing City						
舟山市	Zhoushan City	13.75	22.93				
台州市	Taizhou City	2.15	3.23				
珠江三角洲经济区	**Pearl River Delta**						
广州市	Guangzhou City	0.02		85.21	89.54	75.40	95.10
深圳市	Shenzhen City						
珠海市	Zhuhai City						
佛山市	Foshan City	0.56		13.14	10.82	228.14	438.28
江门市	Jiangmen City						
东莞市	Dongguan City						
中山市	Zhongshan City						
惠州市区	Huizhou Urban District	0.05					
惠阳市	Huiyang City	1.02					
惠东县	Huidong County						
博罗县	Boluo County						
肇庆市区	Zhaoqing Urban District						
高要市	Gaoyao City						
四会市	Sihui City						

8-8 续表 3　continued

地区	Area	房间空调器(万台) Air-conditioners for Room (10 000 units)		家用洗衣机(万台) Household Washing Machines (10 000 units)		彩色电视机(万台) Color Television Sets (10 000 units)	
		2002	2003	2002	2003	2002	2003
长江三角洲经济区	**Yangtze River Delta**						
上海市	Shanghai City	217.57	239.72	95.92	134.27	137.02	158.15
南京市	Nanjing City	2.22		71.44		184.28	
苏州市	Suzhou City	114.19		34.99		87.42	
无锡市	Wuxi City	56.25		170.84		1.41	
常州市	Changzhou City	99.64					
镇江市	Zhenjiang City	12.87				51.34	
南通市	Nantong City					53.57	
扬州市	Yangzhou City					1.39	
泰州市	Taizhou City	90.33		3.07		2.73	
杭州市	Hangzhou City	23.64	11.79	94.54	93.93	46.34	93.17
宁波市	Ningbo City	292.75	346.64	262.68	417.96		
嘉兴市	Jiaxing City			2.47	1.98		
湖州市	Huzhou City						
绍兴市	Shaoxing City			1.16	1.95		
舟山市	Zhoushan City						
台州市	Taizhou City	30.51	39.39	15.17	10.03		
珠江三角洲经济区	**Pearl River Delta**						
广州市	Guangzhou City	148.60	221.95			26.34	29.55
深圳市	Shenzhen City	276.02				5.60	
珠海市	Zhuhai City	276.02	448.87			5.60	8.65
佛山市	Foshan City	546.18	859.63	63.23	71.46	17.02	
江门市	Jiangmen City	69.35	13.75	70.37	61.39	32.49	1.29
东莞市	Dongguan City	88.91	599.44	7.36		226.00	238.00
中山市	Zhongshan City	110.12	133.20	7.36	40.60	52.98	144.20
惠州市区	Huizhou Urban District						726.78
惠阳市	Huiyang City						
惠东县	Huidong County						
博罗县	Boluo County						
肇庆市区	Zhaoqing Urban District						
高要市	Gaoyao City						
四会市	Sihui City						

8-8 续表4 continued

地区	Area	发电量(亿千瓦小时) Electricity(100 million kwh)		生铁(万吨) Pig Iron(10 000 tons)	
		2002	2003	2002	2003
长江三角洲经济区	**Yangtze River Delta**				
上海市	Shanghai City	608.92	684.99	1276.12	1300.24
南京市	Nanjing City	131.55	142.72	414.42	437.82
苏州市	Suzhou City	144.71	170.96	159.00	189.59
无锡市	Wuxi City	135.80	165.46		
常州市	Changzhou City	46.11	52.18		30.29
镇江市	Zhenjiang City	147.45	171.00	16.08	12.91
南通市	Nantong City	119.23	128.00		
扬州市	Yangzhou City	109.28	119.38	0.47	
泰州市	Taizhou City	10.77	11.59		
杭州市	Hangzhou City	97.15	101.13	134.77	172.33
宁波市	Ningbo City	285.69	329.54		
嘉兴市	Jiaxing City	103.42	205.83	0.53	0.94
湖州市	Huzhou City	60.15	89.77		
绍兴市	Shaoxing City	40.07	50.14		
舟山市	Zhoushan City	13.05	16.12		
台州市	Taizhou City	94.51	108.51		
珠江三角洲经济区	**Pearl River Delta**				
广州市	Guangzhou City	285.00	335.00	70.60	79.98
深圳市	Shenzhen City	92.43			
珠海市	Zhuhai City	92.43	102.99		
佛山市	Foshan City	108.01	116.04		
江门市	Jiangmen City	14.81	18.51		
东莞市	Dongguan City	280.00	296.00		
中山市	Zhongshan City	5.88	18.56		
惠州市区	Huizhou Urban District	4.44	5.13		
惠阳市	Huiyang City	0.55	3.89		
惠东县	Huidong County	0.72	0.93		
博罗县	Boluo County	0.31	0.63		
肇庆市区	Zhaoqing Urban District	0.29	2.23		
高要市	Gaoyao City	0.29	0.29		
四会市	Sihui City	0.54	0.45		

8-8 续表 5 continued

地区	Area	钢(万吨) Steel(10 000 tons)		成品钢材(万吨) Steel Products(10 000 tons)		水　泥(万吨) Cement(10 000 tons)	
		2002	2003	2002	2003	2002	2003
长江三角洲经济区	**Yangtze River Delta**						
上海市	Shanghai City	1719.42	1726.65	1626.98	1710.80	351.58	568.24
南京市	Nanjing City	427.22	468.31	481.52	596.47	1089.90	1261.00
苏州市	Suzhou City	455.19	612.40	752.85	926.24	742.00	904.00
无锡市	Wuxi City	278.50	302.00	718.31	914.88	663.59	801.45
常州市	Changzhou City	41.04	218.65	128.58	232.92	756.00	1090.00
镇江市	Zhenjiang City	0.96	0.98	2.55	22.80	723.49	810.30
南通市	Nantong City	61.53	60.18	51.72	53.29	288.29	328.00
扬州市	Yangzhou City	4.27	13.65	1.97	2.90	111.78	102.15
泰州市	Taizhou City			23.71	36.87	124.08	139.36
杭州市	Hangzhou City	219.67	261.58	260.92	284.00	1041.59	1271.00
宁波市	Ningbo City	3.42	3.08	23.38	43.29	295.30	378.80
嘉兴市	Jiaxing City	16.33	21.34	21.29	27.01	911.00	1201.46
湖州市	Huzhou City	4.28	5.50	0.73	46.47	1165.89	1249.40
绍兴市	Shaoxing City			50.49	59.25	607.93	752.74
舟山市	Zhoushan City						
台州市	Taizhou City				2.33	16.51	46.18
珠江三角洲经济区	**Pearl River Delta**						
广州市	Guangzhou City	200.59	241.43	280.91	360.27	1402.38	1944.00
深圳市	Shenzhen City			39.96		3.61	
珠海市	Zhuhai City					12.00	15.25
佛山市	Foshan City			9.73		745.68	843.17
江门市	Jiangmen City			9.72	6.22	571.75	631.44
东莞市	Dongguan City			24.01	69.22	512.40	555.00
中山市	Zhongshan City			19.98	18.93	40.05	27.00
惠州市区	Huizhou Urban District			2.50		6.64	12.00
惠阳市	Huiyang City			30.07	29.19	39.79	29.00
惠东县	Huidong County					27.83	27.00
博罗县	Boluo County					98.00	145.00
肇庆市区	Zhaoqing Urban District					29.00	31.07
高要市	Gaoyao City					89.00	101.63
四会市	Sihui City					88.00	112.20

8-8 续表6 continued

地区	Area	硫酸(万吨) Sulfuric Acid(10 000 tons)		烧碱(万吨) Caustic Soda(10 000 tons)	
		2002	2003	2002	2003
长江三角洲经济区	**Yangtze River Delta**				
上海市	Shanghai City	30.41	31.41	37.98	40.79
南京市	Nanjing City	57.55	61.91	4.63	4.44
苏州市	Suzhou City	55.12	53.43	9.23	9.57
无锡市	Wuxi City	26.89	27.29	13.37	13.26
常州市	Changzhou City	16.95	17.56	12.56	12.91
镇江市	Zhenjiang City	29.01	28.53	7.90	8.46
南通市	Nantong City	17.35	14.70	8.39	9.24
扬州市	Yangzhou City	12.06	31.62	6.76	8.10
泰州市	Taizhou City	13.00	10.39	17.72	20.40
杭州市	Hangzhou City	6.15	6.53	13.04	13.33
宁波市	Ningbo City	11.60	8.84	10.70	10.72
嘉兴市	Jiaxing City	9.74	9.03	4.59	4.46
湖州市	Huzhou City			2.10	2.25
绍兴市	Shaoxing City	4.76	4.46		
舟山市	Zhoushan City				
台州市	Taizhou City				
珠江三角洲经济区	**Pearl River Delta**				
广州市	Guangzhou City	7.31	4.96	8.47	9.33
深圳市	Shenzhen City	0.01		8.47	
珠海市	Zhuhai City				
佛山市	Foshan City			2.73	2.91
江门市	Jiangmen City	18.56	21.35	5.51	6.80
东莞市	Dongguan City				
中山市	Zhongshan City				
惠州市区	Huizhou Urban District				
惠阳市	Huiyang City				
惠东县	Huidong County				
博罗县	Boluo County				
肇庆市区	Zhaoqing Urban District	3.68	4.18		
高要市	Gaoyao City				
四会市	Sihui City				

8-8 续表 7　continued

地区	Area	农用氮、磷、钾化肥(万吨) Chemical Fertilizer (10 000 tons)		化学农药(万吨) Chemical Pesticide (10 000 tons)		金属切削机床(万台) Metal-cutting Machine Tools (10 000 units)	
		2002	2003	2002	2003	2002	2003
长江三角洲经济区	**Yangtze River Delta**						
上海市	Shanghai City	10.38	4.85	2.08	1.87	2.73	3.35
南京市	Nanjing City	40.44	27.58	0.91	0.96	1.09	1.10
苏州市	Suzhou City	35.75	37.26	4.40	4.45	0.25	0.26
无锡市	Wuxi City	18.53	21.71	0.86	0.76	0.18	0.29
常州市	Changzhou City	2.06	1.91	2.82	2.83	0.18	0.16
镇江市	Zhenjiang City	2.46	1.97	1.28	0.81	0.06	0.10
南通市	Nantong City	9.77	10.17	4.75	4.69	0.52	0.64
扬州市	Yangzhou City	2.83	2.21	0.78	0.87	0.85	1.03
泰州市	Taizhou City	17.31	12.05	0.40	0.23	0.24	0.33
杭州市	Hangzhou City	5.57	5.95	5.20	5.96	0.66	0.77
宁波市	Ningbo City	28.96	26.12	0.63	0.44		
嘉兴市	Jiaxing City	6.69	6.10	1.45	1.50	0.01	0.01
湖州市	Huzhou City	3.27	2.99	1.76	2.35		
绍兴市	Shaoxing City	3.45	2.97	0.01		0.74	0.88
舟山市	Zhoushan City						
台州市	Taizhou City	0.13		0.36	0.41	0.71	1.08
珠江三角洲经济区	**Pearl River Delta**						
广州市	Guangzhou City	0.40	0.25	0.25	0.11	0.73	
深圳市	Shenzhen City					0.01	
珠海市	Zhuhai City						
佛山市	Foshan City	2.00				0.08	0.09
江门市	Jiangmen City	2.78	2.73	0.30	0.24		
东莞市	Dongguan City					0.02	
中山市	Zhongshan City			0.20	0.21	0.80	
惠州市区	Huizhou Urban District						
惠阳市	Huiyang City						
惠东县	Huidong County						
博罗县	Boluo County						
肇庆市区	Zhaoqing Urban District	0.26	0.28			0.01	
高要市	Gaoyao City						
四会市	Sihui City						

8-8 续表 8　continued

地区	Area	汽　车(万辆) Motor Vehicles(10 000 uints)		微型电子计算机(万部) Micro-Computers (10 000 units)		集成电路(万块) Integrated Circuit (10 000 units)	
		2002	2003	2002	2003	2002	2003
长江三角洲经济区	**Yangtze River Delta**						
上海市	Shanghai City	39.19	59.58	75.25	734.68	339500	397313
南京市	Nanjing City	13.53	14.65	7.93	19.26		
苏州市	Suzhou City	3.69	3.07	191.71	496.72	24452	20306
无锡市	Wuxi City	0.99	1.02			144445	239121
常州市	Changzhou City	0.70	0.34		0.04	187	262
镇江市	Zhenjiang City	0.05	0.09				
南通市	Nantong City						
扬州市	Yangzhou City	0.83	0.87			24	19
泰州市	Taizhou City			0.76			
杭州市	Hangzhou City	0.95	0.73		7.40	34030	58965
宁波市	Ningbo City	1.73	3.89				
嘉兴市	Jiaxing City						
湖州市	Huzhou City						
绍兴市	Shaoxing City		0.21			26715	50255
舟山市	Zhoushan City						
台州市	Taizhou City	2.60	3.27				
珠江三角洲经济区	**Pearl River Delta**						
广州市	Guangzhou City	9.72	18.90	29.41	35.42	462	1747
深圳市	Shenzhen City			307.61		134966	
珠海市	Zhuhai City					72676	119787
佛山市	Foshan City	0.11	0.11				
江门市	Jiangmen City	0.01				4188	3210
东莞市	Dongguan City			84.82	108.08	2711	1131
中山市	Zhongshan City			12.40	73.01	6707	1363
惠州市区	Huizhou Urban District			18.45	55.19		
惠阳市	Huiyang City	0.01		47.90		308	
惠东县	Huidong County						
博罗县	Boluo County						
肇庆市区	Zhaoqing Urban District						
高要市	Gaoyao City						
四会市	Sihui City						

8-9 工业用电量
Industry Electricity Consumption

单位：亿千瓦小时 (100 million kwh)

地区	Area	1978	1980	1990	2000	2002	2003
长江三角洲经济区	**Yangtze River Delta**						
上海市	Shanghai City	131.87	143.13	220.97	393.13	447.46	507.00
南京市	Nanjing City			52.36	98.34	116.01	129.72
苏州市	Suzhou City	10.69	16.15	38.14	153.17	233.99	304.13
无锡市	Wuxi City			39.82	106.42	155.07	200.14
常州市	Changzhou City		10.27	22.34	49.30	68.60	91.47
镇江市	Zhenjiang City	5.07	5.82	20.32	35.66	48.24	56.60
南通市	Nantong City				42.00	60.02	71.23
扬州市	Yangzhou City	3.04	4.15	15.28	29.98	37.93	46.88
泰州市	Taizhou City				22.75	37.04	47.38
杭州市	Hangzhou City			44.17	105.26	142.90	172.05
宁波市	Ningbo City	4.37	6.69	23.38	84.01	114.66	141.66
嘉兴市	Jiaxing City	3.15	4.30	16.63	49.41	68.33	83.42
湖州市	Huzhou City	3.27	4.27	13.11	30.59	41.10	49.68
绍兴市	Shaoxing City	3.44	5.02	15.51	63.29	91.29	112.77
舟山市	Zhoushan City	0.36	0.69	2.77	5.51	6.20	8.09
台州市	Taizhou City	1.15	1.83	6.94	30.94	45.30	55.28
珠江三角洲经济区	**Pearl River Delta**						
广州市	Guangzhou City			29.73	108.50	131.49	162.40
深圳市	Shenzhen City			21.97	101.88	147.24	179.33
珠海市	Zhuhai City			3.63	17.82	22.07	27.41
佛山市	Foshan City			26.34	123.26	166.30	180.78
江门市	Jiangmen City			17.74	40.99	49.23	53.85
东莞市	Dongguan City	1.08	1.34	11.93	134.58	207.07	240.20
中山市	Zhongshan City	1.30	1.76	4.29	33.38	45.87	57.92
惠州市区	Huizhou Urban District			1.75	8.55	11.07	19.24
惠阳市	Huiyang City			1.00	9.23	13.24	12.51
惠东县	Huidong County			0.82	2.48	3.85	4.37
博罗县	Boluo County			1.09	5.69	8.82	10.43
肇庆市区	Zhaoqing Urban District				5.37	7.06	7.76
高要市	Gaoyao City					3.68	4.96
四会市	Sihui City					3.75	4.88

8-10 建筑业企业单位数及从业人数

Number of Construction Enterprises and Persons Employed

地区	Area	企业单位数(个) Number of Enterprises(Units)			从业人数(万人) Number of Persons Employed(10 000 persons)		
		2000	2002	2003	2000	2002	2003
长江三角洲经济区	**Yangtze River Delta**						
上海市	Shanghai City	1586	1679	2009	35.91	41.97	50.52
南京市	Nanjing City	329	582	666	18.21	29.32	31.37
苏州市	Suzhou City	491	520	581	14.74	19.00	24.44
无锡市	Wuxi City	338	452	609	10.89	16.38	18.21
常州市	Changzhou City	374	426	420	14.57	16.42	17.40
镇江市	Zhenjiang City	153	151	303	6.75	6.49	9.84
南通市	Nantong City	556	486	446	30.49	36.36	39.53
扬州市	Yangzhou City	318	435	467	23.38	23.90	26.91
泰州市	Taizhou City	301	288	268	21.60	24.14	29.88
杭州市	Hangzhou City	735	670	885	33.13	36.99	46.77
宁波市	Ningbo City	557	504	569	25.00	28.98	39.00
嘉兴市	Jiaxing City	261	202	248	7.74	8.02	10.60
湖州市	Huzhou City	177	146	156	5.98	6.47	6.98
绍兴市	Shaoxing City	343	345	384	38.54	48.70	59.83
舟山市	Zhoushan City	133	82	83	2.95	2.75	2.96
台州市	Taizhou City	290	286	269	15.40	18.07	22.32
珠江三角洲经济区	**Pearl River Delta**						
广州市	Guangzhou City	757	1214	1214	28.12	29.79	31.48
深圳市	Shenzhen City	447	406	563	14.09	20.31	24.74
珠海市	Zhuhai City	143	139		3.83	3.50	3.49
佛山市	Foshan City	248	345		8.42	10.72	11.26
江门市	Jiangmen City	342	188		9.51	10.87	10.25
东莞市	Dongguan City	183	108		6.43	7.26	9.61
中山市	Zhongshan City	388	301		3.54	5.06	6.09
惠州市区	Huizhou Urban District	169	76		2.09	2.17	2.77
惠阳市	Huiyang City	32	28		0.45	0.89	0.60
惠东县	Huidong County	12	6		0.19	0.16	0.28
博罗县	Boluo County	18	17		0.44	0.52	0.52
肇庆市区	Zhaoqing Urban District	75	81		1.57	1.77	1.64
高要市	Gaoyao City	17	7		0.77	0.26	0.84
四会市	Sihui City	12	27		0.29	0.33	0.38

8-11 建筑业企业增加值
Value Added of Construction Enterprises

单位：亿元 (100 million yuan)

地区	Area	1995	2000	2001	2002	2003
长江三角洲经济区	**Yangtze River Delta**					
上海市	Shanghai City	87.41	101.72	103.94	135.33	264.87
南京市	Nanjing City		38.99	49.63	63.76	
苏州市	Suzhou City		26.77	40.49	55.86	72.03
无锡市	Wuxi City		19.64	25.30	32.99	38.68
常州市	Changzhou City		32.38	38.07	38.28	42.93
镇江市	Zhenjiang City	5.28	8.81	11.78	14.28	19.14
南通市	Nantong City		65.24	74.44	99.01	105.18
扬州市	Yangzhou City		40.28	41.99	54.41	63.99
泰州市	Taizhou City		38.71	41.25	48.98	53.70
杭州市	Hangzhou City	44.17	57.77	68.86	101.11	140.13
宁波市	Ningbo City	117.50	44.37	57.47	75.32	99.00
嘉兴市	Jiaxing City	3.46	13.47	14.49	18.60	23.44
湖州市	Huzhou City		8.43	11.56	15.71	16.58
绍兴市	Shaoxing City		73.25	91.43	127.43	172.81
舟山市	Zhoushan City				5.28	7.25
台州市	Taizhou City	21.00	36.12	40.10	47.72	56.74
珠江三角洲经济区	**Pearl River Delta**					
广州市	Guangzhou City	62.61	60.81	84.42	83.20	105.22
深圳市	Shenzhen City	5.10	146.06	150.49	158.14	182.95
珠海市	Zhuhai City	3.71	5.64	4.87	7.17	7.99
佛山市	Foshan City	11.82	15.70	19.90	26.28	31.24
江门市	Jiangmen City	14.57	9.71	11.34	13.09	10.69
东莞市	Dongguan City	2.23	7.48	9.07	10.01	13.98
中山市	Zhongshan City	2.05	4.35	6.86	8.25	10.64
惠州市区	Huizhou Urban District	1.68	2.76	2.35	5.17	5.24
惠阳市	Huiyang City	0.28	0.71	1.30	1.29	0.83
惠东县	Huidong County	0.65	0.28	0.34	0.33	0.31
博罗县	Boluo County	0.22	0.79	0.83	0.91	0.74
肇庆市区	Zhaoqing Urban District	2.21	1.90	3.27	3.40	3.04
高要市	Gaoyao City	0.81	0.56	0.17	0.27	0.76
四会市	Sihui City	0.25	0.33	0.41	0.61	0.54

8-12 建筑业企业主要指标（2003年）
Main Indicators of Construction Enterprises(2003)

地区	Area	施工面积（万平方米）Floor Space of Buildings under Construction (10 000 sq.m)	竣工面积（万平方米）Floor Space of Building Completed (10 000 sq.m)	利润总额（万元）Total Profits (10 000 yuan)	税金总额（万元）Total Tax (10 000 yuan)	劳动生产率按增加值计算（元／人）Overall Labor Productivity In Term of Value-added (yuan/person)
长江三角洲经济区	**Yangtze River Delta**					
上海市	Shanghai City	9978.60	3609.20	410000	390000	41240
南京市	Nanjing City	300.00	1171.00	61445	120470	
苏州市	Suzhou City	4552.58	2486.69	81226	23328	27855
无锡市	Wuxi City	2486.80	1575.85	84561	63670	34694
常州市	Changzhou City	2028.83	1046.06	44312	59792	23375
镇江市	Zhenjiang City	728.49	321.60	18930	42297	19670
南通市	Nantong City	7248.14	3028.04	79756	21155	24714
扬州市	Yangzhou City	3729.05	1919.42	39588		22886
泰州市	Taizhou City	4193.80	2241.00	39083	59001	105983
杭州市	Hangzhou City	7641.20	2692.60	157719	211235	25940
宁波市	Ningbo City	6245.00	2468.30	150528	135712	25143
嘉兴市	Jiaxing City	1566.10	760.20	18192	27762	20984
湖州市	Huzhou City	912.90	460.10	26858	27238	24319
绍兴市	Shaoxing City	11198.80	4568.20	227107	264520	28818
舟山市	Zhoushan City	333.80	155.00	5131	8572	22959
台州市	Taizhou City	3337.70	1482.40	65661	70432	25957
珠江三角洲经济区	**Pearl River Delta**					
广州市	Guangzhou City	4291.55	1398.91	167217	242911	33420
深圳市	Shenzhen City	3791.18	1476.14	139811	143899	143759
珠海市	Zhuhai City	347.34	225.74	13402	16565	19577
佛山市	Foshan City	2228.07	925.64	90837	53091	26978
江门市	Jiangmen City	1555.87	593.30	12317	21238	13069
东莞市	Dongguan City	1558.17	610.51	19338	22243	
中山市	Zhongshan City	823.10	389.07	27084	16798	17460
惠州市区	Huizhou Urban District	343.04	125.96	4294	8934	18659
惠阳市	Huiyang City	107.16	27.61	92	1646	12736
惠东县	Huidong County	33.26	13.34	414	714	12226
博罗县	Boluo County	84.13	38.92	1104	1468	13970
肇庆市区	Zhaoqing Urban District	284.48	116.09	2620	5929	58693
高要市	Gaoyao City	80.27	31.23	968	1683	11556
四会市	Sihui City	37.43	26.10	740	278	14337

8-12 续表 continued

地区	Area	技术装备率（元／人）Value of Machines per Laborer (yuan/person)	动力装备率（千瓦／人）Power of Machines per Laborer (kw/person)	房屋建筑面积竣工率（%）Rate of Floor Space of Buildings Completed (%)	单位工程质量优良品率（%）Rate of High Quality Projects (%)	产值利润率（%）Ratio of Profit to Gross Output Value (%)	产值利税率（%）Ratio of Pre-tax Profit to Gross Output Value (%)
长江三角洲经济区	**Yangtze River Delta**						
上海市	Shanghai City	13502	5.1	36.2	-	3.4	6.7
南京市	Nanjing City						
苏州市	Suzhou City	6925	3.0	55.0		3.0	6.0
无锡市	Wuxi City	11187	4.0	63.0		4.0	8.0
常州市	Changzhou City						
镇江市	Zhenjiang City						
南通市	Nantong City						
扬州市	Yangzhou City	7943	4.0	51.0		1.0	4.0
泰州市	Taizhou City						
杭州市	Hangzhou City	7895	3.4			2.2	5.2
宁波市	Ningbo City	5903	2.5			3.2	6.0
嘉兴市	Jiaxing City	6519	2.8			2.0	5.1
湖州市	Huzhou City	9968	4.6			3.1	6.3
绍兴市	Shaoxing City	7158	2.7			2.6	5.6
舟山市	Zhoushan City	8329	3.7			1.8	4.8
台州市	Taizhou City	7997	3.8			2.7	5.6
珠江三角洲经济区	**Pearl River Delta**						
广州市	Guangzhou City	14842	7.8	32.6		3.5	7.5
深圳市	Shenzhen City	10017	5.1	38.9		3.6	7.2
珠海市	Zhuhai City	7238	3.1	54.2		3.1	7.0
佛山市	Foshan City			925.6		6.8	
江门市	Jiangmen City	7029	3.8	38.0		2.4	7.4
东莞市	Dongguan City			39.2		2.5	
中山市	Zhongshan City	6131	4.4	47.3		4.9	7.9
惠州市区	Huizhou Urban District	10037		36.7		1.6	5.4
惠阳市	Huiyang City	4464		26.0		-1.0	3.0
惠东县	Huidong County	12967		40.1		1.7	6.5
博罗县	Boluo County	6632		46.3		3.2	8.5
肇庆市区	Zhaoqing Urban District	5893	5.3	0.4		2.0	7.4
高要市	Gaoyao City	3129	2.2	0.4		2.6	7.8
四会市	Sihui City	10078	2.5	0.7		2.9	5.7

主要统计指标解释

全部国有及规模以上非国有工业企业　指全部国有工业企业及年销售收入在500万元以上的非国有企业。

国有及国有控股企业　指国有企业加上国有控股企业。国有企业（即原全民所有制工业或国营工业）是指企业全部资产归国家所有，并按《中华人民共和国企业法人登记管理条例》规定登记注册的非公司制的经济组织。包括国有企业、国有独资公司和国有联营企业。

集体企业　指企业资产归集体所有，并按《中华人民共和国企业法人登记管理条例》规定登记注册的经济组织。是社会主义公有制经济的组成部分。包括城乡所有使用集体投资举办的企业，以及部分个人通过集资自愿放弃所有权并依法经工商行政管理机关认定为集体所有制的企业。

股份有限公司　指根据《中华人民共和国企业法人登记管理条例》规定登记注册，其全部注册资本由等额股份构成并通过发行股票筹集资本，股东以其认购的股份对公司承担有限责任，公司以其全部资产对其债务承担责任的经济组织。

港、澳、台商投资企业　指企业注册登记类型中的港、澳、台资合资、合作、独资经营企业和股份有限公司之和。

外商投资企业　指企业注册登记类型中的中外合资、合作经营企业、外资企业和外商投资股份有限公司之和。

轻工业　指主要提供生活消费品和制作手工工具的工业。按其所使用的原料不同，可分为两大类：(1)以农产品为原料的轻工业，是指直接或间接以农产品为基本原料的轻工业。主要包括食品制造、饮料制造、烟草加工、纺织、缝纫、皮革和毛皮制作、造纸以及印刷等工业；(2)以非农产品为原料的轻工业，是指以工业品为原料的轻工业。主要包括文教体育用品、化学药品制造、合成纤维制造、日用化学制品、日用玻璃制品、日用金属制品、手工工具制造、医疗器械制造、文化和办公用机械制造等工业。

重工业　是指为国民经济各部门提供物质技术基础的主要生产资料的工业。按其生产性质和产品用途，可以分为下列三类：(1)采掘(伐)工业，是指对自然资源的开采，包括石油开采、煤炭开采、金属矿开采、非金属矿开采和木材采伐等工业；(2)原材料工业，指向国民经济各部门提供基本材料、动力和燃料的工业。包括金属冶炼及加工、炼焦及焦炭、化学、化工原料、水泥、人造板以及电力、石油和煤炭加工等工业；(3)加工工业，是指对工业原材料进行再加工制造的工业。包括装备国民经济各部门的机械设备制造工业、金属结构、水泥制品等工业，以及为农业提供的生产资料如化肥、农药等工业。

根据上述划分原则，修理业中以重工业产品为修理作业对象的划为重工业，反之划为轻工业。

工业总产值　是以货币表现的工业企业在一定时期内生产的已出售或可供出售工业产品总量，它反映一定时间内工业生产的总规模和总水平。

工业增加值　是指工业行业在报告期内以货币表现的工业生产活动的最终成果。

实收资本　指企业实际收到的投资者的可作为长期周转使用的经营资金。实收资本按投资主体分为国家资本、集体资本、法人资本、个人资本、港澳台资本和外商资本等。

国家资本：指有权代表国家投资的政府部门或者机构以国有资产投入企业形成的资本。

集体资本：指有权代表国家投资的集体部门或者机构以国有资产投入企业形成的资本。

法人资本：指其他法人单位以其依法可以支配的资产投入企业形成的资本。

个人资本：指社会个人或者本企业内部职工以个人合法财产投放到企业形成的资本。

港澳台资本：指我国香港、澳门和台湾地区投资者以各种形式的资产进行投资形成的资本。

外商资本：指外国投资者对企业投资形成的资本。

资产合计　指企业拥有或控制的能以货币计量的经济资源。包括各种财产、债权和其他权利。资产按其流动性划分为流动资产、长期投资、固定资产、无形及递延资产和其他资产。该指标根据企业会计"资产负债表"中"资产总计"项目的期末数增加。

流动资产合计　指可以在一年或者超过一年的一个营业周期内变现或者耗用的资产，包括现金及各种存款、短期投资、应收及预付货款、存款等。

流动资产平均余额　指企业在报告期内全部流动资产的平均余额。

固定资产原价　指企业在建造、购置、安装、改建、扩建、技术改造某项固定资产时所支出的全部货币总额。它一般包括买价、包装费、运杂费和安装费等。

固定资产净值年平均余额　指固定资产净值在报告期内余额的平均数。计算公式为：

固定资产净值年平均余额=1 至12 月各月月初、月末固定资产净值之和/24

该指标根据"资产负债表"中"固定资产原价"、"累计折旧"指标的期初、期末数计算填列。

固定资产净值指固定资产原价减去历年已提折旧额后的净额。计算公式为：

固定资产净值= 固定资产原价－ 累计折旧

流动负债合计　指将在一年或超过一年的一个营业周期内偿还的债务。流动负债包括短期负债、应付票据、应付帐款、预收帐款、应付工资、应付福利费、应交税金、应付利润、其他应付款、预提费用等。

流动负债具有偿还期限短，在债权人提出要求时即期偿付，或在一年内必须偿还的特点。该指标根据"资产负债表"

中“流动负债”项的期末数填列。

长期负债合计 指偿还期在一年或超过一年的一个营业周期以上的债务，它是除了投资人投入企业的资本以外，企业向债权人筹集、可供企业长期使用的资金，是企业必须以资产或劳务偿还的经济责任，包括长期借款、应付债款、长期应付款、其他长期负债等。与流动负债相比，长期负债具有为数较大、偿还期限较长的特点，且对投资者来说可带来更大的利益。指标根据“资产负债表”中“长期负债合计”项的期末数填列。

所有者权益 指企业投资人对企业净资产的所有权。企业净资产等于企业全部资产减去全部负债后的余额，包括企业投资人对企业的最初投入的实际到位的资产及资本公积金、盈余公积金和未分配利润。所有者权益合计数小于零，表示企业资不抵债。

产品销售收入 指企业在报告期内生产的成品、自制半成品和工业性劳务取得的收入。

产品销售成本 指企业在报告期内销售本企业生产的成品、自制半成品和工业性劳务等的实际成本。

产品销售税金及附加 指企业在品销售税金及附加指企业在报告期内销售产品、提供的劳务等主要经营业务应负担的城市维护建设税、消费税、资源税和教育费附加等。

产品销售利润 指企业销售产品、提供的劳务等主要经营业务收入扣除其成本、费用、税金的利润。

利润总额 指企业生产经营活动的最终成果，是企业在一定时期内实现的盈亏相抵后的利润总额(亏损以“－”号表示)，它等于营业利润加上补贴收入加上投资收益加上营业外净收入再加上以前年度损益调整。

本年应交增值税 指企业在报告期内应交纳的增值税额。它等于本年销项税额加上出口退税加上进项税额转出数减去本年进项税额。小规模纳税企业直接按全年计税销售额乘以征收率计算取得。

总资产贡献率 反映企业全部资产的获利能力，是企业经营业绩和管理水平的集中体现，是评价和考核企业盈利能力的核心指标。计算公式为：

总资产贡献率(%)＝(利润总额＋税金总额＋利息支出)／平均资产总额×100%

公式中：税金总额为产品销售税金及附加与应交增值税之和；平均资产总额为期初期末资产之和的算术平均值。

资产负债率 该指标既反映企业经营风险的大小，也反映企业利用债权人提供的资金从事经营活动的能力。计算公式为：

资产负债率(%)＝负债总额／资产总额×100%

资产与负债均为报告期期末数。

流动资产周转次数 指一定时期内流动资产完成的周转次数，反映投入工业企业流动资金的周转速度。计算公式为：

流动资金周转次数＝产品销售收入／全部流动资产平均余额

公式中：全部流动资产平均余额为期初和期末的流动资产之和的算术平均值。

成本费用利润率 反映企业投入的生产成本及费用的经济效益，同时也反映企业降低成本所取得的经济效益。计算公式为：

成本费用利润率(%)=利润总额/成本费用总额× 100%

公式中：成本费用总额为产品销售成本、销售费用、管理费用、财务费用之和。

全员劳动生产率 该指标反映企业的生产效率和劳动投入的经济效益。计算公式为：

全员劳动生产率(元／人)=工业增加值/全部从业人员平均人数

产品销售率 该指标反映工业产品已实现销售的程度，是分析工业产销衔接情况、研究工业产品满足社会需求的指标。计算公式为：

产品销售率(%)=工业销售产值／工业总产值(现价)×100%

建筑业增加值 指建筑业企业在报告期内以货币表现的建筑业生产经营活动的最终成果。目前建筑业增加值采用分配法（收入法）计算，即从收入的角度出发，根据生产要素在生产过程中应得的收入份额计算。具体计算公式为：

建筑业增加值＝本年提取的固定资产折旧+主营业务应付工资+主营业务应付福利费+管理费用中的劳动待业保险金、税金＋工程结算税金及附加＋工程结算利润

房屋建筑施工面积 指在报告期内施工的全部房屋建筑面积，包括本期新开工的房屋面积、上期施工跨入本期继续施工的房屋面积、上期停缓建在本期恢复施工的房屋面积、本期竣工的房屋面积及本期施工后又停缓建的房屋面积。

房屋建筑竣工面积 指在报告期内房屋建筑按照设计要求全部完工，达到了使用条件，经验收鉴定合格，正式移交使用单位的房屋建筑面积。

Explanatory Notes on Main Statistical Indicators

All State-owned and Non-State-owned Industrial Enterprises Above Designated Size refer to all state-owned industrial enterprises and the non-state-owned industrial enterprises with an annual sales income of over 5 million yuan.

State-owned Enterprises refers to industrial enterprises where the means of production or income are owned by the state.

Collective-owned Enterprises refers to industrial enterprises where the means of production are owned collectively, including urban and rural enterprises invested by collectives and some enterprises which were formerly owned privately but have been registered in industrial and commercial administration agency as collective units through raising fund from the public.

Share-holding Corporations Ltd. refer to economic units registered in accordance with the regulation of the People's Republic of China on the Management of Registration of Corporate Enterprises, with total registered capitals divided into equal shares and raised through issuing stocks. Each investor bears limited liability to the corporation depending on the holding of shares, and the corporation bears liability to its debt to the maximum of its total assets.

Enterprises with Funds from Hong Kong, Macao and Taiwan refers to all industrial enterprises registered as the joint-venture, cooperative, sole (exclusive) investment industrial enterprises and limited liability corporations with funds from Hong Kong, Macao and Taiwan.

Foreign Funded Enterprises refers to all industrial enterprises registered as the joint-venture, cooperative, sole (exclusive) investment industrial enterprises and limited liability corporations with foreign funds.

Light Industry refers to the industry that produces consumer goods and hand tools. It consists of two categories, depending on the materials used:

(1)Industries using farm products as raw materials. These are branches of light industry which directly or indirectly use farm products as basic raw materials, including the manufacture of food and beverages, tobacco processing, textile, clothing, fur and leather manufacturing, paper making, printing, etc.

(2)Industries using non farm products as raw materials. These are branches of light industry which use manufactured goods as raw materials, including the manufacture of cultural, educational articles and sports goods, chemicals, synthetic fiber, chemical products for daily use, glass products for daily use, metal products for daily use, hand tools, medical apparatus and instruments, and the manufacture of cultural and clerical machinery.

Heavy Industry refers to the industry which produces capital goods, and provides various sectors of the national economy with necessary material and technical basis. It consists of the following three branches according to the purpose of production or the use of products:

(1)Mining, quarrying and logging industry refers to the industry that extracts natural resources, including extraction of petroleum, coal, metal and non-metal ores and logging.

(2)Raw materials industry refers to the industry that provides various sectors of the national economy with raw materials, fuels and power. It includes smelting and processing of metals, coking and coke chemistry, chemical materials and building materials such as cement, plywood, and power, petroleum refining and coal dressing.

(3)Manufacturing industry refers to the industry that processes raw materials. It includes machine building industry which equips sectors of the national economy, industries of metal structure and cement products, industries producing means of agricultural production, such as chemical fertilizers and pesticides. According to the above principle of classification, the repairing trades which are engaged primarily in repairing products of heavy industry are classified into heavy industry while these engaged in repairing products of light industry are classified into light industry.

Gross Industrial Output Value is the total volume of industrial products sold or available for sale in value terms which reflects the total achievements and overall scale of industrial production during a given period.

Value-added of Industry refers to the final results of industrial production of the industrial trade in money terms during the reference period.

Capitals Obtained refers to capital actually received by the enterprise from investors that could be used as operational capitals for a long period. According to the current accounting system, capitals obtained can be classified by investors as state capital, collective capital, corporate capital, individual capital, capital from Hong Kong, Macao and Taiwan and foreign capital.

State capital: refers to capital which is formed through state-owned investment into the enterprise by government agencies or institutions that could represent the state in the investment.

Collective capital: refers to capital which is formed through state-owned investment into the enterprise by collective institutions or units that could represent the state in the investment.

Corporate capital: refers to capital which is formed through investment by other corporate units using assets which is at their disposal by law.

Individual capital: refers to capital which is formed through investment by individuals outside the enterprise or employees of the enterprise using their personal legal properties.

Capital from Hong Kong, Macao and Taiwan: refers to capital which is formed through investment by investors from Hong Kong, Macao and Taiwan of China using their assets of various forms.

Foreign capital: refers to capital which is formed through investment by foreign investors.

Total Assets refer to all economic resources, in monetary terms, that is owned or controlled by enterprises, including properties, creditors equity and other economic rights of all forms. Classified by the degree of equitability, total assets include circulating assets , long-term investment, fixed assets, intangible assets and deferred assets, and other as sets. Data on this indicator can be obtained by the year-end figures of tot al assets in the Assets and Liability Table of accounting records of enterprises.

Total of Working Capitals refer to capitals which can be cashed in or spent or consumed in an operating cycle of one year or over one year, including cash, all kinds of deposits, short term investment, receivable and payable payment for goods or deposits.

Average Value of Working Capitals refers to the average value of all working capitals of t he enterprise during the reference period.

Original Value of Fixed Assets refers to the value of payment by the enterprise in building, purchasing installing reconstructing, expending or transforming a particular item of fixed assets . In general, it includes value of purchase, cost for packaging, transportation, installation, etc.

Annual Average of Net Value of Fixed Assets refer to average of the net value of fixed as sets during the reference period, calculated with the following formula:

Annual Average of Net Value of Fixed Assets = sum of net value of fixed assets at the beginning and at the end of each month from January to December / 24.

Information on this indicator can be obtained from the beginning and ending figures of the original value of fixed assets and cumulative depreciation from the Assets and Liability Table of enterprises.

Net value of fixed assets refers to the original value of fixed assets minus depreciation over the years, i.e.:

Net value of fixed assets = original value of fixed assets - cumulative depreciation

Total Liquid Liabilities refer to enterprises' total debt payable within an operating cycle of one year or over one year, including short-term loans, notes and accounts payable, advance payments received, wages and welfare funds pay able, taxes and profit payable, other payables, fees received by advance payment, etc.

Liquid liabilities feature in the short term of payment , immediate payment at the request of creditors, or pay able within one year. Data on this item can be obtained from the ending figures on liquid liabilities from the Assets and Liability Table of enterprises.

Total Long-term Liabilities refers to the debt payable within an operating cycle of one year or over one year. It is the capital that enterprises raised from creditors for the long-term use of enterprises in addition to capitals put into the enterprise by investors, and constitutes the economic liabilities that enterprises have to repay by assets or labor services, including long-term loans , payable liabilities, long term payable, other long-term liabilities, etc. Compared with the liquid liabilities, the long-term liabilities feature in large volume, longer term for repayment, and larger benefits for investors. Data on this item can be obtained from the ending figures on long-term liabilities from the Assets and Liability Table of enterprises.

Creditors' Equity refers to investors ownership of net assets of the enterprise, which is equal to the total assets of the enterprise minus its total liabilities, including the primary input actually received at the enterprise from investors, capital accumulation fund, surplus accumulation fund and undistributed profit. When the total of creditors' equity is les s than zero, that indicates the liability of the enterprise is larger that its assets.

Sales Revenue of Industrial Products refers to the revenue from the sales of finished and semi-finished products and from rendering of industrial services by industrial enterprises during the reference period.

Cost of Industrial Products Sold refers to the actual cost of finished and semi-finished products sold and industrial services rendered by industrial enterprises during the reference period.

Tax and Extra Charges on Sales of Products refer to the tax on city maintenance and construction, consumption tax, resources tax and extra charges for education, which should be borne by the enterprises in selling products and providing industrial services during the reference period.

Profit from Sales of Products refers to the profit gained by the enterprises by deducting cost, charges and taxes from the business income of the enterprises obtained in selling products and providing industrial services.

Total Profits refer to the final achievements of production and operation of the enterprises, represented by the total profits after deducting losses (loss is expressed by the negative figure).It is the sum of profits from operation, income from subsidies, investment earnings, net income from activities other than operation, and adjustment of profits and losses of previous years.

Value-added Tax Payable refers to the amount of the value-added tax which should be paid by the enterprises during the reference period. It is the sum of tax on sales, export rebate, and transferred tax on purchases of the current year, minus the tax on purchases of the current year. Value-added tax payable of small-size enterprises is determined by the taxable sales of the year multiplied by the tax rate.

Ratio of Profits, Taxes and Interests to Average Assets reflects the profit-making capability of all assets of the enterprise and is a key indicator manifesting the performance and management and evaluating the profit -making potential of the enterprise. It is calculated as follows:

Ratio of profits, taxes and interests to average as sets (%) =[(total profits + total taxes + interest payment) / average assets] × 100%

In the above formula, total taxes is the sum of tax and extra charges on the sales of products and value-added tax payable; and average assets is the arithmetic mean of the sum of beginning assets and ending assets.

Ratio of Debts to Assets reflect both the operation risk and the capability of the enterprise in making use of the capital from the creditors. It is calculated as follows:

Ratio of debts to asset s (%) = (total debts / total assets) × 100%

Both assets and debts are figures at the end of the reference period.

Turn over of Working Capital refers to the number of times of turnover of working capital in a given period of time, which reflects the speed of the turnover of working capital of industrial enterprises, and is calculated as follows:

Turnover of working capital=(sales revenue of products)/(average balance of total working capital)

In the above formula, average balance of total working capital refers to the arithmetic mean of the sum of working capital at the beginning and at the end of the reference period.

Ratio of Profits to Total Industrial Costs refers to the ratio of profits realized in a given period to the total costs in the same period, which reflects the economic efficiency of input cost and is calculated as follows:

Ratio of profits to total industrial cost (%)=(total profits/ total cost s) × 100%

Total costs in the above formula is the sum of cost of products sold, marketing cost, management cost and financial cost.

Overall Labor Productivity of Industrial Enterprises reflects efficiency of production and economic results of labour input of enterprises. The formula used is:

Overall labour productivity=(value added of industry) / (average number of staff and workers)

Ratio of Sales to Gross Output Value reflects the degree at which industrial products are sold. It helps to analyze the linkage between production and sales and the extent of the needs of the society that has been met by the supply of industrial products. It is calculated as follows:

Ratio of Sales to Gross Output Value=[Industrial sales / Gross industrial output value (at current prices)] × 100%

Value-added of Construction refers to the final result of the activities of production and management of construction in monetary terms in the reference period. At present, the value-added of construction is calculated with the income approach. In other words, it is the sum of income of various production factors in the production process. The formula is as follows:

Value-added of construction=depreciation of fixed assets in the year + wages payable + welfare expenses payable + insurance premium and tax for waiting for employment in the administrative expenses +taxes and surcharges on project settlement + profit gained from project settlement.

Floor Space of Buildings Under Construction refers to floor space of buildings under construction during the reference period, including newly started buildings, buildings started earlier and continued during the reference period, and buildings suspended earlier but restarted during the reference period, buildings completed during the reference period, and buildings under construction and then suspended during the reference period.

Floor Space of Buildings Completed refers to the floor space of buildings that are completed in the reference period in accordance with the requirements of the design, up to the standard for putting them into use, and have been checked and accepted by concerned departments as qualified ones.

9-1 客运量
Passenger Traffic

单位：万人 (10 000 persons)

地区	Area	客运量总计 Total					
		1978	1980	1990	2000	2002	2003
长江三角洲经济区	**Yangtze River Delta**						
上海市	Shanghai City	1763	2369	3835	6893	7326	7212
南京市	Nanjing City	2486	3209	4595	15294	16868	16800
苏州市	Suzhou City	3653	5333	7519	19500	22193	24132
无锡市	Wuxi City	1476	2192	4923	16587	16885	15877
常州市	Changzhou City	2447	2740	4115	10197	11216	11413
镇江市	Zhenjiang City	1736	2289	3509	5638	6148	6239
南通市	Nantong City	1666	2442	4600	7663	7947	8059
扬州市	Yangzhou City	3369	4451	5768	6207	6590	6897
泰州市	Taizhou City	560	869	1250	1891	2560	3480
杭州市	Hangzhou City	2878	3905	8119	20342	21089	21348
宁波市	Ningbo City	2966	4156	7378	22736	23816	24938
嘉兴市	Jiaxing City			3597	6495	8095	11102
湖州市	Huzhou City	1146	1610	3145	6769	7252	7082
绍兴市	Shaoxing City	1505	2302	4592	12048	13376	13277
舟山市	Zhoushan City	965	1368	2769	7518	7781	7479
台州市	Taizhou City	1920	2693	7934	12324	13523	13813
珠江三角洲经济区	**The Pearl River Delta**						
广州市	Guangzhou City			9461	23430	26757	29751
深圳市	Shenzhen City			8833	9346	10644	10452
珠海市	Zhuhai City		273	1940	3209	3387	3299
佛山市	Foshan City			5148	8503	11606	12133
江门市	Jiangmen City	1525	1997	4134	6609	7182	8366
东莞市	Dongguan City	403	572	5758	30697	32100	32588
中山市	Zhongshan City	427	552	920	7122	8625	8516
惠州市区	Huizhou Urban District				1861	1938	1885
惠阳市	Huiyang City				832	951	449
惠东县	Huidong County				676	741	789
博罗县	Boluo County				724	842	978
肇庆市区	Zhaoqing Urban District				2140	2646	1981
高要市	Gaoyao City				1039	1639	1699
四会市	Sihui City				684	1215	1292

9-1 续表 1 continued

单位：万人 (10 000 persons)

地区	Area	铁路 Railways					
		1978	1980	1990	2000	2002	2003
长江三角洲经济区	**Yangtze River Delta**						
上海市	Shanghai City	1272	1692	2476	2980	3518	3391
南京市	Nanjing City	618		1214	1181	1196	1119
苏州市	Suzhou City	356	520	756	940	1162	1211
无锡市	Wuxi City	344	473	795	765	799	784
常州市	Changzhou City	187	585	585	557	603	577
镇江市	Zhenjiang City	388	464	569	436	507	515
南通市	Nantong City						
扬州市	Yangzhou City						
泰州市	Taizhou City						
杭州市	Hangzhou City	485	672	1056	1202	1574	1534
宁波市	Ningbo City	105	317	462	288	393	438
嘉兴市	Jiaxing City			330	376	398	390
湖州市	Huzhou City	57	73	67	94	88	97
绍兴市	Shaoxing City			457	295	356	331
舟山市	Zhoushan City						
台州市	Taizhou City						
珠江三角洲经济区	**The Pearl River Delta**						
广州市	Guangzhou City			1939	2818	2797	5285
深圳市	Shenzhen City			803	1068	1215	1137
珠海市	Zhuhai City						
佛山市	Foshan City			225	139	118	106
江门市	Jiangmen City						
东莞市	Dongguan City						
中山市	Zhongshan City						
惠州市区	Huizhou Urban District				219	192	196
惠阳市	Huiyang City						
惠东县	Huidong County						
博罗县	Boluo County						
肇庆市区	Zhaoqing Urban District				55	51	
高要市	Gaoyao City						
四会市	Sihui City						

9-1 续表2 continued

单位：万人 (10 000 persons)

地区	Area	公路 Highways					
		1978	1980	1990	2000	2002	2003
长江三角洲经济区	**Yangtze River Delta**						
上海市	Shanghai City	140	200	605	2482	2046	2052
南京市	Nanjing City	1800		3211	13869	15355	15348
苏州市	Suzhou City	2482	4035	4803	18447	20935	22835
无锡市	Wuxi City	249	853	4008	15769	16036	15077
常州市	Changzhou City	1770		4428	9620	10598	10820
镇江市	Zhenjiang City	1209	1652	2867	5175	5615	5704
南通市	Nantong City				7628	7936	8050
扬州市	Yangzhou City	2538		5494	6180	6571	6880
泰州市	Taizhou City				1802	2480	3480
杭州市	Hangzhou City		2358	6350	17102	19213	19510
宁波市	Ningbo City	2311	3241	6611	22255	23160	24320
嘉兴市	Jiaxing City			2921	6105	7690	10710
湖州市	Huzhou City	780	1168	2808	6670	7164	6985
绍兴市	Shaoxing City	1086	1733	4000	11751	13017	12944
舟山市	Zhoushan City	857	1206	1784	5958	6198	5946
台州市	Taizhou City	1502	2166	7652	12174	13463	13743
珠江三角洲经济区	**The Pearl River Delta**						
广州市	Guangzhou City			6368	19964	23157	23839
深圳市	Shenzhen City			7845	7866	8840	8635
珠海市	Zhuhai City			1862	2653	2900	2870
佛山市	Foshan City			4882	8284	11392	11949
江门市	Jiangmen City			4008	6500	7059	8181
东莞市	Dongguan City	224	362	5728	30680	32081	32566
中山市	Zhongshan City			856	7040	8525	8423
惠州市区	Huizhou Urban District				1638	1744	1689
惠阳市	Huiyang City				832	770	449
惠东县	Huidong County				676	741	789
博罗县	Boluo County				724	842	978
肇庆市区	Zhaoqing Urban District			8337	5664	6484	
高要市	Gaoyao City						
四会市	Sihui City						

9–1 续表 3 continued

单位：万人 (10 000 persons)

地区	Area	水运 Waterways					
		1978	1980	1990	2000	2002	2003
长江三角洲经济区	**Yangtze River Delta**						
上海市	Shanghai City	330	446	555	539	526	528
南京市	Nanjing City	65		132			
苏州市	Suzhou City	814	779	154	112	96	86
无锡市	Wuxi City	883	866	120	52	49	16
常州市	Changzhou City	490		32	1		
镇江市	Zhenjiang City	139	173	73	27	26	20
南通市	Nantong City				26	4	3
扬州市	Yangzhou City	831		274	27	19	17
泰州市	Taizhou City	560		408	89	80	
杭州市	Hangzhou City		870	691	179	108	89
宁波市	Ningbo City	550	598	299	133	135	115
嘉兴市	Jiaxing City			345	14	7	2
湖州市	Huzhou City	309	369	270	5		
绍兴市	Shaoxing City	423	569	134	2	3	2
舟山市	Zhoushan City	109	162	985	1560	1583	1533
台州市	Taizhou City	418	527	280	138	53	63
珠江三角洲经济区	**The Pearl River Delta**						
广州市	Guangzhou City			711	190	172	137
深圳市	Shenzhen City			185	159	157	139
珠海市	Zhuhai City			78	498	410	369
佛山市	Foshan City			39	75	92	78
江门市	Jiangmen City			127	109	123	185
东莞市	Dongguan City	179	210	30	17	19	22
中山市	Zhongshan City			64	82	100	93
惠州市区	Huizhou Urban District				1	1	
惠阳市	Huiyang City				7	16	
惠东县	Huidong County						
博罗县	Boluo County						
肇庆市区	Zhaoqing Urban District			493	376	343	
高要市	Gaoyao City						
四会市	Sihui City						

9-1 续表4 continued

单位：万人 (10 000 persons)

地区	Area	民用航空 Civil Aviation					
		1978	1980	1990	2000	2002	2003
长江三角洲经济区	**Yangtze River Delta**						
上海市	Shanghai City	21	31	199	892	1236	1241
南京市	Nanjing City	3		38	244	317	323
苏州市	Suzhou City						
无锡市	Wuxi City				1	1	
常州市	Changzhou City			3	19	15	16
镇江市	Zhenjiang City						
南通市	Nantong City				9	7	6
扬州市	Yangzhou City						
泰州市	Taizhou City						
杭州市	Hangzhou City	3	5	22	124	194	215
宁波市	Ningbo City			6	60	64	65
嘉兴市	Jiaxing City						
湖州市	Huzhou City						
绍兴市	Shaoxing City						
舟山市	Zhoushan City				18	30	26
台州市	Taizhou City			2	12	7	7
珠江三角洲经济区	**The Pearl River Delta**						
广州市	Guangzhou City			443	458	631	490
深圳市	Shenzhen City				253	432	541
珠海市	Zhuhai City				58	77	61
佛山市	Foshan City			2	5	4	
江门市	Jiangmen City						
东莞市	Dongguan City						
中山市	Zhongshan City						
惠州市区	Huizhou Urban District				3	1	
惠阳市	Huiyang City						
惠东县	Huidong County						
博罗县	Boluo County						
肇庆市区	Zhaoqing Urban District						
高要市	Gaoyao City						
四会市	Sihui City						

9-2 旅客周转量(2003年)

Passenger-Kilometers(2003)

单位：万人公里 (10 000 person-km)

地区	Area	旅客周转量总计 Total	铁路 Railways	公路 Highways	水运 Waterways	民用航空 Civil Aviation
长江三角洲经济区	**Yangtze River Delta**					
上海市	Shanghai City	3536200	381000	580000	46500	2528800
南京市	Nanjing City	1979303	363175	1426279		189849
苏州市	Suzhou City			1515701	2425	
无锡市	Wuxi City	687956		687462	494	
常州市	Changzhou City	479180		479180		
镇江市	Zhenjiang City	253560		253218	342	
南通市	Nantong City	722722		722438	284	
扬州市	Yangzhou City	434017		433649	368	
泰州市	Taizhou City	252924		252924		
杭州市	Hangzhou City	964221		960745	3476	
宁波市	Ningbo City	921901		919900	2001	
嘉兴市	Jiaxing City	311708		311543	165	
湖州市	Huzhou City	281676		281676		
绍兴市	Shaoxing City	432626		432598	28	
舟山市	Zhoushan City	148085		104016	44069	
台州市	Taizhou City	720919		718980	1939	
珠江三角洲经济区	**The Pearl River Delta**					
广州市	Guangzhou City	4109821	2281594	1280574	9687	933972
深圳市	Shenzhen City	1451500	217100	533100	7600	693700
珠海市	Zhuhai City	312997		201094	25903	86000
佛山市	Foshan City	358985	2667	346154	10164	
江门市	Jiangmen City	483573		461298	22275	
东莞市	Dongguan City	1126964		1125098	1866	
中山市	Zhongshan City	396130		387388	8742	
惠州市区	Huizhou Urban District	133953	50372	83581		
惠阳市	Huiyang City	18021		18021		
惠东县	Huidong County	39056		39055		
博罗县	Boluo County	43828		43828		
肇庆市区	Zhaoqing Urban District	110517	7611	98126	4780	
高要市	Gaoyao City	55164		52132	3032	
四会市	Sihui City	55026		55026		

9-3 货运量
Freight Traffic

单位：万吨 (10 000 tons)

地区	Area	货运量总计 Total					
		1978	1980	1990	2000	2002	2003
长江三角洲经济区	**Yangtze River Delta**						
上海市	Shanghai City	19645	20037	26777	52206	58901	63861
南京市	Nanjing City	3654	4966	8035	12699	16275	15147
苏州市	Suzhou City	1596	1668	1190	7974	7388	7520
无锡市	Wuxi City	1321	1409	4554	7443	7493	7097
常州市	Changzhou City	1527	941	4375	4696	5140	5437
镇江市	Zhenjiang City	1170	1207	3631	4100	4385	4654
南通市	Nantong City	1163	1188	2949	6678	7073	7293
扬州市	Yangzhou City	875	1104	1985	4686	4933	5223
泰州市	Taizhou City	506	580	1997	3264	5387	4093
杭州市	Hangzhou City	1706	2070	6522	11459	14347	16815
宁波市	Ningbo City	1385	1562	4763	10819	12431	13919
嘉兴市	Jiaxing City	640		2339	6024	6624	7343
湖州市	Huzhou City	990	1644	3347	6772	9481	10978
绍兴市	Shaoxing City	198		1461	5670	6192	8032
舟山市	Zhoushan City	214	243	964	2947	3265	3777
台州市	Taizhou City	332	441	2113	5000	6719	7923
珠江三角洲经济区	**The Pearl River Delta**						
广州市	Guangzhou City			17842	24585	25434	29296
深圳市	Shenzhen City			1349	4697	5878	6761
珠海市	Zhuhai City		113	1754	3725	4140	4230
佛山市	Foshan City			3902	9642	12444	14382
江门市	Jiangmen City	863	713	1529	3259	4075	4307
东莞市	Dongguan City	394	349	2701	5431	5857	5877
中山市	Zhongshan City	355	353	1250	3132	3956	4331
惠州市区	Huizhou Urban District				1273	1404	1437
惠阳市	Huiyang City				1364	1637	1097
惠东县	Huidong County				496	386	373
博罗县	Boluo County				716	887	1005
肇庆市区	Zhaoqing Urban District			6652	4802	5760	5946
高要市	Gaoyao City						
四会市	Sihui City						

9–3 续表 1 continued

单位：万吨 (10 000 tons)

地区	Area	铁路 Railways					
		1978	1980	1990	2000	2002	2003
长江三角洲经济区	**Yangtze River Delta**						
上海市	Shanghai City	4329	4484	5186	5307	5836	6400
南京市	Nanjing City	858		941	829	817	872
苏州市	Suzhou City	87	93	116	159	164	166
无锡市	Wuxi City	74	98	122	178	183	178
常州市	Changzhou City	57	51	126	223	246	254
镇江市	Zhenjiang City	226	215	326	383	437	472
南通市	Nantong City						
扬州市	Yangzhou City						
泰州市	Taizhou City						
杭州市	Hangzhou City	418	444	449	417	446	438
宁波市	Ningbo City	45	167	355	682	980	1158
嘉兴市	Jiaxing City			54	72	69	72
湖州市	Huzhou City	111	107	205	231	212	214
绍兴市	Shaoxing City			226	110	113	138
舟山市	Zhoushan City						
台州市	Taizhou City						
珠江三角洲经济区	**The Pearl River Delta**						
广州市	Guangzhou City			1898	2018	1658	4852
深圳市	Shenzhen City			147	281	273	316
珠海市	Zhuhai City						
佛山市	Foshan City			64	171	98	79
江门市	Jiangmen City						
东莞市	Dongguan City						
中山市	Zhongshan City						
惠州市区	Huizhou Urban District				70	229	226
惠阳市	Huiyang City						
惠东县	Huidong County						
博罗县	Boluo County						
肇庆市区	Zhaoqing Urban District				86	92	87
高要市	Gaoyao City						
四会市	Sihui City						

9-3 续表 2 continued

单位：万吨 (10 000 tons)

地区	Area	公路 Highways					
		1978	1980	1990	2000	2002	2003
长江三角洲经济区	**Yangtze River Delta**						
上海市	Shanghai City	7184	7284	8714	28369	29759	30678
南京市	Nanjing City	1041		3756	7590	9255	9266
苏州市	Suzhou City	226	228	746	4567	5010	5389
无锡市	Wuxi City	174	180	2057	5932	6057	5891
常州市	Changzhou City	473	621	2943	3335	3783	4040
镇江市	Zhenjiang City	541	573	2828	3343	3632	3856
南通市	Nantong City				5314	5728	5885
扬州市	Yangzhou City	320		1112	3516	3740	3977
泰州市	Taizhou City	154		549	1631	1794	2029
杭州市	Hangzhou City	633	762	4479	7865	10391	12118
宁波市	Ningbo City	625	709	3800	8219	8630	9070
嘉兴市	Jiaxing City	63		551	2072	2063	2317
湖州市	Huzhou City	123	170	1587	3329	3734	4219
绍兴市	Shaoxing City	198	206	1235	5560	6079	6766
舟山市	Zhoushan City	62	62	466	1268	1323	1339
台州市	Taizhou City	136	122	1281	3659	4616	5193
珠江三角洲经济区	**The Pearl River Delta**						
广州市	Guangzhou City			7799	12549	14122	14693
深圳市	Shenzhen City			1055	3825	4819	5433
珠海市	Zhuhai City			664	1734	1951	2033
佛山市	Foshan City			2213	6789	8876	10977
江门市	Jiangmen City			641	1838	2366	2043
东莞市	Dongguan City	73	51	1171	3440	4015	4046
中山市	Zhongshan City			544	2160	2934	3220
惠州市区	Huizhou Urban District				1173	1157	1161
惠阳市	Huiyang City				618	929	385
惠东县	Huidong County				408	365	348
博罗县	Boluo County				562	642	749
肇庆市区	Zhaoqing Urban District			5517	3651	4439	4652
高要市	Gaoyao City						
四会市	Sihui City						

9–3 续表 3 continued

单位：万吨 (10 000 tons)

地区	Area	水运 Waterways					
		1978	1980	1990	2000	2002	2003
长江三角洲经济区	**Yangtze River Delta**						
上海市	Shanghai City	8131	8267	12864	18442	23174	26621
南京市	Nanjing City	1755		3337	4275	4122	4657
苏州市	Suzhou City	1283	1349	2465	3248	3340	1965
无锡市	Wuxi City	1073	1131	2375	1333	1253	1028
常州市	Changzhou City	1097	1167	1306	1137	1111	1143
镇江市	Zhenjiang City	403	419	477	374	316	326
南通市	Nantong City				1364	1345	1408
扬州市	Yangzhou City	555		873	1170	1193	1246
泰州市	Taizhou City	352		1448	1633	3593	2064
杭州市	Hangzhou City	655	864	1594	3173	3504	4253
宁波市	Ningbo City	715	686	608	1829	2716	3568
嘉兴市	Jiaxing City	577		1673	3886	4492	4954
湖州市	Huzhou City	756	918	1555	3212	5535	6545
绍兴市	Shaoxing City	538	638	1282	910	1055	1128
舟山市	Zhoushan City	152	181	498	1679	1942	2438
台州市	Taizhou City	246	309	832	1341	2103	2730
珠江三角洲经济区	**The Pearl River Delta**						
广州市	Guangzhou City			7614	9569	9201	9292
深圳市	Shenzhen City			147	586	778	1003
珠海市	Zhuhai City		113	1055	1990	2188	369
佛山市	Foshan City			1625	2682	3470	3326
江门市	Jiangmen City			889	1421	1709	2264
东莞市	Dongguan City	321	298	1130	1991	1842	1831
中山市	Zhongshan City			706	972	1022	1111
惠州市区	Huizhou Urban District				30	18	50
惠阳市	Huiyang City				66	26	22
惠东县	Huidong County				88	21	25
博罗县	Boluo County				154	245	256
肇庆市区	Zhaoqing Urban District			1135	1065	1229	1207
高要市	Gaoyao City						
四会市	Sihui City						

9-3 续表 4　continued

单位：万吨　　　　(10 000 tons)

地区	Area	民用航空 Civil Aviation					
		1978	1980	1990	2000	2002	2003
长江三角洲经济区	**Yangtze River Delta**						
上海市	Shanghai City	1.00	2.00	13.00	88.00	132.00	162.00
南京市	Nanjing City	0.13		0.60	5.38	6.80	9.68
苏州市	Suzhou City						
无锡市	Wuxi City						
常州市	Changzhou City			0.06	0.60	0.30	0.30
镇江市	Zhenjiang City						
南通市	Nantong City				0.18	0.13	0.11
扬州市	Yangzhou City						
泰州市	Taizhou City						
杭州市	Hangzhou City				4.00	6.00	6.00
宁波市	Ningbo City			0.08	1.10	2.53	1.38
嘉兴市	Jiaxing City						
湖州市	Huzhou City						
绍兴市	Shaoxing City						
舟山市	Zhoushan City				0.24	0.26	
台州市	Taizhou City						
珠江三角洲经济区	**The Pearl River Delta**						
广州市	Guangzhou City			8.00	20.00	24.00	22.00
深圳市	Shenzhen City				5.00	8.00	9.38
珠海市	Zhuhai City				1.00	1.00	2.00
佛山市	Foshan City						
江门市	Jiangmen City						
东莞市	Dongguan City						
中山市	Zhongshan City						
惠州市区	Huizhou Urban District					0.05	
惠阳市	Huiyang City						
惠东县	Huidong County						
博罗县	Boluo County						
肇庆市区	Zhaoqing Urban District						
高要市	Gaoyao City						
四会市	Sihui City						

9-4 货物周转量(2003年)
Freight Ton-Kilometers(2003)

单位：万吨公里 (10 000 ton-km)

地区	Area	货物周转量总计 Total	铁路 Railways	公路 Highways	水运 Waterways	民用航空 Civil Aviation
长江三角洲经济区	**Yangtze River Delta**					
上海市	Shanghai City	85870000	1180000	690000	83850000	150000
南京市	Nanjing City	6684327	1106145	546818	5018222	4128
苏州市	Suzhou City			334060	120829	
无锡市	Wuxi City	361638		213113	148525	
常州市	Changzhou City	291913		164781	127132	
镇江市	Zhenjiang City	257680		180336	77344	
南通市	Nantong City	516880		338180	178700	
扬州市	Yangzhou City	563216		238098	325118	
泰州市	Taizhou City	548947		155144	393803	
杭州市	Hangzhou City	924633		506314	418319	
宁波市	Ningbo City	4559749		553005	4002654	
嘉兴市	Jiaxing City	693060		138015	555045	
湖州市	Huzhou City	281676		281676		
绍兴市	Shaoxing City	332862		233961	98901	
舟山市	Zhoushan City	1964420		32246	1932174	
台州市	Taizhou City	2936720		453989	2482731	
珠江三角洲经济区	**The Pearl River Delta**					
广州市	Guangzhou City	25080338	2284834	1085991	21624174	83461
深圳市	Shenzhen City	3702400	21700	368600	3298000	14100
珠海市	Zhuhai City	221500		147154	72570	1776
佛山市	Foshan City	1426953	2007	484492	940454	
江门市	Jiangmen City	447356		160313	287043	
东莞市	Dongguan City	422822		268998	153824	
中山市	Zhongshan City	289127		193244	95883	
惠州市区	Huizhou Urban District	163407	64862	91558	6987	
惠阳市	Huiyang City	146143		26233	2610	
惠东县	Huidong County	28598		26448	2150	
博罗县	Boluo County	81395		54677	26718	
肇庆市区	Zhaoqing Urban District	93316	15016	53180	25120	
高要市	Gaoyao City	51151		35540	15611	
四会市	Sihui City	75360		60355	15005	

9-5 公路、内河航道、码头情况(2003年)

Basic Conditions of Highways, Inland Waterways and Berths(2003)

单位：公里 (km)

地区	Area	公路通车里程 Length of Highways	# 一级公路 First Class Highways	# 二级公路 Second Class Highways	# 高速公路 Express-way	内河通航里程 Length of Navigable Inland Waterways	码头泊位个数(个) Number of Berths (unit)
长江三角洲经济区	**Yangtze River Delta**						
上海市	Shanghai City	6484			240	2066	1202
南京市	Nanjing City	7810	280	746	261		146
苏州市	Suzhou City	5726	497	1600	161	2829	79
无锡市	Wuxi City	3797	149	1159	139	1561	838
常州市	Changzhou City	5404	297	532	60	1247	577
镇江市	Zhenjiang City	4861	198	593	81	597	161
南通市	Nantong City	7102	183	933	38	3516	97
扬州市	Yangzhou City	5796	101	622	195	2156	260
泰州市	Taizhou City	3157	281	581	199	1745	782
杭州市	Hangzhou City	6693	442	767	190	2005	1358
宁波市	Ningbo City	5519	460	616	184	1207	209
嘉兴市	Jiaxing City	2006	291	258	150	1936	2450
湖州市	Huzhou City	2815	241	272	86	1167	1564
绍兴市	Shaoxing City	4167	95	663	205	1085	308
舟山市	Zhoushan City	963	49	131			356
台州市	Taizhou City	4060	141	981	128	986	122
珠江三角洲经济区	**The Pearl River Delta**						
广州市	Guangzhou City	5450	503	771	312	1245	1235
深圳市	Shenzhen City	1586	618	280	213		130
珠海市	Zhuhai City	1041	306	51	4	676	101
佛山市	Foshan City	3912	846	508	84	807	373
江门市	Jiangmen City	6412	591	679	303		
东莞市	Dongguan City	2688	967	702	105	716	
中山市	Zhongshan City	1067	161	401	41		
惠州市区	Huizhou Urban District	1139	90	155	67	29	29
惠阳市	Huiyang City	846	102	143	42		10
惠东县	Huidong County	1958	23	107	61		13
博罗县	Boluo County	1790	9	252	108	121	35
肇庆市区	Zhaoqing Urban District	673	64	45	48	61	28
高要市	Gaoyao City	14[illegible]7	33	175		71	27
四会市	Sihui City	941	64	110		49	11

9-6 港口货物吞吐量

Volume of Freight Handled

单位：万吨 (10 000 tons)

地区	Area	1990	1995	2000	2001	2002	2003
长江三角洲经济区	**Yangtze River Delta**						
上海市	Shanghai City	13959	16567	20440	22099	26384	31621
南京市	Nanjing City	4390	5258	6850	5963	6398	8564
苏州市	Suzhou City	1821	2132	8028	8064	9308	10329
无锡市	Wuxi City	1315	1208	1408	1684	2017	2890
常州市	Changzhou City	597	553	1711	1819	1945	2672
镇江市	Zhenjiang City	1669	1971	2996	2949	3247	3691
南通市	Nantong City	1043	1610	2748	3511	3746	7918
扬州市	Yangzhou City	378	469	1429	1506	1611	1769
泰州市	Taizhou City			662	742	841	2090
杭州市	Hangzhou City			3649	3767	4594	6402
宁波市	Ningbo City	2554	6853	11547	12852	15398	18543
嘉兴市	Jiaxing City			5604	6314	7094	7816
湖州市	Huzhou City		2061	3388	3905	5460	5949
绍兴市	Shaoxing City		334	435	495	555	566
舟山市	Zhoushan City	281	1005	3189	3281	4068	5722
台州市	Taizhou City	507	893	1271	1397	1614	2150
珠江三角洲经济区	**The Pearl River Delta**						
广州市	Guangzhou City	5099	8340	12455	13539	16772	19200
深圳市	Shenzhen City	1105	3080	5697	6643	8767	11220
珠海市	Zhuhai City	269	500	1770	1998	2340	2470
佛山市	Foshan City	675	1058	2033	2329	2990	3077
江门市	Jiangmen City	615	766	879	1072	1942	1960
东莞市	Dongguan City	233	2011	746	883	1611	2352
中山市	Zhongshan City	300	357	635	677	850	1478
惠州市区	Huizhou Urban District	39	201	825	834	956	14
惠阳市	Huiyang City						1022
惠东县	Huidong County						28
博罗县	Boluo County						34
肇庆市区	Zhaoqing Urban District			101	128	147	131
高要市	Gaoyao City			26	38	46	51
四会市	Sihui City			62	64	70	76

9-7 港口国际标准集装箱吞吐量

Volume of International Standard Containers Handled

单位：标准集装箱 TEU

地区	Area	2000	2001	2002	2003
长江三角洲经济区	**Yangtze River Delta**				
上海市	Shanghai City	5612000	6340000	8612000	11282500
南京市	Nanjing City	44486	221436	250222	404517
苏州市	Suzhou City	197000	232000	291100	346308
无锡市	Wuxi City	12733	12182	24513	32862
常州市	Changzhou City	11441	14173	20011	28120
镇江市	Zhenjiang City				
南通市	Nantong City	182441	183546	205097	246588
扬州市	Yangzhou City	61286	80917	99011	135895
泰州市	Taizhou City				
杭州市	Hangzhou City	1775	3012	2685	3833
宁波市	Ningbo City	22000	1213000	1859000	2772214
嘉兴市	Jiaxing City			4959	8525
湖州市	Huzhou City				
绍兴市	Shaoxing City				
舟山市	Zhoushan City	19658	23961	26631	33554
台州市	Taizhou City	23454	33578	34704	44289
珠江三角洲经济区	**The Pearl River Delta**				
广州市	Guangzhou City	921654	1545663	1635300	1755538
深圳市	Shenzhen City	3993600	5076400	7617801	10651600
珠海市	Zhuhai City				
佛山市	Foshan City				1304000
江门市	Jiangmen City				
东莞市	Dongguan City				
中山市	Zhongshan City	505757	552473	642297	754733
惠州市区	Huizhou Urban District				
惠阳市	Huiyang City				181763
惠东县	Huidong County				70000
博罗县	Boluo County				12838
肇庆市区	Zhaoqing Urban District				
高要市	Gaoyao City				
四会市	Sihui City				

9-8 民用车辆拥有量
Number of Civil Vehicles Owned

单位：辆 (unit)

地区	Area	总计 Total			#汽 车 Vehicles		
		2000	2002	2003	2000	2002	2003
长江三角洲经济区	**Yangtze River Delta**						
上海市	Shanghai City	1042900	1390300	1737600	491900	623000	719000
南京市	Nanjing City		429806		109289	150735	196597
苏州市	Suzhou City	887513	1014062	1136938	125918	209941	285989
无锡市	Wuxi City	739276	843314	899277	89117	145297	189608
常州市	Changzhou City	438027	556641	590466	57600	78391	101916
镇江市	Zhenjiang City	27453	328738	359227	34712	44734	58332
南通市	Nantong City		974851	1054341	57146	74878	85833
扬州市	Yangzhou City	765460	1023251	124368	29552	45319	55312
泰州市	Taizhou City				28872	39322	49538
杭州市	Hangzhou City	427104	654719	821338	162831	250018	323360
宁波市	Ningbo City		452452	538797		136796	182480
嘉兴市	Jiaxing City	264479	463821	610162	43595	63567	88812
湖州市	Huzhou City	160374	336948	440841	27866	41183	57739
绍兴市	Shaoxing City	239664	359974	119558 ①	57646	80426	107465
舟山市	Zhoushan City	32702	63233	70666	9436	11121	12934
台州市	Taizhou City	359374	517932	644644	52390	98863	136432
珠江三角洲经济区	**The Pearl River Delta**						
广州市	Guangzhou City	1350390	1584382	1705457	395773	487556	577241
深圳市	Shenzhen City	53885	506637	578336	299508	453050	532690
珠海市	Zhuhai City	86331	136030	132265	55204	70520	69860
佛山市	Foshan City	1359046	1405989	1505176	216870	254762	313836
江门市	Jiangmen City	655107	862849	986043	82139	98224	112002
东莞市	Dongguan City	637863	863810		153684	220134	255603
中山市	Zhongshan City	425162	463048	472062	78926	111462	124359
惠州市区	Huizhou Urban District	305074	422783		56419	76960	
惠阳市	Huiyang City						
惠东县	Huidong County						
博罗县	Boluo County						
肇庆市区	Zhaoqing Urban District		149675	178626		18404	22974
高要市	Gaoyao City		117379	134827		9311	11480
四会市	Sihui City		58836	64286		6650	7469

9-8 续表 continued

单位：辆 (unit)

地区	Area	# 摩托车 Motorcycles			# 拖拉机(台) Tractors		
		2000	2002	2003	2000	2002	2003
长江三角洲经济区	**Yangtze River Delta**						
上海市	Shanghai City	537700	740900	984600	4500	8000	7300
南京市	Nanjing City	182061	249337		13852	446	
苏州市	Suzhou City	725523	789696	846391	30235	5793	-
无锡市	Wuxi City	631365	686288	703491	13850	6951	24992
常州市	Changzhou City	349876	443669	449973	30551	34581	38577
镇江市	Zhenjiang City	216270	264601	285270	12255	2474	2474
南通市	Nantong City		862935	962842		31054	
扬州市	Yangzhou City	422192	585169	414323	58718	56611	5423
泰州市	Taizhou City		276763			106	
杭州市	Hangzhou City	223630	370987	466742	31131	26773	25160
宁波市	Ningbo City		430857	495621		16544	17211
嘉兴市	Jiaxing City	209650	387174	504605	11234	13080	14602
湖州市	Huzhou City	124725	286653	374415	7783	9112	8687
绍兴市	Shaoxing City	209650	387174		11234	13080	
舟山市	Zhoushan City	19732	48472	53576	3534	3640	3665
台州市	Taizhou City	267219	391797	477445	35823	23233	26785
珠江三角洲经济区	**The Pearl River Delta**						
广州市	Guangzhou City	946632	1088511	1119578	4016	40	41
深圳市	Shenzhen City	54168	53423	43989			
珠海市	Zhuhai City	29517	63884	59102	1606	1505	1505
佛山市	Foshan City	1126210	1144880	1184297	15228	24	24
江门市	Jiangmen City	560431	751086	861213	12042	140	138
东莞市	Dongguan City	482636	642034	692562	1534	1627	248
中山市	Zhongshan City	342825	349785	346760	1575		
惠州市区	Huizhou Urban District	237466	344630		11189		
惠阳市	Huiyang City						
惠东县	Huidong County						
博罗县	Boluo County						
肇庆市区	Zhaoqing Urban District	289220	411255	155304	12199	438	348
高要市	Gaoyao City			119650			3697
四会市	Sihui City			55281			1536

注：①不包括摩托车数。

Note: ① Not including motorcycle.

9-9 私人车辆拥有量
Number of Private-owned Vehicles

单位：辆 (unit)

地区	Area	总计 Total			# 汽 车 Vehicles		
		2000	2002	2003	2000	2002	2003
长江三角洲经济区	**Yangtze River Delta**						
上海市	Shanghai City		850500	1170300		146800	224400
南京市	Nanjing City		324795		27413	56609	88234
苏州市	Suzhou City				44996	104068	158355
无锡市	Wuxi City	663522	732262	799780	19551	45976	71297
常州市	Changzhou City	461948 ①	506437	541670	13801	29058	44223
镇江市	Zhenjiang City				7752	15098	23426
南通市	Nantong City				9782	24410	35090
扬州市	Yangzhou City				5580	13652	22694
泰州市	Taizhou City				6182	9243	14360
杭州市	Hangzhou City	285563	484264	626125	42349	106683	161903
宁波市	Ningbo City		474033	571998		43176	76377
嘉兴市	Jiaxing City	29466	415010	541449	13007	29870	42193
湖州市	Huzhou City	132592	301589	404516	8204	15237	30391
绍兴市	Shaoxing City	141797	275453		8536	25476	
舟山市	Zhoushan City	27654	44842	59163	2473	4815	5587
台州市	Taizhou City	301116	460242	579281	33897	68445	101836
珠江三角洲经济区	**The Pearl River Delta**						
广州市	Guangzhou City	1108488	1335215	1434079	207668	287696	354151
深圳市	Shenzhen City	141473	245439	315801	102871	207129	283919
珠海市	Zhuhai City	40129	83098	85441	16969	26181	31353
佛山市	Foshan City	1246587	1327797	1421457	141869	197206	248077
江门市	Jiangmen City	602460	806473	929488	40722	60618	73940
东莞市	Dongguan City	517537	703129	787187	91205	128692	162564
中山市	Zhongshan City	384389	410614	424918	47939	69051	83417
惠州市区	Huizhou Urban District	256660	383463		28705	42322	
惠阳市	Huiyang City						
惠东县	Huidong County						
博罗县	Boluo County						
肇庆市区	Zhaoqing Urban District	310424	443788		14526	24745	
高要市	Gaoyao City						
四会市	Sihui City						

9–9 续表 continued

单位：辆 (unit)

地区	Area	# 摩托车 Motorcycles		
		2000	2002	2003
长江三角洲经济区	**Yangtze River Delta**			
上海市	Shanghai City	497399	700700	942900
南京市	Nanjing City	177471 ①	249337	
苏州市	Suzhou City			
无锡市	Wuxi City	625399	675102	703491
常州市	Changzhou City	406998 ①	440429	447705
镇江市	Zhenjiang City	216270	264601	285270
南通市	Nantong City	812627 ①		
扬州市	Yangzhou City	231530	239240	376840
泰州市	Taizhou City			
杭州市	Hangzhou City	227967	376434	461468
宁波市	Ningbo City		430857	495621
嘉兴市	Jiaxing City	16459	385140	498227
湖州市	Huzhou City	124388	286352	374125
绍兴市	Shaoxing City	133261	249977	
舟山市	Zhoushan City	25181	40027	53576
台州市	Taizhou City	267219	391797	477445
珠江三角洲经济区	**The Pearl River Delta**			
广州市	Guangzhou City	900820	1044040	1076316
深圳市	Shenzhen City	54168	53423	31882
珠海市	Zhuhai City	23092	56836	54006
佛山市	Foshan City	1095589	1128878	1171467
江门市	Jiangmen City	549746	734075	844122
东莞市	Dongguan City	426215	574302	624586
中山市	Zhongshan City	336268	341314	340529
惠州市区	Huizhou Urban District	216610	340063	
惠阳市	Huiyang City			
惠东县	Huidong County			
博罗县	Boluo County			
肇庆市区	Zhaoqing Urban District		130945	155304
高要市	Gaoyao City		104405	119650
四会市	Sihui City		50642	55281

注：为2001年数。

Note: ① Data refer to 2001.

9-10 全社会运输船舶拥有量

Number of Vessels Owned

地区	Area	机动船 Motor Vessels			
		艘数（艘） Number(unit)		净载重量(吨) Dead Weight Tonage(ton)	
		2002	2003	2002	2003
长江三角洲经济区	**Yangtze River Delta**				
上海市	Shanghai City	965	968	10851200	
南京市	Nanjing City	2133	2006	2365770	1082459
苏州市	Suzhou City	4269	2913	121826	114533
无锡市	Wuxi City	3314	3018	207922	319797
常州市	Changzhou City	1768	1490	152638	163623
镇江市	Zhenjiang City	984	802	99746	68528
南通市	Nantong City	1274	3005	299017	385321
扬州市	Yangzhou City	2946	2979	422077	440848
泰州市	Taizhou City	9253	7294	514414	855888
杭州市	Hangzhou City	4057	4358	418921	533204
宁波市	Ningbo City	625	567	897470	1100767
嘉兴市	Jiaxing City	11797	9158	665313	701995
湖州市	Huzhou City	7464	7092	709282	770265
绍兴市	Shaoxing City	3493	2687	128339	140683
舟山市	Zhoushan City	1054	1144	787733	1003931
台州市	Taizhou City	2481	2281	652575	780320
珠江三角洲经济区	**The Pearl River Delta**				
广州市	Guangzhou City	5646	5431	2958798	3180994
深圳市	Shenzhen City	87	101	277420	986269
珠海市	Zhuhai City	568	601	170963	267345
佛山市	Foshan City	1318	1317	376625	423003
江门市	Jiangmen City	1268	839	186622	176853
东莞市	Dongguan City	483	392	122805	77997
中山市	Zhongshan City	2941	3119	199762	248740
惠州市区	Huizhou Urban District	98	174	4953	26324
惠阳市	Huiyang City	62	33	6511	2643
惠东县	Huidong County	113	79	10403	19007
博罗县	Boluo County	232	319	21164	67723
肇庆市区	Zhaoqing Urban District	168	161	36115	35741
高要市	Gaoyao City	62	102	3962	6155
四会市	Sihui City	167	190	18898	11089

9-10 续表1 continued

地区	Area	机动船 Motor Vessels			
		载客量（客位） Passenger Capacity (seat)		拖船功率(千瓦) Drawing Power (kw)	
		2002	2003	2002	2003
长江三角洲经济区	**Yangtze River Delta**				
上海市	Shanghai City	18684	19985	139600	132200
南京市	Nanjing City		12512	88993	6825
苏州市	Suzhou City	3539	4640	5943	10837
无锡市	Wuxi City	5589	4824	111166	111154
常州市	Changzhou City	2242	2185	3983	73814
镇江市	Zhenjiang City	6208	5658	6000	11700
南通市	Nantong City	3058	1763	6330	13252
扬州市	Yangzhou City	3738	3303	9982	10082
泰州市	Taizhou City	1010	1360	10501	10066
杭州市	Hangzhou City	14312	15621	12717	11500
宁波市	Ningbo City	6977	6176	747	747
嘉兴市	Jiaxing City	704	927	53766	8960
湖州市	Huzhou City			11312	13474
绍兴市	Shaoxing City	962	1513	1719	1652
舟山市	Zhoushan City	26684	28414	452709	528701
台州市	Taizhou City	1545	2224		
珠江三角洲经济区	**The Pearl River Delta**				
广州市	Guangzhou City	36110	23592	11496	15280
深圳市	Shenzhen City	3368	2934	19353	
珠海市	Zhuhai City	6053	9089	26068	20587
佛山市	Foshan City	2391	2386	1835	2644
江门市	Jiangmen City	8017	6588	176	
东莞市	Dongguan City	928	604		
中山市	Zhongshan City	2865	1423	2266	2266
惠州市区	Huizhou Urban District	480	240		
惠阳市	Huiyang City	368			
惠东县	Huidong County				
博罗县	Boluo County				
肇庆市区	Zhaoqing Urban District	13076		1936	
高要市	Gaoyao City				
四会市	Sihui City				

9-10 续表 2 continued

地区	Area	驳船 Barges					
		艘数（艘） Number (unit)		净载重量(吨) Dead Weight Tonage (ton)		载客量（客位） Passenger Capacity(seat)	
		2002	2003	2002	2003	2002	2003
长江三角洲经济区	**Yangtze River Delta**						
上海市	Shanghai City	303	333	241700	247500		
南京市	Nanjing City	542		683200			
苏州市	Suzhou City	343	405	22514	35481	682	214
无锡市	Wuxi City	584	708	47775	63617		
常州市	Changzhou City	348	301	40685	36252		
镇江市	Zhenjiang City	189	206	45778	84300		
南通市	Nantong City	602	770	61632	81940		
扬州市	Yangzhou City	742	746	133509	139709	435	413
泰州市	Taizhou City	793	605	88445	79534		
杭州市	Hangzhou City	772	641	77512	65397	381	253
宁波市	Ningbo City	6	5	5090	4090		
嘉兴市	Jiaxing City	847	819	75669	70204	404	304
湖州市	Huzhou City	995	1197	86895	108595		
绍兴市	Shaoxing City	196	190	9838	9808		
舟山市	Zhoushan City	4		6600			
台州市	Taizhou City						
珠江三角洲经济区	**The Pearl River Delta**						
广州市	Guangzhou City	219	276	46308	57600	127	164
深圳市	Shenzhen City	61	63	271069	984275	3368	2934
珠海市	Zhuhai City	20	19	14516	5328		
佛山市	Foshan City	9	12	4101	4381		
江门市	Jiangmen City	1				176	
东莞市	Dongguan City						
中山市	Zhongshan City	17	15	6483			
惠州市区	Huizhou Urban District						
惠阳市	Huiyang City	1		65			
惠东县	Huidong County						
博罗县	Boluo County						
肇庆市区	Zhaoqing Urban District	25		7500			
高要市	Gaoyao City						
四会市	Sihui City						

9-11 邮电业务基本情况

Basic Conditions of Post and Telecommunication Services

地区	Area	年末邮电局所数(处) Number of Post and Telecommunication Offices at Year-end (unit)			邮政业务总量（万元） Business Volume of Post (10 000 yuan)		
		2000	2002	2003	2000	2002	2003
长江三角洲经济区	**Yangtze River Delta**						
上海市	Shanghai City	580	570	575	224000	281000	314700
南京市	Nanjing City	322	297	211		61531	62572
苏州市	Suzhou City	376	389	403	31674	54307	66696
无锡市	Wuxi City	355	326	225	23792	46578	53462
常州市	Changzhou City	248	263	375	22583	26859	29901
镇江市	Zhenjiang City	248	320	136	11149	18786	23763
南通市	Nantong City	531	602	869	20384	38106	42158
扬州市	Yangzhou City	281	285	212	21988	30079	33730
泰州市	Taizhou City	357	360	346	13499	28870	31953
杭州市	Hangzhou City	443	410	329	40200	55818	60735
宁波市	Ningbo City	373	376	379	14900	42733	47171
嘉兴市	Jiaxing City	25[illegible]	239	256	6960	15878	18251
湖州市	Huzhou City	166	155	147	7693	9459	10744
绍兴市	Shaoxing City	183	308	239	15730	19910	22668
舟山市	Zhoushan City	112	109	76	4171	5308	5965
台州市	Taizhou City	408	343	232	9530	22212	24483
珠江三角洲经济区	**The Pearl River Delta**						
广州市	Guangzhou City	821	614	463	101735	130605	112860
深圳市	Shenzhen City	652	703	724		65000	90300
珠海市	Zhuhai City	128	126	129	6900	15700	16800
佛山市	Foshan City	336	319	299	15828	33700	37355
江门市	Jiangmen City	170	186	171	9588	20600	20663
东莞市	Dongguan City	594	696	846		43500	46300
中山市	Zhongshan City	230	281	258	6300	16989	19605
惠州市区	Huizhou Urban District	57	43	60		5400	5228
惠阳市	Huiyang City			89			2948
惠东县	Huidong County			46			1640
博罗县	Boluo County			66			2281
肇庆市区	Zhaoqing Urban District		150	142		3920	4057
高要市	Gaoyao City		87	82		1299	1635
四会市	Sihui City		74	70		1417	1628

9-11 续表1 continued

地区	Area	电信业务总量（万元） Business Volume of Telecommunication Services(10 000 yuan)			本地电话用户数（万户） Number of Subscribers of Local Telephone (10 000 subscribers)		
		2000	2002	2003	2000	2002	2003
长江三角洲经济区	**Yangtze River Delta**						
上海市	Shanghai City	1493000	2077000	2474000	549.00	672.00	734.00
南京市	Nanjing City		353441	397903	131.85	182.63	231.17
苏州市	Suzhou City	410236	528188	650446	169.98	218.75	280.06
无锡市	Wuxi City	305128	353977	409534	116.21	153.03	187.94
常州市	Changzhou City	159949	217664	252038	75.88	106.79	129.95
镇江市	Zhenjiang City	150920	233521	306313	63.56	86.34	103.71
南通市	Nantong City	100273	113698	114064	116.95	164.80	205.04
扬州市	Yangzhou City	147147	154363	169889	91.58	125.58	145.75
泰州市	Taizhou City	163574	345957	399234	82.20	124.70	141.20
杭州市	Hangzhou City	178147	615922	680846	161.19	251.16	312.36
宁波市	Ningbo City		470335	539000	130.15	203.58	242.00
嘉兴市	Jiaxing City	220540	191225	246779	71.49	106.30	122.95
湖州市	Huzhou City	85317	166307	231642	45.13	73.33	82.34
绍兴市	Shaoxing City	170321	279292	259303	96.02	135.15	159.47
舟山市	Zhoushan City	48911	67771	72648	22.68	35.05	41.00
台州市	Taizhou City	352802	378049	330091	100.81	143.66	169.13
珠江三角洲经济区	**The Pearl River Delta**						
广州市	Guangzhou City	1209390	1797732	2048408	260.24	365.07	453.21
深圳市	Shenzhen City		1579200	1890000	173.51	271.18	353.87
珠海市	Zhuhai City	192500	306000	341200	31.00	49.00	60.44
佛山市	Foshan City	631789	748600	851436	107.49	150.28	190.98
江门市	Jiangmen City	128978	314700	134232	76.32	103.66	108.61
东莞市	Dongguan City		355200	407700	78.12	127.93	206.11
中山市	Zhongshan City	119500	305589	308273	44.20	55.89	64.61
惠州市区	Huizhou Urban District		217800		18.06	41.31	25.77
惠阳市	Huiyang City					15.85	25.91
惠东县	Huidong County					13.08	17.41
博罗县	Boluo County					14.57	21.06
肇庆市区	Zhaoqing Urban District		31649	39561	19.28	20.22	27.19
高要市	Gaoyao City			7948	5.86	9.26	11.63
四会市	Sihui City			9977	8.24	10.91	12.90

9-11 续表 2　continued

地区	Area	移动电话用户数(万户) Number of Mobile Telephone Subscribers (10 000 subscribers)			互联网上网人数(万人) Number of Users of Internet Services (10 000 persons)		
		2000	2002	2003	2000	2002	2003
长江三角洲经济区	**Yangtze River Delta**						
上海市	Shanghai City	362.00	912.00	1099.00	88.24	420.00	432.00
南京市	Nanjing City	95.00	190.75	299.59	18.39	68.05	82.46
苏州市	Suzhou City	110.30	274.39	383.65	36.25	56.42	46.19
无锡市	Wuxi City	76.92	192.21	274.79	31.68	47.64	43.14
常州市	Changzhou City	56.68	123.57	160.81	16.56	22.05	21.59
镇江市	Zhenjiang City	33.36	60.77	86.00	13.28	12.91	12.61
南通市	Nantong City	52.23	114.32	168.91	13.03	25.56	23.61
扬州市	Yangzhou City	37.30	88.47	100.00	5.52	18.78	22.20
泰州市	Taizhou City	31.34	66.61	94.10	5.51	5.14	11.31
杭州市	Hangzhou City	99.99	275.95	410.33	11.42	57.92	105.53
宁波市	Ningbo City	117.92	256.86	379.31	7.09	10.43	83.57
嘉兴市	Jiaxing City	49.90	105.25	150.22	3.16	18.15	21.77
湖州市	Huzhou City	33.15	77.21	99.83	3.38	10.90	11.95
绍兴市	Shaoxing City	52.74	104.62	150.29	7.62	24.16	42.17
舟山市	Zhoushan City	17.32	36.23	54.47	1.51	7.08	6.30
台州市	Taizhou City	78.35	157.78	225.02	6.23	27.89	39.03
珠江三角洲经济区	**The Pearl River Delta**						
广州市	Guangzhou City	318.46	745.00	1063.46	82.59	271.71	314.75
深圳市	Shenzhen City	230.91	605.00	803.60	59.77	187.96	233.54
珠海市	Zhuhai City	32.50	101.00	152.65	23.00	20.48	
佛山市	Foshan City	139.00	305.32	460.37	77.02	66.35	
江门市	Jiangmen City	61.83	132.15	222.36	0.53	16.40	23.18
东莞市	Dongguan City	123.68	412.39	660.86	13.78	39.34	46.89
中山市	Zhongshan City	54.03	128.80	196.60	11.30	30.16	29.82
惠州市区	Huizhou Urban District	11.80	40.64	57.64	2.79	20.50	26.41
惠阳市	Huiyang City			46.17			9.23
惠东县	Huidong County			29.76			7.89
博罗县	Boluo County			30.18			5.34
肇庆市区	Zhaoqing Urban District	24.40	58.60	63.80		7.85	9.22
高要市	Gaoyao City	3.11	9.09	10.00	0.45	1.93	
四会市	Sihui City	2.53	6.59	11.40			

主要统计指标解释

公路里程 指在一定时期内实际达到《公路工程[WTBZ]技术标准JTJ01—88》规定的等级公路，并经公路主管部门正式验收交付使用的公路里程数。包括大中城市的郊区公路以及通过小城镇街道部分的公路里程和桥梁、渡口的长度、不包括大中城市的街道、厂矿、林区生产用道和农业生产用道的里程。两条或多条公路共同经由同一路径，只计算一次，不得重复计算公路里程长度。该指标可以反映公路建设的发展规模，也是计算运输网密度等指标的基础资料。

内河航道里程 也称内河通航里程，指在一定时期内，能通航运输船舶及排筏的天然河流、湖泊水库、运河及通航渠道的长度。包括全年季节性通航累计三个月以上的航道，不包括仅供零散流放竹、木排的河道。它是反映内河水运网规模、水平和发展情况的主要指标。

货(客)运量 指在一定时期内，各种运输工具实际运送的货物(旅客)数量。它是反映运输业为国民经济和人民生活服务的数量指标，也是制定和检查运输生产计划、研究运输发展规模和速度的重要指标。货运按吨计算，客运按人计算。货物不论运输距离长短、货物类别，均按实际重量统计。旅客不论行程远近或票价多少，均按一人一次客运量统计；半价票、小孩票也按一人统计。

货物(旅客)周转量 指在一定时期内，由各种运输工具运送的货物(旅客)数量与其相应运输距离的乘积之总和。它是反映运输业生产总成果的重要指标，也是编制和检查运输生产计划，计算运输效率、劳动生产率以及核算运输单位成本的主要基础资料。计算货物周转量通常按发出站与到达站之间的最短距离，也就是计费距离计算。计算公式为：

货物(旅客)周转量 = Σ货物(旅客)运输量×运输距离

沿海主要港口货物吞吐量 指经水运进出沿海主要港区范围，并经过装卸的货物数量，包括邮件及办理托运手续的行李、包裹以及补给运输船舶的燃、物料和淡水。货物吞吐量按货物流向分为进口、出口吞吐量，按货物交流性质分为外贸货物吞吐量和国内贸易货物吞吐量。货物吞吐量的货类构成及其流向，是衡量港口生产能力大小的重要指标。

民用汽车拥有量 指报告期末，在公安交通管理部门按照《机动车注册登记工作规范》，已注册登记领有民用车辆牌照的全部汽车数量。汽车拥有量统计的主要分类：根据汽车结构分为载客汽车、载货汽车及其他汽车；根据汽车所有者不同分为个人(私人)汽车、单位汽车；根据汽车的使用性质分为营运汽车、非营运汽车和特种汽车；根据汽车大小规格不同载客汽车分为大型、中型、小型和微型，载货汽车分为重型、中型、轻型和微型。

邮电业务总量 指以价值量形式表现的邮电通信企业为社会提供各类邮电通信服务的总数量。邮电业务量按专业分类包括函件、包件、汇票、报刊发行、邮政快件、特快专递、邮政储蓄、集邮、公众电报、用户电报、传真、长途电话、出租电路、市话无线寻呼、移动电话、分组交换数据通信、出租代维等。计算方法为各类产品乘以相应的平均单价(不变价)之和，再加上出租电路和设备、代用户维护电话交换机和线路等的服务收入。它综合反映了一定时期邮电业务发展的总成果，是研究邮电业务量构成和发展趋势的重要指标。计算公式为：

邮电业务总量 = Σ(各类邮电业务量×不变单价)+ 出租代维及其他业务收入 = 邮电业务总量+电信业务总量

移动电话用户 指在移动电话营业部门登记，通过移动电话交换机进入移动电话网、占有移动电话号码的电话用户。用户数量以实际办理登记手续进入邮电部门移动电话网的户数进行计算，一部或一台移动电话统计为一户。

本地电话用户 指接入本地电信运营商固定电话网上的电话用户。包括：住宅用户、单位用户、公用电话用户等。按电话用户位置又分为市内电话用户和农村电话用户。1997年以前，“市内电话用户”是指接入县城及县以上城市的电话网上的电话用户；“农村电话用户”是指接入县邮电局农话台及县以下农村电话交换点，以县城为中心(除市话用户外)联通县、乡(镇)、行政村、村民小组的用户。从1997年起，电话用户数分组调整为以用户所在区域划分为“城市电话用户”和“乡村电话用户”，与过去的按市内电话和农村电话划分方法不同。而电话用户总数、电话机总部数统计范围不变。

互联网上网人数 指平均每周使用互联网至少1小时的中国公民人数。

Explanatory Notes on Main Statistical Indicators

Length of Highways refers to the length of highways which are built in conformity with the grades specified by the highway engineering standard formulated by the Ministry cf Communications, and have been formally checked and accepted by the departments of highways and put into use. The length of highways includes that of the suburb highways at large and medium sized cities, highways passing through streets at small cities and towns, and also the length of bridges and ferries. It does not include the length of streets in big and medium-sized cities and highways built for the production purpose at factories, mines, forest areas and agricultural areas. If two or more highways go the same section of the way, the length of the section is only calculated for once and no duplication is allowed. The length of highways is an important indicator to show the development of the highway construction and to provide essential information to calculate the transport network density.

Length of Navigable Inland Waterways it is an indicator reflecting the size and development of inland water network, it refers to the length of the natural rivers, lakes , reservoirs, canals, and ditches open to navigation during a given period, which enables the transport by ships and rafts . It includes the channels open to navigation for over an accumulative 3 months in a year, yet this does not include the river courses, which are only used to float odd logs and bamboo rafts. This indicator can reflect the scale, level and development situation of the inland waterway network.

Freight (Passenger) Traffic refers to the volume of freight (passenger) transported with various means. Freight transport is calculated in tons and passenger traffic is calculated in the number of persons. Despite the type of freight and traveling distance, the freight transport is calculated in t he actual weight of t he goods: and despite the traveling distance and ticket price, the passenger traffic is calculated by the principle that one person can be counted only once in one travel. The passengers who travel with a half price ticket or a child ticket is also calculated as one person. The freight (passenger) traffic provides a quantitative measure to show how the transport industry serves the national economy and people, and is also an important indicator for planning the transport industry and for studying the development scale and speed of the transport industry.

Freight Ton-kilometers (Passenger-kilometers) refer to the sum of the products of the volume of transported cargo (passengers) multiplying by the transport distance. It is an important indicator to reflect the achievement of transportation industry .Normally .the shortest distance between the departure station and the destination station (i.e., the payable distance) is the basis to calculate the freight ton-kilometers. This is an import ant indicator to show the total results of the transport industry, to prepare and examine the transport plan and to measure the efficiency , the labour productivity and the unit cost of transport .

The formula is as follows:

Freight Ton-kilometers (Passenger-kilometers) = Σ {Freight(Passenger) Traffic x Distance of Transportation}

Measuring unit: ton-kilometer (person-kilometer)

Volume of Freight Handled in Major Coastal Ports refers to the volume of cargo passing in and out the harbor area of the major coastal ports and having been loaded and unloaded. The volume includes that of the postal matters, registered luggage and fuels, materials and fresh water as supplies of the ships .The volume of freight handled may be classified by direction of flow as freight for import and freight for export , or by nature of cargo as freight for domestic trade and freight for foreign trade. As an important indicator, the volume of freight handled by type of cargo and by main flow direction reflects the production capacity of ports.

Possession of Civil Motor Vehicles refer to the total numbers of vehicles that are registered and received vehicles' license tags according to the Work Standard for Motor Vehicles Registration formulated by transport management office under department of public security at the end of reference period. They are divided into following categories according to the structure of motor vehicles: passenger vehicles, trucks and others; and private vehicles and vehicles for units use according to ownerships; working vehicles, non-working vehicles and special motor vehicles according to kind of usage; large passenger vehicles, medium passenger vehicles and small passenger vehicles, heavy trucks, light-heavy trucks and light trucks according to sizes of vehicles.

Business Volume of Post and Telecommunications refers to the total amount of post and telecommunication services, expressed in value terms, provided by the post and telecommunications departments for the society. Post and telecommunication services can be classified as letters, parcels, remittance, issue of newspapers and magazines, fast mail service, express mail service, savings deposits, stamps for collection, public and individual telegraph service, facsimiles, long-distance telephone service, leasing of telephone lines, urban paging service, mobile telephone service, data transfer and transmission, etc. The accounting approach is to multiply the service products of all types with their average unit price (constant price) to get sum of business value, plus income from other services such as leasing of telephone lines and equipment , maintenance of telephone switchboards and lines on behalf of customers . This indicator reflects the overall results of post and telecommunications service during a given period, and is important to study the composition of business service and the development of post and telecommunications service.

The formula is as follows:

Business Volume of Pos t and Telecommunications= Σ (Transaction of Post and Telecommunication Service x Constant Price) + Income from Leasing, Maintenance and other Services

Mobile Telephone Subscribers refer to the persons who own mobile telephone numbers and are connected with the mobile telephone communication network through the mobile telephone switchboards, including contracted subscribers and prepaid subscribers for intelligent network. One mobile telephone is taken as a subscriber.

Local Telephone Subscribers refer to subscribers that are connected to the local telecommunication service provider through fix line network, including household subscribers, institutional subscribers and public telephones. They are also classified as city subscribers and rural subscribers according to locations. Before 1997, city subscribers referred to those connected to city telephone networks in county towns and cities, while village subscribers referred to those connected to village telephone stations at and below counties. Since 1997, the classification of telephone subscribers was modified on the basis of physical location of the subscribers as urban telephone subscribers and rural telephone subscribers, which is different from the previous classification of categorizing local telephones and rural telephones, while the definition of total subscribers and total number of telephones remain unchanged.

Internet Users refer to the number of Chinese citizens who use Internet at least for one hour each week.

10-1 社会消费品零售总额
Total Retail Sales of Consumer Goods

单位：亿元 (100 million yuan)

地区	Area	1978	1980	1990	2000	2002	2003
长江三角洲经济区	**Yangtze River Delta**	**145.53**	**225.15**	**982.20**	**5303.60**	**6477.38**	**7186.08**
上海市	Shanghai City	54.10	80.43	333.86	1722.27	2035.21	2220.64
南京市	Nanjing City	12.11	17.84	77.74	419.81	525.17	600.24
苏州市	Suzhou City	9.47	15.67	72.15	348.17	451.62	526.05
无锡市	Wuxi City	7.30	11.89	50.63	351.51	444.29	487.06
常州市	Changzhou City	4.82	7.27	38.19	202.31	248.80	280.65
镇江市	Zhenjiang City	3.63	5.60	23.11	124.46	149.27	168.24
南通市	Nantong City	8.19	13.56	52.45	250.11	297.14	331.28
扬州市	Yangzhou City	6.56	10.27	41.12	152.04	182.76	197.96
泰州市	Taizhou City	5.48	7.59	30.82	133.57	161.19	173.76
杭州市	Hangzhou City	9.36	16.08	77.00	403.95	523.53	587.52
宁波市	Ningbo City	7.07	11.18	54.98	389.29	462.87	521.53
嘉兴市	Jiaxing City	4.45	7.41	33.95	200.33	249.21	279.39
湖州市	Huzhou City	3.27	5.35	21.32	149.18	170.88	182.34
绍兴市	Shaoxing City	3.68	5.96	31.40	215.36	269.27	291.98
舟山市	Zhoushan City	1.92	2.67	12.26	59.48	74.07	75.11
台州市	Taizhou City	4.11	6.38	31.22	181.75	232.10	262.33
珠江三角洲经济区	**Pearl River Delta**				**2792.48**	**3543.53**	**3976.59**
广州市	Guangzhou City	17.63	28.71	147.78	1121.13	1370.68	1494.27
深圳市	Shenzhen City		1.96	66.76	538.17	689.59	801.77
珠海市	Zhuhai City		2.02	21.76	115.20	143.47	159.18
佛山市	Foshan City			57.11	337.55	419.80	473.19
江门市	Jiangmen City			42.62	200.06	248.39	277.84
东莞市	Dongguan City	2.13	3.07	26.77	169.77	294.68	338.00
中山市	Zhongshan City	2.58	3.47	19.75	106.77	134.33	151.71
惠州市区	Huizhou Urban District			6.86	38.88	60.51	70.01
惠阳市	Huiyang City			4.01	29.55	28.01	31.31
惠东县	Huidong County			5.34	39.33	41.25	44.96
博罗县	Boluo County			3.66	19.16	24.49	28.04
肇庆市区	Zhaoqing Urban District	0.64	0.97	4.43	37.11	40.70	52.26
高要市	Gaoyao City	0.43	0.67	3.58	19.36	23.93	26.93
四会市	Sihui City				20.44	23.70	27.12

10-2 按行业分的社会消费品零售总额

Total Retail Sale of Consumer Goods by Sector

单位：亿元 (100 million yuan)

地区	Area	批发零售贸易业 Wholesale and Retail Trade			餐饮业 Catering Services		
		2000	2002	2003	2000	2002	2003
长江三角洲经济区	**Yangtze River Delta**	**4001.52**	**4921.74**	**6018.92**	**451.65**	**682.25**	**812.08**
上海市	Shanghai City	1368.18	1609.61	1759.27	127.65	184.23	214.83
南京市	Nanjing City	327.08	399.44	521.92	37.12	56.12	68.83
苏州市	Suzhou City	307.07	379.22	438.32	33.82	67.13	85.21
无锡市	Wuxi City	265.27	333.19	395.51	46.29	66.42	80.20
常州市	Changzhou City	153.51	220.32	246.95	14.08	23.22	28.23
镇江市	Zhenjiang City	82.96	125.09	141.88	15.18	21.20	23.23
南通市	Nantong City	174.23	209.48	303.03	12.78	18.78	21.31
扬州市	Yangzhou City	104.61	128.70	168.71	15.43	21.20	24.01
泰州市	Taizhou City	88.82	116.05	149.34	12.16	16.11	21.50
杭州市	Hangzhou City	253.18	347.09	508.94	35.75	55.28	64.42
宁波市	Ningbo City	296.58	344.21	443.44	37.81	57.02	67.20
嘉兴市	Jiaxing City	130.95	160.07	240.07	13.70	20.38	26.02
湖州市	Huzhou City	101.90	116.85	161.78	11.56	15.22	17.10
绍兴市	Shaoxing City	148.56	184.68	253.58	17.68	26.32	28.05
舟山市	Zhoushan City	37.87	48.45	64.60	6.10	8.24	10.06
台州市	Taizhou City	160.75	199.29	221.58	14.54	25.38	31.86
珠江三角洲经济区	**Pearl River Delta**						
广州市	Guangzhou City	783.95	973.31	1183.38	208.15	265.98	281.85
深圳市	Shenzhen City	422.45	547.21	611.35	106.32	134.24	133.91
珠海市	Zhuhai City	84.81	109.41	129.38	19.69	22.93	24.10
佛山市	Foshan City	244.39	305.54	382.18	64.10	82.61	89.89
江门市	Jiangmen City	138.59	177.12	232.77	30.34	36.74	41.85
东莞市	Dongguan City	103.74	253.17	292.87	25.92	41.39	45.07
中山市	Zhongshan City	77.24	105.62	127.08	19.73	22.49	24.34
惠州市	Huizhou City						
惠州市区	Huizhou Urban District	24.66	32.34	55.75	6.60	8.86	14.26
惠阳市	Huiyang City	19.14	25.26	26.20	4.66	7.30	5.11
惠东县	Huidong County	30.46	35.69	40.19	5.50	7.74	4.77
博罗县	Boluo County	14.77	19.57	25.09	2.00	2.64	2.95
肇庆市区	Zhaoqing Urban District	18.35	25.21	34.50	6.64	8.28	11.13
高要市	Gaoyao City	11.84	14.06	16.55	2.11	2.87	2.89
四会市	Sihui City	14.34	17.35	20.12	1.48	1.99	2.35

10-2 续表　continued

单位：亿元　　(100 million yuan)

地区	Area	其他行业 Others		
		2000	2002	2003 ①
长江三角洲经济区	**Yangtze River Delta**	**727.82**	**738.73**	**305.31**
上海市	Shanghai City	181.01	192.72	196.76
南京市	Nanjing City	55.61	69.60	9.49
苏州市	Suzhou City	7.29	5.27	2.52
无锡市	Wuxi City	39.96	44.68	11.35
常州市	Changzhou City	34.72	5.25	5.46
镇江市	Zhenjiang City	26.31	2.98	3.13
南通市	Nantong City	63.10	68.88	6.93
扬州市	Yangzhou City	32.00	32.87	5.24
泰州市	Taizhou City	32.60	29.03	2.92
杭州市	Hangzhou City	90.02	96.14	14.16
宁波市	Ningbo City	54.90	61.64	10.89
嘉兴市	Jiaxing City	21.59	26.62	13.30
湖州市	Huzhou City	24.29	26.83	3.46
绍兴市	Shaoxing City	49.12	58.27	10.36
舟山市	Zhoushan City	8.84	10.52	0.45
台州市	Taizhou City	6.46	7.43	8.89
珠江三角洲经济区	**Pearl River Delta**			
广州市	Guangzhou City	70.07	131.39	29.04
深圳市	Shenzhen City	5.80	7.06	6.50
珠海市	Zhuhai City	10.70	11.14	5.70
佛山市	Foshan City	29.06	31.65	11.17
江门市	Jiangmen City	31.13	34.53	3.22
东莞市	Dongguan City	40.07	45.96	
中山市	Zhongshan City	9.80	6.22	0.29
惠州市	Huizhou City			
惠州市区	Huizhou Urban District	7.63	5.59	
惠阳市	Huiyang City	5.75	4.63	
惠东县	Huidong County	3.38	2.07	
博罗县	Boluo County	2.39	2.57	
肇庆市区	Zhaoqing Urban District	9.46	7.21	6.60
高要市	Gaoyao City	5.41	7.00	7.50
四会市	Sihui City	3.93	4.37	4.70

注：①由于2003年国内贸易统计实行新的报表制度，计算口径有调整，故与以前的数据不可比。

Note: ① Due to new reporting system is implemented on domestic trade statistics in 2003,coverage of statistics is adjusted, so it is not comparable with the preceding years.

10-3 限额以上批发零售贸易、餐饮业法人企业数

Number of Corporation Units above Designated Size in Wholesale and Retail Trade,Catering Services

单位：个 (unit)

地区	Area	合计 Total 2000	合计 Total 2002	合计 Total 2003	批发业 Wholesale Trade 2000	批发业 Wholesale Trade 2002	批发业 Wholesale Trade 2003
长江三角洲经济区	**Yangtze River Delta**						
上海市	Shanghai City	1002	1263	1282	445	763	758
南京市	Nanjing City	247	286	342	149	144	139
苏州市	Suzhou City	308	293	347	179	141	131
无锡市	Wuxi City	190	250	281	90	96	89
常州市	Changzhou City	128	184	193	77	90	82
镇江市	Zhenjiang City	88	105	94	49	48	37
南通市	Nantong City	163	170	191	92	81	73
扬州市	Yangzhou City	93	105	111	51	47	39
泰州市	Taizhou City	103	101	117	48	46	43
杭州市	Hangzhou City	519	612	575	305	442	386
宁波市	Ningbo City	395	309	359	264	230	249
嘉兴市	Jiaxing City	241	224	284	150	141	143
湖州市	Huzhou City	129	146	160	73	63	64
绍兴市	Shaoxing City	158	161	158	101	91	85
舟山市	Zhoushan City	83	82	86	36	41	43
台州市	Taizhou City	147	141	168	86	99	107
珠江三角洲经济区	**Pearl River Delta**						
广州市	Guangzhou City	861	1263	1289	486	637	605
深圳市	Shenzhen City	450	532	610	287	310	316
珠海市	Zhuhai City	86	131	143	38	42	40
佛山市	Foshan City	243	413	320	163	219	211
江门市	Jiangmen City	182	180	127	122	94	70
东莞市	Dongguan City	193	219	229	74	61	56
中山市	Zhongshan City	89	171	184	48	80	79
惠州市区	Huizhou Urban District	44	48	43	17	21	17
惠阳市	Huiyang City	25	16	17	6	5	7
惠东县	Huidong County	9	4	6		1	1
博罗县	Boluo County	13	11	10	5	6	6
肇庆市区	Zhaoqing Urban District	36	35	43	23	18	26
高要市	Gaoyao City	5	7	9	4	3	6
四会市	Sihui City	10	12	13	2	6	8

10-3 续表 continued

单位：个 (unit)

地区	Area	零售业 Retail Trade			餐饮业 Catering Service		
		2000	2002	2003	2000	2002	2003
长江三角洲经济区	**Yangtze River Delta**						
上海市	Shanghai City	384	299	282	173	201	242
南京市	Nanjing City	76	87	109	22	55	94
苏州市	Suzhou City	87	84	96	42	68	120
无锡市	Wuxi City	34	57	77	66	97	115
常州市	Changzhou City	26	43	48	25	51	63
镇江市	Zhenjiang City	24	34	33	15	23	24
南通市	Nantong City	67	77	96	4	12	22
扬州市	Yangzhou City	39	44	49	3	14	23
泰州市	Taizhou City	50	49	60	5	6	14
杭州市	Hangzhou City	214	170	125	27	64	64
宁波市	Ningbo City	104	79	110	27		
嘉兴市	Jiaxing City	91	83	90	30	42	51
湖州市	Huzhou City	34	50	54	22	33	42
绍兴市	Shaoxing City	35	48	49	22	22	24
舟山市	Zhoushan City	47	33	29		8	14
台州市	Taizhou City	42	42	47	19	14	14
珠江三角洲经济区	**Pearl River Delta**						
广州市	Guangzhou City	164	269	286	211	357	398
深圳市	Shenzhen City	139	161	180	24	61	114
珠海市	Zhuhai City	33	60	78	15	29	25
佛山市	Foshan City	27	68	109	53	126	135
江门市	Jiangmen City	20	38	57	40	48	52
东莞市	Dongguan City	27	49	50	92	109	123
中山市	Zhongshan City	7	43	58	34	48	47
惠州市区	Huizhou Urban District	15	14	13	12	13	13
惠阳市	Huiyang City	1	3	3	18	8	7
惠东县	Huidong County	1	1	2	8	2	3
博罗县	Boluo County	4	4	3	4	1	1
肇庆市区	Zhaoqing Urban District	8	11	9	5	6	8
高要市	Gaoyao City	1	4	3			
四会市	Sihui City	6	2	3	2	4	2

10-4 限额以上批发零售贸易、餐饮业从业人数

Number of Persons Employed in Enterprises above Designated Size in Wholesale and Retail Trade,Catering Services

单位：人 (person)

地区	Area	合计 Total			批发业 Wholesale Trade		
		2000	2002	2003	2000	2002	2003
长江三角洲经济区	**Yangtze River Delta**	**833660**	**850104**		**306275**	**253267**	
上海市	Shanghai City	313006	360230	358873	132767	105981	99628
南京市	Nanjing City	86907	82189	89830	34680	29817	24771
苏州市	Suzhou City	49972	51180	56574	20836	13335	11994
无锡市	Wuxi City	54957	53364	52267	21782	15765	9423
常州市	Changzhou City	24568	25817	27293	11877	8643	7663
镇江市	Zhenjiang City	16648	15779	13829	7934	6078	3863
南通市	Nantong City	23078	23448	29002	9652	9669	10503
扬州市	Yangzhou City	17204	14975	14683	6370	4959	4063
泰州市	Taizhou City		14561	16274		3892	4187
杭州市	Hangzhou City	65929	74939	68083	34539	42083	29208
宁波市	Ningbo City	32752	33672	34641	17851	32752	15517
嘉兴市	Jiaxing City	22341	21626	24283	10326	8281	8976
湖州市	Huzhou City	14902	14103	14669	5974	4651	4246
绍兴市	Shaoxing City	27928	26717	23318	14341	9102	8096
舟山市	Zhoushan City		7627	7933		2672	2844
台州市	Taizhou City	16733	13433	18552	8572	8595	8285
珠江三角洲经济区	**Pearl River Delta**		**444427**	**501286**		**129266**	**134369**
广州市	Guangzhou City	134931	159081	172950	57620	53676	51183
深圳市	Shenzhen City	72104	145932	170477	22034	39359	42614
珠海市	Zhuhai City	15181	16586	19459	2601	2663	5481
佛山市	Foshan City	43211	43382	47214	17294	14490	12771
江门市	Jiangmen City	22383	19442	11131	12340	7551	6067
东莞市	Dongguan City	19912	26233	40639	2943	2626	5661
中山市	Zhongshan City	7532	16618	19696	311	4000	4734
惠州市区	Huizhou Urban District		6962	8346		1835	2494
惠阳市	Huiyang City		2698	2973		489	560
惠东县	Huidong County		441	568		137	137
博罗县	Boluo County		1460	1105		444	416
肇庆市区	Zhaoqing Urban District	3707	3670	4990	2122	1443	1725
高要市	Gaoyao City	706	686	676	658	141	154
四会市	Sihui City	234	1236	1062	118	412	372

10-4 续表 continued

单位：人 (person)

地区	Area	零售业 Retail Trade			餐饮业 Catering Services		
		2000	2002	2003	2000	2002	2003
长江三角洲经济区	**Yangtze River Delta**			**392430**	**423644**		**169267**
上海市	Shanghai City	137530	198405	209340	42709	55844	49905
南京市	Nanjing City	39718	36581	44508	12509	15791	20551
苏州市	Suzhou City	20520	25184	26864	8616	12661	17716
无锡市	Wuxi City	18535	21464	22430	14640	16135	20414
常州市	Changzhou City	3608	10350	10650	4083	6824	8980
镇江市	Zhenjiang City	6502	7064	7494	2212	2637	2472
南通市	Nantong City	12534	12493	15170	892	1286	3329
扬州市	Yangzhou City	8950	8043	7712	1884	1973	2908
泰州市	Taizhou City		9738	10124		931	1963
杭州市	Hangzhou City	20380	18729	18709	11010	14127	20164
宁波市	Ningbo City	14901	15159	19124	12529	14602	
嘉兴市	Jiaxing City	6874	7049	7825	4944	6296	7482
湖州市	Huzhou City	5218	4821	4357	3710	4631	6066
绍兴市	Shaoxing City	8384	9326	11140	5203	8289	4082
舟山市	Zhoushan City		3186	3270		1769	1819
台州市	Taizhou City	3685	4838	4927	4476	5471	5340
珠江三角洲经济区	**Pearl River Delta**		**131926**	**150729**			
广州市	Guangzhou City	31901	38916	44387	45410	70394	77380
深圳市	Shenzhen City	36098	60436	68121	13972	46137	59742
珠海市	Zhuhai City	5080	5947	6448	7500	7976	7530
佛山市	Foshan City	6984	7433	10905	18933	21459	23491
江门市	Jiangmen City	3218	4231	5064	6825	7660	8564
东莞市	Dongguan City	2198	4340	4585	14771	19267	30393
中山市	Zhongshan City	1802	5047	6076	2419	7571	8886
惠州市区	Huizhou Urban District		2504	2504		2623	3348
惠阳市	Huiyang City		345	260		1864	2153
惠东县	Huidong County		126	303		178	128
博罗县	Boluo County		692	370		324	319
肇庆市区	Zhaoqing Urban District	424	1165	927	1161	1062	2338
高要市	Gaoyao City	48	545	522			
四会市	Sihui City	234	199	257	186	625	433

10-5 限额以上批发零售贸易业商品购、销、存总额（2003年）
Total Purchases,Sales and Inventory of Enterprises above Designated Size in Wholesale and Retail Trade(2003)

单位：亿元 (100 million yuan)

地区	Area	购进总额 Total Purchases	销售总额 Total Sales	# 批发 Wholesale	# 零售 Retail	年末库存总额 Inventory (year-end)
长江三角洲经济区	**Yangtze River Delta**	**11157.55**	**11927.87**	**9317.49**	**2611.40**	**756.65**
上海市	Shanghai City	3686.35	4196.03	3068.49	1127.54	275.06
南京市	Nanjing City	1323.45	1343.36	1086.01	257.35	74.53
苏州市	Suzhou City	549.36	588.72	438.04	150.67	29.34
无锡市	Wuxi City	538.82	575.79	385.49	190.30	33.73
常州市	Changzhou City	280.11	295.24	219.07	76.17	21.63
镇江市	Zhenjiang City	73.21	81.99	54.52	27.48	6.05
南通市	Nantong City	257.19	274.96	202.86	72.10	22.00
扬州市	Yangzhou City	92.57	100.74	71.14	29.60	7.44
泰州市	Taizhou City	125.18	141.58	111.60	29.98	26.33
杭州市	Hangzhou City	2146.00	2208.00	1926.00	283.00	134.00
宁波市	Ningbo City	1134.64	1155.35	986.73	168.62	58.44
嘉兴市	Jiaxing City	284.80	300.04	245.89	54.14	21.94
湖州市	Huzhou City	127.28	138.01	113.39	24.62	9.31
绍兴市	Shaoxing City	184.73	201.22	142.23	59.00	18.73
舟山市	Zhoushan City	69.24	68.48	54.52	13.97	5.07
台州市	Taizhou City	284.61	258.37	211.52	46.86	13.05
珠江三角洲经济区	**Pearl River Delta**	**5051.82**	**5305.73**	**4298.94**	**1140.91**	**333.00**
广州市	Guangzhou City	2498.08	2651.81	2289.57	362.24	167.30
深圳市	Shenzhen City	1139.05	1288.18	876.41	411.77	88.71
珠海市	Zhuhai City	133.30	135.58	90.25	45.33	9.42
佛山市	Foshan City	606.24	512.64	497.73	149.03	35.19
江门市	Jiangmen City	114.79	124.82	87.99	36.83	6.19
东莞市	Dongguan City	171.26	180.58	113.85	66.73	10.80
中山市	Zhongshan City	218.82	234.88	192.40	42.48	8.74
惠州市区	Huizhou Urban District	105.82	107.46	95.44	12.02	3.98
惠阳市	Huiyang City	8.75	8.25	7.31	0.94	0.39
惠东县	Huidong County	4.45	5.04	3.98	1.06	0.12
博罗县	Boluo County	5.54	5.95	3.56	2.39	0.15
肇庆市区	Zhaoqing Urban District	38.35	41.56	35.46	6.10	1.17
高要市	Gaoyao City	3.72	4.98	2.34	2.64	0.74
四会市	Sihui City	3.65	4.00	2.65	1.35	0.10

10-6 限额以上批发零售贸易业主要商品分类销售额（2003年）

Total Sales of Enterprises above Designated Size in Wholesale and Retail Trade By Category of Main Commodities(2003)

单位：亿元　　　　(100 million yuan)

地区	Area	食品、饮料、烟酒类 Food,Beverages, Tobacco and Liquor	服装鞋帽、针、纺织品类 Clothing, Shoes,Hats and Textiles	化妆品类 Cosmetics	金银珠宝类 Gold, Silver and Jewelry	五金、电料类 Hardware and Electrical Materials	体育、娱乐用品类 Sports and Recreation Articles
长江三角洲经济区	**Yangtze River Delta**						
上海市	Shanghai City	978.67	490.21	51.24	31.21	51.37	25.19
南京市	Nanjing City						
苏州市	Suzhou City	84.19	189.09	3.48	3.94	5.15	3.79
无锡市	Wuxi City	115.64	55.35	2.61	2.71	3.13	1.79
常州市	Changzhou City	41.15	29.32	1.00	1.54	2.76	0.71
镇江市	Zhenjiang City	24.54	6.26	0.50	0.65	12.10	0.13
南通市	Nantong City	51.16	29.49	2.67	3.24	2.32	1.02
扬州市	Yangzhou City	21.51	13.37	0.63	1.19	0.60	0.73
泰州市	Taizhou City	25.12	4.18	0.99	0.95	0.31	0.07
杭州市	Hangzhou City	208.98	245.40	8.91	4.98	25.85	4.95
宁波市	Ningbo City	115.10	126.34	6.36	2.16	37.34	3.98
嘉兴市	Jiaxing City	45.34	38.43	0.91	0.97	3.13	0.61
湖州市	Huzhou City	23.19	24.29	0.53	0.78	1.73	0.10
绍兴市	Shaoxing City	37.32	52.26	0.97	0.73	2.39	0.24
舟山市	Zhoushan City						
台州市	Taizhou City	41.02	10.31	1.22	0.38	7.37	0.25
珠江三角洲经济区	**Pearl River Delta**						
广州市	Guangzhou City	245.59	184.13	13.98	6.18	18.99	18.00
深圳市	Shenzhen City	232.68	94.58	6.66	5.47	8.01	5.50
珠海市	Zhuhai City	16.95	6.31	0.72	0.12	0.85	0.20
佛山市	Foshan City	0.10	3.05			1.52	1.88
江门市	Jiangmen City	126.67	12.99	0.55	0.29	5.14	0.32
东莞市	Dongguan City	2.83	1.61	0.11	0.01	0.47	0.03
中山市	Zhongshan City	22.04	31.19	0.81	0.05	10.24	1.70
惠州市区	Huizhou Urban District	7.59	7.12	0.07	0.05	0.35	0.05
惠阳市	Huiyang City	2.58	0.06	0.04		0.73	
惠东县	Huidong County	3.39					
博罗县	Boluo County	2.41					
肇庆市区	Zhaoqing Urban District	11.89	2.92	0.04	0.01	0.52	0.15
高要市	Gaoyao City	2.07					
四会市	Sihui City	1.08	0.23	0.03		0.01	0.02

10-6 续表1 continued

单位：亿元 (100 million yuan)

地区	Area	书报杂志类 Newspapers and Magazines	家用电器和音像器材类 Household Appliances and Video Appliances	中西药品类 Traditional Chinese and Western Medicines	文化办公用品类 Culture and Official Goods	家具类 Furniture
长江三角洲经济区	**Yangtze River Delta**					
上海市	Shanghai City	44.99	192.83	200.56	54.42	21.41
南京市	Nanjing City					
苏州市	Suzhou City	3.38	42.84	28.23	5.08	1.17
无锡市	Wuxi City	2.74	27.66	25.97	5.42	0.25
常州市	Changzhou City	2.26	15.91	18.35	1.35	0.05
镇江市	Zhenjiang City	2.65	5.33	5.50	0.23	0.13
南通市	Nantong City	4.54	22.01	9.28	2.80	0.13
扬州市	Yangzhou City	2.09	7.81	11.41	0.23	0.07
泰州市	Taizhou City	3.40	32.92	4.02	0.44	0.05
杭州市	Hangzhou City	22.03	78.28	90.10	17.16	2.30
宁波市	Ningbo City	2.66	66.86	48.22	14.26	2.85
嘉兴市	Jiaxing City	1.49	6.62	14.99	1.26	1.23
湖州市	Huzhou City	0.95	5.05	5.20	0.61	0.06
绍兴市	Shaoxing City	2.10	15.76	19.65	0.59	0.05
舟山市	Zhoushan City					
台州市	Taizhou City	1.61	3.56	14.38	1.59	0.81
珠江三角洲经济区	**Pearl River Delta**					
广州市	Guangzhou City	23.99	131.35	167.62	86.04	16.06
深圳市	Shenzhen City	5.23	66.50	74.66	25.13	10.87
珠海市	Zhuhai City	0.50	10.05	18.53	0.16	0.61
佛山市	Foshan City		3.43	12.07	1.88	
江门市	Jiangmen City	1.26	4.96	4.42	0.89	1.34
东莞市	Dongguan City	0.05	0.88	0.55	0.10	
中山市	Zhongshan City	0.42	51.23	7.59	0.99	2.38
惠州市区	Huizhou Urban District	0.29	62.24	1.21	0.18	0.05
惠阳市	Huiyang City				0.01	
惠东县	Huidong County					
博罗县	Boluo County	0.14				
肇庆市区	Zhaoqing Urban District	0.13	0.65	0.92	0.21	0.71
高要市	Gaoyao City	0.21		0.49		
四会市	Sihui City	0.07	0.04	0.30	0.05	

10-6 续表 2 continued

单位：亿元 (100 million yuan)

地区	Area	通讯器材类 Communication Appliances	煤炭及制品类 Coal and Related Products	木材及制品类 Wood and Wooden Products	石油及制品类 Petroleum and Related Products	化工材料及制品类 Raw Chemical Materials	金属材料类 Metal Materials
长江三角洲经济区	**Yangtze River Delta**						
上海市	Shanghai City	79.13	73.83	8.38	205.16	158.16	220.25
南京市	Nanjing City						
苏州市	Suzhou City	4.48	6.69	0.32	54.07	21.47	21.09
无锡市	Wuxi City	3.59	5.02	0.81	92.59	17.43	90.91
常州市	Changzhou City	1.77	3.19	0.05	25.47	22.37	19.13
镇江市	Zhenjiang City	1.09	1.07	0.02	8.24	3.48	2.56
南通市	Nantong City	2.04	1.64	0.33	43.92	41.92	7.00
扬州市	Yangzhou City	0.53	0.51	0.00	15.06	4.25	5.35
泰州市	Taizhou City	0.49	0.01	0.03	15.74	3.78	9.94
杭州市	Hangzhou City	32.68	45.02	5.10	368.26	134.14	345.81
宁波市	Ningbo City	3.47	1.92	5.51	53.88	55.54	90.89
嘉兴市	Jiaxing City	0.12	2.08	1.08	28.52	20.31	57.13
湖州市	Huzhou City	0.17	2.39	0.82	33.32	3.36	9.54
绍兴市	Shaoxing City	0.68	2.52	0.04	23.97	7.21	3.91
舟山市	Zhoushan City						
台州市	Taizhou City	0.03	3.23	0.30	42.29	23.61	13.16
珠江三角洲经济区	**Pearl River Delta**						
广州市	Guangzhou City	50.33	92.42	7.12	669.1	117.73	329.98
深圳市	Shenzhen City	93.76	2.15	3.00	218.21	49.74	60.52
珠海市	Zhuhai City	8.14	0.13		35.18	4.25	
佛山市	Foshan City						
江门市	Jiangmen City	0.31	0.62	0.07	21.22	5.78	2.42
东莞市	Dongguan City	0.09	0.37	0.03	3.32	0.39	0.25
中山市	Zhongshan City	0.01	0.74	1.20	26.88	3.82	15.01
惠州市区	Huizhou Urban District	0.48			14.54	0.63	0.03
惠阳市	Huiyang City				2.68	0.03	
惠东县	Huidong County				0.42		
博罗县	Boluo County				2.26		
肇庆市区	Zhaoqing Urban District	0.80	0.03	0.02	3.04	0.59	0.79
高要市	Gaoyao City				1.56		
四会市	Sihui City			0.02	0.86	0.36	

10-6 续表 3　continued

单位：亿元　　(100 million yuan)

地区	Area	建筑及装潢材料类 Building and Decoration Materials	机电产品及设备类 Mechanical and Electrical Products	日用品类 Articles for Daily Use	种子饲料类 Seed and Feedstuff	棉麻类 Cotton,Hemp	其他类 Others
长江三角洲经济区	**Yangtze River Delta**						
上海市	Shanghai City	101.61	86.87	184.02	0.89	10.38	174.26
南京市	Nanjing City						
苏州市	Suzhou City	4.80	66.64	19.88	0.02	1.71	37.39
无锡市	Wuxi City	3.85	73.78	10.89		0.87	38.71
常州市	Changzhou City	0.17	41.44	6.73	0.93	2.73	44.80
镇江市	Zhenjiang City	0.01	4.79	2.69			7.76
南通市	Nantong City	1.36	10.56	8.38	0.84	5.20	7.30
扬州市	Yangzhou City	0.48	7.29	3.15		0.03	8.67
泰州市	Taizhou City	0.54	11.29		0.03		0.60
杭州市	Hangzhou City	4.1	279.31	41.17	1.68	12.08	149.48
宁波市	Ningbo City	2.82	10.57	58.35	0.64	4.69	108.61
嘉兴市	Jiaxing City	0.87	21.47	8.92	0.14	2.68	19.13
湖州市	Huzhou City	0.35	9.83	1.41	0.07	1.96	6.50
绍兴市	Shaoxing City	0.52	16.29	4.65	0.15	0.83	0.80
舟山市	Zhoushan City						
台州市	Taizhou City	1.31	31.85	4.13			19.25
珠江三角洲经济区	**Pearl River Delta**						
广州市	Guangzhou City	13.70	258.57	116.68	4.56	4.44	72.03
深圳市	Shenzhen City	12.31	191.61	53.87	2.6	0.12	63.67
珠海市	Zhuhai City	0.16	16.55	2.02			10.57
佛山市	Foshan City						0.49
江门市	Jiangmen City	0.21	14.60	7.30	0.09		7.15
东莞市	Dongguan City	0.17	1.22	1.07			1.57
中山市	Zhongshan City	3.78	18.20	13.73			16.82
惠州市区	Huizhou Urban District		2.43	1.91			2.41
惠阳市	Huiyang City			0.10			0.08
惠东县	Huidong County		0.44				
博罗县	Boluo County			0.04			0.42
肇庆市区	Zhaoqing Urban District	1.32	6.75	2.73			20.11
高要市	Gaoyao City		0.69				
四会市	Sihui City	0.21					0.27

10-7 限额以上批发零售贸易业商品销售数量（2003年）

Total Sales Volume of Enterprises above Designated Size in Wholesale and Retail Trade by Commodities(2003)

地区	Area	粮食（吨） Grain(ton)	食用植物油（吨） Edible Vegetable Oil (ton)	食糖（吨） Sugar(ton)	棉花（吨） Cotton(ton)
长江三角洲经济区	**Yangtze River Delta**				
上海市	Shanghai City	1959200	362200	300678	56000
南京市	Nanjing City				
苏州市	Suzhou City				
无锡市	Wuxi City	208140	13541	3535	6716
常州市	Changzhou City	63469	7034	26590	21207
镇江市	Zhenjiang City	2051	3649	14895	
南通市	Nantong City	91296	4994	2609	29231
扬州市	Yangzhou City				
泰州市	Taizhou City	208766	1502	2397	3452
杭州市	Hangzhou City	1423298	119554	17689	84666
宁波市	Ningbo City	128682	91829	60341	35354
嘉兴市	Jiaxing City	240557	22526	21327	3320
湖州市	Huzhou City	42878	1315	349	
绍兴市	Shaoxing City	98785	3004	929	5339
舟山市	Zhoushan City	53232	2869	30425	
台州市	Taizhou City	37553	2111	15507	
珠江三角洲经济区	**Pearl River Delta**				
广州市	Guangzhou City	1093018	46809	72254	38512
深圳市	Shenzhen City	612921	6664	6147	
珠海市	Zhuhai City	5102	9112	186	
佛山市	Foshan City	211517	4991	34653	
江门市	Jiangmen City	92183	1033	4527	2
东莞市	Dongguan City	4832	1132	315	
中山市	Zhongshan City	2903	14934	3068	
惠州市区	Huizhou Urban District	291	903	7504	
惠阳市	Huiyang City	190	222	47	
惠东县	Huidong County				
博罗县	Boluo County	28	21	17	
肇庆市区	Zhaoqing Urban District	93066	929	247	
高要市	Gaoyao City				
四会市	Sihui City	20		66	

10-7 续表1 continued

地区	Area	鞋（万双） Shoes (10 000 pairs)	布(万米) Cloth (10 000 meters)	电视机（台） Television Set (unit)	组合音响（台） Hi-Fi Stereo Component System (unit)	摄像机（台） Pickup Camera (unit)
长江三角洲经济区	**Yangtze River Delta**					
上海市	Shanghai City	114	56601	1148932	200600	33700
南京市	Nanjing City					
苏州市	Suzhou City					
无锡市	Wuxi City	943	8408	239351	13213	3299
常州市	Changzhou City	609	5543	146111	12720	1027
镇江市	Zhenjiang City	57	10	72352	3926	154
南通市	Nantong City	466	417	236229	22066	1472
扬州市	Yangzhou City					
泰州市	Taizhou City	86.28	18.71	72729	10340	206
杭州市	Hangzhou City	5491	22058	778071	69600	11892
宁波市	Ningbo City	3587	21267	310179	84006	2264
嘉兴市	Jiaxing City	372	3221	143113	12793	349
湖州市	Huzhou City	195	11963	52215	6453	290
绍兴市	Shaoxing City	168	44841	151509	8062	
舟山市	Zhoushan City	1160	505	12937	374	
台州市	Taizhou City	4508	21	65912	5983	
珠江三角洲经济区	**Pearl River Delta**					
广州市	Guangzhou City	3148	7095	815268	176422	57780
深圳市	Shenzhen City			289231	381162	43312
珠海市	Zhuhai City	35	57	21792	4184	585
佛山市	Foshan City			86334	27540	3427
江门市	Jiangmen City	77	70	11690	4396	358
东莞市	Dongguan City	1658	1662	20767	5103	330
中山市	Zhongshan City	121	1949	26955	194239	262
惠州市区	Huizhou Urban District					
惠阳市	Huiyang City					
惠东县	Huidong County					
博罗县	Boluo County					
肇庆市区	Zhaoqing Urban District	2831	24401	19970	4950	
高要市	Gaoyao City					
四会市	Sihui City	14933				

10−7 续表2 continued

地区	Area	家用电冰箱(台) Household Refrigerator(unit)	家用洗衣机(台) Household Washing Machine(unit)	房间空调器(台) Room Air Conditioner(unit)	微波炉(台) Micro-oven (unit)
长江三角洲经济区	**Yangtze River Delta**				
上海市	Shanghai City	620600	639300	1378400	648200
南京市	Nanjing City				
苏州市	Suzhou City				
无锡市	Wuxi City	156605	104046	316226	136518
常州市	Changzhou City	41713	44707	161626	55780
镇江市	Zhenjiang City	30690	25260	61736	28907
南通市	Nantong City	153776	132268	184840	339619
扬州市	Yangzhou City				
泰州市	Taizhou City	55409	115072	1188264	28583
杭州市	Hangzhou City	205376	228992	854238	299390
宁波市	Ningbo City	90356	249849	1817951	116178
嘉兴市	Jiaxing City	28358	29218	77756	51567
湖州市	Huzhou City	22996	21874	48837	12920
绍兴市	Shaoxing City	130907	178370	124282	28455
舟山市	Zhoushan City	6877	3606	7567	2856
台州市	Taizhou City	21902	21603	37080	15344
珠江三角洲经济区	**Pearl River Delta**				
广州市	Guangzhou City	430559	665949	915750	444581
深圳市	Shenzhen City	230441	211174	628513	105020
珠海市	Zhuhai City	12913	11178	53412	8836
佛山市	Foshan City	81712	42822	312623	27931
江门市	Jiangmen City	6822	6557	57481	4457
东莞市	Dongguan City	7329	6447	68069	7472
中山市	Zhongshan City	15130	11534	196693	7410
惠州市区	Huizhou Urban District				
惠阳市	Huiyang City				
惠东县	Huidong County				
博罗县	Boluo County				
肇庆市区	Zhaoqing Urban District	385	1139	4475	1195
高要市	Gaoyao City				
四会市	Sihui City				

10-7 续表 3 continued

地区	Area	微型计算机(台) Micro-Computers (unit)	普通电话机(台) Telephone (unit)	移动电话机(台) Mobile Telephone (unit)	化学肥料(吨) Chemical Fertilizers (ton)
长江三角洲经济区	**Yangtze River Delta**				
上海市	Shanghai City	53400	1018300	3290600	785200
南京市	Nanjing City				
苏州市	Suzhou City				
无锡市	Wuxi City	18083	78026	138732	47418
常州市	Changzhou City	9913	55261	71784	119078
镇江市	Zhenjiang City	345	14530	52930	3760
南通市	Nantong City	19929	217887	85869	75890
扬州市	Yangzhou City				
泰州市	Taizhou City	671	14589	23543	100577
杭州市	Hangzhou City	189925	889531	1465698	2727648
宁波市	Ningbo City	17922	98298	307980	218668
嘉兴市	Jiaxing City	1297	84883	3667	319688
湖州市	Huzhou City	7204	21570	4787	31242
绍兴市	Shaoxing City	2909	32124	24980	231351
舟山市	Zhoushan City	408	2384	4375	1877
台州市	Taizhou City	202	17592	2264	85902
珠江三角洲经济区	**Pearl River Delta**				
广州市	Guangzhou City	285174	332861	2350977	931035
深圳市	Shenzhen City	3547394	3426715	6415239	536391
珠海市	Zhuhai City	17882	20475	370629	
佛山市	Foshan City		73589	586219	1806
江门市	Jiangmen City	2046	11565	421	77906
东莞市	Dongguan City		19964	6033	72221
中山市	Zhongshan City	2502	18561		14788
惠州市区	Huizhou Urban District		77958	26662	13001
惠阳市	Huiyang City	428	2117	136	1118
惠东县	Huidong County				
博罗县	Boluo County				55817
肇庆市区	Zhaoqing Urban District		1961187		
高要市	Gaoyao City				
四会市	Sihui City				6958

10—7 续表 4　continued

地区	Area	化学农药(吨) Chemical Fertilizer (ton)	煤炭(万吨) Coal (10 000 tons)	木材(立方米) Wood (cu.m)	汽油(万吨) Gasoline (10 000 tons)
长江三角洲经济区	**Yangtze River Delta**				
上海市	Shanghai City	264700	2021	358000	1355
南京市	Nanjing City				
苏州市	Suzhou City				
无锡市	Wuxi City	11201	136	6172	74
常州市	Changzhou City	48104	72	831	22
镇江市	Zhenjiang City	3188	20		7
南通市	Nantong City	3044	31		37
扬州市	Yangzhou City				
泰州市	Taizhou City	3211		2275	11.17
杭州市	Hangzhou City	80979	1738	39775	391
宁波市	Ningbo City	12913	54	223447	27
嘉兴市	Jiaxing City	68354	48	88248	20
湖州市	Huzhou City	17315	64	35600	18
绍兴市	Shaoxing City	18970	68	3941	12
舟山市	Zhoushan City	77	124	8656	4
台州市	Taizhou City	155	114		
珠江三角洲经济区	**Pearl River Delta**				
广州市	Guangzhou City	15035	2858	211215	403
深圳市	Shenzhen City	18025	83		121
珠海市	Zhuhai City				17
佛山市	Foshan City	28	3	1507	554608
江门市	Jiangmen City	602	14733		217244
东莞市	Dongguan City	1076	134		28
中山市	Zhongshan City	1786		51375	15
惠州市区	Huizhou Urban District	1080			14
惠阳市	Huiyang City				
惠东县	Huidong County				0
博罗县	Boluo County	50			2
肇庆市区	Zhaoqing Urban District				24678
高要市	Gaoyao City				13336
四会市	Sihui City	382			9296

10-7 续表5 continued

地区	Area	煤油(万吨) Kerosene (10 000 tons)	柴油(万吨) Diesel Oil (10 000 tons)	钢材(万吨) Steel Products (10 000 tons)	水泥(万吨) Cement (10 000 tons)
长江三角洲经济区	**Yangtze River Delta**				
上海市	Shanghai City	420	2055	606	120
南京市	Nanjing City				
苏州市	Suzhou City				
无锡市	Wuxi City		193	149	15
常州市	Changzhou City		35	33	5
镇江市	Zhenjiang City		14	6	
南通市	Nantong City	7709	64	23	1
扬州市	Yangzhou City				
泰州市	Taizhou City		21.93	13.63	
杭州市	Hangzhou City	8	720	908	16
宁波市	Ningbo City	6	71	406	33
嘉兴市	Jiaxing City		43	138	
湖州市	Huzhou City		71	21	
绍兴市	Shaoxing City	12	18	38	
舟山市	Zhoushan City	190	1005	8	
台州市	Taizhou City	4	95	49	38
珠江三角洲经济区	**Pearl River Delta**				
广州市	Guangzhou City	70	743	609	176
深圳市	Shenzhen City		223	99	
珠海市	Zhuhai City	30	25		4
佛山市	Foshan City		908796	2526932	131
江门市	Jiangmen City		327849	28493	756
东莞市	Dongguan City		40	5820	
中山市	Zhongshan City		19	37	
惠州市区	Huizhou Urban District		22		
惠阳市	Huiyang City				
惠东县	Huidong County		1	0	
博罗县	Boluo County		5		
肇庆市区	Zhaoqing Urban District		57420		
高要市	Gaoyao City		1514		
四会市	Sihui City				

10-7 续表 6　continued

地区	Area	汽车(辆) Motor Vehicles (unit)	# 轿车 Car	摩托车(辆) Motor (unit)	拖拉机(台) Tractors (unit)
长江三角洲经济区	**Yangtze River Delta**				
上海市	Shanghai City	491400	465300	20200	43000
南京市	Nanjing City				
苏州市	Suzhou City				
无锡市	Wuxi City	3	2	1	
常州市	Changzhou City	7208	5035	159388	8276
镇江市	Zhenjiang City	669	651		72
南通市	Nantong City	4909	2497	36019	16
扬州市	Yangzhou City				
泰州市	Taizhou City	3879	205	44607	192
杭州市	Hangzhou City	120682	77074	96856	
宁波市	Ningbo City	36149	19137	86064	3203
嘉兴市	Jiaxing City	15502	4417	60412	515
湖州市	Huzhou City	3980	1057	28599	
绍兴市	Shaoxing City	8025	5789	48223	
舟山市	Zhoushan City	471	262		
台州市	Taizhou City	18463	8149	18648	2101
珠江三角洲经济区	**Pearl River Delta**				
广州市	Guangzhou City	100811	44899	64505	95
深圳市	Shenzhen City	42064			
珠海市	Zhuhai City	11776	7428		
佛山市	Foshan City	37006	16758	19696	
江门市	Jiangmen City	7284	5183	3864	66
东莞市	Dongguan City	13399			
中山市	Zhongshan City	11042			
惠州市区	Huizhou Urban District	898	898	73	
惠阳市	Huiyang City				
惠东县	Huidong County				
博罗县	Boluo County				
肇庆市区	Zhaoqing Urban District	721	721	75418	
高要市	Gaoyao City	724	141	4520	
四会市	Sihui City				

10-8 限额以上批发零售贸易企业主要财务指标(2003年)

Main Financial Indicators of Enterprises above Designated Size in Wholesale and Retail Trade (2003)

单位：亿元 (100 million yuan)

地区	Area	流动资产合计 Total Circulating Funds	# 存货 Inventories	长期投资 Long Term Investment	固定资产投资 Fixed Assets Investment	固定资产原价 Fixed Assets Original Value	累计折旧 Accumulated Depreciation
长江三角洲经济区	**Yangtze River Delta**	**3696.25**	**833.90**	**433.59**		**940.15**	**237.42**
上海市	Shanghai City	1499.56	377.91	216.36	329.42	388.15	105.60
南京市	Nanjing City	479.80	68.82	59.37	99.20	114.46	23.03
苏州市	Suzhou City	154.87	24.96	10.23	38.81	50.50	13.27
无锡市	Wuxi City	145.95	31.66	21.51	43.28	50.08	13.84
常州市	Changzhou City	72.34	19.65	3.54	20.03	24.44	6.43
镇江市	Zhenjiang City	22.96	5.74	0.62	11.11	14.17	4.05
南通市	Nantong City	62.72	19.40	4.50	16.72	22.02	6.63
扬州市	Yangzhou City	23.68	7.71	0.75	11.34	13.75	4.12
泰州市	Taizhou City	60.67	24.65	0.40	11.44	12.51	2.55
杭州市	Hangzhou City	598.55	141.67	76.01	103.91	121.84	26.86
宁波市	Ningbo City	310.10	58.57	20.06	32.63	39.75	9.01
嘉兴市	Jiaxing City	92.04	19.12	4.15		22.98	5.37
湖州市	Huzhou City	38.60	7.05	2.55	11.09	13.29	3.68
绍兴市	Shaoxing City	67.13	12.61	9.10	25.10	28.71	6.62
舟山市	Zhoushan City	16.09	4.08	0.63	6.37	7.73	2.28
台州市	Taizhou City	51.19	10.30	3.81	16.62	15.77	4.08
珠江三角洲经济区	**Pearl River Delta**	**2119.52**	**393.15**		**432.65**	**546.85**	**155.19**
广州市	Guangzhou City	759.80	164.59	78.50	135.71	178.36	54.28
深圳市	Shenzhen City	427.05	80.58		124.07	155.91	44.00
珠海市	Zhuhai City	47.09	8.90	10.28	12.89	18.19	6.88
佛山市	Foshan City	188.06	33.65	4.84	30.05	33.20	9.61
江门市	Jiangmen City	39.37	5.86	3.06	13.71	16.31	4.17
东莞市	Dongguan City	45.23	9.46	5.95	19.43	22.81	4.65
中山市	Zhongshan City	581.12	83.40	31.11	79.61	102.73	28.16
惠州市区	Huizhou Urban District	16.40	3.85	0.82	7.32	8.13	1.26
惠阳市	Huiyang City	1.25	0.31		1.00	1.18	0.28
惠东县	Huidong County	0.38	0.06		1.00	1.10	0.09
博罗县	Boluo County	1.14	0.15	0.07	2.24	2.54	0.33
肇庆市区	Zhaoqing Urban District	10.79	1.01	0.81	2.57	3.08	1.16
高要市	Gaoyao City	1.27	0.43	0.10	2.19	2.41	0.22
四会市	Sihui City	0.57	0.90		0.86	0.90	0.10

10-8 续表 1 continued

单位：亿元 (100 million yuan)

地区	Area	# 本年折旧 Depreciation in Local Year	资产合计 Total Assets	负债合计 Total liabilities	所有者权益合计 Creditors'Equity	# 实收资本 Paid-up Capital	# 国家资本 State Capital
长江三角洲经济区	**Yangtze River Delta**	**47.71**	**5175.98**	**3638.46**	**1537.54**	**731.51**	
上海市	Shanghai City	21.48	2220.35	1505.85	714.50	347.51	85.03
南京市	Nanjing City	5.22	597.61	421.74	175.87	62.71	25.63
苏州市	Suzhou City	2.67	217.76	166.90	50.87	29.01	10.23
无锡市	Wuxi City	2.04	221.48	166.41	55.07	36.73	14.76
常州市	Changzhou City	1.09	100.60	78.27	22.33	11.33	1.87
镇江市	Zhenjiang City	0.74	37.31	28.21	9.11	5.80	2.13
南通市	Nantong City	1.12	87.67	64.84	22.83	11.60	3.69
扬州市	Yangzhou City	1.02	39.17	26.18	12.99	4.88	1.49
泰州市	Taizhou City	0.47	74.23	60.48	13.75	9.18	1.88
杭州市	Hangzhou City	5.59	824.82	552.64	272.18	135.08	61.42
宁波市	Ningbo City	1.97	373.46	296.26	77.20	33.32	
嘉兴市	Jiaxing City	1.04	120.33	94.69	25.64	12.56	4.19
湖州市	Huzhou City	0.87	55.82	39.24	16.58	6.03	2.52
绍兴市	Shaoxing City	1.35	106.69	72.18	34.51	13.04	2.99
舟山市	Zhoushan City	0.36	24.41	15.11	9.30	3.05	0.37
台州市	Taizhou City	0.68	74.27	49.46	24.81	9.68	1.70
珠江三角洲经济区	**Pearl River Delta**	**18.05**	**3004.29**	**2275.23**	**728.86**		
广州市	Guangzhou City	7.57	1115.28	821.24	294.04	200.18	65.18
深圳市	Shenzhen City		689.76	464.51	225.25		
珠海市	Zhuhai City	0.74	76.59	49.23	27.16	14.57	4.92
佛山市	Foshan City	1.59	227.97	187.19	40.77	28.13	8.49
江门市	Jiangmen City	0.74	62.63	53.49	9.13	6.85	2.69
东莞市	Dongguan City	1.26	76.63	62.49	14.13	9.89	1.04
中山市	Zhongshan City	5.50	698.86	588.36	110.50	24.12	
惠州市区	Huizhou Urban District	0.24	25.04	20.87	4.17	2.41	0.84
惠阳市	Huiyang City	0.09	2.55	1.75	0.80	0.67	0.05
惠东县	Huidong County	0.03	1.34	1.29	0.05	0.01	0.01
博罗县	Boluo County	0.08	3.46	3.12	0.34	0.21	0.13
肇庆市区	Zhaoqing Urban District	0.12	19.02	17.40	1.62	5.18	5.02
高要市	Gaoyao City	0.06	3.73	3.19	0.55	0.52	0.50
四会市	Sihui City	0.03	1.43	1.10	0.35	0.31	0.01

10-8 续表 2 continued

单位：亿元 (100 million yuan)

地区	Area	# 港澳台资本 Hongkong&Macao & Taiwan Capital	# 外商资本 Foreign Business Capital	商品销售收入净额 Net Sales Revenue	商品销售成本 Cost of Sales	经营费用 Business Expenses
长江三角洲经济区	**Yangtze River Delta**			**11431.20**	**10465.88**	**438.51**
上海市	Shanghai City	10.91	43.63	4810.91	4343.01	231.52
南京市	Nanjing City	0.04	1.44	1056.23	960.35	42.02
苏州市	Suzhou City	1.04	1.30	512.84	472.03	17.97
无锡市	Wuxi City	0.42	2.84	494.60	456.79	15.52
常州市	Changzhou City	0.17	0.05	260.86	241.39	7.21
镇江市	Zhenjiang City	0.04		73.91	65.46	3.24
南通市	Nantong City	0.08		239.27	218.08	9.63
扬州市	Yangzhou City		0.56	97.51	86.56	4.10
泰州市	Taizhou City			119.92	109.57	6.09
杭州市	Hangzhou City	2.80	1.02	1913.37	1787.81	49.66
宁波市	Ningbo City			995.41	938.42	25.64
嘉兴市	Jiaxing City	0.02		258.97	240.43	7.58
湖州市	Huzhou City			121.60	109.60	4.80
绍兴市	Shaoxing City			182.81	166.79	5.13
舟山市	Zhoushan City			59.11	53.53	2.04
台州市	Taizhou City			233.88	216.06	6.36
珠江三角洲经济区	**Pearl River Delta**			**5914.87**	**6585.08**	
广州市	Guangzhou City	8.53	11.63	2329.38	2172.56	81.25
深圳市	Shenzhen City			112.88	1099.37	
珠海市	Zhuhai City	1.67	0.50	120.80	109.09	7.38
佛山市	Foshan City	0.37	0.17	571.32	544.05	13.48
江门市	Jiangmen City	0.02	0.19	112.96	104.41	3.97
东莞市	Dongguan City	0.54	1.35	170.63	158.78	5.98
中山市	Zhongshan City	0.40		2330.21	2240.40	56.31
惠州市区	Huizhou Urban District	0.14		104.18	99.24	2.45
惠阳市	Huiyang City			7.82	7.21	0.19
惠东县	Huidong County			4.39	3.92	0.13
博罗县	Boluo County			5.82	5.30	0.22
肇庆市区	Zhaoqing Urban District			36.80	33.77	1.93
高要市	Gaoyao City			4.52	4.07	0.26
四会市	Sihui City			3.16	2.91	0.11

10-8 续表 3 continued

单位：亿元 (100 million yuan)

地区	Area	商品销售税金及附加 Sales Tax and Extra Changes	商品销售利润 Sales Profit	代购代销收入 Income of Purchase and Sales on Commission Basis	主营业务利润 Profits of Major Management	其他业务利润 Other Business Profit	管理费用 Management Cost
长江三角洲经济区	**Yangtze River Delta**	**15.78**	**510.98**	**5.46**	**516.46**	**88.42**	**278.60**
上海市	Shanghai City	7.15	229.23	1.99	231.22	57.13	136.12
南京市	Nanjing City	1.32	52.51	1.35	53.89	7.18	28.70
苏州市	Suzhou City	0.75	22.09	0.07	22.16	3.41	12.35
无锡市	Wuxi City	0.63	21.66	0.37	22.03	3.30	13.33
常州市	Changzhou City	0.32	11.94	0.03	11.97	1.08	7.34
镇江市	Zhenjiang City	0.16	5.05	0.01	5.07	0.14	2.73
南通市	Nantong City	0.42	11.13	0.09	11.22	1.64	5.32
扬州市	Yangzhou City	0.18	6.66	0.07	6.74	0.35	3.12
泰州市	Taizhou City	0.17	4.07	0.02	4.09	0.24	2.33
杭州市	Hangzhou City	2.23	73.67	0.93	74.60	7.26	32.30
宁波市	Ningbo City	1.10	30.26	0.46	30.71	3.34	13.75
嘉兴市	Jiaxing City	0.30	10.66	-0.03	10.63	0.90	5.83
湖州市	Huzhou City	0.26	6.94	0.07	7.01	0.64	3.97
绍兴市	Shaoxing City	0.35	10.54	0.01	10.54	0.82	5.16
舟山市	Zhoushan City	0.12	3.43	0.01	3.43	0.25	1.79
台州市	Taizhou City	0.32	11.14	0.01	11.15	0.73	4.46
珠江三角洲经济区	**Pearl River Delta**	**5.35**	**158.49**				**117.38**
广州市	Guangzhou City	2.35	73.23	1.54	74.76	16.17	57.12
深圳市	Shenzhen City	1.40	49.96				35.50
珠海市	Zhuhai City	0.20	4.13	0.03	4.16	1.42	3.37
佛山市	Foshan City	0.56	13.24	0.98	133.33	1.76	8.22
江门市	Jiangmen City	0.29	4.29	0.02	4.31	0.42	2.56
东莞市	Dongguan City	0.18	5.69	0.04	5.73	1.55	4.29
中山市	Zhongshan City	0.20	3.16	0.24	3.39	0.34	2.43
惠州市区	Huizhou Urban District	0.07	2.43		2.43	0.17	2.21
惠阳市	Huiyang City	0.01	0.41		0.41	0.03	0.32
惠东县	Huidong County	0.01	0.33		0.33		0.18
博罗县	Boluo County	0.01	0.29		0.29	0.01	0.19
肇庆市区	Zhaoqing Urban District	0.05	1.04	0.01	0.10	0.03	0.97
高要市	Gaoyao City	0.01	0.17		0.17	0.01	0.01
四会市	Sihui City	0.01	0.12		0.12		0.01

10−8 续表 4 continued

单位：亿元 (100 million yuan)

地区	Area	财务费用 Financial Cost	营业利润 Sales Profits	利润总额 Total Profits	应付工资总额 Total Wages Payable	应付福利费总额 Total Welfare Expenses Payable	应交增值税总额 Total Increment Tax Value
长江三角洲经济区	**Yangtze River Delta**	**77.13**	**259.04**	**298.17**	**152.21**	**24.61**	**184.75**
上海市	Shanghai City	39.52	112.14	132.05	77.20	11.70	57.93
南京市	Nanjing City	8.11	28.42	31.96	12.79	2.90	42.80
苏州市	Suzhou City	2.62	10.77	11.61	5.79	0.85	14.59
无锡市	Wuxi City	2.34	10.93	9.98	5.07	0.98	12.55
常州市	Changzhou City	6.40	4.06	4.18	9.23	1.42	5.26
镇江市	Zhenjiang City	0.36	2.31	2.43	1.19	0.21	2.55
南通市	Nantong City	0.84	6.55	6.35	3.00	0.40	4.42
扬州市	Yangzhou City	0.37	3.49	3.08	1.23	0.17	2.74
泰州市	Taizhou City	1.04	1.70	2.30	1.10	0.16	1.49
杭州市	Hangzhou City	7.64	44.67	53.05	15.24	2.95	13.69
宁波市	Ningbo City	4.07	14.24	17.73	8.12	1.06	16.72
嘉兴市	Jiaxing City	1.38	4.21	5.36	3.35	0.46	2.24
湖州市	Huzhou City	0.48	2.92	3.52	1.69	0.25	1.91
绍兴市	Shaoxing City	0.99	4.54	6.29	3.04	0.49	2.39
舟山市	Zhoushan City	0.26	1.57	1.67	1.11	0.16	0.98
台州市	Taizhou City	0.71	6.52	6.62	3.07	0.45	2.48
珠江三角洲经济区	**Pearl River Delta**			**74.23**	**68.82**		**61.05**
广州市	Guangzhou City	10.99	25.17	30.28	30.71	4.13	19.30
深圳市	Shenzhen City			30.62	25.99	2.95	27.47
珠海市	Zhuhai City	0.59	1.41	2.45	1.59	0.19	3.02
佛山市	Foshan City	2.73	4.14	5.63	3.62	0.64	4.08
江门市	Jiangmen City	0.73	1.46	1.49	1.37	0.16	0.99
东莞市	Dongguan City	1.24	1.69	2.03	1.97	0.14	1.46
中山市	Zhongshan City	0.82	0.50	0.84	1.69	0.18	3.47
惠州市区	Huizhou Urban District	0.21	0.18	0.29	0.98	0.12	0.63
惠阳市	Huiyang City	0.02	0.10	0.13	0.14	0.01	0.11
惠东县	Huidong County		0.15	0.16	0.09	0.01	0.08
博罗县	Boluo County	0.02	0.09	0.10	0.12	0.02	0.06
肇庆市区	Zhaoqing Urban District	0.21	-0.12	0.01	0.43	0.01	0.36
高要市	Gaoyao City	0.01	0.01	0.10	0.07		0.01
四会市	Sihui City	0.01	0.01	0.10	0.05		0.01

10-9 限额以上餐饮企业主要财务指标(2003年)

Main Financial Indicators of Enterprises above Designated Size in Catering Services(2003)

单位：万元 (10 000 yuan)

地区	Area	流动资产小计 Total Circulating Funds	# 存货 Inventories	长期投资 Long Term Investment	固定资产小计 Fixed Assets Investment	固定资产原价 Fixed Assets Original Value	累计折旧 Accumulative Depreciation
长江三角洲经济区	**Yangtze River Delta**	**722687**	**74811**		**1254047**	**1520298.3**	**404654.2**
上海市	Shanghai City	157300	15400	20300	218800	266200	72300
南京市	Nanjing City	116101	22780	2012	179942	185213	38399
苏州市	Suzhou City	78343	5468	3035	182330	178378	45070
无锡市	Wuxi City	143535	11894	25190	321185	420173	131387
常州市	Changzhou City	28073	2231	4297	78480	98121	24052
镇江市	Zhenjiang City	6933	729	1	9099	12963	4310
南通市	Nantong City	10643	950	87	15745	18578	3420
扬州市	Yangzhou City	8871	491	1653	10102	14385	4508
泰州市	Taizhou City	5339	534	0.2	1912	23525	5287
杭州市	Hangzhou City	57087	7016	18616	74720	96793	24004
宁波市	Ningbo City	55339	2660	4996	35876	44812	9168
嘉兴市	Jiaxing City	10197	1203	128	28645	39338	12025
湖州市	Huzhou City	13930	1546	448	56807	68248	15102
绍兴市	Shaoxing City	25555	1141	926	36307	48602	14066
舟山市	Zhoushan City	2088	129		2443	2871	661
台州市	Taizhou City	3353	639	2	1654	2099	895
珠江三角洲经济区	**Pearl River Delta**						
广州市	Guangzhou City	179177	17717	2713	245377	367965	141123
深圳市	Shenzhen City	67136	10403	5872	47184	82165	36608
珠海市	Zhuhai City	6705	695	510	3510	5900	2490
佛山市	Foshan City	54855	7007	1802	84901	112186	44315
江门市	Jiangmen City	15731	2215	868	39293	51581	13003
东莞市	Dongguan City	140422	12492	13397	421157	555387	145751
中山市	Zhongshan City	40435	1949	398	48488	68555	23858
惠州市区	Huizhou Urban District	5971	678	324	6314	13319	7005
惠阳市	Huiyang City	13184	776	3	44517	47164	2809
惠东县	Huidong County	147	52		295	1706	1411
博罗县	Boluo County	3231	124		1769	3780	2010
肇庆市区	Zhaoqing Urban District	4761	356		2962	3552	580
高要市	Gaoyao City						
四会市	Sihui City	453	22	500			

10−9 续表 1　continued

单位：万元　(10 000 yuan)

地区	Area	# 本年折旧 Depreciation in Local Year	资产合计 Total Assets	负债合计 Total Liabilities	所有者权益 Creditors'Equity	# 实收资本 Paid-up Capital	# 国家资本 State Capital
长江三角洲经济区	**Yangtze River Delta**	**85233**	**2427757**	**1593729**	**834029**	**647186**	
上海市	Shanghai City	20000	504800	328600	176200	135600	7600
南京市	Nanjing City	8931	345328	189491	155838	58619	18998
苏州市	Suzhou City	8640	323168	218780	104388	79272	27872
无锡市	Wuxi City	18105	530098	348041	182057	202874	45948
常州市	Changzhou City	8302	129967	79311	50656	27470	3918
镇江市	Zhenjiang City	942	17462	13981	3481	4745	464
南通市	Nantong City	1398	29159	18794	10364	3924	110
扬州市	Yangzhou City	715	21546	16885	4661	3600	2121
泰州市	Taizhou City	616	27498	17871	9627	11901	2889
杭州市	Hangzhou City	4789	184688	124461	60227	50137	5061
宁波市	Ningbo City	3024	107093	80991	26102	22017	6050
嘉兴市	Jiaxing City	2230	44361	36134	8227	10412	4376
湖州市	Huzhou City	4522	81739	63609	18130	16553	3272
绍兴市	Shaoxing City	2592	69580	48774	20806	17339	8503
舟山市	Zhoushan City	163	4998	3513	1485	1406	
台州市	Taizhou City	265	6272	4493	1780	1317	
珠江三角洲经济区	**Pearl River Delta**						
广州市	Guangzhou City	23942	510711	388778	121933	172491	20715
深圳市	Shenzhen City	4859	164801	122425	42376	60121	3207
珠海市	Zhuhai City	503	11861	4628	7233	7584	290
佛山市	Foshan City	6525	157911	126937	30974	50495	1048
江门市	Jiangmen City	2753	73538	47164	26375	38371	8493
东莞市	Dongguan City	27244	658314	460388	197926	252646	32486
中山市	Zhongshan City	4066	145449	132206	13243	35414	754
惠州市区	Huizhou Urban District	455	14349	12264	2085	9644	
惠阳市	Huiyang City	1729	62377	40314	22063	21324	20800
惠东县	Huidong County	39	442	554	-112	360	320
博罗县	Boluo County	120	6487	3397	3090	3103	300
肇庆市区	Zhaoqing Urban District	259	1512	8040	7081	5215	125
高要市	Gaoyao City						
四会市	Sihui City		953	469	483	536	

10-9 续表 2　continued

单位：万元　　　　(10 000 yuan)

地区	Area	#港澳台资本 Hongkong Macao & Taiwan Capital	#外商资本 Foreign Capital	营业收入 Business Income	营业成本 Business Cost	营业费用 Business Expenses	营业税金及附加 Business Tax and Extra Charges
长江三角洲经济区	**Yangtze River Delta**			**1811040**	**848323**	**563536**	**82434**
上海市	Shanghai City	21200	23600	630400	285500	212600	30000
南京市	Nanjing City	270	9081	193883	95864	62335	6912
苏州市	Suzhou City	2350	3814	187540	92616	47290	9833
无锡市	Wuxi City	6074	34123	208631	83781	63342	7789
常州市	Changzhou City	200	506	77879	37702	24987	3561
镇江市	Zhenjiang City			18783	10862	4685	1033
南通市	Nantong City			16928	8853	5267	682
扬州市	Yangzhou City	58		14801	8217	4353	612
泰州市	Taizhou City	5161	2065	11711	5574	3913	546
杭州市	Hangzhou City	190	3489	214570	98498	69687	9104
宁波市	Ningbo City	1835		90639	49223	24401	5571
嘉兴市	Jiaxing City	63		40948	20628	11857	1941
湖州市	Huzhou City			44682	20791	12096	2021
绍兴市	Shaoxing City	826		36694	15806	11539	1708
舟山市	Zhoushan City	23		7562	4208	2017	435
台州市	Taizhou City			15389	10200	3167	686
珠江三角洲经济区	**Pearl River Delta**						
广州市	Guangzhou City	45824	24327	680647	324054	248163	27369
深圳市	Shenzhen City	21982	5704	280438	125954	116259	12028
珠海市	Zhuhai City	1627	3869	27781	14922	8962	1450
佛山市	Foshan City	12193	120	144171	76374	42530	7659
江门市	Jiangmen City	4238	2841	46019	22687	17100	2087
东莞市	Dongguan City	53174	23971	221660	93161	78184	10224
中山市	Zhongshan City	14196	2491	73754	32653	27532	3646
惠州市区	Huizhou Urban District	3265	3276	15594	7615	5386	566
惠阳市	Huiyang City			10512	4803	1714	575
惠东县	Huidong County			2236	900	660	188
博罗县	Boluo County		2803	416	208	146	10
肇庆市区	Zhaoqing Urban District	125	107	8416	4137	3285	327
高要市	Gaoyao City						
四会市	Sihui City	36		736	278	429	37

10-9 续表 3 continued

单位：万元 (10 000 yuan)

地区	Area	管理费用 Management Cost	财务费用 Financial Cost	营业利润 Business Profits	利润总额 Total Profits	应付工资总额 Total Wages Payable	应付福利费总额 Total Welfare Payable
长江三角洲经济区	**Yangtze River Delta**	**234180**	**27315**	**55283**	**64090**	**313392**	**30533**
上海市	Shanghai City	66200	4800	31300	33900	55200	6700
南京市	Nanjing City	33549	3180	-7957	589	27575	3678
苏州市	Suzhou City	25277	3027	9498	6267	109800	2640
无锡市	Wuxi City	47152	5484	1114	-2584	61020	9797
常州市	Changzhou City	9476	1643	510	906	9253	1161
镇江市	Zhenjiang City	1687	266	249	220	1998	164
南通市	Nantong City	2609	488	-970	-994	2530	234
扬州市	Yangzhou City	1777	159	-317	-138	1946	205
泰州市	Taizhou City	1812	331	-466	-497	1379	138
杭州市	Hangzhou City	14400	2430	20451	23520	16944	3004
宁波市	Ningbo City	7302	1623	2519	3189	9105	720
嘉兴市	Jiaxing City	6301	797	-577	106	5459	730
湖州市	Huzhou City	7726	1567	481	57	4483	465
绍兴市	Shaoxing City	7417	1289	-1065	-972	4328	657
舟山市	Zhoushan City	555	119	229	229	772	84
台州市	Taizhou City	940	112	284	292	1600	157
珠江三角洲经济区	**Pearl River Delta**						
广州市	Guangzhou City	71050	8863	1148	1348	83189	5767
深圳市	Shenzhen City	22474	1474	2248	-207	33952	2562
珠海市	Zhuhai City	803	75	1568	679	3448	290
佛山市	Foshan City	16809	1372	-573	82	16502	881
江门市	Jiangmen City	5470	1336	-2661	-2662	5553	434
东莞市	Dongguan City	42921	5162	-7993	-6740	34867	2379
中山市	Zhongshan City	11456	1732	-3264	-5740	11305	764
惠州市区	Huizhou Urban District	2360	239	-572	-563	1922	43
惠阳市	Huiyang City	4239	1130	-1949	-1854	1969	254
惠东县	Huidong County	386		103	109	388	1
博罗县	Boluo County	54		-2	-2	36	
肇庆市区	Zhaoqing Urban District	446	320	-99	-167	1032	71
高要市	Gaoyao City						
四会市	Sihui City	77	6	-90	-90	206	

10-10 限额以上连锁零售业和餐饮业经营情况(2003 年)

The Basic Statistics of Chain Stores above Designated Size(2003)

地区	Area	门店总数(个) Total Chain Stores (unit)	营业面积(平方米) Business Area(sq.m)	从业人数(人) Number of Persons Employed (person)	统一配送比重(%) Percentage of Unified Allocation Deliver(%)	#自有配送中心配送比重(%) Percentage of Owner Allocation Deliver Center(%)	#非自有配送中心配送比重(%) Percentage of Non-Owner Allocation Deliver Center(%)
长江三角洲经济区	**Yangtze River Delta**						
上海市	Shanghai City						
南京市	Nanjing City						
苏州市	Suzhou City	974	231345	10929	96.2	57.8	38.4
无锡市	Wuxi City	258	118391	5278			
常州市	Changzhou City	739	576414	10872	84.9	89.8	10.2
镇江市	Zhenjiang City	2	15140	396	30.0	30.0	
南通市	Nantong City	539	442293	17031	100.0	100.0	
扬州市	Yangzhou City						
泰州市	Taizhou City	66	26173	870	96.4	91.7	4.7
杭州市	Hangzhou City	974	621553	24137			
宁波市	Ningbo City	569	344838	22921	76.0	67.0	9.0
嘉兴市	Jiaxing City	107	95212	2482	86.4	74.8	11.6
湖州市	Huzhou City	68	11303	715	64.5	47.4	17.1
绍兴市	Shaoxing City	189	73456	2970	55.9	55.8	0.1
舟山市	Zhoushan City	86	60065	1360	84.1	83.8	0.3
台州市	Taizhou City	17	22100	794	46.0	100.0	
珠江三角洲经济区	**Pearl River Delta**						
广州市	Guangzhou City	52	799909	42331			
深圳市	Shenzhen City	1613	1835109	69692	80.0		
珠海市	Zhuhai City	146	107818	3338	100.0	90.0	10.0
佛山市	Foshan City						
江门市	Jiangmen City						
东莞市	Dongguan City	94	138303	1035	95.0	70.0	25.0
中山市	Zhongshan City						
惠州市区	Huizhou Urban District	1	1995	131	100.0	100.0	
惠阳市	Huiyang City						
惠东县	Huidong County						
博罗县	Boluo County						
肇庆市区	Zhaoqing Urban District						
高要市	Gaoyao City						
四会市	Sihui City						

10-10 续表 continued

地区	Area	销售总额 (千元) Total Sales Value (1000 yuan)	#零售额 (千元) Retail Value (1000 yuan)	利润总额 (千元) Total Profits (1000 yuan)	资产总计 (千元) Total Assets (1000 yuan)	负债总计 (千元) Total Liabilities (1000 yuan)
长江三角洲经济区	**Yangtze River Delta**					
上海市	Shanghai City					
南京市	Nanjing City					
苏州市	Suzhou City	3021988	2816518	86481	999384	705514
无锡市	Wuxi City	1309492	1259172	69171	404621	240672
常州市	Changzhou City	55579	34100	271	15258	11232
镇江市	Zhenjiang City	179397	179397	6557	61393	33155
南通市	Nantong City	9686990	5467380	112720	1666470	1385840
扬州市	Yangzhou City					
泰州市	Taizhou City	42992	41760	-2	8520	7218
杭州市	Hangzhou City	9728750	9250430	132812	3914325	2817099
宁波市	Ningbo City	4123111	3946321	93971	1925986	1217887
嘉兴市	Jiaxing City	1095580	1070451	8532	232091	171417
湖州市	Huzhou City	784300	784300	590	214630	17630
绍兴市	Shaoxing City	1041688	892233	7265	341287	27842
舟山市	Zhoushan City	393400	301390	4120	155170	129150
台州市	Taizhou City	379143	305283	6887	184292	142358
珠江三角洲经济区	**Pearl River Delta**					
广州市	Guangzhou City	12043680	11544250	60230	5819940	4693080
深圳市	Shenzhen City	13715351	13645192	61272	12460758	9795415
珠海市	Zhuhai City	498556	449611	-5886	424187	367230
佛山市	Foshan City					
江门市	Jiangmen City					
东莞市	Dongguan City	226355	155113	-5521	267496	147721
中山市	Zhongshan City					
惠州市区	Huizhou Urban District	29635	29635	197	37980	39926
惠阳市	Huiyang City					
惠东县	Huidong County					
博罗县	Boluo County					
肇庆市区	Zhaoqing Urban District					
高要市	Gaoyao City					
四会市	Sihui City					

主要统计指标解释

社会消费品零售总额 指国民经济各行业直接售给城乡居民和社会集团的消费品总额。它是反映各行业通过多种商品流通渠道向居民和社会集团供应的生活消费品总量，是研究国内零售市场变动情况、反映经济景气程度的重要指标。

社会消费品零售总额包括：(1)售给城乡居民作为生活用的商品和修建房屋用的建筑材料；(2)售给社会集团的各种办公用品和公用消费品；(3)售给机关、团体、学校、部队、(4)企业、事业单位的职工食堂和旅店(招待所)附设专门供本店旅客食用，不对外营业的食堂的各种食品、燃料；(5)企业、单位和国营农场直接售给本单位职工和职工食堂的自己生产的产品；(6)售给部队干部、战士生活用的粮食、副食品、衣着品、日用品、燃料；(7)售给来华的外国人、华侨、港澳台同胞的消费品；(8)居民自费购买的中、西药品、中药材及医疗用品；(9)报社、出版社直接售给居民和社会集团的报纸、图书、杂志，集邮公司出售的新、旧纪念邮票、特种邮票、首日封、集邮册、集邮工具等；旧货寄售商店自购、自销部分的商品；(10)煤气公司、液化石油气站售给居民和社会集团的煤气灶具和罐装液化石油气；农民售给非农业居民和社会集团的商品。不包括售给国民经济各部门企业、事业单位(包括国有经济的农场)生产经营用的各种原材料、燃料、设备、工具等和售给批发零售贸易业、餐饮业作为转卖用的商品，旧货寄售商店受托寄售卖出的商品，服务业的营业收入，邮局出售邮票的收入，自来水、电力、煤气生产(供应)单位的产品供应收入，也不包括农民之间的商品销售。

商品购进总额 指从本企业(单位)以外的单位和个人购进(包括从境外直接进口)作为转卖或加工后转卖的商品总额。它反映批发零售贸易业从国内、国外市场上购进商品的总量。商品购进总额包括：(1)从工农业生产者购进的商品；(2)从出版社、报社的出版发行部门购进的图书、杂志和报纸；(3)从各种登记注册类型的批发零售贸易企业(单位)购进的商品；(4)从其他单位购进的商品，如从机关、团体、企业等单位购进的剩余物资，从餐饮业、服务业购进的商品，从海关、市场管理部门购进的缉私和没收的商品，从居民手中收购的废旧商品等；(5)从国(境)外直接进口的商品。不包括企业(单位)为自身经营用和未通过买卖行为而收入的商品以及销售退回、商品升溢等。

商品销售总额 指对本企业(单位)以外的单位和个人出售(包括对境外直接出口)的商品总额。它反映批发零售贸易业在国内市场上销售商品以及出口商品的总量。商品销售总额包括：(1)售给城乡居民和社会集团消费用的商品；(2)售给工业、农业、建筑业、运输邮电业、批发零售贸易业、餐饮业、服务业等作为生产、经营使用的商品；(3)售给批发零售贸易业作为转卖或加工后转卖的商品；(4)对国(境)外直接出口的商品。不包括出售本企业(单位)自用的废旧包装用品；未通过买卖行为付出的商品；经本单位介绍，由买卖双方直接结算，本单位只收取手续费的业务；购货退出的商品以及商品损耗和损失等。

批发零售贸易业库存 指报告期末各种登记注册类型的批发零售贸易企业(单位)已取得所有权的商品。它反映批发零售贸易企业(单位)的商品库存情况和对市场商品供应的保证程度。期末库存包括：(1)存放在批发零售贸易业经营单位(如门市部、批发站、经营处)仓库、货场、货柜和货架中的商品；(2)挑选、整理、包装中的商品；(3)已记入购进而尚未运到本单位的商品，即发货单或银行承兑凭证已到而货未到的部分；(4)寄放他处的商品，如因购货方拒绝承付而暂时存放在购货方的商品和已办完加工成品收回手续而未提回的商品；(5)委托其他单位代销(未作销售或调出)尚未售出的商品；(6)代其他单位购进尚未交付的商品。不包括所有权不属于本单位的商品、拨付除批发零售贸易业以外的其他行业所属独立核算加工厂等加工生产尚未收回成品的商品、代国家物资储备部门保管的商品等。库存总额采用的计算价格是：农副产品采购单位按购进价计算；批发单位按进货价计算；零售单位按核算价格计算。

批发零售贸易、餐饮业统计限额标准 批发业年末从业人员在20人及以上，年销售额在2000万元及以上；零售业年末从业人员在60人及以上，年销售额在500万元及以上；餐饮业年末从业人员在40人及以上，年营业额在200万元及以上。外贸企业一律包括在批发业中，按批发标准执行。

连锁店 指在核心企业或总店的领导下，由分散的、经营同类商品或服务的企业或活动单位，采取共同方针，实行集中采购和分散销售的有机结合，通过规范化经营，实现规模效益的经济联合组织形式。一般连锁店应由若干个分店组成。其经营特征：（1）经营同类商品；（2）使用统一商号；（3）统一采购配送，采购与销售相分离（部分商品可根据物流合理和保质保鲜原则由供应商直接送货到门店，其余均由总部统一配送）。

Explanatory Notes on Main Statistical Indicators

Total Retail Sales of Consumer Goods refer to the sum of retail sales of consumer goods sold by all sectors of the national economy to urban and rural residents and social groups. This indicator is used to show the supply of consumers goods through various channels to households and institutions, and is very important for the study on changes at the domestic retail market, and on economic cycles.

The retail sales of consumer goods include: (1) commodities sold to urban and rural residents for their daily use and building materials sold to them for the construction or repair of houses; (2) office appliances and supplies sold to institutions; (3) food and fuels sold to canteens of institutions, enterprises, schools, military units and to canteens of hotels and hostels that only serve their guests, and commodities produced by enterprises, institutions or state farms and sold directly to their employees or their canteens; (4) grain and non-staple food, clothing, daily articles and fuels sold to military personnel; (5)consumer goods sold to foreigners, overseas Chinese, and Chinese compatriots from Taiwan, Hong Kong and Macao during their stay in the mainland of China; (6) Chinese and western medicines, herbs and medical facilities purchased by residents; (7) newspapers, books and magazines directly sold to residents and social groups by publishers, new and old commemorative stamps, special stamps, first-day covers, stamp albums and other stamp-collection articles sold by stamp companies; (8) consumer goods purchased and then sold by second-hand shops; (9) stoves and other heating facilities and liquefied gas sold by gas companies to households and institutions; and (10) commodities sold by farmers to non-agricultural residents and social groups. Excluded under this heading are: raw materials, fuels, equipment, tools sold to enterprises, institutions and state farms for production purpose; commodities sold to trade establishments for re-selling; commissioned sales at second-hand shops; operational income of urban public utilities; stamps sold at post offices; income of water, power, gas production and supply establishments from the supply of their products; and sales of commodities among farmers.

Total Purchases of Commodities refer to the total value of purchases of commodities by the establishments from other establishments or individuals (including direct import from abroad) for the purpose of re-selling, either with or without further processing of the commodities purchased. This indicator is used to show the total value of purchases of commodities by wholesale and retail establishments from domestic and overseas markets. The total purchases include: (1) agricultural and industrial products purchased from producers; (2) books, magazines and newspapers purchased from distribution departments of the publishers; (3) commodities purchased from wholesale and retail establishments of different status of registration; (4) commodities purchased from other units, such as surplus materials purchased from government agencies, enterprises or institutions, commodities purchased from catering and service establishments, confiscated goods purchased from customs authorities or market management agencies, second-hand goods and wastes purchased from residents; and (5) commodities directly imported from abroad. Excluded are commodities purchased by establishments (units) for use in their own business operation, commodities obtained without buying or selling procedures, rejected commodities, etc.

Total Sales of Commodities refer to value of commodities sold by the establishments to other establishments and individuals (including direct export). This indicator is used to show the total value of sales of commodities at domestic markets and export. The total sales include: (1) commodities sold to urban and rural residents and social groups for their consumption; (2) commodities sold to establishments in industry, agriculture, construction, transportation, post and telecommunications, wholesale and retail trades, catering trade and public utility for their production and operation; (3) commodities sold to wholesale and retail establishments for re selling, with or without further processing; and (4)commodities for direct export to other countries. Excluded are selling of waste packaging materials used by the establishments (units) themselves, commodities transferred without buying or selling procedures, commission income from brokerage in transactions whose settlement is directly handled by buyers and sellers, rejected commodities in the purchase, loss in commodities, etc.

Commodity Inventory of Wholesale and Retail Enterprises refers to total commodities possessed by wholesale and retail enterprises (units) of various types of registration status at the end of the reference period, which reflects the commodity level of various wholesale and retail enterprises and the potential for market supply. It includes: (1) commodities located in storage, garages, counters, and shelves of operating units (such as sale stores, wholesale centers, and operating offices) of wholesale and retail enterprises; (2) commodities in the process of selecting, sorting, and packing; (3)commodities not arrived but recorded as purchase in the account, i.e. commodities not arrived but payment receipts for the commodities from the sellers or the banks arrived; (4) commodities deposited in other places rather than places mentioned above, for instance: commodities in the hold of purchasers temporarily due to the refusal of payment and commodities not taken back after going through the formalities; (5) commodities entrusted to other units to sell but not sold yet; (6) commodities purchased for other units but not delivered yet. Commodities not included as stock are those not owned by the enterprises (units), those allocated to financially independent factories rather than wholesale and retail enterprises for processing but not taken back yet, and finally those put in stock by wholesale and retail enterprises on behalf of the state material reserves units.

For the calculation of the value of commodities stock, the value is calculated at purchasing prices in agricultural goods purchasing units and wholesale units, and at the accounting prices in retail units.

The Statistical Designated Size Standard in Wholesale, Retail Trade and Catering Industry refer to persons employed at the year-end in wholesale are 20 persons and above, annual sales are 20 million yuan and above; persons employed at the year-end in retail are 60 persons and above; annual sales are 5 million yuan and above; persons employed at the year-end in catering are 40 persons and above, annual turnover are 2 million yuan and above. Foreign trade enterprise are all included in retail industry and executed according to the wholesale standard.

Chain Stores (also called chain stores or chain corporations) refer to a form of joint economic entities under which scattered enterprises or establishments engaged in providing homogeneous commodities or services, with the central leadership of core enterprise or headquarters and guided by common policies, conduct centralized purchase and distributed selling of commodities, in order to gain better efficiency through standardized operation. Consisting of a number of branch stores, the chain stores have in general following features:(1)homogeneous commodities,(2)unique name of stores,(3)centralized purchase and delivery which is separated from distributed selling operation (most commodities are delivered from the headquarters except some items which, from logistics, quality or freshness considerations, might be delivered by the suppliers directly).

11-1 进出口贸易总额及年增长率
Total Value and Annual Growth Rate of Imports and Exports

单位：亿美元 (USD 100 million)

地区	Area	进出口贸易总额 Total Value of Imports and Exports					
		1978	1980	1990	2000	2002	2003
长江三角洲经济区	**Yangtze River Delta**				**1235.82**	**1774.10**	**2769.91**
上海市	Shanghai City	30.26	45.06	74.31	547.10	726.64	1123.97
南京市	Nanjing City			1.84	91.02	100.94	147.12
苏州市	Suzhou City			1.88	200.70	363.90	656.61
无锡市	Wuxi City			1.19	59.83	97.41	143.79
常州市	Changzhou City			0.62	28.22	39.18	52.51
镇江市	Zhenjiang City			1.29	14.61	20.98	26.70
南通市	Nantong City			2.03	31.56	38.96	51.64
扬州市	Yangzhou City			0.00	11.18	15.14	20.33
泰州市	Taizhou City			0.00	4.48	5.73	8.80
杭州市	Hangzhou City			1.46	104.76	131.07	182.38
宁波市	Ningbo City			2.98	75.41	122.73	188.09
嘉兴市	Jiaxing City				27.28	36.96	57.11
湖州市	Huzhou City				6.93	8.87	12.18
绍兴市	Shaoxing City				16.62	38.70	59.61
舟山市	Zhoushan City			0.14	4.67	4.97	6.20
台州市	Taizhou City				11.44	21.91	32.88
珠江三角洲经济区	**Pearl River Delta**					**2117.78**	**2712.51**
广州市	Guangzhou City			41.79	233.51	279.27	349.41
深圳市	Shenzhen City		0.18	54.71	639.40	872.31	1173.99
珠海市	Zhuhai City		0.19	6.48	91.65	128.39	167.83
佛山市	Foshan City				103.27	129.70	164.64
江门市	Jiangmen City				48.33	47.76	58.70
东莞市	Dongguan City			10.82	320.45	442.47	521.06
中山市	Zhongshan City				60.89	93.42	131.29
惠州市区	Huizhou Urban District					70.19	84.81
惠阳市	Huiyang City					25.67	25.60
惠东县	Huidong County					5.79	8.47
博罗县	Boluo County					10.04	11.85
肇庆市区	Zhaoqing Urban District				8.21	9.44	11.39
高要市	Gaoyao City				1.33	1.62	1.66
四会市	Sihui City				1.39	1.71	1.81

11-1续表　continued

单位：% (%)

地区	Area	进出口贸易总额年增长率 Annual Growth Rate of Total Value of Imports and Exports					
		1978	1980	1990	2000	2002	2003
长江三角洲经济区	**Yangtze River Delta**						
上海市	Shanghai City	30.40	16.20	-5.30	41.70	19.30	54.70
南京市	Nanjing City						45.74
苏州市	Suzhou City				59.90	53.80	80.44
无锡市	Wuxi City			29.10	37.80	46.30	47.61
常州市	Changzhou City			18.90	46.40	20.20	34.00
镇江市	Zhenjiang City			-23.70	59.00	44.30	27.28
南通市	Nantong City				30.90	20.50	32.55
扬州市	Yangzhou City				40.60	22.90	34.26
泰州市	Taizhou City				25.80	7.80	53.54
杭州市	Hangzhou City			72.60	42.70	16.00	39.20
宁波市	Ningbo City			35.50	50.50	38.00	53.30
嘉兴市	Jiaxing City				52.90	13.10	54.50
湖州市	Huzhou City				91.50	18.50	37.20
绍兴市	Shaoxing City				69.60	56.60	54.00
舟山市	Zhoushan City				47.50	7.10	25.10
台州市	Taizhou City				73.60	42.00	50.10
珠江三角洲经济区	**Pearl River Delta**						
广州市	Guangzhou City			18.30	21.71	21.23	25.11
深圳市	Shenzhen City		4.50	45.80	26.80	27.10	34.60
珠海市	Zhuhai City			22.40	45.80	31.00	30.72
佛山市	Foshan City						26.90
江门市	Jiangmen City				21.73	8.84	22.91
东莞市	Dongguan City				12.59	28.40	17.80
中山市	Zhongshan City				26.15	30.67	40.55
惠州市区	Huizhou Urban District						20.83
惠阳市	Huiyang City						-0.27
惠东县	Huidong County						46.29
博罗县	Boluo County						18.03
肇庆市区	Zhaoqing Urban District					15.00	20.70
高要市	Gaoyao City					21.80	2.50
四会市	Sihui City					23.00	5.80

11-2 进口总额及年增长率

Total Value and Annual Growth Rate of Imports

单位：亿美元 (USD 100 million)

地区	Area	进口总额 Total Value of Imports					
		1978	1980	1990	2000	2002	2003
长江三角洲经济区	**Yangtze River Delta**				**564.80**	**832.12**	**1356.59**
上海市	Shanghai City	1.33	2.40	21.10	293.56	406.09	639.15
南京市	Nanjing City			0.28	37.33	40.83	70.46
苏州市	Suzhou City			0.33	95.89	178.69	330.28
无锡市	Wuxi City			0.31	26.17	45.97	70.55
常州市	Changzhou City			0.12	9.62	12.62	17.21
镇江市	Zhenjiang City			0.42	8.03	10.87	13.81
南通市	Nantong City			0.48	11.21	13.65	18.80
扬州市	Yangzhou City				5.12	7.14	9.21
泰州市	Taizhou City				1.19	1.53	2.46
杭州市	Hangzhou City			0.46	35.11	46.26	72.83
宁波市	Ningbo City			0.19	23.73	41.10	67.36
嘉兴市	Jiaxing City				8.38	11.48	20.96
湖州市	Huzhou City				2.30	1.78	2.06
绍兴市	Shaoxing City				3.85	9.69	14.28
舟山市	Zhoushan City				0.56	0.52	0.81
台州市	Taizhou City				2.76	3.89	6.37
珠江三角洲经济区	**Pearl River Delta**					**992.35**	**1262.19**
广州市	Guangzhou City			18.24	115.60	141.49	180.52
深圳市	Shenzhen City		0.06	24.75	293.76	406.74	544.37
珠海市	Zhuhai City		0.06	1.60	55.19	76.34	98.73
佛山市	Foshan City				45.91	50.82	62.42
江门市	Jiangmen City				18.48	18.24	22.20
东莞市	Dongguan City			5.14	148.86	205.11	241.04
中山市	Zhongshan City				24.12	36.17	48.75
惠州市区	Huizhou Urban District					35.09	39.07
惠阳市	Huiyang City					11.21	12.24
惠东县	Huidong County					2.25	2.81
博罗县	Boluo County					4.58	5.51
肇庆市区	Zhaoqing Urban District				2.94	3.28	3.53
高要市	Gaoyao City				0.53	0.50	0.50
四会市	Sihui City				0.56	0.53	0.50

11-2续表 continued

单位：% (%)

地区	Area	进口总额增长率 Annual Growth Rate of Total Value of Imports					
		1978	1980	1990	2000	2002	2003
长江三角洲经济区	**Yangtze River Delta**						
上海市	Shanghai City	33.00	18.20	-25.10	14.10	22.10	57.40
南京市	Nanjing City						72.60
苏州市	Suzhou City				70.40	57.40	84.80
无锡市	Wuxi City			-11.70	46.80	49.90	53.50
常州市	Changzhou City			78.50	47.80	15.50	36.40
镇江市	Zhenjiang City			-49.45	59.33	53.54	27.10
南通市	Nantong City				37.40	18.80	37.70
扬州市	Yangzhou City				45.04	39.25	29.17
泰州市	Taizhou City				0.10	4.50	60.70
杭州市	Hangzhou City			35.30	55.30	15.20	57.40
宁波市	Ningbo City				54.90	55.30	63.90
嘉兴市	Jiaxing City				58.10	9.10	82.60
湖州市	Huzhou City				160.60	3.30	15.70
绍兴市	Shaoxing City				44.00	62.50	47.40
舟山市	Zhoushan City				3.90	-4.70	55.70
台州市	Taizhou City				62.80	6.80	63.70
珠江三角洲经济区	**Pearl River Delta**						
广州市	Guangzhou City			3.51	24.06	23.97	27.58
深圳市	Shenzhen City			56.80	32.20	30.70	33.84
珠海市	Zhuhai City			-2.90	53.90	26.90	29.33
佛山市	Foshan City						22.83
江门市	Jiangmen City				25.03	0.33	21.71
东莞市	Dongguan City				11.85	32.60	17.52
中山市	Zhongshan City				20.25	29.59	34.78
惠州市区	Huizhou Urban District						11.34
惠阳市	Huiyang City						9.19
惠东县	Huidong County						24.89
博罗县	Boluo County						20.31
肇庆市区	Zhaoqing Urban District					11.60	7.62
高要市	Gaoyao City					-5.70	
四会市	Sihui City					-5.40	-5.66

11-3 出口总额及年增长率

Total Value and Annual Growth Rate of Exports

单位：亿美元 (USD 100 million)

地区	Area	出口总额 Total Value of Exports					
		1978	1980	1990	2000	2002	2003
长江三角洲经济区	**Yangtze River Delta**				**671.03**	**941.97**	**1413.34**
上海市	Shanghai City	28.93	42.66	53.21	253.54	320.55	484.82
南京市	Nanjing City			1.56	53.69	60.11	76.65
苏州市	Suzhou City			1.55	104.81	185.21	326.33
无锡市	Wuxi City			0.88	33.67	51.44	73.24
常州市	Changzhou City			0.50	18.60	26.56	35.30
镇江市	Zhenjiang City			0.86	6.59	10.11	12.89
南通市	Nantong City			1.56	20.35	25.31	32.85
扬州市	Yangzhou City				6.06	8.01	11.12
泰州市	Taizhou City				3.29	4.20	6.34
杭州市	Hangzhou City			0.99	69.65	84.81	109.55
宁波市	Ningbo City			2.80	51.68	81.63	120.74
嘉兴市	Jiaxing City				18.90	25.48	36.16
湖州市	Huzhou City				4.63	7.09	10.11
绍兴市	Shaoxing City				12.77	29.01	45.33
舟山市	Zhoushan City			0.14	4.12	4.44	5.40
台州市	Taizhou City				8.69	18.02	26.51
珠江三角洲经济区	**Pearl River Delta**				**847.19**	**1125.42**	**1450.32**
广州市	Guangzhou City			23.55	117.91	137.78	168.89
深圳市	Shenzhen City		0.11	29.96	345.63	465.57	629.62
珠海市	Zhuhai City		0.13	4.89	36.46	52.04	69.10
佛山市	Foshan City			8.88	57.36	78.88	102.23
江门市	Jiangmen City			5.21	29.85	29.52	36.50
东莞市	Dongguan City			5.68	171.59	237.36	280.02
中山市	Zhongshan City			3.42	36.77	57.25	82.54
惠州市区	Huizhou Urban District			2.48	26.16	35.10	45.74
惠阳市	Huiyang City			0.15	11.30	14.46	13.36
惠东县	Huidong County			0.14	2.37	3.54	5.66
博罗县	Boluo County				4.89	5.46	6.33
肇庆市区	Zhaoqing Urban District				5.28	6.16	7.86
高要市	Gaoyao City				0.80	1.12	1.16
四会市	Sihui City				0.82	1.18	1.31

11-3续表 continued

单位：% (%)

地区	Area	出口总额年增长率 Annual Growth Rate of Total Value of Exports					
		1978	1980	1990	2000	2002	2003
长江三角洲经济区	**Yangtze River Delta**						
上海市	Shanghai City	30.30	16.10	5.70	35.00	16.00	51.20
南京市	Nanjing City						27.50
苏州市	Suzhou City				51.30	50.50	76.20
无锡市	Wuxi City			54.20	31.60	43.40	42.40
常州市	Changzhou City			10.20	45.70	22.60	32.90
镇江市	Zhenjiang City			13.20	57.60	35.50	27.50
南通市	Nantong City				27.50	21.40	29.80
扬州市	Yangzhou City				37.20	20.60	39.00
泰州市	Taizhou City				38.60	9.00	51.00
杭州市	Hangzhou City			98.00	37.10	16.40	29.20
宁波市	Ningbo City				48.60	30.70	47.90
嘉兴市	Jiaxing City				51.20	14.90	41.90
湖州市	Huzhou City				69.20	23.10	42.60
绍兴市	Shaoxing City				79.20	54.80	56.30
舟山市	Zhoushan City				56.40	8.70	21.50
台州市	Taizhou City				77.30	52.90	47.10
珠江三角洲经济区	**Pearl River Delta**						
广州市	Guangzhou City			33.04	19.50	18.54	22.58
深圳市	Shenzhen City		20.90	37.80	22.50	24.20	35.24
珠海市	Zhuhai City		39.70	33.80	35.10	37.40	32.78
佛山市	Foshan City						29.60
江门市	Jiangmen City				19.69	14.82	23.64
东莞市	Dongguan City				13.23	25.00	17.97
中山市	Zhongshan City				30.35	31.36	44.17
惠州市区	Huizhou Urban District						30.31
惠阳市	Huiyang City						-7.61
惠东县	Huidong County						59.89
博罗县	Boluo County						15.93
肇庆市区	Zhaoqing Urban District					16.70	27.60
高要市	Gaoyao City					40.00	3.57
四会市	Sihui City					43.90	11.02

11-4 主要商品出口数量和金额(2003年)

Main Export Commodities in Volume and Value(2003)

单位：万美元 (USD 10 000)

品名		Item		上海市 Shanghai City 金额 Value	常州市 Changzhou City 金额 Value	杭州市 Hangzhou City 数量 Volume	杭州市 Hangzhou City 金额 Value
活猪	(万头)	Live Hogs	(10 000 heads)	744		21	2126
活家禽	(万只)	Live Poultry	(10 000 heads)				
鲜、冻牛肉	(万吨)	Frozen,Fresh Beef	(10 000 tons)				
鲜、冻猪肉	(万吨)	Frozen,Fresh Pork	(10 000 tons)	101		-	161
冻鸡	(万吨)	Frozen Chicken	(10 000 tons)	1270			
水海产品	(万吨)	Aquatic and Seawater Products	(10 000 tons)	3546		-	1180
谷物及谷物粉	(万吨)	Cereals and Cereals Flour	(10 000 tons)	924		1	121
蔬菜	(万吨)	Vegetables	(10 000 tons)	6696	40	9	5603
食糖	(万吨)	Sugar	(10 000 tons)	4			4
天然蜂蜜	(吨)	Natural Honey	(ton)	591	2	9296	1297
茶叶	(吨)	Tea	(ton)	1324		83575	10631
猪肉罐头	(吨)	Canned Pork	(ton)	1770		1641	218
蘑菇罐头	(吨)	Canned Mushroom	(ton)	453		5681	414
填充用羽毛；羽绒	(吨)	Feathers and Down for Stuffing	(ton)	1899		13151	8025
药材	(吨)	Medical Materials	(ton)	360		8959	2430
生丝	(吨)	Raw Silk	(ton)	160		1180	1793
兔毛	(吨)	Rabbit Hair	(ton)	46		456	446
煤	(万吨)	Coal	(10 000 tons)				
原油	(万吨)	Crude Oil	(10 000 tons)				
成品油	(万吨)	Petroleum Products Refined	(10 000 tons)	18345	3	-	107
石蜡	(万吨)	Paraffin Wax	(10 000 tons)	2772			
合成有机染料	(吨)	Synthetic Organic Dyestuffs	(ton)	6353	4457	36650	8502
医药品	(吨)	Medical and Pharmaceutical Products	(ton)	31739	1832	14053	14068
烟花、爆竹	(吨)	Fireworks and Firecrackers	(ton)	426		1401	264
松香及树脂酸	(吨)	Resin and Resin Acids	(ton)	4			
轮胎	(万条)	Rubber Tyres	(10 000 units)	13886		589	8452
纸及纸板(未切成形)	(万吨)	Paper and Paperboard in Rolls	(10 000 tons)	5450	206	2	1280
水泥	(万吨)	Cement	(10 000 tons)	1161		9	233
平板玻璃	(万平方米)	Plate Glass	(10 000 sq.m)	2791	540	46	87
玻璃制品		Glass Products		7247			2048
家用陶瓷器皿	(吨)	Porcelain and Pottery Ware for Household Use	(ton)	906		5746	622
生铁及镜铁	(万吨)	Pig Iron and Spiegeleise	(10 000 tons)	989	45		
钢材	(万吨)	Rolled Steel	(10 000 tons)	63181	139	5	2282
未锻造铝及合金	(吨)	Unwrought Copper and its Alloys	(ton)	5918		3323	1013
铜材	(吨)	Rolled Copper	(ton)	5382	178	3322	1013
未锻造铝及合金	(吨)	Unwrought Aluminum and its Alloys	(ton)	17444		1684	461
铝材	(吨)	Rolled Aluminum	(ton)	3882	134	1684	461

11-4续表1 continued

单位：万美元 (USD 10 000)

品名		Item		宁波市 Ningbo City		嘉兴市 Jiaxing City		湖州市 Huzhou City	
				数量 Volume	金额 Value	数量 Volume	金额 Value	数量 Volume	金额 Value
活猪	(万头)	Live Hogs	(10 000 heads)	18	176				
活家禽	(万只)	Live Poultry	(10 000 heads)						
鲜、冻牛肉	(万吨)	Frozen,Fresh Beef	(10 000 tons)						
鲜、冻猪肉	(万吨)	Frozen,Fresh Pork	(10 000 tons)						
冻鸡	(万吨)	Frozen Chicken	(10 000 tons)						
水海产品	(万吨)	Aquatic and Seawater Products	(10 000 tons)	3	8943				38
谷物及谷物粉	(万吨)	Cereals and Cereals Flour	(10 000 tons)	-	3				638
蔬菜	(万吨)	Vegetables	(10 000 tons)		5768	1	277		
食糖	(万吨)	Sugar	(10 000 tons)						
天然蜂蜜	(吨)	Natural Honey	(ton)	180	15				
茶叶	(吨)	Tea	(ton)	27780	3806	686	118	2346	313
猪肉罐头	(吨)	Canned Pork	(ton)	248	31				
蘑菇罐头	(吨)	Canned Mushroom	(ton)	871	66				
填充用羽毛；羽绒	(吨)	Feathers and Down for Stuffing	(ton)	17	9				
药材	(吨)	Medical Materials	(ton)	90	39	257	64		
生丝	(吨)	Raw Silk	(ton)	8	15	2400	1384	613	981
兔毛	(吨)	Rabbit Hair	(ton)						
煤	(万吨)	Coal	(10 000 tons)						
原油	(万吨)	Crude Oil	(10 000 tons)						
成品油	(万吨)	Petroleum Products Refined	(10 000 tons)	67	16745				
石蜡	(万吨)	Paraffin Wax	(10 000 tons)						
合成有机染料	(吨)	Synthetic Organic Dyestuffs	(ton)	9624	3434				
医药品	(吨)	Medical and Pharmaceutical Products	(ton)		6187	826	623	3002	1748
烟花、爆竹	(吨)	Fireworks and Firecrackers	(ton)						
松香及树脂酸	(吨)	Resin and Resin Acids	(ton)						
轮胎	(万条)	Rubber Tyres	(10 000 units)	42	103				
纸及纸板(未切成形)	(万吨)	Paper and Paperboard in Rolls	(10 000 tons)		799	1	477		3
水泥	(万吨)	Cement	(10 000 tons)			-	4		5
平板玻璃	(万平方米)	Plate Glass	(10 000 sq.m)		50				1
玻璃制品		Glass Products			2078				24
家用陶瓷器皿	(吨)	Porcelain and Pottery Ware for Household Use	(ton)	3797	181			84	10
生铁及镜铁	(万吨)	Pig Iron and Spiegeleise	(10 000 tons)						
钢材	(万吨)	Rolled Steel	(10 000 tons)		4345	-	452	3	1668
未锻造铝及合金	(吨)	Unwrought Copper and its Alloys	(ton)	5781	1374				
铜材	(吨)	Rolled Copper	(ton)	1949	704			58	18
未锻造铝及合金	(吨)	Unwrought Aluminum and its Alloys	(ton)	125	20				
铝材	(吨)	Rolled Aluminum	(ton)	5598	1637			51	11

11-4 续表 2　continued

单位：万美元　　　　(USD 10 000)

品名	Item	绍兴市 Shaoxing City 数量 Volume	金额 Value	台州市 Taizhou City 数量 Volume	金额 Value
活猪 (万头)	Live Hogs (10 000 heads)				
活家禽 (万只)	Live Poultry (10 000 heads)				
鲜、冻牛肉 (万吨)	Frozen,Fresh Beef (10 000 tons)				
鲜、冻猪肉 (万吨)	Frozen,Fresh Pork (10 000 tons)				
冻鸡 (万吨)	Frozen Chicken (10 000 tons)				
水海产品 (万吨)	Aquatic and Seawater Products (10 000 tons)	-	6	-	182
谷物及谷物粉 (万吨)	Cereals and Cereals Flour (10 000 tons)				
蔬菜 (万吨)	Vegetables (10 000 tons)	-	560	-	264
食糖 (万吨)	Sugar (10 000 tons)			-	5
天然蜂蜜 (吨)	Natural Honey (ton)				
茶叶 (吨)	Tea (ton)	20813	2878		3
猪肉罐头 (吨)	Canned Pork (ton)				
蘑菇罐头 (吨)	Canned Mushroom (ton)			-	164
填充用羽毛；羽绒 (吨)	Feathers and Down for Stuffing (ton)	1832	1307		
药材 (吨)	Medical Materials (ton)	12	2		32
生丝 (吨)	Raw Silk (ton)				
兔毛 (吨)	Rabbit Hair (ton)				
煤 (万吨)	Coal (10 000 tons)				
原油 (万吨)	Crude Oil (10 000 tons)				
成品油 (万吨)	Petroleum Products Refined (10 000 tons)				
石蜡 (万吨)	Paraffin Wax (10 000 tons)				
合成有机染料 (吨)	Synthetic Organic Dyestuffs (ton)	25821	4599	1	2141
医药品 (吨)	Medical and Pharmaceutical Products (ton)	19015	12227	-	724
烟花、爆竹 (吨)	Fireworks and Firecrackers (ton)				
松香及树脂酸 (吨)	Resin and Resin Acids (ton)				
轮胎 (万条)	Rubber Tyres (10 000 units)			329	148
纸及纸板(未切成形) (万吨)	Paper and Paperboard in Rolls (10 000 tons)	-	175	-	449
水泥 (万吨)	Cement (10 000 tons)				
平板玻璃 (万平方米)	Plate Glass (10 000 sq.m)				
玻璃制品	Glass Products		230		766
家用陶瓷器皿 (吨)	Porcelain and Pottery Ware for Household Use (ton)	4	2	-	42
生铁及镜铁 (万吨)	Pig Iron and Spiegeleise (10 000 tons)				
钢材 (万吨)	Rolled Steel (10 000 tons)	-	114	11820	1363
未锻造铝及合金 (吨)	Unwrought Copper and its Alloys (ton)				
铜材 (吨)	Rolled Copper (ton)	13575	3249	802	393
未锻造铝及合金 (吨)	Unwrought Aluminum and its Alloys (ton)			10304	1505
铝材 (吨)	Rolled Aluminum (ton)	375	233	626	193

11-4续表3　continued

单位：万美元 (USD 10 000)

品名	Item	广州市 Guangzhou City 数量 Volume	广州市 Guangzhou City 金额 Value	深圳市 Shenzhen City 数量 Volume	深圳市 Shenzhen City 金额 Value	珠海市 Zhuhai City 金额 Value
活猪	(万头) Live Hogs (10 000 heads)	8	1113	6	739	388
活家禽	(万只) Live Poultry (10 000 heads)	730	1366	139	1963	556
鲜、冻牛肉	(万吨) Frozen, Fresh Beef (10 000 tons)	-	89	137	186	11
鲜、冻猪肉	(万吨) Frozen, Fresh Pork (10 000 tons)	1	863	411	527	
冻鸡	(万吨) Frozen Chicken (10 000 tons)	-	516	1451	1931	33
水海产品	(万吨) Aquatic and Seawater Products (10 000 tons)	2	2258	4827	4437	1129
谷物及谷物粉	(万吨) Cereals and Cereals Flour (10 000 tons)	3	726	8335	2249	8
蔬菜	(万吨) Vegetables (10 000 tons)	3	1198	38927	7360	800
食糖	(万吨) Sugar (10 000 tons)	-	103	574	223	10
天然蜂蜜	(吨) Natural Honey (ton)	39	3	487708	69	31
茶叶	(吨) Tea (ton)	12211	2040	2051849	44	37
猪肉罐头	(吨) Canned Pork (ton)	196	36	4482621	461	8
蘑菇罐头	(吨) Canned Mushroom (ton)	16927	1386	2303437	262	
填充用羽毛；羽绒	(吨) Feathers and Down for Stuffing (ton)	641	142	2688032	430	
药材	(吨) Medical Materials (ton)	3804	537	52397995	2926	565
生丝	(吨) Raw Silk (ton)	1374	2074			
兔毛	(吨) Rabbit Hair (ton)	186	310	11807	28	5
煤	(万吨) Coal (10 000 tons)	52	2304			
原油	(万吨) Crude Oil (10 000 tons)					
成品油	(万吨) Petroleum Products Refined (10 000 tons)	52	12620	3549	1836	407
石蜡	(万吨) Paraffin Wax (10 000 tons)					
合成有机染料	(吨) Synthetic Organic Dyestuffs (ton)	1201	575	985311	182	57
医药品	(吨) Medical and Pharmaceutical Products (ton)	15034	5896	7494383	5412	1858
烟花、爆竹	(吨) Fireworks and Firecrackers (ton)	28998	3679			
松香及树脂酸	(吨) Resin and Resin Acids (ton)	41504	1979	216000	9	
轮胎	(万条) Rubber Tyres (10 000 units)	1002	11935	2207	3569	
纸及纸板(未切成形)	(万吨) Paper and Paperboard in Rolls (10 000 tons)	2	1663	4366	2841	2103
水泥	(万吨) Cement (10 000 tons)	18	714	25144376	92	162
平板玻璃	(万平方米) Plate Glass (10 000 sq.m)	67	72	636	1496	14
玻璃制品	Glass Products			55400829	6916	445
家用陶瓷器皿	(吨) Porcelain and Pottery Ware for Household Use (ton)	1	1178	266980299	13144	458
生铁及镜铁	(万吨) Pig Iron and Spiegeleise (10 000 tons)	-	73			
钢材	(万吨) Rolled Steel (10 000 tons)	24	11750	3694	3043	223
未锻造铝及合金	(吨) Unwrought Copper and its Alloys (ton)	133	33	2080	-	74
铜材	(吨) Rolled Copper (ton)	4088	1393	20674175	5854	404
未锻造铝及合金	(吨) Unwrought Aluminum and its Alloys (ton)	12704	1843	2080	-	74
铝材	(吨) Rolled Aluminum (ton)	14841	3001	12493902	3355	74

11−4续表 4　continued

单位：万美元　　　　(USD 10 000)

品名	Item	佛山市 Foshan City		东莞市 Dongguan City		惠州市区 Huizhou Urban District	
		数量 Volume	金额 Value	数量 Volume	金额 Value	数量 Volume	金额 Value
活猪（万头）	Live Hogs (10 000 heads)	3	414	2	232	1	208
活家禽（万只）	Live Poultry (10 000 heads)	-	394	71	157	20	51
鲜、冻牛肉（万吨）	Frozen, Fresh Beef (10 000 tons)						
鲜、冻猪肉（万吨）	Frozen, Fresh Pork (10 000 tons)	-	7			-	27
冻鸡（万吨）	Frozen Chicken (10 000 tons)	55	77				
水海产品（万吨）	Aquatic and Seawater Products (10 000 tons)		355	-	167	-	132
谷物及谷物粉（万吨）	Cereals and Cereals Flour (10 000 tons)	2	609	-	20		
蔬菜（万吨）	Vegetables (10 000 tons)	3	822	-	63	1	135
食糖（万吨）	Sugar (10 000 tons)	-	120			8831	198
天然蜂蜜（吨）	Natural Honey (ton)						
茶叶（吨）	Tea (ton)	459	535				
猪肉罐头（吨）	Canned Pork (ton)						
蘑菇罐头（吨）	Canned Mushroom (ton)						
填充用羽毛；羽绒（吨）	Feathers and Down for Stuffing (ton)			204	64		
药材（吨）	Medical Materials (ton)			331	41		
生丝（吨）	Raw Silk (ton)		34				
兔毛（吨）	Rabbit Hair (ton)						
煤（万吨）	Coal (10 000 tons)						
原油（万吨）	Crude Oil (10 000 tons)						
成品油（万吨）	Petroleum Products Refined (10 000 tons)						
石蜡（万吨）	Paraffin Wax (10 000 tons)						
合成有机染料（吨）	Synthetic Organic Dyestuffs (ton)			21	4		
医药品（吨）	Medical and Pharmaceutical Products (ton)			2308	836	87	25
烟花、爆竹（吨）	Fireworks and Firecrackers (ton)			930	114		
松香及树脂酸（吨）	Resin and Resin Acids (ton)						
轮胎（万条）	Rubber Tyres (10 000 units)						
纸及纸板(未切成形)（万吨）	Paper and Paperboard in Rolls (10 000 tons)	1	782	2	1793		1
水泥（万吨）	Cement (10 000 tons)	13	494				
平板玻璃（万平方米）	Plate Glass (10 000 sq.m)	33	158				
玻璃制品	Glass Products		4532				108
家用陶瓷器皿（吨）	Porcelain and Pottery Ware for Household Use (ton)	1	397	10853	757	421	28
生铁及镜铁（万吨）	Pig Iron and Spiegeleise (10 000 tons)		-				
钢材（万吨）	Rolled Steel (10 000 tons)	2	1735	2	1133	-	12
未锻造铝及合金（吨）	Unwrought Copper and its Alloys (ton)	2	3685				
铜材（吨）	Rolled Copper (ton)	-	1209			15	9
未锻造铝及合金（吨）	Unwrought Aluminum and its Alloys (ton)					107	39
铝材（吨）	Rolled Aluminum (ton)	7	15751			107	39

11-4续表5　continued

单位：万美元　　　　(USD 10 000)

品名	Item	惠阳市 Huiyang County 数量 Volume	惠阳市 Huiyang County 金额 Value	惠东县 Huidong County 数量 Volume	惠东县 Huidong County 金额 Value	博罗县 Boluo County 数量 Volume	博罗县 Boluo County 金额 Value
活猪 (万头)	Live Hogs (10 000 heads)					1	57
活家禽 (万只)	Live Poultry (10 000 heads)	41	94	18	44	21	51
鲜、冻牛肉 (万吨)	Frozen,Fresh Beef (10 000 tons)						
鲜、冻猪肉 (万吨)	Frozen,Fresh Pork (10 000 tons)						
冻鸡 (万吨)	Frozen Chicken (10 000 tons)					4464	532
水海产品 (万吨)	Aquatic and Seawater Products (10 000 tons)			-	73		56
谷物及谷物粉 (万吨)	Cereals and Cereals Flour (10 000 tons)						
蔬菜 (万吨)	Vegetables (10 000 tons)	2	159	6	995	3	356
食糖 (万吨)	Sugar (10 000 tons)	4956	89				
天然蜂蜜 (吨)	Natural Honey (ton)			16	1		
茶叶 (吨)	Tea (ton)						
猪肉罐头 (吨)	Canned Pork (ton)						
蘑菇罐头 (吨)	Canned Mushroom (ton)						
填充用羽毛；羽绒 (吨)	Feathers and Down for Stuffing (ton)						
药材 (吨)	Medical Materials (ton)	27	47	38	1		
生丝 (吨)	Raw Silk (ton)						
兔毛 (吨)	Rabbit Hair (ton)						
煤 (万吨)	Coal (10 000 tons)						
原油 (万吨)	Crude Oil (10 000 tons)						
成品油 (万吨)	Petroleum Products Refined (10 000 tons)						
石蜡 (万吨)	Paraffin Wax (10 000 tons)						
合成有机染料 (吨)	Synthetic Organic Dyestuffs (ton)						
医药品 (吨)	Medical and Pharmaceutical Products (ton)			19	2	10	4
烟花、爆竹 (吨)	Fireworks and Firecrackers (ton)						
松香及树脂酸 (吨)	Resin and Resin Acids (ton)						
轮胎 (万条)	Rubber Tyres (10 000 units)						
纸及纸板(未切成形) (万吨)	Paper and Paperboard in Rolls (10 000 tons)	-	31	-	2		2
水泥 (万吨)	Cement (10 000 tons)						
平板玻璃 (万平方米)	Plate Glass (10 000 sq.m)			2	5	-	-
玻璃制品	Glass Products		29		133		1
家用陶瓷器皿 (吨)	Porcelain and Pottery Ware for Household Use (ton)	2827	372	861	117	18	1
生铁及镜铁 (万吨)	Pig Iron and Spiegeleise (10 000 tons)						
钢材 (万吨)	Rolled Steel (10 000 tons)	-	128	-	3	-	71
未锻造铝及合金 (吨)	Unwrought Copper and its Alloys (ton)						
铜材 (吨)	Rolled Copper (ton)	841	271	209	52	1105	854
未锻造铝及合金 (吨)	Unwrought Aluminum and its Alloys (ton)	101	23	28	12	141	102
铝材 (吨)	Rolled Aluminum (ton)	101	23	28	12	141	102

11-4 续表 6　continued

单位：万美元　　　　(USD 10 000)

品名	Item	上海市 Shanghai City 金额 Value	杭州市 Hangzhou City 数量 Volume	杭州市 Hangzhou City 金额 Value	宁波市 Ningbo City 数量 Volume	宁波市 Ningbo City 金额 Value
手用或机用工具 (吨)	Hand Tools and Tools for Machines (ton)	28954	56391	12380		13919
锁 (吨)	Locks (ton)	7234	8942	1831		3103
缝纫机(包括工业用) (万架)	Sewing Machines (Including Industrial Use)(10 000 sets)	1780	47	1968	67	1620
纺织机械	Textile Machinery (10 000 sets)	7925		1591		1046
电动机及发电机 (万台)	Electric Motors and Generators (10 000 sets)	14500	459	3346		1865
金属加工机床 (万台)	Machine Tools (10 000 sets)	3301	80	3526		1456
轴承 (万套)	Bearings (10 000 units)	13508	2754	1440	76352	19363
静止式变流器 (万个)	Static Converters (10 000 units)	15338	538	829		2871
电容器 (吨)	Electrical Capacitors (ton)	8681	140	156		883
二极管及类似半导体器件 (万个)	Diode and Semi Conductors (10 000 units)	25935	13271	288	49044	1126
电线电缆 (吨)	Insulated Wire or Cable (ton)	25418	36342	11041	85136	16058
电子计算器 (万台)	Electric Calculator (10 000sets)	28635	28	15	331	174
通断保护电路装置	Electrical Apparatus for Switching or Protecting ElectricalCircuits	43458		4925		17490
电扇 (万台)	Fans (10 000 sets)		100	353	194	583
原电池 (万个)	Primary Cells and Batteries (10 000 units)	15951	12610	857		9861
蓄电池 (万个)	Electric Accumulators (10 000 units)	7029	207	835	180	1016
有线电话机 (万台)	Line Telephone Sets (10 000 sets)	23745	2	78		86
扬声器 (万个)	Loudspeakers (10 000 units)	4208	2910	1910	2198	4807
收录机及组合音响 (万台)	Sound Recording Apparatus (10 000 sets)	11874				239
收音机 (万台)	Radio (10 000 sets)	16844	1	4	37	36
电视机(包括整套散件) (万台)	TV Sets (including a Complete Set of Spare Parts) (10 000 sets)	33	41	1748		269
集装箱 (个)	Containers (unit)	7755	1	1		3692
船舶 (艘)	Ships (unit)	110713	1138	865		2943
汽车的零件	Parts of Motor Vehicles	58033		9451		13586
自行车 (万辆)	Bicycles (10 000 units)	47195	420	6498	224	3881
医疗仪器及器械	Medical Instruments and Appliances	22103		6733		3291
照相机 (万架)	Cameras (10 000 sets)	21974	9	7		2
手表 (万只)	Wrist Watches (10 000 units)	9967	286	114	837	176
日用钟 (万只)	Clocks (10 000 sets)	245	217	503	1153	680
家俱	Furniture	527		28360		12357
服装(针织、钩织的除外)	Garments (Excluding Knitwear and Crochet)	58156		280961		229038
皮鞋 (万双)	Leather Shoes (10 000 pairs)	740298	913	3712		1615
塑料制品 (万吨)	Plastic Articles (10 000 tons)	40139	5689	10619	26	45740
玩具	Toys	11507		6470		8197
足球、篮球、排球 (万个)	Footballs, Basketballs and Volleyballs (10 000 units)	44663	295	278	454	511
柳编结品 (吨)	Wickerwork (ton)	1254	497	80	57	13
鬃刷 (万把)	Bristle Brushes (10 000 units)	930	5665	1041	663	80
热水瓶 (万个)	Vacuum Flasks (10 000 units)	469	238	298	106	122
人造花(吨)	Artificial Flowers (ton)	5440	701	307	-	560
机电产品	Mechanical and Electrical Products	426		359998		575787

11-4续表7　continued

单位：万美元　　　　　　　　　　　　　　　　　　　　　　　　　　　　(USD 10 000)

品名	Item	嘉兴市 Jiaxing City		湖州市 Huzhou City		绍兴市 Shaoxing City	
		数量 Volume	金额 Value	数量 Volume	金额 Value	数量 Volume	金额 Value
手用或机用工具 (吨)	Hand Tools and Tools for Machines (ton)	2030	352	2191	431	217	331
锁 (吨)	Locks (ton)	2638	752	1454	327	33	67
缝纫机(包括工业用) (万架)	Sewing Machines (Including Industrial Use)(10 000 sets)				3	-	-
纺织机械	Textile Machinery (10 000 sets)				31	82	657
电动机及发电机 (万台)	Electric Motors and Generators (10 000 sets)		6562			20	477
金属加工机床 (万台)	Machine Tools (10 000 sets)				9	1	649
轴承 (万套)	Bearings (10 000 units)			500	442	3747	2019
静止式变流器 (万个)	Static Converters (10 000 units)			15	31	1	15
电容器 (吨)	Electrical Capacitors (ton)			4	3	4	42
二极管及类似半导体器件 (万个)	Diode and Semi Conductors (10 000 units)			469	8	15294	368
电线电缆 (吨)	Insulated Wire or Cable (ton)	4388	2127	1049	1057	1182	1501
电子计算器 (万台)	Electric Calculator (10000sets)			2	1	-	-
通断保护电路装置	Electrical Apparatus for Switching or Protecting ElectricalCircuits				178	190	107
电扇 (万台)	Fans (10 000 sets)			15	63	-	8
原电池 (万个)	Primary Cells and Batteries (10 000 units)					801	25
蓄电池 (万个)	Electric Accumulators (10 000 units)			1	2	9	49
有线电话机 (万台)	Line Telephone Sets (10 000 sets)						
扬声器 (万个)	Loudspeakers (10 000 units)			560	182	453	306
收录机及组合音响 (万台)	Sound Recording Apparatus (10 000 sets)						
收音机 (万台)	Radio (10 000 sets)			4	2		
电视机(包括整套散件)(万台)	TV Sets (including a Complete Set of Spare Parts) (10 000 sets)				1	2	46
集装箱 (个)	Containers (unit)						
船舶 (艘)	Ships (unit)						
汽车的零件	Parts of Motor Vehicles		904			919	5029
自行车 (万辆)	Bicycles (10 000 units)	3	42			30	616
医疗仪器及器械	Medical Instruments and Appliances					112	27
照相机 (万架)	Cameras (10 000 sets)						
手表 (万只)	Wrist Watches (10 000 units)						
日用钟 (万只)	Clocks (10 000 sets)					-	5
家俱	Furniture		10040		4899	40	886
服装(针织、钩织的除外)	Garments (Excluding Knitwear and Crochet)		151939		17222	98105	81658
皮鞋 (万双)	Leather Shoes (10 000 pairs)					546	956
塑料制品 (万吨)	Plastic Articles (10 000 tons)	3	3169	1771	403	813	2083
玩具	Toys		1502		67	441	427
足球、篮球、排球 (万个)	Footballs, Basketballs and Volleyballs (10 000 units)			2	2	7	7
柳编结品 (吨)	Wickerwork (ton)	148	37	9	1	417	-
鬃刷 (万把)	Bristle Brushes (10 000 units)			27	7	20	1
热水瓶 (万个)	Vacuum Flasks (10 000 units)	655	88				
人造花(吨)	Artificial Flowers (ton)			10	4	1	3
机电产品	Mechanical and Electrical Products		80139		16499	71768	45575

11-4 续表 8 continued

单位：万美元 (USD 10 000)

品名	Item	台州市 Taizhou City 数量 Volume	台州市 Taizhou City 金额 Value	广州市 Guangzhou City 数量 Volume	广州市 Guangzhou City 金额 Value	珠海市 Zhuhai City 金额 Value
手用或机用工具 (吨)	Hand Tools and Tools for Machines (ton)	5605	1094	19747	5326	1368
锁 (吨)	Locks (ton)	873	132	9731	2218	685
缝纫机(包括工业用) (万架)	Sewing Machines (Including Industrial Use)(10 000 sets)	101	10813	361	1339	8513
纺织机械	Textile Machinery (10 000 sets)		1977			21
电动机及发电机 (万台)	Electric Motors and Generators (10 000 sets)	68	2388	2059	2345	13981
金属加工机床 (万台)	Machine Tools (10 000 sets)	3	256	-	941	160
轴承 (万套)	Bearings (10 000 units)	2413	1592	1122	380	40
静止式变流器 (万个)	Static Converters (10 000 units)	47	73	7564	6018	10540
电容器 (吨)	Electrical Capacitors (ton)	75	39	964	1400	1669
二极管及类似半导体器件 (万个)	Diode and Semi Conductors (10 000 units)	6681	716	180172	3086	1598
电线电缆 (吨)	Insulated Wire or Cable (ton)	2125	430	19842	7503	7014
电子计算器 (万台)	Electric Calculator (10000sets)	59	29	1594	3925	9487
通断保护电路装置	Electrical Apparatus for Switching or Protecting ElectricalCircuits		329			4586
电扇 (万台)	Fans (10 000 sets)	102	254	1433	6475	2643
原电池 (万个)	Primary Cells and Batteries (10 000 units)	1716	115	468742	18573	1276
蓄电池 (万个)	Electric Accumulators (10 000 units)	3	13	9175	11792	12193
有线电话机 (万台)	Line Telephone Sets (10 000 sets)		51	329	2047	1912
扬声器 (万个)	Loudspeakers (10 000 units)	200	774	9664	17921	1543
收录机及组合音响 (万台)	Sound Recording Apparatus (10 000 sets)			423	6279	3601
收音机 (万台)	Radio (10 000 sets)			909	2084	230
电视机(包括整套散件)(万台)	TV Sets (including a Complete Set of Spare Parts) (10 000 sets)		2	61	5133	3223
集装箱 (个)	Containers (unit)			65627	14741	1
船舶 (艘)	Ships (unit)	4	114	146	26563	1911
汽车的零件	Parts of Motor Vehicles		11403			1650
自行车 (万辆)	Bicycles (10 000 units)	1	17	440	14918	202
医疗仪器及器械	Medical Instruments and Appliances		1778			928
照相机 (万架)	Cameras (10 000 sets)	1	55	199	813	7260
手表 (万只)	Wrist Watches (10 000 units)	4	5	1604	4996	550
日用钟 (万只)	Clocks (10 000 sets)	74	68	4431	5623	78
家俱	Furniture		12309			3119
服装(针织、钩织的除外)	Garments (Excluding Knitwear and Crochet)		8580			44768
皮鞋 (万双)	Leather Shoes (10 000 pairs)	14334	27181	8721	62477	6140
塑料制品 (万吨)	Plastic Articles (10 000 tons)	6	11981	19	28975	9274
玩具	Toys		2002			4179
足球、篮球、排球 (万个)	Footballs, Basketballs and Volleyballs (10 000 units)	1	4	784	741	
柳编结品 (吨)	Wickerwork (ton)	17	7	1798	433	37
鬃刷 (万把)	Bristle Brushes (10 000 units)			1896	262	1
热水瓶 (万个)	Vacuum Flasks (10 000 units)	161	132	1737	2408	
人造花(吨)	Artificial Flowers (ton)	124	38	7929	1695	1487
机电产品	Mechanical and Electrical Products		122899			551192

11-5 主要商品进口数量和金额(2003年)

Main Import Commodities in Volume and Value (2003)

单位：万美元 (USD 10 000)

品名		Item		上海市 Shanghai City 金额 Value	常州市 Changzhou City 金额 Value
谷物及谷物粉	(万吨)	Cereals and Cereals Flour	(10 000 tons)	1016	
食用植物油	(万吨)	Edible Vegetable Oil	(10 000 tons)	41753	16
其他植物油	(万吨)	Other Vegetable Oils	(10 000 tons)	4092	
食糖	(万吨)	Sugar	(10 000 tons)	139	
天然橡胶(包括胶乳)	(万吨)	Natural Rubber (including Latex)	(10 000 tons)	10242	980
合成橡胶(包括胶乳)	(万吨)	Synthetic Rubber (including Latex)	(10 000 tons)	14146	
原木	(万立方米)	Logs	(10 000 cu.m)	33277	53
纸浆	(万吨)	Paper Pulp	(10 000 tons)	20632	391
锯材	(立方米)	Wood Sawn	(cu.m)	29667	
棉花(原棉)	(万吨)	Cotton, not Carded or Combed	(10 000 tons)	6948	
羊毛及条	(吨)	Wool and Wool Tops	(ton)	7059	460
纺织用合成纤维	(万吨)	Synthetic Fibers Suitable for Spinning	(10 000 tons)	2029	98
铁矿砂	(万吨)	Iron Ore	(10 000 tons)	112297	
锰矿砂	(万吨)	Manganese Ores	(10 000 tons)	3551	
铜矿砂	(万吨)	Copper Ores	(10 000 tons)	1240	
氧化铝	(万吨)	Aluminum Oxide	(10 000 tons)	2519	
原油	(万吨)	Crude Oil	(10 000 tons)	3000	
成品油	(万吨)	Petroleum Products Refined	(10 000 tons)	75470	927
乙二醇	(万吨)	EthyleneGlycol	(10 000 tons)	34619	
对苯二甲酸	(吨)	Telephthalic Acid	(ton)	46892	
己内酰胺	(吨)	Carprolactam	(ton)	3522	
纯碱	(吨)	Soda Ash	(ton)	559	
合成有机染料	(吨)	Synthetic Organic Dyestuffs	(ton)		212
医药品	(吨)	Pharmaceutical Products	(ton)	47744	1
肥料(自然吨)	(万吨)	Chemical Fertilizers, Manufactured (Actual Weight)	(10 000 tons)	241	-
原形聚乙烯	(万吨)	Polyethylene in primary Forms	(10 000 tons)	35782	
原形聚丙烯	(万吨)	Polypropylene in Primary Forms	(10 000 tons)	16914	
原形聚氯乙烯	(万吨)	Polyvinyl Chloride in Primary Forms	(10 000 tons)	18310	
聚酯切片	(万吨)	Slices or Chips ofPolyethylene Terephthalate	(10 000 tons)	3438	
农药	(吨)	Pesticides	(ton)	5791	32
纸及纸板(未切成形)	(万吨)	Paper and Paperboard (Unchopped in Shape)	(10 000 tons)	48190	515
钢材	(万吨)	Rolled Steel	(10 000 tons)	211582	2665
铜材	(吨)	Rolled Copper	(ton)	21898	974
铝材	(吨)	Rolled Aluminum	(ton)	17592	289
金属加工机床	(台)	Machine Tools	(set)	54294	3526
橡胶、塑料加工机械		Rubber, Plastic Manufactured Machinary		33188	
电视机	(万台)	TV Sets	(10 000 sets)	926	
显像管	(万只)	Cathode-ray TV Picture Tube	(10 000 sets)	962	-
制冷压缩机	(万台)	Compressors for Refrigerating Equipment	(10 000 sets)	19534	46
空调	(台)	Air Conditional	(set)	4573	-
阀门	(万套)	Valves	(10 000 sets)	33917	
自动数据处理		Automatic Data Processing Machines and Components	(10 000 sets)	221253	
设备及其部件	(万台)	Line Telephonic or Telegraphic Switching Apparatus	(set)		1682
有线电话或电报交换机	(台)	Sound Recording Apparatus	(10 000 sets)	27151	
汽车和汽车底盘	(辆)	Motor Vehicles and Chassis	(unit)	83464	76
船舶	(艘)	Ships	(unit)	6466	
医疗仪器及器械		Medical Instruments and Appliances		44384	
机电产品		Mechanical and Electrical Products		3934075	

11-5 续表 1 continued

单位：万美元 (USD 10 000)

品名	Item	杭州市 Hangzhou City 数量 Volume	杭州市 Hangzhou City 金额 Value	宁波市 Ningbo City 数量 Volume	宁波市 Ningbo City 金额 Value	湖州市 Huzhou City 数量 Volume	湖州市 Huzhou City 金额 Value
谷物及谷物粉 (万吨)	Cereals and Cereals Flour (10 000 tons)		-	14	2618	3	510
食用植物油 (万吨)	Edible Vegetable Oil (10 000 tons)	17	7183	2	1244		35
其他植物油 (万吨)	Other Vegetable Oils (10 000 tons)	3	1202				
食糖 (万吨)	Sugar (10 000 tons)	-	8	-	108		
天然橡胶（包括胶乳）(万吨)	Natural Rubber (including Latex) (10 000 tons)	5	4721	1	724		
合成橡胶（包括胶乳）(万吨)	Synthetic Rubber (including Latex) (10 000 tons)	1	1136	3	2873	54	5
原木 (万立方米)	Logs (10 000 cu.m)	23	4686		6629	21	3112
纸浆 (万吨)	Paper Pulp (10 000 tons)	21	9857	29	12585		
锯材 (立方米)	Wood Sawn (cu.m)	94034	2305		1685	3655	129
棉花(原棉) (万吨)	Cotton, not Carded or Combed (10 000 tons)	-	173	1	1022		227
羊毛及条 (吨)	Wool and Wool Tops (ton)	2840	1748	1	4948		
纺织用合成纤维 (万吨)	Synthetic Fibers Suitable for Spinning (10 000 tons)	1	633	4	4532		
铁矿砂 (万吨)	Iron Ore (10 000 tons)	181	8079	44	1362		
锰矿砂 (万吨)	Manganese Ores (10 000 tons)	8	568				
铜矿砂 (万吨)	Copper Ores (10 000 tons)	1	614				
氧化铝 (万吨)	Aluminum Oxide (10 000 tons)		-	-	3		1
原油(万吨)	Crude Oil (10 000 tons)			101	22284		
成品油 (万吨)	Petroleum Products Refined (10 000 tons)	64	11557	24	5120		38
乙二醇 (万吨)	EthyleneGlycol (10 000 tons)	19	11974	5	3243		
对苯二甲酸 (吨)	Telephthalic Acid (ton)	616479	34273	4	2260		
己内酰胺 (吨)	Carprolactam (ton)	8547	999	6	6413		
纯碱 (吨)	Soda Ash (ton)	-	-				
合成有机染料 (吨)	Synthetic Organic Dyestuffs (ton)	964	726	-	421	31	20
医药品 (吨)	Pharmaceutical Products (ton)	840	7427		306		
肥料(自然吨) (万吨)	Chemical Fertilizers, Manufactured (Actual Weight) (10 000 tons)		12	-	1		
原形聚乙烯 (万吨)	Polyethylene in primary Forms (10 000 tons)	6	4118		12965		
原形聚丙烯 (万吨)	Polypropylene in Primary Forms (10 000 tons)	3	2034		17520		
原形聚氯乙烯 (万吨)	Polyvinyl Chloride in Primary Forms (10 000 tons)	1	439		1529		
聚酯切片 (万吨)	Slices or Chips ofPolyethylene Terephthalate (10 000 tons)	-	75	6	4409	274	17
农药 (吨)	Pesticides (ton)	177	193	28	9	10	4
纸及纸板（未切成形）(万吨)	Paper and Paperboard (Unchopped in Shape) (10 000 tons)	8	3752		4019		303
钢材 (万吨)	Rolled Steel (10 000 tons)	219	85130		89293		223
铜材 (吨)	Rolled Copper (ton)	3345	975	5087	1564	210	119
铝材 (吨)	Rolled Aluminum (ton)	1617	444	1750	618	1	1
金属加工机床 (台)	Machine Tools (set)	1328	7914		12260	62	423
橡胶、塑料加工机械	Rubber, Plastic Manufactured Machinary		8497		6938		28
电视机 (万台)	TV Sets (10 000 sets)		2		15		
显像管 (万只)	Cathode-ray TV Picture Tube (10 000 sets)	11	596				
制冷压缩机 (万台)	Compressors for Refrigerating Equipment(10 000 sets)	-	184	36	2429		4
空调 (台)	Air Conditional (set)	4931	254	13615	650		
阀门 (万套)	Valves (10 000 sets)	502	2148		3409		6
自动数据处理设备及其部件 (万台)	Automatic Data Processing Machines and Components (10 000 sets)				1908	15	4
设备及其部件 (万台)	Line Telephonic or Telegraphic Switching Apparatus(set)	266	29730		28		
有线电话或电报交换机 (台)	Sound Recording Apparatus (10 000 sets)						
汽车和汽车底盘 (辆)	Motor Vehicles and Chassis (unit)	920	2387		846	5	18
船舶 (艘)	Ships (unit)	10	2647		666		
医疗仪器及器械	Medical Instruments and Appliances		4862		2402		1
机电产品	Mechanical and Electrical Products		377584		246238		8713

11-5 续表 2　continued

单位：万美元　　　　(USD 10 000)

品名	Item	绍兴市 Shaoxing City 数量 Volume	绍兴市 Shaoxing City 金额 Value	台州市 Taizhou City 数量 Volume	台州市 Taizhou City 金额 Value
谷物及谷物粉 (万吨)	Cereals and Cereals Flour (10 000 tons)				
食用植物油 (万吨)	Edible Vegetable Oil (10 000 tons)				4
其他植物油 (万吨)	Other Vegetable Oils (10 000 tons)				
食糖 (万吨)	Sugar (10 000 tons)	-	1	-	13
天然橡胶(包括胶乳)(万吨)	Natural Rubber (including Latex) (10 000 tons)	-	196	-	191
合成橡胶(包括胶乳)(万吨)	Synthetic Rubber (including Latex) (10 000 tons)	-	21		
原木 (万立方米)	Logs (10 000 cu.m)				4849
纸浆 (万吨)	Paper Pulp (10 000 tons)			-	39
锯材 (立方米)	Wood Sawn (cu.m)	25007	885		
棉花(原棉) (万吨)	Cotton, not Carded or Combed (10 000 tons)	-	49		
羊毛及条 (吨)	Wool and Wool Tops (ton)	49	20		
纺织用合成纤维 (万吨)	Synthetic Fibers Suitable for Spinning (10 000 tons)	1	634	-	164
铁矿砂 (万吨)	Iron Ore (10 000 tons)				
锰矿砂 (万吨)	Manganese Ores (10 000 tons)	3	232		
铜矿砂 (万吨)	Copper Ores (10 000 tons)				
氧化铝 (万吨)	Aluminum Oxide (10 000 tons)				
原油 (万吨)	Crude Oil (10 000 tons)				
成品油 (万吨)	Petroleum Products Refined (10 000 tons)	-	18		39
乙二醇 (万吨)	EthyleneGlycol (10 000 tons)	28	17731	1	405
对苯二甲酸 (吨)	Telephthalic Acid (ton)	668934	37695	300	26
己内酰胺 (吨)	Carprolactam (ton)				
纯碱 (吨)	Soda Ash (ton)				
合成有机染料 (吨)	Synthetic Organic Dyestuffs (ton)	229	147	123	250
医药品 (吨)	Pharmaceutical Products (ton)	26	120		
肥料(自然吨) (万吨)	Chemical Fertilizers, Manufactured (Actual Weight) (10 000 tons)				
原形聚乙烯 (万吨)	Polyethylene in primary Forms (10 000 tons)	2	1134		
原形聚丙烯 (万吨)	Polypropylene in Primary Forms (10 000 tons)	1	405		
原形聚氯乙烯 (万吨)	Polyvinyl Chloride in Primary Forms (10 000 tons)	-	42		
聚酯切片 (万吨)	Slices or Chips ofPolyethylene Terephthalate (10 000 tons)	2	1382		
农药 (吨)	Pesticides (ton)	-	-		
纸及纸板(未切成形)(万吨)	Paper and Paperboard (Unchopped in Shape) (10 000 tons)	2	481	-	39
钢材 (万吨)	Rolled Steel (10 000 tons)	1	994	8	1219
铜材 (吨)	Rolled Copper (ton)	111	201	248718	33439
铝材 (吨)	Rolled Aluminum (ton)	87	20	38279	2294
金属加工机床 (台)	Machine Tools (set)	289	1550	173	1054
橡胶、塑料加工机械	Rubber, Plastic Manufactured Machinary		3318		
电视机 (万台)	TV Sets (10 000 sets)	-	-		
显像管 (万只)	Cathode-ray TV Picture Tube (10 000 sets)				
制冷压缩机 (万台)	Compressors for Refrigerating Equipment (10 000 sets)	-	16		459
空调 (台)	Air Conditional (set)	5	76		
阀门 (万套)	Valves (10 000 sets)	33	348	25	43
自动数据处理	Automatic Data Processing Machines and Components (10 000 sets)	-	68		92
设备及其部件 (万台)	Line Telephonic or Telegraphic Switching Apparatus (set)				
有线电话或电报交换机(台)	Sound Recording Apparatus (10 000 sets)			71710	51
汽车和汽车底盘 (辆)	Motor Vehicles and Chassis (unit)	9	20		
船舶 (艘)	Ships (unit)				
医疗仪器及器械	Medical Instruments and Appliances		397		244
机电产品	Mechanical and Electrical Products		56382		8984

11-5 续表 3 continued

单位：万美元 (USD 10 000)

品名	Item	广州市 Guangzhou City 数量 Volume	广州市 Guangzhou City 金额 Value	深圳市 Shenzhen City 数量 Volume	深圳市 Shenzhen City 金额 Value	珠海市 Zhuhai City 金额 Value
谷物及谷物粉 (万吨)	Cereals and Cereals Flour (10 000 tons)	18	3963	30398	8689	12
食用植物油 (万吨)	Edible Vegetable Oil (10 000 tons)	26	12343	30116	14768	2756
其他植物油 (万吨)	Other Vegetable Oils (10 000 tons)	2	996	3580	1745	1
食糖 (万吨)	Sugar (10 000 tons)	1	180	1233	378	37
天然橡胶（包括胶乳）(万吨)	Natural Rubber (including Latex) (10 000 tons)	5	4921	2296	1724	117
合成橡胶（包括胶乳）(万吨)	Synthetic Rubber (including Latex) (10 000 tons)	6	7429	6588	7072	444
原木 (万立方米)	Logs (10 000 cu.m)	85	11330	317	3837	294
纸浆 (万吨)	Paper Pulp (10 000 tons)	11	4552	197	91	8424
锯材 (立方米)	Wood Sawn (cu.m)	166317	3982	1102614	19794	900
棉花(原棉) (万吨)	Cotton, not Carded or Combed (10 000 tons)	1	1366	902	1123	412
羊毛及条 (吨)	Wool and Wool Tops (ton)	85	37	104591	41	1864
纺织用合成纤维 (万吨)	Synthetic Fibers Suitable for Spinning (10 000 tons)	2	1766	12918	10531	112
铁矿砂 (万吨)	Iron Ore (10 000 tons)	64	2977	44	101	1136
锰矿砂 (万吨)	Manganese Ores (10 000 tons)	4	336	1	1	
铜矿砂 (万吨)	Copper Ores (10 000 tons)	-	14	9	4	
氧化铝 (万吨)	Aluminum Oxide (10 000 tons)	-	26			10
原油 (万吨)	Crude Oil (10 000 tons)	62	13403	-	-	244606
成品油 (万吨)	Petroleum Products Refined (10 000 tons)	658	120094	166366	39156	39539
乙二醇 (万吨)	EthyleneGlycol (10 000 tons)	2	991	3960	1852	4734
对苯二甲酸 (吨)	Telephthalic Acid (ton)	4	2332	4353	1	6583
己内酰胺 (吨)	Carprolactam (ton)	1	756	22500	2	
纯碱 (吨)	Soda Ash (ton)	70	13	39554017	422	
合成有机染料 (吨)	Synthetic Organic Dyestuffs (ton)	6589	2733	3214486	1249	467
医药品 (吨)	Pharmaceutical Products (ton)	1790	12281	5420363	9823	13977
肥料(自然吨) (万吨)	Chemical Fertilizers, Manufactured (Actual Weight) (10 000 tons)	19	2675	111418	17828	
原形聚乙烯 (万吨)	Polyethylene in primary Forms (10 000 tons)			39358	27294	3835
原形聚丙烯 (万吨)	Polypropylene in Primary Forms (10 000 tons)			55324	39364	1394
原形聚氯乙烯 (万吨)	Polyvinyl Chloride in Primary Forms (10 000 tons)			33111	20739	345
聚酯切片 (万吨)	Slices or Chips ofPolyethylene Terephthalate (10 000 tons)	-	278	578	470	124
农药 (吨)	Pesticides (ton)	2009	726	335804	220	370
纸及纸板（未切成形）(万吨)	Paper and Paperboard (Unchopped in Shape) (10 000 tons)	34	19784	227214	100761	2657
钢材 (万吨)	Rolled Steel (10 000 tons)	270	131834	279881	138215	27810
铜材 (吨)	Rolled Copper (ton)	4	13132	276394591	66808	6703
铝材 (吨)	Rolled Aluminum (ton)	14223	4482	82676845	20717	3140
金属加工机床 (台)	Machine Tools (set)	3474	9327	21837	34073	6270
橡胶、塑料加工机械	Rubber, Plastic Manufactured Machinary			2453135	19808	3130
电视机 (万台)	TV Sets (10 000 sets)	-	119	81	3683	164
显像管 (万只)	Cathode-ray TV Picture Tube (10 000 sets)	62	1934	689	19557	538
制冷压缩机 (万台)	Compressors for Refrigerating Equipment (10 000 sets)	86	5401	43	5467	2455
空调 (台)	Air Conditional (set)	1583	365	5657	1395	407
阀门 (万套)	Valves (10 000 sets)	307	4097	1105	8445	748
自动数据处理	Automatic Data Processing Machines and Components(10 000 sets)	1	6909			50917
设备及其部件 (万台)	Line Telephonic or Telegraphic Switching Apparatus (set)			6108	264587	5
有线电话或电报交换机(台)	Sound Recording Apparatus (10 000 sets)	652	4264	5697	120	162
汽车和汽车底盘 (辆)	Motor Vehicles and Chassis (unit)	16453	41928	9483	27924	675
船舶 (艘)	Ships (unit)	53	399	49	443	1011
医疗仪器及器械	Medical Instruments and Appliances			4012392	7316	464380
机电产品	Mechanical and Electrical Products					

11-5续表 4　continued

单位：万美元　　　　(USD 10 000)

品名	Item	佛山市 Foshan City		东莞市 Dongguan City		惠州市区 Huizhou Urban District	
		数量 Volume	金额 Value	数量 Volume	金额 Value	数量 Volume	金额 Value
谷物及谷物粉　(万吨)	Cereals and Cereals Flour　(10 000 tons)	1	279	-	121		
食用植物油　(万吨)	Edible Vegetable Oil　(10 000 tons)		-	2	754	-	39
其他植物油　(万吨)	Other Vegetable Oils　(10 000 tons)						-
食糖　(万吨)	Sugar　(10 000 tons)	1	135	7	1343	1	177
天然橡胶（包括胶乳）(万吨)	Natural Rubber (including Latex)　(10 000 tons)	1	605	2	2541		14
合成橡胶（包括胶乳）(万吨)	Synthetic Rubber (including Latex)　(10 000 tons)	3	3226	13	11283	229	32
原木　(万立方米)	Logs　(10 000 cu.m)	19	1977	4	1175	-	6
纸浆　(万吨)	Paper Pulp　(10 000 tons)	4	1594			-	24
锯材　(立方米)	Wood Sawn　(cu.m)	20	4353	79	16266	3872	66
棉花(原棉)　(万吨)	Cotton, not Carded or Combed　(10 000 tons)	1	862				
羊毛及条　(吨)	Wool and Wool Tops　(ton)	1920	1041	3234	1367		
纺织用合成纤维　(万吨)	Synthetic Fibers Suitable for Spinning　(10 000 tons)	1	1945	4	4176	-	995
铁矿砂　(万吨)	Iron Ore　(10 000 tons)						
锰矿砂　(万吨)	Manganese Ores　(10 000 tons)						
铜矿砂　(万吨)	Copper Ores　(10 000 tons)		-				
氧化铝　(万吨)	Aluminum Oxide　(10 000 tons)	-	89				
原油　(万吨)	Crude Oil　(10 000 tons)						
成品油　(万吨)	Petroleum Products Refined　(10 000 tons)	2	926	11	2416	-	315
乙二醇　(万吨)	EthyleneGlycol　(10 000 tons)	2	1302				1
对苯二甲酸　(吨)	Telephthalic Acid　(ton)	66081	3668				
己内酰胺　(吨)	Carprolactam　(ton)						
纯碱　(吨)	Soda Ash　(ton)	150	2				
合成有机染料　(吨)	Synthetic Organic Dyestuffs　(ton)	4720	1671	6497	1407	183	24
医药品　(吨)	Pharmaceutical Products　(ton)	71	311				
肥料(自然吨)　(万吨)	Chemical Fertilizers, Manufactured (Actual Weight)　(10 000 tons)	-	8				
原形聚乙烯　(万吨)	Polyethylene in primary Forms　(10 000 tons)	7	4811	32	24943		
原形聚丙烯　(万吨)	Polypropylene in Primary Forms　(10 000 tons)	12	8586	36	28520		
原形聚氯乙烯　(万吨)	Polyvinyl Chloride in Primary Forms　(10 000 tons)			40	26803		
聚酯切片　(万吨)	Slices or Chips ofPolyethylene Terephthalate　(10 000 tons)	-	89	18	22420		4
农药　(吨)	Pesticides　(ton)	765	73				
纸及纸板（未切成形）(万吨)	Paper and Paperboard (Unchopped in Shape)　(10 000 tons)	11	9688	144	70020	1	681
钢材　(万吨)	Rolled Steel　(10 000 tons)	87	48932	230	127987		
铜材　(吨)	Rolled Copper　(ton)	2	4375	34	74005		
铝材　(吨)	Rolled Aluminum　(ton)	40516	8945	5	13274		
金属加工机床　(台)	Machine Tools　(set)	1722	3309	16147	24713	2191	3646
橡胶、塑料加工机械	Rubber, Plastic Manufactured Machinary		3412		17968		1401
电视机　(万台)	TV Sets　(10 000 sets)		1			-	9
显像管　(万只)	Cathode-ray TV Ficture Tube　(10 000 sets)	11	753	215	6357	261	14338
制冷压缩机　(万台)	Compressors for Refrigerating Equipment(10 000 sets)	180	4583			-	520
空调　(台)	Air Conditional　(set)	273	78			6	3
阀门　(万套)	Valves　(10 000 sets)	164	1468			3	85
自动数据处理设备及其部件　(万台)	Automatic Data Processing Machines and Components　(10 000 sets)	621	23331	1163	12939	189	532
有线电话或电报交换机（台）	Line Telephonic or Telegraphic Switching Apparatus(set)					7	-
汽车和汽车底盘　(辆)	Motor Vehicles and Chassis　(unit)					59	149
船舶　(艘)	Ships　(unit)						
医疗仪器及器械	Medical Instruments and Appliances						26
机电产品	Mechanical and Electrical Products						274674

11-5续表5　continued

单位：万美元　　　　(USD 10 000)

品名	Item	惠阳市 Huiyang City 数量 Volume	惠阳市 Huiyang City 金额 Value	惠东县 Huidong County 数量 Volume	惠东县 Huidong County 金额 Value	博罗县 Boluo County 数量 Volume	博罗县 Boluo County 金额 Value
谷物及谷物粉 (万吨)	Cereals and Cereals Flour (10 000 tons)						
食用植物油 (万吨)	Edible Vegetable Oil (10 000 tons)						
其他植物油 (万吨)	Other Vegetable Oils (10 000 tons)						
食糖 (万吨)	Sugar (10 000 tons)	1	89				
天然橡胶（包括胶乳）(万吨)	Natural Rubber (including Latex) (10 000 tons)		3	-	25	-	8
合成橡胶（包括胶乳）(万吨)	Synthetic Rubber (including Latex) (10 000 tons)	599	89	1127	145	893	126
原木 (万立方米)	Logs (10 000 cu.m)	-	161				
纸浆 (万吨)	Paper Pulp (10 000 tons)		8				
锯材 (立方米)	Wood Sawn (cu.m)	57996	863	1	-		
棉花(原棉) (万吨)	Cotton, not Carded or Combed (10 000 tons)						
羊毛及条 (吨)	Wool and Wool Tops (ton)	2	-			82	35
纺织用合成纤维 (万吨)	Synthetic Fibers Suitable for Spinning (10 000 tons)		35		119		365
铁矿砂 (万吨)	Iron Ore (10 000 tons)						
锰矿砂 (万吨)	Manganese Ores (10 000 tons)						
铜矿砂 (万吨)	Copper Ores (10 000 tons)						
氧化铝 (万吨)	Aluminum Oxide (10 000 tons)						
原油 (万吨)	Crude Oil (10 000 tons)	7	1221				
成品油 (万吨)	Petroleum Products Refined (10 000 tons)	5	852				1
乙二醇 (万吨)	EthyleneGlycol (10 000 tons)		2			-	19
对苯二甲酸 (吨)	Telephthalic Acid (ton)						
己内酰胺 (吨)	Carprolactam (ton)						
纯碱 (吨)	Soda Ash (ton)						
合成有机染料 (吨)	Synthetic Organic Dyestuffs (ton)	975	98			1281	338
医药品 (吨)	Pharmaceutical Products (ton)						
肥料(自然吨) (万吨)	Chemical Fertilizers, Manufactured (Actual Weight) (10 000 tons)						
原形聚乙烯 (万吨)	Polyethylene in primary Forms (10 000 tons)						
原形聚丙烯 (万吨)	Polypropylene in Primary Forms (10 000 tons)						
原形聚氯乙烯 (万吨)	Polyvinyl Chloride in Primary Forms (10 000 tons)						
聚酯切片 (万吨)	Slices or Chips ofPolyethylene Terephthalate (10 000 tons)						
农药 (吨)	Pesticides (ton)						
纸及纸板（未切成形）(万吨)	Paper and Paperboard (Unchopped in Shape) (10 000 tons)	1	259	-	305		
钢材 (万吨)	Rolled Steel (10 000 tons)						
铜材 (吨)	Rolled Copper (ton)						
铝材 (吨)	Rolled Aluminum (ton)						
金属加工机床 (台)	Machine Tools (set)	122	473			647	806
橡胶、塑料加工机械	Rubber, Plastic Manufactured Machinary		174				122
电视机 (万台)	TV Sets (10 000 sets)						
显像管 (万只)	Cathode-ray TV Picture Tube (10 000 sets)						
制冷压缩机 (万台)	Compressors for Refrigerating Equipment(10 000 sets)		15				
空调 (台)	Air Conditional (set)					5	3
阀门 (万套)	Valves (10 000 sets)	-	3		-	-	3
自动数据处理设备及其部件 (万台)	Automatic Data Processing Machines and Components (10 000 sets)	4	13		-		-
有线电话或电报交换机 (台)	Line Telephonic or Telegraphic Switching Apparatus(set)						
汽车和汽车底盘 (辆)	Motor Vehicles and Chassis (unit)	1	3	3	12	4	17
船舶 (艘)	Ships (unit)						
医疗仪器及器械	Medical Instruments and Appliances		2				1
机电产品	Mechanical and Electrical Products		55330		12054		9457

11-6 外商直接投资
Foreign Direct Investment

地区	Area	项目总计(个) Number of Projects (unit)			金额总计(万美元) Amount of Capital(USD 10 000)		
		2000	2002	2003	2000	2002	2003
长江三角洲经济区	**Yangtze River Delta**	**6174**	**11647**	**14981**	**1056438**	**1796772**	**2578612**
上海市	Shanghai City	1814	3012	4321	316000	503000	585000
南京市	Nanjing City	156	369	843	81277	150162	220871
苏州市	Suzhou City	943	2465	2399	288338	481398	680512
无锡市	Wuxi City	359	745	1007	108240	174019	270057
常州市	Changzhou City	329	363	533	55977	56120	85522
镇江市	Zhenjiang City	179	349	440	28925	50095	80552
南通市	Nantong City	229	369	906	14292	23848	73091
扬州市	Yangzhou City	670	734	295	6654	25580	48097
泰州市	Taizhou City	28	154	217	10197	18060	30268
杭州市	Hangzhou City	315	587	869	43093	52186	100850
宁波市	Ningbo City	550	1017	1209	62186	124696	172727
嘉兴市	Jiaxing City	188	456	635	15318	48054	79768
湖州市	Huzhou City	115	344	479	8205	38473	53734
绍兴市	Shaoxing City	156	484	568	11598	38167	74271
舟山市	Zhoushan City	23	26	60	1055	1124	1704
台州市	Taizhou City	120	173	200	5083	11790	21588
珠江三角洲经济区	**Pearl River Delta**						
广州市	Guangzhou City	647	776	870	152759	228386	258076
深圳市	Shenzhen City	1130	1917	2254	173813	319101	362345
珠海市	Zhuhai City	554	704	423	81518	69801	84892
佛山市	Foshan City	223	270	346	53538	98355	124018
江门市	Jiangmen City	275	364	374	80823	73546	84934
东莞市	Dongguan City	405	867	1132	114331	145868	266095
中山市	Zhongshan City	178	386	374	67469	63857	77024
惠州市区	Huizhou Urban District	92	122	140	27872	36764	35444
惠阳市	Huiyang City	59	111	94	16982	42042	64439
惠东县	Huidong County	42	47	54	9112	10743	15910
博罗县	Boluo County	39	117	89	22155	24130	24143
肇庆市区	Zhaoqing Urban District	15	71	68			
高要市	Gaoyao City	12	34	38			
四会市	Sihui City		19	10			

11-7 按行业分的外商实际直接投资额(2003 年)
Actually Used Amount of Foreign Direct Investment by Sector(2003)

单位：万美元 (USD 10 000)

地区	Area	总计 Total	# 农、林、牧、渔业 Farming, Forestry, Animal Husbandry and Fishery	# 采矿业 Mining and Quarrying	# 制造业 Manufacturing	# 电力、煤气及水的生产和供应业 Electric Power, Gas and Water Production and Supply	# 建筑业 Construction	# 交通运输、仓储和邮政业 Transport, Storage, Post and Telecommunication
长江三角洲经济区	**Yangtze River Delta**							
上海市	Shanghai City	585000	1200					
南京市	Nanjing City	220871	3069	346	168700	5527	3537	2145
苏州市	Suzhou City	680512	2288		624674	11613		10556
无锡市	Wuxi City	270057	1041		242828	1400	54	1396
常州市	Changzhou City	85522	983		63347	1499	2646	433
镇江市	Zhenjiang City	80552	600	5	69406		230	4087
南通市	Nantong City	73091						
扬州市	Yangzhou City	48097						
泰州市	Taizhou City	30268						
杭州市	Hangzhou City	100850	98		76996	848	267	300
宁波市	Ningbo City	172727	168		153248	4044	2981	791
嘉兴市	Jiaxing City	79768	162	532	74082	380	179	238
湖州市	Huzhou City	53734	1734	1522	2343	1035	892	1305
绍兴市	Shaoxing City	74271	661		65750	964	89	
舟山市	Zhoushan City	1705	16		1340		11	
台州市	Taizhou City	21588	268	111	13015	1116	51	
珠江三角洲经济区	**Pearl River Delta**							
广州市	Guangzhou City	258076	1124	147	104395	33328	5405	16665
深圳市	Shenzhen City	362345						
珠海市	Zhuhai City	84892	847		66268		410	1493
佛山市	Foshan City	124018	236	18	95765	12644	1705	81
江门市	Jiangmen City	84934						
东莞市	Dongguan City	266095	471		259170	1182	3096	3583
中山市	Zhongshan City	77024						
惠州市区	Huizhou Urban District	35444	53		28646	628	105	128
惠阳市	Huiyang City	64439			20605			1049
惠东县	Huidong County	15910	514		10347			
博罗县	Boluo County	24143	170		23776			
肇庆市区	Zhaoqing Urban District							
高要市	Gaoyao City							
四会市	Sihui City							

11-7 续表 1　continued

单位：万美元　　(USD 10 000)

地区	Area	# 信息传输、计算机服务和软件业 Information Transmission & Computer Services and Software	# 批发和零售业 Wholesale & Retail Trade Services	# 住宿和餐饮业 Accommodation & Catering Services	# 金融业 Financial Services	# 房地产业 Real Estate Management	# 租赁和商务服务业 Social Services	# 科学研究、技术服务和地质勘查业 Health Care, Sports and Social Welfare
长江三角洲经济区	**Yangtze River Delta**							
上海市	Shanghai City							
南京市	Nanjing City		1078	2245	500	20632		
苏州市	Suzhou City	921	889	1120		16638	487	276
无锡市	Wuxi City	2876	2600	1073	1450	11327	785	30
常州市	Changzhou City	1599	830	553		7538	2530	67
镇江市	Zhenjiang City		1083			3472		278
南通市	Nantong City							
扬州市	Yangzhou City							
泰州市	Taizhou City							
杭州市	Hangzhou City	3165	2457	364		9990		946
宁波市	Ningbo City		1987	358		4858		
嘉兴市	Jiaxing City	170	433	1068		2736	168	53
湖州市	Huzhou City		464	195		4991	1292	617
绍兴市	Shaoxing City	48	72	269		5049		
舟山市	Zhoushan City			88		240	10	
台州市	Taizhou City		57	282		4198		
珠江三角洲经济区	**Pearl River Delta**							
广州市	Guangzhou City				1000	72049		
深圳市	Shenzhen City							
珠海市	Zhuhai City		1736			14040		13
佛山市	Foshan City		930		35	8123		185
江门市	Jiangmen City							
东莞市	Dongguan City		327		1291	1055		
中山市	Zhongshan City							
惠州市区	Huizhou Urban District		116			4104	298	
惠阳市	Huiyang City		2600			4950	34935	
惠东县	Huidong County		1410			2700		
博罗县	Boluo County							
肇庆市区	Zhaoqing Urban District							
高要市	Gaoyao City							
四会市	Sihui City							

11-7 续表 2　continued

单位：万美元　　(USD 10 000)

地区	Area	# 水利、环境和公共设施管理业 Education, Culture and Arts, Radio, Film and Television	# 居民服务和其他服务业 Scientific Research and Polytechnical Services	# 教育 Education	# 卫生、社会保障和社会福利业 Health &Social Security and Social Welfare	# 文化、体育和娱乐业 Culture & Sport and Entertain-ment	# 公共管理和社会组织 Public Manage & Social Organization	# 国际组织 International Organization
长江三角洲经济区	**Yangtze River Delta**							
上海市	Shanghai City							
南京市	Nanjing City			110				
苏州市	Suzhou City		1121		770			
无锡市	Wuxi City	1200				1997		
常州市	Changzhou City	175	20		7	3295		
镇江市	Zhenjiang City							
南通市	Nantong City							
扬州市	Yangzhou City							
泰州市	Taizhou City							
杭州市	Hangzhou City	162	264			815		
宁波市	Ningbo City							
嘉兴市	Jiaxing City		720					
湖州市	Huzhou City		4182		318			
绍兴市	Shaoxing City	380	580			409		
舟山市	Zhoushan City		1885	30		575		
台州市	Taizhou City		1885	30		575		
珠江三角洲经济区	**Pearl River Delta**							
广州市	Guangzhou City							
深圳市	Shenzhen City							
珠海市	Zhuhai City		62	23				
佛山市	Foshan City		3751		359	13	335	
江门市	Jiangmen City							
东莞市	Dongguan City		1642		35			
中山市	Zhongshan City							
惠州市区	Huizhou Urban District		1366					
惠阳市	Huiyang City		300					
惠东县	Huidong County		902		37			
博罗县	Boluo County		197					
肇庆市区	Zhaoqing Urban District							
高要市	Gaoyao City							
四会市	Sihui City							

11-8 国内与入境旅游人数和收入及年增长率

Total Numbers,Receipts and Annual Growth Rate of Domestic Tourists

地区	Area	国内旅游 Domestic Tourists					
		人数（万人次） Numbers (10 000 person-times)			收入（万元） Receipts (10 000 yuan)		
		2000	2002	2003	2000	2002	2003
长江三角洲经济区	**Yangtze River Delta**	**19944**	**25448**	**25817**	**17772321**	**24004507**	
上海市	Shanghai City	7848	8761	7603	7750000	9938000	
南京市	Nanjing City	1505	2027	2224	1376509	1935910	2098800
苏州市	Suzhou City	1496	2010	2350	1252247	1752662	2118700
无锡市	Wuxi City	1128	1501	1765	1017520	1386759	1673300
常州市	Changzhou City	428	680	817	360980	561887	701300
镇江市	Zhenjiang City	443	610	670	419102	474775	540200
南通市	Nantong City	320	443	515	280981	351754	402400
扬州市	Yangzhou City	501	633	685	372640	480609	509900
泰州市	Taizhou City	285	331	350	204601	259551	274000
杭州市	Hangzhou City	2305	2652	2776	1900000	2548000	2909000
宁波市	Ningbo City	1230	1600	1720	1160000	1514000	1640600
嘉兴市	Jiaxing City	415	859	905	244200	557000	600000
湖州市	Huzhou City	350	788	704	220700	448900	401500
绍兴市	Shaoxing City	729	1007	1028	632600	755000	770500
舟山市	Zhoushan City	454	624	640	201542	321141	335000
台州市	Taizhou City	508	921	1064	378700	718559	835130
珠江三角洲经济区	**Pearl River Delta**						
广州市	Guangzhou City	1879	2232	2007	2911874	3500883	3208803
深圳市	Shenzhen City	928	1074	1013			
珠海市	Zhuhai City	286	364	333	375500	497700	455000
佛山市	Foshan City	419	370		431300	557900	519400
江门市	Jiangmen City	475	556	477	305900	407200	359800
东莞市	Dongguan City	245	534		266800	286300	
中山市	Zhongshan City	311	345	329	268300	377500	338300
惠州市区	Huizhou Urban District						
惠阳市	Huiyang City						
惠东县	Huidong County						
博罗县	Boluo County						
肇庆市区	Zhaoqing Urban District						
高要市	Gaoyao City						
四会市	Sihui City						

11–8续表 continued

单位：% (%)

地区	Area	国内旅游年增长率 Annual Growth Rate of Domestic Tourists					
		人数 Persons			收入 Receipts		
		2000	2002	2003	2000	2002	2003
长江三角洲经济区	**Yangtze River Delta**						
上海市	Shanghai City	4.7	6.1	-13.2			
南京市	Nanjing City	12.0	20.0	5.9	12.9	21.9	10.7
苏州市	Suzhou City		20.2	16.9		15.2	20.9
无锡市	Wuxi City	5.2	28.6	17.6	14.2	36.3	20.7
常州市	Changzhou City	11.0	34.9	20.1	3.5	27.2	24.8
镇江市	Zhenjiang City	116.4	136.5	112.5	135.3	110.2	113.8
南通市	Nantong City	-0.6	25.3	14.4	-25.0	16.7	15.0
扬州市	Yangzhou City	22.0	30.7	8.2	17.0	18.1	6.1
泰州市	Taizhou City		7.4	5.7		11.6	5.6
杭州市	Hangzhou City	4.4	5.7	4.7	14.0	16.4	14.2
宁波市	Ningbo City	11.0	16.0	7.5	10.5	15.9	8.4
嘉兴市	Jiaxing City	25.0	21.5	5.4	47.6	25.2	7.7
湖州市	Huzhou City						
绍兴市	Shaoxing City	20.9	20.0	2.1	20.8	19.3	2.1
舟山市	Zhoushan City	15.7	14.8	2.6	26.0	21.1	4.3
台州市	Taizhou City	31.0	44.0	15.5	53.3	51.3	16.2
珠江三角洲经济区	**Pearl River Delta**						
广州市	Guangzhou City	4.0	8.0	-10.1		9.9	-8.3
深圳市	Shenzhen City	11.0	4.0	-6.6			
珠海市	Zhuhai City	1.0	14.0	-8.6	12.0	16.0	-8.6
佛山市	Foshan City			26.9	3.0	12.0	-6.9
江门市	Jiangmen City	5.0	8.0	-14.0	12.0	11.0	-12.0
东莞市	Dongguan City						
中山市	Zhongshan City	9.0	77.0	-4.7	15.0	22.0	-10.7
惠州市区	Huizhou Urban District						
惠阳市	Huiyang City						
惠东县	Huidong County						
博罗县	Boluo County						
肇庆市区	Zhaoqing Urban District						
高要市	Gaoyao City						
四会市	Sihui City						

11−9 入境旅游人数和收入及年增长率

Total Number,Receipts and Annual Growth Rate of International Tourists Arrival to China

地区	Area	入境旅游 International Tourists Arrival to China					
		人数（人次） Number of Persons (person-times)			收入（美元） Receipts (US$)		
		2000	2002	2003	2000	2002	2003
长江三角洲经济区	**Yangtze River Delta**	**4413461**	**6699800**	**6872016**	**1124056300**	**1770052200**	**1767685216**
上海市	Shanghai City	1814000	2725300	3198700	161300	227500	205300
南京市	Nanjing City	419006	561319	515080	221000000	323000000	317715284
苏州市	Suzhou City	557324	737700	708343	201350000	278480000	291040000
无锡市	Wuxi City	327648	476866	438041	97870000	147640000	159161183
常州市	Changzhou City	33067	81025	110653	24120000	60980000	82641605
镇江市	Zhenjiang City	104906	149603	157173	49876700	67138100	73605368
南通市	Nantong City	58257	77872	84253	48030000	68850800	79723774
扬州市	Yangzhou City	85477	121274	129145	39350000	47700000	56787003
泰州市	Taizhou City	9082	12279	21408	6763300	11865800	13155700
杭州市	Hangzhou City	707148	1056266	861163	292000000	477100000	422210000
宁波市	Ningbo City	123629	205402	221546	55880000	88350000	99760000
嘉兴市	Jiaxing City	29487	224301	189262	21600000	72220000	58890000
湖州市	Huzhou City	12500	41380	47575	6260000	14130000	14150000
绍兴市	Shaoxing City	48038	100716	86766	21080000	35690000	34580000
舟山市	Zhoushan City	61180	84558	55071	29690000	39480000	25510000
台州市	Taizhou City	22712	43939	47837	9025000	37200000	38550000
珠江三角洲经济区	**Pearl River Delta**						
广州市	Guangzhou City	421	474	363	150580	187183	162207
深圳市	Shenzhen City	397	449	435	141100	172342	130097
珠海市	Zhuhai City	974300	1299600	1054500	39400	50200	46200
佛山市	Foshan City	637200	689700	579300		211050000	183044800
江门市	Jiangmen City	267600	309339	230002	8295	10268	7673
东莞市	Dongguan City						
中山市	Zhongshan City	618451	660269	575623	14674	21111	18527
惠州市区	Huizhou Urban District						
惠阳市	Huiyang City						
惠东县	Huidong County						
博罗县	Boluo County						
肇庆市区	Zhaoqing Urban District						
高要市	Gaoyao City						
四会市	Sihui City						

11−9续表 continued

单位：% (%)

地区	Area	入境旅游年增长率 Annual Growth Rate of International Tourists Arrival to China					
		人数 Persons			收入 Receipts		
		2000	2002	2003	2000	2002	2003
长江三角洲经济区	**Yangtze River Delta**						
上海市	Shanghai City	9.5	33.0	17.4	18.3	25.8	-9.8
南京市	Nanjing City		20.0	-8.2		32.4	-8.9
苏州市	Suzhou City	20.3	16.2	-4.0	16.1	18.9	4.5
无锡市	Wuxi City	26.7	20.6	-8.1	13.4	25.4	7.8
常州市	Changzhou City	18.2	70.9	36.7	10.7	77.3	35.5
镇江市	Zhenjiang City	30.7	30.6	5.1	23.5	25.9	9.6
南通市	Nantong City	20.0	33.3	8.2	28.7	29.8	15.8
扬州市	Yangzhou City	18.3	20.3	6.5	16.2	19.2	19.1
泰州市	Taizhou City	32.3	12.6	74.3	6.5	46.7	10.9
杭州市	Hangzhou City	20.0	29.0	-18.5	23.2	41.5	-11.5
宁波市	Ningbo City	30.0	28.0	7.9	27.5	24.0	12.9
嘉兴市	Jiaxing City	14.2	33.2	-15.6	20.8	63.2	-18.4
湖州市	Huzhou City						
绍兴市	Shaoxing City	21.5	69.0	-13.9	22.5	51.2	-3.1
舟山市	Zhoushan City	10.0	18.0	-34.9	20.0	17.0	-35.4
台州市	Taizhou City	21.0	33.0	8.9	12.0	162.0	3.6
珠江三角洲经济区	**Pearl River Delta**						
广州市	Guangzhou City	34.0	7.0	-23.5		13.0	-13.3
深圳市	Shenzhen City		4.0	-5.6		15.0	75.5
珠海市	Zhuhai City	23.0	18.0	-18.9	10.0	16.0	-8.0
佛山市	Foshan City	27.0	5.0	-16.0	39.0	15.0	-13.3
江门市	Jiangmen City	20.0	13.0	-26.0	10.0	16.0	-25.0
东莞市	Dongguan City						
中山市	Zhongshan City	24.0	3.0	-12.8	39.0	23.0	-12.2
惠州市区	Huizhou Urban District						
惠阳市	Huiyang City						
惠东县	Huidong County						
博罗县	Boluo County						
肇庆市区	Zhaoqing Urban District						
高要市	Gaoyao City						
四会市	Sihui City						

11-10 星级宾馆接待能力

Reception Capability of Tourist Hotels

地区	Area	宾馆酒店数（家） Total Number of Hotel and Restaurant (unit)			房间数（间） Total Number of Room (unit)		
		2000	2002	2003	2000	2002	2003
长江三角洲经济区	**Yangtze River Delta**						
上海市	Shanghai City		319	338		53800	55600
南京市	Nanjing City	135	115	110			
苏州市	Suzhou City	94	88	94			
无锡市	Wuxi City	77	86	83	9643	10970	11508
常州市	Changzhou City	22	46	46	2690	5063	5214
镇江市	Zhenjiang City	31	25				
南通市	Nantong City	20	26	34			
扬州市	Yangzhou City	31	40	41	2579	3751	4052
泰州市	Taizhou City	15	16	16	1720	1636	1774
杭州市	Hangzhou City	102	167	176	16000	23641	24816
宁波市	Ningbo City	76	122	130	8935	12547	13917
嘉兴市	Jiaxing City	35	50	50	3427	4306	4411
湖州市	Huzhou City	29	50	52	1392	3615	3983
绍兴市	Shaoxing City	51	66	70	5286	5951	6928
舟山市	Zhoushan City	18	42	51	3480	3809	3029
台州市	Taizhou City	44	68	63	2838	5242	6408
珠江三角洲经济区	**Pearl River Delta**						
广州市	Guangzhou City	135	192	196			30485
深圳市	Shenzhen City	297	270		26410	28640	24094
珠海市	Zhuhai City	54	70	69	8272	9557	
佛山市	Foshan City	39	97	105	4690	8846	9806
江门市	Jiangmen City	57	57	57	6861	9088	8785
东莞市	Dongguan City	34	74	75	2711	9427	10105
中山市	Zhongshan City	17	33	37	2696	3916	4196
惠州市区	Huizhou Urban District				2412	2667	
惠阳市	Huiyang City				689	969	
惠东县	Huidong County				339	582	
博罗县	Boluo County				289	519	
肇庆市区	Zhaoqing Urban District	31	34	35	3305	3192	3082
高要市	Gaoyao City	1	2	2	30	143	162
四会市	Sihui City	5	5	6	553	508	490

11－10续表 continued

地区	Area	床位数（张） Total Number of Beds (unit)		
		2000	2002	2003
长江三角洲经济区	**Yangtze River Delta**			
上海市	Shanghai City		95800	97700
南京市	Nanjing City			
苏州市	Suzhou City	19906	20248	22563
无锡市	Wuxi City	18113	20248	21094
常州市	Changzhou City	4990	9541	9845
镇江市	Zhenjiang City			
南通市	Nantong City			
扬州市	Yangzhou City	5172	7476	8185
泰州市	Taizhou City	3406	3074	3323
杭州市	Hangzhou City	6532	8113	8557
宁波市	Ningbo City	2610	7754	25315
嘉兴市	Jiaxing City	6532	8113	8270
湖州市	Huzhou City	6920	7488	7966
绍兴市	Shaoxing City	4813	9711	12910
舟山市	Zhoushan City	6920	7488	5663
台州市	Taizhou City		9635	11534
珠江三角洲经济区	**Pearl River Delta**			
广州市	Guangzhou City			51861
深圳市	Shenzhen City	47509	50645	41693
珠海市	Zhuhai City	16543	18465	18245
佛山市	Foshan City	14076	19903	21544
江门市	Jiangmen City	14625	16812	16197
东莞市	Dongguan City	4941	14475	15271
中山市	Zhongshan City	5165	7377	7875
惠州市区	Huizhou Urban District			
惠阳市	Huiyang City			
惠东县	Huidong County			
博罗县	Boluo County			
肇庆市区	Zhaoqing Urban District	6833	6599	9744
高要市	Gaoyao City	62	270	304
四会市	Sihui City	1045	1013	904

主要统计指标解释

进出口总额 指实际进出我国国境的货物总金额。包括对外贸易实际进出口货物，来料加工装配进出口货物，国家间、联合国及国际组织无偿援助物资和赠送品，华侨、港澳台同胞和外籍华人捐赠品，租赁期满归承租人所有的租赁货物，进料加工进出口货物，边境地方贸易及边境地区小额贸易进出口货物(边民互市贸易除外)，中外合资企业、中外合作经营企业、外商独资经营企业进出口货物和公用物品，到、离岸价格在规定限额以上的进出口货样和广告品(无商业价值、无使用价值和免费提供出口的除外)，从保税仓库提取在中国境内销售的进口货物，以及其他进出口货物。进出口总额用以观察一个国家在对外贸易方面的总规模。我国规定出口货物按离岸价格统计，进口货物按到岸价格统计。

外商直接投资 指外国企业和经济组织或个人(包括华侨、港澳台胞以及我国在境外注册的企业)按我国有关政策、法规，用现汇、实物、技术等在我国境内开办外商独资企业、与我国境内的企业或经济组织共同举办中外合资经营企业、合作经营企业或合作开发资源的投资(包括外商投资收益的再投资)，以及经政府有关部门批准的项目投资总额为企业从境外借入的资金。

旅游者人数 包括入境国际旅游者人数、出境居民人数和国内旅游者人数。

(1) 入境国际旅游者人数：指来中国参观、访问、旅行、探亲、访友、休养、考察、参加会议和从事经济、科技、文化、教育、宗教等活动的外国人、华侨、港澳同胞和台湾同胞的人数。不包括外国在我国的常驻机构，如使领馆、通讯社、企业办事处的工作人员；来我国常住的外国专家、留学生以及在岸逗留不过夜人员。

(2) 出境居民人数：指大陆居民因公务活动或私人事务短期出境的人数。公务活动出境居民人数包括在国际交通工具上的中国服务员工，因私出境居民人数不包括在国际交通工具上的中国服务员工。

(3) 国内旅游者人数：指我国大陆居民和在我国常住1年以上的外国人、华侨、港澳台同胞离开常住地在境内其他地方的旅游设施内至少停留一夜，最长不超过6个月的人数。

国际旅游(外汇)收入 指入境旅游的外国人、华侨、港澳同胞和台湾同胞在中国大陆旅游过程中发生的一切旅游支出，对于国家来说就是国际旅游(外汇)收入。

Explanatory Notes on Main Statistical Indicators

Total Value of Imports and Exports refer to the real value of commodities imported into and exported from the boundary of China. They include the actual imports and exports through foreign trade, imported and exported goods under the processing and assembling trades and materials, supplies and gifts as aid given gratis between governments and by the United Nations and other international organizations, and contributions donated by overseas Chinese, compatriots in Hong Kong and Macao and Chinese with foreign citizenship, leasing commodities owned by tenant at the expiration of leasing period, the imported and exported commodities processed with imported materials, commodities trading in border areas (excluding mutual exchange goods), the imported and exported commodities and articles for public use of the Sino-foreign joint ventures, cooperative enterprises and ventures exclusively with foreign own investment. Also included are import or export of samples and advertising goods for whose CIF or FOB value are beyond the permitted ceiling (excluding goods of no trading or use value and free commodities for export), imported goods sold in China from bonded warehouses and other imported or exported goods. The indicator of the total imports and exports at customs can be used to observe the total size of external trade in a country. In accordance with the stipulation of the Chinese government, imports are calculated at CIF, while exports are calculated at FOB

Foreign Direct Investment refers to the investments inside China by foreign enterprises and economic organizations or individuals (including overseas Chinese, compatriots from Hong Kong and Macao, and Chinese enterprises registered abroad), following the relevant policies and laws of China, for the establishment of ventures exclusively with foreign own investment, Sino-foreign joint ventures and cooperative enterprises or for co-operative exploration of resources with enterprises or economic organizations in China. It includes the re investment of the foreign entrepreneurs with the profits gained from the investment and the funds that enterprises borrow from abroad in the total investment of projects which are approved by the relevant department of the government.

Number of Tourists including international tourists, Chinese residents going abroad and domestic tourists.

(1) International Tourists refer to foreigners, overseas Chinese, Chinese compatriots from Hong Kong, Macao and Taiwan coming to China for sight-seeing, visits, tours, family reunions, vacations, study tours, conferences and other activities of a business, scientific and technological, cultural, educational and religious nature. It does not include representatives and employees of resident institutions of foreign countries in China such as embassies, consulates, news agencies and offices of foreign companies and organizations, nor does it include long-term foreign experts or students residing in China, or persons in transition without spending a night in China.

(2) Chinese residents going abroad refer to Chinese residents going abroad for short terms for either public business or private purposes. Chinese employees working on international transport carriers are included in those going abroad for public business purpose, not in those for private purpose.

(3) Domestic tourists refer to residents of the mainland of China who stay for one night at least but no more than 6 months at tourist facilities in other places than their permanent residence within the territory of the mainland China, including foreigners, overseas Chinese and Chinese compatriots from Hong Kong, Macao and Taiwan who have resided in China for over one year.

Foreign Exchange Earnings from International Tourism refer to the total expenditures of foreigners, overseas Chinese, Chinese compatriots from Hong Kong, Macao and Taiwan during their stay in the mainland of China, which are earnings of foreign exchange from international tourism from the point of view from China.

12-1 地方一般预算内收入

Inter-Budgetary Revenue of the Local Government

单位：亿元 (100 million yuan)

地区	Area	1978	1980	1990	2000	2002	2003
长江三角洲经济区	**Yangtze River Delta**				**1059.15**	**1564.15**	**1972.67**
上海市	Shanghai City	169.22	174.73	170.03	497.96	719.79	899.29
南京市	Nanjing City	10.85	14.96	36.18	89.06	115.60	136.48
苏州市	Suzhou City	8.28	9.46	21.47	80.39	123.74	170.50
无锡市	Wuxi City	9.40	10.77	21.40	55.85	78.99	104.34
常州市	Changzhou City	6.21	6.70	13.10	32.25	43.23	56.67
镇江市	Zhenjiang City	2.19	2.29	6.04	17.40	23.01	28.60
南通市	Nantong City	5.49	5.94	12.69	28.45	38.73	48.81
扬州市	Yangzhou City	2.03	2.06	6.66	16.34	23.16	30.55
泰州市	Taizhou City	2.18	2.16	5.20	17.03	21.90	26.57
杭州市	Hangzhou City	9.41	11.85	25.25	69.20	118.32	150.39
宁波市	Ningbo City	4.97	5.63	15.89	69.21	115.62	139.42
嘉兴市	Jiaxing City	2.36	2.86	10.12	19.20	31.69	41.22
湖州市	Huzhou City				9.89	18.63	25.26
绍兴市	Shaoxing City	1.86	2.35	10.12	24.54	39.62	50.48
舟山市	Zhoushan City				6.23	9.01	11.39
台州市	Taizhou City				26.15	43.11	52.70
珠江三角洲经济区	**Pearl River Delta**				**598.90**	**768.71**	**863.06**
广州市	Guangzhou City	13.65	15.43	36.94	200.55	245.87	274.77
深圳市	Shenzhen City		0.30	21.70	225.02	265.93	290.84
珠海市	Zhuhai City		0.37	4.44	24.23	31.23	34.82
佛山市	Foshan City	2.71	2.70	13.49	59.53	85.00	95.44
江门市	Jiangmen City	2.01	2.06	7.00	21.24	25.74	29.37
东莞市	Dongguan City	0.66	0.67	3.57	30.47	55.29	67.45
中山市	Zhongshan City	0.88	0.82	3.87	17.46	31.21	36.63
惠州市区	Huizhou Urban District				6.58	11.72	13.58
惠阳市	Huiyang City				2.79	3.54	5.34
惠东县	Huidong County				1.19	1.48	1.73
博罗县	Boluo County				1.99	2.50	2.91
肇庆市区	Zhaoqing Urban District				4.83	5.36	5.83
高要市	Gaoyao City				1.70	2.10	2.34
四会市	Sihui City				1.32	1.74	2.01

12-2 地方一般预算内收入构成(2003年)

Proportion of Local government Inter-Budgetary Revenue (2003)

单位：亿元 (100 million yuan)

地区	Area	总收入 Total Revenue	# 增值税 Value Added Tax	# 营业税 Business Tax	# 企业所得税 Company Income Tax
长江三角洲经济区	**Yangtze River Delta**	**1972.66**	**442.84**	**629.99**	**276.51**
上海市	Shanghai City	899.28	170.20	332.31	146.15
南京市	Nanjing City	136.48	28.71	42.04	13.45
苏州市	Suzhou City	170.50	47.86	44.13	20.34
无锡市	Wuxi City	104.34	29.72	23.83	12.40
常州市	Changzhou City	56.67	14.55	12.76	6.12
镇江市	Zhenjiang City	28.60	9.16	6.50	1.93
南通市	Nantong City	48.81	12.42	11.75	4.22
扬州市	Yangzhou City	30.55	8.52	6.46	2.23
泰州市	Taizhou City	26.57	7.98	5.13	2.55
杭州市	Hangzhou City	150.39	33.47	47.57	20.46
宁波市	Ningbo City	139.42	34.00	41.32	24.17
嘉兴市	Jiaxing City	41.22	12.65	13.21	5.10
湖州市	Huzhou City	25.26	6.30	8.01	2.81
绍兴市	Shaoxing City	50.48	13.81	16.38	6.31
舟山市	Zhoushan City	11.39	1.66	4.83	0.93
台州市	Taizhou City	52.70	11.83	13.77	7.33
珠江三角洲经济区	**Pearl River Delta**	**863.05**	**191.52**	**250.04**	**86.59**
广州市	Guangzhou City	274.77	58.19	65.01	26.84
深圳市	Shenzhen City	290.84	49.79	118.47	38.04
珠海市	Zhuhai City	34.82	11.37	6.49	2.75
佛山市	Foshan City	95.43	25.20	20.88	8.59
江门市	Jiangmen City	29.37	8.04	5.97	1.51
东莞市	Dongguan City	67.45	19.66	18.02	4.83
中山市	Zhongshan City	36.63	11.09	7.13	2.08
惠州市区	Huizhou Urban District	13.58	4.03	2.88	0.85
惠阳市	Huiyang City	5.34	0.87	1.86	0.55
惠东县	Huidong County	1.73	0.43	0.45	0.06
博罗县	Boluo County	2.91	0.82	0.70	0.06
肇庆市区	Zhaoqing Urban District	5.83	1.26	1.51	0.25
高要市	Gaoyao City	2.34	0.40	0.32	0.11
四会市	Sihui City	2.01	0.37	0.35	0.07

12-2 续表 1 continued

单位：亿元 (100 million yuan)

地区	Area	# 个人所得税 Personal Income Tax	# 城市维护建设税 Urban Maintenance and Development Tax	# 房产税 Tax on Real Estates	印花税 Stamp Tax
长江三角洲经济区	**Yangtze River Delta**				
上海市	Shanghai City	71.81	35.62	22.41	2.48
南京市	Nanjing City				
苏州市	Suzhou City	8.34	8.50	6.22	2.16
无锡市	Wuxi City	4.67	6.66	3.28	1.20
常州市	Changzhou City	2.72	3.91	2.07	0.71
镇江市	Zhenjiang City	2.85	1.93	0.83	0.30
南通市	Nantong City	1.78	2.59	1.71	0.59
扬州市	Yangzhou City	1.00	1.92	0.83	0.32
泰州市	Taizhou City	0.74	1.98	0.72	0.30
杭州市	Hangzhou City	10.98	12.85	3.80	1.62
宁波市	Ningbo City	9.74	9.40	3.34	1.37
嘉兴市	Jiaxing City	3.54	2.75	1.06	0.35
湖州市	Huzhou City	1.64	1.35	0.62	0.19
绍兴市	Shaoxing City	3.66	3.05	1.75	0.72
舟山市	Zhoushan City	0.69	0.68	0.32	0.10
台州市	Taizhou City	3.76	3.38	1.34	0.46
珠江三角洲经济区	**Pearl River Delta**	**55.48**	**36.88**	**39.39**	**13.06**
广州市	Guangzhou City	15.31	17.35	14.62	4.25
深圳市	Shenzhen City	27.23	2.68	10.16	5.15
珠海市	Zhuhai City	1.45	1.61	1.96	0.45
佛山市	Foshan City	4.17	6.85	4.60	0.96
江门市	Jiangmen City	0.98	1.78	1.94	0.29
东莞市	Dongguan City	3.16	3.41	2.69	0.74
中山市	Zhongshan City	1.37	1.84	1.51	0.59
惠州市区	Huizhou Urban District	0.73	0.48	0.95	0.33
惠阳市	Huiyang City	0.54	0.19	0.29	0.17
惠东县	Huidong County	0.07	0.07	0.11	0.01
博罗县	Boluo County	0.10	0.10	0.13	0.05
肇庆市区	Zhaoqing Urban District	0.25	0.34	0.29	0.04
高要市	Gaoyao City	0.06	0.09	0.07	0.01
四会市	Sihui City	0.06	0.09	0.07	0.02

12-2 续表 2 continued

单位：亿元 (100 million yuan)

地区	Area	# 农牧业税和耕地占用税 Tax on Agriculture and Animal Husbandry,on the Occupancy of Cultivated Land	# 国有企业计划亏损补贴 Planning Subsidies to Loss-Suffering Stated-Owned Enterprises	# 行政性收费收入 Income from Administrative Fees	# 罚没收入 Penalty and Confiscatory Income	# 专项收入 Expert Project Income
长江三角洲经济区	**Yangtze River Delta**					
上海市	Shanghai City	3.32	-36.17	22.80	14.14	19.78
南京市	Nanjing City					
苏州市	Suzhou City	5.51		3.49	4.13	4.53
无锡市	Wuxi City	4.07	-0.42	4.97	3.60	2.43
常州市	Changzhou City	2.34		4.09	1.88	1.56
镇江市	Zhenjiang City	0.50		1.70	1.38	1.11
南通市	Nantong City	6.46		3.30	1.82	1.39
扬州市	Yangzhou City	2.52	-0.15	1.92	1.54	1.05
泰州市	Taizhou City	2.15		1.37	1.19	0.92
杭州市	Hangzhou City	5.18	-10.05		4.23	6.25
宁波市	Ningbo City	3.56	-9.10		3.68	4.83
嘉兴市	Jiaxing City	6.21	-7.55		1.97	1.21
湖州市	Huzhou City	0.85	2.02		1.64	0.68
绍兴市	Shaoxing City	2.76	-7.22		3.08	1.54
舟山市	Zhoushan City	0.89	-1.18	0.12	0.76	0.30
台州市	Taizhou City	2.67	-1.75	0.09	4.16	1.57
珠江三角洲经济区	**Pearl River Delta**			**40.57**	**28.57**	**24.25**
广州市	Guangzhou City	0.78	-1.07	17.14	10.31	9.39
深圳市	Shenzhen City	0.13		7.92	7.69	6.09
珠海市	Zhuhai City	0.10		1.89	1.31	0.84
佛山市	Foshan City	8.10		5.09	2.25	3.88
江门市	Jiangmen City		-0.04	2.09	1.99	1.09
东莞市	Dongguan City	0.74	-	2.29	2.46	-
中山市	Zhongshan City	2.20		0.75	1.26	1.89
惠州市区	Huizhou Urban District	0.12	-0.04	1.25	0.39	0.34
惠阳市	Huiyang City	0.06	-0.03	0.13	0.15	0.17
惠东县	Huidong County	0.09		0.15	0.06	0.06
博罗县	Boluo County	0.12		0.23	0.29	0.12
肇庆市区	Zhaoqing Urban District	0.13	-483.00	0.66	0.18	0.24
高要市	Gaoyao City	0.14		0.76	0.12	0.07
四会市	Sihui City	0.12	-20.00	0.22	0.11	0.07

12-3 地方一般预算内支出

Inter-Budgetary Expenditure of the Local Government

单位：亿元 (100 million yuan)

地区	Area	1978	1980	1990	2000	2002	2003
长江三角洲经济区	**Yangtze River Delta**				**1242.82**	**1900.18**	**2364.00**
上海市	Shanghai City	25.01	19.18	75.56	622.84	877.84	1102.64
南京市	Nanjing City	1.78	2.30	9.81	98.66	133.12	155.28
苏州市	Suzhou City	1.35	1.67	7.99	77.56	136.39	183.60
无锡市	Wuxi City	1.16	1.42	6.07	52.05	84.22	109.36
常州市	Changzhou City	0.93	1.16	5.11	31.64	51.82	63.05
镇江市	Zhenjiang City	0.90	0.85	3.69	18.82	28.67	36.66
南通市	Nantong City	1.61	1.74	7.15	33.87	50.65	62.04
扬州市	Yangzhou City	0.99	1.09	4.93	22.37	32.74	40.18
泰州市	Taizhou City	0.76	1.09	3.69	22.48	34.76	40.62
杭州市	Hangzhou City	1.62	2.17	11.82	73.43	141.02	163.59
宁波市	Ningbo City	1.12	1.57	9.71	83.91	145.26	180.25
嘉兴市	Jiaxing City	0.63	0.82	4.29	21.52	38.54	47.24
湖州市	Huzhou City	0.48	0.61	2.54	13.25	24.34	30.47
绍兴市	Shaoxing City	0.74	0.92	4.59	25.76	45.16	57.05
舟山市	Zhoushan City	0.28	0.45	2.02	11.48	20.00	23.10
台州市	Taizhou City				33.19	55.64	68.88
珠江三角洲经济区	**Pearl River Delta**				**684.84**	**963.59**	**1097.78**
广州市	Guangzhou City	3.87	4.35	24.31	240.72	326.67	370.09
深圳市	Shenzhen City		0.40	19.81	229.21	307.77	348.95
珠海市	Zhuhai City		0.30	5.54	31.08	41.80	45.35
佛山市	Foshan City	0.59	0.59	9.71	72.21	104.19	120.45
江门市	Jiangmen City	0.77	0.94	5.63	27.98	36.44	41.38
东莞市	Dongguan City	0.18	0.20	2.28	33.61	64.96	76.52
中山市	Zhongshan City	0.19	0.23	2.56	19.24	34.97	39.87
惠州市区	Huizhou Urban District				9.26	16.35	18.66
惠阳市	Huiyang City				3.69	6.00	7.56
惠东县	Huidong County				2.37	3.60	4.45
博罗县	Boluo County				3.01	4.82	5.70
肇庆市区	Zhaoqing Urban District				7.59	9.06	10.61
高要市	Gaoyao City				2.55	3.60	4.40
四会市	Sihui City				2.32	3.36	3.79

12-4 地方一般预算内支出构成(2003年)

Proportion of Inter-Budgetary Expenditure of the Local Government(2003)

单位：亿元 (100 million yuan)

地区	Area	总支出 Total Expenditure	# 基本建设支出 Expenditure for Capital Construction	# 企业挖潜改造资金 Expenditure for Innovation Exterprises	# 科技三项费用 Expenditure for Science and Technology Promotion	# 支援农村生产支出 Expenditure for Supporting Agriculture Production	# 工业交通商业部门事业费 Expenditure for Operating Expenses of Departments of Industry & Transportation
长江三角洲经济区	**Yangtze River Delta**	**2364.00**	**359.40**	**239.30**	**24.06**		
上海市	Shanghai City	1102.64	244.74	156.77	1.54		3.99
南京市	Nanjing City	155.28	9.02	14.71	2.11		
苏州市	Suzhou City	183.60	21.23	8.14	3.42	6.59	1.00
无锡市	Wuxi City	109.36	9.88	10.40	1.55		1.33
常州市	Changzhou City	63.05	3.10	3.47	1.12		0.27
镇江市	Zhenjiang City	36.66	0.96	2.06	0.57	0.06	0.30
南通市	Nantong City	62.04	4.14	1.45	1.02	2.99	0.36
扬州市	Yangzhou City	40.18	1.41	0.82	0.52	2.38	0.22
泰州市	Taizhou City	40.62	2.30	3.38	0.51		0.31
杭州市	Hangzhou City	163.59	11.42	10.20	3.39	8.00	2.80
宁波市	Ningbo City	180.25	24.14	19.53	3.36		1.04
嘉兴市	Jiaxing City	47.24	0.79	1.88	1.19	3.24	1.45
湖州市	Huzhou City	30.47	1.67	1.84	0.70	1.28	0.59
绍兴市	Shaoxing City	57.05	1.88	2.03	1.41		2.62
舟山市	Zhoushan City	23.10	18.41	1.00	0.42		0.34
台州市	Taizhou City	68.88	4.32	1.62	1.22	3.39	1.43
珠江三角洲经济区	**Pearl River Delta**	**1097.78**	**213.13**		**32.14**		**6.14**
广州市	Guangzhou City	370.09	86.39	5.05	7.08	0.08	1.71
深圳市	Shenzhen City	348.95	96.75	6.76	14.86		1.18
珠海市	Zhuhai City	45.35	3.79	0.29	1.39	0.77	0.22
佛山市	Foshan City	120.45	1.31	3.40	3.61		1.14
江门市	Jiangmen City	41.38	0.40	0.19	0.64	2.36	0.51
东莞市	Dongguan City	76.52	20.11	0.10	3.01	1.14	0.76
中山市	Zhongshan City	39.87	3.35	0.16	0.89		0.13
惠州市区	Huizhou Urban District	18.66	0.41	0.51	0.22		0.06
惠阳市	Huiyang City	7.56	0.14	0.02	0.01		0.04
惠东县	Huidong County	4.45	0.02	0.01	0.01		0.06
博罗县	Boluo County	5.70	0.03		0.01		0.03
肇庆市区	Zhaoqing Urban District	10.61	0.16	0.28	0.24		0.18
高要市	Gaoyao City	4.40	0.05	0.03	0.08		0.05
四会市	Sihui City	3.79	0.22	0.08	0.09		0.07

12-4 续表 continued

单位：亿元 (100 million yuan)

地区	Area	# 农林水利气象等部门事业费 Expenditure for Operating Expenses of Agriculture, Foresty, Water Conservancy and Meteorology	# 文教科学卫生事业费 Expenditure for Perating Expenses of Culture, Education, Science and Public Health	# 抚恤和社会福利救济费 Expenditure for Pensions and Relief Funds for Social Welfare	# 行政管理费 Expenditure for Government Administration	# 城市维护费 Expenditure for City Maintenance
长江三角洲经济区	**Yangtze River Delta**		**488.78**	**49.56**		**193.50**
上海市	Shanghai City	23.74	196.11	21.61	34.66	55.81
南京市	Nanjing City	7.28	30.69	4.40		26.79
苏州市	Suzhou City	10.75	34.65	2.92	20.24	23.70
无锡市	Wuxi City	5.01	23.07	2.44	9.18	17.71
常州市	Changzhou City	4.60	14.86	1.44	6.26	8.07
镇江市	Zhenjiang City	2.21	9.77	0.88		3.67
南通市	Nantong City	3.51	16.72	2.09	7.13	2.42
扬州市	Yangzhou City	2.14	11.34	1.19	6.16	1.55
泰州市	Taizhou City	2.80	12.47	1.23	5.85	1.68
杭州市	Hangzhou City	8.00	37.09	2.97	14.84	16.86
宁波市	Ningbo City	10.47	33.61	3.29	14.14	22.10
嘉兴市	Jiaxing City		14.50	0.98	6.45	4.41
湖州市	Huzhou City	1.78	9.05	0.89	4.78	1.42
绍兴市	Shaoxing City	4.38	17.17	1.22	7.61	3.16
舟山市	Zhoushan City	2.65	6.44	0.57	3.49	0.69
台州市	Taizhou City		21.23	1.45	9.09	3.45
珠江三角洲经济区	**Pearl River Delta**					
广州市	Guangzhou City	11.00	64.00	7.00	30.09	17.61
深圳市	Shenzhen City	5.00	60.00	3.00	26.61	13.30
珠海市	Zhuhai City	2.00	9.00	1.00	3.02	2.36
佛山市	Foshan City	2.00	28.00	2.00	13.23	7.46
江门市	Jiangmen City	4.00	12.00	1.00	5.25	1.39
东莞市	Dongguan City	4.00	20.00	1.00	5.00	4.42
中山市	Zhongshan City	4.00	9.00	1.00	2.48	1.69
惠州市区	Huizhou Urban District	1.00	4.00		2.24	1.03
惠阳市	Huiyang City		1.00		1.08	0.46
惠东县	Huidong County		1.00		0.56	0.05
博罗县	Boluo County	1.00	2.00		0.65	0.22
肇庆市区	Zhaoqing Urban District		2.00		1.56	0.36
高要市	Gaoyao City		1.00		0.35	0.08
四会市	Sihui City		1.00		0.41	0.08

12-5 用于文教、科学和卫生事业费的财政支出

Budgetary Expenditure of Operating Expenses for Culture,Education,Science and Health Care

单位：万元 (10 000 yuan)

地区	Area	2000	2001	2002	2003
长江三角洲经济区	**Yangtze River Delta**	**295.08**	**371.18**	**412.28**	**488.79**
上海市	Shanghai City	133.93	167.37	170.73	196.11
南京市	Nanjing City	17.70	22.72	26.01	30.69
苏州市	Suzhou City	16.23	20.59	24.98	34.65
无锡市	Wuxi City	13.29	15.49	18.53	23.07
常州市	Changzhou City	9.63	11.65	13.28	14.86
镇江市	Zhenjiang City	6.55	7.90	8.92	9.77
南通市	Nantong City	11.48	13.68	14.96	16.72
扬州市	Yangzhou City	8.02	9.46	10.42	11.34
泰州市	Taizhou City	9.00	10.26	11.57	12.47
杭州市	Hangzhou City	18.27	25.08	30.81	37.10
宁波市	Ningbo City	17.20	23.14	27.68	33.61
嘉兴市	Jiaxing City	6.54	8.87	11.15	14.50
湖州市	Huzhou City	4.38	5.81	7.35	9.05
绍兴市	Shaoxing City	8.41	10.86	13.33	17.17
舟山市	Zhoushan City	3.67	4.67	5.59	6.44
台州市	Taizhou City	10.78	13.63	16.97	21.23
珠江三角洲经济区	**Pearl River Delta**				
广州市	Guangzhou City	44.46	53.50	60.89	63.94
深圳市	Shenzhen City	34.27	43.57	50.72	59.92
珠海市	Zhuhai City	4.48	5.85	7.18	8.54
佛山市	Foshan City	13.19	15.18	17.47	
江门市	Jiangmen City	0.00	9.11	10.84	11.59
东莞市	Dongguan City	8.67	10.60	14.74	19.82
中山市	Zhongshan City	4.86	6.08	8.34	9.02
惠州市区	Huizhou Urban District			3.11	4.00
惠阳市	Huiyang City			1.65	1.00
惠东县	Huidong County			1.25	1.00
博罗县	Boluo County			1.49	2.00
肇庆市区	Zhaoqing Urban District		1.90	1.99	2.00
高要市	Gaoyao City		0.75	0.95	1.00
四会市	Sihui City		0.85	1.00	1.00

12−6 用于抚恤和社会福利救济费的财政支出

Budgetary Expenditure for Pensions, Social and Welfare Relief Funds

单位：万元 (10 000 yuan)

地区	Area	2000	2001	2002	2003
长江三角洲经济区	**Yangtze River Delta**		**339522**	**425800**	**494270**
上海市	Shanghai City		145600	209500	216100
南京市	Nanjing City	39736	62114	33810	43971
苏州市	Suzhou City	11044	13870	18911	29182
无锡市	Wuxi City	11573	14157	19265	24419
常州市	Changzhou City	7322	8589	21963	14398
镇江市	Zhenjiang City	4435	5095	6509	8795
南通市	Nantong City	12354	15043	16276	20851
扬州市	Yangzhou City	6293	8002	8348	11857
泰州市	Taizhou City	7854	8836	10069	12301
杭州市	Hangzhou City	13731	16931	21581	29668
宁波市	Ningbo City	11255	14492	21371	32908
嘉兴市	Jiaxing City	4241	5395	7314	9835
湖州市	Huzhou City	3152	3803	4742	7597
绍兴市	Shaoxing City	5067	6159	8965	12209
舟山市	Zhoushan City	2539	3051	4702	5718
台州市	Taizhou City	7808	8385	12474	14461
珠江三角洲经济区	**Pearl River Delta**			**141127**	**163178**
广州市	Guangzhou City	34898	45734	64619	74348
深圳市	Shenzhen City	12855	13309	26399	25755
珠海市	Zhuhai City	4195	4676	6235	7184
佛山市	Foshan City			18584	20000
江门市	Jiangmen City		6103	7670	10183
东莞市	Dongguan City	2888	3786	4695	6533
中山市	Zhongshan City	3859	4730	7146	7242
惠州市区	Huizhou Urban District			610	3849
惠阳市	Huiyang City			648	1033
惠东县	Huidong County			423	1469
博罗县	Boluo County			541	1233
肇庆市区	Zhaoqing Urban District		1583	1740	1879
高要市	Gaoyao City		551	1005	1536
四会市	Sihui City		710	812	934

12-7 地方一般预算内财政收入占地区生产总值比重

Inter-Budgetary Revenue as Percentage of Gross Domestic Product

单位：% (%)

地区	Area	1978	1980	1990	2000	2002	2003
长江三角洲经济区	**Yangtze River Delta**						
上海市	Shanghai City	62.00	56.00	22.50	10.90	13.30	14.40
南京市	Nanjing City	31.50	35.20	20.50	8.70	8.90	8.66
苏州市	Suzhou City	25.90	23.30	10.60	5.20	5.90	6.09
无锡市	Wuxi City	37.70	30.30	13.30	4.70	5.00	5.49
常州市	Changzhou City	35.40	29.40	13.80	5.40	5.70	6.29
镇江市	Zhenjiang City	18.00	15.30	9.20	3.80	4.10	4.46
南通市	Nantong City	18.70	16.70	9.50	3.90	4.40	4.85
扬州市	Yangzhou City	14.10	11.70	7.50	3.50	4.10	4.72
泰州市	Taizhou City	15.40	11.80	6.20	4.20	4.30	4.58
杭州市	Hangzhou City	33.13	29.16	13.32	5.00	6.60	7.20
宁波市	Ningbo City	24.64	19.07	11.24	5.90	7.70	7.80
嘉兴市	Jiaxing City	17.77	16.04	12.45	3.60	4.50	4.80
湖州市	Huzhou City				2.90	4.40	5.10
绍兴市	Shaoxing City	16.49	14.23	12.28	3.30	4.20	4.63
舟山市	Zhoushan City				5.40	6.20	6.61
台州市	Taizhou City				3.90	5.00	5.30
珠江三角洲经济区	**Pearl River Delta**						
广州市	Guangzhou City	32.50	28.30	11.80	9.30	9.00	7.86
深圳市	Shenzhen City		11.27	12.64	13.51	11.93	10.04
珠海市	Zhuhai City		13.98	10.73	7.34	7.69	7.36
佛山市	Foshan City	20.60	16.10	9.90	6.22	7.23	6.91
江门市	Jiangmen City	14.00	11.00	6.96	3.74	3.90	4.02
东莞市	Dongguan City	10.80	9.50	5.53	6.18	8.22	7.11
中山市	Zhongshan City	15.21	11.33	7.59	5.58	7.51	7.31
惠州市区	Huizhou Urban District	15.90	8.70	9.20	4.90	5.90	5.20
惠阳市	Huiyang City	7.10	4.30	3.40	2.40	3.40	5.20
惠东县	Huidong County	7.80	5.00	5.80	1.30	1.70	1.50
博罗县	Boluo County	19.10	4.90	4.60	2.40	2.70	2.70
肇庆市区	Zhaoqing Urban District			8.10	5.60	5.60	5.40
高要市	Gaoyao City			4.10	1.50	1.60	1.70
四会市	Sihui City			4.70	2.40	2.50	2.60

12-8 地方一般预算内财政支出占地区生产总值比重

Inter-Budgetary Expenditure as percentage of Gross Domestic Product

单位：%　　　　(%)

地区	Area	1978	1980	1990	2000	2002	2003
长江三角洲经济区	**Yangtze River Delta**						
上海市	Shanghai City	9.50	6.10	10.00	13.70	16.20	17.60
南京市	Nanjing City	5.20	5.40	5.60	9.70	10.30	9.85
苏州市	Suzhou City	4.20	4.10	4.00	5.00	6.60	6.55
无锡市	Wuxi City	4.60	4.00	3.80	4.30	5.30	5.75
常州市	Changzhou City	5.30	5.10	5.40	5.30	6.80	6.99
镇江市	Zhenjiang City	7.40	5.70	5.70	4.20	5.10	5.72
南通市	Nantong City	5.50	4.90	5.30	4.60	5.70	6.16
扬州市	Yangzhou City	6.90	6.20	5.50	4.70	5.90	6.21
泰州市	Taizhou City	5.40	6.00	4.40	5.50	6.90	7.00
杭州市	Hangzhou City	5.70	5.30	6.20	5.30	7.90	7.80
宁波市	Ningbo City	5.60	5.30	6.90	7.60	10.00	10.09
嘉兴市	Jiaxing City	4.80	4.60	5.30	4.00	5.50	5.51
湖州市	Huzhou City	5.40	5.00	4.60	3.90	5.80	6.20
绍兴市	Shaoxing City	6.50	5.50	5.60	3.50	4.90	5.24
舟山市	Zhoushan City	7.10	9.20	8.20	10.00	13.70	13.41
台州市	Taizhou City	9.80	7.40	6.30	4.90	6.50	6.90
珠江三角洲经济区	**Pearl River Delta**						
广州市	Guangzhou City	8.98	7.56	7.61	10.88	10.88	10.58
深圳市	Shenzhen City		14.82	11.54	13.76	13.83	12.05
珠海市	Zhuhai City		11.41	13.38	9.41	10.29	9.58
佛山市	Foshan City	4.60	3.50	7.10	7.54	8.86	8.72
江门市	Jiangmen City	5.38	5.02	5.60	4.93	5.51	5.67
东莞市	Dongguan City	2.90	2.90	3.53	6.82	9.65	8.07
中山市	Zhongshan City	3.38	3.19	5.02	6.15	8.41	7.95
惠州市区	Huizhou Urban District	29.40	25.70	14.40	6.90	8.60	7.10
惠阳市	Huiyang City	8.00	7.60	5.60	3.20	5.00	7.40
惠东县	Huidong County	5.10	7.60	7.30	2.70	3.70	3.90
博罗县	Boluo County	13.00	5.70	7.20	3.70	5.10	5.20
肇庆市区	Zhaoqing Urban District			12.00	8.90	9.50	9.90
高要市	Gaoyao City			4.40	2.30	3.00	3.10
四会市	Sihui City			4.90	4.10	4.70	4.80

12-9 中资金融机构存款年末余额

Deposits Balance of Chinese-funded Financial Institutions(Year-end)

单位：亿元 (100 million yuan)

地区	Area	1978	1980	1990	2000	2002	2003
长江三角洲经济区	**Yangtze River Delta**				**21592.58**	**32459.67**	**41183.98**
上海市	Shanghai City				9088.66	13658.42	16728.07
南京市	Nanjing City	20.79	25.28	140.57	1963.76	3005.89	3622.55
苏州市	Suzhou City	7.37	15.68	132.20	1477.01	2232.03	3149.79
无锡市	Wuxi City	5.53	9.70	94.67	1078.35	1626.83	2156.85
常州市	Changzhou City	3.41	5.78	59.37	629.36	904.71	1170.56
镇江市	Zhenjiang City	2.52	4.22	39.13	337.22	457.52	580.88
南通市	Nantong City	6.87	9.46	88.25	773.42	1087.42	1279.29
扬州市	Yangzhou City	2.04	2.63	45.66	444.47	592.79	720.98
泰州市	Taizhou City	1.65	3.15	37.36	388.82	488.61	596.33
杭州市	Hangzhou City	8.68	18.07	164.62	2088.47	3373.15	4439.53
宁波市	Ningbo City	4.84	8.37	90.13	1172.94	1906.24	2629.03
嘉兴市	Jiaxing City	2.57	3.96	63.64	545.83	763.40	1027.95
湖州市	Huzhou City	1.97	3.40	24.23	268.87	369.64	486.42
绍兴市	Shaoxing City	2.29	4.49	54.11	655.66	970.24	1280.18
舟山市	Zhoushan City	1.18	2.08	17.68	150.77	211.02	259.37
台州市	Taizhou City	1.64	3.24	31.26	528.96	811.76	1056.19
珠江三角洲经济区	**Pearl River Delta**					**19469.46**	**23146.90**
广州市	Guangzhou City	25.56	43.73	440.47	5545.19	7498.35	8676.72
深圳市	Shenzhen City		2.03	194.69	3169.00	4952.73	6079.48
珠海市	Zhuhai City		1.68	40.44	445.23	575.38	673.21
佛山市	Foshan City			160.18	1955.97	2434.40	2978.30
江门市	Jiangmen City			109.00	670.00	793.84	917.01
东莞市	Dongguan City	1.05	2.61	68.07	1228.67	1790.18	2126.78
中山市	Zhongshan City	1.00	2.35	52.26	554.07	707.92	845.19
惠州市区	Huizhou Urban District		0.57	11.82	173.61	244.03	296.10
惠阳市	Huiyang City		0.29	7.91	74.00	94.25	107.16
惠东县	Huidong County		0.21	5.21	46.81	56.93	67.30
博罗县	Boluo County		0.37	4.37	52.61	68.96	83.98
肇庆市区	Zhaoqing Urban District					166.86	198.52
高要市	Gaoyao City	0.04	0.93	4.73	38.44	43.70	50.18
四会市	Sihui City	0.30	0.55	5.14	32.40	41.93	46.97

12-10 中资金融机构贷款年末余额

Loans Balance of Chinese-funded Financial Institutions (Year-end)

单位：亿元 (100 million yuan)

地区	Area	1978	1980	1990	2000	2002	2003
长江三角洲经济区	**Yangtze River Delta**			**2210.05**	**15152.59**	**22979.34**	**30977.09**
上海市	Shanghai City			1106.80	6427.84	9734.13	12198.62
南京市	Nanjing City	13.97	15.25	122.23	1706.44	2549.31	3375.34
苏州市	Suzhou City	15.45	21.19	134.10	970.60	1490.96	2359.28
无锡市	Wuxi City	13.56	15.30	106.53	712.39	1046.99	1435.82
常州市	Changzhou City	9.18	10.68	74.24	389.26	559.85	799.14
镇江市	Zhenjiang City	2.60	8.89	50.11	252.13	328.03	425.07
南通市	Nantong City	13.67	17.27	91.22	394.34	526.90	702.27
扬州市	Yangzhou City	6.07	5.88	64.15	276.05	356.23	433.87
泰州市	Taizhou City	5.09	7.16	41.50	236.26	287.59	348.71
杭州市	Hangzhou City	13.68	17.42	180.33	1686.64	2752.38	3686.90
宁波市	Ningbo City	6.50	9.71	97.44	883.12	1479.47	2102.78
嘉兴市	Jiaxing City	2.01	2.61	19.18	137.81	198.87	757.83
湖州市	Huzhou City	2.30	3.36	24.65	192.52	261.93	365.45
绍兴市	Shaoxing City	3.62	5.58	50.32	458.51	695.10	986.79
舟山市	Zhoushan City	1.81	2.07	16.47	98.25	139.98	190.12
台州市	Taizhou City	3.45	5.37	30.79	330.43	571.62	809.09
珠江三角洲经济区	**Pearl River Delta**					**13127.73**	**15903.38**
广州市	Guangzhou City	26.04	40.25	420.38	3895.49	5257.21	6127.27
深圳市	Shenzhen City		1.35	238.62	2292.18	3512.48	4525.05
珠海市	Zhuhai City		1.53	60.59	300.26	347.17	412.67
佛山市	Foshan City			195.67	1453.96	1588.47	1972.14
江门市	Jiangmen City			118.00	520.00	584.41	637.01
东莞市	Dongguan City	1.96	3.08	63.04	630.84	933.41	1206.72
中山市	Zhongshan City	1.86	3.56	61.95	360.35	442.13	495.66
惠州市区	Huizhou Urban District		1.03	12.01	115.83	173.58	217.03
惠阳市	Huiyang City		0.59	5.76	45.48	42.48	45.49
惠东县	Huidong County		0.79	4.91	20.58	18.10	19.56
博罗县	Boluo County		0.80	4.64	25.20	25.38	25.76
肇庆市区	Zhaoqing Urban District					158.38	173.81
高要市	Gaoyao City	0.06	1.15	10.29	38.44	20.19	22.31
四会市	Sihui City	0.37	0.79	5.54	21.54	24.34	22.90

12-11 金融机构现金收入（2003年）
Cash Income of Financial Institutions(2003)

单位：亿元 (100 million yuan)

地区	Area	收入总计 Total	商品销售收入 Commodity Sales Revenue	服务业收入 Service Revenue	税款收入 Taxes Revenue	城乡个体经营收入 Urban and Rural Individual Business Revenue	其他金融机构收入 Other Financial Institutions Revenue
长江三角洲经济区	**Yangtze River Delta**						
上海市	Shanghai City	15378.63	2918.36	693.09	53.51	244.29	197.37
南京市	Nanjing City						
苏州市	Suzhou City	7930.39	1411.65	279.55	31.29	501.23	17.03
无锡市	Wuxi City	5127.82	1050.09	225.03	26.16	141.79	19.37
常州市	Changzhou City	2886.59	564.29	114.54	14.17	112.51	10.00
镇江市	Zhenjiang City	1465.24	230.68	76.58	13.28	54.10	3.80
南通市	Nantong City	3174.26	396.94	136.75	21.20	99.87	16.24
扬州市	Yangzhou City	1577.47	220.60	77.52	12.01	50.97	13.23
泰州市	Taizhou City	1591.20	214.83	95.46	21.14	60.62	8.56
杭州市	Hangzhou City						
宁波市	Ningbo City						
嘉兴市	Jiaxing City						
湖州市	Huzhou City						
绍兴市	Shaoxing City						
舟山市	Zhoushan City						
台州市	Taizhou City						
珠江三角洲经济区	**Pearl River Delta**						
广州市	Guangzhou City	11911.17	1049.54	574.77	43.35	360.68	46.32
深圳市	Shenzhen City	8449.47	679.84	425.01	58.74	109.42	9.85
珠海市	Zhuhai City	1283.72	88.86	68.10	7.15	14.44	4.36
佛山市	Foshan City	8815.60	505.20	132.79	24.63	616.59	22.88
江门市	Jiangmen City						
东莞市	Dongguan City	5555.60	537.45	393.05	43.62	191.31	20.33
中山市	Zhongshan City	2372.23	265.58	106.79	20.36	105.56	3.14
惠州市区	Huizhou Urban District	1057.33	53.98	27.49	6.77	13.07	1.51
惠阳市	Huiyang City	432.37	25.54	31.70	10.11	14.56	0.42
惠东县	Huidong County	422.67	10.98	10.62	2.76	14.40	3.09
博罗县	Boluo County	370.89	22.98	11.42	1.90	21.72	0.96
肇庆市区	Zhaoqing Urban District						
高要市	Gaoyao City						
四会市	Sihui City						

12-11 续表 continued

单位：亿元 (100 million yuan)

地区	Area	居民归还贷款收入 Repayment of the Local by Residents	汇兑收入 Remittances Revenue	有价证券收入 Valuable Securities Revenue	其他收入 Valuable Securities Revenue	# 兑换外币收入 Exchange of Foreign Currency Revenue
长江三角洲经济区	**Yangtze River Delta**					
上海市	Shanghai City	76.80	112.92	123.71	893.76	12.25
南京市	Nanjing City					
苏州市	Suzhou City	114.40	80.58	14.07	427.84	1.18
无锡市	Wuxi City	32.31	50.30	15.19	604.72	0.38
常州市	Changzhou City	31.83	42.62	4.53	203.40	1.13
镇江市	Zhenjiang City	42.84	24.74	0.75	87.55	0.07
南通市	Nantong City	131.91	31.51	18.31	368.50	
扬州市	Yangzhou City	44.12	19.26	3.92	116.99	0.45
泰州市	Taizhou City	106.41	15.39	1.93	59.63	0.11
杭州市	Hangzhou City	103.28	73.73	27.85	980.54	6.27
宁波市	Ningbo City	83.93	82.76	31.38	619.33	
嘉兴市	Jiaxing City	51.22	25.03	3.44	171.04	0.20
湖州市	Huzhou City	57.81	20.20	2.46	138.46	0.02
绍兴市	Shaoxing City	39.75	32.90	1.76	283.84	0.44
舟山市	Zhoushan City	7.67	3.49	0.87	58.97	
台州市	Taizhou City	208.50	43.81	3.15	330.84	0.12
珠江三角洲经济区	**Pearl River Delta**					
广州市	Guangzhou City	6.78	183.02	38.05	441.64	3.73
深圳市	Shenzhen City	6.64	252.27	3.34	287.39	2.22
珠海市	Zhuhai City	2.43	4.41	0.93	65.19	0.25
佛山市	Foshan City	5.59	21.83	1.65	128.36	0.76
江门市	Jiangmen City					
东莞市	Dongguan City	2.85	218.10	1.62	111.13	0.21
中山市	Zhongshan City	3.06	40.36	0.38	65.08	0.10
惠州市区	Huizhou Urban District	2.42	6.33	1.12	39.84	0.25
惠阳市	Huiyang City	1.38	5.83	0.08	19.40	
惠东县	Huidong County	1.38	10.06		14.21	
博罗县	Boluo County	3.98	5.01	0.12	5.89	
肇庆市区	Zhaoqing Urban District					
高要市	Gaoyao City					
四会市	Sihui City					

12-12 金融机构现金支出（2003年）
Cash Expenditures of Financial Institutions(2003)

单位：亿元 (100 million yuan)

地区	Area	支出合计 Total	工资性支出 Wages	农副产品采购支出 Purchases of Agricultural and Sideline Products	工矿及其他产品采购支出 Purchase Expenditure for Industry,Mining and Other Product	行政企事业管理费支出 Government, Institutions and Enterprises Overhead	城乡个体经营支出 Urban and Rural Individual Business
长江三角洲经济区	**Yangtze River Delta**						
上海市	Shanghai City						
南京市	Nanjing City						
苏州市	Suzhou City	8173.02	599.46	125.03	436.23	473.82	642.76
无锡市	Wuxi City	5184.13	690.75	192.70	204.88	439.68	220.19
常州市	Changzhou City	2962.77	333.93	72.37	80.87	290.97	180.29
镇江市	Zhenjiang City	1516.38	159.27	44.55	32.69	116.48	89.31
南通市	Nantong City	3170.30	282.70	82.90	65.12	158.53	130.76
扬州市	Yangzhou City	1620.82	180.45	52.89	25.14	98.81	71.13
泰州市	Taizhou City	1613.71	153.05	56.67	46.63	115.49	91.52
杭州市	Hangzhou City	7966.97	443.12	125.54	210.84	500.18	285.44
宁波市	Ningbo City	6970.36	451.60	161.04	171.16	409.35	470.73
嘉兴市	Jiaxing City	2817.11	83.65	56.80	190.19	91.44	155.32
湖州市	Huzhou City	2192.14	93.44	74.98	93.07	78.97	269.41
绍兴市	Shaoxing City	5066.50	159.33	97.60	122.99	111.32	380.33
舟山市	Zhoushan City	574.09	15.32	50.74		18.64	6.72
台州市	Taizhou City	6390.03	204.87	128.36	259.95	102.70	1315.15
珠江三角洲经济区	**Pearl River Delta**						
广州市	Guangzhou City	11961.50	760.23	122.97	78.97	646.35	451.79
深圳市	Shenzhen City	9295.59	446.91	105.18	27.79	762.89	344.00
珠海市	Zhuhai City	1361.69	79.20	10.08	4.98	114.38	20.74
佛山市	Foshan City	5582.50	360.90	119.53	89.81	132.80	607.18
江门市	Jiangmen City						
东莞市	Dongguan City	5419.35	689.19	61.85	125.56	306.97	277.10
中山市	Zhongshan City	2459.43	343.88	30.89	9.72	96.42	138.01
惠州市区	Huizhou Urban District	659.23	71.23	2.22	3.29	38.79	22.76
惠阳市	Huiyang City	288.28	67.26	0.91	1.08	12.60	15.82
惠东县	Huidong County	299.46	24.10	3.98	0.58	5.69	15.13
博罗县	Boluo County	267.70	18.09	13.29	8.23	10.26	19.99
肇庆市区	Zhaoqing Urban District						
高要市	Gaoyao City						
四会市	Sihui City						

12–12 续表 continued

单位：亿元 (100 million yuan)

地区	Area	储蓄存款支出 Saving Deposists	其他金融机构支出 Other Financial Institutions	居民提取贷款支出 Draw Loans by Residents	汇兑支出 Remittances	有价证券支出 Valuable Securities	其他支出 Others
长江三角洲经济区	**Yangtze River Delta**						
上海市	Shanghai City						
南京市	Nanjing City						
苏州市	Suzhou City	5188.42	13.56	148.57	39.18	9.07	496.91
无锡市	Wuxi City	2773.24	19.37	20.16	27.49	12.82	582.85
常州市	Changzhou City	1730.93	25.07	16.94	24.04	3.48	203.88
镇江市	Zhenjiang City	620.74	2.53	41.30	6.78	0.65	102.05
南通市	Nantong City	1875.03	12.50	153.23	24.69	7.40	377.45
扬州市	Yangzhou City	971.10	12.68	49.15	15.67	5.62	138.19
泰州市	Taizhou City	956.72	6.40	105.73	12.03	3.09	66.39
杭州市	Hangzhou City	5322.44	31.50	80.70	25.51	22.15	919.55
宁波市	Ningbo City	445.63	31.85	71.59	37.56	21.58	687.59
嘉兴市	Jiaxing City	2029.10	4.33	30.32	6.13	5.75	164.07
湖州市	Huzhou City	1369.62	1.50	44.16	11.98	3.56	151.45
绍兴市	Shaoxing City	3811.11	2.85	18.03	12.74	6.48	343.73
舟山市	Zhoushan City	383.91		8.61	3.64	0.48	67.19
台州市	Taizhou City	3870.82	2.44	174.89	30.63	3.15	297.08
珠江三角洲经济区	**Pearl River Delta**						
广州市	Guangzhou City	9279.66	17.10	6.02	25.05	25.03	526.85
深圳市	Shenzhen City	7225.04	20.55	1.61	58.55	2.99	300.08
珠海市	Zhuhai City	105.52	0.86	0.02	1.26	1.37	73.60
佛山市	Foshan City	4110.30	4.16	2.27	12.72	1.22	141.62
江门市	Jiangmen City						
东莞市	Dongguan City	3773.02	15.38	0.29	33.74	2.33	133.92
中山市	Zhongshan City	1771.64	2.38	0.08	13.18	0.35	52.88
惠州市区	Huizhou Urban District	476.93	3.37	0.56	4.60	0.27	35.20
惠阳市	Huiyang City	172.[illegible]1	0.25	0.75	1.36	0.02	16.11
惠东县	Huidong County	222.22	2.44	1.64	6.11	0.01	17.56
博罗县	Boluo County	184.12	2.18	3.79	1.33	0.02	6.40
肇庆市区	Zhaoqing Urban District						
高要市	Gaoyao City						
四会市	Sihui City						

12-13 金融机构数与人员数

Number of Institutions and Number of Staff and Workers

地区	Area	金融机构数（个） Number of Institution(unit)		年末人数（人） Number of Staff and Workers(Person)	
		2002	2003	2002	2003
长江三角洲经济区	**Yangtze River Delta**				
上海市	Shanghai City			103600	121100
南京市	Nanjing City				
苏州市	Suzhou City	1470	1521	19433	19770
无锡市	Wuxi City	1086	1141	15345	15441
常州市	Changzhou City	1014	987	10623	10193
镇江市	Zhenjiang City	630	604	8524	8625
南通市	Nantong City				
扬州市	Yangzhou City	959	944	10868	10422
泰州市	Taizhou City	865	650	8384	7788
杭州市	Hangzhou City	1579	1599	27505	27887
宁波市	Ningbo City	1741	1728	20481	20657
嘉兴市	Jiaxing City	808	785	10118	9656
湖州市	Huzhou City	532	500	7204	7121
绍兴市	Shaoxing City		931		11531
舟山市	Zhoushan City	354	336	3953	3859
台州市	Taizhou City	868	845	11545	12179
珠江三角洲经济区	**Pearl River Delta**				
广州市	Guangzhou City				
深圳市	Shenzhen City	116	156	33774	39050
珠海市	Zhuhai City				
佛山市	Foshan City	180	185	29900	29948
江门市	Jiangmen City	1182	958	12680	11928
东莞市	Dongguan City	1324	1309	15557	14677
中山市	Zhongshan City	652	591	8063	7103
惠州市区	Huizhou Urban District				
惠阳市	Huiyang City				
惠东县	Huidong County				
博罗县	Boluo County				
肇庆市区	Zhaoqing Urban District				
高要市	Gaoyao City				
四会市	Sihui City				

主要统计指标解释

财政收入 指国家财政参与社会产品分配所取得的收入，是实现国家职能的财力保证。财政收入所包括的内容几经变化，目前主要包括：(1) 各项税收；(2) 专项收入；(3) 其他收入；(4) 国有企业亏损补贴。

财政支出 指国家财政将筹集起来的资金进行分配使用，以满足经济建设和各项事业的需要，主要包括：(1) 基本建设支出；(2) 企业挖潜改造资金；(3) 地质勘探费用；(4) 科技三项费用；(5) 支援农村生产支出；(6) 农林水利气象等部门的事业费用；(7) 工业交通商业等部门的事业费；(8) 文教科学卫生事业费；(9) 抚恤和社会福利救济费；(10) 行政事业单位离退休支出；(11) 社会保障补助支出；(12) 国防支出；(13) 行政管理费；(14) 政策性补贴支出；(15) 债务利息支出。

中央财政收入和地方财政收入 指按现行分税制财政体制划分的中央本级收入和地方本级收入。1994年实行分税制财政体制以后，属于中央财政的收入包括关税、海关代征消费税和增值税，消费税，中央企业所得税，地方银行和外资银行及非银行金融企业所得税，铁道部门、各银行总行、各保险总公司等集中缴纳的营业税、利润或城市维护建设税，车辆购置税，船舶吨税，增值税的75%部分，证券交易税（印花税）94%部分，个人所得税中的利息所得税，利息所得税之外的个人所得税中央分享的部分，海洋石油资源税。属于地方财政的收入包括营业税，地方企业所得税，利息所得税之外的个人所得税地方分享的部分，城镇土地使用税，固定资产投资方向调节税，城镇维护建设税，房产税，车船使用税，印花税，屠宰税，农牧业税，农业特产税，耕地占用税，契税，土地增值税、国有土地有偿使用收入，增值税25%部分，证券交易税（印花税）6%部分和除海洋石油资源税以外的其他资源税。

中央财政支出和地方财政支出 指根据政府在经济和社会活动中的不同职责，划分中央和地方政府的责权，按照政府的责权划分确定的支出。中央政府支出包括国防支出，武装警察部队支出，中央级行政管理费和各项事业费，重点建设支出以及中央政府调整国民经济结构、协调地区发展、实施宏观调控的支出。地方财政支出主要包括地方行政管理和各项事业费，地方统筹的基本建设、技术改造支出，支援农村生产支出，城市维护和建设经费、价格补贴支出等。

存款 指企业、机关、团体或居民根据资金必须收回的原则，把货币资金存入银行或其他信用机构保管并取得一定利息的一种信用活动形式。根据存款对象或性质的不同可划分为企业存款、财政存款、机关团体存款、基本建设存款、储蓄存款、农村存款、委托存款、其他存款等科目。它是银行信贷资金的主要来源。

贷款 指银行或其他信用机构根据资金必须归还的原则，按一定利率，为企业、个人等提供资金的一种信用活动形式。我国银行贷款分为短期贷款、中期流动资金贷款、中长期贷款、信托贷款、融资租赁、委托贷款、票据融资、各项垫款等。

Explanatory Notes on Main Statistical Indicators

Government Revenue refers to the revenue of the government finance by means of participating in the distribution of the social products, which is the financial resources for ensuring the government to function, The contents of government revenue have been changed several times. Now it includes the following main items: (1)Various tax revenues; (2)Special revenues; (3)Other revenues; (4) Subsidies for the losses of the state-owned enterprises.

Government Expenditure refers to the distribution and use of the funds the government finance has raised, so as to meet the needs of economic construction and various causes. It includes the following main items: (1) Expenditure for capital construction; (2)Innovation funds of the enterprises; (3)Geological prospecting expenses; (4)Expenditures for science and technology promotion; (5)Expenditure for supporting rural production; (6)Operating expenses of the departments of farming, forestry, water conservancy and meteorology etc.; (7)Operating expenses of the departments of industry, transport and commerce; (8)Operating expenses of the departments of culture, education, science and public health; (9)Pension for the disabled or for the families of the bereaved and relief funds for social welfare; (10)Expenditures on retirees; (11)Expenses on subsidies to social security system; (12)Expenditures for national defence; (13)Administrative expenses; (14)Expenditure on policy-related subsidies; (15)Expenditure on interest of debts.

Revenue of the Central Government and Revenue of the Local Governments refers to the revenue of the central government and that of the local government as defined by the decentralized taxation system starting from 1994. In accordance with this system, the revenue of the central government includes tariff, consumption tax and value added tax levied by the customs, consumption tax, income tax of the enterprises subordinate to the central government, income taxes of the local banks, foreign-funded banks and non-bank financial institutions, business tax and profits of railways, head officers of banks, head office of insurance company, which are handed over to the government in a centralized way, tax on city maintenance and construction, tax on purchasing motor vehicles, tonnage tax of ships,75%of the value added tax,94% of the tax on stock dealing(stamp tax), interest income tax in the personal income tax, proportion of the personal income tax(other that interest income tax) to be shared by the central government, and tax on ocean petroleum resources,. The revenue of the local governments includes business tax, income tax of the enterprises subordinate to the local government, proportion of the personal income tax(other that interest income tax) to be shared by the central government, tax on the use of urban land, tax on the adjustment of the investment in fixed assets, tax on town maintenance and construction, tax on real estates, tax on the use of vehicles and ships, stamp tax, slaughter tax, tax on agriculture and animal husbandry, tax on special agriculture products, tax on the occupancy of cultivated land, contract tax, value-added tax on land, income from charges on use of state-owned land,25% of the value added tax,6% of the tax on stock dealing(stamp tax) and tax on resources other than the ocean petroleum resources.

Expenditure of the Central Government and Expenditure of the Local Governments according to the different functions of the central government and local governments in the economic and social activities, the rights of affairs administration are classified between the central government and local government; and the classification of the expenditure between the central government and local governments are made on the basis of the classification of the rights of affairs administration between them. The expenditure of the central government includes the expenditure for national defence, expenditure for armed police forces, the administrative expenses and various operating expenses at the level of central government, expenditure for key projects and the expenditure of the central government for adjusting the national economic structure, coordinating the development among different regions and exercising the macro-economic regulation and control. The expenditure of the local governments includes mainly the administrative expenses and various operating expenses at the level of local government, the expenditure for capital construction and technological innovation with the funds raised by the local government, expenditure for supporting rural production, expenditure for city maintenance and construction and expenditure for price subsidies, etc.

Deposit is a form of credit by which enterprises, institutions, organizations or households can put money into banks and other credit institutions for safekeeping and interest earning under the principle of free withdrawal. According to different depositors, deposits are divided into enterprise deposits, treasury deposits, deposits of government agencies and organizations, capital construction deposits, savings deposits, rural saving deposits, entrusted deposits and other deposits. Deposits are major sources of the credit funds of banks.

Loan is a form of credit by which banks and other credit institutions provide funds at certain interest rate to enterprises and individuals in the light of the principle of unconditional repayment. Loans from Chinese banks include circulating capital loans, fixed assets loans, loans to urban and rural individuals engaged in industrial and commercial business and agricultural loans.

13-1 市政建设
Municipal Construction

地区	Area	年末实有道路面积（万平方米） Square of Roads (10 000 m²)			排水管道总长度（公里） Length of Sewage Pipes (km)		
		2000	2002	2003	2000	2002	2003
长江三角洲经济区	**Yangtze River Delta**						
上海市	Shanghai City	8147	14730	16510	3920	4001	5882
南京市	Nanjing City	2185	5433	5941	1370	2250	2584
苏州市	Suzhou City	972	3045	2816	1034	2014	1767
无锡市	Wuxi City	1090	3995	4355	1259	3153	3356
常州市	Changzhou City	868	2907	3563	929	1544	2414
镇江市	Zhenjiang City	643	852	1015	381	466	711
南通市	Nantong City	360	514	750	339	504	480
扬州市	Yangzhou City	433	685	772	420	537	899
泰州市	Taizhou City	329	873	1038	254	554	643
杭州市	Hangzhou City		2987	3208	1431	2480	2978
宁波市	Ningbo City	766	2566	2839	1125	2932	3235
嘉兴市	Jiaxing City	1267	1343	1703	1124	968	1245
湖州市	Huzhou City	448	607	1010		1060	3374
绍兴市	Shaoxing City	684	1247	1734	617	986	1606
舟山市	Zhoushan City	272	328	420	214	256	333
台州市	Taizhou City				1040	1485	1906
珠江三角洲经济区	**Pearl River Delta**						
广州市	Guangzhou City	2805	6194	6563	1952	3393	3813
深圳市	Shenzhen City		6426	7137		5585	5809
珠海市	Zhuhai City	1639	2483	1927	940	1841	1807
佛山市	Foshan City				2303	2322	1566
江门市	Jiangmen City		926	1019		636	703
东莞市	Dongguan City	1884	2942	3573	2106	2479	3674
中山市	Zhongshan City				347	438	
惠州市区	Huizhou Urban District			509	471	330	426
惠阳市	Huiyang City			368			201
惠东县	Huidong County			94			48
博罗县	Boluo County			70			45
肇庆市区	Zhaoqing Urban District				188	285	
高要市	Gaoyao City				70	78	
四会市	Sihui City				74	189	

13-1 续表 continued

地区	Area	绿化覆盖面积(公顷) Total Green Areas (hectare)			园林绿地面积(公顷) Parks,Gardens and Green Areas (hectare)		
		2000	2002	2003	2000	2002	2003
长江三角洲经济区	**Yangtze River Delta**						
上海市	Shanghai City	14208	20125	25993	12601	18758	24426
南京市	Nanjing City	8250	18819	19440	10587	66379	66960
苏州市	Suzhou City	2591	4672	5543	2529	4126	4917
无锡市	Wuxi City	3621	5530	6510	3566	10722	12094
常州市	Changzhou City	2185	2973	3239	1441	4779	4813
镇江市	Zhenjiang City	2086	2574	2846	2676	4351	4693
南通市	Nantong City	1980	2864	3334	1100	2467	2938
扬州市	Yangzhou City	1750	2029	2143	1604	1834	1950
泰州市	Taizhou City	949	1497	1603	684	2454	2689
杭州市	Hangzhou City	6083	11685	11754	6035	10363	10995
宁波市	Ningbo City	2296	6680	7622	1994	5539	6290
嘉兴市	Jiaxing City	2873	3201	4979	2224	2741	3682
湖州市	Huzhou City	1208	2877	3184	929	2242	2703
绍兴市	Shaoxing City	3524	7232	8563	3088	4053	5378
舟山市	Zhoushan City	2412	2465	2836	2281	2326	2722
台州市	Taizhou City	3247	4324	5164	2154	3168	3810
珠江三角洲经济区	**Pearl River Delta**						
广州市	Guangzhou City	49088	108815	110405	45473	103678	105158
深圳市	Shenzhen City		103222	99985	102018	99004	
珠海市	Zhuhai City	16623	17480	27351	2977	3602	4040
佛山市	Foshan City	4301	4916	3991	4147	4665	4476
江门市	Jiangmen City	1345	2840	2997	6928	8007	8158
东莞市	Dongguan City	1364	2713	4095	1396	3586	2290
中山市	Zhongshan City	1033 ①	1160 ①	1224 ①	960	1053	1117
惠州市区	Huizhou Urban District	1365	1566	1691	989	1394	1506
惠阳市	Huiyang City			1230			1166
惠东县	Huidong County			467			435
博罗县	Boluo County			773			145
肇庆市区	Zhaoqing Urban District	1422	1555		1803	1375	
高要市	Gaoyao City	716	726		665	694	
四会市	Sihui City	510	810		440	991	

注：①为建成区绿化覆盖面积。

Note: ① Refer to coverage space of green areas developed.

13-2 城市公用事业
Urban Public Utilities

地区	Area	供水综合生产能力（万立方米／日）Production Capacity of Tap Water (10 000 cu.m/day)		供水总量（万立方米）Volume of Water Supply (10 000 cu.m)		#家庭用量（万立方米）Household Consumption (10 000 cu.m)	
		2002	2003	2002	2003	2002	2003
长江三角洲经济区	**Yangtze River Delta**						
上海市	Shanghai City	1064	1064	244000	258200	118900	126000
南京市	Nanjing City	593	565	121372	119726	56434	33228
苏州市	Suzhou City	105	126	52528	45959	9059	8669
无锡市	Wuxi City	138	141	24683	24825	9373	9421
常州市	Changzhou City	114	123	31431	30517	10350	10023
镇江市	Zhenjiang City	91	64	20394	15183	7522	6252
南通市	Nantong City	50	60	12294	10439	5423	4633
扬州市	Yangzhou City	129	51	19627	10721	7413	3017
泰州市	Taizhou City	28	28	4934	5539	1935	2337
杭州市	Hangzhou City	280	329	62016	68959	16344	21058
宁波市	Ningbo City	200	209	45924	50339	14718	17354
嘉兴市	Jiaxing City	100	86	16226	19263	4223	4801
湖州市	Huzhou City	62	66	11216	13267	5024	5688
绍兴市	Shaoxing City	150	156	22485	18972	5381	5418
舟山市	Zhoushan City	27	30	3467	4196	1210	1542
台州市	Taizhou City	73	73	17772	19448	6624	7427
珠江三角洲经济区	**Pearl River Delta**						
广州市	Guangzhou City	578	552	163410	177956	67190	71570
深圳市	Shenzhen City	412	442	108070	122796	42093	47263
珠海市	Zhuhai City	79	75	19806	19589	8235	8377
佛山市	Foshan City	340	270	55658	47598	11810	14613
江门市	Jiangmen City	90	95	22068	19315	5715	6893
东莞市	Dongguan City	309	425	93112	130690	33159	39207
中山市	Zhongshan City	70		7115		3984	
惠州市区	Huizhou Urban District	40	40	8590	11252	3712	4399
惠阳市	Huiyang City	20	20	2557	2730	1023	1038
惠东县	Huidong County	7	7	1700	1717	669	676
博罗县	Boluo County	6	6	1250	1594	650	820
肇庆市区	Zhaoqing Urban District	39		7269		2868	
高要市	Gaoyao City	9		1805		565	
四会市	Sihui City	10		1852		822	

13-2 续表 1 continued

地区	Area	煤气供气总量（万立方米）Volume of Gas Supply(10 000 cu.m)		#家庭用量 Household Consumption	
		2002	2003	2002	2003
长江三角洲经济区	**Yangtze River Delta**				
上海市	Shanghai City	232800	250000	175000	188400
南京市	Nanjing City	756888	762640	14618	16530
苏州市	Suzhou City	7531	8136	5218	5527
无锡市	Wuxi City	4541	5054	3535	3857
常州市	Changzhou City	5058	5898	3805	4135
镇江市	Zhenjiang City	4267	4740	3291	3346
南通市	Nantong City	3522	3624	3145	3294
扬州市	Yangzhou City	2099	2146	1835	1909
泰州市	Taizhou City				
杭州市	Hangzhou City	10831	10335	4884	5298
宁波市	Ningbo City	4		4	
嘉兴市	Jiaxing City				
湖州市	Huzhou City				
绍兴市	Shaoxing City				
舟山市	Zhoushan City	544	615	316	405
台州市	Taizhou City	27	28	27	28
珠江三角洲经济区	**Pearl River Delta**				
广州市	Guangzhou City	16599	19716	9988	11792
深圳市	Shenzhen City				
珠海市	Zhuhai City				
佛山市	Foshan City				
江门市	Jiangmen City				
东莞市	Dongguan City				
中山市	Zhongshan City	969	1287	184	236
惠州市区	Huizhou Urban District				
惠阳市	Huiyang City				
惠东县	Huidong County				
博罗县	Boluo County				
肇庆市区	Zhaoqing Urban District				
高要市	Gaoyao City				
四会市	Sihui City				

13−2 续表 2 continued

地区	Area	液化石油气供气总量（吨） Volume of Liquefied Petroleum Gas Supply (ton)		#家庭用量（吨） Household Consumption(ton)	
		2002	2003	2002	2003
长江三角洲经济区	**Yangtze River Delta**				
上海市	Shanghai City	472000	429000	188500	193000
南京市	Nanjing City	363261	369808	95546	93823
苏州市	Suzhou City	206500	247550	43970	52764
无锡市	Wuxi City	65050	71836	63010	64572
常州市	Changzhou City	92852	87464	69672	68739
镇江市	Zhenjiang City	68044	52499	34496	22203
南通市	Nantong City	33000	29700	22500	18000
扬州市	Yangzhou City	74509	23700	40042	17337
泰州市	Taizhou City	16950		16222	
杭州市	Hangzhou City	189644	196711	145972	151589
宁波市	Ningbo City	299313	529387	143751	143657
嘉兴市	Jiaxing City	100767	90872	63068	42686
湖州市	Huzhou City	46571	65070	31975	47032
绍兴市	Shaoxing City	68911	79642	53426	61320
舟山市	Zhoushan City	14602	36800	14360	18883
台州市	Taizhou City	87378	99169	82095	90845
珠江三角洲经济区	**Pearl River Delta**				
广州市	Guangzhou City	286345	377931	225755	270906
深圳市	Shenzhen City	912867	981735	181560	229483
珠海市	Zhuhai City	109536	120000	70076	101135
佛山市	Foshan City	224661	325909	157711	89717
江门市	Jiangmen City	55321	91863	30800	68261
东莞市	Dongguan City	61199	86509	16511	25967
中山市	Zhongshan City	67908	70040	46873	51910
惠州市区	Huizhou Urban District	59402	61535	55833	56307
惠阳市	Huiyang City	9300	9300	5760	5760
惠东县	Huidong County	19850	20049	18350	18534
博罗县	Boluo County		1		1
肇庆市区	Zhaoqing Urban District	24870		14648	
高要市	Gaoyao City	2613		2560	
四会市	Sihui City	8910		6237	

13-3 城市公共交通
Urban Public Traffic

地区	Area	公共汽（电）车运营车数（辆） Number of Public Vehicles for Business Transportation (Buses and Trolley Buses, etc.)(unit)			公共汽（电）车运营线路（条） Number of Public Vehicles Lines for Business Transportation(Buses and Trolley Buses,etc.)(unit)		
		2000	2002	2003	2000	2002	2003
长江三角洲经济区	**Yangtze River Delta**						
上海市	Shanghai City	17939	18541	18625	978	951	952
南京市	Nanjing City	3538	4360	4439			
苏州市	Suzhou City	1050	1231	1198	42	68	76
无锡市	Wuxi City	1768	1980	1944	83	89	108
常州市	Changzhou City	1572	1651	1804	55	64	70
镇江市	Zhenjiang City	271	425	470	28	35	36
南通市	Nantong City	321	367	392			
扬州市	Yangzhou City	844	1150	1214			
泰州市	Taizhou City	155	230	221	16	22	25
杭州市	Hangzhou City	1781	2038	2548	163	194	238
宁波市	Ningbo City	1529	2952	3229			
嘉兴市	Jiaxing City	771	595	708			
湖州市	Huzhou City	351	554	670			
绍兴市	Shaoxing City	871	1378	1520			
舟山市	Zhoushan City	362	254	325	13	18	20
台州市	Taizhou City	816	842	853			
珠江三角洲经济区	**Pearl River Delta**						
广州市①	Guangzhou City ①	5645	7051	7501	386	503	359
深圳市	Shenzhen City		16249	17344		291	402
珠海市	Zhuhai City		1189	1081		89	89
佛山市	Foshan City		816	766			
江门市	Jiangmen City		237	265			
东莞市	Dongguan City		613	678		47	51
中山市	Zhongshan City	469	611	635	34	43	47
惠州市区	Huizhou Urban District		373				
惠阳市	Huiyang City						
惠东县	Huidong County						
博罗县	Boluo County						
肇庆市区	Zhaoqing Urban District		304				
高要市	Gaoyao City		8				
四会市	Sihui City		64				

13−3 续表 continued

地区	Area	公共汽（电）车客运总量（万人次） Passengers of Public Vehicles for Transportation (Buses and Trolley Buses, etc.) (10 000 person-times)			出租汽车数（辆） Number of Taxis (unit)		
		2000	2002	2003	2000	2002	2003
长江三角洲经济区	**Yangtze River Delta**						
上海市	Shanghai City	264900	277500	273100	42943	47509	48672
南京市	Nanjing City	134705	105695	91818	8597	8877	9216
苏州市	Suzhou City	17650	20427	23570	2005	2403	2403
无锡市	Wuxi City	22237	27645	25069	3850	3840	3730
常州市	Changzhou City	14616	14195	15523	1443	1442	1442
镇江市	Zhenjiang City	7881	7086	7271	1258	1258	1254
南通市	Nantong City	6887	8436	6579	1287	1278	1277
扬州市	Yangzhou City	5203	12562	10882	3128	3436	3655
泰州市	Taizhou City	1128	721	1400	700	745	740
杭州市	Hangzhou City	57986	62025	61713	6300	7340	7404
宁波市	Ningbo City		34731	36828		2941	3990
嘉兴市	Jiaxing City	3478	4602	5793		1827	1802
湖州市	Huzhou City	2276	5764	6001	702	1244	1365
绍兴市	Shaoxing City	6079	11812	30762	1862	2962	3384
舟山市	Zhoushan City	1340	1864	2731		1078	1172
台州市	Taizhou City		12313	13242		2199	2052
珠江三角洲经济区	**Pearl River Delta**						
广州市①	Guangzhou City ①	154774	197449	190659	15622	16690	16923
深圳市	Shenzhen City		95679	96462		12754	12459
珠海市	Zhuhai City		22633	23018	1743	1873	1852
佛山市	Foshan City		9011	8442		2019	2032
江门市	Jiangmen City		5318	6643		436	420
东莞市	Dongguan City		9642	10995		3256	3751
中山市	Zhongshan City	6543	8062	8420	2631	2203	1763
惠州市区	Huizhou Urban District		4988			758	
惠阳市	Huiyang City						
惠东县	Huidong County						
博罗县	Boluo County						
肇庆市区	Zhaoqing Urban District		1081			564	
高要市	Gaoyao City		11				
四会市	Sihui City		793			137	

注：①数据为市区口径。

Note: ① Data refers to Guangzhou Urban districts.

13-4 环境治理

Environment Treatments

单位：万元 (10 000 yuan)

地区	Area	环境污染治理投资 Investment in Evironment Pollution Harnessing Projects		城市环境基础设施投资 Investment in Urban Infrastructure Facilities		"三废"综合利用产品产值 Output Value of Products Made from Waste Gas,Waste Water and Solide Wastes	
		2002	2003	2002	2003	2002	2003
长江三角洲经济区	**Yangtze River Delta**						
上海市	Shanghai City	1623900	1915300	5834900	6046200	72505	71348
南京市	Nanjing City	13312	16260		489156	84714	93533
苏州市	Suzhou City	17509	2054		517125	72715	64057
无锡市	Wuxi City	87836				22164	32710
常州市	Changzhou City	158419	36439	75878	96122	38692	57615
镇江市	Zhenjiang City	104767	10012	91235	116373	13235	28020
南通市	Nantong City	24149	11267		229759	35173	46238
扬州市	Yangzhou City	121165	38069	73071	104262	12010	15805
泰州市	Taizhou City	91354	16671		99329	8860	7016
杭州市	Hangzhou City	31547	55554	413945	589122	13035	18237
宁波市	Ningbo City	29874	28426		69677	55482	113394
嘉兴市	Jiaxing City	151192	244854		229735	20270	39665
湖州市	Huzhou City	7400	9317	16900	104278	14915	7425
绍兴市	Shaoxing City	33251	31429	167654	465033	28121	35371
舟山市	Zhoushan City	18				244	287
台州市	Taizhou City	15107	34744	171996	150641	16720	114875
珠江三角洲经济区	**Pearl River Delta**						
广州市	Guangzhou City						
深圳市	Shenzhen City	65703	115721	326370	444011	7836	8397
珠海市	Zhuhai City	88449	90265		77492	5917	7519
佛山市	Foshan City	270131	82261		289029	8341	9652
江门市	Jiangmen City	57019	43515		69497	9902	45479
东莞市	Dongguan City	219780	27230		222329		15398
中山市	Zhongshan City	6136	8840			1418	2964
惠州市区	Huizhou Urban District	7628	5851		30680	13	19
惠阳市	Huiyang City	1107	1280		13240	346	
惠东县	Huidong County	76	285		24543	17	
博罗县	Boluo County	1375	1856		13402		
肇庆市区	Zhaoqing Urban District	860	365	8922	10607	5960	6173
高要市	Gaoyao City	165		21830	21830	56	34
四会市	Sihui City	224		16248	16248	2	2

13-5 工业废水排放及处理

Discharge and Treatment of Industrial Waste Water

单位：万吨 (10 000 tons)

地区	Area	工业废水排放量 Industrial Waste Water Discharged		工业废水排放达标量 Industrial Waste Water Meeting Discharged Standards	
		2002	2003	2002	2003
长江三角洲经济区	**Yangtze River Delta**				
上海市	Shanghai City	64857	61100	61521	58020
南京市	Nanjing City	53386	48836	48629	44904
苏州市	Suzhou City	59082	59909	58340	59706
无锡市	Wuxi City	32936	31520	31876	31094
常州市	Changzhou City	23912	24072	23127	23887
镇江市	Zhenjiang City	14293	10000	14104	9847
南通市	Nantong City	13196	12055	13196	12055
扬州市	Yangzhou City	9012	9192	8838	8967
泰州市	Taizhou City	14516	14985	13791	14537
杭州市	Hangzhou City	69983	67775	68159	66594
宁波市	Ningbo City	11751	14321	11345	13870
嘉兴市	Jiaxing City	14341	17630	13840	17318
湖州市	Huzhou City	9958	9998	9724	9694
绍兴市	Shaoxing City	17779	18864	17660	18337
舟山市	Zhoushan City	1043	958	766	744
台州市	Taizhou City	4273	4018	3938	3532
珠江三角洲经济区	**Pearl River Delta**				
广州市	Guangzhou City	24148	21213	20550	17421
深圳市	Shenzhen City	5383	5653	5126	5383
珠海市	Zhuhai City	2226	2527	2200	2407
佛山市	Foshan City	11807	11020	9881	9417
江门市	Jiangmen City	14968	10882	13586	10487
东莞市	Dongguan City	25587	23389	23179	19761
中山市	Zhongshan City	6800	6999	5498	6668
惠州市区	Huizhou Urban District	822	1138		1106
惠阳市	Huiyang City	704	730		641
惠东县	Huidong County	82	113		108
博罗县	Boluo County	1096	1298		1217
肇庆市区	Zhaoqing Urban District	2537	2869	2446	2765
高要市	Gaoyao City	540	481	510	427
四会市	Sihui City	589	1455	561	1379

13-6 工业废气排放和处理

Emission and Treatments of Industrial Waste Gas

单位：吨 (ton)

地区	Area	工业二氧化硫去除量 Volume of Industrial Sulfur Dioxide Removed			工业二氧化硫排放量 Volume of Industrial Sulfur Dioxide Emission		
		2000	2002	2003	2000	2002	2003
长江三角洲经济区	**Yangtze River Delta**						
上海市	Shanghai City	37700	55784	48600	464900	324920	300700
南京市	Nanjing City	77565	87257	150824	141072	128555	141577
苏州市	Suzhou City	39332	86824	39608	190236	226510	216870
无锡市	Wuxi City	10670	14315	37527	81759	95825	89504
常州市	Changzhou City	6587	4338	5816	39042	45157	45668
镇江市	Zhenjiang City	12676	36324	40053	61030	94073	83825
南通市	Nantong City	4303	9396	9545	71313	73668	68607
扬州市	Yangzhou City	2814	3088	5520	60576	69560	70723
泰州市	Taizhou City	1483	4098	8770	20729	22815	28244
杭州市	Hangzhou City	16450	31424	47267	95229	89715	112992
宁波市	Ningbo City		162723	192235		158659	190071
嘉兴市	Jiaxing City	10879	10351	12722	44285	50194	56558
湖州市	Huzhou City		28504	27635		53738	58122
绍兴市	Shaoxing City	28301	36493	25397	40182	45616	68536
舟山市	Zhoushan City				9509	14516	22312
台州市	Taizhou City		3519	3223		66396	57488
珠江三角洲经济区	**Pearl River Delta**						
广州市	Guangzhou City		43765	44320		207951	178721
深圳市	Shenzhen City	4288	11182	12835	38427	40780	40872
珠海市	Zhuhai City		4507			29813	32350
佛山市	Foshan City		8432	10034		118525	118201
江门市	Jiangmen City		6945	7504		31935	23991
东莞市	Dongguan City		15800	7400		144500	182020
中山市	Zhongshan City	1576	1499	975	8668	19945	22170
惠州市区	Huizhou Urban District		287	249		3815	3238
惠阳市	Huiyang City		501			1300	1579
惠东县	Huidong County					958	881
博罗县	Boluo County		99	111		1687	1880
肇庆市区	Zhaoqing Urban District		562	362		4835	4638
高要市	Gaoyao City		455	363		4466	2490
四会市	Sihui City		747	705		4764	7778

13-6 续表 continued

单位：吨 (ton)

地区	Area	工业烟尘排放量 Volume of Industrial Soot Emission			工业烟尘处理量 Volume of Industrial Soot Treated		
		2000	2002	2003	2000	2002	2003
长江三角洲经济区	**Yangtze River Delta**						
上海市	Shanghai City	83200	55986	49700	3083500	3664433	4028900
南京市	Nanjing City	56922	44672	44617		1747766	1883491
苏州市	Suzhou City	45780	47790	46335	933714	891378	1490672
无锡市	Wuxi City	19199	21736	21990	90358	813767	136828
常州市	Changzhou City	30798	18840	15375	384806	471077	436459
镇江市	Zhenjiang City	33768	46051	37416	157520	3004713	2655866
南通市	Nantong City	42688	40159	38256	722416	1006852	1032854
扬州市	Yangzhou City	14512	17150	15885	860317	561162	669038
泰州市	Taizhou City	11163	8246	10149	53896	60849	98988
杭州市	Hangzhou City	54435	44622	52794	666108	864753	716250
宁波市	Ningbo City		22345	22607		1962491	2074969
嘉兴市	Jiaxing City		30647	24840		285579	314730
湖州市	Huzhou City		13316	13180		546283	494768
绍兴市	Shaoxing City	25598	22026	22495	207091	311172	298248
舟山市	Zhoushan City	8402	4613	3988		131849	174882
台州市	Taizhou City		9515	9646		634446	731653
珠江三角洲经济区	**Pearl River Delta**						
广州市	Guangzhou City		31517	14005			
深圳市	Shenzhen City	3258	4227	4923	220256	240072	275820
珠海市	Zhuhai City	4018	3260	3614		293449	337635
佛山市	Foshan City		14022	14892		325724	458696
江门市	Jiangmen City		159350	122480		15991	15097
东莞市	Dongguan City		5300	6038		44700	28187
中山市	Zhongshan City	2431	2546	2757		63656	45620
惠州市区	Huizhou Urban District		398	413		6189	7437
惠阳市	Huiyang City		143	125		5355	1523
惠东县	Huidong County		25	28		463	477
博罗县	Boluo County		95	67		3501	4847
肇庆市区	Zhaoqing Urban District	738	1579	1075	1730	24622	6290
高要市	Gaoyao City	3083	1827	613	339	395	2002
四会市	Sihui City	1391	965	2552	88	2220	3878

13-7 工业固体废物排放和处理

Discharge and Treatments of Industrial Solid Wastes

单位：万吨 (10 000 tons)

地区	Area	工业固体废物产生量 Volume of Industrial Solid Wastes Produced		工业固体废物处置量 Volume of Industrial Solid Wastes Treated		工业固体废物利用量 Volume of Industrial Solid Wastes Utiliezed	
		2002	2003	2002	2003	2002	2003
长江三角洲经济区	**Yangtze River Delta**						
上海市	Shanghai City	1595.25	1659.38	27.28	47.27	1603.86	1643.19
南京市	Nanjing City	700.00	808.00				
苏州市	Suzhou City	620.00	623.49	22.09	17.95	597.05	608.29
无锡市	Wuxi City	327.54	370.00	21.31	10.54	287.63	363.94
常州市	Changzhou City	144.00	157.01	3.30	0.04	146.54	240.29
镇江市	Zhenjiang City	347.30	400.25	23.34	31.61	298.62	374.53
南通市	Nantong City	194.25	201.36	1.03		193.37	199.79
扬州市	Yangzhou City	137.00	140.00	0.91	1.61	131.64	160.24
泰州市	Taizhou City	86.22	97.82			81.95	97.05
杭州市	Hangzhou City	380.07	408.81	24.25	23.76	354.04	386.47
宁波市	Ningbo City	357.00	354.20	85.35	79.38	266.00	274.59
嘉兴市	Jiaxing City	129.94	147.40	2.58		126.08	144.28
湖州市	Huzhou City	97.71	118.70	1.39	1.16	113.94	120.19
绍兴市	Shaoxing City	258.25	252.18	69.18	77.40	170.95	174.06
舟山市	Zhoushan City	22.98	32.35	1.54	0.98	17.04	31.33
台州市	Taizhou City	104.09	146.33	1.78	2.53	99.92	135.51
珠江三角洲经济区	**Pearl River Delta**						
广州市	Guangzhou City	417.74	538.89	39.31	31.97	395.76	547.29
深圳市	Shenzhen City	42.20	58.63	6.69	3.84	35.50	48.22
珠海市	Zhuhai City	47.00	51.68	2.00	1.61	46.00	45.45
佛山市	Foshan City	148.90	139.00	9.71	9.41	118.75	128.47
江门市	Jiangmen City	73.60	75.75	9.46	2.84	62.58	72.04
东莞市	Dongguan City	168.59	211.19	4.80	8.19	152.62	198.71
中山市	Zhongshan City	17.47	20.85	2.48	3.48	14.86	17.26
惠州市区	Huizhou Urban District	6.57	5.92	0.85	1.05	5.60	4.77
惠阳市	Huiyang City	0.50	2.18	0.01	0.99	0.48	1.18
惠东县	Huidong County	0.25	0.37	0.37	0.10	0.21	0.26
博罗县	Boluo County	1.68	2.81	0.05	0.50	1.31	2.31
肇庆市区	Zhaoqing Urban District	8.67	7.84	0.09	0.06	7.91	7.75
高要市	Gaoyao City	22.84	23.98	22.33	23.46	0.51	0.53
四会市	Sihui City	10.67	13.59	0.09	0.33	6.58	11.83

13-8 噪声和生活方面污染治理（2003年）
Treatment of Noise Pollution and Living Pollution (2003)

地区	Area	环境噪声达标区总面积(平方公里) Area of Urban Environmental Noise Meeting National Standard (sq.km)	烟尘控制区总面积(平方公里) Area of Soot Control Zones (sq.km)	高污染燃料禁烧区总面积(平方公里) Area of Prohibiting Burnning High-Polluted Fuel (sq.km)	生活污水处理率(%) Ratio of Living Waste Water Treatment (%)	生活垃圾无害化处理率(%) Ratio of Consumption Wastes Treated (%)
长江三角洲经济区	**Yangtze River Delta**					
上海市	Shanghai City	588	930		21.2	11.8
南京市	Nanjing City	327	463	60	61.0	84.0
苏州市	Suzhou City	169	294	80	75.6	98.3
无锡市	Wuxi City	167	446		66.5	74.4
常州市	Changzhou City	78	120		83.0	91.0
镇江市	Zhenjiang City	91	108	30	72.5	100.0
南通市	Nantong City	123	174		48.8	100.0
扬州市	Yangzhou City	114	160		73.0	97.0
泰州市	Taizhou City	75	102	48	70.0	97.0
杭州市	Hangzhou City	448	511	75	71.7	88.1
宁波市	Ningbo City	99	295		39.5	90.5
嘉兴市	Jiaxing City	74	179		33.9	84.3
湖州市	Huzhou City	65	73	73	69.8	66.3
绍兴市	Shaoxing City	135	310	31	50.0	98.0
舟山市	Zhoushan City	21	36			72.3
台州市	Taizhou City	126	476		26.2	81.0
珠江三角洲经济区	**Pearl River Delta**					
广州市	Guangzhou City	243	371		30.0	75.0
深圳市	Shenzhen City	215	344		62.3	100.0
珠海市	Zhuhai City	49	76	46	64.0	80.0
佛山市	Foshan City	70	101	11	44.0	100.0
江门市	Jiangmen City	102	149		18.0	29.0
东莞市	Dongguan City		223		10.0	100.0
中山市	Zhongshan City	19	32		61.6	100.0
惠州市区	Huizhou Urban District	21	85	31	74.3	100.0
惠阳市	Huiyang City	21	29			50.0
惠东县	Huidong County	20	14			
博罗县	Boluo County	10	11			
肇庆市区	Zhaoqing Urban District	36	62		44.9	93.7
高要市	Gaoyao City	12	17			41.7
四会市	Sihui City	17	23			

主要统计指标解释

年末实有城市道路面积 指路面宽度在3.5米以上(含3.5米)的各种铺装道路面积,包括路面面积和与道路相通的广场、桥梁、隧道面积。包括开放型工业区和住宅区道路在内。

城市排水管道长度 指所有排水总管、干管、支管、检查井及连接井进出口等长度之和。

城市园林绿地面积 指报告期末用作园林和绿化的各种绿地面积。包括公共绿地、居住区绿地、单位附属绿地、防护绿地、生产绿地、道路绿地和风景林地面积。

不包括:

1. 屋顶绿化、垂直绿化、阳台绿化和室内绿化。

2. 以物质生产为主的林地、耕地、牧草地、果园和竹园等。

3. 城市总体规划中不列入绿地的水域。

供水综合生产能力 指按供水设施取水、净化、送水、出厂输水干管等环节设计能力计算的综合生产能力。包括在原设计能力的基础上,经挖、革、改增加的生产能力。计算时。以四个环节中最薄弱的环节为主确定能力。

供水总量 指报告期供水企业(单位)供出的全部水量。包括有效供水量和漏损水量。

家庭用水量 指城市范围内所有居民家庭的日常生活用水。包括城市居民、农民家庭、公共供水站用水。

煤气(人工煤气、天然气)供气总量 指全年燃气企业(单位)向用户供应的燃气数量。包括销售量和损失量。

公共汽(电)车运营车数 指年末公交企业(单位)用于运营业务的全部车辆数。以企业(单位)固定资产台帐中已投入运营的车辆数为准。

环境污染治理投资 指在工业污染源治理和城市环境基础设施建设的资金投入中,用于形成固定资产的资金。包括工业新老污染源治理工程投资、建设项目"三同时"环保投资,以及城市环境基础设施建设所投入的资金。

"三废"综合利用产品产值 指报告期内利用"三废"作为主要原料生产的产品价值(现行价)已经销售或准备销售的应计算产品价值,留作生产自用的不应计算产品价值。

工业废水排放量 指经过企业厂区所有排放口排到企业外部工业废水量。包括生产废水、外排的直接冷却水、超标排放的矿井地下水和与工业废水混排的厂区生活污水,不包括外排的间接冷却水(清污不分流的间接冷却水应计算在内)。

工业废水排放达标量 指报告期内废水中各项污染物指标都达到国家或地方排放标准的外排工业废水量,包括未经处理外排达标的,经废水处理设施处理后达标标准排放的,以及经污水处理厂处理后达标排放的。

工业二氧化硫排放量 指报告期内企业在燃料燃烧和生产工艺过程中排入大气的二氧化硫总量。

工业烟尘排放量 指企业厂区内燃料燃烧过程中产生的烟气中夹带的颗粒物排放量。

工业固体废物产生量 指报告期内企业在生产过程中产生的固体状、半固体状和高浓度液体状废弃物的总量,包括危险废物、冶炼废渣、粉煤灰、炉渣、煤矸石、尾矿、放射性废物和其他废物等;不包括矿山开采的剥离废石和掘进废石(煤矸石和呈酸性或碱性的废石除外)。酸性或碱性废石指采掘的废石其流经水、雨淋水的PH值小于4或PH值大于10.5者。

工业固体废物排放量 指报告期内企业将产生的固体废物排到固体废物污染防治设施、场所以外的数量,不包括矿山开采的剥离废石和掘进废石(煤矸石和呈酸性或碱性的废石除外)。

工业固体废物处置量 指报告期内企业将固体废物焚烧或者最终置于符合环境保护规定要求的场所,并不再回取的工业固体废物量(包括当年处置往年的工业固体废物贮存量)。处置方式有填埋(其中危险物应安全填埋)、焚烧、专业贮存场(库)封场处理、深层灌注、回填矿井及海洋处置(经海洋管理部门同意投海处置)等。

工业固体废物利用量 指报告期内企业通过回收、加工、循环、交换等方式,从固体废物中提取或者使其转化为可以利用的资源、能源和其他原材料的固体废物量(包括当年利用年的工业固体废物贮存量),如用作农业肥料、生产建筑材料、筑路等。综合利用量由原产生固体废物的单位统计。

生活垃圾无害化处理率 指报告期生活垃圾无害化处理量与生活垃圾产生量比率。在统计上,由于生活垃圾产生量不易取得,可用清运量代替。

Explanatory Notes on Main Statistical Indicators

Square of Roads Paved at the Year-end refers to the square of roads with paved surface including squares, bridges and tunnels connected with roads by the end of the year. Square paved roads measured the roads square with a width of 3.5 meters and over, including roads in open-ended factory compounds and residential quarters.

Length of Urban Sewage Pipes refers to the total length of general drainage, trunks, branch and inspection wells, connection wells, inlets and outlets, etc.

Area of Urban Gardens and Green Areas refers to the total area occupied for green projects at the end of the reference period, including public green land, green land in residential quarters, green land attached to institutions, protection green land, production green land, roadside green land and forest in scenic spots. It does not include the following,

(1)Greenery and plants on roofs, balconies, in doors and vertical green areas;

(2)Forest, cultivated land grassland, orchards and bamboo grooves that are for production purpose;

(3)Water areas that is not included in urban master plan as green land.

Production Capacity of Water Supply refers to the designed comprehensive production capacity of water facilities, covering the 4 links of water collection, purifications, conveyance, and outflow through trunk pipelines. Increase capacity through transformation and innovation projects are included as well. The capacity is determined mainly on the weakest of the above-mentioned 4 links.

Volume of Water Supply refers to the total volume of water supplied by water-works (units) during the reference period, including both the effective water supply and loss during the water supply.

Household Water Consumption refers to consumption of water for daily life of all households in the boundary of cities, including households of urban residents and farmers, and public water supply stations.

Volume of Gas Supply refers to the total volume of gas provided to users by gas-producing enterprises (units) in a year, including the volume sold and the volume lost.

Number of Public Vehicles for Business Transportation refers to the total number of vehicles under operation by public transport enterprises (units) at the end of the year, based on the records of operational vehicles by the enterprises (units).

Investment in Environment Pollution Harnessing Projects refers to the proportion of investment in fixed assets in the total investment in harnessing Industrial pollution and in the construction of urban environment infrastructure facilities. It includes investment in harnessing sources of Industrial pollution investment in environment protection facilities designed concurrently with construction projects, and investment in urban environment infrastructure facilities.

Output Value of Products Made from Waste Gas, Waste Water and Solid Wastes refers current value of products with waste gas, wasted water and solid wastes as main materials of production. Products sold and ready to sell shall be included while those produced for own use shall not be included.

Waste Water Discharged by Industry refers to the volume of waste water discharged by industrial enterprises through all outlets, including waste water from production process, directly cool water, groundwater from mining wells which does not meet discharge standards and sewage from households mixed with waste water produced by industrial activities, but excluding indirectly cooled water discharged(It should be included if the discharge is not separated with waste water.

Industrial Waste Water Meeting Discharged Standards refers to volume of industrial wasted water discharged which, with or without treatment, reaches national or local standards.

Industrial Sulfur Dioxide Emission refers to volume of sulfur dioxide emission from fuel burning and production process in premises of enterprises for given period of time.

Industrial Soot Emission refers to volume of soot in smoke emitted in process of fuel burning in premises of enterprises.

Industrial Solid Wastes Produced refers to total volume of solid, semi-solid and high concentration liquid residues produced by industrial enterprises from production process in a given period of time, including hazardous wastes, slag, coal ash, gangue, tailings, radioactive residues and other wastes, but excluding stones stripped or dug out in mining (gangue and acid or alkaline stones not included). A stone is acid or alkaline depending on the pH value of the water below 4 or above 10.5 when the stone is in, or soaked, by the water.

Industrial Solid Wastes Discharged refers to volume of industrial solid wastes discharged by producing enterprises to disposal facilities or to other sites. The wastes exclude stones stripped or dug inform mining (gangue and acid or alkaline waste stones not included).

Industrial Solid Wastes Disposed refers to quantity of industrial wasted solid wasted which are burnt or placed ultimately in the sites meeting the requirements for environmental protection and not salvaged or recycled (including disposition in the year of those wastes of previous years). The disposition includes landfill (safe landfills should be conducted for hazardous wastes), incineration, containment spaces, deep underground disposal, backfill in mining pits and disposal at sea.

Industrial Solid Wastes Utilized refers to volume of solid wastes from which useful materials can be extracted or which can be converted into use resources, energy or other materials by means of reclamation, processing, recycling and exchange (including utilized in the year the stocks of Industrial solid wastes of previous year). Examples of such utilizations include fertilizers, building materials, and road materials. Producing units of the wastes collected the information .

Ratio of Consumption Wastes Treated refers to consumption wastes treated over that produced. In practical statistics, as it is difficult to estimate, the volume of consumption wastes produced is replaced with that transported.

14-1 各级各类学校数

Number of Schools by Level and Type of School

单位：所 (unit)

地区	Area	普通高校 Regular Institutions of Higher Education					
		1990	1995	2000	2001	2002	2003
长江三角洲经济区	**Yangtze River Delta**			**144**	**165**	**183**	**206**
上海市	Shanghai City	50	45	37	45	50	57
南京市	Nanjing City	29	29	28	31	35	39
苏州市	Suzhou City	9	8	7	8	9	12
无锡市	Wuxi City	2	2	4	5	7	9
常州市	Changzhou City	3	3	3	5	8	8
镇江市	Zhenjiang City	3	6	5	3	4	4
南通市	Nantong City			5	6	6	8
扬州市	Yangzhou City	2	2	2	2	2	2
泰州市	Taizhou City			1	2	3	3
杭州市	Hangzhou City	21	20	32	33	34	35
宁波市	Ningbo City	4	4	8	11	11	12
嘉兴市	Jiaxing City	2	3	3	3	3	3
湖州市	Huzhou City	1	1	2	2	2	4
绍兴市	Shaoxing City	2	2	3	4	4	4
舟山市	Zhoushan City	2	2	3	3	3	3
台州市	Taizhou City	1	1	1	2	2	3
珠江三角洲经济区	**The Pearl River Delta**						
广州市	Guangzhou City	26	25	31	37	39	44
深圳市	Shenzhen City	2	2	2	3	9	9
珠海市	Zhuhai City						
佛山市	Foshan City	1	2	1	2	3	3
江门市	Jiangmen City	1	1	1	1	1	1
东莞市	Dongguan City		1	1	1	1	1
中山市	Zhongshan City	1	1	1	1	1	1
惠州市区	Huizhou Urban District					1	1
惠阳市	Huiyang City						
惠东县	Huidong County						
博罗县	Boluo County						
肇庆市区	Zhaoqing Urban District					1	1
高要市	Gaoyao City						
四会市	Sihui City						

14-1 续表 1 continued

单位：所 (unit)

地区	Area	普通中等学校 Secondary Schools					
		1990	1995	2000	2001	2002	2003
长江三角洲经济区	**Yangtze River Delta**			**4417**	**4315**	**4182**	**4051**
上海市	Shanghai City	1219	1083	1120	1084	1070	1065
南京市	Nanjing City	369	328	294	284	274	260
苏州市	Suzhou City	499	391	353	355	348	328
无锡市	Wuxi City	300	253	211	213	212	204
常州市	Changzhou City	278	257	227	229	219	212
镇江市	Zhenjiang City	11	13	13	9	7	6
南通市	Nantong City			10	9	9	8
扬州市	Yangzhou City	463	286	232	237	236	214
泰州市	Taizhou City			5	5	5	4
杭州市	Hangzhou City	523	502	443	428	410	406
宁波市	Ningbo City	411	389	325	321	305	303
嘉兴市	Jiaxing City	213	212	179	177	168	172
湖州市	Huzhou City	213	211	213	195	179	180
绍兴市	Shaoxing City	420	396	307	288	276	252
舟山市	Zhoushan City	94	95	89	78	73	63
台州市	Taizhou City	421	403	396	403	391	374
珠江三角洲经济区	**The Pearl River Delta**						
广州市	Guangzhou City	539	576	617	621	612	602
深圳市	Shenzhen City	49	62	94	107	134	179
珠海市	Zhuhai City	37	36	42	53	52	53
佛山市	Foshan City	159	182	187	189	188	182
江门市	Jiangmen City	333	305	276	281	286	275
东莞市	Dongguan City	64	69	77	75	91	90
中山市	Zhongshan City	103	119	100	102	100	93
惠州市区	Huizhou Urban District					30	58
惠阳市	Huiyang City					31	24
惠东县	Huidong County					36	41
博罗县	Boluo County					45	48
肇庆市区	Zhaoqing Urban District						45
高要市	Gaoyao City						42
四会市	Sihui City						25

注：普通中等学校包括：普通高中、普通中等专业学校、职业高中、技工学校、普通初中和职业初中。

Note:Secondary schools including:senior secondary schools,specialized secondary schools,vacational secondary schools,technical schools,secondary schools and vocational junior secondary schools.

14-1 续表 2 continued

单位：所 (unit)

地区	Area	小学 Primary Schools					
		1990	1995	2000	2001	2002	2003
长江三角洲经济区	**Yangtze River Delta**			**15894**	**12646**	**11125**	**9108**
上海市	Shanghai City	2630	1807	1021	852	751	686
南京市	Nanjing City	1866	1704	1100	933	743	538
苏州市	Suzhou City	2757	2061	980	776	678	550
无锡市	Wuxi City	1749	1540	986	821	680	488
常州市	Changzhou City	1736	1332	581	498	450	327
镇江市	Zhenjiang City	1659	1387	770	453	392	311
南通市	Nantong City			1610	1189	1024	765
扬州市	Yangzhou City	2173	1742	951	744	679	472
泰州市	Taizhou City			1439	931	844	595
杭州市	Hangzhou City	4077	3172	1659	1354	1197	1044
宁波市	Ningbo City	2747	1945	1066	964	901	790
嘉兴市	Jiaxing City	1645	1278	722	610	559	526
湖州市	Huzhou City	1740	1618	678	515	392	343
绍兴市	Shaoxing City	3166	2207	1027	884	795	729
舟山市	Zhoushan City	416	298	170	145	126	101
台州市	Taizhou City	3377	2248	1134	977	914	843
珠江三角洲经济区	**The Pearl River Delta**					**6312**	**6017**
广州市	Guangzhou City	1575	1604	1626	1604	1566	1533
深圳市	Shenzhen City	263	274	353	377	395	376
珠海市	Zhuhai City	194	199	199	192	181	154
佛山市	Foshan City	936	853	746	699	653	584
江门市	Jiangmen City	1402	1380	1230	1169	1115	1030
东莞市	Dongguan City	570	595	552	550	563	525
中山市	Zhongshan City	403	388	347	333	290	281
惠州市区	Huizhou Urban District					82	233
惠阳市	Huiyang City					311	172
惠东县	Huidong County					309	304
博罗县	Boluo County					324	307
肇庆市区	Zhaoqing Urban District			110	109	94	94
高要市	Gaoyao City			296	291	289	287
四会市	Sihui City			160	143	140	137

14-2 各级各类学校教师数

Number of Teachers by Level and Type of School

单位：人 (person)

地区	Area	普通高校 Regular Institutions of Higher Education					
		1990	1995	2000	2001	2002	2003
长江三角洲经济区	**Yangtze River Delta**			**62976**	**70973**		**92077**
上海市	Shanghai City	25788	21522	20500	21700	22900	24400
南京市	Nanjing City	14841	14238	14965	16853	19235	21339
苏州市	Suzhou City	2927	2793	3127	3461	3769	4408
无锡市	Wuxi City	1363	1035	1755	1912	2542	2887
常州市	Changzhou City	697	957	1233	1731	2654	2979
镇江市	Zhenjiang City	1800	1824	2062	2542	2642	3034
南通市	Nantong City			1413	1793	1872	2387
扬州市	Yangzhou City	1999	2056	2291	2373	2708	2708
泰州市	Taizhou City			137	392		809
杭州市	Hangzhou City	8075	7799	10477	11866	13605	18141
宁波市	Ningbo City	800	1079	2298	2758	3500	4225
嘉兴市	Jiaxing City	260	256	486	486	674	767
湖州市	Huzhou City	200	138	333	524	569	724
绍兴市	Shaoxing City	253	275	714	1039	1114	1383
舟山市	Zhoushan City	557	433	804	924	958	1046
台州市	Taizhou City	133	169	381	619	702	840
珠江三角洲经济区	**The Pearl River Delta**						
广州市	Guangzhou City	11900	11740	13271	14846	20800	25886
深圳市	Shenzhen City	484	629	1114	1295	2080	2341
珠海市	Zhuhai City						
佛山市	Foshan City	400	1068	1362	1376	1720	1864
江门市	Jiangmen City	185		308	334	470	476
东莞市	Dongguan City		119	161	231	290	312
中山市	Zhongshan City	41	94	131	138	262	189
惠州市区	Huizhou Urban District					400	460
惠阳市	Huiyang City						
惠东县	Huidong County						
博罗县	Boluo County						
肇庆市区	Zhaoqing Urban District					548	606
高要市	Gaoyao City						
四会市	Sihui City						

14–2 续表 1 continued

单位：人 (person)

地区	Area	普通中等学校 Secondary Schools					
		1990	1995	2000	2001	2002	2003
长江三角洲经济区	**Yangtze River Delta**			**242593**	**252459**	**259767**	**519721**
上海市	Shanghai City	56200	60100	62200	62200	61200	61200
南京市	Nanjing City	16277	19285	18136	18828	19921	21003
苏州市	Suzhou City	17404	21172	23390	24829	26205	27777
无锡市	Wuxi City	13219	14994	16468	17621	18707	19892
常州市	Changzhou City	11372	12758	13929	14302	14190	15127
镇江市	Zhenjiang City	700	698	679	610	418	296
南通市	Nantong City			871	728	1010	738
扬州市	Yangzhou City	515	11842	12750	13579	14657	15961
泰州市	Taizhou City			843	718	577	438
杭州市	Hangzhou City	15434	17826	20695	21998	22450	23172
宁波市	Ningbo City	10700	12869	15771	16622	17300	18258
嘉兴市	Jiaxing City	6267	7234	9043	10105	10831	11611
湖州市	Huzhou City	5500	6264	8034	8435	9182	9698
绍兴市	Shaoxing City	10662	11725	15059	15942	16688	17568
舟山市	Zhoushan City	3658	3967	4657	4859	4731	4671
台州市	Taizhou City	11000	13731	20068	21083	21700	22317
珠江三角洲经济区	**The Pearl River Delta**						
广州市	Guangzhou City	25900	28899	34379	35528	37300	39304
深圳市	Shenzhen City	2915	4675	6596	7224	8643	9989
珠海市	Zhuhai City	1735	2825	3226	3554	3724	4263
佛山市	Foshan City	7181	12161	15907	17141	18031	19232
江门市	Jiangmen City	8689	10203	12694	13256	14055	14592
东莞市	Dongguan City	2963	4381	5027	5348	6373	7069
中山市	Zhongshan City	3196	4504	5522	5891	6426	6911
惠州市区	Huizhou Urban District					1800	3367
惠阳市	Huiyang City					2400	1898
惠东县	Huidong County					1800	2037
博罗县	Boluo County					2400	2713
肇庆市区	Zhaoqing Urban District						3019
高要市	Gaoyao City						2182
四会市	Sihui City						1610

14−2 续表 2 continued

单位：人 (person)

地区	Area	小学 Primary Schools					
		1990	1995	2000	2001	2002	2003
长江三角洲经济区	**Yangtze River Delta**						
上海市	Shanghai City	58800	54500	44300	43000	40600	38800
南京市	Nanjing City	20060	20456	21957	21583	20959	20959
苏州市	Suzhou City	19600				20900	
无锡市	Wuxi City	17200				17500	
常州市	Changzhou City	13086				12358	
镇江市	Zhenjiang City	11700				10000	
南通市	Nantong City					22938	
扬州市	Yangzhou City	17400				17034	
泰州市	Taizhou City					17100	
杭州市	Hangzhou City	18099	21380	23876	23179	23138	22955
宁波市	Ningbo City	15500	16818	17740	17800	18200	18490
嘉兴市	Jiaxing City	9151	9986	11619	11734	11854	11848
湖州市	Huzhou City	7300	7459	8759	8530	8498	8284
绍兴市	Shaoxing City	13026	13005	14551	14794	14615	14404
舟山市	Zhoushan City	3865	4405	4384	4116	4052	3828
台州市	Taizhou City	17000	18123	18809	18797	18449	18364
珠江三角洲经济区	**The Pearl River Delta**						
广州市	Guangzhou City	25112	29056	34157	35780	37056	38954
深圳市	Shenzhen City	4221	6429	11550	13254	15763	17920
珠海市	Zhuhai City	2542	3652	4556		4870	4940
佛山市	Foshan City	12009	18287	18229	18882	19399	19460
江门市	Jiangmen City	13326	14798	14931	14538	14472	14609
东莞市	Dongguan City	6785	8060	7946	8693	10880	12490
中山市	Zhongshan City	4440	5502	5713	5893	6151	6620
惠州市区	Huizhou Urban District	11635				17777	4899
惠阳市	Huiyang City						2996
惠东县	Huidong County						4155
博罗县	Boluo County						5118
肇庆市区	Zhaoqing Urban District			1736	1756	1786	1782
高要市	Gaoyao City			3064	3113	3072	3074
四会市	Sihui City			2202	2167	2149	2079

14-3 各级学校在校学生数

Number of Students Enrollment by Level and Type of School

单位：万人 (10 000 persons)

地区	Area	普通高校 Regular Institutions of Higher Education					
		1990	1995	2000	2001	2002	2003
长江三角洲经济区	**Yangtze River Delta**			**78.65**	**103.89**		**154.89**
上海市	Shanghai City	12.13	14.41	22.68	28.00	33.16	37.85
南京市	Nanjing City	7.51	10.37	21.69	27.80	34.78	42.94
苏州市	Suzhou City	1.63	2.32	4.77	6.12	6.96	8.05
无锡市	Wuxi City	0.63	0.83	2.58	3.48	3.55	4.84
常州市	Changzhou City	0.51	1.16	2.00	2.67	3.52	5.31
镇江市	Zhenjiang City	0.93	1.58	2.56	3.7	3.78	4.37
南通市	Nantong City	0.53		1.66	2.77	3.44	4.37
扬州市	Yangzhou City	1.31	1.82	3.07	3.41	4.07	4.74
泰州市	Taizhou City			0.46	0.61		1.04
杭州市	Hangzhou City	3.99	6.31	12.24	17.48	22.40	26.98
宁波市	Ningbo City	0.59	0.88	2.59	4.35	6.20	8.01
嘉兴市	Jiaxing City	0.18	0.25	0.58	0.77	1.11	1.36
湖州市	Huzhou City	0.10	0.16	0.40	0.67	1.00	1.21
绍兴市	Shaoxing City	0.15	0.23	0.58	0.89	1.43	1.93
舟山市	Zhoushan City	0.13	0.18	0.38	0.48	0.63	0.61
台州市	Taizhou City	0.10	0.17	0.41	0.69	1.06	1.28
珠江三角洲经济区	**The Pearl River Delta**						
广州市	Guangzhou City	6.55	9.54	18.51	24.47	29.90	37.47
深圳市	Shenzhen City	0.40	0.50	1.40	1.90	2.68	3.20
珠海市	Zhuhai City						
佛山市	Foshan City	0.39	0.59	0.87	1.06	1.86	1.97
江门市	Jiangmen City	0.12	0.37	0.61	0.66	0.68	0.72
东莞市	Dongguan City		0.16	0.32	0.38	0.51	0.69
中山市	Zhongshan City	0.05	0.10	0.33	0.48	0.36	0.45
惠州市区	Huizhou Urban District						0.66
惠阳市	Huiyang City						
惠东县	Huidong County						
博罗县	Boluo County						
肇庆市区	Zhaoqing Urban District	0.38				1.40	0.98
高要市	Gaoyao City						
四会市	Sihui City						

14-3 续表 1 continued

单位：万人 (10 000 persons)

地区	Area	普通中等学校 Secondary Schools					
		1990	1995	2000	2001	2002	2003
长江三角洲经济区	**Yangtze River Delta**			**416.70**	**438.74**	**459.06**	**468.86**
上海市	Shanghai City	62.59	96.38	105.28	104.37	103.59	100.71
南京市	Nanjing City	23.01	23.57	25.38	29.07	32.38	33.92
苏州市	Suzhou City	24.84	33.97	37.72	40.62	44.52	47.43
无锡市	Wuxi City	20.82	21.90	24.86	27.87	30.18	30.96
常州市	Changzhou City	17.84	21.79	25.04	26.95	29.31	30.49
镇江市	Zhenjiang City	0.53	1.67	2.18	1.86	1.84	1.67
南通市	Nantong City			3.64	3.39	3.77	4.37
扬州市	Yangzhou City	19.48	19.11	19.99	22.43	24.84	26.61
泰州市	Taizhou City			2.03	1.76	1.70	2.50
杭州市	Hangzhou City	22.35	29.99	38.77	39.76	40.08	39.86
宁波市	Ningbo City	18.20	25.74	27.98	29.60	30.86	30.99
嘉兴市	Jiaxing City	8.77	14.27	17.31	19.07	19.66	20.47
湖州市	Huzhou City	8.02	12.73	15.10	16.69	18.00	19.42
绍兴市	Shaoxing City	18.55	21.74	27.64	29.88	32.29	33.90
舟山市	Zhoushan City	3.92	5.34	5.86	5.98	5.98	5.78
台州市	Taizhou City	21.58	27.89	37.92	39.44	40.06	39.78
珠江三角洲经济区	**The Pearl River Delta**						
广州市	Guangzhou City	35.00	48.17	63.89	66.96	70.03	74.92
深圳市	Shenzhen City	5.80	7.10	10.69	12.61	15.06	17.63
珠海市	Zhuhai City	2.81	3.49	4.87	5.55	6.23	6.78
佛山市	Foshan City	13.41	17.08	24.68	26.17	27.75	28.94
江门市	Jiangmen City	14.88	18.57	23.59	24.93	25.76	26.45
东莞市	Dongguan City	6.12	9.25	11.24	12.21	13.63	14.97
中山市	Zhongshan City	6.07	7.86	10.33	11.22	12.37	13.50
惠州市区	Huizhou Urban District					3.10	6.82
惠阳市	Huiyang City					4.71	3.65
惠东县	Huidong County					4.26	4.62
博罗县	Boluo County					4.60	4.97
肇庆市区	Zhaoqing Urban District	0.40				0.84	6.28
高要市	Gaoyao City						4.96
四会市	Sihui City					0.05	2.94

14-3 续表 2 continued

单位：万人 (10 000 persons)

地区	Area	小学 Primary Schools					
		1990	1995	2000	2001	2002	2003
长江三角洲经济区	**Yangtze River Delta**			**622.49**	**590.87**	**567.91**	**543.47**
上海市	Shanghai City	110.19	109.78	78.86	72.28	67.24	64.82
南京市	Nanjing City	42.08	41.72	45.41	38.87	38.88	35.16
苏州市	Suzhou City	44.56	42.26	44.84	42.91	40.02	38.15
无锡市	Wuxi City	36.18	36.52	39.14	37.11	34.78	32.98
常州市	Changzhou City	27.70	27.16	30.01	28.77	27.38	26.35
镇江市	Zhenjiang City	22.51	22.00	22.46	21.35	19.75	18.30
南通市	Nantong City			61.74	58.78	54.38	50.01
扬州市	Yangzhou City	37.62	32.31	37.51	36.08	33.39	30.76
泰州市	Taizhou City			44.25	42.14	38.84	34.98
杭州市	Hangzhou City	46.05	51.40	48.57	46.80	45.65	44.90
宁波市	Ningbo City	42.70	41.29	42.40	42.24	44.55	45.26
嘉兴市	Jiaxing City	23.35	24.78	27.13	27.23	28.04	27.68
湖州市	Huzhou City	19.44	20.21	21.60	20.71	20.15	19.25
绍兴市	Shaoxing City	34.01	33.25	34.81	34.08	33.91	33.54
舟山市	Zhoushan City	8.97	8.93	6.71	6.07	5.62	5.24
台州市	Taizhou City	46.02	48.69	37.05	35.45	35.33	36.09
珠江三角洲经济区	**The Pearl River Delta**					**316.16**	**334.89**
广州市	Guangzhou City	57.23	69.44	75.70	78.86	81.66	84.75
深圳市	Shenzhen City	11.17	15.72	31.39	36.37	41.51	46.97
珠海市	Zhuhai City	6.58	8.56	10.32	10.44	11.05	11.66
佛山市	Foshan City	30.17	37.12	39.31	39.69	40.10	40.82
江门市	Jiangmen City	36.11	42.24	42.73	41.71	41.01	40.47
东莞市	Dongguan City	16.27	19.51	27.28	29.54	34.28	38.69
中山市	Zhongshan City	12.57	15.24	17.51	17.75	18.23	19.21
惠州市区	Huizhou Urban District					6.32	11.03
惠阳市	Huiyang City					8.44	6.00
惠东县	Huidong County					9.05	9.51
博罗县	Boluo County					7.78	9.13
肇庆市区	Zhaoqing Urban District	3.02		4.72	4.78	4.85	4.90
高要市	Gaoyao City	6.91		7.78	7.51	7.30	7.18
四会市	Sihui City	4.45		4.51	4.55	4.58	4.57

14-3 续表 3 continued

单位：人 (persons)

地区	Area	成人高等教育学校 Adult Education Schools					
		1990	1995	2000	2001	2002	2003
长江三角洲经济区	**Yangtze River Delta**			**441250**	**545877**	**684500**	**747035**
上海市	Shanghai City	60900	75500	114900	138302	170900	198000
南京市	Nanjing City	30250	61575	107327	127772	160721	172027
苏州市	Suzhou City	5256	15014	26183	32361	37010	43550
无锡市	Wuxi City	4200	5482	7078	8946	10157	10116
常州市	Changzhou City	3153	5528	8155	13433	15532	16307
镇江市	Zhenjiang City	1900	8075	13334	15743	20357	25578
南通市	Nantong City		4853	5355	7479	9802	11381
扬州市	Yangzhou City	3220	11294	16754	21792	28089	27223
泰州市	Taizhou City		217	347	2167	757	1184
杭州市	Hangzhou City	21196	45982	105123	124993	149818	157924
宁波市	Ningbo City	1328	11415	20261	27650	35387	35853
嘉兴市	Jiaxing City	1374	2596	2739	3062	12976	14332
湖州市	Huzhou City	683	1355	3393	5363	5809	5260
绍兴市	Shaoxing City	1529	2068	4613	10064	13604	12334
舟山市	Zhoushan City			886	839	431	352
台州市	Taizhou City	1962	1543	4802	5911	13150	15614
珠江三角洲经济区	**The Pearl River Delta**						
广州市	Guangzhou City	41546	98300	143479		183782	218244
深圳市	Shenzhen City			10425	11060	13135	19623
珠海市	Zhuhai City			6038		5256	4356
佛山市	Foshan City	4200				10700	
江门市	Jiangmen City			19239	19848	20138	26729
东莞市	Dongguan City	531	1254	3642	5457	8945	7343
中山市	Zhongshan City	548	825	6208	10461	8315	8286
惠州市区	Huizhou Urban District						4000
惠阳市	Huiyang City						2312
惠东县	Huidong County						1766
博罗县	Boluo County						1725
肇庆市区	Zhaoqing Urban District	1531				9983	7444
高要市	Gaoyao City						
四会市	Sihui City						

14-4 各类专业技术人员数

Number of Scientific and Technical Personnel

单位：万人 (10 000 persons)

地区	Area	1990	1995	2000	2001	2002	2003
长江三角洲经济区	**Yangtze River Delta**			**295.23**	**332.22**	**327.02**	**355.27**
上海市	Shanghai City	86.16	91.64	71.03	81.13	67.73	66.91
南京市	Nanjing City	30.75	29.71	28.84	29.45	28.15	38.42
苏州市	Suzhou City	13.18	15.23	29.12	30.35	32.92	35.98
无锡市	Wuxi City	15.44	17.53	22.43	24.51	26.24	28.59
常州市	Changzhou City	11.52	14.10	19.10	21.10	22.34	23.74
镇江市	Zhenjiang City		7.98	11.01	11.11	11.59	12.12
南通市	Nantong City			17.85	19.81	20.80	22.48
扬州市	Yangzhou City	8.24	13.27	13.52	15.29	15.24	16.24
泰州市	Taizhou City			8.13	13.95	14.48	15.17
杭州市	Hangzhou City			25.98	25.99	25.68	26.21
宁波市	Ningbo City	10.04	14.91	23.10	34.64	36.79	39.68
嘉兴市	Jiaxing City			5.68	5.69	5.71	6.75
湖州市	Huzhou City	3.06	3.33	3.64	3.57	3.32	6.23
绍兴市	Shaoxing City	6.23	6.26	6.75	6.60	6.92	7.43
舟山市	Zhoushan City	1.91	1.93	1.98	1.92	1.88	1.87
台州市	Taizhou City		5.77	7.06	7.11	7.24	7.45
珠江三角洲经济区	**The Pearl River Delta**						
广州市	Guangzhou City	31.95	37.95	43.74	42.84	41.47	45.60
深圳市	Shenzhen City			15.89	17.23	18.64	57.54
珠海市	Zhuhai City	0.79	3.30	5.70	6.68	7.41	7.90
佛山市	Foshan City	1.94		7.48		6.79	
江门市	Jiangmen City			6.49	11.87	8.43	8.14
东莞市	Dongguan City	1.16	2.31		2.47	3.42	3.31
中山市	Zhongshan City	2.34	3.89	14.80	17.01	19.02	22.99
惠州市区	Huizhou Urban District			2.76	2.98	3.73	3.90
惠阳市	Huiyang County			1.79	1.82	1.85	1.87
惠东县	Huidong County			1.01	1.05	0.98	0.93
博罗县	Boluo County			1.51	1.38	1.46	1.47
肇庆市区	Zhaoqing Urban District	0.49	0.23	2.71	2.80	2.98	2.98
高要市	Gaoyao City	0.10		0.97	1.08	1.19	1.22
四会市	Sihui City		0.72	0.92	0.94	0.98	0.99

14-5 公共图书馆图书藏量

Total Collections of Public Libraries

单位：万册 (10 000 volumes)

地区	Area	1990	1995	2000	2001	2002	2003
长江三角洲经济区	**Yangtze River Delta**			**8885**	**9107**	**9394**	**9624**
上海市	Shanghai City	1586	1586	5500	5668	5817	5894
南京市	Nanjing City	847	908	1003	1026	1049	1098
苏州市	Suzhou City	210	286	296	290	300	309
无锡市	Wuxi City	139	169	203	199	206	206
常州市	Changzhou City	120	141	161	165	173	179
镇江市	Zhenjiang City	98	114	120	116	116	133
南通市	Nantong City			178	181	187	196
扬州市	Yangzhou City		114	142	136	138	142
泰州市	Taizhou City			91	92	92	95
杭州市	Hangzhou City	52	618	626	648	706	712
宁波市	Ningbo City	12	154	131	137	145	155
嘉兴市	Jiaxing City	108	128	141	146	151	165
湖州市	Huzhou City		46	52	53	56	69
绍兴市	Shaoxing City	89	93	107	111	116	120
舟山市	Zhoushan City	28	35	43	45	46	49
台州市	Taizhou City	77	71	92	93	96	103
珠江三角洲经济区	**The Pearl River Delta**						
广州市	Guangzhou City	519	619	651	795	779	864
深圳市	Shenzhen City	66	231	245	256	295	346
珠海市	Zhuhai City	23	28	35	36	36	36
佛山市	Foshan City	61	115	154	183	140	170
江门市	Jiangmen City	57	66	128	131	135	138
东莞市	Dongguan City	30	68	97	99	109	131
中山市	Zhongshan City	16	27	39	42	38	42
惠州市区	Huizhou Urban District			26	26	28	28
惠阳市	Huiyang City						11
惠东县	Huidong County						7
博罗县	Boluo County						4
肇庆市区	Zhaoqing Urban District					21	21
高要市	Gaoyao City					8	8
四会市	Sihui City					12	11

14-6 剧场、影剧院数

Number of Theaters and Music Halls

单位：个 (unit)

地区	Area	1990	1995	2000	2001	2002	2003
长江三角洲经济区	**Yangtze River Delta**						
上海市	Shanghai City	211	249	242	273	273	238
南京市	Nanjing City			126	60	60	13
苏州市	Suzhou City	161	165	163	163		
无锡市	Wuxi City	237	163	142	142	126	125
常州市	Changzhou City		7	106	67	87	6
镇江市	Zhenjiang City	91	78	87	86	86	86
南通市	Nantong City			155	159	159	159
扬州市	Yangzhou City	110	172	297	297	297	297
泰州市	Taizhou City			92	92	90	90
杭州市	Hangzhou City	223	163	123	125		58
宁波市	Ningbo City			60	57	53	63
嘉兴市	Jiaxing City	113	103	74	69	69	87
湖州市	Huzhou City			51	39	42	27
绍兴市	Shaoxing City	142	98	66	52	36	42
舟山市	Zhoushan City	91	64	35	25	23	23
台州市	Taizhou City	104	89	75	68	68	64
珠江三角洲经济区	**The Pearl River Delta**						
广州市	Guangzhou City	14	19	19	19	16	15
深圳市	Shenzhen City			126	126	82	69
珠海市	Zhuhai City	38	50	26	17	17	17
佛山市	Foshan City	52	89	96	66	71	55
江门市	Jiangmen City			47	47	62	16
东莞市	Dongguan City	26	97	87	84	81	55
中山市	Zhongshan City	22	12	44	43	47	37
惠州市区	Huizhou Urban District			3	17	2	2
惠阳市	Huiyang City						4
惠东县	Huidong County						1
博罗县	Boluo County						2
肇庆市区	Zhaoqing Urban District	5	11	5	5	4	4
高要市	Gaoyao City	2	7	1	1	1	1
四会市	Sihui City	2	3	1	1		

14−7 体育场馆数

Number of Stadiums and Gymnasiums

单位：个 (unit)

地区	Area	1990	1995	2000	2001	2002	2003
长江三角洲经济区	**Yangtze River Delta**						
上海市	Shanghai City	305	153	211	211		
南京市	Nanjing City					33	33
苏州市	Suzhou City	16	20	26	28	35	36
无锡市	Wuxi City	7	11	10	8	10	10
常州市	Changzhou City	5	13	13	14	12	13
镇江市	Zhenjiang City	4	6	12	15	18	20
南通市	Nantong City			17	17	11	14
扬州市	Yangzhou City			11	11	11	11
泰州市	Taizhou City						17
杭州市	Hangzhou City						45
宁波市	Ningbo City		9	9	4		207
嘉兴市	Jiaxing City	9	12	13	13	11	12
湖州市	Huzhou City	11	12	15	15	15	17
绍兴市	Shaoxing City						43
舟山市	Zhoushan City						50
台州市	Taizhou City						
珠江三角洲经济区	**The Pearl River Delta**						
广州市	Guangzhou City						
深圳市	Shenzhen City	3	9	14	16	23	23
珠海市	Zhuhai City					4	4
佛山市	Foshan City						98
江门市	Jiangmen City						33
东莞市	Dongguan City						22
中山市	Zhongshan City	-	-	10	12	14	15
惠州市区	Huizhou Urban District						
惠阳市	Huiyang City						
惠东县	Huidong County						
博罗县	Boluo County						
肇庆市区	Zhaoqing Urban District				4	4	4
高要市	Gaoyao City				2	2	2
四会市	Sihui City				2	2	2

14-8 卫生机构数
Number of Health Institutions

单位：个 (unit)

地区	Area	医院数 Number of Hospitals					
		1990	1995	2000	2001	2002	2003
长江三角洲经济区	**Yangtze River Delta**				**1154**	**1059**	**1271**
上海市	Shanghai City	462	485	459	432	192	452
南京市	Nanjing City				173	184	187
苏州市	Suzhou City	49	42	53	53	71	62
无锡市	Wuxi City	40	42	44	45	67	61
常州市	Changzhou City	28	28	27	29	30	30
镇江市	Zhenjiang City	27	27	28	28	32	31
南通市	Nantong City			43	43	43	41
扬州市	Yangzhou City			33	33	84	61
泰州市	Taizhou City			19	19	21	20
杭州市	Hangzhou City	84	99	95	106	116	112
宁波市	Ningbo City		62	56	57	58	55
嘉兴市	Jiaxing City	28	30	31	31	31	31
湖州市	Huzhou City	22	23	21	21	32	33
绍兴市	Shaoxing City	24	24	26	27	37	37
舟山市	Zhoushan City	10	12	14	15	18	18
台州市	Taizhou City	21	25	35	42	43	40
珠江三角洲经济区	**The Pearl River Delta**					**621**	**607**
广州市	Guangzhou City	190	221	252	253	196	183
深圳市	Shenzhen City	38	63	72	75	77	85
珠海市	Zhuhai City	22	12	19	18	21	22
佛山市	Foshan City	69	81	85	84	88	81
江门市	Jiangmen City	100	116	131	134	127	126
东莞市	Dongguan City			46	46	53	51
中山市	Zhongshan City	4	7	4	4	4	4
惠州市区	Huizhou Urban District			8		12	15
惠阳市	Huiyang City			10		11	8
惠东县	Huidong County			3		2	2
博罗县	Boluo County			6		1	4
肇庆市区	Zhaoqing Urban District	8		14		18	15
高要市	Gaoyao City	3		4		4	4
四会市	Sihui City	3		5		7	7

14-8 续表 continued

单位：个 (unit)

地区	Area	卫生院数 Number of Health Centers					
		1990	1995	2000	2001	2002	2003
长江三角洲经济区	**Yangtze River Delta**						
上海市	Shanghai City	178	170	168	151	128	126
南京市	Nanjing City						
苏州市	Suzhou City	158	156	144	138	142	137
无锡市	Wuxi City	120	116	116	115	115	114
常州市	Changzhou City	135	133	90	85	81	81
镇江市	Zhenjiang City	88	90	93	87	81	75
南通市	Nantong City			260	274	274	273
扬州市	Yangzhou City			151	138	132	141
泰州市	Taizhou City			152	150	143	150
杭州市	Hangzhou City	356	315	301	285	302	296
宁波市	Ningbo City		283	238	229	275	217
嘉兴市	Jiaxing City	142	144	112	116	126	126
湖州市	Huzhou City	136	132	114	100	100	99
绍兴市	Shaoxing City		271	231	224	300	301
舟山市	Zhoushan City	91	90	84	77	73	67
台州市	Taizhou City	340	377	310	328	189	189
珠江三角洲经济区	**The Pearl River Delta**						
广州市	Guangzhou City	70	72	94	94	73	71
深圳市	Shenzhen City						
珠海市	Zhuhai City	12		22	22	22	22
佛山市	Foshan City		52	57	57	56	53
江门市	Jiangmen City						
东莞市	Dongguan City			39			
中山市	Zhongshan City	22	29	26	26	26	25
惠州市区	Huizhou Urban District			6		8	19
惠阳市	Huiyang City			20		21	8
惠东县	Huidong County			21		21	20
博罗县	Boluo County			23		23	22
肇庆市区	Zhaoqing Urban District	4		5		5	5
高要市	Gaoyao City	10		19		19	19
四会市	Sihui City	13		15		16	16

14-9 卫生机构床位数
Number of Beds in Health Institutions

单位：张 (unit)

地区	Area	医院床位数 Number of Beds in Hospitals					
		1990	1995	2000	2001	2002	2003
长江三角洲经济区	**Yangtze River Delta**			**200931**	**213270**		**224206**
上海市	Shanghai City	62100	66900	73100	76300	63900	81100
南京市	Nanjing City	17407	19019	18140	18152	18945	19458
苏州市	Suzhou City	9144	9912	10410	10885	12893	12454
无锡市	Wuxi City	7620	8307	9090	14847	17693	11429
常州市	Changzhou City	5873	6393	6663	7020	7671	7742
镇江市	Zhenjiang City	6997	7368	4763	4858	5222	5252
南通市	Nantong City			8623	8624		9372
扬州市	Yangzhou City			6227	6249	7125	6883
泰州市	Taizhou City			4631	4531	4750	4783
杭州市	Hangzhou City	18879	21360	23303	23520	22797	22036
宁波市	Ningbo City	10522	12316	9968	10246	10292	10654
嘉兴市	Jiaxing City	4940	4891	5660	5922	6245	6448
湖州市	Huzhou City	4564	4710	4477	4925	5807	6083
绍兴市	Shaoxing City	4056	5066	6085	6406	7248	8178
舟山市	Zhoushan City	1911	2332	2785	2908	2733	2789
台州市	Taizhou City	4120	4974	7006	7877	8734	9545
珠江三角洲经济区	**The Pearl River Delta**			**81567**		**90608**	**101347**
广州市	Guangzhou City	21901	28721	33716	34558	35093	42210
深圳市	Shenzhen City	3108	6724	9616	10542	11808	12607
珠海市	Zhuhai City	1243	2572	2412	3167	4024	4415
佛山市	Foshan City	7279	10118	12540	12771	13617	15014
江门市	Jiangmen City	7474	8042	8151	8101	8743	8640
东莞市	Dongguan City			7048	7441	8396	9546
中山市	Zhongshan City	946	1335	1565	1753	1720	2005
惠州市区	Huizhou Urban District			1585		1889	2081
惠阳市	Huiyang City			737		693	601
惠东县	Huidong County			420		332	332
博罗县	Boluo County			665		709	684
肇庆市区	Zhaoqing Urban District	1725		2286		2689	2315
高要市	Gaoyao City	319		406		397	367
四会市	Sihui City	314		420		498	530

14–9 续表 continued

单位：张 (unit)

地区	Area	卫生院床位数 Number of Beds in Health Centers					
		1990	1995	2000	2001	2002	2003
长江三角洲经济区	**Yangtze River Delta**						
上海市	Shanghai City	8074	8200	8762	10196	11199	10552
南京市	Nanjing City						
苏州市	Suzhou City	7079	6921	7172	7147	6793	6670
无锡市	Wuxi City	5147	5740	5765	5678	5610	5859
常州市	Changzhou City	3622	3946	4067	4010	3942	3945
镇江市	Zhenjiang City	2704	2703	2930	2874	2647	2836
南通市	Nantong City			10124	10054		9900
扬州市	Yangzhou City			4279	4311	3842	3981
泰州市	Taizhou City			6152	6204	5516	3144
杭州市	Hangzhou City	3840	3794	3913	3563	2892	2873
宁波市	Ningbo City			3903	3587	3170	3406
嘉兴市	Jiaxing City	3132	2954	2888	2877	2837	2896
湖州市	Huzhou City	2441	2367	2102	1974	2002	2052
绍兴市	Shaoxing City	3361	2979	3200	3288	2666	2756
舟山市	Zhoushan City	887	927	508	505	528	528
台州市	Taizhou City	2722	2880	2353	2519	1923	1490
珠江三角洲经济区	**The Pearl River Delta**						
广州市	Guangzhou City	2494	2623	2856	3035	3288	3573
深圳市	Shenzhen City						
珠海市	Zhuhai City	144		539		629	615
佛山市	Foshan City		4011	5392	5357	5587	5754
江门市	Jiangmen City						
东莞市	Dongguan City			5218	5480		
中山市	Zhongshan City	1225	1759	2370	2471	2682	2966
惠州市区	Huizhou Urban District			92		214	479
惠阳市	Huiyang City			516		588	368
惠东县	Huidong County			680		738	705
博罗县	Boluo County			653		769	776
肇庆市区	Zhaoqing Urban District	130		115		119	126
高要市	Gaoyao City	272		358		485	474
四会市	Sihui City	270		305		312	312

14-10 卫生机构的人员数

Number of Employed Personnel in Health Institutions

单位：人 (person)

地区	Area	医生数 Doctors 1990	1995	2000	2001	2002	2003
长江三角洲经济区	**Yangtze River Delta**			**176403**	**175885**	**160343**	**167684**
上海市	Shanghai City	58200	53700	49900	48500	43800	44100
南京市	Nanjing City	15726	16384	15239	14948	13313	13599
苏州市	Suzhou City	10895	12182	11594	11418	9468	11747
无锡市	Wuxi City	8786	9227	9903	9970	8373	9023
常州市	Changzhou City	6144	7073	7779	7737	6424	6592
镇江市	Zhenjiang City	4525	5260	4582	3966	4001	3909
南通市	Nantong City			13009	12737	11000	10878
扬州市	Yangzhou City			6605	6523	6511	6574
泰州市	Taizhou City			8438	8569	6780	7346
杭州市	Hangzhou City	14483	16465	16317	16994	16092	16614
宁波市	Ningbo City	7453	8716	9472	9700	9927	10630
嘉兴市	Jiaxing City	3921	4569	5201	5178	5351	5461
湖州市	Huzhou City	3092	3665	4106	4176	3802	4381
绍兴市	Shaoxing City	5288	6113	5707	6248	6665	6994
舟山市	Zhoushan City	1592	1856	2072	2121	1938	1999
台州市	Taizhou City	4512	5357	6479	7100	6898	7837
珠江三角洲经济区	**The Pearl River Delta**						**75994**
广州市	Guangzhou City	21015	23321	23503	23949	22169	23464
深圳市	Shenzhen City	8619	15591	19691	21362	23100	26178
珠海市	Zhuhai City	1276	1573	1627	1626	2026	2296
佛山市	Foshan City	5131	6455	7048	6977	7000	7577
江门市	Jiangmen City	5289	5177	5617	5776	4869	4443
东莞市	Dongguan City	1180	1793	2420	2961	3091	3242
中山市	Zhongshan City	1101	1775	2387	2551	2263	2496
惠州市区	Huizhou Urban District						1567
惠阳市	Huiyang City						709
惠东县	Huidong County						589
博罗县	Boluo County						797
肇庆市区	Zhaoqing Urban District	1051		1474		1390	1413
高要市	Gaoyao City	437		624		627	715
四会市	Sihui City	413		551		472	508

注：医生为所有西医师、中医师、西医士、中医士及其他中医的总数。

Note:Doctor including western doctor, chinese doctor,western nurse,chinese nurse and other chinese doctors.

14-10 续表 continued

单位：人 (person)

地区	Area	护士数 Nurses					
		1990	1995	2000	2001	2002	2003
长江三角洲经济区	**Yangtze River Delta**						
上海市	Shanghai City	36600	34000	38300	36963	37100	37900
南京市	Nanjing City					11170	11135
苏州市	Suzhou City	2804	3407	2994	2572	8127	8629
无锡市	Wuxi City	4620	5452	6517	6581	6511	6692
常州市	Changzhou City	1930	1756	2210	2304	5284	5385
镇江市	Zhenjiang City	1442	1030	1133	1251	3685	3518
南通市	Nantong City			6768	6784	6751	6757
扬州市	Yangzhou City			4442	4572	4143	4401
泰州市	Taizhou City			3787	3973	3758	3948
杭州市	Hangzhou City	7822	9531	11186	11576	11922	12460
宁波市	Ningbo City	3989	4308	5162	5419	5960	6253
嘉兴市	Jiaxing City	2109	2898	3008	3201	3543	3593
湖州市	Huzhou City	1709	1970	2468	2540	2625	2868
绍兴市	Shaoxing City		2530	2658	3156	3511	3786
舟山市	Zhoushan City	1164	1247	1296	1468	1362	1437
台州市	Taizhou City	2193	2443	3576	3713	4658	4658
珠江三角洲经济区	**The Pearl River Delta**						
广州市	Guangzhou City	15329	17705	19743	13928	19925	20136
深圳市	Shenzhen City	2145	4034	5425	5945	6635	7321
珠海市	Zhuhai City	695	824	1592	1623	1878	2190
佛山市	Foshan City	3455	5169	6188	6182	6548	6857
江门市	Jiangmen City					4327	4141
东莞市	Dongguan City	1164	1751	2673	3036	3462	3577
中山市	Zhongshan City	869	834	1017	939	2005	2217
惠州市区	Huizhou Urban District					1269	1453
惠阳市	Huiyang City					618	560
惠东县	Huidong County					500	455
博罗县	Boluo County					660	701
肇庆市区	Zhaoqing Urban District	937		1408		1361	1405
高要市	Gaoyao City	253		479		507	543
四会市	Sihui City	187		428		413	463

14-11 三种专利申请受理量

Three Types of Patent Applications Examined

单位：项 (item)

地区	Area	1990	1995	2000	2001	2002	2003
长江三角洲经济区	**Yangtze River Delta**						
上海市	Shanghai City	1526	2456	11318	12777	19963	22374
南京市	Nanjing City						
苏州市	Suzhou City		773	2021	2653	3109	3780
无锡市	Wuxi City				1085	1696	2160
常州市	Changzhou City	150	547	837	1058	1115	1647
镇江市	Zhenjiang City						
南通市	Nantong City			623	844	1146	1184
扬州市	Yangzhou City	94	127	334	389	795	1029
泰州市	Taizhou City			411	505	657	1064
杭州市	Hangzhou City	756	933	1809	2142	3379	4528
宁波市	Ningbo City				3003	4035	4628
嘉兴市	Jiaxing City	93	100	495	544	646	698
湖州市	Huzhou City	81	92	127	366	200	476
绍兴市	Shaoxing City	86	146	629	707	1018	1432
舟山市	Zhoushan City	12	26	59	73	154	101
台州市	Taizhou City	107	285	829	1480	2197	2345
珠江三角洲经济区	**The Pearl River Delta**						
广州市	Guangzhou City		162	157	221	233	323
深圳市	Shenzhen City						
珠海市	Zhuhai City	34	212	694	750	825	989
佛山市	Foshan City	219	1407	3987	5490	6897	7388
江门市	Jiangmen City						
东莞市	Dongguan City	34	325	1653	2914	3100	3865
中山市	Zhongshan City			1327	1829	2115	2159
惠州市区	Huizhou Urban District						423
惠阳市	Huiyang City						225
惠东县	Huidong County						30
博罗县	Boluo County						173
肇庆市区	Zhaoqing Urban District				78	97	91
高要市	Gaoyao City				8	14	84
四会市	Sihui City				23	37	42

14-12 三种专利申请授权量

Three Types of Patent Applications Granted

单位：项 (item)

地区	Area	1990	1995	2000	2001	2002	2003
长江三角洲经济区	**Yangtze River Delta**						
上海市	Shanghai City	924	1436	4048	5371	6693	16671
南京市	Nanjing City						
苏州市	Suzhou City		415	1922	1749	2324	2593
无锡市	Wuxi City	228	358	903	766	937	1351
常州市	Changzhou City	1[illegible]5	255	731	639	816	922
镇江市	Zhenjiang City			167	197	295	422
南通市	Nantong City			391	478	422	486
扬州市	Yangzhou City	52	93	289	226	380	714
泰州市	Taizhou City			208	268	308	409
杭州市	Hangzhou City	442	558	1337	1342	1527	2350
宁波市	Ningbo City		346	1662	2148	2780	3414
嘉兴市	Jiaxing City	90	95	367	348	417	529
湖州市	Huzhou City	31	95	148	130	190	212
绍兴市	Shaoxing City	54	93	332	501	491	797
舟山市	Zhoushan City	9	12	33	28	55	85
台州市	Taizhou City	58	245	772	962	1223	1795
珠江三角洲经济区	**The Pearl River Delta**						
广州市	Guangzhou City		122	90	90	130	186
深圳市	Shenzhen City						
珠海市	Zhuhai City			504	458	599	703
佛山市	Foshan City	211	1139	3276	4022	4892	6456
江门市	Jiangmen City						
东莞市	Dongguan City	30	262	1399	1753	2680	2858
中山市	Zhongshan City			1079	1216	1545	1699
惠州市区	Huizhou Urban District						211
惠阳市	Huiyang City						152
惠东县	Huidong County						22
博罗县	Boluo County						146
肇庆市区	Zhaoqing Urban District				44	55	60
高要市	Gaoyao City				2	5	58
四会市	Sihui City				10	26	26

14-13 三种专利申请受理和授权量(2003年)

Three Types of Patent Applications Examined and Granted(2003)

单位：项 (item)

地区	Area	申请受理量合计 Number of Patent Applications Examined	发明 Inventions	实用新型 Utility Models	外观设计 Designs
长江三角洲经济区	**Yangtze River Delta**				
上海市	Shanghai City	22374	5936	5992	10446
南京市	Nanjing City				
苏州市	Suzhou City	3780	328	1644	1808
无锡市	Wuxi City	2160	358	1022	780
常州市	Changzhou City	1647	223	760	664
镇江市	Zhenjiang City	909	76		
南通市	Nantong City	1184	304	631	249
扬州市	Yangzhou City	1029	101	497	431
泰州市	Taizhou City	1064	138	335	591
杭州市	Hangzhou City	4528	1345	1870	1313
宁波市	Ningbo City	4628	328	1315	2985
嘉兴市	Jiaxing City	698	62	288	348
湖州市	Huzhou City	476	56	161	259
绍兴市	Shaoxing City	1432	208	571	653
舟山市	Zhoushan City	101	29	53	19
台州市	Taizhou City	2345	195	814	1336
珠江三角洲经济区	**The Pearl River Delta**				
广州市	Guangzhou City				
深圳市	Shenzhen City	12361	3526	3797	5
珠海市	Zhuhai City	989	137	455	397
佛山市	Foshan City	7388	312	1998	5078
江门市	Jiangmen City				
东莞市	Dongguan City	3865	93	1192	2580
中山市	Zhongshan City	2159	51	650	1458
惠州市区	Huizhou Urban District	423	63	143	217
惠阳市	Huiyang City	225	5	67	153
惠东县	Huidong County	30	1	15	14
博罗县	Boluo County	173	3	54	116
肇庆市区	Zhaoqing Urban District	54	22	17	15
高要市	Gaoyao City	84	3	16	65
四会市	Sihui City	42	2	8	32

14−13 续表 continued

单位：项 (item)

地区	Area	授权量合计 Number of Patent Applications Granted	发明 Inventions	实用新型 Utility Models	外观设计 Designs
长江三角洲经济区	**Yangtze River Delta**				
上海市	Shanghai City	16671	880	3844	11947
南京市	Nanjing City				
苏州市	Suzhou City	2593	126	1317	1150
无锡市	Wuxi City	1351	53	753	545
常州市	Changzhou City	922	37	462	423
镇江市	Zhenjiang City	422	13	189	220
南通市	Nantong City	486	27	343	116
扬州市	Yangzhou City	714	15	317	382
泰州市	Taizhou City	409	15	214	180
杭州市	Hangzhou City	2350	187	1183	980
宁波市	Ningbo City	3414	78	890	2446
嘉兴市	Jiaxing City	529	16	221	292
湖州市	Huzhou City	212	10	90	112
绍兴市	Shaoxing City	797	26	323	448
舟山市	Zhoushan City	85	1	36	48
台州市	Taizhou City	1795	21	540	1234
珠江三角洲经济区	**The Pearl River Delta**				
广州市	Guangzhou City				
深圳市	Shenzhen City				
珠海市	Zhuhai City				
佛山市	Foshan City				
江门市	Jiangmen City				
东莞市	Dongguan City				
中山市	Zhongshan City				
惠州市区	Huizhou Urban District				
惠阳市	Huiyang City				
惠东县	Huidong County				
博罗县	Boluo County				
肇庆市区	Zhaoqing Urban District				
高要市	Gaoyao City				
四会市	Sihui City				

主要统计指标解释

普通高等学校 指按照国家规定的标准和审批程序批准举办的，通过全国统一招生考试，招收高中毕业生为主要培养对象，实施高等教育的全日制大学、独立设置的学院和高等专科学校、高等职业学校和其他机构。

大学、独立设置的学院主要实施本科层次以上教育，高等专科学校、高等职业学校实施专科层次教育，其他机构是承担国家普通招生计划任务不计校数的机构。包括普通高等学校 分校和批准筹建的普通高等学校等。

成人高等学校 指按照国家规定的设置标准和审批程序批准举办的，通过全国成人高等学校统一招生考试，招收具有高中毕业或同等学历的在职从业人员为主要培养对象，利用函授、业余、脱产等多种形式对其实施高等学历教育的学校。包括职工高等学校、农民高等学校、管理干部学院、教育学院、独立函授学院、广播电视大学、其他机构等。其他机构是承担国家成人招生计划任务不计校数的机构。

专业技术人员 指从事专业技术工作和专业技术管理工作的人员，即企事业单位中已经聘任专业技术职务从事专业技术工作和专业技术管理工作的人员，以及未聘任专业技术职务，现在专业技术岗位上工作的人员。包括工程技术人员、农业技术人员、科学研究人员、卫生技术人员、教学人员、经济人员、会计人员、统计人员、翻译人员、图书资料、档案、文博人员、新闻出版人员、律师、公证人员、广播电视播音人员、工艺美术人员、体育人员、艺术人员及企业政治思想工作人员，共十七个专业技术职务类别。用来反映科技人力资源情况。

卫生机构 包括医疗机构、疾病预防控制中心（防疫站）、采供血机构、卫生监督及监测（检验）机构、医学科研和在职培训机构、健康教育所等。

医院 包括综合医院、中医医院、中西医结合医院、民族医院、各类专科医院和护理院。

医生 指在医疗、预防保健机构工作且取得《执业医师证书》的执业医师和执业助理医师。

专利 是专利权的简称，是对发明人的发明创造经审查合格后，由专利局依据专利法授予发明人和设计人对该项发明创造享有的专有权。包括发明、实用新型和外观设计。反映拥有自主知识产权的科技和设计成果情况。

发明 指对有关产品、方法或者其改进所提出的新的技术方案。是国际通行的反映拥有自主知识产权技术的核心指标。

实用新型 指对产品的形状、构造或者其结合所提出的适于实用的新的技术方案。反映具有一定技术含量的技术成果情况。

外观设计 指对产品的形状、图案、色彩或者其结合所作出的富有美感并适于工业上应用的新设计。反映拥有自主知识产权的外观设计成果情况。

Explanatory Notes on Main Statistical Indicators

Regular Institutions of Higher Learning refer to educational establishments set up according to the government evaluation and approval procedures , enrolling graduates from senior secondary schools and providing higher education courses and training for senior professionals. They include full-time universities, colleges, high professional schools, high professional vocational schools and others.

Universities and colleges are mainly providing undergraduate courses; those high profess ional schools and high professional vocational schools are mainly providing professional trainings; and others refer to educational establishments, which are responsible for enrolling students but not covered in the total number of schools, including: branch schools of universities and colleges, and universities and colleges that have been proved and prepared to construct.

Institutions of Higher Learning for Adults refer to educational establishments, set up in line with relevant rules approved by the government, enrolling staff and workers with senior secondary school or equivalent education, and providing higher education courses in many forms of correspondence, spare time, or full time for adults. Professionals thus trained receive a qualification equivalent to graduates studying regular courses at regular universities, colleges and professional colleges. Institutions of higher learning for adults include schools of high education for staff and workers, schools of high education for peasants, colleges for management cadres, pedagogical colleges , independent correspondence colleges, Radio and TV universities and other educational establishment s. Other educational establishments are responsible for enrolling adult students but not covered in the number of schools.

Professional and Technical Personnel refer to persons engaged in professional and technical work or in the management of professional and technical activities, i.e., people with professional or technical posit ions who are engaged in professional and technical work or in the management of professional and technical activities, and people without professional or technical positions but are working on professional or technical posts. They include professionals and technicians working in 17 categories of technical occupations including engineering, agriculture, scientific researches, medical service, teaching, economic research and application, accounting, statistics , translation, libraries, archives, cultural and museum service, journalism and publication, lawyers, notarization service, radio and television broadcasting, handicraft and fine arts, sports, performing art, and political workers in enterprises. This indicator reflect s the condition of human resources in S&T.

Health Care Institutions include: medical institutions, disease prevent ion and control centers (epidemic prevention stations), blood gathering and supplying institutions, health supervision and inspection (check up) institutions, medicinal scientific research and on-job training institutions , health education and so on.

Hospitals include: polyclinics, traditional Chinese medical hospitals, hospitals integrated with traditional Chinese therapeutics and western therapeutics, ethical hospitals, various specialties hospitals and nursing hospitals.

Doctors refer to certified physicians and certified assistant physicians with certifications working in medical and health care and prevention agencies.

Patent is an abbreviation for the patent right and refers to the exclusive right of ownership by the inventors or designers for the creation or inventions, given from the patent offices after due process of assessment and approval in accordance with the Patent Law. Patents are granted for inventions, utility models and designs. This indicator reflects the achievements of S&T and design with independent intellectual property.

Inventions refer to the new technical proposals to the products or methods or their modifications. This is universal core indicator reflecting the technologies with independent intellectual property.

Utility Models refer to the practical and new technical proposals on the shape and structure of the product or the combination of both. This indicator reflects the condition of technological results with certain technical content.

Designs refer to the aesthetics and industrially applicable new designs for the shape, pattern and color of the product, or their combinations. This indicator reflects the appearance design achievements with independent intellectual property.

15-1 年末离退休人员情况

Retirees at the Year-end

单位：人 (person)

地区	Area	离休人员 Retired Veterans			退休人员 Retired Persons	
		2000	2002	2003	2000	2002
长江三角洲经济区	**Yangtze River Delta**					
上海市	Shanghai City	36971	35465	34400	2274849	2402496
南京市	Nanjing City					
苏州市	Suzhou City	6149	5509	5230	299490	322620
无锡市	Wuxi City	4027	3625	4421	263389	283390
常州市	Changzhou City	3231	2857	2760	168059	180870
镇江市	Zhenjiang City	4049	2635	2988	111321	113488
南通市	Nantong City		8298	7526		253949
扬州市	Yangzhou City	4435	4291	4093	126360	140082
泰州市	Taizhou City	4307	3784	3657	113640	123565
杭州市	Hangzhou City	11209	11450	10697	398727	439515
宁波市	Ningbo City	3844	3469	3333	166984	205794
嘉兴市	Jiaxing City	2550	2240	2111	115193	136425
湖州市	Huzhou City	2027	867	2254	73309	72956
绍兴市	Shaoxing City	2399	1828	1786	81343	96062
舟山市	Zhoushan City	931	890	874	21482	30177
台州市	Taizhou City	2605	2341	2294	74031	88472
珠江三角洲经济区	**Pearl River Delta**					
广州市	Guangzhou City		17524	16012		619001
深圳市	Shenzhen City	1204	1224	1268	35857	48382
珠海市	Zhuhai City	560	530	519	28436	24710
佛山市	Foshan City					
江门市	Jiangmen City					
东莞市	Dongguan City	791	620	610	31962	25639
中山市	Zhongshan City	507	630	607	26308	56909
惠州市区	Huizhou Urban District	688	667	643	14348	15592
惠阳县	Huiyang County	294	268	214	5342	5921
惠东县	Huidong County	265	230	215	3723	4643
博罗县	Boluo County	264	223	220	6694	10850
肇庆市区	Zhaoqing Urban District	870	934	850	24781	31203
高要市	Gaoyao City	108	175	170	4992	9063
四会市	Sihui City	84	109	104	5887	7283

15-1 续表 continued

单位：人 (person)

地区	Area	退休人员 Retired Persons	退职人员 Resigned Persons		
		2003	2000	2002	2003
长江三角洲经济区	**Yangtze River Delta**				
上海市	Shanghai City	2479500	30517	31192	31800
南京市	Nanjing City				
苏州市	Suzhou City	328573	10883	11961	12524
无锡市	Wuxi City	347628	10626	9523	10893
常州市	Changzhou City	187926	4142	4244	4246
镇江市	Zhenjiang City	129049	3568	4855	4907
南通市	Nantong City	260337		4893	4897
扬州市	Yangzhou City	153041	4796	6057	7266
泰州市	Taizhou City	152122	4223	4408	3456
杭州市	Hangzhou City	453107	12117	12902	14450
宁波市	Ningbo City	216003	7631	6231	6185
嘉兴市	Jiaxing City	161763	3168	3792	3256
湖州市	Huzhou City	86593	2215	1235	2183
绍兴市	Shaoxing City	100210	2186	4268	3069
舟山市	Zhoushan City	32720	627	1996	1954
台州市	Taizhou City	95523	1962	2086	2034
珠江三角洲经济区	**Pearl River Delta**				
广州市	Guangzhou City	686734			
深圳市	Shenzhen City	56727	5	6	7
珠海市	Zhuhai City	37097			61
佛山市	Foshan City				
江门市	Jiangmen City				
东莞市	Dongguan City	24781	505	505	585
中山市	Zhongshan City	58361	63		
惠州市区	Huizhou Urban District	18938			
惠阳县	Huiyang County	4772			
惠东县	Huidong County	5035			
博罗县	Boluo County	11314			
肇庆市区	Zhaoqing Urban District	30817		295	100
高要市	Gaoyao City	9369		5	2
四会市	Sihui City	7400		108	124

15-2 社会保险情况
Statistics of Social Welfare

单位：万人 (10 000 persons)

地区	Area	基本养老保险参保职工 Contributors of Basic Endowment Insurance				基本医疗保险参保职工 Contributors of Basic Medical Insurance	
		2000	2001	2002	2003	2000	2001
长江三角洲经济区	**Yangtze River Delta**						
上海市	Shanghai City	441.09	443.67	452.85	461.06	566.73	666.00
南京市	Nanjing City	86.38	91.55	110.97	118.63	25.47	34.70
苏州市	Suzhou City	76.81	103.85	123.77	146.15	49.34	106.15
无锡市	Wuxi City	55.23	76.56	83.62	103.94	61.59	75.79
常州市	Changzhou City	34.91	36.23	39.36	43.54	13.29	30.00
镇江市	Zhenjiang City	40.76	31.92	33.93	38.88	39.85	41.24
南通市	Nantong City	55.08	58.73	59.99	61.42	34.82	47.86
扬州市	Yangzhou City	45.89	48.04	48.13	44.96	7.71	30.10
泰州市	Taizhou City	35.07	36.07	35.88	36.01	12.77	19.64
杭州市	Hangzhou City	81.96	109.31	127.99	140.06	53.39	76.99
宁波市	Ningbo City	158.07	81.50	71.26	100.73	42.93	52.28
嘉兴市	Jiaxing City	33.20	38.15	47.48	53.75		
湖州市	Huzhou City	2.20	27.29	35.45	35.33		13.14
绍兴市	Shaoxing City	39.43	51.80	54.48	77.71		14.10
舟山市	Zhoushan City	11.43	11.63	15.00	15.85	10.45	14.60
台州市	Taizhou City	26.01	26.90	40.46	56.42	9.63	9.01
珠江三角洲经济区	**Pearl River Delta**						
广州市	Guangzhou City	152.07	157.55	159.14	160.55		41.50
深圳市	Shenzhen City			127.38	165.63	86.10	104.39
珠海市	Zhuhai City	27.09	32.60	36.05		13.60	19.60
佛山市	Foshan City	34.80	66.90	110.00	119.60	38.72	35.70
江门市	Jiangmen City	43.46	43.84	44.05	42.55	23.72	30.99
东莞市	Dongguan City	82.95	83.01	103.19	104.13	88.21	84.99
中山市	Zhongshan City	31.49	50.63	45.84	55.76	12.49	54.82
惠州市区	Huizhou Urban District	14.01	15.97	17.18	22.85		11.81
惠阳县	Huiyang County	4.68	7.07	6.05	6.90		3.79
惠东县	Huidong County	3.56	3.98	4.24	5.40		2.30
博罗县	Boluo County	5.18	4.71	5.00	7.33		2.31
肇庆市区	Zhaoqing Urban District	10.37	11.76	11.80	11.77		10.78
高要市	Gaoyao City	3.88	4.42	4.41	4.43		
四会市	Sihui City	2.99	3.49	3.49	3.97		

15-2 续表 continued

单位：万人 (10 000 persons)

地区	Area	基本医疗保险参保职工 Contributors of Basic Medical Insurance		失业保险参保职工 Contributors of Unemployment Insurance			
		2002	2003	2000	2001	2002	2003
长江三角洲经济区	**Yangtze River Delta**						
上海市	Shanghai City	675.91	689.93	434.86	430.71	436.01	441.14
南京市	Nanjing City	70.22	100.24	108.63	109.46	112.40	113.06
苏州市	Suzhou City	144.75	174.71	86.10	91.34	97.52	113.46
无锡市	Wuxi City	89.50	116.76	66.01	66.06	64.32	74.71
常州市	Changzhou City	48.21	57.07	51.15	49.60	49.71	49.83
镇江市	Zhenjiang City	43.40	46.36	38.25	39.83	38.00	39.02
南通市	Nantong City	58.38	68.97	73.18	70.33	67.24	68.06
扬州市	Yangzhou City	38.97	46.99	53.19	49.75	45.75	46.24
泰州市	Taizhou City	35.24	35.00	45.85	45.55	42.33	41.30
杭州市	Hangzhou City	139.75	155.66	96.66	95.52	96.93	98.71
宁波市	Ningbo City	53.45	84.25		59.85	69.76	70.73
嘉兴市	Jiaxing City	19.03	28.28	33.65	33.65	33.65	33.81
湖州市	Huzhou City	15.29	24.10	21.70	21.50	19.50	19.50
绍兴市	Shaoxing City	24.05	40.52	36.71	37.73	37.22	36.80
舟山市	Zhoushan City	15.19	15.83	12.24	11.90	11.86	11.22
台州市	Taizhou City	15.70	21.94		28.41	31.00	32.07
珠江三角洲经济区	**Pearl River Delta**						
广州市	Guangzhou City	108.60	147.59	178.85	183.02	186.01	202.27
深圳市	Shenzhen City	127.38	165.63		90.47	110.15	113.49
珠海市	Zhuhai City	25.35	38.88	29.17	32.12	31.54	34.77
佛山市	Foshan City	86.60	92.11	41.05	45.10	85.50	89.57
江门市	Jiangmen City	36.88	38.79	36.41	36.61	37.83	37.03
东莞市	Dongguan City	105.19	105.90	17.84	17.91	67.91	100.00
中山市	Zhongshan City	53.90	60.58	25.84	50.67	44.51	55.37
惠州市区	Huizhou Urban District	16.20	18.42	15.39	18.83	19.13	22.13
惠阳县	Huiyang County	4.81	4.18	5.71	6.89	7.30	6.04
惠东县	Huidong County	3.04	2.50	3.94	4.18	4.40	3.79
博罗县	Boluo County	3.82	3.86	5.22	4.57	4.63	4.24
肇庆市区	Zhaoqing Urban District	11.60	12.75	10.03	11.33	11.40	11.40
高要市	Gaoyao City	2.60	3.63	2.92	3.33	3.32	3.40
四会市	Sihui City	1.30	3.39	2.63	3.00	3.05	3.32

15-3 社会福利机构基本情况
Basic Statistics on Social Welfare Institutions

地区	Area	社会福利院数（个） Number of Social Welfare Institutions (unit)			社会福利院床位数（张） Beds of Social Welfare Institutions (bed)	
		2000	2002	2003	2000	2002
长江三角洲经济区	**Yangtze River Delta**					
上海市①	Shanghai City ①	427	451	454		36853
南京市	Nanjing City	166	151	153	7587	9048
苏州市	Suzhou City	192	186	163	7589	10840
无锡市	Wuxi City	6	6	5	1054	1142
常州市	Changzhou City	125	99	104	4991	5185
镇江市	Zhenjiang City	94	76	74	2732	2789
南通市	Nantong City	139	178	186	6859	9394
扬州市	Yangzhou City	183	153	133	5517	5634
泰州市	Taizhou City	5	5	4	497	580
杭州市	Hangzhou City	284	259	223	6770	7357
宁波市	Ningbo City	211	196	183	10322	12345
嘉兴市	Jiaxing City	125	101	94	3813	4271
湖州市	Huzhou City	85	93	84	1894	3068
绍兴市	Shaoxing City	161	145	149	3306	4168
舟山市	Zhoushan City	64	67	64	951	1063
台州市	Taizhou City	240	161	146	4635	5877
珠江三角洲经济区	**Pearl River Delta**					
广州市①	Guangzhou City ①	182	166	163	12371	13916
深圳市	Shenzhen City	3	6	12		650
珠海市	Zhuhai City	3	3	3	215	223
佛山市	Foshan City	3	5	81	586	1500
江门市	Jiangmen City	103	88	87	4327	4479
东莞市	Dongguan City	2	1	1	430	80
中山市	Zhongshan City	2	2	1	530	567
惠州市区	Huizhou Urban District			17	108	128
惠阳县	Huiyang County			11		150
惠东县	Huidong County			25	20	20
博罗县	Boluo County			21	100	120
肇庆市区	Zhaoqing Urban District	1	2	2	142	287
高要市	Gaoyao City					
四会市	Sihui City					

15-3 续表 continued

地区	Area	福利机构床位数（张） Bed of Social Welfare Institution (bed)	社区服务设施数（个） Number of Urban Welfare Facilities (unit)		
		2003	2000	2002	2003
长江三角洲经济区	**Yangtze River Delta**				
上海市①	Shanghai City ①	39608		10306	10550
南京市	Nanjing City	9810	1953	1220	1689
苏州市	Suzhou City	8695	3811	5606	4623
无锡市	Wuxi City	1282		5852	6165
常州市	Changzhou City	5813	169	2028	2378
镇江市	Zhenjiang City	2822	1524	1755	1684
南通市	Nantong City	10110	813	1194	1413
扬州市	Yangzhou City	4747	143	1287	642
泰州市	Taizhou City	560	245	542	542
杭州市	Hangzhou City	7460	1529	2085	1840
宁波市	Ningbo City	11909	1155	2180	3496
嘉兴市	Jiaxing City	4988	585	542	621
湖州市	Huzhou City	4017	402	491	775
绍兴市	Shaoxing City	6576	943	454	1003
舟山市	Zhoushan City	1323	87	66	100
台州市	Taizhou City	5221	444	516	542
珠江三角洲经济区	**Pearl River Delta**				
广州市①	Guangzhou City ①		236	862	1643
深圳市	Shenzhen City	1453		98	323
珠海市	Zhuhai City	270	64	119	263
佛山市	Foshan City	7349	400	623	902
江门市	Jiangmen City	4595		252	292
东莞市	Dongguan City	80		48	80
中山市	Zhongshan City	160	261	309	325
惠州市区	Huizhou Urban District	775		13	
惠阳县	Huiyang County	356			25
惠东县	Huidong County	616			36
博罗县	Boluo County	462			
肇庆市区	Zhaoqing Urban District	230	40	43	66
高要市	Gaoyao City				35
四会市	Sihui City				196

注：①上海、广州为收养性福利事业单位。

Note: ① The data of Shanghai and Guangzhou are on adopting social welfare institutes.

15-4 居民最低生活保障人数
Number of Persons Receiving Lowest Cost-of-living

单位：人 (person)

地区	Area	2000	2001	2002	2003
长江三角洲经济区	**Yangtze River Delta**				
上海市	Shanghai City	196000	338500	431600	445900
南京市	Nanjing City	23782	37285	71625	67614
苏州市	Suzhou City	17100	32671	39802	51575
无锡市	Wuxi City	33919	52105	54184	64670
常州市	Changzhou City	1775	4105	8056	11754
镇江市	Zhenjiang City	7592	10495	12283	15265
南通市	Nantong City		36777	45189	51524
扬州市	Yangzhou City	20714	23520	31943	36735
泰州市	Taizhou City	4764	26275	29504	41172
杭州市	Hangzhou City	2847	5029	8497	13450
宁波市	Ningbo City	2531	5487	10388	18563
嘉兴市	Jiaxing City	10067	18725	26666	35735
湖州市	Huzhou City	1492	2012	4071	6549
绍兴市	Shaoxing City	11754	20368	28597	38857
舟山市	Zhoushan City	389	1039	1644	2130
台州市	Taizhou City	29611	33487	48926	56751
珠江三角洲经济区	**Pearl River Delta**				
广州市	Guangzhou City	20132	22684	32501	39739
深圳市	Shenzhen City		4978	8478	11228
珠海市	Zhuhai City	4361	5956	7945	15934
佛山市	Foshan City			49960	23120
江门市	Jiangmen City	14227	17356	30427	49121
东莞市	Dongguan City		2711	2876	2711
中山市	Zhongshan City	8500	12400	16500	18100
惠州市区	Huizhou Urban District	1099	1295	1507	5346
惠阳县	Huiyang County	3492	3702	5737	1942
惠东县	Huidong County	1409	1414	6326	1197
博罗县	Boluo County	1715	2206	6730	922
肇庆市区	Zhaoqing Urban District			4109	4792
高要市	Gaoyao City			8232	8743
四会市	Sihui City			5527	5555

15-5 交通事故基本情况

Basic Statistics on Traffic Accidents

地区	Area	交通事故发生数（起） Numbers of Traffic Accidents(case)			死亡人数（人） Number of Deaths (person)		
		2000	2002	2003	2000	2002	2003
长江三角洲经济区	**Yangtze River Delta**						
上海市	Shanghai City	7624	46733	54196		1398	1406
南京市	Nanjing City	4583	5130	4708		1220	444
苏州市	Suzhou City	9886	10024	9300	1113	1071	1039
无锡市	Wuxi City	12564	10811	7204	736	676	644
常州市	Changzhou City	3405	2931	1913	514	506	490
镇江市	Zhenjiang City	1733	1396	1214	364	377	379
南通市	Nantong City	3929	3894	3696	788	673	624
扬州市	Yangzhou City	2011	7280	2020	539	459	444
泰州市	Taizhou City	2396	2990	2686	451	409	401
杭州市	Hangzhou City	9805	11254	15201	855	1069	1216
宁波市	Ningbo City	10626	6760	4046		916	947
嘉兴市	Jiaxing City		3840	3459		499	495
湖州市	Huzhou City	785	3085	2302	382	362	376
绍兴市	Shaoxing City	3431	4353	4324	628	708	774
舟山市	Zhoushan City		603	427		37	49
台州市	Taizhou City	5912	6384	4530		688	724
珠江三角洲经济区	**Pearl River Delta**						
广州市	Guangzhou City	15304	13400	11565	16772	16452	15210
深圳市	Shenzhen City	2567	4967	11678	607	1157	1154
珠海市	Zhuhai City		1656	1660		155	145
佛山市	Foshan City		18573	11251		1064	991
江门市	Jiangmen City	8990	5084	3927		673	596
东莞市	Dongguan City	7386	9389	8687	903	1260	9852
中山市	Zhongshan City	2728	4245	3726	481	488	471
惠州市区	Huizhou Urban District		378	329		167	136
惠阳县	Huiyang County		561	432		232	195
惠东县	Huidong County		149	156		120	114
博罗县	Boluo County		844	768		261	246
肇庆市区	Zhaoqing Urban District	991	906	611		99	82
高要市	Gaoyao City		427	417		71	67
四会市	Sihui City		438	415		70	60

15-6　社会治安基本情况
Basic Statistics on Public Security

地区	Area	刑事案件立案数（件） Criminal Cases Accepted (case)			犯罪人数（人） Number of Criminal Suspects (person)		
		2000	2002	2003	2000	2002	2003
长江三角洲经济区	**Yangtze River Delta**						
上海市	Shanghai City	104946	101052	104452		29337	25993
南京市	Nanjing City	4118	37323	34818	4898	6148	4910
苏州市	Suzhou City	4148	34369	32164	5967	7449	8738
无锡市	Wuxi City	3301	29389	30643	4369	5333	5167
常州市	Changzhou City	2379	3093	2944	3356	4481	4257
镇江市	Zhenjiang City	1982	1975	1900	2420	2253	2147
南通市	Nantong City	2880	2816	2973	3897	3300	3392
扬州市	Yangzhou City	2019	2132	1855	2324	2372	2176
泰州市	Taizhou City	1761	2427	1699	2627	2619	2182
杭州市	Hangzhou City	29666	33231	67315	7542	8817	8862
宁波市	Ningbo City	38566	40956	66016	6861	8041	8063
嘉兴市	Jiaxing City	19218	17830	36231	2995	3785	3466
湖州市	Huzhou City	12913	13627	16506	1739	2261	2270
绍兴市	Shaoxing City	22215	23088	31843	3587	3713	4252
舟山市	Zhoushan City	8707	10438	10592	1028	1100	1037
台州市	Taizhou City	38657	38160	49251	5382	8186	7596
珠江三角洲经济区	**Pearl River Delta**						
广州市	Guangzhou City	141930	113901	116146			
深圳市	Shenzhen City	20745	19070	106797	7550	14605	18293
珠海市	Zhuhai City	13849	17592	16585	4313	4167	4350
佛山市	Foshan City	48571	41257	63042	5241	6577	6658
江门市	Jiangmen City	23835	25613	26530	5878	6929	7488
东莞市	Dongguan City		41786	41429		3627	5701
中山市	Zhongshan City	16684	15972	17045	1934	3117	3040
惠州市区	Huizhou Urban District	5575	3949	4399	528	1643	2510
惠阳县	Huiyang County	4726	3628	3548	1209	2282	1411
惠东县	Huidong County	2418	2197	1755	677	669	1755
博罗县	Boluo County	3652	3049	3088	1049	1577	1460
肇庆市区	Zhaoqing Urban District	5960	5552	5220	1293	1101	1349
高要市	Gaoyao City	1397	1308	1292	540	584	591
四会市	Sihui City	1588	1260	1251	403	452	495

主要统计指标解释

年末离休、退休、退职人员 指正式办理了离休、退休、退职手续，并享受相应的离休、退休、退职待遇的人员。

基本养老保险参保职工人数 指报告期末按照国家法律、法规和有关政策规定参加基本养老保险的职工。包括不能正常缴费、已中断缴费但未终止保险关系的职工。

基本医疗保险参保人数 指报告期末按国家有关规定参加基本医疗保险的人数。包括参加保险的职工人数和退休人员人数。

失业保险参保人数 指报告期末按照国家法律、法规和有关政策规定参加了失业保险的城镇企业事业单位的职工及地方政府规定参加失业保险的其他人员的人数。

社会福利机构 指集中收养社会孤老、残、幼的机构，包括由民政部门管理的社会福利院、儿童福利院、精神病人福利院和城镇集体举办的福利院及农村集体举办的敬老院以及优抚医院和具有收养能力的社区服务中心等。该指标主要反映我国在社会福利性单位投入的水平。

社会福利事业单位收养人数 包括民政部门管理和城镇、农村集体举办的社会福利事业单位中收养的老人、少年儿童、缺乏生活自理能力的残疾人员和精神病人。该指标主要反映收养性社会福利单位的收养能力。

Explanatory Notes on Main Statistical Indicators

Retirees at the Year-end refers to people who have formally gone through the formalities for their retirement or quitting work and enjoy the corresponding treatments.

Contributors of Basic Endowment Insurance by the end of reference period, number of staff and workers participating in the insurance program in line with national laws, regulations and related policies, including those who can not make regular payment or interrupt payment but not terminate the insurance program.

Contributors of Basic Medical Insurance refers to number of people participated in the basic medical care insurance program according to related regulation by the end of reference period, including: number of staff and workers and retired persons participated in this insurance program.

Contributors of Unemployment Insurance refers to number of staff and workers in urban enterprises or institutions and other people according to local government regulations participated in unemployment insurance program in line with national law, regulations and related policies by the end of the reference period.

Social Welfare Institutions refers to institutions taking care of old people without children, handicapped people and orphans. They include social welfare institutions run by civil affairs departments, children welfare institutions, social welfare institutions for mental patients, collective-owned old peoples homes in rural areas, convalescent homes and community service centers with the capacity of receiving those people. This indicator reflects the input in social welfare institutions.

Number of People Taken in by Social Welfare Institutions refers to the number of old people, children, totally dependent handicapped people and mental patients taken in by social welfare institutions run by civil affairs departments and those run by collective units in urban and rural areas. This indicator reflects the capacity of social welfare institutions.

16-1 香港特别行政区主要统计指标

Key Statistical Indicators of Hong Kong Special Administrative Region

项 目	Item	1990	2000	2001	2002	2003
一、按区议会地区划分的香港陆地面积(平方公里)	**Land Area of Hong Kong by District Council District(sq.km)**					
总计	**Total**	**1075**	**1098**	**1099**	**1101**	**1102**
香港岛	**Hong Kong Island**					
中西区	Central and Western	12	12	12	12	12
湾仔	Wan Chai	10	10	10	10	10
东区	Eastern	19	19	19	19	19
南区	Southern	39	39	39	39	39
小计	Sub-total	80	80	80	80	80
九龙	**Kowloon**					
九龙城	Kowloon City	10	10	10	10	10
观塘	Kwun Tong	11	11	11	11	11
深水	Sham Shui Po	8	9	9	9	9
黄大仙	Wong Tai Sin	9	9	9	9	9
油尖旺	Yau Tsim Mong	-	7	7	7	7
小计	Sub-total	43	47	47	47	47
新界	**New Territories**					
离岛	Islands	163	175	175	176	176
北区	North	137	137	137	137	137
西贡	Sai Kung	134	136	136	136	136
沙田	Sha Tin	69	69	69	69	69
大埔	Tai Po	147	147	148	148	148
荃湾	Tsuen Wan	60	61	61	62	62
葵青	Kwai Tsing	21	22	22	23	23
屯门	Tuen Mun	83	84	84	85	85
元朗	Yuen Long	138	139	139	139	139
小计	Sub-total	952	971	971	974	975
二、国民经济核算	**National Accounts**					
本地生产总值	**Gross Domestic Product (GDP)**					
按2000年不变价格计算	At Constant (2000) Market Prices					
年增长率 (%)	Annual Growth Rate (%)	3.7	10.2	0.5	1.9@	3.2@
本地生产总值 (亿港元)	GDP (HKD 100 million)	8275	12883	12943	13187@	13610@
人均本地生产总值 (港元)	Per Capita GDP (HKD)	145056	193299	192465	194304@	200061@
按现价计算	At Current Market Prices					
年增长率 (%)	Annual Growth Rate (%)	11.5	3.4	-1.4	-1.8@	-2.2@
本地生产总值 (亿港元)	GDP (HKD 100 million)	5876	12883	12699	12474@	12198@
人均本地生产总值 (港元)	Per Capita GDP (HKD)	103010	193299	188835	183790@	179308@
本地居民生产总值	**Gross National Product (GNP)**					
按现价计算	GNP at Current Market Prices					

16−1 续表 1 continued

项　目	Item	1990	2000	2001	2002	2003
本地居民生产总值(亿港元)	(HKD 100 million)		13101	13111	12641@	12540@
人均本地居民生产总值 (港元)	Per Capita GNP at Current Market Prices (HKD)		196565	194958	186250@	184324@
国外净要素收入 (亿港元)	Net External Factor Income Flows (HKD 100 million)		217.68	411.74	166.98	341.28
国际收支平衡表	**Balance of Payments Account**					
经常帐① (亿港元)	Current Account ① (HKD 100 million)		551.93	775.31	982.41@	1257.38@
资本及金融帐① (亿港元)	Capital and Financial Account ① (HKD 100 million)		-578.63	-973.59	-1511.79	-1514.50@
净误差及遗漏② (亿港元)	Net Errors and Omissions ② (HKD 100 million)		26.70	198.29	529.38@	257.12@
整体的国际收支 (亿港元)	Overall Balance of Payments (HKD 100 million)		783.21 (盈余) (in surplus)	365.30 (盈余) (in surplus)	-185.41@ (赤字) (in deficit)	75.89@ (盈余) (in surplus)
国际投资头寸③	**International Investment Position ③**					
国际投资头寸净值④ (亿港元)	Net International Investment Position ④ (HKD 100 million)	-	17295.5	20679.6	26773.7	30875.3@
对外金融资产 (亿港元)	External Financial Assets (HKD 100 million)	-	88993.0	83506.2	80327.4	91248.9@
对外金融负债 (亿港元)	External Financial Liabilities (HKD 100 million)	-	71697.5	62826.6	53553.8	60373.6@
三、人口、就业和工资	**Population,Employment and Wages**					
人口及生命事件	**Population and Vital Events**					
年中人口 (万人)	Mid-year Population (10 000 persons)	570.0	666.5	672.5	678.7	680.3
粗出生率 (‰)	Crude Birth Rate (‰)	12.0	8.1	7.2	7.1	6.9
粗死亡率 (‰)	Crude Death Rate (‰)	5.2	5.1	5.0	5.0	5.4^
婴儿死亡率 (‰)	Infant Mortality Rate (‰)	6.2	3.0	2.6	2.3	2.4^
自然增长率 (‰)	Rate of Natural Increase (‰)	6.8	3.1	2.2	2.1	1.4^
登记结婚数 (对)	Registered Marriages (couple)	47168	30879	32825	32070	35439
离婚判令 (对)	Divorce Decrees (couple)	5551	13247	13425	12943	13829
出生时平均预期寿命 (年)	Expectation of Life at Birth (years)					
男	Male	74.6	78.0	78.4	78.6	78.6^
女	Female	80.3	83.9	84.6	84.5	84.3^
劳工	**Labour**					
劳动人口 (万人)	Labour Force (10 000 persons)	274.8	337.4	342.7	348.7	350.1
劳动人口参与率 (%)	Labour Force Participation Rate (%)	63.2	61.4	61.4	61.8	61.4
失业率 (%)	Unemployment Rate (%)	1.3	4.9	5.1	7.3	7.9
就业不足率 (%)	Underemployment Rate (%)	0.9	2.8	2.5	3.0	3.5

16–1 续表 2 continued

项　目	Item	1990	2000	2001	2002	2003
选定行业的就业人数 （千人）	Number of Employed Persons in Selected Industries (1 000 persons)					
(i)制造业	(i) Manufacturing	751	333.7	326.4	290.2	272.4
(ii)建筑业	(ii) Construction	226	301.7	291.4	286.5	266.1
(iii)批发、零售、进出口贸易饮食及酒店业	(iii) Wholesale, Retail and Import/Export Trades, Restaurants and Hotels	703.2	981.7	981.1	983.4	993.2
(iv)运输、仓库及通讯业	(iv) Transport, Storage and Communications	268.4	356.6	353.4	345.8	346.4
(v)金融、保险、地产及商用服务业	(v) Financing, Insurance, Real Estate and Business Services	208.6	452.7	478.1	474.4	470.2
(vi)社区、社会及个人服务业	(vi) Community, Social and Personal Services	511.8	754.7	798.9	825.1	850.8
实际工资指数 (1992 年 9 月 =100)	Real Wage Index (September 1992=100)	100.1	112.8	114.6	117.8	118.6
四、居民消费价格指数	**Consumer Price Indices**					
(Oct. 1999–Sep. 2000 =100)	(1999 年 10 月至 2000 年 9 月 =100)					
总指数	**General Index**		**99.4**	**97.8**	**94.8**	**92.4**
食品	Food		99.7	98.9	96.8	95.4
外出用餐	Meals Bought away from Home		99.9	99.6	98.2	96.7
食品(不包括外出用餐)	Food, Excluding Meals Bought away from Home		99.4	97.7	94.7	93.1
住房⑤	Housing ⑤		98.5	95.5	90.0	85.7
私人房屋租金	Private Housing Rent		98.2	95.3	89.2	83.5
公营房屋租金	Public Housing Rent		99.8	91.6	89.1	97.3
电力、煤气及水	Electricity, Gas and Water		100.7	98.7	91.9	93.1
烟酒	Alcoholic Drinks and Tobacco		100.1	103.4	105.9	106.0
服装、鞋	Clothing and Footwear		97.9	93.4	94.1	91.6
耐用物品	Durable Goods		98.7	91.7	85.9	80.4
杂项物品	Miscellaneous Goods		100.5	101.8	103.6	106.0
交通	Transport		100.3	100.7	100.1	99.6
杂项服务⑥	Miscellaneous Services ⑥		99.9	100.4	98.1	95.0
教育服务	Educational Services		100.4	102.0	103.5	104.2
电话及其他通讯服务	Telephone and Other Communications Services		98.6	97.5	86.0	74.6
医疗服务	Medical Services		100.2	101.1	101.7	103.1
五、工业和能源	**Industry and Energy**					
工业生产	**Industrial Production**					
工业生产指数(2000 年 =100)	**Index of Industrial Production (2000=100)**		**100.0**	**95.6**	**86.2**	**78.3**

16-1 续表3 continued

项　目	Item	1990	2000	2001	2002	2003
食品、饮品及烟草制品业	Food, Beverages and Tobacco		100.0	98.4	106.4	94.1
服装制品业(鞋类除外)	Wearing Apparel, Except Footwear		100.0	99.9	93.3	95.1
纺织制品业(包括针织)	Textiles(Including Knitting)		100.0	99.7	92.5	82.6
纸品及印刷业	Paper Products and Printing		100.0	98.8	98.6	98.2
化学产品、橡胶制品、塑胶制品及非金属矿产制品业	Chemical, Rubber, Plastic and Non-metallic Mineral Products		100.0	92.2	76.3	77.3
塑胶制品业	Plastic Products		100.0	84.8	75.7	69.6
基本金属及金属制品业	Basic Metals and Fabricated Metal Products		100.0	84.6	64.5	60.3
金属制品业(机械及设备除外)	Fabricated Metal Products, Except Machinery and Equipment		100.0	89.8	63.4	48.3
电器及电子制品、机械、专业设备及光学用品制造业	Electrical and Electronic Products, Machinery,Professional Equipment and Optical Goods		100.0	92.1	71.7	56.4
电器及电子制品制造业	Consumer Electrical and Electronic Products		100.0	100.0	76.4	65.9
机械、设备、仪器及零件制造业	Machinery, Equipment, Apparatus, Parts and Components		100.0	91.5	76.1	58.9
其他产品制造行业	Miscellaneous Manufacturing Industries		100.0	94.9	98.5	91.8
电力、煤气、水消费量	**Electricity, Gas and Water Consumption**					
电力　(万亿焦耳)	**Electricity　(Terajoules)**					
住宅	Domestic	19037	32234	32799	33394	34365
商业	Commercial	41582	80347	84214	87241	88834
工业	Industrial	24934	17769	16759	16112	14851
街灯	Street lighting	248	325	367	365	384
出口往中国内地	Export to the Mainland of China	6470	4253	5692	7830	10827
总计	Total	92271	134928	139830	144942	149261
煤气　(万亿焦耳)	**Gas　(Terajoules)**					
住宅	Domestic	7596	13866	14493	14794	15446
商业	Commercial	6877	11209	11060	10860	10542
工业	Industrial	583	982	1011	987	1015
总计	Total	15056	26057	26564	26641	27002
水　(万立方米)	**Water　(10 000 Cubic Meters)**	**87300**	**92400**	**94000**	**94900**	**97400**
六、经销贸易业、运输业和服务业	**Distributive Trades, Transport Services and Other Services**					
增加值　(亿港元)	Value Added　(HKD 100 million)					

16—1 续表 4 continued

项　目	Item	1990	2000	2001	2002	2003
批发贸易业	Wholesale Trade	95	125	136	124	
零售贸易业	Retail Trade	205	288	274	279	
进出口贸易业	Import/Export	880	2254	2272	2316	
运输及有关服务	Transport and Related Services	370	880	849	895	
仓库、通讯、财务(银行除外）及商用服务业	Storage, Communications, Financing (Except Banking) and Business Services	320	995	910	896	
七、土地、楼宇、建筑	**Land, Building and Construction**					
已登记物业买卖合约涉及的价值（亿港元）	Value of Registered Agreements for Sale and Purchase of Building Units (HKD 100 million)					
住宅	Residential		1683.93	1509.16	1542.52	1535.78
非住宅	Non-residential		541.27	418.92	311.41	358.4
总计	Total		2225.2	1928.08	1853.93	1894.18
楼宇售价指数（1999 年 =100)	Property Price Index (1999=100)					
私人住宅单位	Private Domestic Units		89.6	78.7	69.9	61.6
私人写字楼（甲、乙及丙级）	Private Offices (Grades A, B and C)		89.9	78.7	68.4	62.5
楼宇租金指数（1999 年 =100)	Property Rental Index (1999=100)					
私人住宅单位	Private Domestic Units		98.1	95.4	83.4	73.6
私人写字楼（甲、乙及丙级）	Private Offices (Grades A, B and C)		98.5	101	85.4	74.7
建筑工程完成名义总值（亿港元）	Gross Value of Construction Work in Nominal Terms (HKD 100 million)	613	1221	1140	1060	990
获批准可动工兴建私人居住单位（个）	Private Residential Flats with Consent to Commence Work (number)	27365	31366	27274	18271	30012
房屋	Housing					
新落成房屋委员会租住单位⑦（个）	Housing Authority Rental Flats Newly Completed ⑦ (number)	32619	47552	33629	18290	15148
新落成居者有其屋计划的居住单位⑦⑧（个）	Home Ownership Scheme Residential Flats Newly Completed ⑦⑧ (number)	9802	23542	5080	8272	2848
新落成私人机构参建居屋计划的居住单位⑦⑧（个）	Private Sector Participation Scheme Residential Flats Newly Completed ⑦⑧ (number)		9172	1540	2470	2010
八、运输、通讯、旅游	**Transport, Communications and Tourism**					
进出香港货运车辆（万辆）	Inward/Outward Movement of Goods Vehicle (10 000 vehicle)	473.35	937.98	912.88	975.51	988.26
进出香港货物	Inward and Outward Movements of Cargo					

16-1 续表 5 continued

项　目	Item	1990	2000	2001	2002	2003
总卸下　（万吨）	Total Discharged　(10 000 tons)	6076	13035	13205	14210	15045
总装上　（万吨）	Total Loaded　(10 000 tons)	2997	8692	8552	9265	9959
集装箱吞吐量（万标准集装箱单位）	Container Throughput (10 000 TEUs)	510	1810	1783	1914	2045
领牌车辆　（千辆）	Motor Vehicles Licensed (1 000 vehicle)	370.2	516.8	525.4	525.5	524.2
电话服务　（万条操作线路）	Telephone Services (10 000 working lines)	245	395	393	384	382
访港旅客　（万人次）	Visitor Arrivals(10 000 person-times)	658.1	1305.9	1372.5	1656.6	1553.7
酒店入住率　（%）	Hotel Room Occupancy Rate　(%)	79	83	79	84	70
九、对外贸易	**External Trade**					
对外商品贸易	External Merchandise Trade					
进口　（亿港元）	Imports　(HKD 100 million)	6425.3	16579.6	15681.9	16194.2	18057.7
港产品出口　（亿港元）	Domestic Exports(HKD 100 million)	2258.8	1809.7	1535.2	1309.3	1216.9
转口　（亿港元）	Re-exports　(HKD 100 million)	4140.0	13917.2	13274.7	14295.9	16207.5
贸易价格比率指数（2000 年 =100）	Terms of Trade Index (2000=100)		100.0	100.9	102.1	101.0
对外服务贸易	External Trade in Services					
服务出口　（亿港元）	Exports of Services(HKD 100 million)		3018.1	3076.6	3354.1	3473.7@
服务进口　（亿港元）	Imports of Services (HKD 100 million)		1915.4	1924.5	1996.8	1960.8@
十、政府收支、货币、金融（亿港元）	**Public Accounts, Money and Finance (HKD 100 million)**					
政府储备结余⑦	Government's Reserve Balances ⑦		4303	3725	3114	2753
政府收入总额⑦	Total Government Revenue ⑦	895	2251	1756	1775	2073
政府开支及证券投资总额⑦	Total Government Expenditure and Equity Investments ⑦	855	2329	2389	2392	2475
货币供应量 M3@	Money Supply M3@					
港元⑨	Hong Kong Dollar ⑨	5712	20024	20166	20042	21229
外币⑩	Foreign Currency ⑩	7168	16904	15775	15576	17352
总计	Total	12880	36928	35941	35619	38580
在港使用的贷款及垫款@	Loans and Advances for Use in Hong Kong@	6894	18615	17901	17429	17085
港汇指数（贸易总值加权）（2000 年 1 月 =100）	Effective Exchange Rate Indices for the Hong Kong Dollar (trade-weighted)(January 2000=100)		101.7	104.7	104	100.7
汇率(每单位外币兑换港元)	Exchange Rates (HKD per unit of foreign currency)					
年内平均数字	Average for the year					

16-1 续表 6 continued

项 目	Item	1990	2000	2001	2002	2003
人民币 (每百港元)	Chinese Renminbi (per HK$100)	61.32	106.17	106.04	105.84	105.86
日圆	Japanese Yen	0.0541	0.0723	0.0643	0.0625	0.0673
英镑	Pound Sterling	13.92	11.81	11.24	11.73	12.73
美元	US Dollar	7.789	7.791	7.799	7.799	7.787
欧元	Euro		7.20	6.99	7.38	8.81
十一、教育和卫生	**Education and Public Health**					
教育	**Education**					
日校小学学生人数 (人)	Student Enrolment in Primary Day School (person)	524919	493979	493075	483218	468792
日校中学学生人数 (人)	Student Enrolment in Secondary Day School (person)	431381	456693	456455	461289	467223
教资会资助院校学生人数(人)	Student Enrolment in UGC-funded Institutions (person)	57824	78295	81664	85602	90355
卫生	**Health**					
登记死亡人数 (人)	Registered Deaths (person)	29201	33993	33305	34316	36421
死于心脏病人数 (人)	Deaths from Heart Diseases (person)	4976	5537	4730	4969	5236^
死于恶性肿瘤人数 (人)	Deaths from Malignant Neoplasms (person)	8669	11222	11406	11658	11907^
婴儿死亡率(按每千名登记活产婴儿计算)	Infant Mortality Rate (per 1 000 Registered Live Births)	5.9	2.9	2.7	2.4^	2.3^
医疗卫生条件	**Conditions of Public Health**					
注册医护人员 (人)	Number of Registered Medical Personnel (person)					
医生	Doctors	6260	9818	10130	10412	10731
牙医	Dentists	1532	1779	1826	1855	1907
药剂师	Pharmacists	694	1273	1315	1362	1414
护士	Nurses	27679	38960	40388	42032	43383
按每千名人口计算的医生数	Doctors Per Thousand Population	1.1	1.5	1.5	1.5	1.6^
医疗机构和病床	Number of Medical Institutions and Hospital Beds					
医疗机构 (个)	Medical Institutions (number)	88	105	102	99	98
病床 (张)	Hospital Beds (bed)	25282	34286	35100	34852	35159
按每千名人口计算的病床数	Beds Per Thousand Population	4.4	5.2	5.2	5.2	5.2^
十二、社会保障	**Social Security**					
综合社会保障援助⑦	Comprehensive Social Security Assistance ⑦					
个案数目 (个)	Number of Cases (case)	66675	228263	247192	271893	290705
发放款项 (亿港元)	Amount (HKD 100 million)	9.6	135.60+	144.05‡	161.31~	173.06
公共福利金⑦	Social Security Allowances ⑦					

16—1 续表 7 continued

项 目	Item	1990	2000	2001	2002	2003
个案数目 (个)	Number of Cases (case)	444517	550585	561208	560215	563908
发放款项 (亿港元)	Amount (HKD 100 million)	21.60	51.30+	52.41‡	52.81~	52.14
交通意外伤亡援助⑦	Traffic Accident Victims Assistance ⑦					
获批个案数目 (个)	Number of Cases Authorized for Payment(case)	5310	5998	6733	7102	7190
发放款项 (百万港元)	Amount (HKD million)	49.9	130.0	142.0	151.3	151.1
十三、治安	**Law and Order**					
举报罪案合计 (件)	Overall Reported Crimes (case)	88300	77245	73008	75877	88377
暴力罪案总计 (件)	Total Violent Crimes (case)	18820	14812	13551	14140	14542
犯罪被捕人数总计 (人)	Total Persons Arrested for Crime (person)	44013	40930	38829	39665	42051

注：^临时数字。

@日后会作出修订。

+包括2001年4月1日所发放的款项。

‡包括2002年4月1日所发放的款项，但不包括2001年4月1日所发放的款项。

~不包括2002年4月1日所发放的款项。

①经常帐差额的正数显示盈余而负数则显示赤字。在资本及金融帐方面，正数显示净资金流入而负数则显示净资金流出。由于对外资产的增加是属于借方帐目而减少则属贷方帐目，因此负数的储备资产变动净值显示储备资产的增加，而正数则显示减少。

②原则上，贷方和借方各项帐目的净总和应相等于零。但实际上，贷方和借方帐目的资料是通过不同的来源搜集，基于各种原因会有差异。为了令贷方和借方帐目的总和相等，便须加进一个余额项目，以反映平衡表的“净误差及遗漏”。

③期末头寸。

④国际投资头寸净值是对外金融资产总值与对外金融负债总值之差。

⑤除“私人房屋租金”及“公营房屋租金”外，“住房”类别还包括“管理费及其它住房杂费”和“保养住所工具及材料”。

⑥“杂项服务”包括“教育服务”、“电话及其它通讯服务”、“医疗服务”及其它杂项服务。

⑦数字是以相应的财政年度为根据。例如2003年的数字代表2003至2004财政年度数字。

⑧从2003年起，居者有其屋计划／私人机构参建居屋计划单位已经无限期停止兴建和出售。至于已落成和兴建中的居者有其屋计划／私人机构参建居屋计划单位，除了少量剩余及回购单位将会售予现有公屋租户和准公屋租户外，其余则基于不与私人市场直接竞争的原则下改为其它用途。

⑨所列数字已包括外币掉期存款。

⑩所列数字已扣除外币掉期存款。《中华人民共和国香港特别行政区基本法》说明，港元是香港特别行政区的法定货币。外币指港元以外的其他货币，因而人民币亦视作外币。

Notes:^Provisional figure.

@ Subject to revision later on.

+Includes the payments for 1 April 2001.

‡ Includes the payments for 1 April 2002, but excludes the payments for 1 April 2001.

~Excludes the payments for 1 April 2002.

① A positive value for the balance figure in the current account represents a surplus whereas a negative value represents a deficit. For the capital and financial account, a positive value indicates a net capital and financial inflow and a negative value indicates a net outflow. As increases in external assets are debit entries and decreases are credit entries, a negative value for net change in reserve assets represents a net increase and a positive value represents a net decrease.

② In principle, the net sum of credit entries and debit entries is zero. In practice, discrepancies between the credit and debit entries may however occur for various reasons as the data are collected from many sources. Equality between the sum of credit entries and debit entries is brought about by the inclusion of a balancing item which reflects net errors and omissions.

③ Position as at end of period.

④ Net international investment position is the difference between total external financial assets and total external financial liabilities.

⑤ Apart from "Private Housing Rent" and "Public Housing Rent", the "Housing" section also includes "Management Fee and Other Housing Charges" and "Tools and Materials for House Maintenance".

⑥ "Miscellaneous Services" section includes "Educational Services", "Telephone and Other Communications Services", "Medical Services"and other miscellaneous services.

⑦ Figures are for the corresponding financial year. For example, figures for 2003 would represent the figures for financial year 2003/04.

⑧ The production and sale of Home Ownership Scheme / Private Sector Participation Scheme flats have ceased indefinitely since 2003, except for a small number of unsold and returned flats which will be sold to sitting tenants of public rental housing and those who are about to be rehoused to public rental housing. For those Home Ownership Scheme/Private Sector Participation Scheme flats that are completed or under construction, these will be disposed of through market-friendly means.

⑨ Figures are adjusted to include foreign currency swap deposits.

⑩ Figures are adjusted to exclude foreign currency swap deposits. Hong Kong dollar is the legal tender in the Hong Kong Special Administrative Region, as stated in "The Basic Law of the Hong Kong Special Administrative Region of the People's Republic of China". Foreign currency refers to any currency other than the Hong Kong currency. Accordingly Chinese Renminbi is also treated as foreign currency.

主要统计指标解释

本地生产总值　是指一个地区的所有常住生产单位，在一个指定的期间内，未扣除固定资本消耗的生产总值。

人均本地生产总值　是指该地区在某统计年的本地生产总值除以该地区在该年的人口总数而得的数字。

本地居民生产总值　是指一个地区的居民从事各项经济活动而赚取的收益，不论该经济活动是否在该地区的经济领域内进行。换言之，编制本地居民生产总值应包括本地居民在经济领域内或领域以外从事各类经济活动的收益，而扣除非本地居民在经济领域内从事经济活动的收益。

计算本地居民生产总值，可用以下方程式：本地居民生产总值 =本地生产总值 ＋ 本地居民从经济领域外所赚取的要素收－非本地居民从经济领域内所赚取的要素收益

人均本地居民生产总值是指该地区在某统计年的本地居民生产总值除以该年的人口总数而得的数字。

要素收益组成部分主要分为投资收益及雇员报酬，而投资收益包括了直接投资收益、有价证券投资收益及其它投资收益。

国际收支平衡表　是有系统地载录，在指定期间内，某经济体系与世界各地的各类经济交易的统计表。完整的国际收支平衡表包括以下两个主要核算帐：（甲）经常帐；（乙）资本及金融帐。

经常帐　是主要量度实际资源的流动，包括货物的进出口、服务的进口及出口、从外地应收及应付予外地的收益，以及从外地及往外地的经常转移。

国际投资头寸　是在一特定时点上一个经济体系的对外金融资产及负债存量的资产负债表。对外金融资产涵盖对非居民的申索。另一方面，某经济体系的对外金融负债是指非居民向这经济体系的居民的金融申索。

国际投资头寸净值　是对外金融资产总值与对外金融负债总值之差。国际投资头寸的分类与国际收支平衡表内的金融帐完全一致，资产及负债分为直接投资、有价证券投资、金融衍生工具和其它投资。国际投资头寸的资产项目亦包括储备资产在内。有关投资组成部分的详细解释请参阅国际收支平衡表内金融帐组成部分的解释。

粗出生率　是指某一年内的活产婴儿数目与年中人口的比率，一般按每千人口表示。

粗死亡率　是指某一年内的死亡人数与年中人口的比率，一般按每千人口表示。

出生时平均预期寿命　是指某年出生的男、女性，若其一生经历的死亡情况，正如该年的年龄性别死亡率所反映，他／她预期能活的年数。

年中人口　在1996年前是以“广义时点”方法编制，数字包括在统计时点身在香港的永久性居民、非永久性居民和旅客，亦包括暂时离港前往中国内地及澳门的香港永久性居民。自2000年8月起，“居住人口”方法已取代“广义时点”方法用以编制香港的人口数字。追溯至1996年的修订人口数字已经编制。利用“居住人口”方法所编制的人口估计，称“居港人口”。“居港人口”包括“常住居民”和“流动居民”。“常住居民”指两类人士：（一）在统计时点之前的6个月内，在港逗留最少3个月，又或在统计时点之后的6个月内，在港逗留最少3个月的香港永久性居民，不论在统计时点他们是否身在香港；及（二）在统计时点身在香港的香港非永久性居民。至于“流动居民”，是指在统计时点之前的6个月内，在港逗留最少一个月但少于3个月，又或在统计时点之后的6个月内，在港逗留最少1个月但少于3个月的香港永久性居民，不论在统计时点他们是否身在香港。根据新的编制方法，旅客并不包括在香港人口内。

婴儿死亡率　是以一年内，年龄一岁以下死亡人数与同年出生的每千名活产婴儿的比率。

劳动人口　是指15岁及以上陆上非住院人口，并符合就业人口或失业人口定义的人士。

劳动人口参与率　是指劳动人口占所有15岁及以上陆上非住院人口的比例。

就业人口　包括在统计前7天内有做工赚取薪酬或利润或有一份正式工作的15岁及以上人士。无酬家庭从业员及在统计前7天内正休假的就业人士亦包括在内。

失业率　是指失业人士在劳动人口中所占的比例。

就业不足人口　包括在统计前7天内在非自愿情况下工作少于35小时，而在统计前30天内有找寻更多工作，或即使不是找寻工作，但在统计前7天内可担任更多工作的就业人士。根据此定义，因工作量不足而在统计前7天内放取无薪假期的就业人士，若在该7天期间内工作少于35小时，甚或全段期间都在休假，亦会界定为就业不足人士。

就业不足率　是指就业不足人士在劳动人口中所占的比例。

实际工资指数　是从名义工资指数中，按甲类消费价格指数的变幅，扣除通胀的影响而得出，显示督导级及以下雇员所赚取工资金额购买力的转变。

居民消费价格指数　居民消费价格指数在香港特别行政区刊物中称为“消费价格指数”。反映住户一般所购买的消费商品和服务价格水平变动情况。指数的变动反映购买一个固定篮子的消费品和服务的总值的变动。居民消费价格指数的按年变动率是一个重要指标，用以量度通胀对消费者的影响。按年变动率是指当期指数比较早一年同期指数的上升或下降的百分率。

工业生产指数　量度本地制造业生产量的实际变动，即撇除价格调整因素后的本地生产量变动。

获批准可动工兴建楼宇　是指获屋宇署签发《同意书》动工兴建的楼宇。这种《同意书》是发给私人发展计划（包括香港房屋协会的计划）及香港房屋委员会的私人机构参建

居屋计划，但建于新界区小型屋宇则毋须获取这种《同意书》。

实用楼面面积 指各层楼面面积总和，但不包括楼梯、公共通道空间、升降机（指电梯，下同）等候处、盥洗室、厕所、厨房、及为楼宇提供升降机、空调系统、或类似设施而安装的机械所占用的空间。

港产品出口货物 是指香港的天然产品或在香港经过制造工序，以致其基本原料的形状、性质、式样或用途受到永久改变的产品。其货值是以离岸价值计算。

外币掉期存款 是指顾客在现货市场购买外币，然后存入认可机构，但同时订下远期合约，将该笔外币（本金加利息）在存款到期时售予认可机构。从分析角度来看，这类掉期存款应当作港元定期存款。

综合社会保障援助计划 （1993年7月1日前为公共援助计划）是向有需要的个人或家庭提供经济援助，使他们的入息达到一定水平，以应付生活上的基本需要。申请人必须接受经济状况调查。

公共福利金计划 （1993年7月1日前为特别需要津贴计划）包括高龄津贴及伤残津贴。本计划的目的是为65岁或以上或严重残疾的香港居民每月提供现金津贴，以应付因年老或残疾而引致的特别需要。

交通意外伤亡援助计划 为道路交通意外受害人或其遗属迅速提供经济援助。申请人毋需接受经济状况调查，亦不论交通意外是因何人的过失而引致。援助金只按当事人伤亡情况支付，但不包括补偿财物损失。

Explanatory Notes on Main Statistical Indicators

Gross Domestic Product (GDP) is a measure of the total value of production of all resident producing units of a country or territory in a specified period, before deducting allowance for consumption of fixed capital.

Per Capita GDP of a country or territory is obtained by dividing total GDP in a year by the population of that country or territory in the same year.

Gross National Product (GNP) refers to the total income of the residents of a country or region from engaging in various economic activities, irrespective of whether the economic activities are carried out in the economic territory of the country or region or not. In other words, the gross national product should include the income of the residents engaged in various economic activities within or outside the economic territory of the country or region, but exclude the income of non-residents engaged in economic activities in the economic territory of the country or region. The following formula is used in the calculation of the gross national product:

GNP = Gross Domestic Product + Factor income earned by residents from outside the economic territory of the country or region - Factor income earned by non-residents from within the economic territory of the country or region.

Per capita GNP of a country or a region refers to the gross national product of the country or region in a year divided by the total population in the same year.

The components of factor income are mainly classified into investment income and compensation of employees. Investment income includes direct investment income, portfolio investment income and other investment income.

Balance of Payments (BOP) Account is a statistical statement that systematically summarizes, for a specific time period, the economic transactions of an economy with the rest of the world. A complete BOP account comprises two broad accounts: (a) Current Account; (b) Capital and Financial Account.

Current Account largely measures flow of real resources, including exports and imports of good and services, income receivable and payable abroad, and current transfers from and to abroad.

International Investment Position (IIP) is a balance sheet showing an economy's stock of external financial assets and liabilities at a particular time point. External financial assets consist of claims on non-residents. On the other hand, an economy's external financial liabilities refer to the financial claims of non-residents on residents of the economy.

Net IIP is the difference between total external financial assets and total external financial liabilities. Fully consistent with the balance of payments financial account, IIP is categorized by type of investment. Assets and liabilities are divided into direct investment, portfolio investment, financial derivatives and other investment. The asset side of IIP also includes the reserve assets. For detailed explanation on investment components, please refer to the explanatory notes on the components of the financial account of the Balance of Payments account.

Crude Birth Rate refers to the number of live births occurred during a calendar year to the mid-year population of that year. It is usually expressed in terms of 1000 population.

Crude Death Rate refers to the number of deaths occurred during a calendar year to the mid-year population of that year. It is usually expressed in terms of 1000 population.

Expectation of Life at Birth refers to the average number of years of life that a male/female born in a given year can expect to live if he/she were subjected to the prevalent mortality conditions as reflected by the set of age sex specific mortality rates for that year.

Mid-Year Population before 1996 was compiled using the "extended de facto" approach. It includes Hong Kong Permanent and Non-permanent Residents and visitors who are in Hong Kong at the reference time-point. Hong Kong Permanent Residents temporarily away to the mainland of China and Macao are also included. Since August 2000, the "resident population" approach has been adopted in place of the "extended de facto" approach for compiling Hong Kong population figures. Revised population figures backdated to 1996 have been compiled. The population estimate compiled under the "resident population" approach is referred to as the "Hong Kong Resident Population". The "Hong Kong Resident Population" comprises "Usual Residents" and "Mobile Residents". "Usual Residents" refer to two categories of people : (1) Hong Kong Permanent Residents who have stayed in Hong Kong for at least three months during the six months before or for at least three months during the six months after the reference time-point, regardless of whether they are in Hong Kong or not at the reference time-point; and (2) Hong Kong Non-permanent Residents who are in Hong Kong at the reference time-point. As for "Mobile Residents", they are Hong Kong Permanent Residents who have stayed in Hong Kong for at least one month but less than three months during the six months before or for at least one month but less than three months during the six months after the reference time-point, regardless of whether they are in Hong Kong or not at the reference time-point. Under the new approach, visitors are not included in the Hong Kong

Population.

Infant Mortality Rate refers to the number of deaths aged under one occurred during a calendar year per 1000 live births in the same year.

Labour Force refers to the land-based non-institutional population aged 15 and over who satisfy the criteria for inclusion in the employed population or the unemployed population.

Labour Force Participation Rate refers to the proportion of labour force in the land-based non-institutional population aged 15 and over.

Employed Population consists of those persons aged 15 and over who have been at work for pay or profit during the seven days before enumeration or have had formal job attachment. Unpaid family workers and employed persons who have been on leave/holiday during the seven days before enumeration are included.

Unemployment Rate refers to the proportion of unemployed persons in the labour force.

Underemployed Population comprises those employed persons who have involuntarily worked less than thirty-five hours during the seven days before enumeration and have sought additional work during the thirty days before enumeration, or have not sought but have been available for additional work during the seven days before enumeration. Following this definition, employed persons taking no-pay leave due to slack work during the seven days before enumeration are also classified as underemployed if they worked less than thirty-five hours or were on leave even for the whole period during the seven-day period.

Underemployment Rate refers to the proportion of underemployed persons in the labour force.

Real Wage Index indicates changes in the purchasing power of the amount of money earned as wages by employees up to supervisory level and is obtained by deflating the nominal wage index by the Consumer Price Index(A).

Consumer Price Index (CPI) summarizes changes in the price level of consumer goods and services purchased by households. Its change measures the change over time in the total cost of a given basket of goods and services. Its year-on-year rate of change is an important indicator of inflation affecting consumers. The year-on-year rate of change is the percentage increase or decrease in the current index compared to that in the same period of preceding year.

Index of Industrial Production measures the changes in local manufacturing output in real terms, i.e. changes in the volume of local production after discounting the effect of price changes.

Buildings With Consents to Commence Work refer to buildings with consents to commence building works issued by the Buildings Department. Such "consents" are issued to private development projects (including Hong Kong Housing Society's projects) and Hong Kong Housing Authority's development projects under the Private Sector Participation Scheme, except small houses in the New Territories where "consents" are not required.

Usable Floor Area is defined as the aggregate of the areas of the floor or floors in a storey or a building excluding any staircases, public circulation space, lift landings, lavatories, water-closets, kitchens and any space occupied by machinery for any lift, air-conditioning system or similar service provided for the building.

Domestic Exports are the natural produce of Hong Kong or the products of a manufacturing process in Hong Kong which has changed permanently the shape, nature, form or utility of the basic materials used in manufacture. Their values are recorded on f.o.b (free-on-board) basis.

Foreign Currency Swap Deposits refer to deposits involving customers buying foreign currencies in the spot market and placing them as deposits with authorized institutions, while at the same time entering into a contract to sell such foreign currencies (principal plus interest) forward in line with the maturity of such deposits. For most analytical purpose, they should be regarded as Hong Kong dollar time deposits.

The Comprehensive Social Security Assistance (CSSA) Scheme (known as Public Assistance (PA) Scheme before 1 July 1993), which is means-tested, is designed to provide financial assistance to bring the income of needy individuals and families up to a prescribed level to meet their basic needs.

The Social Security Allowance (SSA) Scheme (known as Special Needs Allowance (SNA) Scheme before 1 July 1993) comprises Old Age Allowance (OAA) and Disability Allowance (DA). It provides monthly allowance to Hong Kong residents who are 65 years of age or above or who are severely disabled to meet special needs arising from old age or disability.

The Traffic Accident Victims Assistance (TAVA) Scheme provides speedy cash assistance for people injured or for dependants of those killed in road traffic accident. It is a non-means-tested scheme which does not take into account the element of fault in causing the accident. Payments cover only personal injury and death but not damage to property.

16-2 澳门特别行政区主要统计指标

Key Statistical Indicators of Macao Special Administrative Region

项 目	Item	1990	2000	2001	2002	2003
一、按堂区划分得澳门陆地面积（平方公里）	**Land Area of Macao by Parish(sq.km)**					
总面积	**Total Land Area**	**17.4**	**25.4**	**25.8**	**26.8**	**27.3**
澳门	**Macao Peninsula**	**6.5**	**8.5**	**8.5**	**8.5**	**8.7**
圣安多尼堂区	Santo Antonio		1.1	1.1	1.1	1.1
望德堂区	Sao Lazaro		0.6	0.6	0.6	0.6
风顺堂区	Sao Lourenco		0.9	0.9	0.9	0.9
大堂区	Se		2.9	2.9	2.9	3.0
花地玛堂区	N.S. de Fatima		3.0	3.0	3.0	3.1
氹仔	**Island of Taipa**	**3.8**	**6.2**	**6.2**	**6.2**	**6.3**
路环	**Island of Coloane**	**7.1**	**7.6**	**7.6**	**7.6**	**7.6**
路氹填海区	Reclaimed Land between the Islands of Taipa and Coloane					
二、国民经济核算	**National Accounts**					
本地生产总值①	**Gross Domestic Product(GDP) ①**		**3.1**	**3.5**	**4.5**	**4.7**
按1996年不变价格计算	At Constant (1996) Prices					
支出法本地生产总值实际增长率 (%)	Expenditure-based GDP Real Growth Rate (%)	8.0	4.6	2.2	10.0r	15.6
本地生产总值 (亿澳门元)	GDP (100 million MOP)	417.4	533.8	545.6	600.3r	694.1
人均本地生产总值(万澳门元)	GDP per Capita (10 000 MOP)	12.5	12.4	12.6	13.7r	15.6
按现价计算	At Current Prices					
支出法本地生产总值名义增长率 (%)	Expenditure-based GDP Nominal Growth Rate (%)	18.6	1.5	0.2	8.9r	16.7
本地生产总值 (亿澳门元)	GDP (100 million MOP)	261.8	497.4	498.6	542.9r	633.7
人均本地生产总值(万澳门元)	GDP per Capita (10 000 MOP)	7.8	11.6	11.5	12.4r	14.3
三、人口和就业	**Population and Employment**					
人口及生命事件	**Population and Demographics Characteristics**					
年中人口估计（万人）	Mid-year Estimates of Population (10 000)	33.5	43.1	43.4	43.9	44.5
粗出生率 (‰)	Crude Birth Rate (‰)	20.5	8.9	7.5	7.2	7.2
粗死亡率 (‰)	Crude Death Rate (‰)	4.4	3.1	3.1	3.2	3.3
婴儿死亡率 (‰)	Infant Mortality Rate (‰)	8.4	2.9	4.3	3.5	0.6
自然增长率 (‰)	Natural Growth Rate (‰)	16.1	5.8	4.4	4.0r	3.9
总和生育率	Total Fertility Rate	1.8	0.9	0.8	0.8	0.8
登记结婚数 (宗)	No. of Registered Marriages	1794	1222	1222	1209	1309
离婚数目 (宗)	No. of Registered Divorces	95	369	348	385	440
出生时平均预期寿命 (岁)	Life Expectancy at Birth (years)		77.0	77.9	78.6	78.9

16–2 续表 1 continued

项 目	Item	1990	2000	2001	2002	2003
男	Male		75.5	76.1	76.8	77.2
女	Female		79.9	80.5	81.3	81.5
劳工 ②	**Labour ②**					
劳动人口 （万人）	Labour Force (10 000)	16.9	20.9	21.7	21.4	21.6
劳动力参与率 （%）	Labour Force Participation Rate (%)	66.6	64.3	64.8	62.3	60.9
失业率 （%）	Unemployment Rate (%)	3.2	6.8	6.4	6.3	6.0
就业不足率 （%）	Underemployment Rate (%)	2.3	3.0	3.6	3.4	2.7
就业人口 （万人）	Employed Population (10 000)	16.3	19.5	20.3	20.1	20.3
制造业	Manufacturing	5.3	3.8	4.4	4.1	3.7
批发及零售业	Wholesale and Retail	3.5	3.0	3.0	3.1	3.3
酒店及饮食业	Hotels and Restaurants		2.1	2.2	2.3	2.2
公共行政、社会及个人服务业	Public Administration, Community,	4.5	5.6	5.6	5.9r	6.0
四、居民消费物价指数③	**Consumer Price Index ③**					
(1999年10月至2000年9月=100)	**(October.1999-September.2000=100)**					
总指数	**General Index**	65.25	99.49	97.52	94.94	93.46
粮食及饮品	Foodstuff and Beverages		99.74	98.30	96.21	95.00
衣着和鞋	Clothing and Footwear		95.35	90.84	81.56	71.37
租金及住屋开支	Rent and Housing Expenses		99.54	97.09	94.05	92.86
烟酒	Tobacco and Alcoholic Beverages		99.95	102.59	105.16	105.13
家居用品	Household Goods		99.20	94.09	90.59	88.18
医疗	Health		100.46	101.30	101.32	100.88
交通及通讯	Transport and Communications		100.49	97.35	95.44	94.31
教育及消闲	Education and Leisure		99.45	99.02	98.21	98.25
其他商品及服务	Other Goods and Services		99.49	98.23	95.42	95.19
五、工业、能源和建筑业	**Industry,Energy and construction**					
工业生产	**Industrial Production**					
工业电力消耗量（亿千瓦小时）	Electricity Consumption (100 million kwh)		1.6r	1.5r	1.9r	2.0
电力 （万千瓦小时）	**Electricity (10 000kwh)**					
住户	Domestic	51292	52270	42068	44329	45278
工业	Industrial	18380r	16167r	15426r	18678r	20289
商业④	Commercial ④	85029	90337	104124	109682	111582
燃料	**Fuels**					
重油 （万公升）	Fuel Oil (10 000 liters)	20391	31578	31725	32883	30855
轻柴油 （万公升）	Gas Oil and Diesel (10 000 liters)	10177	9597	10464	12542	15551
汽油 （万公升）	Gasoline (10 000 liters)	2264	4109	4119	4254	4471
液化石油气 （吨）	L.P.G. (ton)	11929	24466	24527	26420r	28055
水 （万立方米）	Water (10 000 cu.m)	3460	4885	4837	4908	5163
建筑 （私人部门）	**Construction (Private Sector)**					

16–2 续表 2 continued

项　目	Item	1990	2000	2001	2002	2003
新建及扩建私人楼宇单位数目（个）	Units Completed and Extended (No.)	11574	3146	2622	381	1566
新建及扩建私人楼宇总面积（万平方米）	Gross Floor Area of Buildings Completed and Extended (10 000 sq.m)	106	37	40	10	24
新动工的私人楼宇单位数目(个)	Units Started (No.)		1167	812	1326	2658
新动工的私人楼宇总面积（万平方米）	Gross Floor Area of Buildings Started (10 000 sq.m)		20	16	16	53
楼宇单位买卖数目（个）	Number of Units Sold (No.)	8463	10211	27016	16831r	18556
不动产买卖契约数目（宗）	Deed of Real Estate Transacted (No.)	8559	12484	12992	17513	14400
不动产按揭贷款数目（宗）	Real Estate Mortgage Loans (No.)	6610	7367	8206	9902	9198
六、运输、通讯和旅游	**Transport, Communications and Tourism**					
进出澳门货运车辆数目（万次）	Lorries Entering and Departing Macao (10 000)	26.43	45.4*	45.8*	47.8*	47.8*
进出澳门的客船班（万次）	Ferry Trips Entering and Departing Macao (10 000)		7.5	7.4	7.7	7.7
澳门国际机场的商业航班(万次)	Commercial Flights at Macao International Airport (10 000)		2.4	2.9	3.4	2.9
登记车辆（万辆）	Licensed Vehicles (10 000)	5.1	11.4	11.6	12.4	13.2
电话线（万条）	Telephone Lines (10 000)	9.6	31.8	37.1	45.2	53.9
访澳旅客（万人次）	Visitors (10 000)	594	916	1028	1153	1189
酒店入住率（%）	Hotel Occupancy Rate (%)	69	58	61	67	64
七、对外贸易	**External Trade**					
进口（亿澳门元）	Imports (100 million MOP)	123	181	192	203	221
出口（亿澳门元）	Exports (100 million MOP)	136	204	185	189	207
本地产品出口（亿澳门元）	Domestic Exports (100 million MOP)		171	151	148	163
再出口（亿澳门元）	Re-exports (100 million MOP)		33	33	42	44
贸易价格比率指数(1996 年 =100)	Terms of Trade Index (1996=100)	100.7	100.7	100.0	99.7	100.9
八、政府收支、货币、金融（亿澳门元）	**Government Accounts, Money and Finance (100 million MOP)**					
财政总收入 ⑤	Total Government Revenue ⑤	60r	153	156	152r	141
财政总支出 ⑤	Total Government Expenditure ⑤	55r	150	152	135r	115
货币供应(广义货币供应量 M2)	Money Supply (M2)					
澳门元⑥	MOP ⑥	69	232	261	275	296
港元	HKD	150	445	469	512	594
其他货币	Other Currencies	87	172	185	202	220
总计	Total	306	849	916	990	1111

16−2 续表 3 continued

项　目	Item	1990	2000	2001	2002	2003
本地机构及私人贷款及垫款	Loans/Advances to Resident Firms & Individuals	157	382	355	336	331
外币兑换率	Exchange Rates					
欧元⑦	Euro ⑦	10.2280	7.4183	7.1962	7.5984	9.0696
美元	US Dollar	8.0230	8.0260	8.0335	8.0334	8.0214
英镑	Pound Sterling	14.3239	12.1663	11.5698	12.0766	13.104
日圆	Japanese Yen	0.0556	0.0745	0.0662	0.0643	0.0692
人民币	P.R. China Renminbi	1.6879	0.9695	0.9706	0.9706	0.9691
九、教育和卫生	**Education and Public Health**					
教育⑧	**Education ⑧**					
学前教育学生（人）	Pre-primary Education (Students)	20814	14978	13638	12737	
小学生（人）	Primary Education (Students)	34972	45474	43709	41535	
中学生（人）	Secondary Education (Students)	17601	38156	41132	43999	
高等教育学生（人）	Higher Education (Students)	7425	8358	8520	11995	
医疗卫生	**Health**					
登记死亡人数（人）	Registered Deaths (No.)	1482	1338	1327	1415	1474
死于心脏病人数（人）	Deaths of Heart Diseases (No.)		326	291	296	329
死于癌症人数（人）	Deaths of Cancers (No.)	283	383	401	439	421
婴儿死亡率（按每千名登记活产婴儿计算）	Infant Mortality Rate (per 1000 registered live births)	8.4	2.9	4.3	3.5	0.6
医护人员（人）	**Medical Personnel in Health Care**					
医生	Doctors	537	895	891	921	1009
牙科技术员	Odontologists		86	84	85	83
护士	Nurses	864	943	960	980	1010
诊断及治疗助理员	Diagnostic and Therapeutic Technical Assistants		208r	235r	240r	239
卫生服务助理员	Health Service Assistants		381	378	388	412
按每千名人口计算的医生数	Number of Doctors per 1000 Residents	1.58	2.1	2.0	2.1	2.2
医疗机构和病床	**Health Care Establishments and Beds**					
医院（所）	Hospitals (No.)	2	2	2	2	2
病床（张）⑨	Beds (No.) ⑨	974	990	980	995	1004
按每千名人口计算的病床数	Number of Beds per 1000 Residents	3.49	2.3	2.2	2.3	2.2
十、社会保障	**Social Security**					
受益人数目（人）	Beneficiaries (persons)		122327	127703	138514	145677
供款单位数目（个）	Contributors(No.)		8451	8919	9421r	10078
总发放援助次数　（万次）	Number of Payments Granted (10 000)		16.3	17.7	23.6	30.4
总发放金额（万澳门元）	Amount of Payments Granted (10 000 MOP)		20191	22132	34610	53003
十一、治安	**Crime**					

16–2 续表4 continued

项 目	Item	1990	2000	2001	2002	2003
罪案数目（宗）	Number of Crimes	5514	8925	8905	9088	9920
囚犯数目（期末值，人）	Number of Prisoners (as at the end of year)	719	847r	886	928	913

注："r"表示更正资料

"*"包括关闸及路氹城边检站

①2003年为估算数字，在日后得到更多资料时会作出修订。

②'劳工'资料及报表23–4、23–5及23–6的数据来自就业调查，由于作为就业调查推算基础的人口估计，已根据2001人口普查结果作出修正，因此2001年以前的就业数据亦作出相应修正。

③1990年以1995年7月至1996年6月为100。

④包括公共照明。

⑤因2003年自治机构的指定账目未能提供，故2003年的总收入及总支出不能与2002年直接比较。

2003年数字在日后得到更多资料时会作出修订。

⑥《中华人民共和国澳门特别行政区基本法》规定，澳门元是澳门特别行政区的法定货币。

⑦1999年1月1日之前汇率为欧洲货币单位的兑换率。

⑧不包括特殊教育学生。第n年的学生人数是指n/n+1学年年终学生人数。

⑨包括普通住院、深切治疗部及新生婴儿的病床。

Notes: "r" indicates rectified data

"*" Including the Border gate and the Checkpoint of CoTai

① The estimates for year 2003 are subject to revisions as more data become available.

② The data referring to 'Labour' and those in Tables 23-4, 23-5 and 23-6 are provided by Employment Survey. Since the population estimates, which serve as the base for statistical inference in the Employment Survey, have been adjusted after Census 2001, the resulting indicators for the previous periods before 2001 were thus revised accordingly.

③ July 1995-June 1996=100 for data of 1990.

④ Including public lighting.

⑤ Because there are no data available on the revenue and expenditure of autonomous bodies in the specific accounts of 2003, the total revenue and the total expenditure of 2003 are not directly comparable with those of 2002.Figures of 2003 are subject to revisions as more data become available.

⑥ Pataca (MOP) is the legal tender in the Macao Special Administrative Region, as stated in "The Basic Law of the Macao Special Administrative Region of the People's Republic of China".

⑦ Quotations before 1/1/1999 referred to the ECU of the European Union.

⑧ Excluding students in special education. The number of students of year n refer to the students at the end of academic year n/n+1.

⑨ Including beds for general hospitalization, intensive care and newborns.

主要统计指标解释

本地生产总值 反映每年在澳门特区生产的货物和提供各种服务的总量。本年鉴中的本地生产总值用支出法及生产法估算，支出法等于私人消费支出、政府最终消费支出、固定资本形成总额、库存变化和货物及服务出口净值（出口减进口）的总和。而生产法等于各经济行业的增加值总额的总和，这种方法可以评估澳门特区的产业结构。

婴儿死亡率 参考期内年龄在1岁或以下的死亡人数与出生活婴数目的千分比。

自然增长率 参考期内出生人数和死亡人数差额与平均人口之千分比。

粗出生率 参考期内出生活婴数目与平均人口之千分比。

粗死亡率 参考期内死亡人数与平均人口之千分比。

学前教育 分为幼儿教育与小学教育预备班。

(1) 幼儿教育：对象是年龄3−4岁的儿童。在报名当年的12月31日年满3岁的幼儿皆可报读。而晋升方面，则无须进行知识的考核。

2)小学教育预备班：在报名当年的12月31日年满5岁的儿童可报读预备班。为晋升之目的，只设有进度测验。在某些教育机构，小学教育预备班仍被称为学前教育第三年。

小学教育 为期6年，完成小学教育预备班或在报名当年的12月31日年满6岁的儿童可报读小学教育第一年。就读小学的最高年龄为15岁。

中学教育 由两个阶段组成：初中教育及高中教育。大学预科亦被视为中学教育。

1)初中教育：为期3年，合格完成小学教育者可以入读。就读初中最大年龄为18岁，但在特别情况下，经教育机构决定，可以逾越此年限。

2)高中教育：为期最少2年，最多3年，合格完成初中教育者可以入读。就读高中最大年龄为21岁，但在特别情况下，经教育机构决定，可以逾越此年限。

高等教育 由大学、理工学院及相等之学院开办之学位或非学位课程。

劳动人口 在参考期间，可参与生产商品或提供服务之14岁或以上人士的总合。包括就业人口及失业人口。

就业人口 在参考期间，为了金钱或物质的报酬、利润或家庭收入而工作至少1小时的14岁或以上人士的总合。亦包括那些被雇用而没有上班，但与雇主保持正式联系，或拥有1间公司，但因特别原因暂时没有上班的人士。

劳动力参与率 指劳动人口在14岁或以上的居住人口中所占的比例。

失业率 指失业人口在劳动人口中所占的比例。

就业不足率 指就业不足人口在劳动人口中所占的比例。

访澳旅客 指任何非以澳门特区为常居地的人士，其连续逗留时间自2000年8月开始由原来少于3个月改为少于12个月，旅客之旅游目的并非在澳门特区参与任何有偿活动。

酒店入住率 入住客房数量与可供应客房数量之百分比。

进口 指将产自外地的货物输入澳门特区，但再进口和转运制度下输入者除外。

出口 指将货物输出澳门特区，但暂时出口和转运制度下输出者除外。

本地产品出口 指将产地为澳门特区的货物输出澳门特区。

再出口 指原进口的货物未经加工输出澳门特区，或虽加工，但不能取得澳门特区产地资格。

贸易价格比率指数 即出口单位价格指数与进口单位价格指数之比率。

单位 指永久性楼宇之一个或多个间格及其附属建筑物。每一个单位具有独立入口与楼宇内之公用地方相通，具有合法条件进行分层物业登记和作独立转让。

楼宇建筑面积 相等于所有层数之面积总和。楼面面积的计算方法是从外墙起量度，同时亦包括大堂面积、楼梯、升降机所占面积以及所有公用地方面积(两个或以上单位合用)。

居民消费物价指数 反映澳门特区家庭于购买一篮子之指定商品或服务时，在不同时间该等商品或服务之价格变动。

广义货币供应量M2 指狭义货币供应量M1加上准货币负债。准货币负债指储蓄存款、通知存款、定期存款和存款证明书。

Explanatory Notes on Main Statistical Indicators

Gross Domestic Product (GDP) Reflects the total of goods produced and services provided annually in Macao, China. GDP in this statistical yearbook is estimated by using the expenditure and production approaches. The expenditure-based GDP is measured as the sum of private consumption expenditure, government final consumption expenditure, gross fixed capital formation, changes in inventories, and net exports (exports less imports) of goods and services. The production-based GDP, which is measured as the sum of gross value added of all economic activities, can be used to evaluate the structure of the industrial sectors in Macao, China.

Infant Mortality Rate Deaths of infants under one year old per 1,000 live births within the reference period.

Natural Growth Rate Surplus (or deficit) of births over deaths per 1,000 residents of the average population within the reference period.

Crude Birth Rate Live births per 1,000 residents of the average population within the reference period.

Crude Mortality Rate Deaths per 1,000 residents of the average population within the reference period.

Pre-primary Education Composed of 2 stages: infant education and the preparatory level for primary education.

(1) Infant education: Designed for children aged between 3-4 years old. Children aged 3 as at 31st December of the year of enrolment are also eligible. No knowledge assessment tests are required for progression.

(2) Preparatory level for primary education: Designed for children aged 5 as at 31st December of the year of enrolment. Progress examination is a pre-requisite for advancement access. This type of preparatory level is also called the third year of pre-primary education in some educational institutes.

Primary Education Lasts for 6 years. Children having completed the preparatory level or aged 6 as at 31st December of the year of enrolment are eligible to the first year of primary education. The maximum age for primary education is 15.

Secondary Education It is divided into 2 stages: Junior secondary and senior secondary. Pre-university courses are also considered secondary education.

(1) Junior Secondary Education: For a duration of 3 years. Students having successfully completed the primary education are eligible. The maximum age for this level is 18 years old. However, under certain circumstances, the educational institutes can exercise their discretion to accept enrolment beyond the age limit.

(2) Senior Secondary Education: For a duration of 2-3 years. Students having successfully completed the junior secondary level are eligible. The maximum age for this level is 21. However, under certain circumstances, the educational institutes can exercise their discretion to accept enrolment beyond the age limit.

Higher Education Degree or non-degree programmes offered by universities, polytechnical institutes or equivalent.

Labour Force Total number of people aged 14 and above who are available to participate in the production of goods and services during the reference period. It comprises employed population and unemployed population.

Employed Population Total number of people aged 14 and above who have worked at least 1 hour during the reference period, for pay, profits or family gains, in cash or in kind. It also includes individuals who have a job and are absent from work but maintain a formal job attachment with the employer, or company owners who are temporarily not working due to specific reasons.

Labour Force Participation Rate The proportion of labour force in the resident population aged 14 and above in Macao, China.

Unemployment Rate The proportion of unemployed in the labour force.

Underemployment Rate The proportion of underemployed in the labour force.

Visitor Any person travelling to a place (ie Macao, China) other than his/her usual environment and whose main purpose of travel is other than the exercise of an activity remunerated from within the place visited. The maximum length of stay has been amended from 3 consecutive months to 12 consecutive months since August 2000.

Hotel Occupancy Rate The percentage of rooms occupied by guests in the total number of available rooms.

Imports The entry of any commodities into Macao, China, except Re-imports and Transit.

Exports The outgoing from Macao, China, of any commodities, excluding Temporary Exports and Transit.

Domestic Exports The outgoing from Macao, China, of any commodities with the origin of Macao, China.

Re-exports The outgoing from Macao, China of any commodities previously imported, without any transformation or even with transformation, the commodities did not obtain the origin of Macao, China.

Terms of Trade Index The ratio of the unit value index of exports to that of imports.

Housing Unit Division(s) or annex of a permanent building. Each housing unit has independent entrance of access to the common area of the building; can be legally registered with the property registry and can be independently transacted.

Gross Floor Area The sum of area of each floor in a building measured to the outer surface of the outer walls including the area of lobbies, stairs, lift landings and communal space (shared by 2 or more housing units).

Consumer Price Index Reflects the price change of a representative "basket" of goods and services consumed by families in Macao, China.

Money Supply (M2) Refers to the sum of money supply M1 and quasi-monetary liabilities that consist of savings deposits, notice deposits, time deposits and certificates of deposits.

第三部分　企业竞争力篇

Part 3 Competitive Forces of Enterprises

R-1 2003年上海工业企业销售收入前500家

The Top 500 Industrial Enterprises of Shanghai Sorted by Revenue in 2003

位次	企业名称	销售收入（万元）
1	上海大众汽车有限公司	5241613
2	达丰（上海）有限公司	4782588
3	宝山钢铁股份有限公司	4415846
4	上海通用汽车有限公司	3516181
5	上海惠普有限公司	2865878
6	中国石化上海石油化工股份有限公司	2793103
7	上海市电力公司	2610186
8	中国石油化工股份有限公司上海高桥分公司	2108219
9	上海烟草（集团）公司	1577724
10	英业达（上海）有限公司	1208671
11	上海西门子移动通信有限公司	1038567
12	惠普科技（上海）有限公司	941353
13	上海贝尔阿尔卡特股份有限公司	798333
14	上海三钢有限责任公司	794971
15	飞利浦电子元件(上海)有限公司	771218
16	上海汽车股份有限公司	689152
17	宝钢集团上海第一钢铁有限公司	646876
18	宝钢集团上海五钢有限公司	607906
19	上海光明乳业股份有限公司	598105
20	上海汇众汽车制造有限公司	554933
21	上海电力股份有限公司	544763
22	上海申达股份有限公司	496108
23	上海振华港口机械（集团）股份有限公司	462817
24	上海永新彩色显像管股份有限公司	440126
25	上海三菱电梯有限公司	419041
26	上海广电信息产业股份有限公司	409693
27	沪东中华造船（集团）有限公司	399844
28	上海轮胎橡胶(集团)股份有限公司	390189
29	江南造船（集团）有限责任公司	389501
30	上海联想电子有限公司	383126
31	上海迪比特实业有限公司	381841
32	上海延锋江森座椅有限公司	377405
33	英华达（上海）电子有限公司	369970
34	先锋高科技（上海）有限公司	353861
35	上海索广电子有限公司	349010
36	伟创力电子制造(上海)有限公司	346895
37	上海焦化有限公司	331724
38	柯达电子(上海)有限公司	326304
39	上海宝钢益昌薄板有限公司	325797
40	联合汽车电子有限公司	306437
41	中芯国际集成电路制造(上海)有限公司	302596
42	上海柴油机股份有限公司	292194
43	上海乐金广电电子有限公司	277088
44	上海嘉里粮油工业有限公司	266096
45	上海氯碱化工股份有限公司	263860
46	延锋伟世通汽车饰件系统有限公司	260523
47	上海吴泾第二发电有限责任公司	239984
48	上海锅炉厂有限公司	235251
49	中国石化上海高桥石油化工公司	227931
50	华能国际电力股份有限公司上海分公司	226971

R-1 续表 1 continued

位次	企业名称	销售收入（万元）
51	上海外高桥发电有限责任公司	224979
52	上海日立电器有限公司	220733
53	远纺工业（上海）有限公司	220233
54	可口可乐（中国）饮料有限公司	216515
55	德尔福派克电气系统有限公司	214930
56	富士通将军(上海)有限公司	214277
57	上海夏普电器有限公司	213562
58	东芝电脑(上海)有限公司	210028
59	上海宝钢化工有限公司	205306
60	上海雷允上药业有限公司	200677
61	上海邮电通信设备股份有限公司	200078
62	上海美蓓亚精密机电有限公司	193042
63	上海索广映像有限公司	190188
64	上海新大洲本田摩托车有限公司上海分公司	188110
65	上海旭电子玻璃有限公司	181619
66	中国华电集团公司望亭发电厂	169939
67	上海新格有色金属有限公司	166972
68	上海三电贝洱汽车空调有限公司	162482
69	华能上海石洞口第一电厂	162298
70	上海大金空调有限公司	157746
71	上海石油天然气有限公司	156725
72	上海华虹 NEC 电子有限公司	156138
73	强生(中国)有限公司	149539
74	上海家化联合股份有限公司	148638
75	上海申美饮料食品有限公司	146713
76	上海 JVC 电器有限公司	145062
77	飞达仕空调（上海）公司	143479
78	上海华谊丙烯酸有限公司	143144
79	凤凰股份有限公司	143044
80	上海浦东一汽青岛专用车厂	139718
81	上海克虏伯不锈钢有限公司	137099
82	上海日立家用电器有限公司	135089
83	上海中集远东集装箱有限公司	133749
84	上海汽轮机有限公司	133100
85	江南重工股份有限公司	132884
86	上海德尔福汽车空调系统有限公司	132598
87	上海良友海狮油脂实业有限公司	132113
88	上海新亚药业有限公司	130269
89	上海京瓷电子有限公司	129624
90	3M 中国有限公司	128794
91	上海纳铁福传动轴有限公司	128234
92	上海普天友通信息科技有限公司	127969
93	上海百事可乐饮料有限公司	127127
94	上海汽车制动系统有限公司	126823
95	上海先锋电声器材有限公司	126580
96	上海松下等离子显示器有限公司	126228
97	宝钢集团上海二钢有限公司	125920
98	上海莫仕连接器有限公司	125281
99	上海松下微波炉有限公司	124562
100	上海船厂	122118

R-1 续表2 continued

位次	企业名称	销售收入（万元）
101	立邦涂料(中国)有限公司	120255
102	上海白猫有限公司	119785
103	上海耀华皮尔金顿玻璃股份有限公司	118507
104	上海大众燃气有限公司	118328
105	上海采埃孚转向机有限公司	117437
106	上海大江(集团)股份有限公司	116725
107	巴斯夫染料化工有限公司	114996
108	上海燃气市北销售有限公司	113917
109	英特尔产品（上海）有限公司	112655
110	上海中集冷藏箱有限公司	112435
111	上海小糸车灯有限公司	109820
112	上海吴泾发电有限责任公司	109359
113	上海新先锋药业有限公司	108823
114	上海老凤祥有限公司	107525
115	上海联吉合纤有限公司	106749
116	上海龙工机械有限公司	106501
117	上海国利汽车真皮饰件有限公司	104600
118	上海富士施乐复印机有限公司	104127
119	上海建设路桥机械设备有限公司	103004
120	上海二纺机股份有限公司	102716
121	上海罗氏制药有限公司	100658
122	捷普科技（上海）有限公司	97644
123	中美上海施贵宝制药有限公司	96886
124	上海米其林回力轮胎股份有限公司	96166
125	沪东重机股份有限公司	95780
126	上海印钞厂	95496
127	GE 塑料上海有限公司	95437
128	上海金陵股份有限公司	94437
129	上海马桥电缆厂	92776
130	上海太平国际货柜有限公司	92409
131	上海安谊车轮有限公司	91236
132	德尔福(上海）动力推进系统有限公司	89914
133	上海宜鑫实业有限公司	89417
134	上海金菲石油化工有限公司	88691
135	巴特勒（上海）有限公司	88641
136	上海吴泾化工有限公司	88397
137	中海工业有限公司	88090
138	上海鑫冶铜业有限公司	87702
139	上海永久股份有限公司	87611
140	日东电工(上海浦东新区)有限公司	86598
141	上海三菱电机上菱空调机电器有限公司	85931
142	上海大昌铜业有限公司	84296
143	上海闸电燃气轮机发电有限公司	83937
144	上海涂料有限公司	83774
145	上海雅斯拓智能卡技术有限公司	83085
146	上海基舜兴休闲制品有限公司	82719
147	上海达能饼干食品有限公司	81078
148	上海燃气浦东销售有限公司	80975
149	立邦涂料(中国)有限公司	77558
150	上海白猫有限公司	76695

R-1 续表3 continued

位次	企业名称	销售收入（万元）
151	中达电通股份有限公司	79665
152	新美集团公司	79536
153	上海先进半导体制造股份有限公司	78443
154	上海太太乐调味食品有限公司	77566
155	英特儿营养乳品有限公司	76966
156	上海永大电梯设备有限公司	76267
157	柯尼卡美能达光学仪器（上海）有限公司	76210
158	上海造币厂	76051
159	瑞侃电子（上海）有限公司	75787
160	上海贝岭股份有限公司	75693
161	上好佳（中国）有限公司	75677
162	安特精密机械(上海)有限公司	75550
163	上海交运股份有限公司	75345
164	上海申沃客车有限公司	75209
165	上海动力设备有限公司	72109
166	上海针织九厂	71859
167	上海同舟焊接厂	71369
168	上海中集宝伟工业有限公司	71366
169	上海华普汽车制造有限公司	70319
170	上海紫江企业集团股份有限公司	69893
171	上海灿坤实业有限公司	69349
172	上海宝山太平货柜有限公司	68733
173	霍尼韦尔涡轮增压系统(上海)有限公司	68677
174	上海富国皮革有限公司	67872
175	天弘电子(上海)有限公司	67815
176	上海法雷奥汽车电器系统有限公司	67246
177	上海东洋电装有限公司	66781
178	惠普计算机产品(上海)有限公司	66472
179	万特电子(上海)有限公司	65809
180	上海理光传真机有限公司	65491
181	上海进道集装箱有限公司	65359
182	上海市自来水市北有限公司	65319
183	赫比（上海）家用电器产品有限公司	64131
184	上海花王有限公司	64026
185	上海浦东煤气制气有限公司	63877
186	上海医药（集团）有限公司信谊制药总厂	62564
187	上海施耐德配电电器有限公司	62314
188	飞利浦元件及模组（上海）有限公司	62247
189	上海电气集团上海电机厂	61924
190	上海斯米克建筑陶瓷股份有限公司	61885
191	上海市建筑构件制品有限公司	61825
192	上海东辰粮油有限公司	61521
193	上海安普泰科电子有限公司	61382
194	华东建筑机械厂	60978
195	上海皮尔博格有色零部件有限公司	60898
196	上海吉列有限公司	60649
197	上海亨井联接件有限公司	60630
198	上海电话设备厂	60628
199	金朋(上海)有限公司	60495
200	上海市药材有限公司	60137

R−1 续表 4 continued

位次	企业名称	销售收入（万元）
201	上海自动化仪表股份有限公司	59604
202	上海东隆羽绒制品有限公司	59290
203	不凡帝范梅勒糖果（中国）有限公司	59203
204	上海贝尔三星移动通信有限公司	59091
205	上海阿尔卑斯电子有限公司	59062
206	上海美建钢结构有限公司	59040
207	延锋伟世通汽车电子有限公司	59040
208	上海汽轮发电机有限公司	58820
209	飞利浦亚明照明有限公司	58433
210	中国纺织机械股份有限公司	58330
211	博朗(上海)有限公司	57991
212	罗氏（上海）维生素有限公司	57604
213	上海泛亚潜力纸业有限公司	57255
214	上海庄臣有限公司	57162
215	中涂化工(上海)有限公司	57152
216	巴斯夫上海涂料有限公司	57031
217	上海烟草工业印刷厂	56683
218	复盛实业(上海)有限公司	55341
219	上海宝井钢材加工配送有限公司	54685
220	上海国际油漆有限公司	54116
221	上海舜业钢铁加工有限公司	53846
222	安捷伦科技（上海）有限公司	53533
223	上海金亭汽车线束有限公司	52951
224	上海矽钢有限公司	52542
225	上海联合电机（集团）有限公司	52514
226	通用电气照明有限公司	52370
227	上海新芝电子有限公司	52051
228	上海高桥巴斯夫分散体有限公司	51941
229	发美利健康器械(上海)有限公司	51786
230	上海轻工机械股份有限公司	51683
231	上海福祥陶瓷有限公司	51581
232	上海建筑材料集团水泥有限公司	51175
233	上海重型机器厂	50700
234	上海荣威塑胶工业有限公司	50580
235	美铝(上海)铝业有限公司	49929
236	上海实业交通电器有限公司	49616
237	马瑞利动力系统（上海）有限公司	49533
238	上海旭福电子有公司	49467
239	上海三航－亚新太钢管有限公司	49339
240	统合实业(上海)有限公司	49131
241	上海施耐德工业控制有限公司	49022
242	上海沪宝轧钢厂	48383
243	上海市自来水市南公司	48307
244	上海三荣电器有限公司	48163
245	上海申佳铁合金有限公司	47802
246	上海青浦申汇机械厂	47446
247	华宝食用香精香料(上海)有限公司	47186
248	申雅密封件有限公司	46746
249	上海通惠开利空调设备有限公司	46568
250	上海佳丽绒绣厂	46413

R-1 续表5 continued

位次	企业名称	销售收入（万元）
251	华捷联合信息（上海）有限公司	46031
252	上海科宁油脂化学品有限公司	45739
253	上海爱德华造船有限公司	45691
254	上海红湖消声器厂	45643
255	上海合众开利空调设备有限公司	45613
256	上海海螺水泥有限责任公司	45591
257	上海拖拉机内燃机公司	45244
258	上海市崇明电力公司	45225
259	上海科世达华阳汽车电器有限公司	44886
260	上海埃力生钢管有限公司	44883
261	上海松下半导体有限公司	44761
262	上海一冷开利空调设备有限公司	44423
263	上海奇华顿有限公司	44337
264	上海英格索兰压缩机有限公司	44293
265	上海东芝电梯有限公司	44077
266	上海正峰工业有限公司	44007
267	上海金合利铝轮毂制造有限公司	43818
268	上海烟草机械有限责任公司	43631
269	新英木业公司	43351
270	上海新林木业股份有限公司	43338
271	上海尤妮佳有限公司	43265
272	上海胜狮冷冻货柜有限公司	43129
273	上海凯托<集团>有限公司	43017
274	衣恋时装(上海)有限公司	42932
275	上海生物制品研究所	42879
276	上海英模特制衣有限公司	42772
277	上海纺织机械总厂	42375
278	上海高斯印刷设备有限公司	42204
279	上海森林电器有限公司	42191
280	上海东升电子(集团)股份有限公司	42093
281	上海嘉日钢板制品有限公司	42074
282	杜邦纤维(中国)有限公司	41815
283	宝钢集团上海钢管有限公司	41245
284	上海日立电线有限公司	41242
285	上海华联制药有限公司	41196
286	上海汇众萨克斯减振器有限公司	41145
287	旭电(上海)科技有限公司	41104
288	先锋电子（中国）投资有限公司	41098
289	上海巨凤自行车有限公司	41038
290	上海宏和电子材料有限公司	40805
291	上海凯泉给水工程有限公司	40800
292	上海人民电器厂	40604
293	上海兴信厨房用具有限公司	40535
294	上海海得控制系统股份有公司	40474
295	理光国际(上海)有限公司	40460
296	上海惠而浦家用电器有限公司	40391
297	上海凯虹电子有限公司	40388
298	上海德尔福国际蓄电池有限公司	40374
299	上海大智企业(集团)有限公司	40328
300	上海斯必克发展总公司	40217

R-1 续表6 continued

位次	企业名称	销售收入（万元）
301	上海新加木业公司	40184
302	上海新锐实业有限公司	40141
303	上海福克斯波罗有限公司	40086
304	上海彭浦巨力工程机械有限公司	39592
305	上海新越木业股份有限公司	39538
306	上海上食肉类有限公司	39493
307	上海美津浓有限公司	39429
308	上海方元数码科技有限公司	39360
309	上海乾通汽车附件有限公司	39331
310	上海申佳金属制品有限公司	39190
311	上海江口初轧厂	39184
312	上海石化椏力实业发展有限公司	39140
313	上海吴淞煤气制气有限公司	38691
314	上海建伍电子有限公司	38649
315	上海机床厂有限公司(本部)	38556
316	卜内门太古漆油（上海）有限公司	38529
317	上海金泉山医疗器材有限公司	38416
318	上海祭本自行车有限公司	38243
319	上海金云铜材厂	38160
320	上海电力修造总厂有限公司	38041
321	上海松下电子应用机器有限公司	38036
322	上海凯泉泵业（集团）有限公司	37931
323	上海伦福德汽车配件有限公司	37906
324	上海宝安汽配产业发展有限公司	37863
325	上海市卡博特化工有限公司	37712
326	上海三维制药有限公司	37690
327	上海振欣电子工程有限公司	37669
328	中国迅达电梯有限公司上海电梯厂	37573
329	上海 MWB 互感器有限公司	37466
330	普茨迈斯特机械（上海）有限公司	37248
331	上海震旦家具有限公司	36946
332	上海美维电子有限公司	36865
333	上海液化石油气经营有限公司	36780
334	上海安信地板有限公司	36522
335	上海新辰防火板有限公司	36355
336	上海新美阁木制别墅有限公司	36343
337	上海飞航电线电缆公司	36293
338	上海晨兴电子科技有限公司	36151
339	上海威旭半导体有限公司	36091
340	上海金泰铜业有限公司	35988
341	上海汽车地毯总厂	35934
342	上海海鸥数码影像股份有限公司	35907
343	上海永新爱奇电子有限公司	35740
344	上海加冷松芝汽车空调有限公司	35601
345	上海裕生特种线材有限公司	35571
346	上海林内有限公司	35414
347	上海华东制衣（集团）有限公司	35194
348	展运（上海）电子有限公司	35172
349	上海纳博特斯克液压有限公司	35118
350	藤仓电子（上海）有限公司	35004

R-1 续表 7 continued

位次	企业名称	销售收入（万元）
351	上海紫东化工塑料有限公司	34867
352	上海重型矿山机械公司(本部)	34828
353	上海内野有限公司	34801
354	上海紫江彩印包装有限公司	34682
355	上海顶锋金属制品有限公司	34482
356	上海通用电气广电有限公司	34457
357	上海虎生电子电器有限公司	34371
358	上海中远关西涂料化工有限公司	34312
359	上海梅林食品有限公司	34265
360	上海老凤祥珠宝首饰有限公司	34252
361	上海三电汽车空调有限公司	34200
362	伊顿流体动力(上海)有限公司	34140
363	飞利浦照明电子（上海）有限公司	33933
364	上海正章纺织制品厂	33764
365	上海凡纳克塑胶膜有限公司	33757
366	上海东方航空食品有限公司	33745
367	上海强生制药有限公司	33708
368	上海东海有色合金厂	33658
369	上海西门子开关有限公司	33476
370	上海永全鞋业有限公司	33362
371	上海惠亚电子有限公司	33305
372	上海柘中杰高电器有限公司	33305
373	上海华克排气系统有限公司	33231
374	上海盛昌天华电子有限公司	33001
375	上海日用友捷汽车电气有限公司	32982
376	上海佳通超细化纤有限公司	32836
377	上海安川电动机有限公司	32649
378	上海意力速电子工业有限公司	32627
379	飞利浦亚明灯具有限公司	32586
380	上海德科电子仪表有限公司	32487
381	上海三得利啤酒有限公司	32476
382	上海白鹤华新丽华特殊钢制品有限公司	32400
383	上海龙马神汽车座椅有限公司	32310
384	上海欣华纺织制品厂	32310
385	萨帕铝热传输（上海）有限公司	32148
386	上海市天灵开关厂	32115
387	雷盛德奎企业(上海)有限公司	32087
388	道康宁（上海）有限公司	31989
389	上海三樱包装材料有限公司	31589
390	上海嘉乐股份有限公司	31541
391	上海原宿电器有限公司	31526
392	上海 ABB 电机有限公司	31508
393	上海百斯特能源发展有限公司	31415
394	上海味好美食品有限公司	31401
395	东杰电气（上海）有限公司	31397
396	上海天原集团天原化工有限公司	31384
397	上海耀皮汽车玻璃有限公司	31354
398	上海仪表厂有限责任公司	31180
399	上海金叶包装材料有限公司	31138
400	空调国际（上海）有限公司	31125

R-1 续表 8 continued

位次	企业名称	销售收入（万元）
401	上海海文班尼路服饰有限公司	31113
402	上海汉高表面技术有限公司	31111
403	上海纽荷兰农业机械有限公司	31084
404	麦格纳唐纳利（上海）汽车系统有限公司	30925
405	上海电机厂有限公司	30921
406	上海泗联实业有限公司	30740
407	上海萨克斯动力总成部件系统有限公司	30719
408	上海人造板机器厂有限公司	30621
409	上海大华电器设备有限公司	30608
410	上海亚一金厂有限公司	30587
411	上海华盛企业(集团)有限公司	30549
412	上海白猫股份有限公司	30513
413	上海宝新钢材剪切厂	30412
414	上海老凤祥首饰研究所有限公司	30262
415	上海神明电机有限公司	30232
416	上海新福木业有限公司	30228
417	费斯托(中国)有限公司	30111
418	上海亚明灯泡厂有限公司	30065
419	上海鼓风机厂有限公司	30033
420	上海森大木业有限公司	29970
421	上海均瑶（集团）有限公司	29964
422	上海天合汽车安全系统有限公司	29722
423	上海精密科学仪器有限公司	29666
424	上海光伟实业有限公司	29653
425	上海长通有色金属有限公司	29500
426	上海三星真空电子器件有限公司	29478
427	上海制皂有限公司	29448
428	意特尔（上海）有限公司	29447
429	上海思沛机电制品有限公司	29435
430	上海日红钢板加工有限公司	29397
431	上海维蒙特异型钢管有限公司	29385
432	上海浦东威望迪自来水有限公司	29334
433	重机（上海）工业有限公司	29299
434	上海中庚皮业有限公司	29209
435	上海明芳汽车零件有限公司	29200
436	上海第一生化药业有限公司	29190
437	上海英济电子塑胶有限公司	29094
438	上海圣德曼铸造有限公司	29037
439	上海博舍工业有限公司	29028
440	艾佩达电子通信设备（上海）有限公司	29024
441	上海 ABB 工程有限公司	28993
442	上海联合水泥有限公司	28784
443	伟巴斯特车顶供暖系统（上海）有限公司	28758
444	上海万丰客车制造有限公司	28750
445	上海扎努西电气机械有限公司	28744
446	鸿城电子(上海)有限公司	28677
447	上海远大铝业工程有限公司	28673
448	上海亨井无线通讯有限公司	28653
449	上海茉织华服饰有限公司	28613
450	上海星特浩企业有限公司	28598

R−1 续表 9 continued

位次	企业名称	销售收入（万元）
451	上海敬炫塑胶制品有限公司	28505
452	上海洋帆实业有限公司	28457
453	瑞侃电缆附件有限公司	28364
454	上海翔山实业有限责任公司	28353
455	上海宜华实业有限公司	28311
456	萨克斯汽车零部件系统(上海)有限公司	28282
457	上海亚太酿酒有限公司	28176
458	上海法雷奥汽车电机雨刮系统有限公司	28111
459	上海康洋企业发展有限公司	28093
460	上海东庚金属制品有限公司	28082
461	上海华藤金属加工有限公司	28021
462	中国标准缝纫机公司上海惠工缝纫机三厂	28019
463	上海实宏纸业有限公司	28003
464	三洋杰士电池（上海）有限公司	27771
465	上海胜华电缆厂	27758
466	申佳船厂	27690
467	蒂森克虏伯电梯（上海）有限公司	27595
468	上海伊利爱贝食品有限公司	27561
469	上海台尚食品有限公司	27263
470	上海紫泉包装有限公司	27254
471	上海荣华涤纶有限公司	27015
472	上海元盛食品有限公司	26934
473	怡中（上海）有限公司	26866
474	上海三爱富新材料股份有限公司	26840
475	上海美特幕墙有限公司	26712
476	东陶机器（上海）有限公司	26702
477	上海高扬国际烟草有限公司	26651
478	上海松江油脂有限公司	26646
479	上海光华印刷机械有限公司	26600
480	上海柘中混凝土制品有限公司	26579
481	上海东霞实业有限公司	26566
482	华德塑料制品有限公司	26539
483	上海市汽车修理公司	26465
484	上海汉钟机械有限公司	26422
485	上海第十七棉纺织总厂	26342
486	乔山健康科技（上海）有限公司	26298
487	上海化工厂有限公司	26290
488	上海联合制罐有限公司	26288
489	上海石洞口煤气制气有限公司	26237
490	上海永城助剂厂	26210
491	上海电缆厂	26191
492	上海龟屋电气有限公司	26159
493	上海飞机制造厂	26140
494	上海联成化学工业有限公司	26138
495	上海赛博电器有限公司	26060
496	上海达海照相机有限公司	26059
497	上海嘉定新行医药化工集团有限公司	26022
498	上海福新面粉有限公司	25872
499	上海乳品四厂有限公司	25848
500	上海航空发动机制造厂	25842

R-2　2003年江苏省工业企业销售收入前100家

The Top 100 Industrial Enterprises of Jiangsu Sorted by Revenue in 2003

位次	企业名称	位次	企业名称
1	江苏省电力局	51	江苏铁本钢铁有限公司
2	扬子石油化工股份有限公司	52	淮阴卷烟厂
3	江苏沙钢集团有限公司	53	南京瀚宇彩欣科技有限责任公司
4	明基电通信息技术有限公司	54	南京钢铁有限公司
5	中国石油化工股份有限公司金陵分公司	55	江苏森达集团公司
6	友达光电（苏州）有限公司	56	红豆集团公司
7	希捷国际科技（无锡）有限公司	57	海澜集团公司
8	徐州工程机械集团有限公司	58	常州现代工程机械有限公司
9	江苏华西集团公司	59	夏普办公设备(常 熟)有限公司
10	仁宝电子科技（昆山）有限公司	60	纬创资通(昆山)有限公司
11	中国石化仪征化纤股份有限公司	61	江苏吴江丝绸集团有限公司
12	熊猫电子集团有限公司	62	申达集团公司
13	南京爱立信熊猫通信有限公司	63	镇江江奎集团公司
14	苏州爱普生有限公司	64	无锡市雪浪初轧厂
15	苏州飞利浦消费电子有限公司	65	苏州罗技电子有限公司
16	跃进汽车集团公司	66	江苏石油勘探局
17	金东纸业(镇江)有限公司	67	华映视讯（吴江）有限公司
18	旭电(苏州)科技有限公司	68	高创(苏州)电子有限公司
19	中国石化集团金陵石油化工有限责任公司	69	江苏隆力奇集团有限公司
20	维维集团	70	江苏苏钢集团有限公司
21	华芳集团有限公司	71	志合电脑（苏州工业园区）有限公司
22	东海粮油(张家港)工业有限公司	72	无锡水星集团有限公司
23	一汽无锡柴油机厂	73	富士康(昆山)电脑接插件有限公司
24	南京钢铁股份有限公司	74	江苏利港电力有限公司
25	上海梅山钢铁股份有限公司	75	江苏大亚集团公司
26	江苏三房巷实业集团总公司	76	无锡威孚集团有限公司
27	江苏扬子江药业集团公司	77	诺基亚（苏州）电信有限公司
28	常州市新科数字技术有限公司	78	江苏波司登股份有限公司
29	日立显示器件(苏州)有限公司	79	华能国际电力股份有限公司南通分公司
30	江阴兴澄特种钢铁有限公司	80	南通宝港油脂发展有限公司
31	南京LG彩色显示系统有限公司	81	无锡市兴达泡塑新材料有限公司
32	江苏永钢集团	82	金城集团有限公司
33	江苏澄星磷化工股份有限公司	83	江阴市西城钢铁有限公司
34	仁宝电脑工业(中国)有限公司	84	芬欧汇川(苏州)纸业有限公司
35	华飞彩色显示系统有限公司	85	索尼电子(无锡)有限公司
36	南京卷烟厂	86	谏壁发电厂
37	三星电子(苏州)半导体有限公司	87	南京华新光电股份有限公司
38	江苏淮钢集团	88	江苏锡钢集团公司
39	徐州矿务集团有限公司	89	江苏苏化集团有限公司
40	江苏阳光集团公司	90	江苏远东集团有限公司
41	江苏悦达起亚汽车有限公司	91	江苏张铜集团有限公司
42	苏州三星电子有限公司	92	江苏澳洋实业(集团)有限公司
43	徐州卷烟厂	93	联建（中国）科技有限公司
44	武进中天钢铁有限责任公司	94	金华盛纸业(苏州工业园区)有限公司
45	法尔胜集团公司	95	中国石化集团清江石油化工有限公司
46	华宇电脑(江苏)有限公司	96	江苏常熟发电有限公司
47	江苏综艺集团	97	常州金源铜业有限公司
48	仁宝资讯工业（昆山）有限公司	98	百得(苏州)电动工具有限公司
49	江苏陵光集团	99	江苏牡丹汽车集团有限公司
50	无锡夏普电子元器件有限公司	100	扬州第二发电有限责任公司

R-3 2003年上海市零售商业企业销售额前50家

The Top 50 Retail Business Enterprises of Shanghai Sorted by Revenue in 2003

位次	单位名称	销售额（万元）
1	上海友谊集团股份有限公司	2714118
2	上海华联商厦股份有限公司	2017068
3	上海永乐家用电器有限公司	645782
4	上海市第一百货商店股份有限公司	423328
5	上海市第一食品商店股份有限公司	318092
6	上海豫园旅游商城股份有限公司	300473
7	上海市南浦食品有限公司	258645
8	上海开开实业股份有限公司	246552
9	上海雷允上药业有限公司	234368
10	上海国美电器有限公司	231747
11	上海太平洋百货有限公司	183983
12	上海新世界股份有限公司	170041
13	好美家装潢建材有限公司	161099
14	上海第一八佰伴有限公司	159580
15	上海商务中心股份有限公司	135441
16	上海三联（集团）有限公司	109210
17	上海东方商厦有限公司	101963
18	上海长江口商城股份有限公司	85641
19	上海百安居建材超市有限公司	82417
20	上海汇金房地产有限公司汇金百货商厦	79715
21	上海华氏大药房有限公司	76192
22	上海九海百盛广场有限公司	74222
23	上海第一医药股份有限公司	66891
24	上海九州通医药有限公司	60471
25	上海九百家居装饰商城有限公司	51458
26	上海蔡同德药业有限公司	49269
27	上海虹桥友谊商城有限公司	48020
28	华联集团家用电器有限公司	45186
29	上海药房股份有限公司	38822
30	上海信谊联合医药药材有限公司	37674
31	上海新世纪药业有限公司	35000
32	上海立丰食品有限公司	32121
33	上海灿宝电子有限公司	31717
34	上海菱原电器有限公司	29624
35	上海雷允上药业西区有限公司	29012
36	上海信谊天一药业有限公司	28757
37	上海复星药业有限公司	27637
38	上海城隍庙第一购物中心有限公司	27200
39	上海汇丰医药药材有限责任公司	27141
40	上海金叶商厦	27127
41	上海古今内衣有限公司	26417
42	上海盛春商厦	24229
43	上海天山商厦有限公司	23454
44	上海市曹杨商城有限公司	23159
45	上海华亭伊势丹有限公司	22950
46	上海友谊百货有限公司	22687
47	上海新华联大厦股份有限公司	21909
48	上海市浦东商场股份有限公司	21831
49	雷允上北区药业股份有限公司	21281
50	上海书城	20964

R−4　2003年上海连锁商业公司销售额前20家

The Top 20 Chain Business Companies of Shanghai Sorted by Revenue in 2003

位次	单位名称	销售额（万元）
1	联华超市股份有限公司	2403120
2	华联超市股份有限公司	1803329
3	上海农工商超市（集团）有限公司	1238140
4	锦江麦德龙现购自运有限公司	562064
5	上海易初莲花连锁超市有限公司	369357
6	华联集团吉买盛购物中心有限公司	340868
7	上海真北乐购生活购物有限公司	310332
8	上海家得利超市有限公司	240000
9	上海捷强烟草糖酒（集团）连锁有限公司	176370
10	上海可的便利店有限公司	160202
11	上海良友金伴便利连锁有限公司	110254
12	上海欧尚超市有限公司	99074
13	上海七宝乐购购物中心有限公司	55488
14	上海美亚二十一世纪商业发展有限公司	48916
15	上海康仁乐购超市贸易有限公司	39513
16	上海易买得超市有限公司	30922
17	上海家家乐商业发展有限公司	28778
18	上海梅林正广和便利连锁有限公司	27607
19	上海屈臣氏日用品有限公司	26762
20	上海龙华乐购生活购物有限公司	26365

R-5　2003年江苏贸易零售企业销售前100家

The Top 100 Retail Trade Enterprises of Jiangsu Sorted by Value in 2003

位次	企业名称	位次	企业名称
1	江苏苏宁电器连锁集团股份有限公司	51	无锡天润发超市有限公司
2	江苏无锡商业大厦集团有限公司	52	无锡悦福商贸发展有限公司
3	苏果超市有限公司	53	苏州华成汽车贸易集团有限公司
4	南京新街口百货商店股份有限公司	54	无锡市高尚超市有限公司
5	江苏五星电器有限公司	55	江阴市医药股份有限公司
6	南京中央商场股份有限公司	56	中石化江苏宿迁石油分公司
7	江苏省苏舜工贸集团有限公司	57	青岛润泰事业有限公司张家港分公司
8	江苏宏图三胞科技发展有限公司	58	南京中央金城仓储超市有限责任公司
9	南京金鹰国际集团购物中心有限公司	59	江阴华联商厦有限公司
10	苏州人民商场股份有限公司	60	南京华诚超市有限公司
11	江苏明都汽车摩托车有限公司	61	江苏盐阜人民商场集团有限公司
12	无锡市新纪元汽车贸易有限公司	62	泰州第一百货商店股份有限公司
13	常州药业股份有限公司	63	盐城商业大厦股份有限公司
14	常州百货大楼股份有限公司	64	苏州苏宁电器有限公司
15	无锡市第一百货(集团)有限公司	65	昆山明珠电器有限公司
16	江苏惠客隆超级市场有限公司	66	安利（中国）日用品有限公司南京分公司
17	无锡市八佰伴商贸中心有限公司	67	南通通润发超市有限公司
18	江苏文峰大世界连锁发展股份有限公司	68	南通苏宁电器有限公司
19	江苏百润商品配送中心有限公司	69	苏州悦家超市有限公司
20	江阴市广吉汽车经销有限公司	70	宜兴市药业有限公司
21	苏州礼安医药有限公司	71	江苏省石油集团锡山有限公司
22	江阴市全顺汽车有限公司	72	南京中商金润发龙江超市有限公司
23	南京商厦股份有限公司	73	福中信息产业集团有限公司
24	锦江麦德龙现购自运有限公司无锡锡山商场	74	常熟市百润发超市有限责任公司
25	新华海科技实业集团有限公司	75	常熟华联商厦有限责任公司
26	昆山商厦股份有限公司	76	江苏通灵翠钻有限公司
27	徐州市百货大楼股份有限公司	77	南京山西路百货大楼有限责任公司
28	江苏华地企业股份有限公司	78	张家港市第一人民商场有限责任公司
29	苏州函数集团有限责任公司	79	南通新城汽车服务有限公司
30	苏州市石路国际商城有限责任公司	80	扬州金鹰国际实业有限公司
31	苏州泰华商城有限公司	81	江阴国际购物中心有限公司
32	华润超级市场(苏州)有限公司	82	徐州新一佳商业有限公司
33	常州新世纪商城有限公司	83	无锡三阳百盛广场有限公司
34	徐州医药股份有限公司	84	常州国际汽车城有限公司
35	上海锦江麦德龙购物中心有限公司南京商场	85	江阴市盛达汽车销售服务有限公司
36	无锡德尔汽车有限公司	86	无锡市商业大厦超市有限公司
37	徐州百鑫商业有限责任公司	87	启东文峰大世界有限公司
38	镇江百盛商城有限公司	88	常熟市第一百货商店有限公司
39	江苏金太阳家电有限公司	89	南京联华长江超市有限公司
40	青岛润泰事业有限公司昆山分公司	90	南京市新华书店
41	江苏中央新亚百货股份有限公司	91	南京大洋百货有限公司
42	常州商业大厦有限责任公司☆	92	安利中国日用品有限公司无锡分公司
43	江苏天颐医药有限公司	93	苏州长发商厦有限责任公司
44	苏州欧尚超市有限公司	94	江宁区国贸大厦
45	南京东方商城有限责任公司	95	扬州市广润发超市有限公司
46	宜兴新苏南商厦有限责任公司	96	南通市百货大楼股份有限公司
47	南京悦家超市有限公司	97	常州苏宁电器有限公司
48	常州九洲超市有限公司☆	98	苏州工业园区中园机电设备有限公司
49	中石化苏州吴江石油分公司	99	扬州丰祥商业有限公司万家福商城
50	无锡天惠超市股份有限公司	100	泰州文峰千家惠购物中心有限公司

R-6 2003年浙江省按批发和零售贸易额排列的前50家贸易企业

The top 50 Trade Enterprises of Zhejiang Sorted by Wholesale and Retail Trade Value in 2003

位次	批发贸易额	位次	零售贸易额
1	浙江省石油总公司	1	杭州联华华商集团有限公司
2	浙江物产元通机电(集团)有限公司	2	杭州大厦购物中心杭州大厦商场
3	浙江物产金属集团有限公司	3	宁波三江购物俱乐部有限公司
4	浙江物产国际贸易有限公司	4	百大集团股份有限公司
5	浙江农资集团有限公司	5	银泰控股股份有限公司
6	宁波波导销售有限公司	6	杭州解百集团股份有限公司
7	中基宁波对外贸易股份有限公司	7	浙江银泰百货有限公司
8	浙江康桥汽车工贸集团股份有限公司	8	慈溪市慈客隆超市有限公司
9	浙江远大进出口有限公司	9	湖州市浙北大厦商场
10	浙江省卷烟销售公司	10	浙江米家汽车销售服务有限公司
11	浙江苏嘉国际贸易股份有限公司	11	温州华特汽车销售服务有限公司
12	杭钢集团公司物资供应分公司	12	哈工大首创科技股份有限公司
13	宁波市慈溪进出口股份有限公司	13	金华申浙汽车有限公司
14	宁波联合集团进出口股份有限公司	14	宁波太平鸟时尚女装有限公司
15	浙江省土产畜产进出口集团公司	15	浙江雄风电器有限公司
16	浙江省冶金物资有限公司	16	宁波海达汽车有限公司
17	宁波海田国际贸易有限公司	17	宁波新江厦股份有限公司宁波新江厦商城
18	宁波市工艺品进出口公司	18	浙江苏宁电器有限公司
19	浙江东方集团股份有限公司	19	绍兴供销超市有限公司
20	浙江省纺织品进出口集团有限公司	20	宁波苏宁电器连锁加盟有限公司
21	浙江富兴电力燃料有限公司	21	宁波联通汽车销售有限公司
22	浙江特产集团有限公司	22	浙江雄城商贸股份有限公司
23	浙江省石油总公司杭州分公司	23	浙江上百贸易有限公司
24	宁波奥克斯销售有限公司	24	上海锦江麦德龙购物中心有限公司宁波商场
25	镇海炼化物资装备公司	25	浙江新中义商贸股份有限公司
26	宁波宁兴集团公司	26	慈溪市一得工贸有限公司
27	浙江英特药业有限责任公司	27	宁波润达汽车销售服务有限公司
28	中化宁波进出口有限公司	28	温州人本超市有限公司
29	浙江中大集团股份有限公司	29	温州浙南机电设备有限公司
30	浙江省茶叶进出口有限公司	30	绍兴大通商城股份有限公司
31	浙江凯喜雅国际股份有限公司	31	宁波市江东永乐家电有限公司
32	华东医药股份有限公司	32	余姚华联商厦（集团）有限公司
33	浙江新大集团有限公司	33	浙江五洲车辆有限公司
34	中石化工公司浙江宁波石油分公司	34	宁波宁家超市有限公司
35	浙江省工艺品进出口有限公司	35	锦江麦德龙现购自运有限公司杭州江干商场
36	宁波经济技术开发区北仑电力燃料有限公司	36	杭州欧尚超市有限公司
37	宁波维科联合进出口有限公司	37	宁波龙华丰田汽车销售有限公司
38	浙江中油华电能源有限公司	38	温州市申浙汽车有限公司
39	浙江省粮油食品进出口股份有限公司	39	宁波市兴欣汽车销售服务有限公司
40	浙江省新华书店集团有限公司	40	浙江国美电器有限公司
41	浙江省烟草公司杭州分公司	41	台州市之远汽车销售服务有限公司
42	正泰集团公司销售中心	42	宁波乐购生活购物有限公司
43	杭州热联进出口有限公司	43	上海大众汽车宁波销售服务有限公司销售部
44	浙江省粮油食品进出口公司温州公司	44	温州瓯通汽车有限公司
45	永康市废旧物资回收总公司	45	浙江大生医药有限公司
46	浙江物产燃料集团有限公司	46	绍兴市国商大厦有限责任公司
47	杭州市轻工工艺纺织品进出口有限公司	47	宁波大红鹰实业投资股份有限公司
48	富阳市金业废旧物资有限公司	48	台州市东大汽车贸易有限公司
49	新世纪进出口集团有限公司	49	嘉兴市戴梦得购物中心有限公司
50	浙江杭钢国贸有限公司	50	金华申通汽车有限公司

R-7　2003年江苏省出口超亿美元的27家外贸公司
The 27 Foreign Companies above 100 million US$ of Jiangsu Sorted by Export Value in 2003

位次	企业名称	位次	企业名称
1	南京纺织品进出口股份有限公司	15	江苏汇鸿国际集团针棉织品进出口有限公司
2	江苏舜天股份有限公司	16	江苏开元国际集团畜产进出口股份有限公司
3	江苏苏豪国际集团股份有限公司	17	江苏苏美达五金工具有限公司
4	海澜国际贸易有限公司	18	中国煤炭工业进出口集团连云港公司
5	江苏省纺织品进出口集团股份有限公司	19	常熟市对外贸易公司
6	江苏国泰国际集团国贸股份有限公司	20	中化江苏进出口公司
7	江苏舜天国际集团机械进出口股份有限公司	21	江苏海外集团服装有限公司
8	中国江苏国际经济技术合作公司	22	常州对外贸易有限公司
9	江苏开元国际集团轻工业品进出口股份有限公司	23	南京机械五金矿产医药保健品进出口股份公司
10	常州大华进出口(集团)有限公司	24	江苏海外集团苏州有限公司
11	苏州进出口(集团)有限公司	25	江苏省纺织工业(集团)进出口有限公司
12	江苏弘业股份有限公司	26	江苏国泰国际集团针棉织品进出口有限公司
13	苏州恒润进出口有限公司	27	江苏国泰国际集团华泰进出口有限公司
14	苏州国信集团有限公司		

R-8 2003年江苏省外经企业营业额超千万美元的50家
The Top 50 Foreign Economic Enterprises above 10 million US$ of Jiangsu Sorted by Revenue in 2003

位次	企业名称	位次	企业名称
1	中国江苏国际经济技术合作公司	26	江苏苏州第二建筑工程集团公司
2	中国长江航运集团南京金陵船厂	27	江苏正太建设集团股份有限公司
3	中远船务工程集团有限公司	28	南通市经济技术开发区总公司
4	江苏南通三建集团有限公司	29	盐城市国际经济技术合作公司
5	江苏省苏中建设集团股份有限公司	30	江苏金厦建设集团有限公司
6	南京熊猫电子进出口有限公司	31	第三航务工程局第三工程公司
7	澄西船舶修造厂	32	江苏省第一建筑安装有限公司
8	南京扬子石油化工工程有限责任公司	33	苏州中材建设有限公司
9	江苏南通六建建设集团有限公司	34	江苏省华建建设股份有限公司
10	中国石油天然气管道第二工程公司	35	启东市对外经济技术合作有限公司
11	中国南京国际经济技术合作（集团）有限公司	36	南京三建（集团）有限公司
12	江苏建业建筑安装工程集团有限公司	37	盐城市天虹建筑工程总公司
13	江苏金土木建设集团有限公司	38	淮阴水利建设集团有限公司
14	连云港国际经济技术合作公司	39	江苏天目建设集团有限公司
15	南通五建集团公司	40	海门市建筑安装工程公司
16	南通远洋渔业公司	41	中国石化集团第二建设公司
17	江苏苏州第一建筑工程集团公司	42	张家港国际经济技术合作公司
18	镇江国际经济技术合作公司	43	南京市住宅建设总公司
19	南通市第四建筑安装工程有限公司	44	江苏中兴建设有限公司
20	南京纺织品进出口股份有限公司	45	江苏武进建筑安装工程有限公司
21	南京大地建设（集团）股份有限公司	46	南通神勇建设工程总承包有限公司
22	金坛市建筑安装工程公司	47	江苏盐城二建集团有限公司
23	南通国际经济技术合作公司	48	常州国际经济技术合作（集团）有限公司
24	金坛国际经济技术合作公司	49	中国核工业华兴建设公司
25	中煤第五建设公司	50	常州市对外经济技术贸易（集团）公司

R-9　2003 年江苏省生产企业出口超千美元 100 家

The Top 100 Enterprises of Jiangsu above 1000 US$ Sorted by Export Value in 2003

位次	企业	位次	企业
1	常州市新科数字技术有限公司	51	江苏联发进出口有限公司
2	金城集团进出口有限公司	52	南京熊猫电视机有限公司
3	华芳集团进出口有限公司	53	无锡洛社印染有限公司
4	南京熊猫电子进出口有限公司	54	江阴利用棉纺针织集团进出口有限公司
5	江苏宏图高科技股份有限公司	55	无锡市华协光电科技有限责任公司
6	中国长江航运集团南京金陵船厂	56	江苏飞翔化工股份有限公司
7	江苏晨风进出口有限公司	57	江苏九鼎集团进出口有限公司
8	江苏春兰进出口有限公司	58	江苏健龙新田摩托车制造有限公司
9	澄西船舶修造厂	59	江苏家宝集团有限公司
10	江苏金鼎电动工具集团有限公司	60	江苏扬子江船厂有限公司
11	江苏华瑞国际实业集团有限公司	61	南通江山农药化工股份有限公司
12	江苏阳光股份有限公司	62	南通醋酸化工股份有限公司
13	云蝠国际贸易有限责任公司	63	无锡庆丰股份有限公司
14	黑牡丹(集团)股份有限公司	64	常州市牛塘化工厂
15	江阴澄星日化有限公司	65	如东县铁链厂有限公司
16	宜兴市乐祺进出口有限公司	66	无锡震球集团进出口有限公司
17	波司登股份有限公司	67	吴江东方进出口有限公司
18	常州老三集团有限公司	68	华芳纺织股份有限公司
19	中国石化国际事业扬子公司	69	常熟市永新印染有限公司
20	苏州太湖企业有限公司	70	徐州市铁合金厂
21	江苏吴中进出口有限公司	71	江苏永利化工技术进出口公司
22	无锡小天鹅进出口有限责任公司	72	江苏澄星磷化工股份有限公司
23	江苏赛博电子有限公司	73	苏州市宏利来服饰有限公司
24	无锡一棉进出口有限公司	74	江苏银河电子股份有限公司
25	江苏金飞达电动工具有限公司	75	江苏飞达工具集团股份有限公司
26	江苏澄达集团有限公司	76	江苏利康进出口有限公司
27	江苏江动集团进出口有限公司	77	吴江蚕花进出口有限公司
28	常州星球电子有限公司	78	常熟市不锈钢制品厂
29	江苏长电科技股份有限公司	79	中国石化集团南京化工厂
30	苏州苏化进出口有限公司	80	江苏冠达集团进出口有限公司
31	江苏红豆进出口有限责任公司	81	江苏通润机电集团进出口有限公司
32	镇江焦化煤气集团有限公司	82	江苏扬农化工集团有限公司
33	张家港市易华塑料有限公司	83	江苏亚邦进出口有限公司
34	苏州宝时得电动工具有限公司	84	江苏天鹏化工进出口有限公司
35	江苏天工工具股份有限公司	85	常柴集团进出口有限公司
36	法尔胜集团进出口有限公司	86	江苏通裕纺织进出口有限责任公司
37	张家港市沙洲纺织印染进出口有限公司	87	江苏紫荆花纺织科技股份有限公司
38	江苏中丹化工进出口有限公司	88	华芳集团毛纺织染有限公司
39	江苏亚星锚链有限公司	89	中国华晶电子集团进出口有限公司
40	江苏香塘集团有限公司	90	江苏新光纺织有限公司
41	吴江英诺时装有限公司	91	镇江江南化工厂
42	常熟三爱富中昊化工新材料有限公司	92	江苏林海动力机械集团公司
43	无锡光明集团进出口有限公司	93	苏州新世纪服装有限公司
44	常熟市标准件厂	94	无锡太平洋集团进出口有限公司
45	江苏阳光进出口有限公司	95	太仓利泰纺织厂有限公司
46	江阴市被单厂	96	无锡格林艾普化工股份有限公司
47	江苏三房巷国际贸易有限公司	97	常熟市紫荆花进出口有限公司
48	江苏三房巷实业股份有限公司	98	南京红太阳国际贸易有限公司
49	无锡凯马机械有限公司	99	江苏丹棉集团有限公司
50	苏州精细化工集团有限公司	100	江苏宜兴精陶股份有限公司

R-10　2003年江苏省外商投资企业历年累计实际投资前100家

The Top 100 Foreign Funded Enterprises of Jiangsu Sorted by Investment Accumulated Actually in 2003

位次	企业名称	位次	企业名称
1	金东纸业（江苏）有限公司	51	艾默生电气(苏州)有限公司
2	京阳水泥有限公司	52	王子制纸（南通）有限公司
3	芬欧汇川(常熟)纸业有限公司	53	华东泰克西汽车铸造有限公司
4	扬子石化－巴斯夫有限责任公司	54	斯泰隆石化(张家港)有限公司
5	张家港保税区东海粮油工业有限公司	55	江阴华润制钢有限公司
6	金华盛纸业(苏州工业园区)有限公司	56	东丽合成纤维（南通）有限公司
7	和舰科技(苏州)有限公司	57	耀文电子工业(中国)有限公司
8	东海粮油工业(张家港)有限公司	58	南京帝斯曼东方化工有限公司
9	金红叶纸业(苏州工业园区)有限公司	59	苏州富士胶片映像机器有限公司
10	江苏常熟发电有限公司	60	苏州尚美国际化妆品有限公司
11	中国贝卡尔特钢帘线有限公司	61	张家港浦扬钢板有限公司
12	狮王啤酒饮料(苏州)有限公司	62	江阴永丰余造纸有限公司
13	龙江化学品（宜兴）有限公司	63	镇江国亨化学有限公司
14	徐州华润电力有限公司	64	陶氏化学(张家港)有限公司
15	葛兰素威康制药(苏州)有限公司	65	三星电子(苏州)半导体有限公司
16	华飞彩色显示系统有限公司	66	友达光电(苏州)有限公司
17	常熟兴华港口有限公司	67	常熟欣瑞科技材料有限公司
18	江南－小野田水泥有限公司	68	永丰余纸业(昆山)有限公司
19	雪佛龙化工(张家港)有限公司	69	无锡松下冷机有限公司
20	芬欧汇川(苏州)纸业有限公司	70	张家港永旺钢铁有限公司
21	东丽酒伊织染(南通)有限公司	71	国巨电子(中国)有限公司
22	牧田(中国)有限公司	72	金联油脂(常熟)有限公司
23	江阴兴澄特种钢铁有限公司	73	华丰橡胶(中国)有限公司
24	苏州爱普生有限公司	74	联建(中国)科技有限公司
25	无锡龙达荣成纸业有限公司	75	镇江李长荣综合石化工业有限公司
26	江苏理文造纸有限公司	76	索尼电子(无锡)有限公司
27	江阴苏龙发电有限公司	77	重村钢模机械工业(苏州)有限公司
28	南京华威房地产开发有限公司	78	泰州乐金电子冷机有限公司
29	张家港东华优尼科能源有限公司	79	明基电通信息技术有限公司
30	昆山华成织染有限公司	80	富士康(昆山)电脑接插件有限公司
31	飞利浦半导体(苏州)有限公司	81	昆山鼎鑫电子有限公司
32	华润电力（常熟）有限公司	82	张家港越洋实业有限公司
33	昆山恩斯克有限公司	83	南港(张家港保税区)橡胶工业有限公司
34	长春化工（江苏）有限公司	84	必成玻璃纤维(昆山)有限公司
35	苏州三星电子有限公司	85	苏州三星电子液晶显示器有限公司
36	无锡华润微电子有限公司	86	江苏南亚变速箱有限公司
37	新浦化学工业(泰兴）有限公司	87	日东电工(苏州)有限公司
38	快捷半导体(苏州)有限公司	88	俐马(苏州)化纤纺织工业有限公司
39	芬欧汇川(苏州)林业有限公司	89	张家港宏昌钢板有限公司
40	中新苏州工业园区开发有限公司	90	江阴福汇纺织有限公司
41	旭电(苏州)科技有限公司	91	苏州住友电木有限公司
42	南京熊猫电子股份有限公司	92	张家港保税区南港发展有限公司
43	镇江奇美化工有限公司	93	江苏东海圣戈班玻璃有限公司
44	美宝莲(苏州)化妆品有限公司	94	陶氏丁苯胶乳(张家港)有限公司
45	佳通科技(苏州)有限公司	95	顺德工业(江苏)有限公司
46	华映视讯(吴江)有限公司	96	礼来苏州制药有限公司
47	江阴兴澄钢铁有限公司	97	诺基亚(苏州)电信有限公司
48	东海食品工业（张家港）有限公司	98	南通中远川崎船舶工程有限公司
49	昆山尼赛拉电子器材有限公司	99	博世汽车部件(苏州)有限公司
50	南通天生港发电有限公司	100	中达电子(江苏)有限公司

R-11　2003年江苏省外商投资企业出口超五千美元的100家
The Top 100 Foreign Funded Enterprises above 5000 US$ of Jiangsu Sorted by Export Value in 2003

名次	企业名称	名次	企业名称
1	名硕电脑(苏州)有限公司	51	太阳电器(苏州)有限公司
2	明基电通信息技术有限公司	52	南通中远船务工程有限公司
3	希捷国际科技(无锡)有限公司	53	昆达电脑科技(昆山)有限公司
4	仁宝电子科技（昆山）有限公司	54	牧田(中国)有限公司
5	友达光电(苏州)有限公司	55	苏州爱普电器有限公司
6	苏州爱普生有限公司	56	常州新华昌国际集装箱有限公司
7	仁宝资讯工业(昆山)有限公司	57	伦飞电脑(昆山)有限公司
8	华宇电脑(江苏)有限公司	58	捷安特(中国)有限公司
9	仁宝电脑工业(中国)有限公司	59	好孩子儿童用品有限公司
10	苏州飞利浦消费电子有限公司	60	南京爱立信熊猫通信有限公司
11	三星电子(苏州)半导体有限公司	61	罗礼科技(苏州)有限公司
12	南京LG同创彩色显示系统有限责任公司	62	维讯柔性电路板(苏州)有限公司
13	日立显示器件(苏州)有限公司	63	华达利家具(中国)有限公司
14	旭电(苏州)科技有限公司	64	芬欧汇川（常熟）纸业有限公司
15	志合电脑(苏州工业园区)有限公司	65	大将科技(苏州)有限公司
16	华映视讯(吴江)有限公司	66	苏州富士胶片映像元器件有限公司
17	无锡夏普电子元器件有限公司	67	绿点(苏州)科技有限公司
18	纬创资通(昆山)有限公司	68	南通中集特种运输设备制造有限公司
19	高创(苏州)电子有限公司	69	扬州通利冷藏集装箱有限公司
20	苏州罗技电子有限公司	70	正新橡胶(中国)有限公司
21	夏普办公设备(常熟)有限公司	71	张家港保税区光王电子有限公司
22	苏州三星电子有限公司	72	凯博电脑(昆山)有限公司
23	无锡阿尔卑斯电子有限公司	73	南京麦克赛尔熊猫移动终端有限公司
24	百得(苏州)电动工具有限公司	74	江苏江山制药有限公司
25	飞索半导体(苏州)有限公司	75	万福阁家具(昆山)有限公司
26	佳能(苏州)有限公司	76	佳能精技(苏州)办公设备有限公司
27	诺基亚(苏州)电信有限公司	77	华冠通讯(江苏)有限公司
28	微盟电子(昆山)有限公司	78	瑞萨半导体(苏州)有限公司
29	江苏爱派克斯数码有限公司	79	牧田（昆山）有限公司
30	金东纸业(江苏)有限公司	80	无锡松下电池有限公司
31	昆山翊腾平面显像有限公司	81	星宝电子科技(昆山)有限公司
32	富士康(昆山)电脑接插件有限公司	82	江苏东华电子有限公司
33	苏州明基电子技术有限公司	83	虹光精密工业(苏州)有限公司
34	大同电子科技(江苏)有限公司	84	无锡兴华达科技有限公司
35	彩晶光电科技(昆山)有限公司	85	阿尔卡特苏州通讯有限公司
36	南通中远川崎船舶工程有限公司	86	苏州富士胶片映像机器有限公司
37	泽康科技(吴江)有限公司	87	南通富士通微电子有限公司
38	联建(中国)科技有限公司	88	索尼电子(无锡)有限公司
39	南通中集顺达集装箱有限公司	89	艾佩斯(苏州)不间断电源有限公司
40	南通新福达电子有限公司	90	昆山乐金微永电脑有限公司
41	亚旭电子科技(江苏)有限公司	91	苏州达方电子有限公司
42	天弘(苏州)科技有限公司	92	张家港扬子纺纱有限公司
43	天瀚科技(吴江)有限公司	93	苏州柳新实业有限公司
44	扬州通运集装箱有限公司	94	苏州日本电波工业有限公司
45	昆山沪铼光电科技有限公司	95	泰怡凯电器(苏州)有限公司
46	南京夏普电子有限公司	96	江苏永兴多媒体有限公司
47	中达电子(江苏)有限公司	97	无锡村田电子有限公司
48	南京瀚宇彩欣科技有限责任公司	98	常熟通润机电有限公司
49	四海电子(昆山)有限公司	99	南京德朔实业有限公司
50	苏州三星电子电脑有限公司	100	力斯顿(苏州)听力技术有限公司

R-12　2003年上海市建筑业综合企业前50家

The Top 50 Construction Enterprises of Shanghai in 2003

位次	单位名称	位次	单位名称
1	上海宝冶建设有限公司	26	上海城建建设实业有限公司
2	上海市第一建筑有限公司	27	上海送变电工程公司
3	上海市第四建筑有限公司	28	上海城建（集团）公司本部
4	上海隧道工程股份有限公司	29	上海园林工程集团有限公司
5	中国第十三冶金建设公司	30	上海崇明建设(集团)有限公司
6	上海五冶冶金建设有限公司	31	上海市机械施工公司
7	上海南汇建筑总公司	32	上海嘉实建设（集团）有限公司
8	上海市安装工程有限公司	33	上海东亚联合建筑实业（集团）有限公司
9	上海市第七建筑有限公司	34	上海建设机场道路工程有限公司
10	上海铁路建设（集团）有限公司	35	上海浦东路桥建设股份有限公司
11	上海市第二建筑有限公司	36	上海浦东北蔡市政建筑有限公司
12	上海开天建设（集团）有限公司	37	上海宝钢工程建设总公司
13	上海市第一市政工程有限公司	38	上海建筑装饰（集团）有限公司
14	中国第二十冶金建设公司（沪）	39	上海市住安建设发展有限公司
15	上海市第二市政工程有限公司	40	上海华盛建设发展有限公司
16	上海宝钢集团公司	41	上海杨子江建设(集团)有限公司
17	上海广厦（集团）公司	42	上海市建筑装饰工程有限公司
18	上海市基础工程公司	43	腾达建设集团股份有限公司
19	上海港务工程公司	44	上海电力建筑工程公司
20	上海国际建设总承包有限公司	45	上海名华工程建筑有限公司
21	上海公路桥梁工程有限公司	46	金山石油化工建筑公司
22	上海市第五建筑有限公司	47	中国铁路通信议号上海工程公司
23	上海远东国际桥梁建设有限公司	48	上海耿耿市政工程有限公司
24	上海市建工机械工程有限公司	49	静安区建设总公司
25	上海电力电缆工程有限公司	50	上海室内装饰集团有限公司

R-13　2003年江苏省建筑企业总产值前50家

The Top 50 Construction Enterprises of Jiangsu Sorted by Output Value in 2003

位次	企业名称	位次	企业名称
1	江苏南通三建集团有限公司	26	南京市交通工程总公司
2	江苏省第一建筑安装公司	27	江苏江中集团有限公司
3	江苏省苏中建设集团股份有限公司	28	南通建筑工程总承包有限公司
4	江苏南通二建集团有限公司	29	江苏镇江四建建工集团有限公司
5	南通四建集团有限公司	30	启东市建筑安装工程有限公司
6	江苏省华建建设股份有限公司	31	中国核工业华兴建设公司
7	江苏中兴建设有限公司	32	南京大地建设（集团）股份有限公
8	江都市建设工程有限公司	33	苏州金螳螂建筑装饰有限公司
9	南通神勇建设工程总承包有限公司	34	南京三建（集团）有限公司
10	江苏正太建设集团股份有限公司	35	江苏恒基路桥总公司
11	江苏南通六建建设集团有限公司	36	中铁大桥局集团第二工程有限公司
12	江苏金土木建设集团有限公司	37	江苏省送变电公司
13	江苏三兴建工集团有限公司	38	南京市第六建筑安装工程有限公司
14	金坛市建筑安装工程公司	39	江苏省江建集团有限公司
15	江苏省交通工程总公司	40	中国建筑第八工程局第三建筑公司
16	江苏弘盛建设工程集团有限公司	41	江苏兴港建筑安装工程有限公司
17	江苏盐城二建集团有限公司	42	常熟市建筑安装工程有限公司
18	江苏省金陵建工集团有限公司	43	江苏省镇江市路桥工程总公司
19	苏州二建建筑集团有限公司	44	扬州市建筑工程公司
20	苏州市第一建筑集团有限公司	45	南通五建建设工程有限公司
21	江苏邗建集团有限公司	46	苏州交通工程集团有限公司
22	南通市建筑安装工程总公司	47	中煤第五建设公司
23	江苏建业建筑安装工程集团有限公司	48	赣榆县建筑安装工程公司
24	江苏广宇建设有限公司	49	江苏天宇建设工程有限公司
25	江苏淮阴建设工程集团有限公司	50	泰兴市张桥建筑安装工程公司

R-14　2003年江苏省房地产企业销售前50家

The Top 50 Real Estate Enterprises of Jiangsu Sorted by Revenue in 2003

位次	企业名称	位次	企业名称
1	常州新城房产开发有限公司	26	昆山金侨房地产开发有限公司
2	无锡聚江房地产有限责任公司	27	常熟市城市建设综合开发总公司
3	无锡市经济适用住房管理中心	28	扬州恒通房地产有限公司
4	南京市雨花台区城镇建设综合开发总公司	29	南京仙林房地产开发有限责任公司
5	南京二十一世纪房地产开发有限公司	30	建湖县县城拆迁改造办公室
6	盐城富建集团有限公司	31	沛县房屋综合开发总公司
7	苏州新港建设发展有限公司	32	颖都房产开发公司
8	南京业之恒房地产开发有限公司	33	常熟市新源房地产有限责任公司
9	南京市经济实用住房发展中心	34	中新苏州工业园区置地有限公司
10	南京三金房地产开发有限公司	35	连云港新电房地产开发有限公司
11	南京栖霞建设(集团)公司	36	江阴市锦隆房地产开发有限公司
12	泰州市鹏欣房产开发有限公司	37	建湖县登达房地产开发公司
13	江阴市城镇建设综合开发有限公司	38	锡山区东北塘房产公司
14	苏房房地产开发实业公司扬州分公司	39	江苏振华建筑集团公司昆山房产开发分公司
15	南京万达房地产开发有限责任公司	40	张家港市经济适用住房发展中心
16	泰州市金冠房地产开发公司	41	南京金鹰国际集团有限公司
17	扬州新能源房屋开发有限公司	42	万科开发公司
18	南京市白下区光华房地产开发公司	43	南京市下关城市建设开发（集团）公司
19	楚州区经济适用房开发公司	44	南通新海通有限公司
20	启东市建都房地产开发有限公司	45	南京鼎业房地产开发有限公司
21	江苏武进房地产开发有限公司	46	无锡市民生房地产开发有限公司
22	常州高成房地产开发有限公司	47	苏州市相城房地产开发有限公司
23	苏州新创建设发展有限公司	48	南京广厦房地产开发总公司
24	南京银城房地产开发有限公司	49	昆山中茵房地产有限公司
25	昆山力高房产有限公司	50	扬州金鑫房地产开发有限公司

R-15　2003年上海管理面积前100家物业公司

The Top 100 Estate Management Companies of Shanghai by Business Area in 2003

位次	企业名称	管理面积（平方米）
1	上海陆家嘴物业管理有限公司	20177514
2	上海上房物业管理有限公司	6342375
3	上海世邦魏理物业顾问有限公司	5488251
4	上海东湖物业管理公司	3721008
5	上海中星集团申城物业有限公司	3323016
6	上海威斯特物业经营有限公司	2979390
7	上海宝钢源康物业管理有限公司	2401445
8	上海延吉物业管理有限公司	2253245
9	上海浦东新区潍坊物业公司	2187704
10	上海复瑞物业管理有限公司	1935463
11	上海市科瑞物业管理发展有限公司	1927880
12	上海四平物业管理有限公司	1834919
13	上海高境物业管理有限公司	1826296
14	上海中房物业管理有限公司	1620071
15	上海宝山新寓物业管理有限公司	1614293
16	上海申大物业有限公司	1613839
17	上海上钢物业公司	1562759
18	上海临南物业管理有限公司	1533997
19	上海民盈城投物业管理有限公司	1520015
20	上海中山物业有限公司	1519590
21	上海明华物业公司	1488335
22	上海安居物业有限公司	1482357
23	上海沪莘置业发展有限公司	1474934
24	上海华联物业管理有限公司	1351936
25	上实物业管理（上海）有限公司	1337400
26	上海曹杨物业有限公司	1334667
27	上海嘉城物业管理有限公司	1309000
28	上海北安物业管理有限公司	1304229
29	上海申华物业有限公司	1286070
30	上海欣达房产服务公司	1281791
31	上海德律风物业有限公司	1253926
32	上海宏阳物业有限公司	1250218
33	上海联洋港力物业管理有限公司	1226001
34	上海真如物业有限公司	1220662
35	上海长风物业有限公司	1163380
36	上海平凉物业管理有限公司	1160575
37	上海友谊集团物业管理有限公司	1156589
38	上海联源物业发展有限公司	1149900
39	上海北外滩物业管理有限公司	1135771
40	上海申鹭物业管理有限公司	1129918
41	上海新世纪房产服务有限公司	1104000
42	上海永嘉置业管理有限公司	1058654
43	上海巨星物业有限公司	1054031
44	上海茸盛物业管理有限公司	1053766
45	上海阳厦物业管理有限公司	1051511
46	上海新桃源物业管理有限公司	1047030
47	上海吉兴物业管理有限公司	1043008
48	上海国际汽车城物业管理有限公司	1040000
49	上海鑫铭物业管理有限公司	1039666
50	上海枫林物业有限公司	1035173

R-15 续表 continued

位次	企业名称	管理面积（平方米）
51	上海共和物业管理有限公司	1033104
52	上海万科物业管理有限公司	1032663
53	上海永民置业管理有限公司	1032074
54	上海市杨浦区城市建设物业总公司	1021580
55	上海宝房集团友宜物业管理有限公司	983706
56	上海中远物业管理发展有限公司	983600
57	上海丽都物业发展公司	959260
58	上海奉房物业管理有限公司	955387
59	上海大柏树物业有限公司	953536
60	上海锦日物业管理有限公司	950894
61	上海实红物业管理有限公司	944838
62	上海南汇惠房物业管理有限公司	940504
63	上海三凌物业管理公司	939841
64	上海永绿置业有限公司	934465
65	上海生乐物业管理有限公司	919613
66	上海畅苑物业管理有限公司	919233
67	上海叶城物业管理有限公司	914639
68	上海洋泾物业公司	913391
69	上海大桥物业管理有限公司	897761
70	中海物业管理(上海)有限公司	892820
71	上海中城集团物业公司	892240
72	上海华园物业管理有限公司	891047
73	上海广同物业有限公司	883129
74	上海宝房（集团）海滨物业有限公司	882802
75	上海殷行物业管理有限公司	874087
76	上海永平置业有限公司	865108
77	上海通昌物业有限公司	862493
78	上海恒联物业有限公司	848629
79	上海宝翔物业有限公司	839317
80	上海建玮物业管理有限公司	831506
81	上海虹达物业管理有限公司	830740
82	上海新长宁集团仙霞物业有限公司	823650
83	上海闵碧物业管理有限公司	820889
84	上海星翔物业管理有限公司	816684
85	上海能宝物业有限责任公司	813857
86	狮城怡安(上海)物业管理有限公司	813461
87	上海中环陆家嘴物业管理有限公司	802281
88	上海金辉物业有限公司	799865
89	上海继发物业公司	792344
90	上海外高桥物业管理有限公司	790747
91	上海复欣物业管理发展有限公司	790300
92	上海驰骋物业管理有限公司	789127
93	上海万涓物业有限公司	782099
94	上海高建物业有限公司	778735
95	上海仪房物业有限公司	775879
96	上海侨乐物业服务有限公司	772875
97	上海松盛物业管理有限公司	771892
98	上海新长宁集团大楼物业有限公司	771803
99	上海普陀物业有限公司	763685
100	上海孜城置业有限公司	755244

R-16　2003年度上海市商品交易市场成交总额前20家

The top 20 Commodity Exchange Markets of Shanghai Sorted by Turnover Value in 2003

位次	市场名称	市场成交总额（万元）	联系电话	分机	邮编	地　址
1	上海物贸中心有色金属交易市场	3635380	62546741		200063	中山北路2550号
2	上海宝山钢材交易市场管理有限公司	2100000	65601918		200083	中山北一路903号
3	上海石化物资交易中心有限公司	2040000	68620157		200135	浦东大道1525号西五楼
4	上海华油石油天然气化工交易中心	1650000	68761787		200122	东方路969号10楼
5	上海逸仙钢材现货交易市场经营管理有限公司	1500000	65160582		200434	上海市逸仙路889号
6	上海诚通香山金属交易有限公司	929368	64150858		200023	徐家汇路679号
7	上海长江有色金属现货市场	777400	62570000	3655	200063	中山北路2550号三楼
8	上海二手车交易市场有限公司	777191	69502357		201805	嘉定区安亭镇墨玉南路1000号
9	上海外高桥汽车交易市场有限公司	673300	58665777	333	200131	外高桥保税区富特西一路459号
10	上海联合汽车（集团）有限公司	554900	56375566	2105	200072	沪太路1108号
11	上海枫泾商诚	438821	57351896		201501	金山区朱枫公路588号
12	上海安亭汽车市场	421175	39570402		201805	曹安路5555号
13	上海金桥原产地商品市场	340000	50312983		201206	新金桥路828号
14	上海铜川水产市场	305850	62541736		200333	铜川路800号
15	上海中山化工市场	300297	62148777		200061	中山北路2299号
16	上海华东钢材管理有限公司	300000	65166999		200437	邯郸路98号丙
17	上海沪西水产市场有限公司	275546	62545979	3133	200333	铜川路936号
18	上海市旧机动车交易市场	268162	62168804		200063	中山北路2907号
19	上海金桥钢材交易市场	267793	58543111		201206	新金桥路1568号
20	上海曹安路市场	264465	62657373	3157	200333	武宁路2255号

R-17 2003年浙江省亿元以上商品交易市场

Commodity Exchange Markets above 100 million yuan of Zhejiang in 2003

市场名称	年成交额（万元）	市场名称	年成交额（万元）
中国小商品城	2482700	湾头钢板市场	179110
绍兴中国轻纺城	2460028	义乌农贸城	177445
中国茧丝绸交易市场	1650000	苍南县副食品批发市场	171487
浙江永康五金实业开发总公司	1513000	长兴县轻纺城	161500
绍兴中国轻纺城钱清轻纺原料市场	1329800	绍兴大通集团公司农副产品批发交易市场	160000
杭州物资城	1200000	浙东农副产品批发市场	158500
余姚市中国塑料城	1185000	浙江汽配二场	155417
浙江织里童装市场	1021500	温州市钢材市场	154966
萧山商业城	1018942	长兴县金陵商城	153156
路桥中国日用品商城	882800	新昌县羊毛衫兔毛市场	152110
浙江南浔建材市场	810540	永嘉县桥头钮扣城	150300
浙江大唐轻纺袜业城有限公司	802355	长兴县农副产品综合批发市场	149924
路桥小商品批发市场	600229	诸暨珍珠市场	147328
杭州城北金属材料交易市场	573961	浙江明华轻纺原料市场	146342
绍兴越洲轻纺工贸园区有限公司	559000	浙江华东木材市场	145019
杭州四季青服装市场	531871	近江水产品农副产品综合市场	142415
湖州中国织里商城	519630	嘉善商城	140000
宁波华东物资城	498589	金华农产品批发市场有限公司	138445
绍兴(中国)染料城	443450	余姚市农副产品批发市场	136600
瑞安商城	428884	金华商城	133994
浙江食品市场	414386	杭州市粮油批发交易市场	130941
宁波镇海液体化工产品交易市场	406000	慈溪市桥头废塑料市场	130000
中国南方五金城	384295	台州市椒江鲜水产批发市场	125700
温州商贸城	358367	浙中建筑物资市场	124580
慈溪市工业品批发市场	353780	丽水府前菜市场	122055
桐乡市濮院羊毛衫市场	338000	湖州浙北农副产品批发市场	120551
杭州浙江汽配城	328800	中国水产城	117300
海宁中国皮革城中央交易区	326200	浙东南副食品批发市场	116795
慈溪市周巷副食品批发市场	306922	新昌县钟楼农贸市场	113460
湖州丝绸城	300000	温岭市松门水产品批发市场	111316
温州市浙南农副产品中心市场	278574	温州化工市场	107500
中国舟山国际水产城	277630	杭州长城机电市场	106934
石矸轻纺城市场	270234	金华五里牌楼市场	106364
浒山镇蔬菜批发市场	268470	温岭泽国五金轴承调剂中心	100031
浙江省农都农产品市场	260120	庆元县香菇市场	100019
浙江省浙金钢材现货市场	255000	衢州粮食批发市场	99073
杭州汽车东站小商品市场	248205	衢州南湖农贸市场	98000
龙游县交易城	236186	衢州农贸城	97535
中国丝绸城	231096	杭州农副产品批发市场	96476
浙江省慈溪市胜山服装布角料市场	222646	浙江温西工量刃具交易中心	95240
杭州陶瓷品市场	218800	宁波第一汽车市场	90998
嘉兴市洪合羊毛衫市场	218560	瑞安水产城	86600
温州东方灯具市场	205000	奉化市大桥农贸市场	85211
温洲市浙福边贸水产城	198000	金华浙中建筑装饰材料市场	83850
宁波万国商城	196937	绍兴中国轻纺城东浦废丝市场	83000
嵊州市中国领带城	191684	宁波路林市场	82425
许村被面市场	190600	宁波现代建筑装潢市场	81664
诸暨市小商品市场	190484	温州市旧机动车交易市场	81299
杭州环北小商品市场	185682	灵桥农贸市场	81225
嘉兴车城	183295	浙江义乌物资市场	80513

R-17 续表1　continued

市场名称	年成交额（万元）	市场名称	年成交额（万元）
路桥机电五金城	80300	浙江眼镜城	50000
宁波市二号桥市场	77433	温州家电市场	49774
浙江化工市场	76605	路桥建筑材料装饰城	49380
嘉兴市荷花堤农贸市场	75600	温岭市太平路菜市场	48900
余姚市江南水暖城	75000	龙游县农产品批发市场	48623
温岭市车关鲜活水产品交易市场	73940	浙江生产资料市场	47177
余杭江南食品市场	72300	浙江南方皮革城	46890
颐高数码广场	70760	温岭市购物中心	46700
余姚市模板市场	69800	船舶市场	46340
浙江汽车市场	68731	永康市芝英生产资料市场	45699
嘉兴市东门农贸市场	68700	浙金钢材市场金华分市场	45000
浙江钱江服装小商品市场	68489	宁波市江东水产批发市场	44846
嘉兴农产品市场	67010	温州市鞋料市场	44537
温州装饰材料市场	66271	嘉善华东建材市场	44350
温州家具市场	66099	温洲礼品城	43677
丽水市粮油副食品批发市场	65500	杭州四季青面料市场	43659
海盐县武原农贸市场	64650	温州市农副产品批发市场	43200
台州市万济池菜场	63360	温州市水产批发交易市场	43168
富阳市城东综合市场	62481	新安江市场开发服务中心	42936
浙西竹木市场	62000	新昌县浙东名茶市场	42000
路桥塑料化工市场	60295	杭州灯具市场	42000
宁波市旧机动车交易市场	59976	龙游县北门综合市场	41995
浙江汇宇棉纱市场	59493	永康市丽州商城	41200
宁海县跃龙综合市场	59381	东阳市东门菜场	41000
萧山西门农贸市场	58809	江山市小商品市场	40836
桐乡集贸市场	58260	温州市鹿城广利农贸市场	40671
宁波望湖桥市场	57931	杭州电子市场办公室	40559
浙中木材市场	57930	景宁山珍大市场	40168
嘉兴建材陶瓷市场	57700	嵊州市江滨市场	40030
宁海县农产品综合市场	56804	萧山生产资料市场	39650
东阳商城	56197	柳市电器城	39638
诸暨市东湖农贸市场	55762	浙江家电市场	39494
海宁商城毛皮辅料市场	55300	台州轻纺针织品批发市场	39300
嘉兴南方丝绸市场	55206	浙江新世纪金属材料现货市场	39244
金华市现代电脑市场	55000	笕桥蔬菜批发交易生产市场	39098
龙游县粮食批发市场	54480	杭州汽车东站工业品市场	39066
宁波市蔬菜副食品批发交易市场	54392	浙江缝配城	38107
路桥机动车交易市场	54382	北仑新矸市场建设开发服务站	37685
长兴县中心农贸市场	53710	余杭农贸市场	37466
桐庐综合市场	53438	温州电脑市场	37000
高塘市场	52767	温岭市南鉴帽业批发市场	37000
浙江华东汽车摩托车交易市场	52704	浙江颐高西溪数码港市场	36848
汪家河菜场	52629	绍兴市废旧金属交易市场	36773
定海区南珍菜场	52088	瑞安市望江菜市场	36400
金华家电市场	52000	石浦菜场	36322
温岭市塘下钢铁市场	51400	杭州四季青服装批发市场	35977
萧山花木城	51000	台州市电子电器市场	35447
苍南县纺织工业品市场	50150	南街菜场	35326
上虞市国际商贸城	50136	金华兰溪门菜场	35154
富春江商业城	50030	浦江农贸市场	35000

R-17 续表 2 continued

市场名称	年成交额（万元）	市场名称	年成交额（万元）
绍兴市永宁废旧金属交易市场	34932	慈溪市浒山菜市	25143
温州服装市场	34726	绍兴市塔山竹木市场有限公司	25000
富阳第二农贸市场	34620	宁波华东棉纱市场	24710
浙江浙南茶叶市场	34400	永康市华丰菜场	24656
温岭市泽国菜市场	33780	德清县新市仙潭市场	24533
东新果品批发市场	33672	天一数码广场	24400
平湖市农副产品批发市场	33540	湖州市练市商业城	24111
黄岩柑桔果品市场	33212	金华浙中家私居室用品市场	24000
大矸市场	33140	杭州华贸鞋业批具市场	24000
杭州通信器材市场	33093	普陀区东河市场	23789
浙江绍兴汽车城有限责任公司	32600	慈溪市周巷农贸市场	23634
富阳市大源综合市场	31996	宁波市蔬菜公司果品批发交易市场	23547
温岭市箬横水产品市场	31300	浙南鞋料市场	23352
临安天工商厦	31250	三里亭农副产品交易市场	23253
开化县芹南综合市场	31160	湖州副食品批发市场	23249
台州市农副产品批发中心	31062	瑞安市农副产品市场	23190
温岭市大溪中心菜市场	30524	路桥中心菜市场	23075
上虞市蔬菜批发交易市场	30500	慈溪市天元生产资料批发市场	22942
新声综合市场龙翔服饰城	30488	嘉兴市三水湾菜场	22700
柴桥市场	30457	萧山市心广场	22668
浙北毛竹市场	30309	温岭市牧屿菜市场	22450
台州市家私城	30100	桐乡崇福集贸市场	22234
绍兴市大昌水产批发交易市场	30008	余姚市富巷菜场	22000
上虞市百官农贸市场	30000	温岭市太平水果批发市场	21870
浙江泽国鞋革商城	30000	温岭泽国建材市场	21850
黄岩中心市场	30000	宁海县红枫生资建材综合市场	21800
温岭市箬横小商品市场	29800	椒江上洋生猪交易市场	21722
瑞安市农贸市场	29700	宁波市江东张斌桥集贸市场	21005
虹桥菜市场	29650	温州市龙湾废旧金属材料市场	21000
桐乡副食品批发市场	29595	龙泉市香菇市场	21000
杭州新时代装饰材料市场	29554	安吉县孝丰中心农贸市场	21000
温岭市牧屿综合市场	29550	绍兴中国轻纺城综合市场	20929
温岭市箬横副食品批发市场	29500	温州市站前商贸中心	20913
温岭市松门水产品市场龙门分场	29320	嘉兴蔬菜批发交易市场	20902
瑞安市莘塍镇仙甲塑料市场	29050	温岭市横峰农贸市场	20800
嘉兴市吉水综合市场	29000	乐清市柳市有色金属材料市场	20678
温岭泽国第二旧机床交易市场	28769	温州市生猪屠宰场	20422
宁波市元康水果市场	28230	海宁市建材市场	20368
浙江泽国机床电器交易中心	28050	湖州织里中心农贸市场	20361
苍南县龙港第一菜市场	28000	浙江绍兴中国轻纺城纺机市场	20150
湖州中心农贸市场	27997	慈溪市旧货交易市场	20035
浙南粮食批发市场	27155	新昌县轴承市场	20000
金华粮食批发市场	26574	新马路菜市场	19984
温州市紧固件市场	26284	武康菜市场	19959
杭州华东陶瓷建材市场	25500	龙泉市农贸市场	19900
桐乡乌镇集贸市场	25463	台州鞋业市场	19900
黄龙洞副食品市场	25332	硖石中心菜场	19800
湖州市练市中心农贸市场	25260	平湖市北门菜场	19697
温岭市温峤菜市场	25232	白沙市场	19655
宁波禽蛋市场	25218	中心农贸市场	19526

R-17 续表3 continued

市场名称	年成交额（万元）	市场名称	年成交额（万元）
普陀区沈家门集市中心	19489	余姚市小商品市场	15300
慈溪市旧机动车交易市场	19344	诸暨市水果批发市场	15245
温州浙江皮革市场	19310	浙江四季青佳宝童装市场	15140
月湖市场	19266	温岭市泽国第二菜场	15111
淳安西园菜市场	19214	虹桥生产资料市场	15110
乐清市柳市水果副食品市场	19058	余姚市下菱菜场	15080
绍兴市市场开发服务中心大江市场	18888	天台县梨园小商品市场	15020
嘉兴市百花综合市场	18800	台州市椒江煤炭市场	15010
富阳新登综合市场	18794	衢州副食品家电批发市场	15000
奉化市炒货市场	18776	松阳县古市综合市场	15000
海宁皮革城北区	18500	平湖市南市菜场	14758
台州市椒江花园菜场	18400	虹桥木材市场	14700
开化县华埠农贸市场	18300	瑞安市不锈钢市场	14700
苍南县灵溪镇城中菜市场	18115	杭州万寿亭农贸市场	14606
磐安县特产城有限公司	18100	建德市市场开发服务中心	14504
平阳县毛线综合市场	18052	温州市粮油批发交易市场	14444
松阳县综合市场	18000	宁波市江东曙光市场	14405
南浔大桥农贸市场	17970	骆驼菜场	14384
常山柚香市场	17930	温州市通讯设备市场	14314
温岭市松门生产资料市场	17895	杭州轻纺市场	14193
金华市旧机动车交易市场	17569	双林农贸市场	14172
余姚市桐江桥菜场	17500	绍兴建材城有限责任公司	14112
余姚市巍星路菜场	17380	上虞市服装市场	14000
绍兴市市场开发服务中心大云市场	17362	青田县鹤城中心菜市场	14000
温岭市珍珠首饰批发市场	17100	遂昌县中心市场	13961
临海市东湖小商品市场	17000	瑞安市莘塍镇红星废铁皮市场	13563
黄岩天长路菜市场	17000	江山市白鹅市场	13520
绍兴中国轻纺城服装市场	16985	磐安县冷水香菇市场	13450
诸暨市枫桥农贸市场	16782	仙居县城关中心菜场	13363
海曙肉禽蛋市场	16779	庆元县茹城农贸市场	13312
武义星光蔬菜瓜果市场	16667	星阳市场	13310
龙游县西门农贸市场	16629	宁波市神州汽车市场	13245
温岭市文化桥菜市场	16600	平阳县鳌江商业城	13229
余姚市梁弄菜场	16400	绍兴市越都商城有限公司	13210
临安於潜集贸市场	16326	温州市鹿城上陡门农贸市场	13156
虹桥商贸城	16320	慈溪市观城金慈塑料城	13050
安吉转椅市场	16300	衢州农贸城果品批发市场	13032
黄岩城关小商品市场	16080	长兴县和平农贸市场	12896
淳安千岛湖茶叶市场	16050	绍兴市蔬菜果品批发交易中心	12800
嘉善县水果蔬菜批发中心	16042	绍兴钢材市场	12800
西门菜场	15874	湖州市织里农贸市场	12766
绍兴市河山建筑装璜材料市场	15872	绍兴县中国轻纺城羽绒市场有限公司	12600
温州市不锈钢市场	15800	温州市五金城	12600
温岭市上马综合市场	15725	景宁县中心菜市场	12587
余姚市临山综合市场	15610	温州市瓯海梧埏农贸市场	12510
苍南县钱库菜市场	15535	慈溪市浒山镇西门市场	12498
新声综合市场兴合服饰城	15467	慈溪市浒山镇金山农贸市场	12444
温岭市松门菜场	15353	余杭华东家禽交易市场	12247
路桥蔬菜批发市场	15300	台州市五金建筑批发市场	12227
蓬莱菜场	15300	平阳县钢材市场	12222

R−17 续表 4　continued

市场名称	年成交额（万元）	市场名称	年成交额（万元）
安吉县递铺农贸市场	12119	路桥兴路市场	10350
温州市龙湾区永中农贸市场	12100	湖州市练市针织品批发市场	10300
杭州转塘农贸市场	12060	安吉商城	10273
邱隘市场	12057	瑞安市汽摩配城	10200
余杭物资调剂市场	12000	杭州夹板市场	10078
慈溪市范市综合市场	11847	嘉兴商城	10075
苍南县灵溪老街菜市场	11777	兰溪市北门菜场	10050
永嘉县瓯北农贸市场	11745	宁波市华严农贸市场	10046
乐清市柳市中心菜市场	11694	天台县城关中心菜场	10029
炼化后施菜场	11660	绍兴大龙市场	10027
玉环县城关中心菜场	11591	温州市瓯海瞿溪农贸市场	10010
青田中国石雕工艺市场	11500	虹桥东街菜市场	10002
乐清金炉铁皮市场	11450	慈溪市三北场	9878
段塘市场	11375	余杭中山农贸市场	9828
宁波市江东白鹤农贸市场	11331	余姚市泗门镇农贸市场	9704
温州木材市场	11150	宁波市海田果品交易市场	9009
南浔江南皮货市场	11073	路桥水果市场	9000
天台县平镇中心菜场	11006	咏归市场	8814
台州市副食品综合市场	10965	湖州新华农贸市场	8507
浙江省衢州市凤朝装饰市场	10943	德清新市摩托车市场	8391
宁波市家电市场	10896	东方化工市场	8284
宁海县水主产城有限公司	10808	嘉兴水产肉食品批发市场	8100
金华灯饰市场	10733	余姚市南门副食品市场	7800
杭州祥符鲜肉批发交易市场	10727	杭州武林门电器市场	7226
湖州织里国际童装市场	10700	宁波建材物资市场	6810
宁波现代家园市场	10609	温岭市太平农贸综合批发市场	6460
长兴县浙皖综合市场	10606	路桥磨石桥菜市场	5450
余姚市陆埠市场	10585	湖州红丰农贸市场	5206
杭州华东家具市场	10500	新型建材市场	4909
温州市中侨通讯商场	10408	模具市场	4443
浙江白银市场	10366	湖州市集贸大厦工业品综合市场	4421

R-18　2003年上海旅馆业营业收入前100家

The Top 100 Hotels of Shanghai Sorted by Revenue in 2003

位次	单位名称	营业收入（万元）
1	中国金茂（集团）股份有限公司金茂君悦大酒店分公司	47792
2	上海浦东新区香格里拉酒店有限公司	32108
3	上海商城上海波特曼丽嘉酒店	29851
4	静安希尔顿饭店(上海)	28882
5	花园饭店（上海）	24031
6	上海金光外滩置地有限公司威斯汀大饭店	22184
7	上海上实南洋大酒店有限公司上海四季酒店	21766
8	上海扬子江大酒店有限公司	18774
9	上海王宝和大酒店有限公司	16756
10	新锦江大酒店	16646
11	上海锦江饭店	16500
12	上海华亭宾馆有限公司	15692
13	上海紫泰酒店管理有限公司万豪虹桥大酒店	14469
14	上海国际贵都大饭店有限公司	14033
15	上海国际会议中心有限公司东方滨江大酒店	13409
16	上海光大会展中心有限公司	13153
17	上海锦沧文华大酒店有限公司	12990
18	上海国际网球中心酒店管理有限公司富豪环球东亚酒店	12295
19	上海市上海宾馆有限公司	11660
20	银星宾馆	11655
21	上海新亚汤臣大酒店有限公司	11575
22	上海红塔大酒店有限公司	11573
23	上海海仑宾馆有限公司	11262
24	上海市虹桥宾馆	10979
25	上海紫金山大酒店	10178
26	上海虹桥迎宾馆	10061
27	上海兴国宾馆	9898
28	上海南新雅大酒店有限公司	9699
29	上海和平饭店有限公司	9661
30	上海建国宾馆	9469
31	上海通欣大酒店	9300
32	上海浦东华油实业有限责任公司中油日航大酒店	8766
33	上海中国煤炭大厦有限责任公司浦东假日酒店	8652
34	上海西郊宾馆	8635
35	上海东锦江大酒店有限公司	8598
36	上海新亚广场长城酒店有限公司	8463
37	上海银河宾馆	8356
38	上海国际机场宾馆	7895
39	上海宝隆(集团)股份有限公司宝隆宾馆	7848
40	上海国际航运大厦有限公司海神诺富特大酒店	7227
41	上海大厦	6972
42	上海通贸大酒店有限公司	6865
43	上海兰生大酒店	6597
44	上海大众美林阁酒店有限公司	6545
45	上海国际饭店	6496
46	上海民航置业有限公司浦东华美达大酒店	6492
47	上海由由大酒店有限公司	6347
48	宝钢集团宝山宾馆	6293
49	上海衡山宾馆	6165
50	上海锦江国际酒店发展股份有限公司新亚大酒店	6015

R-18 续表 continued

位次	单位名称	营业收入（万元）
51	上海体育场酒店管理有限公司富豪东亚酒店	5826
52	城市酒店(上海)	5765
53	上海美林阁酒店管理有限公司	5729
54	上海圣淘沙大酒店有限公司	5276
55	上海远洋宾馆有限公司	5176
56	上海山东齐鲁实业总公司齐鲁万怡大酒店	5145
57	上海九龙宾馆有限公司	5139
58	青松城大酒店	5100
59	上海陆家嘴酒店管理有限公司明城大酒店	5025
60	海鸥饭店	5014
61	上海世博会议大酒店有限公司	4928
62	上海宝钢商务大厦	4892
63	上海中亚饭店	4831
64	上海华美达广场有限公司	4750
65	上海悦华大酒店	4664
66	上海瑞金宾馆	4599
67	上海逸和龙柏酒店有限公司	4591
68	上海延安饭店	4529
69	上海锦江旅馆投资管理有限公司	4501
70	上海华夏宾馆	4472
71	上海百乐门大酒店	4283
72	上海东湖宾馆	4002
73	上海太阳岛国际俱乐部有限公司	3843
74	上海中福大酒店有限公司	3747
75	上海新苑宾馆	3654
76	上海新元大酒店	3557
77	上海建工锦江大酒店有限公司	3542
78	上海斯波特体育发展有限公司斯波特大酒店	3511
79	上海烟草集团卢湾烟草糖酒有限公司美臣大酒店	3439
80	上海古象大酒店	3430
81	上海扬子饭店	3405
82	上海名人苑酒店经营管理有限公司	3398
83	上海锦江金门大酒店	3392
84	崇明县人民政府招待所（锦绣宾馆）	3357
85	上海龙柏饭店	3273
86	上海大众大厦有限责任公司	3213
87	上海锦勤田林宾馆管理有限公司	3206
88	上海邮电大厦	3200
89	上海迎园饭店	3112
90	上海金山宾馆有限公司	3107
91	上海红楼宾馆有限公司	3093
92	上海老饭店	2981
93	上海金轩大酒店有限公司	2959
94	上海中土大厦酒店有限责任公司	2945
95	上海金富门酒店	2918
96	上海江苏饭店	2871
97	上海物贸大厦有限公司	2837
98	上海奥林匹克俱乐部	2786
99	上海宝丰联大酒店	2749
100	上海江天实业有限公司江天宾馆	2715

R-19 2003年江苏省旅游涉外饭店营业收入前50家
The Top 50 Tourist Foreign Concerned Hotels of Jiangsu by Revenue in 2003

位次	企业名称	位次	企业名称
1	南京金陵饭店	26	宜兴国际饭店
2	南京中山大厦	27	南京中日友好会馆
3	苏州吴宫喜来登大酒店	28	无锡太湖饭店
4	南京丁山香格里拉大酒店	29	无锡锦江大酒店
5	南京希尔顿国际大酒店	30	南京国际会议大酒店
6	苏州新城花园	31	苏州雅都大酒店
7	南京中心大酒店	32	江苏凤凰台饭店
8	南京古南都饭店	33	南通大饭店
9	江苏金丝利喜来登酒店	34	苏州张家港市国贸酒店
10	南京金鹰大酒店	35	常州市金陵明都大饭店
11	苏州凯莱大酒店	36	苏州昆山市云海度假村
12	苏州昆山宾馆	37	苏州昆山开发区一醉大酒店有限公司
13	苏州雅戈尔富宫大酒店	38	南京状元楼酒店
14	常州大酒店有限公司	39	无锡锡州花园酒店
15	无锡大饭店	40	无锡黄金海岸大酒店
16	无锡国际饭店	41	无锡华美达酒店
17	无锡喜来登大饭店	42	南通三德大酒店
18	江阴市国际大酒店	43	南京怡华酒店有限公司
19	苏州胥城大厦	44	江苏新纪元大酒店有限公司
20	苏州市会议中心	45	常州中油国际大酒店有限公司
21	南京玄武饭店	46	扬州新世纪大酒店
22	南通文峰饭店	47	镇江国际饭店
23	无锡湖滨(水秀)饭店	48	南通市华能宾馆
24	南京饭店	49	江阴市新扬子大酒店
25	苏州华美达竹辉饭店	50	无锡太湖花园度假村

R-20 2003年江苏省旅行社营业收入前50家
The Top 50 Travel Agencies of Jiangsu by Revenue in 2003

位次	企业名称	位次	企业名称
1	无锡中国旅行社	26	溧阳天目湖旅行社
2	无锡康辉旅行社	27	苏州和平国际旅行社
3	苏州永安国际旅行社	28	江阴市华西旅行社
4	苏州中国青年国际旅行社	29	镇江中国旅行社
5	江苏省中国旅行社	30	无锡招商国际旅游公司
6	江苏中国青年旅行社有限公司	31	无锡阳光国际旅行社
7	南京中国国际旅行社	32	南京中北国际旅行社
8	江苏水乡周庄旅游股份有限公司	33	常州国旅集团海外旅游有限公司
9	无锡国际旅行社	34	镇江友好旅行社
10	江苏金陵商务国际旅行社	35	常州青年旅行社有限公司
11	无锡青年旅行社	36	苏州市吴中区东吴国际旅行社
12	中国康辉南京国际旅行社	37	苏州职工国际旅行社
13	南京招商国际旅行社	38	苏州市天马旅行社有限公司
14	常州国旅集团国内旅游有限公司	39	扬州中国青年旅行社有限公司
15	苏州文化国际旅行社	40	南京禄口机场国际旅行社
16	无锡海外旅游公司	41	无锡春秋旅游公司
17	江苏东方航空国际旅行社有限公司	42	宜兴市国际旅行社
18	苏州中国康辉苏州旅行社	43	苏州昆山市春秋国内旅行社
19	苏州中国旅行社	44	无锡江南国际旅行社
20	南京春秋旅行社	45	江阴市友好旅行社
21	江阴市中国旅行社	46	徐州中国国际旅行社
22	苏州海外旅游公司	47	南京金桥旅游公司
23	苏州风光旅行社	48	苏州交通旅行社
24	苏州市吴中区太湖国际旅行社	49	无锡假日国际旅行社
25	苏州中国国际旅行社	50	无锡二泉旅行社

R-21　2003年浙江省企业集团营业收入前50家

The Top 50 Enterprise Groups of Zhejiang by Revenue in 2003

位次	企业集团名称	位次	企业集团名称
1	浙江物产集团	26	浙江省商业集团
2	浙江省兴合集团	27	宁波维科集团
3	浙江冶金集团	28	浙江东方集团股份有限公司
4	万向集团	29	人民电器集团
5	宁波电子信息集团	30	中天建设集团
6	横店集团	31	浙江丝绸集团
7	杭州娃哈哈集团	32	浙江康桥汽车工贸集团
8	雅戈尔集团	33	杭州橡胶集团
9	正泰集团	34	杉杉集团
10	浙江省建设投资集团	35	浙江恒逸集团
11	广厦控股创业投资有限公司	36	浙江永通染织集团
12	德力西集团	37	龙元建设集团
13	浙江中大集团控股有限公司	38	浙江卡森集团
14	奥克斯集团	39	浙江红山集团
15	钱江集团	40	浙江大东南集团
16	华立集团	41	纵横控股集团
17	普天东方通信集团	42	宝业集团股份有限公司
18	浙江桐昆集团	43	浙江省二轻集团
19	宁波富邦控股集团	44	浙江省交通工程建设集团
20	纳爱斯集团	45	巨化集团
21	宁波联合集团	46	杭州华东医药集团
22	浙江远东化纤集团	47	海亮集团
23	吉利集团	48	五洋建设集团
24	宁波海田集团	49	浙江省耀江实业集团
25	浙江中成控股集团	50	宁波金田铜业集团

R-22　2003年江苏省企业集团前50家

The Top 50 Enterprises Groups of Jiangsu in 2003

位次	企业名称	位次	企业名称
1	江苏省电力公司	26	南京物资实业集团总公司
2	熊猫电子集团	27	苏州爱普生有限公司
3	金陵石化	28	苏州飞利浦消费电子有限公司
4	扬子石油化工股份有限公司	29	无锡威孚集团有限公司
5	江苏沙钢集团有限公司	30	南京斯威特集团有限公司
6	中国石油化工股份有限公司江苏石油分公司	31	江苏永钢集团
7	南京钢铁集团	32	常林工程机械集团
8	明基电通信息技术有限公司	33	金东纸业（江苏）有限公司
9	春兰集团	34	旭电(苏州)科技有限公司
10	友达光电（苏州）有限公司	35	南京医药产业集团
11	徐州工程机械集团有限公司	36	维维集团
12	江苏省电信有限公司	37	东海粮油(张家港)工业有限公司
13	希捷国际科技（无锡）有限公司	38	南京纺织品进出口股份有限公司
14	苏宁电器集团	39	江苏省农垦集团有限公司
15	仪征化纤	40	一汽无锡柴油机厂
16	华芳集团有限公司	41	江苏省海外企业集团有限公司
17	江苏华西集团公司	42	江苏新科电子集团有限公司
18	江苏移动通信有限责任公司	43	江苏阳光集团有限公司
19	江苏悦达集团	44	连云港如意集团股份有限公司
20	江苏小天鹅集团有限公司	45	江苏三房巷集团有限公司
21	江苏国泰国际集团有限公司	46	江苏舜天国际集团
22	跃进汽车集团	47	江苏雨润食品产业集团有限公司
23	仁宝电子科技（昆山）有限公司	48	红星家具集团有限公司
24	苏州创元（集团）有限公司	49	上海梅山钢铁股份有限公司
25	苏果超市有限公司	50	红豆集团有限公司

R–23 上海市2003年经营收入超亿元村

Villages above 100 million yuan of Shanghai Sorted by Revenue in 2003

位次	区县名	村名	经营总收入（万元）
1	闵行区	七宝镇九星村	248286
2	闵行区	马桥镇旗忠村	246317
3	嘉定区	南翔镇永乐村	169952
4	闵行区	七宝镇沪星村	157411
5	南汇区	康桥镇沿南村	149750
6	闵行区	虹桥镇井亭村	141013
7	闵行区	梅陇镇华一村	138568
8	宝山区	大场镇新华村	132735
9	闵行区	虹桥镇虹二村	124980
10	闵行区	虹桥镇新桥村	122305
11	青浦区	徐泾镇前明村	114958
12	嘉定区	马陆镇石冈村	107995
13	嘉定区	安亭镇双浦村	107082
14	嘉定区	马陆镇包桥村	101166
15	嘉定区	马陆镇陈村村	101110
16	嘉定区	江桥镇新华村	98116
17	嘉定区	马陆镇陆家村	96086
18	闵行区	梅陇镇行西村	95756
19	浦东新区	三林镇联丰村	92520
20	闵行区	虹桥镇虹六村	92443
21	闵行区	莘庄镇东吴村	91905
22	青浦区	赵巷镇崧泽村	89120
23	嘉定区	马陆镇樊家村	88821
24	闵行区	虹桥镇虹桥村	88809
25	松江区	新桥镇春申村	88100
26	闵行区	莘庄镇明星村	87668
27	嘉定区	马陆镇新联村	87276
28	浦东新区	张江镇环东村	86685
29	闵行区	梅陇镇陇南村	86667
30	嘉定区	南翔镇永丰村	84878
31	松江区	九亭镇九里亭村	84678
32	嘉定区	安亭镇塔庙村	81388
33	闵行区	七宝镇新龙村	80285
34	闵行区	华漕镇光华村	80138
35	闵行区	梅陇镇华二村	79784
36	闵行区	莘庄镇青春村	79728
37	浦东新区	川沙镇八灶村	79355
38	浦东新区	金桥镇三桥村	76600
39	浦东新区	曹路镇东海村	74239
40	浦东新区	川沙镇界龙村	72588
41	嘉定区	马陆镇马陆村	72381
42	浦东新区	高行镇周桥村	72125
43	浦东新区	合庆镇向阳村	67493
44	青浦区	华新镇凌家村	66785
45	嘉定区	黄渡镇联西村	66580
46	闵行区	梅陇镇陇西村	66173
47	浦东新区	曹路镇启明村	65561
48	闵行区	莘庄工业区新生村	64917
49	浦东新区	机场镇滨一村	61773
50	闵行区	莘庄工业区紫磊村	60216

R-23 续表 continued

位次	区县名	村名	经营总收入（万元）
51	闵行区	梅陇镇朱家行村	59168
52	闵行区	莘庄镇莘光村	56757
53	闵行区	华漕镇朱家泾村	56263
54	闵行区	莘庄镇莘东村	54580
55	闵行区	七宝镇七宝村	54320
56	嘉定区	江桥镇五四村	54092
57	宝山区	月浦镇勤丰村	53568
58	青浦区	徐泾镇金云村	52900
59	松江区	洞泾镇砖桥村	52300
60	闵行区	梅陇镇车沟村	51385
61	闵行区	莘庄镇莘北村	50741
62	松江区	九亭镇朱龙村	48626
63	闵行区	吴泾镇星火村	48184
64	闵行区	龙柏街道虹光村	48093
65	浦东新区	高东镇盐仓村	48078
66	浦东新区	唐镇虹四村	48074
67	浦东新区	曹路镇永和村	48039
68	浦东新区	机场镇邓二村	47265
69	闵行区	梅陇镇曹行村	47101
70	闵行区	七宝镇友谊村	46089
71	闵行区	梅陇镇张慕村	45303
72	嘉定区	江桥镇建华村	45287
73	嘉定区	马陆镇立新村	44613
74	闵行区	马桥镇星星村	44509
75	闵行区	七宝镇联明村	44202
76	浦东新区	金桥镇金明村	44186
77	闵行区	颛桥镇中心村	44018
78	闵行区	梅陇镇永联村	43449
79	闵行区	华漕镇陶家角村	42183
80	闵行区	七宝镇红明村	40395
81	嘉定区	江桥镇幸福村	40215
82	闵行区	梅陇镇集心村	40028
83	松江区	九亭镇金吴村	39350
84	嘉定区	南翔镇新丰村	39035
85	嘉定区	南翔镇红翔村	38623
86	松江区	新桥镇民益村	38417
87	宝山区	庙行镇康家村	38313
88	闵行区	梅陇镇民建村	37721
89	青浦区	华新镇马阳村	37430
90	浦东新区	高桥镇南塘村	37190
91	宝山区	杨行镇城西二村	36960
92	嘉定区	南翔镇静华村	36918
93	青浦区	华新镇朱长村	36884
94	闵行区	梅陇镇双溪村	36595
95	浦东新区	高桥镇屯粮巷村	36425
96	嘉定区	华亭镇毛桥村	36407
97	浦东新区	机场镇华路村	36392
98	闵行区	七宝镇号上村	36155
99	闵行区	华漕镇许浦村	35816
100	浦东新区	曹路镇兴东村	35763

F-1 2003年长江三角洲和珠江三角洲地区上市公司财务数据

Financial Statistics of Listed Company in Delta of Yangtze River and Pearl River in 2003

公司全称	股票代码	公司简称	每股收益（元）	每股净资产（元）	调整后每股净资产（元）	净资产收益率（%）
深圳发展银行股份有限公司	000001	深发展A	0.16	2.04	1.97	7.98
万科企业股份有限公司	000002	万科A	0.39	3.37	3.34	11.53
金田实业(集团)股份有限公司	000003	PT金田A	-0.82	-7.55	-7.55	0.00
深圳市北大高科技股份有限公司	000004	北大高科	0.05	1.19	1.18	3.85
深圳世纪星源股份有限公司	000005	*ST星源	0.00	1.31	1.28	0.23
深圳市振业(集团)股份有限公司	000006	深振业A	-1.15	3.74	2.65	-30.77
深圳市赛格达声股份有限公司	000007	深达声A	0.10	1.62	1.46	6.42
广东亿安科技股份有限公司	000008	ST亿安	0.01	0.41	0.41	3.23
中国宝安集团股份有限公司	000009	深宝安A	0.01	1.19	1.06	1.13
深圳市华新股份有限公司	000010	深华新	0.05	1.16	1.05	4.14
深圳市物业(发展)集团股份有限公司	000011	ST深物业	0.14	0.88	0.51	16.24
中国南玻集团股份有限公司	000012	南玻A	0.30	3.12	3.10	9.66
深圳石化工业集团股份有限公司	000013	*ST石化A	-1.08	-7.93	-7.93	0.00
沙河实业股份有限公司	000014	沙河股份	0.33	2.90	2.88	11.47
康佳集团股份有限公司	000016	深康佳A	0.17	5.07	4.90	3.31
深圳中华自行车集团股份有限公司	000017	ST中华A	-0.07	-3.51	-3.57	0.00
深圳中冠纺织印染股份有限公司	000018	深中冠A	0.01	1.84	1.82	0.51
深圳市深宝实业股份有限公司	000019	深深宝A	-0.25	1.26	1.06	-19.56
深圳华发电子股份有限公司	000020	ST华发A	-0.03	0.98	0.91	-2.80
深圳开发科技股份有限公司	000021	深科技A	0.30	3.42	3.42	8.89
深圳赤湾港航股份有限公司	000022	深赤湾A	0.82	3.94	3.92	20.92
深圳市天地(集团)股份有限公司	000023	深天地A	0.04	1.62	1.51	2.72
招商局蛇口控股股份有限公司	000024	招商地产	0.64	6.05	5.99	10.60
深圳市特力(集团)股份有限公司	000025	ST特力A	0.02	2.07	2.03	0.99
深圳市飞亚达(集团)股份有限公司	000026	飞亚达A	0.02	2.07	2.03	0.99
深圳能源投资股份有限公司	000027	深能源A	0.59	3.03	3.02	19.60
深圳一致药业股份有限公司	000028	一致药业	0.05	1.19	1.11	4.45
深圳经济特区房地产(集团)股份有限公司	000029	深深房A	0.01	1.13	1.09	1.00
广东盛润集团股份有限公司	000030	ST盛润A	0.04	-5.35	-5.62	0.00
深圳市宝恒(集团)股份有限公司	000031	深宝恒A	0.18	2.32	2.29	7.86
深圳市桑达实业股份有限公司	000032	深桑达A	0.23	2.95	2.89	7.89
深圳新都酒店股份有限公司	000033	新都酒店	0.01	1.52	1.50	0.34
深圳市深信泰丰(集团)股份有限公司	000034	深信泰丰	0.02	1.03	0.93	2.02
中国科健股份有限公司	000035	中科健A	0.35	2.29	2.24	15.09
深圳市华联控股股份有限公司	000036	华联控股	0.08	3.73	3.68	2.04
深圳南山热电股份有限公司	000037	深南电A	0.86	2.90	2.88	29.66
深圳大通实业股份有限公司	000038	深大通A	0.10	1.44	1.40	6.57
中国国际海运集装箱(集团)股份有限公司	000039	中集集团	1.08	8.39	8.35	12.90
深圳市鸿基(集团)股份有限公司	000040	ST鸿基	0.04	1.75	1.68	2.22
深圳市长城地产(集团)股份有限公司	000042	深长城A	0.25	5.81	4.51	4.31
深圳市南光(集团)股份有限公司	000043	深南光A	0.20	2.17	1.46	9.40
深圳市纺织(集团)股份有限公司	000045	深纺织A	0.21	2.07	2.07	10.06
光彩建设集团股份有限公司	000046	光彩建设	0.15	4.14	4.12	3.62
深圳市中侨发展股份有限公司	000047	ST中侨	-1.05	-5.18	0.00	0.00
深圳市康达尔(集团)股份有限公司	000048	ST康达尔	0.01	0.12	0.06	11.32
深圳市万山实业股份有限公司	000049	ST万山	-0.24	0.82	0.78	-29.49
深圳天马微电子股份有限公司	000050	深天马A	0.35	5.31	5.21	6.58

F-1 续表 1 continued

公司全称	股票代码	公司简称	每股收益（元）	每股净资产（元）	调整后每股净资产（元）	净资产收益率(%)
方大集团股份有限公司	000055	方大A	0.04	2.82	2.70	1.27
深圳市国际企业股份有限公司	000056	深国商	0.01	1.50	1.46	0.38
深圳赛格股份有限公司	000058	深赛格	0.25	1.94	1.81	12.88
深圳市中金岭南有色金属股份有限公司	000060	中金岭南	0.14	2.59	2.38	5.37
深圳市农产品股份有限公司	000061	农产品	0.18	3.59	3.11	4.89
深圳华强实业股份有限公司	000062	深圳华强	0.08	4.49	4.48	1.88
深圳市中兴通讯股份有限公司	000063	中兴通讯	1.13	7.56	7.29	14.92
北方国际合作股份有限公司	000065	北方国际	0.13	2.32	2.05	5.37
中国长城计算机深圳股份有限公司	000066	长城电脑	0.23	2.75	2.74	8.51
深圳市赛格三星股份有限公司	000068	赛格三星	0.23	2.28	2.03	9.97
深圳华侨城控股股份有限公司	000069	华侨城A	0.22	1.36	1.30	16.17
深圳市特发信息股份有限公司	000070	特发信息	0.02	3.11	2.99	0.64
深圳市海王生物工程股份有限公司	000078	海王生物	0.13	5.26	5.15	2.51
深圳市盐田港股份有限公司	000088	盐田港A	1.32	4.73	4.72	27.96
深圳市机场股份有限公司	000089	深圳机场	0.38	3.47	3.46	10.83
深圳市天健(集团)股份有限公司	000090	深天健	0.24	5.10	4.90	4.72
深圳市广聚能源股份有限公司	000096	广聚能源	0.26	2.20	2.17	11.98
中信海洋直升机股份有限公司	000099	中信海直	0.31	4.45	4.38	7.06
TCL 集团股份有限公司	000100	TCL 集团	0.36	1.42	1.40	25.21
麦科特光电股份有限公司	000150	ST 麦科特	-0.29	1.68	1.67	-17.05
吴江丝绸股份有限公司	000301	丝绸股份	0.17	3.03	2.94	5.77
三九宜工生化股份有限公司	000403	三九生化	0.11	3.45	3.34	3.29
珠海鑫光集团股份有限公司	000405	ST 鑫光	-0.01	-0.33	-0.49	0.00
四通集团高科技股份有限公司	000409	四通高科	-0.39	0.57	0.45	-68.25
浙江英特集团股份有限公司	000411	ST 英特	0.05	0.72	0.63	7.38
无锡小天鹅股份有限公司	000418	小天鹅A	0.10	3.03	2.91	3.25
南京中北(集团)股份有限公司	000421	南京中北	0.16	2.28	1.84	6.98
广东省高速公路发展股份有限公司	000429	粤高速A	0.14	2.81	2.80	5.13
珠海经济特区富华集团股份有限公司	000507	粤富华	0.07	2.84	2.73	2.44
丽珠医药集团股份有限公司	000513	丽珠集团	0.30	3.41	3.39	8.83
成功信息产业集团股份有限公司	000517	甬成功	0.08	3.47	3.43	2.22
江苏四环生物股份有限公司	000518	四环生物	0.07	1.06	1.06	6.32
广州白云山制药股份有限公司	000522	白云山A	0.17	1.64	1.25	10.31
广州市浪奇实业股份有限公司	000523	广州浪奇	0.01	1.70	1.54	0.57
广州市东方宾馆股份有限公司	000524	东方宾馆	-0.34	1.89	1.50	-17.81
南京红太阳股份有限公司	000525	红太阳	0.17	2.00	2.00	8.31
广州恒运企业集团股份有限公司	000531	穗恒运A	0.52	2.78	2.75	18.67
力合股份有限公司	000532	力合股份	0.21	1.69	1.68	12.17
广东万家乐股份有限公司	000533	ST 万家A	0.34	1.02	0.78	33.57
广东电力发展股份有限公司	000539	粤电力A	0.47	2.97	2.97	15.92
佛山电器照明股份有限公司	000541	佛山照明	0.63	6.11	6.07	10.34
创元科技股份有限公司	000551	创元科技	0.17	2.28	2.25	7.53
深圳市太光电信股份有限公司	000555	*ST 太光	-1.16	-0.49	-0.50	0.00
万向钱潮股份有限公司	000559	万向钱潮	0.41	4.04	4.04	10.09
常柴股份有限公司	000570	苏常柴A	0.15	2.10	1.67	6.93
东莞宏远工业区股份有限公司	000573	粤宏远A	0.03	3.06	2.97	0.99
江门甘蔗化工厂(集团)股份有限公司	000576	广东甘化	0.02	2.94	2.86	0.84
无锡威孚高科技股份有限公司	000581	威孚高科	0.55	4.68	4.68	11.66

F-1 续表 2 continued

公司全称	股票代码	公司简称	每股收益（元）	每股净资产（元）	调整后每股净资产（元）	净资产收益率（%）
广东韶能集团股份有限公司	000601	韶能股份	0.35	5.08	5.04	6.96
广东风华高新科技股份有限公司	000636	风华高科	0.04	3.96	3.88	1.12
珠海格力电器股份有限公司	000651	格力电器	0.63	4.05	3.99	15.53
珠海中富实业股份有限公司	000659	珠海中富	0.19	4.00	3.91	4.74
广州南华西实业股份有限公司	000660	*ST 南华	-3.56	-4.86	-6.18	0.00
远东实业股份有限公司	000681	远东股份	0.03	1.72	1.63	1.87
中山公用科技股份有限公司	000685	公用科技	0.04	1.43	1.43	2.97
江南模具科技股份有限公司	000700	模塑科技	0.25	2.94	2.94	8.51
浙江震元股份有限公司	000705	浙江震元	0.12	3.54	3.52	3.43
南京华东电子信息科技股份有限公司	000727	华东科技	0.02	3.08	3.04	0.55
中核苏阀科技实业股份有限公司	000777	中核科技	0.01	1.60	1.53	0.83
广东新会美达锦纶股份有限公司	000782	美达股份	0.04	2.39	2.37	1.67
创智信息科技股份有限公司	000787	创智科技	-0.39	3.34	3.25	-11.03
江苏炎黄在线物流股份有限公司	000805	ST 炎黄	-0.26	1.53	1.51	-16.81
东莞发展控股股份有限公司	000828	东莞控股	0.09	1.95	1.93	4.84
上海隆源双登实业股份有限公司	000835	隆源双登	0.07	1.59	1.57	4.37
深圳和光现代商务股份有限公司	000863	和光商务	0.14	2.36	2.19	5.92
中国石化扬子石油化工股份有限公司	000866	扬子石化	0.71	3.22	3.19	22.12
江苏法尔胜股份有限公司	000890	法尔胜	0.07	3.23	3.14	2.06
广州冷机股份有限公司	000893	广州冷机	-0.18	1.32	1.07	-13.42
数源科技股份有限公司	000909	数源科技	0.02	2.74	2.72	0.80
大亚科技股份有限公司	000910	大亚科技	0.29	4.07	4.04	7.18
浙江钱江摩托股份有限公司	000913	钱江摩托	0.12	2.77	2.77	4.31
金陵药业股份有限公司	000919	金陵药业	0.47	4.55	4.55	10.36
广东科龙电器股份有限公司	000921	科龙电器	0.20	2.83	2.64	2.20
浙江浙大海纳科技股份有限公司	000925	浙大海纳	0.13	4.34	4.33	3.03
江苏华西村股份有限公司	000936	华西村	0.36	3.81	3.79	9.35
华东医药股份有限公司	000963	华东医药	0.08	1.52	1.48	5.30
浙江上风实业股份有限公司	000967	上风高科	0.08	3.71	3.51	2.22
佛山塑料集团股份有限公司	000973	佛塑股份	0.32	3.42	3.37	9.22
南方科学城发展股份有限公司	000975	科学城	0.25	2.69	2.68	9.45
广东开平春晖股份有限公司	000976	春晖股份	0.11	2.56	2.56	4.15
广州友谊商店股份有限公司	000987	广州友谊	0.17	2.74	2.63	6.25
三九医药股份有限公司	000999	三九医药	0.21	2.97	2.80	7.18
万科企业股份有限公司	200002	万科 B 股	0.39	3.37	3.34	11.53
深圳市物业(发展)集团股份有限公司	200011	ST 深物业 B	0.14	0.88	0.51	16.24
中国南玻集团股份有限公司	200012	南玻 B	0.30	3.12	3.10	9.66
深圳石化工业集团股份有限公司	200013	ST 石化 B	-1.08	-7.93	-7.93	0.00
康佳集团股份有限公司	200016	深康佳 B	0.17	5.07	4.90	3.31
深圳中华自行车(集团)股份有限公司	200017	ST 中华 B	-0.07	-3.51	-3.57	0.00
深圳中冠纺织印染股份有限公司	200018	深中冠 B	0.01	1.84	1.82	0.51
深圳市深宝实业股份有限公司	200019	深深宝 B	-0.25	1.26	1.06	-19.56
深圳华发电子股份有限公司	200020	ST 华发 B	-0.03	0.98	0.91	-2.80
深圳赤湾港航股份有限公司	200022	深赤湾 B	0.82	3.94	3.92	20.92
招商局蛇口控股股份有限公司	200024	招商局 B	0.64	6.05	5.99	10.60
深圳市特力(集团)股份有限公司	200025	ST 特力 B	0.02	0.96	0.10	2.45
深圳市飞亚达(集团)股份有限公司	200026	飞亚达 B	0.02	2.07	2.03	0.99
深圳一致药业股份有限公司	200028	一致 B 股	0.05	1.19	1.11	4.45

F-1 续表 3 continued

公司全称	股票代码	公司简称	每股收益（元）	每股净资产（元）	调整后每股净资产（元）	净资产收益率(%)
深圳经济特区房地产(集团)股份有限公司	200029	深深房B	0.01	1.13	1.09	1.00
广东盛润集团股份有限公司	200030	*ST盛润B	0.04	-5.35	-5.62	0.00
深圳南山热电股份有限公司	200037	深南电B	0.86	2.90	2.88	29.66
中国国际海运集装箱(集团)股份有限公司	200039	中集B股	1.08	8.39	8.35	12.90
深圳本鲁克斯实业股份有限公司	200041	深本实B	-0.30	1.77	1.76	-16.81
深圳市纺织(集团)股份有限公司	200045	深纺织B	0.21	2.07	2.07	10.06
深圳赤湾石油基地股份有限公司	200053	深基地B	0.33	2.74	2.69	11.92
深圳北方建设摩托车股份有限公司	200054	ST建摩B	0.03	0.35	0.23	9.62
方大集团股份有限公司	200055	方大B股	0.04	2.82	2.70	1.27
深圳市国际企业股份有限公司	200056	深国商B	0.01	1.50	1.46	0.38
深圳大洋海运股份有限公司	200057	ST大洋B	-0.56	-1.01	-1.04	0.00
深圳赛格股份有限公司	200058	深赛格B	0.25	1.94	1.81	12.88
无锡小天鹅股份有限公司	200418	*ST天鹅B	0.10	3.03	2.91	3.25
广东省高速公路发展股份有限公司	200429	粤高速B	0.14	2.81	2.80	5.13
南京普天通信股份有限公司	200468	宁通信B	0.01	1.76	1.69	0.66
丽珠医药集团股份有限公司	200513	丽珠B股	0.30	3.41	3.39	8.83
广东电力发展股份有限公司	200539	粤电力B	0.47	2.97	2.97	15.92
佛山电器照明股份有限公司	200541	粤照明B	0.63	6.11	6.07	10.34
常柴股份有限公司	200570	苏常柴B	0.15	2.10	1.67	6.93
无锡威孚高科技股份有限公司	200581	苏威孚B	0.55	4.68	4.68	11.66
杭州汽轮机股份有限公司	200771	杭汽轮B	0.20	2.33	2.25	8.58
佛山华新包装股份有限公司	200986	粤华包B	0.22	2.17	2.16	10.11
上海浦东发展银行股份有限公司	600000	浦发银行	0.40	3.07	3.07	13.04
广州白云国际机场股份有限公司	600004	白云机场	0.30	3.78	3.77	7.84
上海国际机场股份有限公司	600009	上海机场	0.35	3.31	3.31	10.48
上海港集装箱股份有限公司	600018	上港集箱	0.55	3.30	3.28	16.80
宝山钢铁股份有限公司	600019	宝钢股份	0.56	2.83	2.83	19.67
上海电力股份有限公司	600021	上海电力	0.26	3.90	3.90	6.59
中海发展股份有限公司	600026	中海发展	0.30	2.14	2.13	13.77
中国南方航空股份有限公司	600029	南方航空	0.00	2.64	2.59	0.13
中信证券股份有限公司	600030	中信证券	0.15	2.21	2.21	6.67
招商银行股份有限公司	600036	招商银行	0.39	3.20	3.10	12.21
中国联合通信股份有限公司	600050	中国联通	0.12	1.99	1.63	5.93
宁波联合集团股份有限公司	600051	宁波联合	0.11	2.88	2.86	3.83
浙江广厦建筑集团股份有限公司	600052	浙江广厦	0.09	3.26	3.25	2.80
浙江古越龙山绍兴酒股份有限公司公司	600059	古越龙山	0.23	5.12	5.11	4.57
中纺投资发展股份有限公司	600061	中纺投资	0.01	1.30	1.30	0.88
南京新港高科技股份有限公司	600064	南京高科	0.23	3.70	3.68	6.29
浙江富润股份有限公司	600070	浙江富润	0.28	4.54	4.53	6.27
江南重工股份有限公司	600072	江南重工	0.02	2.76	2.74	0.73
上海梅林正广和股份有限公司	600073	上海梅林	0.01	2.47	2.46	0.29
江苏中达新材料集团股份有限公司	600074	江苏中达	0.34	3.37	3.33	10.05
江苏澄星磷化工股份有限公司	600078	澄星股份	0.27	2.32	2.31	11.66
东风电子科技股份有限公司	600081	东风科技	0.22	2.13	2.08	10.22
成都福地科技股份有限公司	600083	ST博讯	0.01	0.08	0.08	8.92
南京水运实业股份有限公司	600087	南京水运	0.31	2.27	2.27	13.75
中视传媒股份有限公司	600088	中视传媒	0.01	3.08	3.05	0.43
上海华源股份有限公司	600094	华源股份	0.12	3.19	3.15	3.85

F−1 续表 4 continued

公司全称	股票代码	公司简称	每股收益（元）	每股净资产（元）	调整后每股净资产（元）	净资产收益率（%）
浙江华立科技股份有限公司	600097	华立科技	0.08	1.29	1.28	6.41
广州发展实业控股集团股份有限公司	600098	广州控股	0.64	4.84	4.83	13.29
林海股份有限公司	600099	林海股份	0.02	2.08	2.03	1.04
上海汽车股份有限公司	600104	上海汽车	0.60	3.89	3.88	15.48
江苏永鼎股份有限公司	600105	永鼎光缆	0.22	3.69	3.67	6.03
中国东方航空股份有限公司	600115	东方航空	-0.17	1.07	1.00	-15.80
长发集团长江投资实业股份有限公司	600119	长江投资	0.10	1.65	1.60	6.02
浙江东方集团股份有限公司	600120	浙江东方	0.19	1.86	1.84	10.29
江苏宏图高科技股份有限公司	600122	宏图高科	0.06	3.13	2.98	1.81
杭州钢铁股份有限公司	600126	杭钢股份	0.82	4.23	4.22	19.50
江苏弘业股份有限公司	600128	弘业股份	0.10	2.91	2.87	3.28
宁波波导股份有限公司	600130	波导股份	1.53	7.95	7.92	19.25
沪东重机股份有限公司	600150	沪东重机	0.17	2.17	2.14	7.73
上海航天汽车机电股份有限公司	600151	航天机电	0.21	2.76	2.74	7.73
宁波维科精华集团股份有限公司	600152	维科精华	0.16	2.25	2.23	7.13
上海建工股份有限公司	600170	上海建工	0.26	4.17	4.16	6.12
上海贝岭股份有限公司	600171	上海贝岭	0.10	2.84	2.83	3.54
美都控股股份有限公司	600175	美都控股	0.02	4.35	4.29	0.51
雅戈尔集团股份有限公司	600177	雅戈尔	0.70	4.48	4.39	15.71
广东生益科技股份有限公司	600183	生益科技	0.70	4.48	4.39	15.71
上海复星实业股份有限公司	600196	复星实业	0.69	4.45	4.30	15.51
江苏吴中实业股份有限公司	600200	江苏吴中	0.13	2.03	2.01	6.17
中宝科控投资股份有限公司	600208	中宝股份	0.02	2.46	2.26	0.69
上海紫江企业集团股份有限公司	600210	紫江企业	0.37	4.15	4.11	8.92
扬州亚星客车股份有限公司	600213	亚星客车	-0.78	2.53	2.49	-30.72
浙江医药股份有限公司	600216	浙江医药	0.01	1.39	1.30	0.92
江苏阳光股份有限公司	600220	江苏阳光	0.26	4.20	4.20	6.14
华通天香集团股份有限公司	600225	天香集团	0.05	1.95	1.89	2.83
浙江升华拜克生物股份有限公司	600226	升华拜克	0.19	3.06	3.05	6.06
浙江金鹰股份有限公司	600232	金鹰股份	0.60	2.83	2.80	21.18
民丰特种纸股份有限公司	600235	民丰特纸	0.22	3.23	3.21	6.88
广东华龙集团股份有限公司	600242	华龙集团	0.05	2.88	2.80	1.79
南京纺织品进出口股份有限公司	600250	南纺股份	0.34	3.69	3.62	9.09
浙江阳光集团股份有限公司	600261	浙江阳光	0.41	4.91	4.85	8.42
浙江海正药业股份有限公司	600267	海正药业	0.69	3.91	3.90	17.65
国电南京自动化股份有限公司	600268	国电南自	0.28	4.23	3.82	6.71
上海开开实业股份有限公司	600272	开开实业	0.13	3.58	3.53	3.54
华芳纺织股份有限公司	600273	华芳纺织	0.13	2.84	2.84	4.47
东方国际创业股份有限公司	600278	东方创业	0.23	3.34	3.19	6.81
南京中央商场股份有限公司	600280	南京中商	0.29	3.98	3.81	7.34
南京钢铁股份有限公司	600282	南钢股份	0.97	4.36	4.33	22.28
钱江水利开发股份有限公司	600283	钱江水利	0.10	3.12	2.63	3.24
江苏舜天股份有限公司	600287	江苏舜天	0.46	3.78	3.76	12.12
苏福马股份有限公司	600290	苏福马	0.06	1.34	1.26	4.69
江苏恒顺醋业股份有限公司	600305	恒顺醋业	0.14	3.13	3.13	4.41
上海家化联合股份有限公司	600315	上海家化	0.30	4.40	4.33	6.83
上海振华港口机械(集团)股份有限公司	600320	振华港机	0.61	4.66	4.66	13.05
南海发展股份有限公司	600323	南海发展	0.31	3.71	3.66	8.29

F-1 续表 5 continued

公司全称	股票代码	公司简称	每股收益（元）	每股净资产（元）	调整后每股净资产（元）	净资产收益率(%)
无锡商业大厦股份有限公司	600327	大厦股份	0.42	5.03	4.84	8.27
浙江天通电子股份有限公司	600330	天通股份	0.31	2.86	2.85	10.74
广州药业股份有限公司	600332	广州药业	0.17	3.00	2.92	5.75
浙江国祥制冷工业股份有限公司	600340	国祥股份	0.22	3.99	3.98	5.41
浙江龙盛集团股份有限公司	600352	浙江龙盛	0.55	3.60	3.55	15.26
国旅联合股份有限公司	600358	国旅联合	0.05	2.03	1.63	2.21
宁波韵升(集团)股份有限公司	600366	宁波韵升	0.18	2.18	2.13	8.17
江苏三房巷实业股份有限公司	600370	三房巷	0.26	3.97	3.97	6.58
江苏宁沪高速公路股份有限公司	600377	宁沪高速	0.19	2.89	2.89	6.53
深圳太太药业股份有限公司	600380	健康元	0.23	3.48	3.44	6.60
金地(集团)股份有限公司	600383	金地集团	0.61	5.60	5.58	10.96
南通江山农药化工股份有限公司	600389	江山股份	0.24	2.86	2.84	8.51
广州东华实业股份有限公司	600393	东华实业	0.06	2.32	2.32	2.40
凯诺科技股份有限公司	600398	凯诺科技	0.41	3.61	3.61	11.34
江苏红豆实业股份有限公司	600400	红豆股份	0.43	3.94	3.88	11.01
江苏申龙高科股份有限公司	600401	江苏申龙	0.31	4.49	4.45	6.85
南京欣网视讯科技股份有限公司	600403	欣网视讯	0.17	3.51	3.49	4.76
国电南瑞科技股份有限公司	600406	国电南瑞	0.52	5.56	5.43	20.11
中远航运股份有限公司	600428	中远航运	0.31	3.98	3.96	7.73
深圳市金证科技股份有限公司	600446	金证科技	0.47	4.61	4.60	10.23
杭州士兰微电子股份有限公司	600460	士兰微	0.60	5.07	5.07	11.77
无锡华光锅炉股份有限公司	600475	华光股份	0.30	3.22	3.21	9.44
浙江杭萧钢构股份有限公司	600477	杭萧钢构	0.85	5.65	5.62	14.95
江苏双良空调设备股份有限公司	600481	双良股份	0.35	3.02	2.99	11.62
江苏扬农化工股份有限公司	600486	扬农化工	0.27	3.56	3.56	7.64
江苏亨通光电股份有限公司	600487	亨通光电	0.29	4.73	4.73	6.13
上海中科合臣股份有限公司	600490	中科合臣	0.17	4.08	4.05	4.28
广东科达机电股份有限公司	600499	科达机电	0.44	4.19	4.19	10.41
中化国际贸易股份有限公司	600500	中化国际	0.47	3.27	3.18	14.34
南京晨光航天应用技术股份有限公司	600501	航天晨光	0.04	2.47	2.41	1.78
上海大屯能源股份有限公司	600508	上海能源	0.43	4.09	4.03	10.58
黑牡丹（集团）股份有限公司	600510	黑牡丹	0.72	6.61	6.61	10.92
滕达建设集团股份有限公司	600512	腾达建设	0.27	2.96	2.90	9.03
江苏联环药业股份有限公司	600513	联环药业	0.19	4.09	4.09	4.58
上海置信电气股份有限公司	600517	置信电气	0.17	2.96	2.92	5.63
浙江华海药业股份有限公司	600521	华海药业	0.79	6.85	6.85	11.57
江苏中天科技股份有限公司	600522	中天科技	0.01	2.70	2.69	0.22
深圳市长园新材料股份有限公司	600525	长园新材	0.41	3.11	3.11	13.17
浙江菲达环保科技股份有限公司	600526	菲达环保	0.16	3.87	3.87	4.02
江苏江南高纤股份有限公司	600527	江南高纤	0.26	3.24	3.24	8.00
上海交大昂立股份有限公司	600530	交大昂立	0.29	4.78	4.65	5.96
南京栖霞建设股份有限公司	600533	栖霞建设	0.50	4.00	4.00	12.58
浙江海通食品集团股份有限公司	600537	海通集团	0.23	2.93	2.92	7.92
深圳高速公路股份有限公司	600548	深高速	0.39	2.73	2.73	14.31
上海茉织华股份有限公司	600555	茉织华	0.25	5.12	5.12	4.96
江苏高淳陶瓷股份有限公司	600562	高淳陶瓷	0.28	3.89	3.89	7.19
杭州恒生电子股份有限公司	600570	恒生电子	0.53	5.44	5.44	9.82
杭州信雅达系统工程股份有限公司	600571	信雅达	0.44	5.82	5.81	7.48

F-1 续表 6 continued

公司全称	股票代码	公司简称	每股收益（元）	每股净资产（元）	调整后每股净资产（元）	净资产收益率（%）
无锡庆丰股份有限公司	600576	庆丰股份	0.16	3.23	3.22	5.01
浙江卧龙科技股份有限公司	600580	卧龙科技	0.21	2.61	2.58	7.88
江苏长电科技股份有限公司	600584	长电科技	0.24	3.59	3.25	6.67
上海航空股份有限公司	600591	上海航空	0.13	2.49	2.32	5.12
浙江新安化工集团股份有限公司	600596	新安股份	0.26	4.05	4.03	6.47
上海光明乳业股份有限公司	600597	光明乳业	0.43	2.86	2.81	15.00
上海方正延中科技集团股份有限公司	600601	方正科技	0.29	3.00	2.97	9.57
上海广电电子股份有限公司	600602	广电电子	0.15	3.09	3.02	4.71
上海兴业房产股份有限公司	600603	*ST 兴业	0.01	-3.19	-3.19	0.00
上海二纺机股份有限公司	600604	二纺机	0.02	1.14	1.08	1.68
上海轻工机械股份有限公司	600605	轻工机械	0.03	1.50	1.34	2.25
上海金丰投资股份有限公司	600606	金丰投资	0.27	4.03	3.97	6.66
上海实业联合集团股份有限公司	600607	上实联合	0.32	5.12	5.00	6.17
上海宽频科技股份有限公司	600608	上海科技	0.19	3.71	3.67	5.01
中国纺织机械股份有限公司	600610	中国纺机	0.04	1.05	1.01	3.68
大众交通(集团)股份有限公司	600611	大众交通	0.33	3.99	3.92	8.21
中国第一铅笔股份有限公司	600612	第一铅笔	0.03	1.80	1.65	1.44
上海永生数据科技股份有限公司	600613	*ST 永生	-0.19	0.95	0.93	-20.03
上海三九科技发展股份有限公司	600614	三九发展	0.12	2.03	1.85	5.97
上海丰华（集团）股份有限公司	600615	*ST 丰华	-1.18	1.43	-0.42	-82.62
上海市第一食品商店股份有限公司	600616	第一食品	0.40	2.05	1.96	19.56
上海联华合纤股份有限公司	600617	ST 联华	-0.41	0.28	0.28	-145.87
上海氯碱化工股份有限公司	600618	氯碱化工	0.02	2.46	2.06	0.87
上海海立(集团)股份有限公司	600619	海立股份	0.11	2.82	2.74	3.96
上海市天宸股份有限公司	600620	天宸股份	0.13	1.51	1.48	8.52
上海金陵股份有限公司	600621	上海金陵	0.14	1.77	1.64	7.75
上海嘉宝实业(集团)股份有限公司	600622	嘉宝集团	0.11	1.48	1.39	7.47
上海轮胎橡胶(集团)股份有限公司	600623	轮胎橡胶	0.09	1.22	1.00	7.00
上海复旦复华科技股份有限公司	600624	复旦复华	0.04	1.68	1.61	2.46
上海申达股份有限公司	600626	申达股份	0.40	4.18	4.14	9.50
上海电器股份有限公司	600627	电器股份	0.16	1.90	1.82	8.50
上海新世界股份有限公司	600628	新世界	0.24	2.88	2.87	8.18
上海棱光实业股份有限公司	600629	ST 棱光	-0.13	-2.74	-3.24	0.00
上海龙头(集团)股份有限公司	600630	龙头股份	0.04	3.90	3.62	1.03
上海市第一百货商店股份有限公司	600631	第一百货	0.12	2.96	2.62	4.06
上海华联商厦股份有限公司	600632	华联商厦	0.20	3.57	3.57	5.54
上海白猫股份有限公司	600633	白猫股份	0.11	1.41	1.36	7.43
上海海鸟企业发展股份有限公司	600634	海鸟发展	-0.46	2.26	2.22	-20.18
上海大众公用事业(集团)股份有限公司	600635	大众公用	0.23	3.16	3.15	7.25
上海三爱富新材料股份有限公司	600636	三爱富	0.26	2.56	2.54	10.18
上海广电信息产业股份有限公司	600637	广电信息	0.27	4.44	4.17	6.08
上海新黄浦置业股份有限公司	600638	新黄浦	0.11	3.92	3.91	2.89
上海金桥出口加工区开发股份有限公司	600639	浦东金桥	0.17	2.52	2.51	6.57
联通国脉通信股份有限公司	600640	联通国脉	0.04	2.84	2.82	1.29
中远发展股份有限公司	600641	中远发展	0.08	4.49	4.45	1.67
申能股份有限公司	600642	申能股份	0.63	4.66	4.65	13.57
上海爱建股份有限公司	600643	爱建股份	-0.61	3.32	3.12	-18.52
上海望春花(集团)股份有限公司	600645	望春花	0.01	1.21	1.09	1.04

F-1 续表 7 continued

公司全称	投票代码	公司简称	每股收益（元）	每股净资产（元）	调整后每股净资产（元）	净资产收益率（%）
上海同达创业投资股份有限公司	600647	ST 同达	0.27	0.06	0.02	441.45
上海外高桥保税区开发股份有限公司	600648	外高桥	0.03	1.73	1.69	1.94
上海市原水股份有限公司	600649	原水股份	0.23	2.89	2.89	7.88
上海新锦江股份有限公司	600650	锦江投资	0.02	2.80	2.79	0.62
上海飞乐音响股份有限公司	600651	飞乐音响	0.11	1.70	1.51	6.74
上海爱使股份有限公司	600652	爱使股份	0.18	1.91	1.84	9.50
上海申华控股股份有限公司	600653	申华控股	0.07	1.17	1.15	6.11
上海飞乐股份有限公司	600654	飞乐股份	0.05	2.49	2.07	1.79
上海豫旅游商城股份有限公司	600655	豫园商城	0.11	3.80	3.57	2.84
上海华源制药股份有限公司	600656	华源制药	0.36	1.64	1.60	22.14
上海交大南洋股份有限公司	600661	交大南洋	0.15	2.43	2.42	6.04
上海强生控股股份有限公司	600662	强生控股	0.37	3.44	3.39	10.65
上海陆家嘴金融贸易区开发股份有限公司	600663	陆家嘴	0.36	3.00	2.93	11.87
天地源股份有限公司	600665	天地源	0.08	1.82	1.81	4.15
无锡市太极实业股份有限公司	600667	太极实业	0.01	1.37	1.33	0.83
杭州天目山药业股份有限公司	600671	天目药业	-0.13	1.89	1.87	-5.48
广东英豪科技教育投资股份有限公司	600672	*ST 科教	-1.00	-0.42	-0.42	0.00
中华企业股份有限公司	600675	中华企业	0.25	2.21	2.19	11.37
上海交运股份有限公司	600676	交运股份	0.37	6.06	5.77	6.15
航天通信控股集团股份有限公司	600677	航天通信	0.03	1.59	1.40	1.67
凤凰股份有限公司	600679	凤凰股份	0.01	1.45	1.41	0.48
上海邮电通信设备股份有限公司	600680	上海邮通	0.17	2.13	1.99	7.94
南京新街口百货商店股份有限公司	600682	南京新百	0.30	3.93	3.91	7.55
银泰控股股份有限公司	600683	银泰股份	0.09	1.48	1.45	6.35
广州珠江实业开发股份有限公司	600684	珠江实业	0.09	3.26	3.15	2.64
广州广船国际股份有限公司	600685	广船国际	0.09	1.37	1.14	6.57
中国石化上海石油化工股份有限公司	600688	上海石化	0.19	2.15	2.15	8.94
上海三毛纺织股份有限公司	600689	上海三毛	0.05	2.56	2.51	1.66
上海亚通股份有限公司	600692	亚通股份	0.18	2.22	2.15	8.08
上海大江(集团)股份有限公司	600695	ST 大江	0.05	0.87	0.79	5.95
利嘉(上海)股份有限公	600696	利嘉股份	0.08	1.23	1.22	6.68
浙江中大集团股份有限公司	600704	中大股份	0.17	3.98	3.77	4.24
上海海博股份有限公司	600708	海博股份	0.42	2.16	2.12	19.56
常林股份有限公司	600710	常林股份	0.51	1.98	1.96	25.55
南京医药股份有限公司	600713	南京医药	0.11	2.39	2.36	4.41
宁波富达股份有限公司	600724	宁波富达	0.19	1.69	1.65	11.47
新太科技股份有限公司	600728	新太科技	0.11	4.05	3.99	2.63
中国高科集团股份有限公司	600730	中国高科	0.18	2.43	2.42	7.50
上海港机股份有限公司	600732	上海港机	0.17	1.56	1.56	10.58
苏州新区高新技术产业股份有限公司	600736	苏州高新	0.24	3.32	3.22	7.15
上海巴士实业(集团)股份有限公司	600741	巴士股份	0.11	2.23	2.03	5.11
江苏索普化工股份有限公司	600746	江苏索普	0.04	1.10	1.09	3.47
上海浦东不锈薄板股份有限公司	600748	上实发展	0.12	1.93	1.92	5.97
上海锦江国际酒店发展股份有限公司	600754	锦江酒店	0.07	2.93	2.89	2.22
上海华源企业发展股份有限公司	600757	华源发展	0.12	2.75	2.67	4.48
运盛(上海)实业股份有限公司	600767	运盛实业	-0.22	1.21	1.21	-18.31
宁波富邦精业集团股份有限公司	600768	宁波富邦	0.33	1.25	1.25	26.04
江苏综艺股份有限公司	600770	综艺股份	0.06	2.21	2.20	2.51

F-1 续表 8 continued

公司全称	股票代码	公司简称	每股收益（元）	每股净资产（元）	调整后每股净资产（元）	净资产收益率（%）
中油龙昌(集团)股份有限公司	600772	石油龙昌	0.01	2.35	2.76	0.39
南京熊猫电子股份有限公司	600775	南京熊猫	0.15	1.72	1.68	8.71
东方通信股份有限公司	600776	东方通信	-1.85	3.68	3.65	-50.24
上海民丰实业(集团)股份有限公司	600781	*ST 民丰	0.01	0.74	0.72	1.57
浙江中国轻纺城集团股份有限公司	600790	轻纺城	0.01	2.63	2.58	0.54
浙江钱江生物化学股份有限公司	600796	钱江生化	0.16	3.29	3.25	4.89
浙江浙大网新科技股份有限公司	600797	浙大网新	0.12	2.22	2.19	5.33
宁波海运股份有限公司	600798	宁波海运	0.16	1.64	1.64	9.78
杭州解百集团股份有限公司	600814	杭州解百	0.02	1.66	1.59	1.35
上海宏盛科技发展股份有限公司	600817	宏盛科技	0.36	1.83	1.83	19.70
上海永久股份有限公司	600818	ST 永久	0.16	0.59	0.56	27.67
上海耀华皮尔金顿玻璃股份有限公司	600819	耀皮玻璃	0.27	3.71	3.54	7.37
上海隧道工程股份有限公司	600820	隧道股份	0.18	2.97	2.85	6.16
上海物资贸易中心股份有限公司	600822	物贸中心	0.01	1.20	1.14	0.85
上海世茂股份有限公司	600823	世茂股份	0.56	2.56	2.50	21.75
上海益民百货股份有限公司	600824	益民百货	0.26	3.74	3.69	6.90
华联超市股份有限公司	600825	华联超市	0.40	2.39	2.21	16.78
上海兰生股份有限公司	600826	兰生股份	-1.11	1.78	1.67	-62.59
上海友谊集团股份有限公司	600827	友谊股份	0.27	4.02	1.82	6.79
宁波大红鹰实业投资股份有限公司	600830	大红鹰	0.08	2.04	1.99	3.76
上海东方明珠股份有限公司	600832	东方明珠	0.27	3.25	3.21	8.28
上海第一医药股份有限公司	600833	第一医药	0.08	1.19	1.18	6.82
上海申通地铁股份有限公司	600834	申通地铁	0.18	1.52	1.52	11.60
上海电气股份有限公司	600835	上海电气	0.58	4.58	4.53	12.66
上海界龙实业股份有限公司	600836	界龙实业	0.09	1.95	1.36	4.68
上海市都市农商社股份有限公司	600837	都市股份	0.41	2.08	2.06	19.54
上海九百股份有限公司	600838	上海九百	0.01	1.50	1.47	0.89
浙江安平创业投资股份有限公司	600840	新湖创业	0.10	1.26	1.09	8.26
上海柴油机股份有限公司	600841	上柴股份	0.24	3.34	3.23	7.09
上海中西药业股份有限公司	600842	ST 中西	-1.97	-2.27	0.00	-0.67
上工股份有限公司	600843	上工股份	0.04	2.20	2.18	1.70
大盈现代农业股份有限公司	600844	大盈股份	-0.14	1.45	1.35	-9.58
上海宝信软件股份有限公司	600845	宝信软件	0.21	1.36	1.34	15.07
上海同济科技实业股份有限公司	600846	同济科技	0.09	1.63	1.52	5.52
上海自动化仪表股份有限公司	600848	ST 自仪	0.00	0.29	0.25	1.68
上海市医药股份有限公司	600849	上海医药	0.33	3.65	3.35	8.93
上海华东电脑股份有限公司	600850	华东电脑	0.02	1.18	1.00	1.32
上海海欣集团股份有限公司	600851	海欣股份	0.29	3.30	3.26	8.76
江苏春兰制冷设备股份有限公司	600854	春兰股份	0.12	5.84	5.84	2.03
哈工大首创科技股份有限公司	600857	工大首创	0.12	1.87	1.86	6.66
南通纵横国际股份有限公司	600862	*ST 纵横	-0.34	0.43	0.34	-79.82
百大集团股份有限公司	600865	百大集团	0.08	2.53	2.45	3.12
广东肇庆星湖生物科技股份有限公司	600866	星湖科技	0.22	2.77	2.77	7.92
三普药业股份有限公司	600869	三普药业	-0.06	1.01	0.69	-5.96
中国石化仪征化纤股份有限公司	600871	仪征化纤	0.06	2.28	2.28	2.63
中炬高新技术实业(集团)股份有限公司	600872	中炬高新	0.05	2.82	2.77	1.65
宁波杉杉股份有限公司	600884	杉杉股份	0.21	3.32	3.30	6.32
南京化纤股份有限公司	600889	南京化纤	0.40	3.52	3.51	11.51

F-1 续表 9 continued

公司全称	股票代码	公司简称	每股收益（元）	每股净资产（元）	调整后每股净资产（元）	净资产收益率（%）
广州钢铁股份有限公司	600894	广钢股份	0.40	2.69	2.69	14.90
上海张江高科技园区开发股份有限公司	600895	张江高科	0.14	2.02	2.01	7.17
浙江信联股份有限公司	600899	ST 信联	-1.92	0.10	-0.04	-1872.69
上海广电电子股份有限公司	900901	上电 B 股	0.15	3.09	3.02	4.71
上海二纺机股份有限公司	900902	二纺 B 股	0.02	1.14	1.08	1.68
大众交通(集团)股份有限公司	900903	大众 B 股	0.33	3.99	3.92	8.21
上海永生数据科技股份有限公司	900904	永生 B 股	-0.19	0.95	0.93	-20.03
中国第一铅笔股份有限公司	900905	中铅 B 股	0.03	1.80	1.65	1.44
中国纺织机械股份有限公司	900906	ST 中纺 B	0.04	1.05	1.01	3.68
上海三九科技发展股份有限公司	900907	发展 B 股	0.12	2.03	1.85	5.97
上海氯碱化工股份有限公司	900908	氯碱 B 股	0.02	2.46	2.06	0.87
上海轮胎橡胶(集团)股份有限公司	900909	轮胎 B 股	0.09	1.22	1.00	7.00
上海海立(集团)股份有限公司	900910	海立 B 股	0.11	2.82	2.74	3.96
上海金桥出口加工区开发股份有限公司	900911	金桥 B 股	0.17	2.52	2.51	6.57
上海外高桥保税区开发股份有限公司	900912	外高 B 股	0.03	1.73	1.69	1.94
上海联华合纤股份有限公司	900913	*ST 联华 B	-0.41	0.28	0.28	-145.87
上海锦江国际投资股份有限公司	900914	锦投 B 股	0.02	2.80	2.79	0.62
上海永久股份有限公司	900915	ST 永久 B	0.16	0.59	0.56	27.67
凤凰股份有限公司	900916	凤凰 B 股	0.01	1.45	1.41	0.48
上海海欣集团股份有限公司	900917	海欣 B 股	0.29	3.30	3.26	8.76
上海耀华皮尔金顿玻璃股份有限公司	900918	耀皮 B 股	0.27	3.71	3.54	7.37
上海大江(集团)股份有限公司	900919	*ST 大江 B	0.05	0.87	0.79	5.95
上海柴油机股份有限公司	900920	上柴 B 股	0.23	3.61	3.52	6.36
大盈现代农业股份有限公司	900921	大盈 B 股	-0.14	1.45	1.35	-9.58
上海三毛纺织股份有限公司	900922	三毛 B 股	0.04	2.56	2.51	1.66
上海友谊华侨股份有限公司	900923	友谊 B 股	0.27	4.02	1.82	6.79
上工股份有限公司	900924	上工 B 股	0.04	2.20	2.18	1.70
上海电气股份有限公司	900925	上气 B 股	0.58	4.58	4.53	12.66
上海宝信软件股份有限公司	900926	宝信 B 股	0.21	1.36	1.34	15.07
上海物资贸易中心股份有限公司	900927	物贸 B 股	0.01	1.20	1.14	0.85
上海自动化仪表股份有限公司	900928	ST 自仪 B	0.00	0.29	0.25	1.68
上海锦江国际旅游股份有限公司	900929	锦旅 B 股	0.00	3.20	3.19	0.13
上海邮电通信设备股份有限公司	900930	邮通 B 股	0.17	2.13	1.99	7.94
上海陆家嘴金融贸易区开发股份有限公司	900932	陆家 B 股	0.36	3.00	2.93	11.87
上海锦江国际旅游股份有限公司	900934	锦江 B 股	0.07	2.93	2.89	2.22
上海金泰股份有限公司	900935	阳晨 B 股	0.12	1.66	1.66	7.32
上海汇丽建材股份有限公司	900939	汇丽 B 股	0.04	1.84	1.82	1.97
上海华源股份有限公司	900940	华源 B 股	0.12	3.19	3.15	3.85
东方通信股份有限公司	900941	东信 B 股	-1.85	3.68	3.65	-50.24
上海开开实业股份有限公司	900943	开开 B 股	0.13	3.58	3.53	3.54
上海振华港口机械股份有限公司	900947	振华 B 股	0.61	4.66	4.66	13.05
浙江东南发电股份有限公司	900949	东电 B 股	0.30	2.99	2.97	10.14
江苏新城房产股份有限公司	900950	新城 B 股	0.13	1.22	1.12	10.38
华源凯马机械股份有限公司	900953	凯马 B 股	-0.28	1.25	1.11	-22.22
上海茉织华股份有限公司	900955	茉织华 B	0.25	5.12	5.12	4.96
上海凌云幕墙科技股份有限公司	900957	凌云 B 股	0.07	1.91	1.91	3.54

F−1 续表 10 continued

公司全称	股票代码	公司简称	主营业务收入（万元）	净利润（万元）	总资产（万元）	股东权益（万元）
深圳发展银行股份有限公司	000001	深发展A	599281.04	31654.57	19339629.15	396508.41
万科企业股份有限公司	000002	万科A	638006.04	54227.07	1056104.01	470135.91
金田实业(集团)股份有限公司	000003	PT金田A	2580.31	-27195.06	50265.80	-251875.27
深圳市北大高科技股份有限公司	000004	北大高科	11953.50	386.15	23787.52	10025.73
深圳世纪星源股份有限公司	000005	*ST星源	9157.53	216.69	178080.24	92677.18
深圳市振业(集团)股份有限公司	000006	深振业A	198709.28	-29204.99	396824.17	94901.15
深圳市赛格达声股份有限公司	000007	深达声A	33448.84	1496.83	111768.42	23299.50
广东亿安科技股份有限公司	000008	ST亿安	1961.86	98.71	6045.52	3056.00
中国宝安集团股份有限公司	000009	深宝安A	128352.94	1291.00	426121.12	113853.59
深圳市华新股份有限公司	000010	深华新	23185.51	703.10	86678.12	16987.38
深圳市物业(发展)集团股份有限公司	000011	ST深物业	107947.43	7700.18	243722.79	47422.27
中国南玻集团股份有限公司	000012	南玻A	132981.82	20391.02	351606.54	211181.20
深圳石化工业集团股份有限公司	000013	*ST石化A	-	-32793.40	21261.88	-240626.01
沙河实业股份有限公司	000014	沙河股份	29564.14	2985.26	85996.25	26030.89
康佳集团股份有限公司	000016	深康佳A	1280646.61	10107.10	963737.57	305351.94
深圳中华自行车集团股份有限公司	000017	ST中华A	9901.50	-3294.78	44484.97	-168474.98
深圳中冠纺织印染股份有限公司	000018	深中冠A	1413319.55	20573.80	39034.23	1313211.95
深圳市深宝实业股份有限公司	000019	深深宝A	6206.66	-4485.17	44391.15	22935.05
深圳华发电子股份有限公司	000020	ST华发A	11852.24	-773.44	47638.05	27657.86
深圳开发科技股份有限公司	000021	深科技A	785976.39	22277.96	438878.49	250696.60
深圳赤湾港航股份有限公司	000022	深赤湾A	104783.61	31398.79	321422.01	150108.43
深圳市天地(集团)股份有限公司	000023	深天地A	41002.21	612.64	72346.11	22496.00
招商局蛇口控股股份有限公司	000024	招商地产	483883.49	33047.76	592364.80	311887.41
深圳市特力(集团)股份有限公司	000025	ST特力A	22813.31	508.81	57284.75	51545.64
深圳市飞亚达(集团)股份有限公司	000026	飞亚达A	22813.31	508.81	57284.75	51545.64
深圳能源投资股份有限公司	000027	深能源A	480463.20	71366.79	889425.33	364139.17
深圳一致药业股份有限公司	000028	一致药业	178087.37	1519.07	100832.66	34158.41
深圳经济特区房地产(集团)股份有限公司	000029	深深房A	96238.36	1135.17	274681.14	113938.21
广东盛润集团股份有限公司	000030	ST盛润A	7726.78	1139.12	37829.32	-154447.42
深圳市宝恒(集团)股份有限公司	000031	深宝恒A	33085.09	8511.23	170593.57	108225.23
深圳市桑达实业股份有限公司	000032	深桑达A	127897.48	4516.04	110026.24	57263.29
深圳新都酒店股份有限公司	000033	新都酒店	6960.00	147.16	61453.90	43803.91
深圳市深信泰丰(集团)股份有限公司	000034	深信泰丰	95951.85	646.87	141773.50	32036.49
中国科健股份有限公司	000035	中科健A	270599.95	4006.81	180834.00	26554.54
深圳市华联控股股份有限公司	000036	华联控股	272179.53	3413.16	455655.99	167656.23
深圳南山热电股份有限公司	000037	深南电A	186393.72	47111.04	257197.11	158821.76
深圳大通实业股份有限公司	000038	深大通A	49988.88	855.28	26159.70	13024.20
中国国际海运集装箱(集团)股份有限公司	000039	中集集团	1380022.33	68268.80	993196.87	529094.03
深圳市鸿基(集团)股份有限公司	000040	ST鸿基	73652.70	1816.31	248389.82	82075.20
深圳市长城地产(集团)股份有限公司	000042	深长城A	195206.18	5994.67	493536.57	139122.28
深圳市南光(集团)股份有限公司	000043	深南光A	65030.24	2843.69	80375.65	30265.30
深圳市纺织(集团)股份有限公司	000045	深纺织A	45196.47	3408.63	70677.57	33893.73
光彩建设集团股份有限公司	000046	光彩建设	57604.29	3660.92	338460.12	101004.21
深圳市中侨发展股份有限公司	000047	ST中侨	-	-12649.09	23649.79	-62428.17
深圳市康达尔(集团)股份有限公司	000048	ST康达尔	85623.02	544.55	137728.38	4811.12
深圳市万山实业股份有限公司	000049	ST万山	2875.81	-3324.56	27694.63	11273.05
深圳天马微电子股份有限公司	000050	深天马A	63578.02	4642.66	116636.94	70529.59
方大集团股份有限公司	000055	方大A	51400.26	1057.97	145741.94	83516.99

F-1 续表 11 continued

公司全称	股票代码	公司简称	主营业务收入（万元）	净利润（万元）	总资产（万元）	股东权益（万元）
深圳市国际企业股份有限公司	000056	深国商	11462.94	125.45	107062.35	33189.50
深圳赛格股份有限公司	000058	深赛格	232169.71	18175.45	391124.39	141166.85
深圳市中金岭南有色金属股份有限公司	000060	中金岭南	283557.50	6017.62	481459.84	111998.11
深圳市农产品股份有限公司	000061	农产品	250055.05	6803.87	350295.08	139131.79
深圳华强实业股份有限公司	000062	深圳华强	36778.91	2278.19	143008.96	121443.70
深圳市中兴通讯股份有限公司	000063	中兴通讯	1603603.49	75249.85	1576695.49	504393.07
北方国际合作股份有限公司	000065	北方国际	103361.54	2024.35	120214.29	37717.99
中国长城计算机深圳股份有限公司	000066	长城电脑	151439.17	10723.73	197091.24	126082.79
深圳市赛格三星股份有限公司	000068	赛格三星	99201.33	17860.69	344827.63	179158.15
深圳华侨城控股股份有限公司	000069	华侨城A	49660.32	22969.52	299301.95	142071.02
深圳市特发信息股份有限公司	000070	特发信息	46606.83	500.53	126478.17	77781.34
深圳市海王生物工程股份有限公司	000078	海王生物	145641.00	4393.88	413883.04	175112.11
深圳市盐田港股份有限公司	000088	盐田港A	59028.47	77359.96	394297.92	276647.29
深圳市机场股份有限公司	000089	深圳机场	74798.27	30029.80	323678.04	277211.42
深圳市天健(集团)股份有限公司	000090	深天健	161158.62	5366.87	251061.09	113788.25
深圳市广聚能源股份有限公司	000096	广聚能源	169873.22	13947.93	141593.86	116418.27
中信海洋直升机股份有限公司	000099	中信海直	38548.27	8069.52	160046.26	114308.86
TCL集团股份有限公司	000100	TCL集团	2825425.84	57057.66	15933420.75	226338.52
麦科特光电股份有限公司	000150	ST麦科特	14424.95	-9282.57	60852.18	54447.81
吴江丝绸股份有限公司	000301	丝绸股份	219977.70	8169.12	310339.90	141601.58
三九宜工生化股份有限公司	000403	三九生化	65181.18	2400.44	224103.09	73063.38
珠海鑫光集团股份有限公司	000405	ST鑫光	956.68	-535.08	38290.01	-12473.09
四通集团高科技股份有限公司	000409	四通高科	63.12	-6689.94	36443.33	9802.16
浙江英特集团股份有限公司	000411	ST英特	163673.45	610.58	76514.55	8273.59
无锡小天鹅股份有限公司	000418	小天鹅A	290132.03	3599.03	307906.34	110683.05
南京中北(集团)股份有限公司	000421	南京中北	57832.05	3139.37	110445.20	44959.89
广东省高速公路发展股份有限公司	000429	粤高速A	79719.07	18118.30	666341.91	353407.87
珠海经济特区富华集团股份有限公司	000507	粤富华	12053.81	2393.43	115361.83	98125.84
丽珠医药集团股份有限公司	000513	丽珠集团	181191.36	9220.06	212925.27	104455.79
成功信息产业集团股份有限公司	000517	甬成功	65025.70	1797.52	147827.13	80872.30
江苏四环生物股份有限公司	000518	四环生物	37566.42	6896.81	123023.16	10907.96
广州白云山制药股份有限公司	000522	白云山A	232702.60	6343.65	267116.79	61557.62
广州市浪奇实业股份有限公司	000523	广州浪奇	63468.23	221.12	56619.75	39063.98
广州市东方宾馆股份有限公司	000524	东方宾馆	14787.11	-9095.37	78834.19	51065.12
南京红太阳股份有限公司	000525	红太阳	55854.79	4670.19	89860.16	56167.32
广州恒运企业集团股份有限公司	000531	穗恒运A	102608.53	13816.78	235721.99	73998.98
力合股份有限公司	000532	力合股份	14727.21	5849.65	63652.56	48058.62
广东万家乐股份有限公司	000533	ST万家A	130204.55	19632.28	317648.63	58473.99
广东电力发展股份有限公司	000539	粤电力A	602901.49	125524.88	1248690.35	788588.69
佛山电器照明股份有限公司	000541	佛山照明	102101.71	22632.50	241328.57	218923.92
创元科技股份有限公司	000551	创元科技	86004.73	4159.82	137176.30	55221.54
深圳市太光电信股份有限公司	000555	*ST太光	401.11	-9476.73	11204.44	-4038.15
万向钱潮股份有限公司	000559	万向钱潮	198401.58	14936.17	310883.69	148097.56
常柴股份有限公司	000570	苏常柴A	161072.49	5434.71	194452.53	78458.50
东莞宏远工业区股份有限公司	000573	粤宏远A	46238.56	1360.36	222947.25	137987.94
江门甘蔗化工厂(集团)股份有限公司	000576	广东甘化	50469.35	612.56	149374.87	72734.24
无锡威孚高科技股份有限公司	000581	威孚高科	150773.75	23810.44	288674.95	204277.95
广东韶能集团股份有限公司	000601	韶能股份	89002.13	13808.88	402190.20	198486.03

F-1 续表 12 continued

公司全称	股票代码	公司简称	主营业务收入（万元）	净利润（万元）	总资产（万元）	股东权益（万元）
广东风华高新科技股份有限公司	000636	风华高科	105597.89	2344.39	329264.57	209969.38
珠海格力电器股份有限公司	000651	格力电器	1004238.28	33727.51	828907.81	217233.57
珠海中富实业股份有限公司	000659	珠海中富	135962.23	8147.51	420841.96	171889.40
广州南华西实业股份有限公司	000660	*ST 南华	7292.02	-47267.68	39544.98	-64544.72
远东实业股份有限公司	000681	远东股份	35657.38	641.04	41482.68	34196.27
中山公用科技股份有限公司	000685	公用科技	8138.36	960.51	40926.83	32329.16
江南模具科技股份有限公司	000700	模塑科技	53286.91	7736.73	161574.89	90867.93
浙江震元股份有限公司	000705	浙江震元	64059.82	1520.50	77699.78	44370.75
南京华东电子信息科技股份有限公司	000727	华东科技	27105.86	605.69	203336.31	110434.39
中核苏阀科技实业股份有限公司	000777	中核科技	24427.64	224.12	44125.33	26926.81
广东新会美达锦纶股份有限公司	000782	美达股份	125493.66	1361.82	199137.02	81695.10
创智信息科技股份有限公司	000787	创智科技	38379.11	-9766.87	115970.29	83696.30
江苏炎黄在线物流股份有限公司	000805	ST 炎黄	9402.09	-1468.61	23667.96	8734.40
东莞发展控股股份有限公司	000828	东莞控股	235384.31	11003.12	278726.23	227237.71
上海隆源双登实业股份有限公司	000835	隆源双登	16020.31	748.92	38003.86	17128.75
深圳和光现代商务股份有限公司	000863	和光商务	86667.29	1898.10	107182.93	32062.05
中国石化扬子石油化工股份有限公司	000866	扬子石化	2200513.49	166006.94	1333030.88	750355.98
江苏法尔胜股份有限公司	000890	法尔胜	93098.08	1949.04	267810.27	94420.88
广州冷机股份有限公司	000893	广州冷机	42229.99	-3931.14	83347.79	29287.88
数源科技股份有限公司	000909	数源科技	54840.24	428.66	99607.93	53622.59
大亚科技股份有限公司	000910	大亚科技	159336.90	6751.57	197487.59	94044.13
浙江钱江摩托股份有限公司	000913	钱江摩托	308301.71	5416.11	187598.29	125708.00
金陵药业股份有限公司	000919	金陵药业	84971.65	13204.39	163518.03	127466.57
广东科龙电器股份有限公司	000921	科龙电器	6168110.00	20218.02	943279.12	280873.09
浙江浙大海纳科技股份有限公司	000925	浙大海纳	13421.11	1186.45	58590.10	39100.40
江苏华西村股份有限公司	000936	华西村	87401.36	5977.65	147696.80	63939.67
华东医药股份有限公司	000963	华东医药	232571.09	3057.91	143498.76	57720.01
浙江上风实业股份有限公司	000967	上风高科	18443.14	1126.36	62201.28	50730.05
佛山塑料集团股份有限公司	000973	佛塑股份	229054.46	11781.12	311213.31	127774.18
南方科学城发展股份有限公司	000975	科学城	24997.31	7518.44	92043.96	79550.53
广东开平春晖股份有限公司	000976	春晖股份	149820.82	4480.10	174676.11	108005.00
广州友谊商店股份有限公司	000987	广州友谊	100605.17	4106.70	99555.96	65665.40
三九医药股份有限公司	000999	三九医药	267445.50	20879.51	829624.58	290930.68
万科企业股份有限公司	200002	万科 B 股	638006.04	54227.07	1056104.01	470135.91
深圳市物业(发展)集团股份有限公司	200011	ST 深物业 B	107947.43	7700.18	243722.79	47422.27
中国南玻集团股份有限公司	200012	南玻 B	132981.82	20391.02	351606.54	211181.20
深圳石化工业集团股份有限公司	200013	ST 石化 B	0.00	-32793.40	21261.88	-240626.01
康佳集团股份有限公司	200016	深康佳 B	1280646.61	10107.10	963737.57	305351.94
深圳中华自行车(集团)股份有限公司	200017	ST 中华 B	9901.50	-3294.78	44484.97	-168474.98
深圳中冠纺织印染股份有限公司	200018	深中冠 B	20825.54	156.60	39034.23	31114.05
深圳市深宝实业股份有限公司	200019	深深宝 B	6206.66	-4485.17	44391.15	22935.05
深圳华发电子股份有限公司	200020	ST 华发 B	11852.24	-773.44	47638.05	27657.86
深圳赤湾港航股份有限公司	200022	深赤湾 B	104783.61	31398.79	321422.01	150108.43
招商局蛇口控股股份有限公司	200024	招商局 B	483883.49	33047.76	592364.80	311887.41
深圳市特力(集团)股份有限公司	200025	ST 特力 B	143638.29	517.51	127470.50	21116.22
深圳市飞亚达(集团)股份有限公司	200026	飞亚达 B	22813.31	508.81	57284.75	51545.64
深圳一致药业股份有限公司	200028	一致 B 股	178087.37	1519.07	100832.66	34158.41
深圳经济特区房地产(集团)股份有限公司	200029	深深房 B	96238.36	1135.17	274681.14	113938.21

F−1 续表 13 continued

公司全称	股票代码	公司简称	主营业务收入（万元）	净利润（万元）	总资产（万元）	股东权益（万元）
广东盛润集团股份有限公司	200030	*ST 盛润 B	7726.78	1139.12	37829.32	-154447.42
深圳南山热电股份有限公司	200037	深南电 B	186393.72	47111.04	257197.11	158821.76
中国国际海运集装箱(集团)股份有限公司	200039	中集 B 股	1380022.33	68268.80	993196.87	529094.03
深圳本鲁克斯实业股份有限公司	200041	深本实 B	4957.49	-1803.22	30518.21	10729.55
深圳市纺织(集团)股份有限公司	200045	深纺织 B	45196.47	3408.63	70677.57	33893.73
深圳赤湾石油基地股份有限公司	200053	深基地 B	1323.90	910.02	8455.41	7634.05
深圳北方建设摩托车股份有限公司	200054	ST 建摩 B	138471.60	1592.50	169741.00	16556.90
方大集团股份有限公司	200055	方大 B 股	51400.26	1057.97	145741.94	83516.99
深圳市国际企业股份有限公司	200056	深国商 B	11462.94	125.45	107062.35	33189.50
深圳大洋海运股份有限公司	200057	ST 大洋 B	0.00	-11042.07	3636.85	-20036.24
深圳赛格股份有限公司	200058	深赛格 B	232169.71	18175.45	391124.39	141166.85
无锡小天鹅股份有限公司	200418	*ST 天鹅 B	290132.03	3599.03	307906.34	110683.05
广东省高速公路发展股份有限公司	200429	粤高速 B	79719.07	18118.30	666341.91	353407.87
南京普天通信股份有限公司	200468	宁通信 B	81864.75	251.68	104204.40	37864.60
丽珠医药集团股份有限公司	200513	丽珠 B 股	181191.36	9220.06	212925.27	104455.79
广东电力发展股份有限公司	200539	粤电力 B	602901.49	125524.88	1248690.35	788588.69
佛山电器照明股份有限公司	200541	粤照明 B	102101.71	22632.50	241328.57	218923.92
常柴股份有限公司	200570	苏常柴 B	161072.49	5434.71	194452.53	78458.50
无锡威孚高科技股份有限公司	200581	苏威孚 B	150773.75	23810.44	288674.95	204277.95
杭州汽轮机股份有限公司	200771	杭汽轮 B	43993.62	4400.25	102237.54	51274.54
佛山华新包装股份有限公司	200986	粤华包 B	60653.12	9645.32	128995.91	95438.34
上海浦东发展银行股份有限公司	600000	浦发银行	1202723.70	156608.82	37105669.81	1201092.29
广州白云国际机场股份有限公司	600004	白云机场	106185.11	29614.38	431657.72	377938.99
上海国际机场股份有限公司	600009	上海机场	177728.35	64378.99	708952.31	614464.20
上海港集装箱股份有限公司	600018	上港集箱	342947.11	99875.19	1106321.70	594621.69
宝山钢铁股份有限公司	600019	宝钢股份	4446036.89	697572.50	6091757.50	3546609.65
上海电力股份有限公司	600021	上海电力	544763.05	40175.30	1082546.71	609673.56
中海发展股份有限公司	600026	中海发展	517663.92	98204.88	958454.60	713115.77
中国南方航空股份有限公司	600029	南方航空	1735100.60	1448.80	3937220.40	1154984.90
中信证券股份有限公司	600030	中信证券	81618.18	30345.64	1181044.95	548120.67
招商银行股份有限公司	600036	招商银行	1358605.20	222991.00	50389281.00	1826143.80
中国联合通信股份有限公司	600050	中国联通	5979847.62	232703.06	15005455.77	3922524.27
宁波联合集团股份有限公司	600051	宁波联合	522243.39	3333.34	360009.23	87091.86
浙江广厦建筑集团股份有限公司	600052	浙江广厦	64444.95	4409.76	431975.49	157478.49
浙江古越龙山绍兴酒股份有限公司公司	600059	古越龙山	52310.95	5457.43	204814.57	119298.23
中纺投资发展股份有限公司	600061	中纺投资	83251.16	428.76	82778.34	48511.17
南京新港高科技股份有限公司	600064	南京高科	110067.10	8012.62	301417.13	127450.96
浙江富润股份有限公司	600070	浙江富润	32835.42	2437.82	61036.29	38875.49
江南重工股份有限公司	600072	江南重工	132883.64	728.55	123285.87	99918.62
上海梅林正广和股份有限公司	600073	上海梅林	67181.97	231.28	154502.90	80099.32
江苏中达新材料集团股份有限公司	600074	江苏中达	139836.83	11547.17	307254.34	114898.99
江苏澄星磷化工股份有限公司	600078	澄星股份	104304.72	10809.04	153172.15	92691.12
东风电子科技股份有限公司	600081	东风科技	74261.41	5247.96	103684.89	51359.54
成都福地科技股份有限公司	600083	ST 博讯	21488.04	164.34	23150.72	1842.48
南京水运实业股份有限公司	600087	南京水运	68656.84	15726.12	147763.43	114347.76
中视传媒股份有限公司	600088	中视传媒	31068.69	313.08	94561.07	72841.05
上海华源股份有限公司	600094	华源股份	383365.91	6032.33	561560.87	156617.46
浙江华立科技股份有限公司	600097	华立科技	23641.60	954.95	47387.88	14890.78

F-1 续表 14 continued

公司全称	股票代码	公司简称	主营业务收入（万元）	净利润（万元）	总资产（万元）	股东权益（万元）
广州发展实业控股集团股份有限公司	600098	广州控股	351824.28	80477.32	1014308.57	605674.97
林海股份有限公司	600099	林海股份	27600.38	474.70	52560.03	45601.36
上海汽车股份有限公司	600104	上海汽车	689151.83	151680.83	1209205.99	979728.32
江苏永鼎股份有限公司	600105	永鼎光缆	132636.61	6059.10	216367.32	100402.50
中国东方航空股份有限公司	600115	东方航空	1399905.84	-82597.18	3668747.93	522691.35
长发集团长江投资实业股份有限公司	600119	长江投资	74571.69	2561.80	85092.18	42565.82
浙江东方集团股份有限公司	600120	浙江东方	512277.36	9651.27	258966.24	93791.01
江苏宏图高科技股份有限公司	600122	宏图高科	293320.64	1805.17	323104.36	99766.30
杭州钢铁股份有限公司	600126	杭钢股份	747153.42	53162.55	464754.14	272666.67
江苏弘业股份有限公司	600128	弘业股份	158438.82	1901.30	102206.87	57965.93
宁波波导股份有限公司	600130	波导股份	1084147.66	24502.36	394742.72	127268.36
沪东重机股份有限公司	600150	沪东重机	95778.99	4038.84	122225.51	52271.94
上海航天汽车机电股份有限公司	600151	航天机电	192715.87	9975.88	242694.39	129017.76
宁波维科精华集团股份有限公司	600152	维科精华	154585.97	4703.71	148699.97	66002.00
上海建工股份有限公司	600170	上海建工	1092259.27	18380.65	934060.04	300216.42
上海贝岭股份有限公司	600171	上海贝岭	75692.65	6169.71	205686.79	174200.36
美都控股股份有限公司	600175	美都控股	7874.95	237.78	87478.06	46414.95
雅戈尔集团股份有限公司	600177	雅戈尔	270306.82	40018.35	743199.33	254715.98
广东生益科技股份有限公司	600183	生益科技	270306.82	40018.35	743199.33	254715.98
上海复星实业股份有限公司	600196	复星实业	215455.75	26361.94	421882.08	170018.31
江苏吴中实业股份有限公司	600200	江苏吴中	112700.77	5203.35	176565.55	84396.71
中宝科控投资股份有限公司	600208	中宝股份	55146.85	428.73	257783.22	61765.89
上海紫江企业集团股份有限公司	600210	紫江企业	230721.90	23736.22	547504.30	266113.39
扬州亚星客车股份有限公司	600213	亚星客车	79872.03	-14755.76	124595.78	48030.22
浙江医药股份有限公司	600216	浙江医药	113288.40	577.78	166881.28	62469.80
江苏阳光股份有限公司	600220	江苏阳光	145877.81	10207.37	350431.62	166210.53
华通天香集团股份有限公司	600225	天香集团	42715.39	1202.52	140055.05	43173.40
浙江升华拜克生物股份有限公司	600226	升华拜克	60372.92	5010.27	111418.60	82675.35
浙江金鹰股份有限公司	600232	金鹰股份	105555.43	13093.86	108079.65	61831.73
民丰特种纸股份有限公司	600235	民丰特纸	47175.87	5847.44	198478.84	85036.86
广东华龙集团股份有限公司	600242	华龙集团	23303.87	893.83	100328.04	50056.15
南京纺织品进出口股份有限公司	600250	南纺股份	703308.26	6717.75	425307.97	73516.75
浙江阳光集团股份有限公司	600261	浙江阳光	51322.63	5094.16	93726.37	60520.73
浙江海正药业股份有限公司	600267	海正药业	155095.41	17215.55	187373.93	97568.61
国电南京自动化股份有限公司	600268	国电南自	58098.87	3347.50	106101.08	49862.39
上海开开实业股份有限公司	600272	开开实业	217979.94	3077.15	207940.90	86918.89
华芳纺织股份有限公司	600273	华芳纺织	48410.08	2728.92	75040.77	61064.18
东方国际创业股份有限公司	600278	东方创业	344404.09	7284.70	232284.33	106979.11
南京中央商场股份有限公司	600280	南京中商	193994.27	3543.91	146929.88	48275.42
南京钢铁股份有限公司	600282	南钢股份	682737.25	48953.81	488321.94	219691.89
钱江水利开发股份有限公司	600283	钱江水利	21842.59	2885.60	156835.74	88962.46
江苏舜天股份有限公司	600287	江苏舜天	411530.77	10009.22	254394.76	82587.36
苏福马股份有限公司	600290	苏福马	31203.89	1091.59	53298.51	23275.51
江苏恒顺醋业股份有限公司	600305	恒顺醋业	34101.56	1754.02	141794.62	33814.79
上海家化联合股份有限公司	600315	上海家化	148637.64	8106.94	158851.86	118704.91
上海振华港口机械(集团)股份有限公司	600320	振华港机	462817.28	27769.27	727116.97	212872.91
南海发展股份有限公司	600323	南海发展	25538.84	6405.30	93612.66	77302.44
无锡商业大厦股份有限公司	600327	大厦股份	263378.56	4525.03	121183.32	54683.32

F-1 续表 15 continued

公司全称	股票代码	公司简称	主营业务收入（万元）	净利润（万元）	总资产（万元）	股东权益（万元）
浙江天通电子股份有限公司	600330	天通股份	35049.99	7047.72	111329.54	65619.37
广州药业股份有限公司	600332	广州药业	697196.32	13979.54	470703.94	242947.64
浙江国祥制冷工业股份有限公司	600340	国祥股份	17483.59	2161.92	49775.86	39939.76
浙江龙盛集团股份有限公司	600352	浙江龙盛	112943.85	12469.44	194124.98	81706.22
国旅联合股份有限公司	600358	国旅联合	23746.64	944.53	236917.23	42709.62
宁波韵升(集团)股份有限公司	600366	宁波韵升	131891.73	5095.17	152783.08	62381.42
江苏三房巷实业股份有限公司	600370	三房巷	78470.14	4135.27	105904.65	62886.23
江苏宁沪高速公路股份有限公司	600377	宁沪高速	235312.95	95053.07	1673235.74	1456232.48
深圳太太药业股份有限公司	600380	健康元	175242.61	14027.51	441582.70	212516.51
金地(集团)股份有限公司	600383	金地集团	150984.89	16555.01	481913.33	151115.00
南通江山农药化工股份有限公司	600389	江山股份	123824.96	4379.05	122217.56	51446.24
广州东华实业股份有限公司	600393	东华实业	11921.85	1117.34	104033.69	46495.05
凯诺科技股份有限公司	600398	凯诺科技	61279.47	8739.94	125700.37	77087.63
江苏红豆实业股份有限公司	600400	红豆股份	93298.43	7784.52	147764.35	70719.56
江苏申龙高科股份有限公司	600401	江苏申龙	21147.18	2349.11	46169.21	34293.57
南京欣网视讯科技股份有限公司	600403	欣网视讯	17341.64	1184.47	32167.30	24888.40
国电南瑞科技股份有限公司	600406	国电南瑞	37250.93	5644.26	82252.85	60620.67
中远航运股份有限公司	600428	中远航运	81330.03	11066.32	164797.58	143192.21
深圳市金证科技股份有限公司	600446	金证科技	22593.47	3235.26	39064.10	31629.19
杭州士兰微电子股份有限公司	600460	士兰微	37236.96	6033.41	77242.04	51244.13
无锡华光锅炉股份有限公司	600475	华光股份	70377.50	4864.42	232981.15	51549.89
浙江杭萧钢构股份有限公司	600477	杭萧钢构	128028.01	6540.57	129087.21	43738.03
江苏双良空调设备股份有限公司	600481	双良股份	61666.70	10721.93	119939.23	92259.21
江苏扬农化工股份有限公司	600486	扬农化工	37309.79	2721.96	66816.35	35641.61
江苏亨通光电股份有限公司	600487	亨通光电	55906.07	3656.41	91396.05	59658.48
上海中科合臣股份有限公司	600490	中科合臣	13791.61	1325.97	41750.85	31004.05
广东科达机电股份有限公司	600499	科达机电	39674.91	4337.40	66979.96	41684.18
中化国际贸易股份有限公司	600500	中化国际	1098099.78	26193.34	327477.31	182658.12
南京晨光航天应用技术股份有限公司	600501	航天晨光	74498.73	825.09	105839.97	46228.24
上海大屯能源股份有限公司	600508	上海能源	172248.85	17373.15	272363.67	164179.31
黑牡丹（集团）股份有限公司	600510	黑牡丹	82022.65	10553.19	121323.47	96636.38
滕达建设集团股份有限公司	600512	腾达建设	102439.16	4274.63	90518.77	47349.65
江苏联环药业股份有限公司	600513	联环药业	11233.77	1124.89	29320.93	24550.44
上海置信电气股份有限公司	600517	置信电气	15025.58	1328.35	35503.31	23605.08
浙江华海药业股份有限公司	600521	华海药业	30303.61	7928.43	77468.47	68529.03
江苏中天科技股份有限公司	600522	中天科技	30833.92	125.50	94548.83	56262.80
深圳市长园新材料股份有限公司	600525	长园新材	25670.24	4076.35	43595.80	30956.42
浙江菲达环保科技股份有限公司	600526	菲达环保	52370.10	1560.14	98791.38	38782.84
江苏江南高纤股份有限公司	600527	江南高纤	24250.91	2071.84	28941.57	25897.78
上海交大昂立股份有限公司	600530	交大昂立	63814.60	5702.30	160470.18	95655.08
南京栖霞建设股份有限公司	600533	栖霞建设	48054.47	7050.31	159895.39	56062.97
浙江海通食品集团股份有限公司	600537	海通集团	29491.64	3809.14	61373.13	48075.97
深圳高速公路股份有限公司	600548	深高速	59813.72	85203.71	710530.89	595286.56
上海茉织华股份有限公司	600555	茉织华	241709.77	11027.64	410706.48	222433.74
江苏高淳陶瓷股份有限公司	600562	高淳陶瓷	24267.65	2351.51	42907.71	32700.09
杭州恒生电子股份有限公司	600570	恒生电子	21538.11	3632.50	44494.30	36984.04
杭州信雅达系统工程股份有限公司	600571	信雅达	24165.20	2546.65	50575.37	34032.71
无锡庆丰股份有限公司	600576	庆丰股份	91959.56	3137.32	156154.38	62615.31

F-1 续表 16 continued

公司全称	股票代码	公司简称	主营业务收入（万元）	净利润（万元）	总资产（万元）	股东权益（万元）
浙江卧龙科技股份有限公司	600580	卧龙科技	32420.18	3594.94	70317.39	45606.06
江苏长电科技股份有限公司	600584	长电科技	89400.91	4371.33	157462.61	65678.93
上海航空股份有限公司	600591	上海航空	451658.80	9191.65	731697.34	179457.00
浙江新安化工集团股份有限公司	600596	新安股份	101846.39	3511.57	113612.67	54302.60
上海光明乳业股份有限公司	600597	光明乳业	598105.16	28246.19	346083.45	186125.81
上海方正延中科技集团股份有限公司	600601	方正科技	525206.47	13948.37	305934.43	145680.67
上海广电电子股份有限公司	600602	广电电子	517325.57	13510.58	797694.12	286763.61
上海兴业房产股份有限公司	600603	*ST 兴业	850.16	256.94	32719.88	-62024.54
上海二纺机股份有限公司	600604	二纺机	102716.31	1081.59	139415.03	64503.04
上海轻工机械股份有限公司	600605	轻工机械	51683.19	708.14	73379.95	31507.78
上海金丰投资股份有限公司	600606	金丰投资	80220.78	6849.09	232687.16	102849.63
上海实业联合集团股份有限公司	600607	上实联合	181987.72	9683.02	264981.44	157053.32
上海宽频科技股份有限公司	600608	上海科技	195536.71	3353.12	160203.52	66977.82
中国纺织机械股份有限公司	600610	中国纺机	58330.05	1380.33	86916.63	37503.68
大众交通(集团)股份有限公司	600611	大众交通	271900.46	19613.41	563091.68	239024.57
中国第一铅笔股份有限公司	600612	第一铅笔	186654.37	650.08	144413.12	45182.36
上海永生数据科技股份有限公司	600613	*ST 永生	2424.45	-2803.84	29018.67	13994.85
上海三九科技发展股份有限公司	600614	三九发展	54184.92	1394.33	135061.49	23341.41
上海丰华（集团）股份有限公司	600615	*ST 丰华	14921.57	-17783.35	80452.34	21522.54
上海市第一食品商店股份有限公司	600616	第一食品	318091.67	7650.75	188473.17	39112.43
上海联华合纤股份有限公司	600617	ST 联华	14360.33	-6832.73	37189.15	4684.10
上海氯碱化工股份有限公司	600618	氯碱化工	390555.55	2503.34	492041.22	286211.84
上海海立(集团)股份有限公司	600619	海立股份	269262.81	4250.15	337500.64	107296.41
上海市天宸股份有限公司	600620	天宸股份	47752.25	4121.43	146121.26	48372.76
上海金陵股份有限公司	600621	上海金陵	94437.43	7209.61	167449.85	92977.01
上海嘉宝实业(集团)股份有限公司	600622	嘉宝集团	25649.94	3677.19	102305.42	49254.98
上海轮胎橡胶(集团)股份有限公司	600623	轮胎橡胶	390188.87	7618.57	510921.10	108782.87
上海复旦复华科技股份有限公司	600624	复旦复华	27589.17	1086.60	106294.08	44245.81
上海申达股份有限公司	600626	申达股份	496107.94	13431.98	303399.66	141345.85
上海电器股份有限公司	600627	电器股份	81221.98	8356.54	173025.97	98355.61
上海新世界股份有限公司	600628	新世界	144521.85	7517.36	215333.10	91951.99
上海棱光实业股份有限公司	600629	ST 棱光	2409.31	-1938.70	12840.14	-41461.09
上海龙头(集团)股份有限公司	600630	龙头股份	328676.17	1712.16	451770.63	165540.92
上海市第一百货商店股份有限公司	600631	第一百货	266429.82	7000.25	367311.37	172343.54
上海华联商厦股份有限公司	600632	华联商厦	150104.03	8366.60	229798.54	150939.50
上海白猫股份有限公司	600633	白猫股份	30512.54	1597.86	34952.81	21500.67
上海海鸟企业发展股份有限公司	600634	海鸟发展	1749.70	-3969.52	101838.27	19673.46
上海大众公用事业(集团)股份有限公司	600635	大众公用	147188.28	12509.74	453844.49	172635.42
上海三爱富新材料股份有限公司	600636	三爱富	109980.38	4870.83	103943.31	47864.26
上海广电信息产业股份有限公司	600637	广电信息	409693.27	22134.26	704020.56	363930.38
上海新黄浦置业股份有限公司	600638	新黄浦	51656.82	6369.54	239756.12	220126.53
上海金桥出口加工区开发股份有限公司	600639	浦东金桥	61071.06	12712.93	311775.13	193638.95
联通国脉通信股份有限公司	600640	联通国脉	101741.91	1470.19	163836.31	114120.55
中远发展股份有限公司	600641	中远发展	64537.73	3359.13	446156.71	200872.15
申能股份有限公司	600642	申能股份	371014.75	113474.61	1525120.29	836316.93
上海爱建股份有限公司	600643	爱建股份	71871.13	-28305.66	341756.84	152870.33
上海望春花(集团)股份有限公司	600645	望春花	32503.39	314.27	63608.89	30193.88
上海同达创业投资股份有限公司	600647	ST 同达	3666.52	1448.13	14747.47	328.04

F-1 续表 17 continued

公司全称	股票代码	公司简称	主营业务收入（万元）	净利润（万元）	总资产（万元）	股东权益（万元）
上海外高桥保税区开发股份有限公司	600648	外高桥	35504.41	2501.28	323058.81	128764.39
上海市原水股份有限公司	600649	原水股份	96528.26	42925.65	604534.64	544682.65
上海新锦江股份有限公司	600650	锦江投资	32428.38	967.68	195443.83	154369.44
上海飞乐音响股份有限公司	600651	飞乐音响	94186.66	4846.38	154132.43	71932.43
上海爱使股份有限公司	600652	爱使股份	151909.16	7054.84	242209.79	74223.61
上海申华控股股份有限公司	600653	申华控股	327714.04	10399.31	472669.84	170218.13
上海飞乐股份有限公司	600654	飞乐股份	90554.18	2159.71	215863.76	120307.01
上海豫旅游商城股份有限公司	600655	豫园商城	267944.68	5013.95	356577.44	176836.88
上海华源制药股份有限公司	600656	华源制药	121688.42	4725.40	150455.50	21339.31
上海交大南洋股份有限公司	600661	交大南洋	52502.74	2127.18	96257.07	35206.66
上海强生控股股份有限公司	600662	强生控股	110986.61	11308.58	191421.97	106228.25
上海陆家嘴金融贸易区开发股份有限公司	600663	陆家嘴	226551.60	66401.55	883631.07	559409.42
天地源股份有限公司	600665	天地源	98845.52	5418.57	177588.79	130705.24
无锡市太极实业股份有限公司	600667	太极实业	67348.00	419.97	135586.46	50416.35
杭州天目山药业股份有限公司	600671	天目药业	19662.20	-1166.54	34651.66	21283.69
广东英豪科技教育投资股份有限公司	600672	*ST 科教	454.71	-43994.20	57722.98	-18471.77
中华企业股份有限公司	600675	中华企业	188599.89	17531.29	589754.29	154189.28
上海交运股份有限公司	600676	交运股份	75345.30	6299.98	146272.33	102387.37
航天通信控股集团股份有限公司	600677	航天通信	201272.80	868.01	222437.83	51911.44
凤凰股份有限公司	600679	凤凰股份	143043.62	421.19	204075.61	87543.78
上海邮电通信设备股份有限公司	600680	上海邮通	200078.14	5151.97	219863.26	64901.06
南京新街口百货商店股份有限公司	600682	南京新百	299201.71	6821.62	209970.99	90358.52
银泰控股股份有限公司	600683	银泰股份	112422.35	1871.26	103135.48	29446.74
广州珠江实业开发股份有限公司	600684	珠江实业	11955.17	1609.12	81398.39	60916.01
广州广船国际股份有限公司	600685	广船国际	284044.60	4305.20	251340.84	67658.97
中国石化上海石油化工股份有限公司	600688	上海石化	2956714.00	138555.60	2758082.80	1550701.60
上海三毛纺织股份有限公司	600689	上海三毛	127270.89	854.89	123901.74	51398.70
上海亚通股份有限公司	600692	亚通股份	24151.00	2988.80	66516.75	36993.10
上海大江(集团)股份有限公司	600695	ST 大江	116724.81	3518.11	152281.56	59136.19
利嘉(上海)股份有限公	600696	利嘉股份	22446.34	2788.42	126642.97	41745.70
浙江中大集团股份有限公司	600704	中大股份	280098.62	4870.68	337774.68	114839.22
上海海博股份有限公司	600708	海博股份	59091.83	10029.61	155591.56	51286.99
常林股份有限公司	600710	常林股份	150250.52	16661.22	135910.37	65200.45
南京医药股份有限公司	600713	南京医药	421742.47	2053.85	262999.40	46523.00
宁波富达股份有限公司	600724	宁波富达	113150.01	7079.55	168556.51	61712.49
新太科技股份有限公司	600728	新太科技	72974.39	2220.63	128379.47	84313.62
中国高科集团股份有限公司	600730	中国高科	249289.64	3180.16	127999.34	42389.04
上海港机股份有限公司	600732	上海港机	94785.10	4094.09	151598.14	38703.77
苏州新区高新技术产业股份有限公司	600736	苏州高新	81318.44	10868.43	345402.54	152030.59
上海巴士实业(集团)股份有限公司	600741	巴士股份	315542.87	8265.51	551472.55	161744.37
江苏索普化工股份有限公司	600746	江苏索普	30771.36	1171.24	92488.91	33746.18
上海浦东不锈薄板股份有限公司	600748	上实发展	30704.67	6760.80	255049.91	113241.54
上海锦江国际酒店发展股份有限公司	600754	锦江酒店	79692.33	3925.27	236145.37	176764.99
上海华源企业发展股份有限公司	600757	华源发展	267732.87	5822.04	432405.98	129957.46
运盛(上海)实业股份有限公司	600767	运盛实业	15470.80	-7576.00	86827.22	41387.35
宁波富邦精业集团股份有限公司	600768	宁波富邦	26180.88	3635.55	43885.25	13960.45
江苏综艺股份有限公司	600770	综艺股份	38761.73	1498.77	133044.08	59609.52
中油龙昌(集团)股份有限公司	600772	石油龙昌	38368.81	260.04	163993.25	67526.05

F-1 续表 18 continued

公司全称	股票代码	公司简称	主营业务收入（万元）	净利润（万元）	总资产（万元）	股东权益（万元）
南京熊猫电子股份有限公司	600775	南京熊猫	387429.90	9834.70	3592.43	112897.40
东方通信股份有限公司	600776	东方通信	10285.00	422613.14	552813.60	231018.83
上海民丰实业(集团)股份有限公司	600781	*ST 民丰	13408.73	205.96	33810.63	13102.88
浙江中国轻纺城集团股份有限公司	600790	轻纺城	139961.26	531.23	324692.13	97805.36
浙江钱江生物化学股份有限公司	600796	钱江生化	23712.87	1881.08	56124.72	38469.62
浙江浙大网新科技股份有限公司	600797	浙大网新	291333.80	5662.62	288439.01	106187.56
宁波海运股份有限公司	600798	宁波海运	44129.13	8210.42	115206.14	83922.60
杭州解百集团股份有限公司	600814	杭州解百	105809.46	530.26	79469.97	39354.44
上海宏盛科技发展股份有限公司	600817	宏盛科技	248617.88	2979.62	105931.65	15124.74
上海永久股份有限公司	600818	ST 永久	87611.24	4331.44	63333.35	15655.29
上海耀华皮尔金顿玻璃股份有限公司	600819	耀皮玻璃	118506.60	13352.45	242612.44	181069.19
上海隧道工程股份有限公司	600820	隧道股份	527253.80	10806.95	694285.29	175504.78
上海物资贸易中心股份有限公司	600822	物贸中心	684877.77	258.87	103490.30	30397.36
上海世茂股份有限公司	600823	世茂股份	282.24	13160.67	172475.16	60518.30
上海益民百货股份有限公司	600824	益民百货	45077.39	5001.82	114989.47	72445.93
华联超市股份有限公司	600825	华联超市	401408.92	6198.66	137051.84	36941.19
上海兰生股份有限公司	600826	兰生股份	196270.39	-31254.21	176533.29	49932.89
上海友谊集团股份有限公司	600827	友谊股份	1159108.26	9011.48	624743.39	132663.86
宁波大红鹰实业投资股份有限公司	600830	大红鹰	48959.34	2015.19	84071.23	53669.10
上海东方明珠股份有限公司	600832	东方明珠	78079.04	25955.27	449066.14	313310.47
上海第一医药股份有限公司	600833	第一医药	50696.23	1291.23	48507.79	18922.04
上海申通地铁股份有限公司	600834	申通地铁	50123.57	7668.64	105584.48	66093.24
上海电气股份有限公司	600835	上海电气	555973.48	41201.08	852920.77	325340.12
上海界龙实业股份有限公司	600836	界龙实业	52961.02	1019.91	92685.04	21799.24
上海市都市农商社股份有限公司	600837	都市股份	14933.87	6358.98	58217.86	32535.89
上海九百股份有限公司	600838	上海九百	37984.01	533.95	112530.53	60246.20
浙江安平创业投资股份有限公司	600840	新湖创业	11810.39	1449.68	178356.07	17544.98
上海柴油机股份有限公司	600841	上柴股份	251519.28	5571.34	540002.68	78604.27
上海中西药业股份有限公司	600842	ST 中西	21612.86	343.52	63613.87	-42410.23
上工股份有限公司	600843	上工股份	86679.84	1459.56	173520.60	85986.85
大盈现代农业股份有限公司	600844	大盈股份	17191.00	-4242.65	129693.97	44269.58
上海宝信软件股份有限公司	600845	宝信软件	96471.79	5392.92	60301.43	35774.36
上海同济科技实业股份有限公司	600846	同济科技	145276.01	2502.89	200051.42	45368.61
上海自动化仪表股份有限公司	600848	ST 自仪	59604.45	192.49	83362.71	11471.39
上海市医药股份有限公司	600849	上海医药	978580.45	15444.63	615484.86	172979.37
上海华东电脑股份有限公司	600850	华东电脑	99917.34	265.65	60301.56	20140.24
上海海欣集团股份有限公司	600851	海欣股份	182857.85	17447.05	357070.27	199061.56
江苏春兰制冷设备股份有限公司	600854	春兰股份	321660.58	6149.04	453651.08	303272.01
哈工大首创科技股份有限公司	600857	工大首创	67114.83	2390.46	57337.49	35878.22
南通纵横国际股份有限公司	600862	*ST 纵横	28928.78	-8110.18	67847.24	10160.16
百大集团股份有限公司	600865	百大集团	111758.11	2129.05	90123.52	68300.93
广东肇庆星湖生物科技股份有限公司	600866	星湖科技	54581.87	7146.60	117139.91	90259.37
	600869	三普药业	11549.35	-724.56	36259.29	12166.83
中国石化仪征化纤股份有限公司	600871	仪征化纤	1034364.10	24020.40	1207896.00	912583.20
中炬高新技术实业(集团)股份有限公司	600872	中炬高新	71460.45	2091.96	239529.99	126695.82
宁波杉杉股份有限公司	600884	杉杉股份	86040.41	8614.00	224127.75	136308.52
南京化纤股份有限公司	600889	南京化纤	68686.16	6534.14	92504.74	56787.88
广州钢铁股份有限公司	600894	广钢股份	664356.39	27553.77	317201.04	184870.81

F-1 续表 19 continued

公司全称	股票代码	公司简称	主营业务收入（万元）	净利润（万元）	总资产（万元）	股东权益（万元）
上海张江高科技园区开发股份有限公司	600895	张江高科	82174.96	17579.94	330297.07	245025.53
浙江信联股份有限公司	600899	ST 信联	865.57	-34169.20	44641.56	1824.60
上海广电电子股份有限公司	900901	上电 B 股	517325.57	13510.58	797694.12	286763.61
上海二纺机股份有限公司	900902	二纺 B 股	102716.31	1081.59	139415.03	64503.04
大众交通(集团)股份有限公司	900903	大众 B 股	271900.46	19613.41	563091.68	239024.57
上海永生数据科技股份有限公司	900904	永生 B 股	2424.45	-2803.84	29018.67	13994.85
中国第一铅笔股份有限公司	900905	中铅 B 股	186654.37	650.08	144413.12	45182.36
中国纺织机械股份有限公司	900906	ST 中纺 B	58330.05	1380.33	86916.63	37503.68
上海三九科技发展股份有限公司	900907	发展 B 股	54184.92	1394.33	135061.49	23341.41
上海氯碱化工股份有限公司	900908	氯碱 B 股	390555.55	2503.34	492041.22	286211.84
上海轮胎橡胶(集团)股份有限公司	900909	轮胎 B 股	390188.87	7618.57	510921.10	108782.87
上海海立(集团)股份有限公司	900910	海立 B 股	269262.81	4250.15	337500.64	107296.41
上海金桥出口加工区开发股份有限公司	900911	金桥 B 股	61071.06	12712.93	311775.13	193638.95
上海外高桥保税区开发股份有限公司	900912	外高 B 股	35504.41	2501.28	323058.81	128764.39
上海联华合纤股份有限公司	900913	*ST 联华 B	14360.33	-6832.73	37189.15	4684.10
上海锦江国际投资股份有限公司	900914	锦投 B 股	32428.38	967.68	195443.83	154369.44
上海永久股份有限公司	900915	ST 永久 B	87611.24	4331.44	63333.35	15655.29
凤凰股份有限公司	900916	凤凰 B 股	143043.62	421.19	204075.61	87543.78
上海海欣集团股份有限公司	900917	海欣 B 股	182857.85	17447.05	357070.27	199061.56
上海耀华皮尔金顿玻璃股份有限公司	900918	耀皮 B 股	118506.63	13352.45	242612.44	181069.19
上海大江(集团)股份有限公司	900919	*ST 大江 B	116724.81	3518.11	152281.56	59136.19
上海柴油机股份有限公司	900920	上柴 B 股	292193.96	11020.89	272333.24	173260.20
大盈现代农业股份有限公司	900921	大盈 B 股	171910.00	-5348.40	129693.97	44571.60
上海三毛纺织股份有限公司	900922	三毛 B 股	127270.89	854.89	123901.74	51398.70
上海友谊华侨股份有限公司	900923	友谊 B 股	1159108.26	9011.48	624743.39	132663.86
上工股份有限公司	900924	上工 B 股	86679.84	1459.56	173520.60	85986.85
上海电气股份有限公司	900925	上气 B 股	555973.48	41201.08	852920.77	325340.12
上海宝信软件股份有限公司	900926	宝信 B 股	96471.79	5392.92	60301.43	35774.36
上海物资贸易中心股份有限公司	900927	物贸 B 股	684877.77	258.87	103490.30	30397.36
上海自动化仪表股份有限公司	900928	ST 自仪 B	59604.45	192.49	83362.71	11471.39
上海锦江国际旅游股份有限公司	900929	锦旅 B 股	41058.30	55.32	57436.75	42353.40
上海邮电通信设备股份有限公司	900930	邮通 B 股	200078.14	5151.97	219863.26	64901.06
上海陆家嘴金融贸易区开发股份有限公司	900932	陆家 B 股	226551.60	66401.55	883631.07	559409.42
上海锦江国际旅游股份有限公司	900934	锦江 B 股	79692.33	3925.27	236145.37	176764.99
上海金泰股份有限公司	900935	阳晨 B 股	4400.31	2258.28	33908.60	30839.50
上海汇丽建材股份有限公司	900939	汇丽 B 股	33938.76	657.56	82169.87	33315.97
上海华源股份有限公司	900940	华源 B 股	383365.91	6032.33	561560.87	156617.46
东方通信股份有限公司	900941	东信 B 股	422613.14	-116058.11	552813.60	231018.83
上海开开实业股份有限公司	900943	开开 B 股	217979.94	3077.15	207940.90	86918.89
上海振华港口机械股份有限公司	900947	振华 B 股	462817.28	27769.27	727116.97	212872.91
浙江东南发电股份有限公司	900949	东电 B 股	473819.69	60928.34	868008.44	600883.86
江苏新城房产股份有限公司	900950	新城 B 股	47976.53	4209.87	166807.42	40567.47
华源凯马机械股份有限公司	900953	凯马 B 股	213937.56	-17828.28	273076.58	80221.63
上海茉织华股份有限公司	900955	茉织华 B	241709.77	11027.64	410706.48	222433.74
上海凌云幕墙科技股份有限公司	900957	凌云 B 股	16065.64	2358.57	229761.66	66624.46

中国出口商品交易会展览馆

一、　中国出口商品交易会琶洲展馆与流花路展馆的基本情况

琶洲展馆首期占地41.4万平方米，建筑面积39.5万平方米，一、二层展厅13个，展示面积约13万平方米，室外展场面积2.2万平方米，于2002年底正式投入使用，是目前亚洲最大的会展中心。

流花路展馆室内展厅面积12万平方米，因每年举办春、秋两届中国出口商品交易会而举世闻名。

自2004年4月第95届起，中国出口商品交易会全面启用琶洲展馆，同时在琶洲展馆和流花路展馆两馆分两期举办。除广交会外，琶洲展馆还举办国际家具展、建筑装饰展、照明展、国际汽车展、广州国际服装节、全国针棉织品展、华南国际机械及原料展、印刷包装展、广州国际鞋类皮革工业展、亚太国际橡塑工业展、国际涂料、油墨及粘合剂展、酒店设备月品博览会、机械装备制造业博览会、留交会、纸品印刷工业展等大型展览。

二、　区域市场优势、展馆硬件条件及专业服务特点

（一）产业优势、消费市场和市场辐射力

广东是中国第一经济大省，电子信息、电器机械、石油化工、森工造纸、医药、汽车、纺织服装、食品饮料、建筑材料、家具、旅游、印刷、玩具、物流、畜牧、礼品、自行车、模具、特许经营、包装、体育用品、花卉园艺、制鞋、照明、文化用品及教育等多个工业行业在全国甚至在国际上具有很强的竞争力。广东的生产资料市场和消费品市场巨大，来自全国乃至世界各地的参展厂商，容易在这里找到需求殷切的买家。特别是随着“9+2”泛珠三角区域经济协作初现端倪，以香港为门户，背靠中南、西南诸省，面朝越南、印尼等资源输出国的广东将逐步扮演区域经济协调者的角色，成为东南亚地区新的经济重心。

（二）硬件设施

1、琶洲展馆

（1）　琶洲展馆是目前亚洲规模最大、设施最先进、档次最高的国际展览中心。

（2）　琶洲展馆是高科技、智能化、生态化完美结合的现代化建筑，可满足各种对展馆条件要求苛刻展览的要求；

（3）　单个展厅面积均在1万M^2左右，且各馆门面设计合理，一、二层的十三个展厅各有开阔的门面，多个展览可同时举办，互不干扰。

（4）　展馆周围将建设与会议和展览相关联的配套设施，能充分满足客商的商旅要求。

（5）　交通便利，设有地铁站台，东、西、南、北向均有城市干道。

2、流花路展馆

流花路展馆地处城市中心，人流密集、交通便利，非常适合举办公众性、消费型展览。租期可长可短，适于举办多种类型、各种规模的展览及活动。

（三）软件优势

1、优质服务。外贸中心隶属中华人民共和国商务部，拥有服务门类齐全、专业化、高素质的员工队伍，积四十余年办展经验的同时对展览服务不断推陈出新，不断提高服务配套水平，使展览服务逐步走向专业化、国际化，为展览客户提供周到的、高质量的展览现场服务，此外，我们还通过网站、多种新闻媒体和专业杂志，以及在展览会和广交会期间派发排期小册子，向200多个国家和地区的海内外客商和读者宣传展馆及展览排期，为展览主办单位提供一些增值服务。

2、经营方针。外贸中心将充分利用同时经营两大展馆的优势，为展览界朋友营造公平、有秩序的经营环境。对于琶洲展馆，我们重点吸纳大型的、高档次的国际性展览；对于流花路展馆，我们将其作为琶洲展馆的有益补充，根据其地处市中心、来往人流量大的特点，重点培育公众性展览和普通规模的专业展览。

地　址：广东省广州市流花路117号　　邮　编：510014
联系人：胡楚生　丁爽　　E-mail：tan@icecf.com
电　话：020-26080168　　传　真：020-86666920

桂林市

全力打造现代化国际旅游城市

桂林市位于广西壮族自治区东北部，是桂东北部及桂湘交界地区的政治、经济、文化、科技中心。总面积2.78万平方公里，总人口490万人，其中市区面积565平方公里，人口65万人，有汉、壮、苗、瑶、侗、回等37个民族。辖5城区和12县。

改革开放以来，桂林市国民经济持续快速健康发展，年均增长10.1%。2003年国内生产总值达397亿元；财政收入37亿元；全社会固定资产投资110亿元。2004年全市国内生产总值突破400亿。近年来，桂林市先后荣获“全国园林绿化先进城市”、“全国卫生城”、“中国优秀旅游城市”、“全国文化模范城市”、“全国创建文明城市工作先进城市”、“全国社会治安综合治理优秀城市”“国家园林城市”、“最佳中国魅力城市”等称号，现正在积极创建国家卫生城市、国家环境保护模范城市和最佳旅游城市。

城市基础设施已初具规模。形成了以两江国际机场、南北火车客运站、桂海高速公路为主干的便捷交通运输网络。桂林两江国际机场设计年飞行量4.2万架次，高峰小时17架次，设计年旅客吞吐量500万人次，高峰小时2500人次，目前拥有国际、国内航线50条，可直航北京、上海、广州、西安、香港、澳门、日本福冈、韩国汉城、泰国曼谷等30多个境内外城市,并将开通新加坡、马来西亚等直航线。香港、澳门直航桂林只需50分钟。全市公路通车里程5989公里，国道321、322、323线穿境而过，拥有桂海高速公路(至北海)、桂黄一级公路（至湖南）、桂林至阳朔二级公路等一批公路网络，正在建设的有桂梧高速公路（至梧州）等，直达货运公路运输24小时内可抵达香港任何指定地点，2002年公路客运量3827万人次，货运量1148万吨。铁路湘桂铁路贯通南北，连接京广、黔桂、枝柳线。水路有湘江和漓江航道，沿漓江经梧州与珠江相联，可直达广州、香港和澳门。桂林已建成总容量40.3万千瓦的供电系统，有大中型水厂5个，可满足社会生产和人民生活的需要。全市现有污水处理厂4座，污水处理率在全国处于领先水平。

一水抱城流（陈钟祥摄）

南高速路与机场路立交（何志勤摄）

叠彩远眺（吕建伟摄）

解放桥（李兴华摄）

黄布滩（封小明摄）

为加快桂林经济社会全面发展，桂林市以“三个代表”重要思想为指导，全面贯彻党的十六大、十六届四中全会和自治区党委八届四次全会精神，认真落实中央、自治区经济工作会议的部署，以科学发展观为指导，树立全面、协调、持续发展的思想、加快现代化国际旅游城市建设步伐，准确把握工业、农业、旅游和文化、教育、科技等现代化与建设现代化国际旅游城市的关系、统筹兼顾，共同推进，并以推进工业化、农业产业化和城镇化为重点，加快发展以高新技术产业为先导的现代工业、集生产加工贸易为一体的现代农业和以旅游为龙头的第三产业，大力发展优势突出、特色鲜明的县域经济和非公有制经济，进一步加强精神文明建设、民主法制建设和党的建设，全面发展各项社会事业，不断提高城乡人民生活水平，努力开创全面建设小康社会，加快建设现代化国际旅游城市的新局面。

加快高新技术产业基地建设，全面推进工业化进程。加快高新区铁山园、信息产业园和苏桥园建设步伐，大力发展有自身优势与特色的高新技术产业。深化国有和集体企业改革，积极推行公有制的多种有效实现形式，大力发展国有资本、集体资本和非公有资本等参股的混合所有制经济。大力推进企业建立规范的现代企业制度，形成适应市场激烈竞争需要的企业产权制度，管理机制和经营机制。鼓励和支持企业大力推进技术创新，广泛应用高新技术和先进适用技术改造传统产业。强化品牌意识，做大做强现有名优产品，加快培育新的名优产品。

加快发展县域经济，推进农业产业化和农村城镇化。统筹城乡发展，加快发展特色突出、优势互补、资源配置优化的县域经济。以发展畜牧、林果、蔬菜为重点，大力调整农业产业结构，积极发展以农副产品深加工为主的龙头企业，强化优质特色产品、绿色食品生产基地建设，推进农业产业化进程。大力发展城镇二、三产业，组织引导农村劳动力向城镇转移，加快农村城镇化进程。

进一步做大做强旅游业，带动第三产业全面发展。加快现有景区景点改造，适度开发新的精品景区景点，努力丰富旅游内容，增加文化内涵，提升旅游品位，满足国内外旅游者多元化需求，提高旅游产业的综合效益。充分发挥旅游带动作用，促进交通运输、酒店餐饮、商贸娱乐、邮电通信和信息咨询等产业的发展，大力培育和发展文化、卫生、体育和会展产业。

抓住有利契机，切实做好招商引资和外经外贸工作。充分利用国际旅游名城的优势，以东西部地区合作的力度不断加大、珠江三角洲辐射带动作用不断增强为契机，继续以推动“百企入桂”为重点，进一步加大招商引资工作力度。抓住今后每年在南宁举办中国－东盟博览会的机遇，积极主动参与实施中国－东盟自由贸易区的“早期收获计划”，力争在农产品和工业品出口方面有较大突破。

强化引导和服务，大力发展非公有经济。进一步加大对非公有制企业在投资融资、税收、信贷、土地使用、外贸等方面的支持力度，加快非公有制经济发展。

积极探索精神文明建设新路子，努力提高城乡文明水平。坚持精神文明建设与经济社会发展相结合，以提高城市品位、提高人的精神境界和促进人的全面发展为目标，以思想道德建设为核心，全面推进发展先进文化、树立良好风尚、建设文明环境、塑造美好心灵等各项精神文明建设工作；着力在提升城市品位、市民素质和城乡文明程度上下功夫，努力塑造旅游城市新形象。

桂林国际会展中心（何志勤摄）

九天银河大瀑布（邓云波摄）

灵渠初雪（吕建伟摄）

正阳步行街（吕建伟摄）

印象·刘三姐（何志勤摄）

愚自乐园（吕建伟摄）

两江国际机场（何志勤摄）

农林业是桂林的一大优势产业，银杏、荔浦芋、沙田柚、罗汉果、金桔、月柿等农产品远销海内外。2003年全市农业总产值166亿元，农业增加值113亿元；水果总产量119万吨，占广西的26%；肉类总产量39.1万吨，占广西的12%。全市有8个国家商品粮基地县、3个全国农村能源综合建设县、5个全国杉木林生产基地县、1个全国“三木药材”重点基地。2004年粮食产量实现五年来首次增长，同比增长4.5%。

桂林还是一座具有一定规模的工业城市，2004年工业经济效益综合指数创历史新高。桂林拥有1个国家级高新技术产业开发区，已形成电子与机电一体化、客车与汽车配件、医药生化、食品饮料等支柱产业和由35个工业行业类别、200多个主导产品组成的工业体系，其中医药、客车、电子、酒类、橡胶、机械、机床以及高新技术产业具有一定优势，以桂林国家高新技术产业开发区为核心的电子与信息、机电一体化、生物医药、新材料、环保产业已形成全市新的经济增长点。全市目前有规模以上工业企业449家，高新技术企业148家，客车工业集团、三金药业公司、燕京（漓泉）股份公司、银海纺织集团公司等企业具有相当知名度和竞争力。有500多种产品荣获国家银质奖、部优质产品奖、广西名优产品奖，西瓜霜、青蒿琥酯、天和骨通、避孕套、薄页纸、豪华客车、硫化机、微波通讯设备、数显量具量仪、数控机床、冶金机械等产品畅销国内外。

以旅游业为龙头的现代服务业快速发展。桂林拥有丰富的自然和人文旅游资源，目前全市主要景点200多处，其中国家4A级旅游景区（点）8处。旅游业已发展成为桂林市具有相当规模的主导产业。2003年，全市接待旅游者接近1000万人次，其中接待入境旅游者近100万人次。建国以来，有100多个国家的元首和政府首脑先后访问游览过桂林。全市有国际旅行社18家，国内旅行社70家；星级饭店52家，1.6万多张床位，其中五星级和四星级各4家；“桂林旅游”股票成功上市，桂林旅游发展总公司进入世界100强旅游企业。

对外开放不断扩大。改革开放以来，全市累计批准利用外资项目1274项，其中合资项目685项，合作项目245项，外资项目314项，补偿贸易30项，共实际利用外资13.4亿美元。目前外资项目纳税约占全市税收总额的两成，出口值占全市进出口总额的六成以上。近年来，英国马可尼、皮尔金顿、日本NEC、德国汉高、美国英格索兰、韩国大宇、法国康密劳等一批著名跨国企业相继落户桂林；在旅游服务业投入中，外资项目占重要地位，兴建了乐满地休闲世界、山水高尔夫、漓江高尔夫、华之冠景区、民族风情园、愚自乐园、雄森熊虎山庄等游乐项目及20多家涉外星级宾馆。

科技、教育、文化、卫生、广电事业日益繁荣。桂林市科技和教育力量在同类型城市中相对密集，全市有高等院校13所，在校生5万多人；中等专业、技工学校30所，在校学生2万多人；科研机构20个，具有高级技术职称的人员0.31万人，具有中级技术职称的人员3.09万人。

高新产业（吕建伟摄）

交流（何志勤摄）

恭城孔庙（邓云波摄）

燕京（漓泉）啤酒生产线（邓云波摄）

红瑶（邓云波摄）

阳朔西街（何志勤摄）

江作青罗带 山如碧玉篸（何志勤摄）

瑶族傩面舞（何志勤摄）

漓江山水（何志勤摄）

日月双塔夜景（吕建伟摄）

出神入化大桂林

桂林，是一座享誉世界的风景游览城市和中国历史文化名城。它拥有甲天下的山水风光、悠久的历史文化、多彩的民族风情、一流的生态环境、完善的城市功能和独具特色的城市风貌。它是一座最适合人类居住、能够满足现代人多元化旅游需求的国际旅游城市。

山水风光　秀甲天下

千百年来，桂林以其秀甲天下的山水风光，吸引了无数的中外宾客。从古代的文人墨客、风流雅士，到当今的国家首脑、普通游客，无不被“神姿仙态桂林的山”，“如情似梦漓江的水”所陶醉，流连忘返。

桂林无山不入画，缘自举世无双、拔地而起的峰林平原景观。桂林拥有世界发育最完美、最典型、分布最广的岩溶地貌，达2400多平方公里。它那美妙绝伦的岩溶景观，已成为天下游客终身仰慕的旅游胜地。

桂林市资源县，拥有方圆800平方公里的丹霞地貌，是我国丹霞地貌区的典型代表。其发育丰富程度及品位之高，世所罕见。

喀斯特地貌和丹霞地貌都是世界宝贵的自然景观，而在桂林的地域中，这两种自然景观竟然并存，实为全世界绝无仅有！

桂林无水不入神。由桂林市区至阳朔的“百里漓江”，是桂林山水的精华所在，沿江风光旖旎，奇美诱人。乘船江上行，但见青山夹岸、碧水萦迴、群峰倒影、削壁如画，还有那家家农舍、点点渔舟、丛丛翠竹、群群白鹭，田野似锦，江水如带。真可谓：“一江流水千幅画，千姿万态看不尽。”

石文横布、霞飞峭壁的叠彩山，半枕陆地、半插漓水的伏波山，惟妙惟肖、贵为城徽的象鼻山，享誉“第一洞天”的七星岩，以“大自然艺术宫殿”著称的芦笛岩，与清明如镜、灵秀温柔的漓江一道，共同组成了“三山两洞一条江”的黄金游览线。有兴安县的秦代灵渠、华南第一高峰猫儿山，龙胜县的“天下一绝”龙脊梯田、“华南第一泉”龙胜温泉，阳朔县的西街、遇龙河，资源县的资江、五排河、被列为“全国十大名瀑的”宝鼎瀑布等旅游资源的加入和整合，构筑了大桂林神姿仙态的旅游新格局。

历史文化　丰富深厚

桂林是中国的历史文化名城，有着深厚的历史文化底蕴。桂林从西汉元鼎六年（前111年）汉武帝设始安县建城至今，历代都留下了灿烂的文化遗产，形成了独具特色的历史文化。

有以甑皮岩为代表的史前人类文化；以灵渠为代表的古代军事水利文化；以桂海碑林为代表的摩崖石刻和山水诗文文化；以明代靖江王府、王陵为代表的古代藩王文化；以湘山寺为代表的宗教历史文化；以孙中山在桂林从事革命活动遗址为代表的中国近代民主主义革命文化；以西南剧展为代表的抗战文化；以八路军桂林办事处和红军长征突破湘江烈士纪念碑园为代表的中国革命文化。同时，桂林还具有以壮、苗、瑶、侗等民族为代表的中国少数民族民俗文化。

生态环境　质量一流

桂林地处亚热带，四季分明，阳光充足，气候温和，平均温度19.3oC。全市森林覆盖率达到66.5%。其中，城市绿化覆盖率达38.7%，绿地率达35.6%。漓江是国内保护得最好的城市内河之一。市区大气环境质量接近国家一级标准，一级和二级空气质量平均每年达到330天以上，连续多年名列全国100多个重点城市前茅。在全国环境综合整治定量考核中，桂林连续5年名列第一。“五岭皆炎热，宜人独桂林。”杜甫这首作于唐上元元年（公元760年）脍炙人口的诗句，是古往今来对桂林生态状况、人居环境最好的诠注。

城市风貌　独具特色

从1999年初起，桂林市区进行了前所未有的大规模城市改造，使桂林已变成了一个城市花园。

中山路夜市（黄雷摄）

玻璃桥（邓云波摄）

百寿图石刻（何志勤摄）

“桂林山水甲天下”诗作者王正功塑像（宋）（何志勤摄）

桂海碑林（何志勤摄）

景中，景在城中，城景美如画，人在画中游，这是当今市城景交融的真实写照。市区道路宽敞通达，桥梁独特，绿地星罗棋布，楼房鳞次栉比，展现出现代化国际旅市的新貌。

“两江四湖”一期工程完工，沟通了环城水系，实现了峰环野立，一水抱城流”的山水城风采，还从根本上改城市中心区的生态环境，提高了城市的品位。

桂林每年接待国内外游客近千万人次，年均接待入境游0万人次。为了满足现代人多元化旅游需求，桂林推出了然山水、岩溶奇观、民俗风情、历史文化、现代主题公主的巨大独特的旅游产品，旅游类型从观光旅游向历史欣赏、现代休闲娱乐、会展旅游、商务旅游多元化发旅行方式几乎包含了当今世界上流行的如徒步旅游、自旅游、自驾车旅游等等。旅游项目也在不断增加，如滑漂流、飞翔、蹦极、攀岩、高尔夫等。旅游项目不断增设施不断完善。目前，全市主要景点200多处，其中国家旅游景区景点8处，在全国各城市中位居前列。冠岩景世外桃园景区、刘三姐景观园、漓江民俗风情园、熊虎、有“东方迪斯尼”之称的乐满地度假世界、中国最大塑公园愚自乐园、由国际著名导演张艺谋出任总导演的桂林山水实景演出《印象·刘三姐》等，都是游人如织区景点。

如果说，唐人韩愈的诗句“江作青罗带，山如碧玉簪”的描绘了桂林山水之神韵，那么，陈毅元帅的诗句“愿林人，不愿做神仙。”则道出了世人向往桂林的美好心美丽的桂林，它不仅是中国的桂林，也是世界的桂林！

田园落日（吕建伟摄）

漓江渔火（吕建伟摄）

丹霞地貌（吕建伟）

漓江晨曦（何志勤摄）

有朋自远方来（何志勤摄）

东莞市

东莞为岭南古邑，位于广东省中南部、珠江三角洲东北部，地处穗港经济走廊中间。1985年撤县建市，1988年升格为地级市，下辖32个镇区，487个村委会，129个居委会。全市陆地面积2465平方公里。户籍人口158.96万人，暂住人口440.45万人。此外，还有港澳同胞70多万人，海外侨胞20多万人，是著名的侨乡。改革开放以来，经过20多年的努力，东莞从一个香飘四季的农业县，发展成为一座闻名于世的现代制造业名城，成为中国最具魅力的城市之一。

东莞已成为全国经济发展最快最活跃的地区之一。全市国民经济以年均20%以上的速度持续增长，综合经济实力位居全国大中城市前20强行列，居广东省地级以上市第四位。2003年东莞市生产总值接近一千亿元，为947.97亿元，比1978年翻7.3番。2003年预算内财政总收入（含关税）206.41亿元，比1978年翻8.3番，占全国的比重为1.0%。

东莞已成为我国重要的外贸出口基地和创汇基地之一。东莞市进出口总额连续七年居全国大中城市第三位，2003年全市出口总额280亿美元，比1978年翻9.5番，占全国出口总额的比重为6.4%。2003年全市结售汇顺差102.76亿美元，占全国的30%多。东莞已成为外商投资中国最密集的地区之一。东莞同世界上40多个国家和地区建立了经济技术合作关系，累计引进外资200多亿美元。

东莞已成为一座新兴的现代制造业名城。“不管在世界哪个地方下订单，都会是东莞制造。”这是对东莞制造业最生动的注释。全市有制造业企业2万多家，2003年工业总产值2411.13亿元，比1978年翻8.77番。“东莞制造”驰名中外，尤其是IT制造业在全球占有重要地位，产品配套能力强，组装一部电脑95%的零配件都可以在东莞配齐，“东莞塞车，世界缺货”，人所周知。

东莞正在成为国内外最适宜创业和居住的城市之一。东莞以“建城、修路、整山、治水”为重点，掀起了城市建设的高潮。城市新区初具规模，城市功能日臻完善。东莞松山湖科技产业园区被国家科技部中国科学促进发展研究中心评定为“中国最具发展潜力的高新技术产业开放区”。东莞是一座环境优美的生态绿城，建有16个森林公园、4个自然保护区和一批休闲旅游度假景区，滨海秀色、稻海蕉林、荔红荷香、青山翠竹等自然风景。东莞市已搭起了现代城市的骨架，发展成为基础设施完善，交通发达便捷，环境优美兼有田园风情的现代化城市。

新的历史时期，东莞结合自身发展实际，提出把东莞建设成为在国内外有影响的现代制造业名城的战略目标，按照“一城三创五争先”的工作思路，争取率先基本实现社会主义现代化。

虎门大桥

长安舞狮

东莞中心广场

松山湖科技产业园

东莞大道

长安莲花山

绍兴市

中共绍兴市委书记、绍兴市人民政府市长 王永昌

绍兴是长三角16个中心城市之一，地处浙江省中北部杭州、宁波之间，下辖绍兴县、诸暨市、上虞市、嵊州市、新昌县和越城区，面积8256平方公里，人口434万，其中市区面积362平方公里，人口64万。绍兴素有“山青水秀之乡、历史文物之邦、名人荟萃之地”的盛誉，又有水乡、桥乡、酒乡、书法之乡、戏曲之乡、名士之乡的美称，2004年又相继被中央电视台评为最佳中国魅力城市，被《福布斯》评为中国最佳商业城市。

绍兴是一座历史悠久、名人荟萃的城市。建城至今已有2500年的历史，是中国七大古都之一，也是中华民族的发祥地之一；千百年来，古越大地涌现了王羲之、陆游、徐渭、王阳明、秋瑾、蔡元培、鲁迅、周恩来、马寅初、竺可桢等无数将相贤才、文人雅士，当代绍兴籍中国科学院、中国工程院院士有57名之多，构成了光辉灿烂的名人文化，毛泽东主席盛赞绍兴为“鉴湖越台名士乡”。悠久的历史、灿烂的文化使绍兴成为首批国家历史文化名城之一。

绍兴是一座风光秀丽、生态优良的城市。境内河流纵横，湖泊棋布，是中国著名的水乡、桥乡，素有“东方威尼斯”美誉，近年来又先后获得首批中国优秀旅游城市、国家环境保护模范城市、国家卫生城市、国家园林城市等称号，并成为全国创建国家生态城市三个试点城市之一。

绍兴是一座经济发达、充满活力的城市。经过改革开放二十多年的不断探索和实践，绍兴已经成为全国经济最具发展活力的地区之一。2003年，全市实现生产总值1089亿元，经济总量位居全国大中城市第29位，人均生产总值位居第24位；绍兴经济在高速发展中形成了自己的鲜明特色：一是民营经济主体地位突出。二是工业经济主导作用明显。三是专业市场遍布全市。四是块状经济特色明显。五是经济开放度较高。六是城乡统筹发展。农村工业化起步较早，各县（市、区）发展比较平衡，城镇化水平较高。绍兴县、诸暨市、上虞市、新昌县是全国百强县（市），其中绍兴县位居第8位。

绍兴是一个传统的文化之邦。拥有越剧、绍剧、调腔、莲花落等丰富多彩的地方戏曲剧种，其中越剧是全国第二大剧种，建有绍兴大剧院、绍剧艺术中心等一批高档次文化设施，近年来先后被评为全国科教兴市先进城市、全国创建文明城市工作先进城市。2003年成功举办了首届“中国绍兴鲁迅文化艺术节”，2004年9月份成为第七届中国艺术节分会场和闭幕式所在地

绍兴是一片新兴的投资热土。全市基础设施环境不断改善，实现了县县通高速公路，建立了集中行政审批办事机构，市级审批事项平均承诺工作日为6.39日。此外，近年来还建立了市长公开电话受理中心，市招投标中心，外商投资服务中心和经济发展环境投诉中心，加快了政府职能转变，广泛开展机关效能建设，政府服务不断改进；广泛开展了“平安绍兴”建设，保持了社会稳定。

今后一个时期，绍兴将以科学发展观为指导，积极实施工业立市、开放兴市、文化强市、合力建市战略，努力推进率先发展，致力实现富民强市，力争到2007年，率先全面建成小康社会，人均生产总值达到4500美元；到2015年，率先基本实现现代化，人均生产总值达到10000美元。

古城绍兴正在焕发出勃勃生机

图书发行大楼----绍兴文化名市建设的标志性建筑之一

夜幕下的绍兴流光逸彩

千人书画书写出绍兴美好的明天

水乡古城

绍兴城市中心广场

绍兴环城河靓姿

黄山市

黄山市是一座新兴的旅游城市，1987年11月经国务院批准设立。现辖三区、四县和黄山风景区，面积9807平方公里，人口147万。

黄山市旅游资源得天独厚，品位极高。兼备以黄山为代表的自然风光和以徽文化为代表的人文旅游资源，是全国唯一集一处世界文化和自然双遗产、一处世界文化遗产（皖南古村落）、一处世界地质公园“三顶桂冠”于一身的省辖市。全市还有国家级重点风景名胜区、自然保护区、森林公园、地质公园10处，全国历史文化名城和国家历史文化保护街区2处，国家级文物保护单位10处。黄山市历史文化底蕴厚重，博大精深。是徽文化的发祥地。徽文化以儒家文化为内核，涵盖哲、经、史、医、科、艺等诸多领域，体系完整，博大精深，至今仍显示出旺盛的生命力。历史上名人仕士辈出，著名的有朱熹、戴震、胡雪岩、王茂荫、黄宾虹、陶行知、胡适等。黄山市自然生态环境良好，物产丰富。森林覆盖率达75.6%，大气质量和地表水质常年保持国家一级、一类标准，是全国13个一类大气城市之一。全市物产资源丰富，是黄山毛峰、太平猴魁、祁红、屯绿、黄山贡菊、徽墨、歙砚等名特产品和传统工艺品的主产地和华东木竹、蚕桑、水果、食有菌、中药材的主产区之一。

黄山市坚持以旅游经济为中心，以工业经济为支撑，走出一条符合黄山实际，具有黄山特色的发展新路。“九五”期间，全市旅游接待量和直接收入以年均15.6%和27.2的速度递增。旅游已成为黄山市最大的特色产业和支柱产业。资源和环境保护工作进一步加强。黄山风景区被联合国教科文组织授予亚洲唯一的世界文化景观保护与管理国际荣誉奖。精神文明建设卓有成效，黄山市以高分跻身首批“中国优秀旅游城市”行列，获“全国卫生先进城市”和“全国双拥模范城”称号。

近两年来，黄山市坚持以人为本的城市建设理念，加快城市重点项目建设，大手笔拉开城市框架，紧紧围绕“显山、露水、多桥、环路、添绿、增亮”这一塑造山水特色城市形象的建设目标，不断完善城市功能，美化节点环境，打造景观精品，提高城市品位，按照科学规划，精心营造绿色家园，山、水、城三重奏层次分明又浑然天成，山城日益焕发出清丽浪漫的风采。

城市职能逐步由“旅游集散地”向“旅游目的地”转变。随着中心城区一批重点项目的签约落地，旅游接待、游乐等设施逐步完善，黄山机场开通了直达港澳、日韩及国内主要城市的20多条航线，徽杭高速公路的开通打破了黄山交通瓶颈，“旅游目的地”的功能日益显现。

新时期、新阶段，黄山市将立足自身特点优势，全面实施“443”行动计划。即依托旅游、文化、生态、物产四大优势资源，集中力量建设世界旅游度假基地、全国生态示范基地、华东绿色食品生产基地、安徽省文化产业基地四大基地，在全国率先建设旅游大市、文化大市、生态大市。力争把黄山市建成特色鲜明、功能完善、文明富裕的国际旅游城市，实现“全国最美、山区最富、生态最佳的地方之一”宏伟目标。届时的黄山市，山更绿、水更清、人与自然更加和谐，经济社会发展将更具活力，魅力将更加彰显。

世界文化遗产—桃花源里人家西递

世界文化遗产—宏村南湖

城市夜景色

黄山市中心城区屯溪鸟瞰

活动的清明上河图屯溪老街夜景

屯溪世纪广场

国家级文物保护单位—棠樾牌坊群

广东省和平县

和平县位于广东省东北部东江上游，与江西省赣南接壤，是京九铁路南下“入粤第一县”。全县总面积2310平方公里，人口48万。建县487年，县城设在阳明镇。

和平县资源丰富，物产丰饶。矿产资源有稀土、高岭土、石灰石、黑曜岩等9类30多种。温泉分布7镇40多处。可开发的水电资源7.5万千瓦。植物种类达900多种，有被人们称为植物“活化石”的桫椤及一些珍贵的中草药材，是国家级山乌桕采种基地。盛产“万家香”优质米、中华猕猴桃、柰李、椪柑、反季节蔬菜等，是华南优质稻生产基地和全国最南端猕猴桃生产基地。悠久的历史文化，浓郁的客家风情，良好的生态环境，尤其是丰富的温泉资源，为发展旅游业提供了得天独厚的条件。2004年以来，和平县多渠道、宽领域、全方位利用外资、民资，着力打造“热水漂流”和“温泉之都”品牌。目前热水漂流、九连山华宇温泉度假村等景点的建设基本完善，热水漂流已成为全省乃至全国为数不多的理想漂流胜地，九连山华宇温泉度假村开业后反响良好。

和平县积极实施“外向带动”战略，切实改善投资硬、软环境。在粤赣高速公路县城出口处，高起点、高标准建设5平方公里工业园区，已吸引了一批企业前来落户。为营造低成本投资“洼地”，县委、县政府出台了一系列优惠政策，对生产性项目的地价、水价、电价方面给予最大的优惠，对大宗的项目甚至实行“零地价”。同时，设立行政服务中心，为投资者提供“一条龙”报批项目、“一门式”服务和“一个口子”收费制度，力求为投资商营造“无麻烦”服务环境。优良的环境，优惠的政策，吸引了大批客商来投资置业，“生物制药”品牌正在打造，“陶瓷工业园”建设开局良好，一些大型项目正在洽谈中，已有60多户外来投资企业落户和平。

随着投资环境的日益完善，粤赣高速公路的开通，和平将逐渐成为珠三角重要产业的转移腹地和连接广东与内地的经济走廊。山清水秀的和平，是一块亟待开发的处女地；资源丰富的和平，潜藏着无限商机。

广东省东源县

2003年6月11日，省长黄华华（右一）到新中源陶瓷有限公司考察。

东源县地处广东省中部，东江中上游，位于珠江三角洲与粤北山区的黄金结合部，是一个年轻的新兴绿色生态县，有珠江三角洲的“后花园”之称。东源距离深圳180公里、广州190公里，紧连河源市区，毗邻惠州、深圳、香港，成为珠江三角洲贯通粤北区的黄金桥梁和枢纽。205国道、京九（广梅汕）铁路以及建设中的粤赣高速公路、河龙高速公路贯穿全境。县城设有河源市最大、年吞吐量达300万吨的仙塘火车货运中心。境内的东江、新丰江两条水路运输主航道，通航里程达110公里，百吨轮船可直达惠州、东莞、广州等大中城市。

东源县有闻名中外的“华南第一库”新丰江水库，有新丰江国家森林公园和国家级自然保护区大叶山自然保护区，有著名的国家级现代农业开发示范区灯塔盆地。矿产资源主要有石灰石、瓷土、莹石、稀土、花岗石等10类32种、其中莹石储蓄量5000万吨，居全省第一。全县已形成绿竹、板栗、蜜柚、茶叶、梅李、中草药等农业商品基地。拥有富马硬质合金、霸王花米排粉、新中源陶瓷、万里达电池等名牌产品。以绿色生态、客家民俗风情为主题的旅游业发展迅速，年接待客达百万人次以上。

东源将秉承客家人诚信与热情，致力于招商引资工作，继续加大工业园区的建设力度，实行“无偿（低价）提供三通一平工业用地、只收税不收行政规费、水电价格从优”鼓励外商投资的优惠政策，继续完善招商引资工作制度、县党政领导挂钩联系外来企业工作制度和服务承诺制度，设立专为外商投资服务的“行政服务中心”，简化审批手续。继续完善以新县城为重点的县内交通、通讯、供电、供水等基础设施建设，进一步改善投资条件，为加快发展，提高竞争力创造良好的环境。

建设教育强镇　努

—

深圳市龙岗区坪山镇委员会书记　黄德鹏

深圳市龙岗区坪山镇委员会副书记
深圳市龙岗区坪山镇人民政府镇长　黄海广

坪山镇位于深圳市龙岗区，毗邻美丽的大鹏湾,面积132.8平方公里，人口约15万，是深圳市大工业区、深圳市高新技术产业出口加工区所在地，也是国家级卫生镇、国家（广东省）优美乡镇、广东省重点发展的卫星镇、广东省教育强镇、广东省体育先进镇。2003年，国内生产总值25.2亿元，预算内财政收入1.12亿元，居民人均收入9590元。该镇有省一级初级中学1所，省一级小学1所,省示范性成人文化技术学校1所，省一级幼儿园1所，市一级学校1所，区一级学校3所，公办学校上等级率达100%。中小学在校生人数15000人，在编教职工290人。目前该镇的教育逐步向城市化、现代化发展，呈现出生机勃勃的发展局面。

坪山的教育发展具有如下几个特点：

一、强化政府教育职责，优先发展教育。该镇高度重视发展教育，始终坚持优先发展教育事业，全面实施“科教兴镇、教育强镇”战略，提出了“实现农村教育城市化、现代化”的目标，以“三个面向”为指针，以加强领导、增加投入、强化师资、依法治教为保障，以基础教育为重点，推动基础教育与职业教育、成人教育、社区教育的协调发展，构造终身教育体系，使教育更好地为该镇社会经济发展和现代化建设服务。

二、整合教育资源，不断增强区域教育综合实力。①加大投入、夯实基础，全面改善学校办学条件。近几年教育投入2亿多元，全镇公办学校实现了信息化和现代化。②实施学校布局调整，全力改造薄弱学校，实施学校标准化建设，优化教育资源配置。③充分利用督导评估的有效机制，不断推动学校上等级，全面提升学校办学水平和效益。

三、优化学校管理，实施素质教育，努力打造教育的特色和品牌。①改革学校人事制度，加强教师队伍建设。在全市率先进行人事制度改革的试点工作，实施全员聘用（聘任）制，试点工作达到了预期的效果，其改革的经验在全市推广。②坚持“科研兴校”，促进教育的内涵发展。建立了以教研室为核心，学校科组、课题研究小组为基础的教科研网络，共推出了十几年科研课题，形成校校有课题、科科有教研的局面。③逐步形成教育特色，并在形成特色的基础上塑造教育品牌。如：坪山中学以“提高学生综合素质为宗旨，坚持以思想政治素质为灵

力推进教育现代化

——广东省深圳市坪山镇教育发展掠影

魂”，深化教育教学改革，全面推行素质教育；中心小学以“把学生培养成既全面发展又具特长的一代新人。”作为学校的办学思想，不断加强内部管理，使学校的教学水平稳步提高，是龙岗区第一所省一级小学。各校的办学理念都各有特点，收到了很好的效果。几年来，全镇师生共有2389人次获区级以上各类学科竞赛奖，其中省级以上获奖者217人次。

四、努力构建全民终身教育体系，促进基础教育、职业教育、成人教育、社区教育协调发展。该镇成人文化技术学校、党校、团委青年业余学校、家长学校、计生学校，镇、村级文化广场，图书馆（室），法律、社会实践和文化体育等教育基地，为干部、群众提供了各种社区教育和服务；该镇充分利用所拥有的东江纵队纪念馆、革命烈士陵园、大万世居、碧岭生态农业园、马峦风景区等人文历史地理资源，构建形成了一个适应时代发展和社会各类人群学习文化、旅游观光等促进文明素质提高的大教育体系。

灵活的办学机制和多规格、多层次、多专业、多形式、多功能的综合教育体系，浓郁的大教育环境，大大优化了该镇的投资软环境，推动了经济和社会的发展。

百年大计，教育为本。坪山人民将发扬特区精神，开拓进取，不断创新，再创坪山教育的新辉煌！

广东省一级学校－坪山中学

深圳市一级学校－坪山第二小学

广东省一级学校——坪山中心小学

广东省东江深圳供水改造工程

金湖泵站

广东省东江深圳供水改造工程（以下简称东改工程）是对原东深供水工程进行彻底改造、实现清污分流、改善供水水质，并适当增加沿线供水能力的跨流域大型调水工程。工程全长51.7公里，设计年供水量24.23亿立方米，设计流量100立方米/秒，建设计划总投资47亿元，设计工期3年半，是目前世界上最大流量的调水工程。

东改工程提供了香港特区80%的淡水。该工程建设好坏直接关系香港社会的繁荣稳定和发展，省委、省政府高度重视，决定把东改工程作为“政治工程”、“民心工程”来建设，由省水利厅成立工程建设总指挥部组织完成。新组建的东改工程建设总指挥部在省委、省政府的正确领导下，肩负重任，精心组织、精心指挥，确立了建设“安全、优质、文明、高效的全国一流供水工程”的总目标，并紧紧围绕实现这一目标，团结拼搏、求实创新，在建设管理上进行：确立建设目标，组建高效法人；严格依法招标，选择最优队伍；创新征地机制，补偿直接支付；严格投资控制，规范工程变更；实施激励机制，强化质量安全；建立制约机制，加强廉政建设等六个方面的探索和实践，取得了显著成果。

通过近3年的艰辛努力，终于建成了一宗好工程，向省委、省政府交上了一份满意的答卷：工程质量方面：22000个单元工程合格率100%，优良率95.1%，分部工程、单位工程质量优良率100%；安全方面：没有发生1例安全责任死亡事故；进度方面：比设计工期提前8个月；投资控制方面：实际投资比计划投资节省6亿多元；廉政建设方面：未发生1例违纪违法案件。

2003年，东改工程建设总指挥部被中共广东省委、广东省人民政府授予“模范工程建设指挥部”、“广东省先进集体”，被水利部评为“全国水利建设先进集体”，东改工程被广东省人民政府授予“模范建设工程”，被中共广东省纪委、广东省监察厅授予“廉洁工程”。中共中央政治局委员、省委书记张德江同志视察东改工程时，称赞东改工程为中国水利建设史上和广东大型工程建设方面树立起来的一面旗帜。《人民日报》、中央电视台等中央级媒体以《大型工程建设的一面旗帜》、《阳光工程》、《廉洁工程》等为题，宣传报道东改工程的建设管理经验。广东省政府专门召开报告会、广东省委、省政府召开现场会，在全省推广东改经验。

2003年10月，由国内7位知名院士、30位专家组成的技术成果鉴定委员会鉴定为：“东改工程社会和经济效益显著，四项关键技术和管理总体上达到国际先进水平。”该项目获广东省2003年度科学技术进步特等奖。

旗岭渡槽

广东省残疾人联合会

广东省残疾人联合会理事长 郭德勤

2000年广东开始了残疾人事业现代化指标体系的研究，由广东省政府发展研究中心，省残联共同组织专家、学者和实际工作者，在深入广泛的调查研究基础上，结合现代化的主要评价指标，提出了共分五大类十五个项目指标,包括经济与物质生活、精神生活、康复、劳动就业、社会环境等残疾人现代化指标体系。

一、为什么我们提出现代化（小康）指标体系的研究

自有人类，就有残疾人,这是一个不可避讳的社会问题。残疾人作为普通公民，他们享有法律规定的所有权利；作为特殊群体，由于受到生理、心理条件的限制，需要全社会的关心与支持，需要政府的扶持和帮助。如果没有残疾人的小康，就不是全面小康，开展残疾人小康指标研究，对推动残疾人奔小康是十分必要的。

（一）从残疾人现有状况看，开展小康指标体系的研究是十分必要的。

第一，我省还有410万人尚未脱贫，其中贫困残疾人及其家庭人口约占120万，城镇贫困残疾人占的比例更大，据不完全统计，目前我省领低保的人中，残疾人及其家庭占60%以上。

第二，残疾人的文化教育水平仍然不高，文盲及初小占48.3%，大专以上不到4%，相当部分的盲、聋哑、弱智儿童因无特殊学校无法上学。

第三，多数残疾人的康复需求尚未得到满足，尤其学龄前的残疾儿童，因家庭困难无法康复，错过黄金康复时期，造成终身遗憾。

第四，残疾人参与社会生活的障碍依然存在，歧视残疾人、侵害残疾人合法权益的现象还时有发生。

（二）开展残疾人指标体系研究，使全社会，特别是各级党政领导都了解残疾人的事业，关注发展残疾人事业。

目前，残疾人事业多项指标仍滞后于全省经济社会发展的总体水平，开展残疾人小康指标体系的研究，使全社会都知道，残疾人与全国人民一道共同进入全面小康社会，是广大残疾人物质、精神和政治诉求，是各级党委、政府以及残疾人组织的历史责任。正如胡锦涛总书记所指出的“满腔热情地关心残疾人、切实尊重残疾人的公民权利和人格尊严，给他们平等的地位和均等的机会，让他们共享社会物质文化发展的成果，是我国社会主义制度的本质要求”。

（三）开展残疾人小康指标的研究，使我们清楚了解影响残疾人奔小康的主要问题，从而为残疾人奔小康、为发展残疾人事业指明方向。

二、实现残疾人的小康，我们的工作重点和具体措施

我们参考了国际上比较常用的评价方法和我国小康指标，初步研究确定我省残疾人事业现代化指标体系、重点：

（一）着力解决残疾人的就业问题。

1、充分利用社会资源，积极推行依托大中企业和民营企业集中培训、集中安排、集中管理的新路子，努力提高残疾人就业率。

2、加大扶贫开发力度，以公司+基地+农户的形式，在全省建立扶贫培训基地，带领农村残疾人劳动脱贫致富奔小康。

3、通过抓好教育和培训，全面提高残疾人职业技能和就业能力。

（二）全面推进康复工作，努力满足残疾人第一需要。

1、把残疾人康复经费纳入当地财政预算，并随当地经济和社会发展以及残疾人康复要求的增加而逐年递增。

2、推进学龄前残疾儿童义务康复的立法。

3、全省各县、市（区）都要建立残疾人康复服务机构，尽快实现“人人享有康复服务”的总体目标。

（三）努力营造全社会助残的社会环境。

1、把发展残疾人事业纳入法制化轨道，有计划、有步骤地制定一系列相关法律、法规，全力推动法律援助。

2、落实最低生活保障制度，探索和建立残疾人医疗保险制度。

3、加大宣传力度，营造文明进步的社会环境。

湛江市第二技工学校

党委书记　校长陈真旺

湛江市第二技工学校是国家重点技工学校；在2003年被省定为重点扶持技工学校。已有40年华，多年来，在省、市领导的热切关怀和劳动保障部门的大力支持下，学校发展形势喜人，招生人数飚升，年年超计划，2003年在校学生达到3600多人，拥有素质高的教师和先进配套设备，教学质量好，学业生成绩优良，推荐就业率95%以上，学生毕业率100%，长期和广州、珠三角洲地区的大企业签定人才供求协议。2002年兼并市职业培训指导中心后，大力开展各种类型的培训工作，下岗失业人员再就业培训、农村富余劳动力转移就业培训、劳动预备制培圳、岗位技能培训、岗前培训、各种证书培训、成绩卓著。

2004年1月14日，谢强华副省长亲临湛江二技学校视察，对学校建设和发展作出重要指示，并肯定了学校近年来的发展。湛江市政府作出决定，划地240亩，在市内最佳位置海湾大桥头畔扩建新校区。现新校区正在筹建中，届时在校学生将达1万人，校园环境优雅，拥有先进教学设备及配套设施，将成为粤两地区规模最大的技工教育基地和人才输送中心。

图为学校正在筹建中的可容纳在校学生1万人的新校区设计效果图

广东省十佳民办学校　东莞市一级学校

新世纪英才学校

东莞市新世纪英才学校是由东莞市新世纪科教拓展有限公司投资近3亿元，于1994年举办的寄宿制民办学校。办学层次包括幼儿园、小学、初中、高中四个学段。

学校校园面积达25.9万平方米，在校学生2000多人。办学10年来，学校成果丰硕：2001年被评为全省首批、东莞市第一所民办“市一级学校”。2003年被评为“青少年思想道德建设创新工程全国中小学公民道德教育及德育创新成果”全国一等奖；东莞市第一所民办“现代教育技术实验学校”；广东省十佳民办学校（含中、小、幼）。此外，学校还被评为东莞市首批“绿色学校”、“美丽校园”、“园林式单位”、“安全文明小区”、“无毒学校”、“治安先进单位”、“交通安全文明学校”等，如此斐然的成绩，来源于学校“以人为本、发展个性、优质高效”的先进的办学理念和大力开展教育科研、努力创建学校特色的实际行动。

办学10年来，学校凭借雄厚的师资力量，通过小班教学、分层辅导等办法，使教学质量不断提高，现已有500多人次在教育部门组织的各级各类学科竞赛中，荣获省市和全国一、二、三等奖；同时，学校已有的五届高考均取得优异的成绩，其中超过20%的考生被全国重点大学录取，上线率达93%以上，300多名高中毕业生均昂首跨进了国内外大学的校门。

目前，学校已形成教育科研、信息技术和英语教学等方面的特色，并已取得十分突出的成绩。如在信息技术方面：学校自编出版了《信息技术》（双语）校本教材；获得了东莞市团体七连冠；分获第四届、第八届全国信息学（计算机）奥林匹克竞赛省团体二、三等奖；在刚刚结束的第九届全国信息学分区联赛中，11名参赛选手全部获奖，其中2人同获全国一等奖和广东赛区一等奖，4人分获省二、三等奖，学校再次荣获省团体二等奖；另外，有6名小学和初一学生已拿到了大学非计算机专业本科毕业生才拿的计算机考试等级证书。

东莞市新世纪英才学校以其骄人的办学实绩，赢得了社会各界和广大家长的信赖和支持，并得到当地政府、教育行政部门的充分肯定。目前，学校正加倍努力，争创“广东省一级学校”。

“十佳”颁奖大会上，学校领导与原广东省副省长王屏山（右二）合影.

学校副董事长朱凤廉为“十佳”揭牌

中学部教学楼、科艺楼

中山市农业局

中山市农业现代化示范区建于古镇镇，总面积47.8平方公里，重点建设项目包括：农业信息网建设、基塘标准化建设、生态农业建设、农业标准化建设、农业机械化建设和村镇建设。示范区建设计划投资10.6亿元，目前已投资11.2亿元，计划完成24个建设项目，已完成39个项目建设，其中，建设标准农田9550亩，整治鱼塘11950亩，安装设施农业面积660亩，修建硬底化渠道23.4公里，修建机耕路424.3公里，新建厂房面积130万平方米，新增产值11660万元。示范区经过5年的建设，目前已达到了“五高六化”标准，成为集科研、试验、示范、推广、培训、旅游观光于一体的多功能农业现代化示范基地，并辐射带动我市横栏镇万亩生态农业基地、小榄和东升万亩花木生产基地、西区万亩罗氏沼虾产业化示范基地、三角镇水鱼产业基地、南朗镇香蕉基地和柑桔示范基地等生产基地的产业化、现代化发展。2004年初，通过省农业示范区专家组的全面验收，示范区农业现代化评价综合分数为93.3分，比1998年的70.3分提高了23分。

99年欧广源到古镇指导工作

欧广源参观农业信息化建

农产品流通活跃

仁化县计划生育局

广东省仁化县地处粤北山区，闻名遐尔的风景名胜区丹霞山就座落在距县城5公里处。03年，仁化县人口与计划生育工作坚持一手抓优质管理，一手抓优质服务，坚持党政一把手亲自抓、负总责，建立健全各级人口与计划生育目标管理责任制，深入开展以“婚育新风进万家活动”为主要内容的人口与计划生育宣传教育活动；加强计划生育队伍建设，重视抓好计划生育工作人员的培训学习，着重抓好计划生育医技人员技术和服务水平的提高。通过抓紧抓好人口与计划生育各项工作的落实，全县人口与计划生育管理和服务水平得到提高。2003年度，全县人口与出生率为10.5‰，人口自然增长率为5.15‰，计划生育率为93.95%。

今后，仁化县人口与计划生育工作将继续坚持以人的全面发展为中心，以改进管理和服务为重点，以最大限度满足群众的需求为目标，以优质服务的理念和运作方式推动新的管理和服务机制的建立和落实，全面提高人口与计划生育管理和服务水平，努力开创人口与计划生育工作新局面。

奖励图片

奖励图片

领导工作图片

群众图片

中国海洋石油南海西部物业管理公司

温馨家园

绿中见美的南油中心公园

中国海洋石油南海西部物业管理公司于1997年6月3日成立。经过几年的不懈努力，公司现在已发展成为一个具有较强专业管理能力和服务水平的经济实体，属国家二级物业管理企业。

公司承揽了中国海洋石油湛江基地的物业管理。管理着12个相对独立的住宅小区，管理面积达73.45万平方米，办公楼宇近10万平方米。公司今年7月份将进一步拓展工业物管业务，将有近10个单位与本公司签订物管服务协议。公司现有员工835人，其中具有大专以上学历的83人，具有中高级技术职称的专业管理人员和技术人员36人，取得全国物业管理经理岗位证书15人，取得省级物业管理岗位证书72人。公司已经通过了ISO9001：2000标准质量管理体系认证和职业安全健康管理体系认证；具有市政公用工程施工总承包、防腐保温工程专业承包、园林古建筑工程专业承包、城市及道路照明工程专业承包资质证书；被中国信用管理协会评为全国“质量、服务、信誉AAA”物业管理企业，公司经理梁远仁同时被评为最佳信用物业管理企业家。

经过近几年来的严格管理、规范服务，企业有了突飞猛进的发展，各项物业管理服务工作取得丰硕成果，所管理的多个小区荣获省、市物业管理示范小区、优秀安全小区、绿化、卫生、环保先进单位等光荣称号。

公司管理的海洋石油湛江基地街景

荣获广东省示范住宅小区称号的南苑小区

广东省现代制造技术重点实验室

国家科技部部长徐冠华院士到实验室检查工作

广东省现代制造技术重点实验室（原广东省机械与模具CAD/CAM重点实验室）成立于1988年，是广东省机械研究所属下的集科研、开发、生产、技术服务和培训相结合的高科技经济实体，是第一批省级重点实验室、国家CAD/CAM咨询服务中心广东省分中心、国家机械局CAD/CAM实用技术培训基地和美国EDS等公司高级软件授权培训中心。实验室具有一支技术力量雄厚的科研队伍，其中博士、硕士和高工20多名，主要研究方向是：新产品快速开发系统技术、FEA有限元分析技术、超高速精密射出压缩成型工艺技术；近年来，实验室承担了多项国家和省部级项目，获广东省科技进步三等奖3项，国家机械工业局科学技术进步二等奖1项，获得4项国家实用新型专利；自主开发软件版权登记1项。同时，实验室非常注重科研成果的转化，多年来，我们已为科龙、飞利浦 、TCL、康佳、富士康、EPSON、广日电梯、五羊本田、五十铃、广西玉柴等众多企业提供了多形式、多层次、全方位的服务，并向社会培养和输送了大量的CAD/CAM/CAE 高级技术应用人才，协助企业解决了各种技术难题，赢得了广大企业的赞誉和信赖，取得了良好的社会和经济效益。

与企业共同开发的新款吸尘器

实验室主要业务

- CAD/CAM/CAE软件销售、技术培训、咨询服务
- 工业产品造型设计、结构优化设计与反求工程设计等
- 数控机床等机电产品整机研发及销售
- 精密模具制造与数控加工

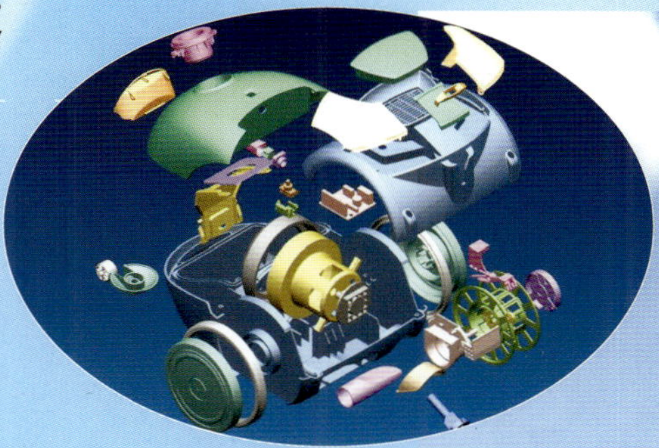

与企业共同开发的新款吸尘器

实验室科研楼外貌

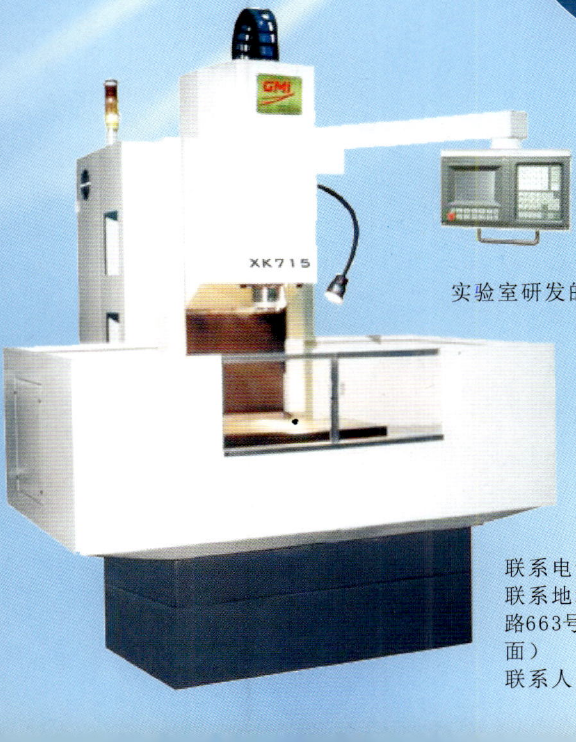

实验室研发的数控铣床

联系电话：020-38731731
联系地址：广州市天河北路663号（光大银行大厦后面）
联系人：丁先生

广州石井水泥公司

广州石井水泥公司下属两个水泥分厂，是广州市白云区石井街街办企业。始建于1972年，已有30余年的历史。几经扩建改造，去年生产水泥154万吨。设备主要有两条Φ3.5×145米回转窑；Φ3.0×11米机立窑8条；Φ3×11米水泥磨4套。石井水泥公司完全是自立项目、自筹资金、自负盈亏的集体所有制企业。现有职工1700人，其中技术人员123人，拥有高级职称的专业技术人员8人，中级职称15人，人员结构合理，技术力量雄厚，由享有国务院特殊津贴的高级工程师主持技术、质量工作。

产品质量优良，1981年以来曾多次荣获市优、省优、部优、国优产品称号。1991年获国家最高质量奖国家银质奖，1994年获广州市免检产品证书，2001年获国家免检产品证书，2002年7月获中国质量检验协会颁发的全国质量信誉保障产品证书，2002年9月获农业部颁发的全国诚信守法乡镇企业证书，2003年4月取得ISO9001：2000质量管理体系认证证书和ISO14001：1996环境管理体系认证证书。

“石井”牌水泥以PO42.5R和PO32.5R为主，同时根据用户需要还可以生产PⅡ42.5R和PS32.5R水泥。产品具有早期强度高，富裕标号足，凝结时间适中，水化热低，色泽美观，混凝土施工性能好等特点，被广泛应用于修建机场、港口、桥梁、高速公路、高层建筑，是珠三角地区各大混凝土搅拌站的重点选用品牌，并在广州白云国际新机场、广州新会展中心等众多重大招标项目中顺利中标，深受广大用户的信赖和推崇。

我公司一贯重视企业形象与文化建设，致力于塑造具有环保概念的现代化水泥企业形象。我们将一如既往在“优质产品、优良服务、争创市场、与时俱进”的质量方针指引下，与广大客户一起共创广东省乃至全国的名牌产品。

肇庆市鼎湖城建房地产公司

图左1为公司经理甄伟雄

肇庆市鼎湖城建房地产公司是于1993年10月26日成立的全民所有制企业。注册资本为人民币580万元，现有房地产开发企业资质叁级，企业在册职工总数82人，拥有工程师、会计师、经济师等有职称专业人员23人，企业党、政、工、团组织机构健全，职能部门齐备，管理制度完善，操作规范。公司业务范围：房地产经营、中介转让服务。兼营：建筑材料、钢材、有色金属（不含贵金属）。

公司成立十一年以来，先后开发了金鼎花苑、商贸城、国兴花苑、鼎湖雅苑、金盛苑、国兴茗苑、银湖花苑、明湖花苑、东怡商住楼、鼎湖山庄商住楼等小区建设，建筑面积251177平方米，总占地面积400亩，工程合格率100%，优良率50%以上。连续五年被鼎湖区建设局评为完成税收入库任务先进单位。2004年被评为首批广东省地税A级信用纳税人。

公司坚持向社会负责、向客户负责的宗旨，发扬“开拓、进取、务实”的精神，坚决贯彻执行《城市房地产开发经营管理条例》、《中华人民共和国建筑法》、《建筑工程勘察设计管理条例》、《建筑工程质量管理条例》、《中华人民共和国投标招标法》的各项规定，切实落实“百年大计、质量第一”的经营理念。

地址：肇庆市鼎湖区坑口民乐大道城建大楼　　邮编：526070

联系人：梁玉珍　电话：0758-2621800　传真：0758+2621638

新大地宾馆

新大地宾馆位于广州市站前路，为繁盛商业区的心脏地带。中国出口商品交易会、火车站、白云国际机场快线近在咫尺。拥有各类高级客房现代商务客房、格调高雅、舒适。风格各异的中、西餐厅及设备完善的会议厅、商务中心、商场、票务中心、康乐中心等，极尽商务之便。

New Mainland Hotel, is situated in the center of the prosperousand pioneering business district of Zhanqian Road, GuangZhou. Within easy access to Chinese Export com-modities Fair、Railway Station and Bai Yun inter-national Airport express.There are business affairs guest rooms in different smartness, China and Western restaurants,also business center,meeting-hall, store,ticketing office, recreation center etc.It is a superd place for the distinguished travelers, combine luxurious amenities with personalized service.

总机：(020)86221638　　图文传真：(020-86221880

TEL：（8620）86221638　　FAX：（8620）86221880

电子邮件：office@new main land.com　　网址：www.new main land.com

广东省广宁县碧翠湖渡假村有限公司

法人代表：周其兆　　地　址：广东省广宁县南街镇小迳长墉山
联系电话：0758—8668398　　传　真：0758---8668828

广州市畜牧总公司

法人代表；周民伟
地址：广东省广州市天河区员村二横路南社大街36号
电话：020—85680036　邮编：510655

广州市番禺区黄阁镇房地产开发公司

法人代表：B陈福强　　地　址：广州市番禺区黄阁镇黄梅路
邮　编：511455　电　话：020----84971438　传　真：020--84972336

广东徐闻县金海渡轮运输有限公司

地　址：广东省徐闻县安镇东旭大厦四楼
法人代表：陈飞鹏　电　话：0759---4686666

广东省云浮市汽车运输集团有限公司
广东省云浮市汽车运输公司及新兴汽车站

电　话：0766-8100119　8100116　81012 86
邮　编：527300　E—Mail:vfqivun@163.com
网　址：www.yfjt.gov.cn

广州中煤江南基础工程公司

广州中煤江南基础工程公司组建于1986年，隶属广东煤炭地质局，是地基与基础施工专业承包一级、工程勘察综合类甲级、堤防工程专业承包二级专业。通过ISO9001：2000国际质量管理体系和广州市安全资质认证。主要承担各类型的地基与基础工程施工、地下连续墙工程、深基坑工程、验桩工程施工、软弱地基处理、岩土工程及工程地质勘察、水文地质勘察和城市物探等业务。

地　址：广州市东风西路140号东方金融大厦10楼　　邮　编：510170
电　话：020-8890248　传真：020-88902462　　邮　箱：gzzm@gdcic.net

广州市自来水公司水表厂

广州市自来水公司水表厂位于珠江三角洲，经济发达的城市广州市区内，是一家从事水表制造及维修的专业厂，始建于1952年，是国内最早制造水表的厂家之一。现拥有厂房面积6000平方米，固定资产314.2万元，水表生产设备30多套，生产经验丰富，技术力量充实，已经建立健全的质量体系，产品性能、质量指标符合GB/T778.(1.2.3)-1996国家标准及CJ3046-1997《居民饮水计量仪表安全规则》城镇建设行业标准。目前，我厂拥有9种规格14类水表，年水表生产达35万台，是全国水表行业规模大、技术力强、质量佳的厂家之一。

厂　址：广州市环市西水厂路3号　　邮　编：510160
电　话（传真）：020-81058816　门市维修部：020-81058506 81816951-501

东莞市清溪环保分局

东莞市清溪环保分局成立于2001年12月，并在分局设立了东深供水工程水质保护办公室，负责我镇水质保护的全面工作。为适应新形势的要求，环保分局不断增强实力，增加投入，引进人才，完善分局办公条件，建设一支专业化、年轻化的执法队伍。目前，分局人员增加到12人，其中环保专业本科学历3人。为更好地完成本镇的水质保护工作打下坚实的基础。

回顾2003年，清溪环保分局在市环保局、省东深水质保护领导小组及市东深水质保护办公室强有力的领导和帮助下，以分局长蔡家树同志和副分局长吴俊生同志为核心的全体工作人员，紧密结合水环境整治任务，做了大量工作，取得了一定的成效。

为了更大的
For greater
我们不是在胜利之中，就是在追求胜
我们不是在举杯庆贺胜利，就是在为
紅太陽
广东中商红太阳酒业有限公司
GUANGDONG ZHONGSHANG REDSUN WINE CO., LTD.
ADD:
TEL:
EMAIL:

上海沙田房地产开发有限责任公司

地 址：上海市中山北路 317 号 3F　　邮 编：200062　　电 话：021-62227249

半岛休闲广场效果图

商场效果图

秋月枫舍一期

秋月枫舍二期效果图

沙田新苑

上海沙田房地产开发有限责任公司成立于 1995 年，注册资金 2000 万元，公司以商品住宅开发经营为主，企业拥有上海瑞畅置业有限公司、上海银翔房地产经营有限公司、上海沙田商贸有限公司、上海易兴置业投资咨询有限公司、上海沙田物业管理有限公司、上海广田建材物资有限责任公司等六家全资和控股子公司，是一家集工程、销售、物业管理、商贸为一体的房地产开发二级资质企业。

沙田大厦夜间效果图

采邑广场效果图

沙田房产创立以来，先后开发“沙田家园”、“沙田新苑”、“秋月枫舍”等商品住宅小区。1999 年度名列上海住宅销售 100 强，2000 年度、2001 年度名列上海住宅销售 50 强。公司开发管理的“沙田家园”、“沙田新苑”获得上海市“完整街坊”、“上海市文明小区”称号。“沙田新苑”、“秋月枫舍”（一期）被国家建设部授予“全国物业管理示范住宅小区”的荣誉称号。近年来，公司围绕普陀区的旧城改造，重点开发了20多万平方米的“秋月枫舍”住宅小区，一期竣工面积为 10 万平方米。“秋月枫舍”一期先后荣获 2000 年“创新风暴全国住宅设计、智能社区”双金大奖；2001 年全国“人居经典”综合大奖；上海市住宅小区“优秀规划设计奖”、“优秀房型奖”、“住宅小区生态环境奖”、“2001 年度上海市四高优秀小区”和2001 年度上海市建筑工程“白玉兰”奖。而刚于交付使用的“秋月枫舍”二期商品住宅荣获全国首届中国优秀环境设计大赛“综合金奖”，2003年解放日报报业集团和房地产时报社“十大关注楼盘”之一，第三届上海市优秀住宅综合银奖。与此同时，沙田房产积极响应市委、市府提出的消除“城市疮疤”，消灭“烂尾楼”的号召，通过拍卖、转让接盘长寿路原长乐大厦在建工程，投入巨资对该项目进行重新定位、续建，并更名为沙田大厦，努力将其打造成长寿路上的新亮点。

沙田房产以“诚信为根”，以“质量为本”将创新意识和创房地产名牌企业的理念全方位、全过程渗透到商品住宅开发中。公司先后被命名为“2001 年上海房地产十大著名企业”，2002年上海房地产关注品牌提名奖单位，2002 年上海房地产行业10家“顾客满意企业”之一，2003 年港台关注十佳上海房地产企业之一，并荣获“上海重信誉房产企业”称号，名列上海房地产开发企业五十强之林，先后多次获得上海市住宅建设实事立功竞赛“优秀集体奖、工程质量奖”等多项荣誉称号。

上海久裕物业管理有限公司

上海久裕物业管理有限公司成立于1999年1月，受托管理中国民生银行大厦。

中国民生银行大厦座落于威海路48号人民广场西侧，与市政府办公大楼、上海大剧院毗邻。

中国民生银行大厦高110米，地上26层，地下2层，总建筑面积38000平方米。由于地处闹市中心，交通便捷，不少机关、企事业单位已入住办公。

上海久裕物业管理有限公司，实行董事会领导下的总经理负责制，公司设总经理室、办公室、物业部、工程部、保安部。公司一贯以“服务第一”为宗旨，积极协助为业主、租户单位进行二次装修，确保各单位能顺利入住。

工程部员工精心维护大厦的各类设备，确保大厦各类设备的正常运行；物业部员工努力为业主、租户创造一个温馨、舒适的办公室环境；保安部员工尽心尽力以确保业主、租户人身财产安全为天职，为业主、租户提供优质服务是公司的追求。

地 址：上海市威海路48号

邮 编：200003　　　电 话：63726345

阳光翠竹苑效果图

上海临江房地产开发经营有限公司

上海临江房地产开发经营有限公司创立于1994年，注册资本金人民币8000万元，具有房地产开发经营二级资质。公司成立之初，即确立将企业发展成为稳健的房地产投资商和富有市场竞争力的房地产专业发展商的战略目标。企业发展至今，保持房地产开发主业稳步发展，企业已具备房地产开发经营、销售、物业管理等相关综合发展能力并随着新经济形式的出现和发展，密切关注市场发展，不断寻求企业新的发展机遇。公司拥有中外合资上海阳光企业发展有限公司、上海世纪长江产业发展有限公司、长江国际商业有限公司、上海牡丹商厦有限公司、上海临江物业管理有限公司、上海兴南物业公司、香港兆悦有限公司、上海诚海房地产经纪有限公司、上海太平洋房地产有限公司、上海南珠花岗岩厂等关联企业。近年来，跟随市场经济迅猛发展，企业致力于黄浦区尤其是南浦大桥附近地区城市旧区改造，历年累计开发量已约55万平方米，累计投资近26亿元，在为彻底改变城市旧区面貌做出贡献的同时，企业自身也得以不断发展壮大。

公司自1994年成立以来，先后开发了上海临江花园大厦、东方苑住宅综合小区、阳光翠竹苑居住小区、阳光里住宅小区、阳光公寓、迎勋大楼、南华商楼、东安花苑小区、长峰广场、浦东新区牡丹别墅休闲小区、兴浦服装商厦等。这些项目均在社会上取得了良好的反响。

公司继1999、2000年度顺利完成陆家浜路南仓街阳光公寓一期项目后，又结合黄浦区政府对董家渡地区住宅聚居区开发的整体指导思路，提出对董家渡路南、陆家浜路以北、桑园街以东、薛家浜路以西地块整体统一规划开发高品质、中心区居住区“阳光城居住区”。阳光城总体规划建设用地约11公顷，新建建筑面积51.4万平方米，拟分为四个街坊进行开发，目前已实施一街坊（西块）阳光翠竹苑居住小区及二街坊南块（阳光公寓二期）。

阳光翠竹苑占地18486平方米，总建筑面积96100平方米。其中住宅建筑面积76180平方米；商业及公建面积19920平方米；地下建筑面积12300平方米。阳光公寓二期占地9434平方米，总建筑面积41910平方米。其中住宅建筑面积36850平方米；商业及公建面积5060平方米；地下建筑面积5150平方米。

阳光里效果图

目前公司正在进行宝山区顾村地块总建筑面积为24万平方米的商品房开发建设及宝山区殷高西路长江国际商城14万平方米的商业及商品房建设。

上海临江房地产开发经营有限公司坚持以市场为导向的经营方针，以服务社会和发展企业为经营理念，以丰富的专业开发经验和高凝聚力的团队精神为核心竞争力，在历年的经营活动中取得了良好的业绩，并将随着企业的不断发展壮大，逐步由初始资本积累向大规模专业经营的企业目标发展。

负责人姓名：谈意道　　董事长，总经理　　地址：中山南路865号二楼　　邮编：200011

电话：63688877　63689900　　传真：63688877　　网址：linjiangfangchan.com

上海新天地置业发展有限公司

时任中共中央政治局委员，上海市委书记黄菊听取长宁区83号街坊规划方案汇报

公司领导在北京人民大会堂领奖

《新天地河滨花园》鸟瞰图（新天地）

上海新天地置业发展有限公司是由上海工业投资（集团）有限公司，上海地产（集团）有限公司，上海新长宁（集团）有限公司，上海天原（集团）有限公司，上海市工业区开发总公司等五家企事业单位组建而成的房地产开发企业。2002年、2003年连续2年在上海市贷款企业资信评级中被评为AA级企业，2003年被评为上海市'重合同、守信用'单位。

公司首期综合开发100万平方米的长宁区83号街坊《古北河滨城》及房产开发项目《新天地河滨花园》，已先后获得2002年全国人居经典方案大赛建筑环境双金奖和首届中国优秀环境设计大赛综合金奖，并于2002年度通过上海市"四高小区"的评审，同时是2002年度，上海市唯一申报核准，被国家建设部列为国家康居示范工程..

2003年9月25日上海第一批成规模的土地公开招投标，公司在宝山区7号地块十六份标书中脱颖而出，获得16.88公顷土地，约25万平方米房产的开发使用权。此次中标，反映了公司的市场意识和社会对公司的认可度。

随着该公司长宁区和宝山区项目的启动，公司正努力朝着进入上海市百强房地产开发企业目标大步前进。

《新天地荻泾花园》鸟瞰图（新天地）

地 址：上海市愚园路843号　邮 编：200050　电 话：021-62129999　传 真：021-62116561

上海市徐汇区

华泾镇人民政府

2003年，华泾镇政府在区委、区府和镇党委的正确领导下，在镇人大的监督和关心下，以创建市级文明镇为抓手，以全面建设公共政府为载体，以满足群众需求为出发点，凝聚全镇广大干部群众，奋发有为，破解难题，较好完成了全年经济和社会发展的各项任务和目标。全年实现地区增加值8.89亿元，同比增长16.1%；完成利润总额3.17亿元，同比增长38.8%；完成工业产值27.13亿元，同比增长12.9%；完成商贸服务业22.9亿元，同比增长34.8%；完成仓储收入1.45亿元，同比增长15.6%；完成财政收入3.53亿元，同比增长40.9%。本镇现有三资、私营企业340家，注册资金折合人民币17.6亿元。

地址：上海市龙吴路2443号　邮编：200231　电话：021—54829410

上海广厦（集团）有限公司

AT&S公司厂房

闵行公安分局

莘庄医院

上海广厦（集团）有限公司是具有国家房屋建筑工程施工总承包一级资质、建筑装修装饰一级资质和市政工程、水利水电、地基基础、起重和机电设备安装、房地产开发、建筑设计乙级资质的企业集团。注册资金5000万元。公司现有工程技术和经济管理人员322人，其中中高级职称118人，国家一级项目经理15人。公司已通过ISO9001：2000质量体系认证。

上海广厦（集团）有限公司坚持“以客户为中心，以市场为导向”的理念，坚持“精心施工，质量创优，科学管理，诚信服务”的方针。把握机遇，灵活务实，精益求精，稳步前进。1996年至今，荣获上海市“白玉兰”奖、上海市优质结构工程奖、上海市市政金奖、上海市“浦江杯”奖和上海市“用户满意工程”奖80项；荣获上海市文明工地、上海市标化工地48项；连续7年进入上海市优秀施工企业30强；连续3届荣获“上海市文明单位”；连续17年被评为上海市“守信用、重合同”单位。被授予“全国先进建筑企业”，进入中国最大经营规模建筑企业500强、中国建筑施工企业100强。

上海广厦（集团）有限公司面对充满希望和发展机遇的市场前景，与时俱进，开拓创新。以高质量、多品种的产品和高效优质的服务，不断满足用户的需求，创造更加美好的未来。

梓树园

沪闵路

绿水家园

地　址：上海市莘松路515号　邮　编：201100　电　话：021-64887007　传　真：021-64297886

上海机场(集团)有限公司
SHANGHAI AIRPORT AUTHORITY

上海机场——未来的国际航空枢纽

浦东机场候机楼

上海是我国大陆首座同时拥有两个国际机场的城市。为了适应上海“一个城市，两个机场”的空港运行格局，1998年5月28日，经上海市人民政府批准，上海机场（集团）有限公司挂牌成立，统一经营管理虹桥、浦东两大国际机场。

公司注册资金46.9亿元人民币。经营机场建设、施工、运营管理和与国内外航空运输有关的地面服务，国内贸易（除专项规定），对国内外航空运输业的投资及技术合作、咨询服务，与机场建设相关的土地及房地产综合开发利用，宾馆，实业投资。

持续高速增长的我国经济促进了上海航空市场的迅猛发展，特别是进入上世纪90年代以来，上海航空运输市场呈现出持续高速增长的态势，上海机场的飞机起降架次和旅客吞吐量年均增幅在15%以上，货邮吞吐量年均增幅高达20%以上。上述三大航空运输指标持续位居全国大陆城市机场前列，而且呈现国际运输增幅明显高于国内运输增幅（国际航线上的客、货吞吐量和飞机起降架次的增长率分别为24.7%、26.4%和25.8%），货邮量增幅高于客运量增幅的特点，成为推动上海机场快速发展的坚实基础和强劲推动力。

2003年，上海机场（虹桥和浦东机场）共保障飞机起降243679架次，运送旅客2475.6万人次，完成货邮吞吐量161.5万吨，三大航空运输指标再创历史新高，同时跃居我国大陆城市机场之首。上海机场的旅客吞吐量为全国机场的14.2%，其中国际（地区）为全国的37.9%；货邮吞吐量为全国机场的31%，其中国际（地区）为全国的66%。同时，浦东机场的货运吞吐量位居世界机场第17位。

截止2003年底，上海已与75个国内城市和69个国际及地区城市通航，有11家国内航空公司和34家国际及地区航空公司开通上海的定期航班；虹桥机场自1988年独立运行以来连续安全运行16年，浦东机场自1999年通航以来实现连年安全。

作为上海重要的门户口岸，上海机场积极参与上海市组织实施的“大通关”工程（“大通关”工程是上海实施“提高口岸通关效率”工程的简称），竭力为有需求的企业提供最快最好的“通关”服务。通过采用现代数字信息技术，构建电子口岸物贸信息平台，实施EDI无纸报关，及货物舱单网上异地传输提前报关报检，组织口岸管理部门合署办公，实行“一站

式”服务和24小时服务，以及建立企业资信评估体系，依据企业信誉等级，分别采用不同的通关方式，极大地提高了上海机场的通关效能。目前，进出上海机场的进出口空运货物，凡符合条件、且企业有快速通关需求的，可在12小时内提货、发货；“三高一大”（高新技术、高创汇、高信誉、大型出口企业）重点领域和IT重点产业的空运进口货物可在8小时内提货；位于保税区的生产性企业的空运进口货物可在6小时内提货；位于出口加工区的企业的空运进口货物可在4小时内提货。

虹桥机场

在确保安全、增创效益的同时，上海机场集团始终遵循“为旅客（用户）提供一流服务”的服务宗旨，多年的努力得到了社会各界的一致认同，赢得了多项荣誉：上海机场集团先后荣获全国实施用户满意工程先进单位、“旅客话民航”评价活动年旅客吞吐量800万人次以上机场组“七连冠”以及该活动10周年先进企业金奖、上海市文明行业等荣誉称号；浦东国际机场荣获“国际卫生机场”和“上海市文明示范标志区域”称号；虹桥国际机场荣获“全国文明机场”和“上海市文明示范标志区域”称号。

浦东机场值机柜台

浦东机场出发大厅

面对前所未有的机遇和挑战，上海机场集团确立了“把上海机场建成国际航空枢纽港，把机场集团建成现代企业集团”的两大战略目标。目前，上海机场集团正按照国家发展战略部署，以及民航总局和上海市政府提出的“到2007年初步确立上海航空枢纽地位，最终建成国际航空枢纽”要求，全力以赴地推进上海航空枢纽建设。2004年底建成浦东国际机场第二条跑道，2008年前建成浦东国际机场第二座航站楼和第三条跑道，届时浦东国际机场的客运保障能力将达到年6000万人次以上。同时，作为上海市三大物流园区之一的浦东机场物流园正遵循“统一规划、内外联动、多元投资、创新机制、多式联运”的原则思路，通过编制发展规划，制订运行规则，搭建信息平台，强化协调服务，运用市场机制，开展战略合作，充分发挥“专业化管理、一体化运作、规模化经营”的整体效能，高起点高标准地加速推进，最终形成与国际航空枢纽相配套的现代物流中心。

浦东机场到达大厅

上海优越的地理位置，强劲的经济增长，以及广袤的长江三角洲腹地，为上海地区的航空运输市场的高速发展提供了得天独厚的条件。随着我国改革开放的不断深入，成功申奥、申博，更为上海机场的建设和发展创造了难得的历史机遇，上海机场将抓住机遇乘势而上，以更优的服务和更高的效率服务旅客、用户，回报社会各界。

浦东机场停机坪

与中国的经济共同腾飞

中货航浦东货站散货架

伴随着中国经济的快速发展，中国货运航空有限公司也在不断成长。

中货航现有MD-11全货机六架，已确认订购Tu-204货机，并根据市场需求湿租飞机以增加运力。公司目前经营着纽约、芝加哥、洛杉矶、西雅图、旧金山、达拉斯、巴黎、卢森堡、东京、大阪、名古屋、汉城、香港等货运航线，公司拥有一大批诸如锦海捷亚、泛班、金鹰国际等核心代理。厦门DELL、索尼、西门子、摩托罗拉、东芝等众多企业都是公司的长期直接客户。为增强公司竞争力，提升管理水平，公司还积极与外航建立合作关系，在相关方面进行着密切合作。

中货航成立至今，货邮运输量、主副营收入连攀新高，连续五年保持了高盈利。近年来，以上海为核心的长江三角洲已逐渐成为中国经济发展最快、实力最强的地区。随着上海航空枢纽港的建设，中货航依托上海的天时地利的优势，必将有更大的发展。

中国货运航空有限公司

成立日期：1998年8月18日　　注册资本：人民币伍亿元整

经营范围：国际（地区）、国内航空货、邮运输业务及延伸服务；快递；航空器维修；国内外航空公司的代理业务；仓储及相关服务。

公司地址：虹桥机场空港六路货运大楼

电话：021—62682817　　传真：021—62686505　　网址：www.cc-air.com

董事长：施国梁

中化国际(控股)股份有限公司（简称中化国际）于1998年在北京成立，2000年在上海证券交易所挂牌上市，股票代码600500。1999年至2002年，中化国际连续三年分别被评为上海证券交易所上市公司50强和《财富》杂志中国上市公司50强。公司股票从2002年至2004年入选上海证券交易所180指数成份股。2001年6月，中化国际完成战略南移，将总部迁至中国商业中心的前沿——上海浦东新区。

在保持传统化工、塑料、橡胶、焦炭、钢材等产品贸易业务稳步发展的基础上，公司积极向实业领域拓展，目前已在江苏太仓港口开发区投资建设PTMEG和ABS两个项目。另外，为获取稳定的资源，公司先后投资山西中化寰达实业有限公司、中化镇江焦化有限公司，全部建成后焦炭总产能将达130万吨。

液体化工品物流方面，公司控股的海南中化船务拥有近100,000DWT的液体散化运输能力，为国内最大的液体化学品船务公司。海南船务与世界著名的运输集团司多而特公司组建的合资公司于2004年6月获交通部批准，成为国内有资格从事中国国内港口之间化工品运输(CDT)的五家合资公司之一。作为公司物流战略的一部分，中化国际将陆续在长江沿岸建立码头和储罐并不断完善陆路配送系统，最终成为华东地区重要的化工品物流服务商，为客户提供储存、转运、配送等专业服务。

地址：200121 上海浦东新区世纪大道88号金茂大厦18楼
电话：+86-21-50498899　传真：+86-21-50490909
网址：www.sinochemintl.com

上海三钢有限责任公司

Shanghai Sangang Steel Co.,Ltd.

上海三钢有限责任公司（原上海第三钢铁厂）始建于1913年，现有炼钢、特钢2个炼钢厂，厚板、中板2个轧钢厂及一条卷开平生产线，具有钢200万吨、钢材240万吨的综合生产能力。2003年公司钢材销售250万吨，销售收入85亿元。

上海三钢有限责任公司主要产品有造船板、锅炉压力容器板、建筑桥梁结构中厚板、汽车大梁板、石油化工耐蚀板、核电工程容器板及不锈钢中厚板等，其中宽厚船板通过了美国、英国、德国等八国船级社认证。宽厚钢板、不锈钢作为三钢的特色产品广泛用于国家支柱产业、重点建设工程。近年来三钢承担的国内外重大工程供料项目达100多项，总量百万吨以上，主要有：上海F1国际赛车场、上海磁悬浮列车工程、广州国际会议展览中心、上海浦东国际机场、上海卢浦大桥、长江润扬大桥、东海大桥、三峡工程压力引水管工程项目等。

上海三钢有限责任公司将通过技术改造，调整产品结构，发展延伸加工，建设成为一个以生产合金、不锈钢、专用中厚板精品基地及钢材加工为主的综合性企业。

上海三钢有限责任公司销售分公司

地址：上海市浦东新区上南路300号　　邮编：200126

电话：021—38830261　58839385　　传真：021—58838690

公司网址：http://www.sh3steel.com

上海宝业(集团)有限公司

地址：上海市共康路316号　　邮编：200435　　电话：021-56402975

宝业工业园区

共康苑住宅小区

宝业大酒店宴厅

上海宝业（集团）有限公司是一个集企业投资，国内贸易，房地产开发于一体的综合性公司。位于宝山区南端与闸北交界处的共和新路共康路上。交通设施便捷，地理位置优越。因共和新路高架和轻轨的建成，为集团的房地产开发带来了良好的契机，由宝业房地产公司开发的艺康苑住宅小区和正在开发的馨康苑住宅小区，以其优美靓丽的态势成为共康路上一道亮丽的风景线。而房地产业的开发，也给公司带来了无限的商机，由公司投资建造的宝业大酒店，以高雅气派的格调和精湛的厨艺，成了地区喜庆盛宴的首选，而对面具有四层楼面，一万多平方米营业面积的宝业购物广场，以其新颖的造型，与酒店交相辉映，成为共康商业街上的亮点，点缀着宝业集团。公司新近投资5000多万元开辟的宝业工业园区，紧贴沪太路东侧，南临外环线，北通浏河出口，直达江苏省各地。总面积8万平方米，全新钢结构标准厂房，合理的区域布局，科学严格的管理，已经吸引了不少中外企业落户园区，并继续欢迎各届各地人士前来壮伟业，展宏图。

上海宝业集团公司总部

宝钢集团企业开发总公司

总经理：徐楠

宝钢集团企业开发总公司是宝钢集团公司的全资子公司。1986年，为了适应宝钢建设发展的需要，宝钢总厂将附属企业公司、总务处、工务处和指挥部的后勤处、绿化办、工程技术经济开发公司7等个单位划分出来，成立宝山钢铁总厂企业开发总公司。1993年，宝钢集团成立后更名为宝钢集团企业开发总公司，简称开发总公司。1997年，宝钢集团对后勤服务工作进行深化改革，以签订服务业务委托协议书为标志，使宝钢主体与开发总公司母子之间的关系向着两个法人实体之间的市场经济关系方向发展。开发总公司直接管辖的二级单位13个，其中：服务性公司有后勤保障公司、交通运输公司、厂容绿化公司、卫生处；经营性公司有生产协力公司、工业公司、建筑维修公司、综合开发公司、工贸实业总公司、新事业发展总公司、磁业发展有限公司、工程建设总公司、开发置业公司。三级及以下有全资、控股、参股的法人实体单位近百家。还有宝钢集团公司委托管理的宝山宾馆。作为宝钢集团公司的辅业，开发总公司以创新求发展、以改革促发展、以稳定保发展，广开就业门路，发展多元产业，已涉足的行业根据分类计有94类。经营范围包括冶金企业废弃物和副产品综合利用，钢铁产品包装，餐饮、物业管理、通勤、绿化、卫生服务、生产协力，建筑工程承揽，物流及钢材、矿石贸易，房地产开发，磁性材料、矿渣微粉制造、销售，模具钢加工、配送，钢材深加工，聚氨脂夹芯板，汽车修理、贸易，旅游、新型水泥等。奉守诚信经营，资信等被评定为AAA级。有8个项目取得了上海市高新技术成果转化认定证书（BRL10K软磁材料、15K软磁铁氧体材料、宝田牌立磨矿粉S95、宝田牌海工混凝土掺和料、碱性颗粒钢包覆盖剂、TB—P无碳中空型碱性中间包精炼剂、PQ116电能质量分析仪、铁水预处理喷枪）。2003年开发总公司实现销售收入首次超过100亿元，利润总额首次突破3亿元。截止年底总资产达78.44亿元，在册职工总数14754人，其中在岗10373人，职工主要来源为安置宝钢征地工、吸纳宝钢主体生产和技术骨干家属、接收宝钢主体分离人员等，为宝钢精干主体、减员增效、提高劳动生产率、跻身世界一流钢铁企业作出了重要贡献。按照制定的十年发展规划（2001至2010年），开发总公司大力推进综合利用业、磁性材料业、新型建材业、物流业、房地产业和建筑业等六大支柱产业的协调发展；创建钢铁产品包装、汽车服务、宝钢物业、宝钢餐饮、宝钢绿化、工业卫生和老龄服务等六大服务品牌。不断深化机制改革，强化创新意识，推进业务整合，加快改制发展步伐，调整优化产业结构，做高做强支柱产业，努力建设与宝钢集团公司相适应、相一致、相协调的企业文化，力求实现经济效益和社会效益的最大化，成为具有核心竞争力的多元化现代企业，为宝钢新一轮战略目标的实现作贡献。

宝田新型建材有限公司

公司绿化

生产车间

地　址：宝杨路889号
邮　编：201900
电　话：56125101
传　真：56122654
E—mail：shbgdc@public.sta.net.cn

光明乳业

BRIGHT DAIRY

光明乳业股份有限公司

地址：上海市吴中路578号
电话：021－54584520
传真：021－64655033
邮编：201103
http://www.brightdairy.com

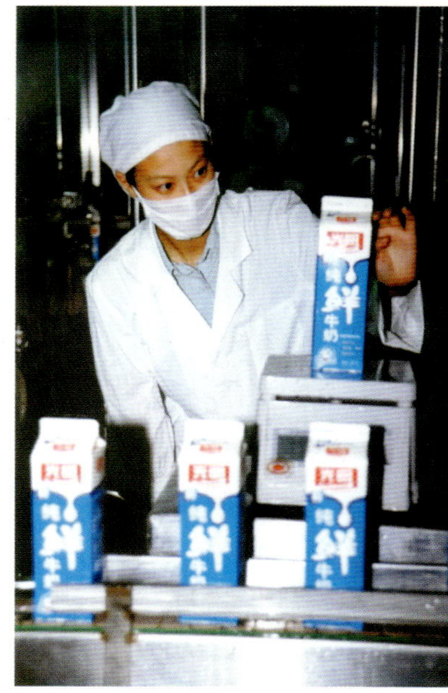

保鲜牛奶

光明乳业股份有限公司是由国有企业上海牛奶集团公司脱胎而来的，由国资、外资、民营资本组成的产权多元化的股份制上市公司，主要从事乳和乳制品的开发、生产和销售，奶牛和公牛的饲养、培育，物流配送，营养保健食品的开发、生产和销售，年生产能力达到50余万吨，是目前中国规模最大的乳品企业之一。公司拥有世界一流的乳业研发中心、乳品加工设备以及先进的乳品加工工艺，生产和销售的“光明”牌系列产品在上海已有40多年的历史，为上海市著名商标、中国驰名商标。

保鲜牛奶

作为国家级农业产业化重点龙头企业，光明乳业长期以来秉承“创新生活、共享健康”的使命，始终以领先变革的首创精神和行业领跑者的行事风范，锐意进取、不断创新，在打造中国乳业第一品牌的事业中取得了一定的成绩。2000年，“光明”系列产品获第27届中国奥运代表团唯一指定乳制品称号；2001年，入围“中国最受尊敬企业50强”；2002年、2003年连续两次在中国企业联合会、中国企业家协会组织的“中国500强企业”评选中入围，而且名次逐年上升。2003年，当选为“首届上海100强企业”。2004年1月，在著名媒体《财富中国》发布的《2004年中国证券市场领导力报告》中，光明乳业入选“2004年全国最具领导力的20家上市公司”。

物流仓库

挤奶台

公司办公大楼

南昌科技馆

北京质检总局

【上海市城市规划设计研究院简介】

上海城市总体规划

上海市城市规划设计研究院建于1957年8月，是国内技术力量雄厚的甲级城市规划设计研究单位。下属单位有上海市浦东开发规划研究设计院、城市规划一所、城市规划二所、道路与交通规划所、市政工程规划所、帕莱宁城市规划设计有限公司、科研中心、信息中心等。现有员工188人，专业技术人员155人，高级专业技术人员47人。46年来，院为上海市城市建设和发展精心规划、潜心研究、创新设计，做了大量的卓有成效的工作。1993年以来，连续五届荣获市级文明单位光荣称号。

在我国国民经济发展各个历史时期，院先后承担了上海市的总体规划、分区规划、城镇规划、居住区详细规划、市政公用道路交通规划、风景区规划及市重大工程项目规划设计；重点地区的改建规划；为浦东的开发开放编制了浦东新区总体规划及各开发区规划；为土地的有偿出让编制了技术要求；开展了城市规划的可行性研究、城市设计、技术咨询、建筑设计等业务，为上海大变样做出了积极的贡献。院在城市规划科学研究和设计领域中，成绩斐然，90多次获国家级、建设部和市级科技进步奖与优秀设计奖等。

我院立足上海，面向全国，走向世界，足迹遍及北京、深圳、重庆、广西、河南、云南、西藏、厦门、唐山、哈尔滨、乌鲁木齐、金华等省市，先后与韩国、新加坡、美国、法国、日本、澳大利亚、加拿大、德国等国家同行合作进行了规划设计研究。

中心城轨道交通系统规划

临港新城规划

黄浦江两岸地区规划

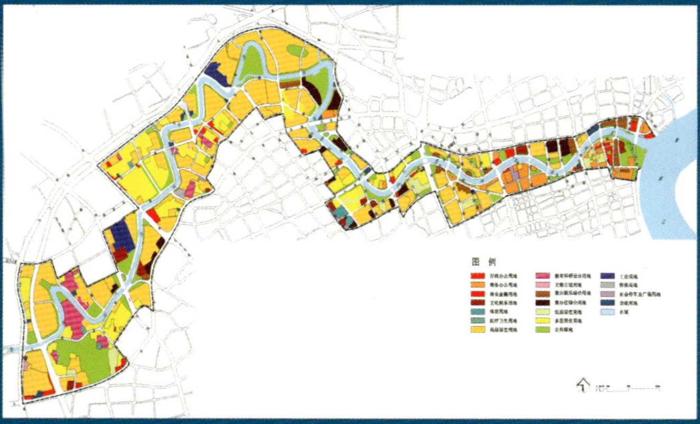

苏州河两岸用地规划

人民广场综合交通枢纽规划

上海市城市规划设计研究院
SHANGHAI URBAN PLANNING AND DESIGN RESEARCH INSTITUTE

地址：上海市铜仁路331号
Add：331，Tong Ren Road，Shanghai
电话(Tel)：021-62473288　传真(Fax)：021-62477739
邮编(Pd)：200040　E-mail：supdri@online.sh.cn

上实置业集团（上海）有限公司

地址：上海市东大名路815号

热烈祝贺

《长江和珠江三角洲及港澳特别行政区统计年鉴》（2004版）

出版发行！

奋进中的竹乡——广宁

广宁县是全国著名竹乡，位于广东省中部偏西北、珠三角洲边缘，地处北江支流绥江中游，南与三水、四会市相邻，北与怀集县相接，东邻清远市，西接高要市、德庆县，距广州130公里。交通便利快捷，从珠三角腹地到广宁仅1小时车，2007年建成通车的广贺高速公路贯穿全境，是承接珠三角产业转移和沟通大西南的良好前沿。

近年来，广宁县以工业化为龙头，以县城和中心镇建设为载体，以农村综合配套改革为依托，以园区建设为突破口，大力发展纸业和竹业两大特色产业，努力建设以生态型、资源型为特色的山区工业强县，经济突飞猛进。工业形成制浆、造纸、油墨、化工、竹木加工、机械制造、水电、医药、建材等支柱产业，形成了以纸浆为龙头，延伸造纸、化工、油墨、印刷等上下游产业链的纸业簇群经济。农业建成沙糖桔、优质蔬菜、速生丰产林、山地鸡等特色主导产业。以生态旅游业为龙头的第三产业异军突起。2003年GDP38.12亿元，比上年增长8.0%；地方一般预算收入1.15亿元，增长13.54%；国税收入8258万元，增长18%；地税收入4983万元，增长22.7%。2003年招商引资总额为100多亿元。社会各项事业蒸蒸日上，是全国著名“武术之乡”，是省首批林业生态县。

关于征订《长江和珠江三角洲及港澳特别行政区统计年鉴》2004年刊的通知

各有关单位：

《长江和珠江三角洲及港澳特别行政区统计年鉴》编辑部成立于2003年初，主要负责《长江和珠江三角洲及港澳特别行政区统计年鉴》的编辑、发行及广告征集工作，目前与《广东统计年鉴》编辑部合署办公。

2004年刊《长江和珠江三角洲及港澳特别行政区统计年鉴》是一部全面反映我国长江三角洲、珠江三角洲及港澳地区社会经济发展情况的资料性年鉴。本书收录了1978－2003年长江三角洲16个城市、珠江三角洲14个城市和港澳地区社会经济统计资料。年鉴内容分为三大部分：（一）综述与分析篇。该篇包括国家统计局国际统计信息中心和中国改革基金会国民经济研究所两篇总报告；上海市、江苏省、浙江省和广东省四篇分报告。（二）统计数据篇。该篇包括长江三角洲与珠江三角洲所辖的30个地级市县及香港和澳门特别行政区主要社会和经济发展指标数据，主要有：⑴行政区划和自然资源；⑵国民经济核算；⑶人口、就业和工资；⑷固定资产投资；⑸价格指数；⑹人民生活；⑺农业；⑻工业、能源和建筑业；⑼交通运输和邮电；⑽国内贸易；⑾对外贸易和旅游；⑿财政和金融；⒀城市建设和环境保护；⒁教育、科技、文化、卫生；⒂社会福利和其他。（三）企业竞争力篇。该篇包括工业、贸易、旅馆、建筑业等企业的排名和上市公司资料。

该书的编辑与出版非常适合党政机关职能部门、社科院所研究部门、高等院校、图书馆及大型企业投资前调查研究使用。我部除负责《长江和珠江三角洲及港澳特别行政区统计年鉴》年鉴的发行外，同时还代理发行各类国家、省、市级统计年鉴及其他各类年鉴。凡欲订购统计年鉴或年鉴的单位，请写明书名、年号、数量，将订购单传真或寄往下面地址或电话咨询定价及供书方法。我部将出具正式发票、发书及时、专人负责，欢迎新老用户订阅。

户　名：长江和珠江三角洲及港澳特别行政区统计年鉴编辑部
开户银行：广州市商业银行天河南支行　　帐号：119-202-8083445-42
地　址：广州市解放北路837号二楼　　邮编：510040
电　话：020－83561578　　　　传真：020-83516996
E-mail: gdtjnanjian@21cn.com

订阅回执

<table>
<tr><td>单位名称</td><td colspan="4"></td><td>邮编</td><td></td></tr>
<tr><td>详细地址</td><td colspan="4"></td><td colspan="2" rowspan="2">加盖公章</td></tr>
<tr><td>联系人</td><td></td><td>电话</td><td colspan="2"></td></tr>
<tr><td>《三角洲统计年鉴》</td><td>定价318元/本</td><td>年份</td><td>数量</td><td></td><td colspan="2" rowspan="4">已含邮资</td></tr>
<tr><td>《中国统计年鉴》</td><td>定价318元/本</td><td>年份</td><td>数量</td><td></td></tr>
<tr><td>《中华人民共和国年鉴》</td><td>定价318元/本</td><td>年份</td><td>数量</td><td></td></tr>
<tr><td>《广东统计年鉴》</td><td>定价300元/本</td><td>年份</td><td>数量</td><td></td></tr>
<tr><td>合计</td><td colspan="6">（大写）　仟　佰　拾　元　￥（　　）</td></tr>
</table>

注：本编辑部可提供全国各省、市地区2003、2004年的统计年鉴，欢迎订查询

热烈祝贺

广东康景物业服务有限公司
获得中国物业管理企业一级资质
同时被评为2004年
广州市优秀物业管理公司

广东康景物业服务有限公司以自身的规模优势和综合实力，创下了全国物业管理行业的一个个先河，目前在管楼盘31个，管辖面积超过1000万平方米，管理总户数将近9万户，先后取得广州市、广东省和全国物业管理示范住宅小区荣誉称号，是广州地区管辖楼盘最多、管理面积最大的品牌物业公司。随着公司的发展壮大，在管楼盘已经遍及全国各地。

管辖楼盘一览

帝景苑	珠江帝景	帝景华苑	华景新城五、六期，翠安依苑芳满庭园
骏景花园 骏景南苑	华南新城	逸景翠园	愉景雅苑 愉景南苑
南景苑	翰景轩	旭景家园	暨南花园
东方夏湾拿	鸿景园	珠江盛景罗马家园	半山雍景
珠江白云骏景	珠江俊园	广州市人民检察院技侦大楼	北京珠江骏景园
珠江御景湾	帝景山庄	骏景高尔夫花园	珠江投资大厦
北京珠江帝景	北京珠江绿洲园	北京珠江国际城	规划大厦
北京珠江温泉公寓	京津新城	北京珠江罗马嘉园	

广东康景物业服务有限公司
GUANGDONG ESTEEM PROPERTY SERVICES LIMITED
地址：广州市天河区中山大道105号华景新城华门阁二楼
电话：85563519 85565056 传真：85563523
E-Mail:hskjwy@mail.china.com 邮编：510630

中国统计出版社最新资料书简目

中国统计年鉴—2004
中国统计摘要—2004
2004 中国发展报告
中国城市统计年鉴—2003
中国农村统计年鉴—2004
中国劳动统计年鉴—2004
中国人口统计年鉴—2004
中国工业经济统计资料—2003
中国市场统计年鉴—2004
2003 中国城市发展报告
中国建筑业统计年鉴—2003
中国价格及城镇居民家庭收支调查统计年鉴—2004
国际统计年鉴—2004
中国对外经济贸易统计年鉴—2003
中国基本单位统计年鉴—2003
中国民政统计年鉴—2004
中国高技术产业统计年鉴—2004
中国房地产行业名录

北京统计年鉴—2004
天津统计年鉴—2004
河北经济年鉴—2004
山西统计年鉴—2004
内蒙古统计年鉴—2004
辽宁统计年鉴—2004
吉林统计年鉴—2004
黑龙江统计年鉴—2004
上海统计年鉴—2004
江苏统计年鉴—2004
浙江统计年鉴—2004
安徽统计年鉴—2004
福建统计年鉴—2004
江西统计年鉴—2004
山东统计年鉴—2004
河南统计年鉴—2004
湖北统计年鉴—2004
湖南统计年鉴—2004
广东统计年鉴—2004
广西统计年鉴—2004
海南统计年鉴—2004
重庆统计年鉴—2004
四川统计年鉴—2004
贵州统计年鉴—2004
云南统计年鉴—2004
西藏统计年鉴—2004
陕西统计年鉴—2004
甘肃年鉴—2004
青海统计年鉴—2004
宁夏统计年鉴—2004
新疆统计年鉴—2004
新疆生产建设兵团统计年鉴—2004
石家庄统计年鉴—2004
唐山统计年鉴—2004
邯郸统计年鉴—2004
呼和浩特经济统计年鉴—2004
鄂尔多斯市统计年鉴—2004
包头统计年鉴—2004
赤峰统计年鉴—2004
沈阳年鉴—2004
大连统计年鉴—2004
鞍山统计年鉴—2004
长春统计年鉴—2004
吉林市社会经济统计年鉴—2004
四平统计年鉴—2004
延吉统计年鉴—2004
哈尔滨统计年鉴—2004
齐齐哈尔经济统计年鉴—2004
牡丹江统计年鉴—2004
大庆统计年鉴—2004
黑龙江垦区统计年鉴—2004
上海浦东新区统计年鉴—2004
南京统计年鉴—2004
苏州统计年鉴—2004
无锡统计年鉴—2004
常州统计年鉴—2004
徐州统计年鉴—2004
南通统计年鉴—2004
盐城统计年鉴—2004
镇江统计年鉴—2004
杭州统计年鉴—2004
宁波统计年鉴—2004
绍兴统计年鉴—2004
台州统计年鉴—2004
舟山统计年鉴—2004
温州统计年鉴—2004
金华统计年鉴—2004
嘉兴统计年鉴—2004
丽水统计年鉴—2004
福州年鉴—2004
厦门经济特区年鉴—2004
福州经济技术开发区年鉴—2004
南昌经济社会统计年鉴—2004
九江经济统计年鉴—2004
济南统计年鉴—2004
青岛统计年鉴—2004
潍坊统计年鉴—2004
郑州统计年鉴—2004
洛阳统计年鉴—2004
三门峡统计年鉴—2004
平顶山统计年鉴—2004
南阳经济统计年鉴—2004
武汉统计年鉴—2004
宜昌统计年鉴—2004
十堰统计年鉴—2004
荆州统计年鉴—2004
广州统计年鉴—2004
东莞统计年鉴—2004
惠州统计年鉴—2004
深圳统计年鉴—2004
南宁统计年鉴—2004
桂林经济社会统计年鉴—2004
柳州经济社会统计年鉴—2004
来宾统计年鉴—2004
河池地区经济社会统计年鉴—2004
海口统计年鉴—2004
成都统计年鉴—2004
贵阳统计年鉴—2004
昆明统计年鉴—2004
西安统计年鉴—2004
兰州年鉴—2004
西宁统计年鉴—2004
银川统计年鉴—2004
乌鲁木齐统计年鉴—2004
巴音郭楞统计年鉴—2004
吐鲁番统计年鉴—2004